三苏与巴蜀论说

眉山三苏祠博物馆 编

四川人民出版社

图书在版编目（CIP）数据

三苏与巴蜀论说 / 眉山三苏祠博物馆编. -- 成都：
四川人民出版社, 2025. 6. -- ISBN 978-7-220-13546-0

Ⅰ. K825.6-53；K297.1-53

中国国家版本馆CIP数据核字第2025VN2497号

SANSU YU BASHU LUNSHUO

三苏与巴蜀论说

眉山三苏祠博物馆　编

出 版 人	黄立新
责任编辑	张新伟
特约校对	刘云飞
装帧设计	李其飞
责任印制	周　奇　刘雨飞
出版发行	四川人民出版社（成都三色路238号）
网　　址	http://www.scpph.com
E-mail	scrmcbs@sina.com
新浪微博	@四川人民出版社
微信公众号	四川人民出版社
发行部业务电话	（028）86361653　86361656
防盗版举报电话	（028）86361653
制　　版	四川胜翔数码印务设计有限公司
印　　刷	四川五洲彩印有限责任公司
成品尺寸	175mm×260mm
印　　张	27.5
字　　数	532千
版　　次	2025年6月第1版
印　　次	2025年6月第1次印刷
书　　号	ISBN 978-7-220-13546-0
定　　价	98.00元

目　录
Contents

壹　三苏与巴蜀文化 ————————

伍　三苏与三国文化 ————————

壹

三苏与巴蜀文化

三苏与"蜀学"略论

舒大刚（四川大学古籍整理研究所）

摘　要： 三苏既是北宋重文政策的时势造就的英才，也是历代蜀学的集大成者。三苏在蜀学丰厚的文化土壤中成长，吸收了蜀学历史悠久、兼容并包、道源于蜀、三教合一等的历史积淀和文化滋养，形成"《春秋》《古史》乃家法，《诗》笔《离骚》亦时用"的经史传家、诗文昭世的优良传统，在经学研究、文章创作、古史修撰、经世致用等方面，取得突出成就，将"蜀儒文章冠天下""蜀学比于齐鲁""易学在蜀""麟经在蜀""天下诗人例到蜀""唐后史学莫隆于蜀"等学术优势推向极致。三苏"言必中当世之过""文章与道德偕行"，创立了以人为本的宇宙观、以情为本的性情论、以民为本的社会观，在理本、心本、气本的道学体系中，别开生面，为后世的深刻批判、思想解放留下了宝贵财富。

关键词： 三苏　苏洵　苏轼　苏辙　蜀学

以东坡为代表的三苏，是北宋杰出的文学家和思想家，是北宋蜀学的领袖和宗师。三苏在蜀学的浸润中成长，又通过对传统蜀学的批判与扬弃，在许多领域取得突出成就和突破性进展，实现宋代蜀学的全面超越，形成独特的新蜀学风格和思想体系。他们不仅在文学创作上取得了卓越成就，也在经学、思想、学术等方面做出了重要贡献，使蜀学成为北宋后期与二程洛学、王安石新学并立的三大学术流派之一。

一、在蜀学的浸润中成长

蜀学是产生于西南巴蜀地区而又影响全国的学术。在三苏之前，蜀学已经经过了先秦肇始、两汉初盛、魏晋南北朝持续发展、隋唐五代异军突起和北宋渐入佳境等发展阶段。蜀学渊源可以追溯至"生于石纽""兴于西羌"的大禹。相传"伏羲氏得'河图'，夏后氏（禹）因之曰《连山》"（《山海经》佚文），开启"三易"先河；又说"天乃锡禹'洪范九畴'"（《尚书·洪范序》），至箕子时乃陈武王以《洪范》。《周礼》说三易"其经卦皆八，其别卦皆六十有四"，说明阴阳、八卦、六十四卦是"三易"共性，而其肇始则是大禹《连山》。《洪范》"九畴"，汉儒刘歆以为是"洛书"，蕴含八大治国方略，首畴"五行"（水火木金土）即奠定中国哲学的基本概念。《周易》《尚书》是儒家的早期经典，其中"阴阳""五行"观念，都有可能在古蜀诞生。此外，大禹所娶巴地涂山氏之女创作"候人兮猗"，始为"南音"，后来影响《周南》《召南》的编制（《吕氏春秋·音初》）和"楚辞"的创作；商初蜀人彭祖，为殷太史，并发明房中与养生之术；周代江阳人尹吉甫作周卿士，并赋《崧高》《韩奕》《江汉》《烝民》四篇，收入《诗经·大雅》之中；还有苌宏为孔子音乐之师，对儒家音乐理论形成做出贡献。公元前316年秦灭蜀、巴，建立巴郡、蜀郡后，巴蜀便融入秦朝统一事业和版图之中，巴蜀在学术上也呈现出与中原若即若离、互动相长的状态。如尸佼为商鞅变法谋主，商鞅被诛，尸佼逃归入蜀，留下《尸子》一书；臣君子、鹖冠子，皆著书于蜀中，传道家及诸子之学；吕不韦舍人千家迁蜀，广传杂家、诸子之学；蜀守李冰治水导江玉垒，更是精神与物质的双重成就。及秦始皇焚书坑儒，一批秦儒来蜀，或藏经山崖，留下"二西藏书"的传说；或隐居传经，西汉司马相如就曾从临邛隐者胡安传习六经（《益部耆旧传》）；扬雄亦从林闾翁孺传"輶轩语"（方言）、从严君平习《易经》《老子》，延续了中华学术的一脉之传。

至西汉景帝末年，庐江舒人文翁守蜀，遣张宽等十八人前往长安学习"七经"，又起学校于成都市中（即"文翁石室"），选下县子弟培养教化，于是开启政府以文化人的先声。自是巴蜀人才辈出，学术大盛，赢得"蜀学比齐鲁""文章冠天下"等美誉；同时也促成汉武帝实施教育兴国政策，"乃令天下皆立学校官，由文翁为之始"（《汉书·地理志》）。汉赋四家，蜀有其二（司马相如、扬雄），此外还有汉赋大家王褒；汉征八士，蜀举其四；朝表四义，蜀居其两（《华阳国志》），当时巴蜀人物，皆居天下之半。阆中落下闳，深通天文历法，以"浑天说"主修《太初历》法；沛人张道陵入蜀学道，并进而创立道教；司马相如、王褒、严遵、扬雄等人构建"道德仁义礼"的核心观念，蜀学于是进入两汉初盛时期。

三国魏晋南北朝时期，蜀中经历蜀汉、成汉等地方政权自治，和西晋、东晋、北周及梁、陈等朝统治，时局相对安定，学术持续发展，出现了谯周、秦宓、陈寿、李密、常安、常璩、范长生、王长文、卫元嵩等学者，产出《古史考》《五经然否论》《三国志》《陈情表》《华阳国志》《周易蜀才注》《通玄经》《元包经传》等作品，延续了两汉文章和魏晋风骨。

隋、唐大一统时期，天下学术交流互动，刘炫、初唐四杰、玄奘、杜光庭等先后入蜀，带来中原学术气象，同时也将蜀中兼容并包、三教会通的学风传布各地，巴蜀学术于是异军突起，大家辈出。陈子昂、李白进入中原，推动雄健自由的唐诗风格形成；李白《菩萨蛮》《忆秦娥》开启"诗余"词体，驯至后蜀，终于中国最早的词作总集——《花间集》在成都编成。在经学领域，李鼎祚《周易集解》则在孔颖达《周易正义》唯崇王弼、韩康伯注的方式外，以兼容并包的方式总结自汉以来象数、义理三十五家的成说；成都仲子陵又与施士丐、啖助等人突破"五经正义"唯重训诂的学风，开启讲求义理、锐意创新的经学革命新风，遂启宋学风格之端。至于成都李珣《海药本草》、昝殷《产宝》《食医心鉴》《医方类聚》、陈仕良《食性本草》、后蜀《蜀本草》等，都是医药界重要著作。什邡马祖道一、西充宗密等宗教人士，推动佛教学术化发展。特别是始于后蜀、成于北宋"碑越千数"、有经有注的"蜀刻石经"，将儒家"十三经"首次刻入贞石，更是寰宇间一大创举，奠定儒家经典的基本范式！

由上述可知，在三苏诞生之前，巴蜀地区经历肇始（先秦）、初盛（两汉）、持续发展（魏晋南北朝）、异军突起（隋唐五代）等发展阶段，在儒学、辞章、史学、方志、医药、天数、宗教等领域取得长足进步，涌现大禹、彭祖、尹吉甫、李冰、司马相如、严遵、扬雄、谯周、陈寿、常璩、赵蕤、陈子昂、李白等文化名流，获得"蜀有学先于中原""儒学源蜀"（谢无量）、"蜀学比于齐鲁"（《三国志·蜀书》）、"文章冠天下"（《汉书·地理志》、宋品陶）、"蜀人杰出"（唐魏颢）、"易学在蜀"（程颐）、"麟经在蜀"（青阳梦炎）、"天数在蜀"（吕子方）、"川药蜀医"（文天祥）、"仙源在蜀""道源于蜀"、"菩萨在蜀"（谭继和）等美誉。为三苏的成长和取得各方面成就，奠定了良好基础。

苏轼所处北宋时期，中国正处于"唐宋变革"潮流中承前启后、社会转型、学术转向的时期，经济繁荣、思想自由、科技发达、文化昌盛、艺术繁荣。与晚唐五代藩镇割据和武人专权不同，北宋从立国之初采取重文轻武的国策，以儒学为内核的士大夫文化十分发达。《宋史》称："宋之君臣，于二帝、三王、周公、孔子之道，讲之甚明。"（《舆服志·序》）又说："其时君汲汲于道艺，辅治之臣莫不以经术为先务，学士、缙绅先生谈道德性命之学不绝于口。"（《艺文志·序》）朝野尚文的价值取向和儒学教化交相辉映，使宋代成为中华文化的高峰时期。仁宗"恭俭仁恕，出于天性"（《宋史·仁宗纪》），在位期间，政治宽松，文化发达，历史有"庆历之际，学统四起"（全祖望）、"嘉祐年间，人才辈出"（孙觌）之说，产生了范仲淹、韩琦、富弼、欧阳修、文彦博、范镇、司马光、王安石等一大批治世名臣和文化巨擘，为后世大师巨儒的出现导夫先路。

宋代蜀学正是在以上历史积累基础上，经过苏洵、苏轼、范祖禹、苏辙等人的努力，渐入佳境，驯至历史最高水平，在教育、科举、政治、家族、经学、史学、文学、科技、医药等领域，皆有空前成就和独特贡献。如普州崇龛陈抟以图解《易》，开启宋易先河；蜀人房审权《周易义海》、蒲江魏了翁《周易要义》《周易集义》，集易学大成；崇州唐慎微《证类本草》给中药配方、绘图，成为后来"本草"学典范；巴中张思训利用水银的衡定性、抗寒性和流动性，解决"太平浑仪"因温度变化而无法运行的问题；遂宁王灼记录甘蔗制糖工艺，成《糖霜谱》一书；安岳秦九韶《数书九章》创新"正负开方法""大衍求一术"等等，领先世界500年；苏轼、文同等皆记载北宋真宗时，蜀人用卓筒技术，凿井数十丈，取盐于地下（《东坡志林》《丹渊集》）。至于北宋时在成都发明的交子，宣布人类商业史上第一张纸币诞生。以上这些成就，连同三苏在经学、史学、文学等领域的造诣，共同将蜀学推向历史新高峰。

二、对传统蜀学的吸取、突破与新构建

三苏在学习和继承传统蜀学时，也对其进行了深刻批判和全面超越。他们看到了传统蜀学中的一些弊端和不足，如司马相如的好名、扬雄的务虚、李白的疏狂等。针对这些问题，三苏提出了自己的见解和主张。苏洵在《嘉祐集》中，对扬雄的《太玄》《法言》进行了批评，认为它们追求拟圣仿古、故作艰深的复古美，而忽略了文章著作的思想内容和实用价值。他主张文章应该"文以载道"，随时抑扬，既要传达有益的思想和道理，也要创造出适应时代需求的新文体、新风格和新思想。苏轼在文学创作上更是独树一帜，他既继承了传统蜀学的文学风格，又以简古的文赋替代了堆砌名物、言辞臃肿的汉赋，还融入自己的新思想、新元素。他的

诗词文赋，既有豪放奔放的个性特征，又蕴含了深刻的思想内涵和哲理思考。苏辙则更加注重对儒道两家经典的阐释和思想发挥，他的《诗集传》《春秋集解》《老子解》等著作，对儒道经典进行了解读和阐发。

（1）在治学方法上，三苏超越了传统蜀学务博不纯的局限。他们不仅注重文本的解读和阐释，还注重行文自然，并将所学知识应用于实际生活中。他们强调"通经致用""有为而发""文章昭世"，认为要通过学习和研究经典，结合当代社会实际来著书立说，借以指导人们的实践。这种求真务实、通经致用的治学风格，使三苏在学术上取得了卓越的成就，造就了"器识宏伟、议论卓荦、文章隽秀、政事精明"的苏东坡和"汪洋淡泊、思想深邃"的苏子由。

三苏在批判和超越传统蜀学的同时，也积极构建了自己的新风尚和新体系。他们采纳了司马相如以来蜀学"兼容并包，参天贰地""包括宇宙，总览人物""控引天地，错综古今""儒道合一""诸子汇通"的治学风格，构建了兼收儒释道、并蓄诸子百家的集杂成纯的新风尚。他们不仅广泛涉猎各家学说，还将其中的有益成分融入自己的思想体系中，形成了求真务实、通经达用的经学风格。

（2）在价值观念上，三苏吸收了《山海经》、司马相如、王褒、严君平、扬雄、赵蕤等构建的"道德仁义礼"的核心思想理念，形成了形而上之道与形而下之器（仁义礼乐）相结合的新体系。他们强调道德的重要性，认为道德是人生的根本和基础。同时，他们也注重仁义准则和礼乐等具体制度的建设和完善，认为这些制度是实现道德理想的重要保障。苏轼《韩非论》说："仁义之道，起于夫妇、父子、兄弟相爱之间；而礼法、刑政之原，出于君臣、上下相忌之际。相爱则有所不忍，相忌则有所不敢。夫不敢与不忍之心合，而后圣人之道得存乎其中。"[1]东坡认为，仁义是情感的东西，是从夫妇、父母、兄弟的情谊中产生的，一经产生就具有内在的不忍和自觉。礼法政刑是从君臣、上下等社会政治等级中产生的，他们的产生给人以外在的约束和自律，并认为这些情感和制度都贯穿于"圣人之道"。苏辙《王衍》也说："圣人之所以御物者三：道一也，礼二也，刑三也。《易》曰'形而上者谓之道，形而下者谓之器'。礼与刑，皆器也。孔子生于周末，内与门弟子言，外与诸侯大夫言。言及于道者，盖寡也。非不能言，谓道之不可以轻授人也。盖尝言之矣，曰：'参乎，吾道一以贯之。'夫道以无为体，而入于群有，在仁而非仁，在义而非义，在礼而非礼，在智而非智。惟其非形器也，故目不可以视而见，耳不可以听而知。惟君子得之于心，以之御物，应变无方，而不失其

---

1 曾枣庄、舒大刚主编：《三苏全书》第十四册，北京：语文出版社，2001年，第185页。

正，则所谓时中也。小人不知而窃其名，与物相遇，辄捐理而狥欲，则所谓无忌惮也。"[1]苏辙认为，圣人统御万物的基本手法有道、礼、刑三者。从形态上讲，道是形而上的，是缥缈的规律或道理，看不见，摸不着，无象无形，非仁非义，非礼非刑，但是君子却可以体之于心，用来统御万物，应变无方；礼与刑是形而下的，是具体的规定和设施，看得见，摸得着，可以依仿而行。孔子之所以"言礼而不言道"，就是出于"道"是虚无难知、不易把握，"礼""刑"却可知而易行的考虑。"故孔子不以道语人，其所以语人者必以礼。礼者，器也。而孔子必以教人，非齐之也。盖曰：'君子上达，小人下达。'君子由礼以达其道，而小人由礼以达其器。由礼以达道，则自得而不眩；由礼以达器，则有守而不狂。此孔子之所以寡言道而言礼也。"这样就将普遍意义、至高无上的"道"，与具体而微、可知可行的"礼乐政刑"结合起来，构建起形上形下结合，务虚务实统一的思想体系。

（3）在经典阐释上，巴蜀学人重视经史辞章，三苏亦然，除文章外，对经学史学都情有独钟。《元史》还说"蜀人治经，必先古注疏"，三苏也精熟于汉注唐疏，并在此基础上开启宋儒遍注群经的先河。他们一生潜心学术，著述颇丰，三人著作的内容涉及经、史、子、集各个方面，其中经学类著作共有七十余篇（种），在《周易》、《尚书》、《诗经》、"三礼"、《乐经》、《太常因革礼》、《春秋》、《中庸》、《论语》、《孟子》、《老子》、《庄子》等经典性文献方面，都有著述和阐释，从而构成"儒道结合"的"六经五子"的经典体系。他们的经学著作视野广博、一脉相承，可以说三苏形成了一个完备的经学学术体系。

在经学研究风格上，三苏也形成了自己的体系。自老苏提出"褒经而击传"以后，他们对"六经"推崇有加，而对诸经的传记批评颇多。在吸收和批判旧注的基础上，苏洵撰有《六经论》，苏轼撰有"五经论"、《易传》、《书传》、《论语说》，苏辙撰有《诗集传》《春秋集解》《论语拾遗》《孟子解》《老子解》《古史》，等等，对儒道、史学等经典进行了深入的解读和阐发。他们的阐释不仅注重文本的训诂和字词意义，还特别注重挖掘其中的深层含义和哲理思考，也揭示了其对社会现实的指导意义和批判价值。这种阐幽发微、继绝起废的经学风格，使三苏在经学领域取得了探讨"千载之微言""时发孔氏之秘"和"推明上古之绝学"等突破性成就。

（4）在宇宙观和社会观上，三苏也具有丰富浓郁的家国情怀、系统完整的宇宙观念，归纳起来即是"人本""情本""民本"，核心精神就是重塑人和民的主

1　曾枣庄、舒大刚主编：《三苏全书》第十八册，第168页。

体地位。

　　茫茫宇宙人为本：宇宙观是人们对生存于其中的空间和时间的感知和看法。中国人的宇宙观来源于人们生活中对古往今来、四方上下的观察，如《淮南子》说："往古来今谓之宙，四方上下谓之宇。"《周易》中有"夫大人者，与天地合其德，与日月合其明，与四时合其序，与鬼神合其吉凶。"即所作所为跟自己生活空间里的所有现象不相矛盾，可见古人的视界、感觉就是"天地、日月、四时、鬼神"，分别是我们生存的空间（宇）、光明的来源、生活的节奏（宙）、事业吉凶的征兆。这四者构成了中国人最早的宇宙观或世界观。人对天地、万物的观察使得《周易》本身带有天人合一的宇宙观倾向，既崇自然天道又重人事，力图找到天道与人道的合一。《东坡易传》比较完整地继承了《周易》的宇宙观，苏轼在解《系辞传》"《易》与天地准，故能弥纶天地之道"时说，"准，符合也"，《周易》与天地之道无缝吻合；"弥，周浃"，一点不多也一点不少；"纶，经纬"。可见《周易》是对天地之道的完整摹写，也是对天地规律的全面演绎。苏轼认为通过《易》，人这一天地主体就可以认识宇宙万物，即"天地""幽明""死生""鬼神"等所反映出来的运行规律、阴阳演绎、生命始终及其变化情态。《东坡易传》以天文地理、物之终始、精气游魂为可见之物，所以圣人以之进行教化，使人感知事物变化背后的宇宙规律，并从中获得启示，这就是《易》以天地示人以施教化。可见苏轼解《易》重视自然之理、契合人文之性的特点，具有深厚的自然与人文相结合的倾向。四库馆臣说《东坡易传》"多切人事"，正是说他希望通过揭示自然之理，达到指导人事活动，最终成就一番德业。

　　面对天道与人性即客观自然性与人的理想的社会性之间的冲突，苏轼坚持"人能宏道"的原则，不以命废志，坚定维护人文价值理想，倡导人可赞天的主宰精神。人类是一个个鲜活的生命体，是"阴魄"和"阳魂"、"气"与"志"的组合，《系辞传》说"精气为魄""游魂为变"即此。由于人们自身修为不同，便分出"俗人"和"圣贤"。他说，常人只知道饮食、男女、养生，还处于最底层的生存境界（动物境界），如果不加修炼就会日渐沉沦。物质欲望（阴魄、气）的"厚""约"与精神（阳魂、志）之"强""微"互相争胜。粗鄙的个人物欲如果胜过意志，那么阴魄负担就会过重，就难以成仙成圣。"圣贤则不然"，能用意志力统一物欲之气，使自己"清明在躬""志气如神"。这种圣贤"虽禄之天下，穷至匹夫"，也不会改变意志。"故志胜气而为魂"，是说一个人高尚之志战胜鄙薄之气，他的灵魂中阳精居多，就可成圣。"众人之私则为鬼"，是说私心重的人死后便只能成鬼；"而圣贤为神"，是说圣贤修养很高，志气不坠，境界不断上升，死后便成为神。成"神"成"鬼","非有二知也",而是由"志气"高低决定贤愚忠奸。即以人的社会共性去统御自然本性。

苏轼继承了《易经》宇宙论的唯物观,但又不公开反对"鬼神""吉凶"的存在,甚至认为他们还具有某种正义感和裁判力。《易经》"神道设教"重在教化,圣人制礼作乐,编定《易经》,设立筮法,都是要为人服务,也要通过人力才能显现其功能。吉凶祸福都在人为,而非绝对听命于神、坐等神灵指派。人通过修为除去物欲,即可通天地、感鬼神、招祥瑞。在苏轼的宇宙观中,人始终是中心,可感动天地、招致鬼神,也叫发挥其正义功能,足见苏轼的"人本"学说。

幽幽万事情为先:人性论是指撇开人的社会性、阶级性来解释人的共同本质的观点或学说。中国人的宇宙观以"道"为终极源泉和动力,"道"通过"命"作用于人,进而赋予人性,儒家对人性有颇多讨论。孔子称"性近",孟子称"性善",荀子称"性恶",董仲舒称"性善情恶",扬雄称"性无善恶",三苏也有自己的性情说法。老苏先生说:"凡事之不近人情者,鲜不为大奸慝。"(《辨奸论》)要以"人情"判断是非。苏轼说"命、性、情"一体,但所处位置不同:性"溯而上,至于命;沿而下,至于情",性则处于中间。"道"对人的作用就是"命","命"决定个体必然性,作用于物就形成具体之"性"。性的表达就是情,"情者,性之动也",故"性本情末"。历代以孟、荀为代表的儒家,常以善、恶言性,苏轼却认为善、恶是情而非性,他倡导自然的人性论。

苏轼认为,人性本质是一种无善无恶的自然本性和生理本能。每日君子积善"以消其不善",小人积恶"以消其善",但都有不得而消的本质、素地,就是"性"。这种无善无恶的自然本性乃是善恶的源头,本身没有善恶之别。他还反对孟子性本善说,认为性善只是人性的一种效应,而不是性本身和性的本质。

苏轼突出人性的自然性,性发动而有喜怒哀乐爱恶欲七情,情是性的外在体现,进而认为由性而生的情也是没有绝对的善恶,善恶都是相对的。他说:"性之与情,非有善恶之别也。"性、情两者都无善恶之别。苏轼还用《易经》之卦喻"性",爻喻"情",卦成而不变动,爻随占而居变动状态中。结合《中庸》"喜怒哀乐之未发之谓中","中"即不偏之性;"发而皆中节谓之和","和"为适节之情。那么性为静,无善无恶;但情为动,动则有公有私。公情为善,符合公情即"发而皆中节";私欲太甚,不合公情,即不中节,则会倾向于恶。所以借助对情的考察可以实现"尽性"的目的,进而上达"天命"。

苏轼认为纯粹论"性"很空洞,但"性所以成道而存存也",从"性"可看出"道"作用于物的痕迹,也可看出发展为"情"之可能。而"性"客观不可动摇,争辩善恶无益；"情有善恶"可讨论，故当下有益之事在于如何引导"情"的发生和发挥。所以三苏皆疏言于性而畅言于情。

他们多以人情或民情判断是非，认为合乎人情即合理。如苏洵《辨奸论》批评当时正值如日东升之势的王安石凡事"不近人情"，认为"鲜不为大奸慝"。苏轼《中庸论》也认为"夫圣人之道，自本而观之，则皆出于人情"。苏辙说六经因合乎人情而不朽，又说"故礼缘人情"（《诗集传·泉水》）。六经可贵在于亲近人情，而非近于君主或权贵；政策的合法性也是如此，苏辙说："夫人情纾则乐易，乐易则有所不为。"（《栾城集》卷二一《上皇帝书》）又说："政令简易而人情之所安耳。"（《栾城集》卷三五《陈州为张安道论时事书》）"事理明白，人情不远。"（《栾城集》卷三七《再乞责降蔡京状》贴黄）苏轼先是批评王安石变法，是因为其不顾实际，推行太猛，必然导致恶果；后来他又反对司马光尽废新法，也因旧党不顾部分新法已有成效的事实，太过意气用事。其前后异论的原因，都是二者所为于民有害。可见其为政标准是是否合乎民情、于民是否有利。

苏轼、苏辙与汉唐诸儒争于"性善性恶之别"、道学家争于"天理人欲之辨"不同的是，他们不争辩虚幻之"性"，而重视体察现实人情的真实感受。他们将人标准的"人情"定义为凡人之情、大众之情、人世之情，而非圣人、王者之私情，这就使其"人情说"具有更大的普适性，保证了他们以人情说来衡量和判断是非的合理性和可行性。

芸芸众生民为贵：先秦儒家经典中常见重民社会观，如《尚书》有"民为邦本，本固邦宁""民之所欲，天必从之"之言，《左传》有"夫民，神之主也"等语。自秦行专制后，"民本"被颠覆为"君""圣"合一的"君本"主义了。但苏轼却从"人"是宇宙中心的观念出发，形成了"民本"观念。他认为，民命是天命之本。夏殷皆奉天命，认为君位天授，坚不可移；周人则不然，认为"天命"无常。《周书》提出"皇天无亲，唯德是辅"。孟子说："民为贵，社稷次之，君为轻。"荀子以舟与水喻君、民："水则载舟，水则覆舟。"苏轼认为"天、民、国"一体，他解《书传·五子之歌》时说"失民则失天，失天则失国也"，民、天、国三者浑然一统，而又根于民。

苏轼还强调以物质"利民"，给人实惠。在解释《周易》颐卦时，将天地生养万物对照为"圣人养贤以及万民"，把圣人对万民的养护，满足其基本生产生活条件，上升到了效法天地之道的层面。他还反对统治者只顾个人享受，他引《易》曰"何以聚人曰财"说："天之命我为是物主，非以厚我也。坐而享之，则过矣。"认为应当顺承天命，有所作为："故利有攸往，顺天命也。"提倡用财"聚人"，对民众施以好处，注重民生。他反对空谈义理，主张义利结合，解"义者利之和"时说："义非利，则惨洌而不和。"《东坡书传》解"正德、利用、厚生、惟和"时，提出了"民生厚而德正"思想，在《易传》夬卦则说："君子之于禄、利，欲其在人；德、业，欲其在己。"对人民要有实惠，对自己则提倡精神升华。

苏轼还尊重民众的个性人情，重视在维护民众利益基础上的社会和谐。如关于君民关系，苏轼解《益卦》时认为，应"君子之视民与己，一也"，心怀仁爱，将心比心，以民为本，施以恩泽。顺应天道自然，去做让人民感到愉悦的事情，"乘天下之至顺，而行于人之所悦"（《中孚》解），而不是违背人民意志逆天妄行。在国家的治理与人民的选择上，"古之善治者，未尝与民争，而听其自择"（《涣卦》解），重视民众的意见与选择，而非与民争利，这是对社会和而不同的追求，亦是对人民权利的重视与维护。

由于苏轼具有较为彻底的"民本"思想，使得他能更多考虑民众利益，避免使人民受到戕害。苏轼不以党派利益为是非，也不唯君命是从，坚持于民有利、于国无害的政治理想，力图发挥经世致用、富民乐民安民的作用。所以他才能表现出既要"致君尧舜"，又要不卑不亢的政治气节，既要造福于民，又要追求正义的政治抱负。

总而言之，苏轼具有完善的宇宙观、道德观、社会观，其中最明显的标志就是对人、情、民的重视。这是他对中华传统文化精华的总结和继承、弘扬和发展。他的人本主义让他具有理性，情本主义使他富于情感，民本主义更具超阶级性和超时代性，正因如此，他才取得了超时代、超阶级的巨大成就和影响。因为只有人民才是永恒的，为人民谋福利的事业才是真正成功的事业，也只有做人民的朋友才具有永恒的口碑，才会获得不朽的英名，《东坡易传》才成为"不刊之书"而流传兹久。由此，他认为帝王符瑞，可能实有其事，因为君子修德可以感格鬼神，凡人修身也能与天地相通。圣人"神道设教"，重在人文教化，不要过分依赖求神问卜，否则就是本末倒置了。在政治上，他坚持儒家传统的民本学说，认为"天命即民命""民为邦本"，统治者要以造福民生为首务。

他们兼顾家国天下，超越得失，超越自我，超越时代，超越六合，他不仅把个人价值寄托在对国家和人民的大爱与奋斗中，以伟岸的人格承接使命担当，以家国情怀托举利民使命，以短暂一生铸就千古英名。从宇宙观考虑，在天地人神之间，苏轼主"人本"说。他心怀天下，心忧斯民，立志致君尧舜、再淳风俗，在天下观上，他主"天下为公"说，认为"民可亲而不可疏，可敬而不可愚"。于君臣社稷之间，他主"民本"说。他承认人生而有欲，感物有情，教化的功能在于对人情的节制，因此在人性论方面，他主"情本"说。通过"人本""情本""民本"可以完整地透视苏轼的宇宙观、天下观、社会观和道德观。

三、蜀学的崛起与影响

在三苏的带领下，蜀学逐渐崛起并成为北宋后期的重要学术流派。它与二程洛学、王安石新学并立，三者共同构成了北宋学术的多元格局。蜀学的崛起不仅团结和整合了巴蜀学人，也推动了北宋以及后来学术的繁荣和发展。

他们是北宋蜀学的杰出代表和领袖核心，历代相传的蜀学传统，在他们身上得到完美体现和传承发展。他们"兼容并包"，广泛吸收各种学术思想，形成了自己独特博大的学术体系；他们"经史传家"，注重经学史学的传承，为子孙树立起"《春秋》《古史》乃家法，《诗》笔《离骚》亦时用"的良好榜样；他们"崇实不虚""义利合一"，强调学术的实用价值，反对空谈误国；他们"文冠天下"，以卓越的文学才华赢得了世人的赞誉，于是便有南宋"苏文熟，吃羊肉；苏文生，吃菜羹"的谚语；他们"三教合一"，将儒释道三家思想融为一体，形成了集杂成纯的思想体系。

尤为值得表彰的是苏东坡。《宋史》称赞他"器识之宏伟，议论之卓荦，文章之隽秀，政事之精明"，而又辅以"特立之志"和"迈往之气"，他们在文学、政治、哲学、人格等多个领域都取得了卓越的成就。他的出现，不仅使蜀学更加辉煌，也为后世树立起光辉榜样。由于东坡的特有魅力，在他周围时刻团聚着一批学者，如黄庭坚、秦观、张耒、陈师道、李廌、李格非等大批学者，他们在文学、史学、政治、道德等领域，都做出了极大贡献，形成势力强大的蜀学学派。全祖望修《宋元学案》，王梓材补《宋元学案补编》，都设有《苏氏蜀学略》，罗列蜀学中人234位，从而形成声势浩大的学术流派，影响深远。至于私淑其人，学习其人，景仰其人者，更是更仆难数，至今未泯。具体来说，苏氏文章为万世师法，三苏经说为后世广泛引用，东坡人本学说巩固无神论思想，东坡民本思想丰富儒家君民关系论，东坡情本学说在理本、气本、心本之外独树一帜，东坡人格为后代垂法，东坡史论为后世史家所借鉴，等等。

（1）蜀学素有"文章冠天下""文宗出西蜀"之称，苏氏的文章更为万世师法。苏洵、苏轼、苏辙三人皆以文章名世，其文风独特，各具特色，影响深远。苏洵的文章以雄奇峻拔著称，其《嘉祐集》中的诸多篇章，如《权书》《衡论》《几策》等，均展现出他深邃的思想和独到的见解。苏轼的文章则兼具豪放与婉约，既有《赤壁赋》这样的壮丽之作，又有《记承天寺夜游》这样的清新小品，他的文章风格多样，内容丰富。苏辙的文章则以稳健著称，其《栾城集》中的文章，逻辑严密，论述精当，深受读者喜爱。当时秦观有言："老苏先生，仆不及识其人；今中书（轼）、补阙（辙）二公，则仆尝身事之矣。中书之道，如日月星辰，经纬天地，有生之类，皆知仰其高明；补阙则不然，其道如元气，行于混沦之中，万物由之而不知也。故中书尝自谓'吾不及子由'，仆窃以为知言。"（《淮海集》卷三十《答傅彬老简》）他说"老苏"他没有见过，其文章不敢妄加评论；他所见的大苏（轼）之文，兼有天文、地理、人伦，一应俱全，读其文章者，都会为他的博大高明所折服；小苏（辙）的文章则一团和气，浑沦圆满，自然而然。因此，苏氏文章不仅在当时备受推崇，更为后世文人所师法。他们的文章风格、写作技巧以及思想内涵，都成为后世文人学习和模仿的对象。三苏蜀学的文章风格，对后世文学创作产生了深远的影响，使得三苏蜀学在中华文化中占据了重要的地位。

（2）蜀中颇重经学，自古有"蜀学比齐鲁"（《三国志》）、"易学在蜀"（程颐）、"蜀之多易"（全祖望）、"麟经在蜀"（青阳梦炎）等说法，三苏也精于经史百家之学，分别撰有"六经论""五经论"和《易传》《书传》《论语说》《春秋集解》《诗集传》《论语拾遗》《孟子解》等经说和经解，三苏共同建立起系统的经解体系。三苏在经解方面，倡议"褒经而击传"，认为"六经"是圣人所传，诸经传记则是后儒所附；前者是经与史的合一，后者则颇多附会之说。他们解经，一是要屏除后儒附会之说，以恢复经典的本色；二则揆以"人情"，以"切于实用"。由于他们解经方法与汉唐诸儒不一样，故能超越汉唐，揭示出"千古不传之学"，具有独到见解和独特贡献。这种方法不仅在当时经学界独树一帜，更为后世学者抵抗正统伪说、革新学术时所引用和借鉴。三苏合力完成的《东坡易传》，就以独特的视角和深刻的洞察力，运用矛盾对立统一的观点、卦合爻别的方法，对《周易》的卦象、爻辞进行了深入的剖析和解读。此外，苏轼"推明上古之绝学"的《书传》和"时发孔氏之秘"的《论语说》，以及苏辙的怀疑"诗序"的《诗集传》、"协合三传"的《春秋集解》以及融合孔老的《老子解》等经学著作，既有别于前儒，又启发了后学。可见他们的解读，不仅具有学术价值，更富有哲理性和启发性，无疑是经学从"我注六经"向"六经注我"范式转换的早期尝试。

（3）"蜀人好发议论"，"多出异说"，号称"异儒"，东坡"人本"学说突出人性，巩固了传统无神论。苏轼的人本学说在三苏蜀学中占有重要的地位。他继承和捍卫《周易》"天地""鬼神""日月""四时"的宇宙论构建,强调人的主体性和自主性,认为人为万物之灵,最为天下贵;应该摆脱神灵的束缚,追求自由和独立,"吉凶祸福,存乎其人"。这一观点在当时的神秘主义盛行的社会中显得尤为突出和珍贵。苏轼的人本学说不仅批判了神权社会的荒谬和虚伪,更为后世无神论思想的发展奠定了基础。他的观点鼓励人们独立思考、勇于探索,推动了人类文明的进步和发展。

(4)在君民关系论上,儒家提倡"民为邦本,本固邦宁""民为贵,君为轻,社稷次之",强调"君者舟也,民者水也;水则载舟,水则覆舟"。东坡"民本"思想也丰富了儒家君民关系论。苏轼强调天下为公、选贤与能、以民为本、以民为先、民命即天命、皇极即中正,认为君主应该关心百姓的疾苦和利益,为百姓谋福利。这一观点极大丰富和发展了儒家的君民关系论。他批判了专制社会中君主的独断和腐败,呼吁君主关注民生、实行仁政、争取民心。

(5)东坡"情本"学说突破理本、气本、心本等道学桎梏,为明清之际启蒙思想家所继承和弘扬。苏轼的情本学说强调情感在人性中的重要作用,认为性无善恶而情有公私,情感是人性的本质和核心。这一观点打破了当时理本、气本、心本等道学思想一统天下的局面,为后世多元论思想的发展开辟了道路。苏轼的情本学说不仅具有理论价值,更富有实践意义。他强调公众情感在人际交往和社会生活中的重要作用,认为大众情感不仅仅是维系人际关系和社会和谐的重要纽带,也是衡量政策、法规善恶的唯一尺度。这一观点一定程度上促成了明代"异儒"——李贽(号称"明代子瞻")的出现和清代张潮"情之一字,所以维持世界;才之一字,所以粉饰乾坤"口号的形成。

(6)蜀人儒、释、道并治,拿得起,放得下,想得开,既可积极有为、兼济天下,又能高蹈远引、独善其身,东坡就是其中最突出的代表。他才高八斗,言论纵横,却又仕途坎坷,三遭贬谪,但他不惧艰难、笑面人生,"一蓑烟雨任平生",此种人格精神为后人敬仰。苏轼的人格魅力不仅体现在他的个人品质上,更体现在他的社会责任感和担当精神上。他关心国家大事、关注民生疾苦,积极因法利民、纾困消灾,为后世树立了榜样。东坡之后,蜀地涌现出的唐庚、李石、张浚、张栻、魏了翁、虞允文、虞集、杨廷和、杨慎、陈于陛、陈以勤、李调元、尹昌衡、郭沫若等一众名家,他们进退自如,能屈能伸,达则兼善,穷则独善,其有取于东坡精神者显然可见。

(7)《东坡志林》《古史》等史著和史论,无论是专著还是单篇文章,无论是长篇大论还是短简小文,都言之有物,评之在理,讲明古今治乱,为后世史家所借鉴。苏轼、苏辙的史论作品具有深刻洞察力和独到见解，别开生面，出人意表，具有极高的学术价值和品读价值。这些作品不仅为当时的历史研究和文章创作提供了重要的参考和示范，更为后世史学创新和研究产生了深远的影响。刘咸炘《蜀学论》有曰："唐后史学，莫隆于蜀。"范镇修《仁宗实录》，范祖禹参与修《资治通鉴》，李心传撰《建炎以来系年要录》《建炎以来朝野杂记》，王称撰《东都事略》，李焘撰《续通鉴长编》，张崇祖、李心传等编《总类国朝会要》，杜大珪辑《名臣碑传琬琰集》，李攸辑《宋朝事实》等，一时蜀中史学兴盛，持续百余年，皆出于东坡之后，其中成因绝非偶然。而据蒙文通研究，苏轼史论还对南宋浙东史学产生了深远影响。浙东史学注重历史研究的实用性和实效性，强调从历史中汲取智慧和经验来指导现实社会，正是苏轼的史论作品引导他们形成了这一特色，俨然嫡传亲授。

四、结语

三苏作为北宋蜀学的领袖，他们的学术成就和思想贡献是不可磨灭的。他们通过对传统蜀学的融合、传承和批判、超越，构建起兼收儒释道、并蓄诸子百家的新风尚和新体系；同时，他们也通过与蜀学人物的交往、传授、奖掖，培养了一批道同风一的蜀学群体。这些努力和贡献使蜀学成为北宋后期的重要学术流派之一，并对后世产生了深远的影响。

三苏继承和发展了蜀学内涵，同时也对蜀学走向巅峰产生了深远而广泛的影响。他们将"蜀儒文章冠天下"的传统推向极致，诗词文赋为万世师法，为后世文学创作提供了重要的参考和借鉴；他们的经说为后世引用，也将蜀中"易学""尚书学""诗经学""春秋学"等推向深入和新高。东坡提倡"吉凶祸福，存乎其人"的人本学说，巩固了无神论思想的基础，为后世思想解放提供了有力支持；东坡大力提倡"天下为公""民为邦本"的思想，丰富了儒家君民关系论，为后世政治思想和政治制度的发展提供了重要参考；东坡情本学说打破了理本、气本、心本等一元统治的局面，为后世（特别是明清之际）启蒙思想家多元论思想的发展开辟了道路；东坡人格为后世人们树立了榜样和典范；东坡史论为后世蜀中史家和浙东史学所借鉴，提升了史学研究的实用性和现实性。三苏蜀学的这些历史影响不仅彰显了其在中华文化中的重要地位，更为后世提供了宝贵的精神财富和思想资源。

三苏蜀学与巴蜀学术思想关系研究刍议[1]

蔡方鹿（四川师范大学哲学学院）

摘　要：三苏蜀学既是广义的蜀学的重要组成部分，又是中国文化发展到宋代产生的宋学的重要派别，在中国历史和巴蜀文化史上占有重要地位，是中华文化和巴蜀文化的瑰宝。以往学者对三苏蜀学和巴蜀学术思想分别做了研究，取得了显著成果，但对二者关系的研究尚处在起始阶段，有待于进一步扩展。深化三苏蜀学和巴蜀学术思想关系的研究、挖掘三苏蜀学怎样体现巴蜀学术思想的总体特征，进而厘清三苏蜀学在巴蜀学术文化领域的成就与贡献，具有重要意义。探讨包括三苏蜀学在内的整个巴蜀学术思想与中国其他地域思想文化的异同，及其如何体现多元一体的中华文化的包容性和发展格局，有助于充分发挥三苏蜀学和巴蜀地方文化资源优势，立足巴蜀，突出地方特色，面向全国，为中国社会的持续发展和治蜀兴川、建设文化强省提供借鉴。

关键词：三苏蜀学　巴蜀学术思想　关系研究

三苏蜀学是一个别具特色的学术流派，在全国和四川学术思想史上均占有重要地位，与当时王安石新学、二程洛学等，同属提倡义理，批评重训诂考据、轻义理发挥之汉学的宋学阵营。在儒、佛、道三教关系问题上，三苏蜀学具有融贯三教的治学倾向，这与唐宋以来中国文化的发展出现儒、佛、道三教融合的趋势相关，与同时代的理学以儒为本，既批评佛、道二教，又加以吸取的观点有同有异。虽然三

1　本文系四川省哲学社会科学基金重大项目"三苏蜀学与巴蜀学术思想的关系研究"（SCJJ24ZD60）的阶段性成果。

苏蜀学属于宋学阵营，但其与理学观念有别，并对理学提出批评。三苏蜀学的代表人物重视人情的思想体现在其经学与蜀学思想之中，这不仅是三苏蜀学的特点，而且在很大程度上体现了整个蜀学的重要特点。深入研究三苏蜀学，对于客观把握蜀学与巴蜀学术思想的关系的实质和特点，从而进一步认识巴蜀地域文化的特色十分重要。

一、研究三苏蜀学与巴蜀学术思想关系的意义和价值

三苏蜀学是指北宋时期以苏洵（1009—1066）、苏轼（1037—1101）、苏辙（1039—1112）父子为代表的重要学派。其中苏洵为父亲，字明允，自号老泉，眉州眉山（今属四川）人，北宋文学家，与其子苏轼（字子瞻，号东坡居士，著名文学家、书画家）、苏辙（字子由，一字同叔，自号颍滨遗老，北宋文学家）并以文学著称于世，世称"三苏"，三人均被列入"唐宋八大家"。三苏蜀学既是广义的蜀学的重要组成部分，又是中国文化发展到宋代产生的宋学的重要派别，在中国历史和巴蜀文化史上占有重要地位，是中华文化和巴蜀文化的瑰宝。

巴蜀学术思想之"蜀学"最早见于《三国志·蜀书》，西汉景帝时文翁任蜀郡守，兴学化蜀，培养人才，又遣蜀士东受七经，还教吏民，于是"蜀学比于齐鲁"[1]。今人所谓"蜀学"，是指历史上巴蜀地区（主要范围是今四川省和重庆市地区）的学术文化，包括文史之学、儒家经学、哲学，以及宗教、科技、书画之学等。蜀学是广义的巴蜀文化的重要组成部分，是巴蜀文化中的学术层面的内容，亦可谓巴蜀学术文化。近代对蜀学的研究，始于尊经书院光绪十四年（1888）刊印的首次系统梳理和初步研究巴蜀儒学名人的《蜀学编》。此后1912年谢无量的《蜀学原始论》《蜀学会叙》等，从"国学"的视角来梳理和总结传统蜀学。他认为蜀地有学先于中原，并从儒、道、释和文章四个方面梳理归纳蜀学。刘咸炘对"蜀学"的认识，集中表现在《蜀学论》一文（1936年刻印）。他提出蜀学精华主要表现在易学、史学和文学三个方面，所谓"统观蜀学，大在文史"[2]。他认为蜀学短于

1　（晋）陈寿撰：《三国志》卷三十八《蜀书》第八《秦宓传》，北京：中华书局，1959年，第973页。

2　刘咸炘：《推十文·论·蜀学论》，载刘咸炘：《推十书》（增补全本，戊辑二），上海：上海科学技术文献出版社，2009年，第495页。

经、子而长于史、集，把作为蜀学精华的易学、史学和文学归纳为文史两类，并指出蜀学的风格是崇实不虚。

20世纪80年代以来，关于巴蜀学术的研究成果先后有贾顺先主编的《四川思想家》（巴蜀书社，1988年），胡昭曦的《宋代蜀学研究》（与刘复生、粟品孝合著，巴蜀书社，1997年），谭继和的《巴蜀文化辨思集》（四川人民出版社，2004年），刘复生等的《近代蜀学的兴起与演变》（四川大学出版社，2017年），黄开国、邓星盈的《巴山蜀水圣哲魂——巴蜀哲学史稿》（四川人民出版社，2001年），蔡方鹿主持的"蜀学与经学研究"（国家社科基金项目）、《巴蜀文化通史·哲学思想卷》（四川建设西部文化强省重点项目）和蔡方鹿所著的《一代学者宗师——张栻及其哲学》（巴蜀书社，1991年）、《巴蜀哲学与文化探讨》（中国社会科学出版社，2020年）等，此外还有金生杨的《汉唐巴蜀易学研究》（巴蜀书社，2007年）、粟品孝的《朱熹与宋代蜀学》（高等教育出版社，1998年）等，集成图书有重大项目"巴蜀全书""蜀藏"及"巴渝文库"等。以上一系列成果，对巴蜀学术思想展开了卓有成效的研究。

贾顺先主编的《四川思想家》对上起西汉严遵、下迄近代吴虞共20位蜀籍思想家进行论述。胡昭曦自开始关注和研究蜀学，发表了数十篇（部）相关研究论著，是蜀学研究重新得到学界重视的重要倡导者，他在"蜀学"概念及其研究范围的界定、宋代蜀学研究和近现代蜀学研究方面的贡献尤为卓著。但当前对巴蜀学术的研究多为对巴蜀学术发展史的梳理辨析，对于学术思想及其历史地位的研究还不够，仍是以断代的、阶段性的、专题性的、学科专业性的为主，尚需对巴蜀学术下大力气进行溯源辨流、贯通考订、提炼归纳，以求创新。而对三苏蜀学与巴蜀学术思想关系的研究即着重研究三苏蜀学的学术思想及其源流、学统、特点和历史地位等。

构成三苏蜀学之内涵的三苏文学与三苏哲学、经学等不同程度地受到了宋以前巴蜀学术思想的影响，具有巴蜀地域文化的烙印。但目前来看，关于三苏文学对于蜀学形成发展的贡献、影响及二者关系的研究成果并不多，需要充分利用三苏文学文献资料，使用跨学科研究方法，把三苏文学、经学等结合起来，进一步探讨三苏蜀学与巴蜀学术思想的关系。学界对三苏哲学的研究主要集中在苏轼哲学研究，将三苏哲学、三苏的宗教思想作为一个整体的研究对象。近年来，尽管有学者也将三苏哲学、三苏与佛道之间的互动纳入研究范围，但大多是立足于以往的研究阐发其思想。目前的三苏经学研究大多只是注重对单经或者该经内部的一些细节问题的讨论和考辨，对于从整体上把握三苏经学中各经之间的排列组合及相互关系有所不足。对于三苏经注构成了什么样的内在关联，已有的研究并没有予以足够的关注。

对于三苏经学如何展现蜀学的特征，三苏经学内在学理逻辑如何构建，三苏经学在与新学、理学的互动中如何书写宋学不同学派间对立与互补的一面等问题，依然需要进一步深入研究。关于眉山苏氏家风家训已有较多成果，但尚有不少文献资源有待发现和整理，关于眉山苏氏家风家训的形成、传承、发展的原因、意义、当代价值等，有待进一步探讨。然从辩证的眼光、历史唯物主义观点看，产生于古代的家风、家规、家训是不是族权、夫权和礼教的体现，这也是需要关注的，但重点在于挖掘和发扬其积极意义。

整体而言，既有的三苏研究取得了显著成果。在此基础上，应将三苏蜀学置于巴蜀学术这一大背景下来探讨三苏蜀学的特征、内涵、影响及价值，因此至少存在两个值得完善的问题域：一是厘清三苏蜀学在巴蜀学术文化之文、史、哲、教育等领域的成就与贡献，包含三苏蜀学在内的整个巴蜀学术思想的特征以及三苏蜀学是怎样体现巴蜀学术思想的总体特征的；二是体现三苏蜀学特点的整个巴蜀学术思想（即蜀学）与中国其他地域思想文化的异同，及其是如何体现多元一体的中华文化的包容性和发展格局的。

谢无量认为，儒、道、释、文章四者构成蜀学之内涵。他说："呜呼大哉！曰儒、曰道、曰释、曰文章，蜀学所由称。"[1] 胡昭曦认为，"传统的蜀学，是以儒学为主的学术文化""所谓蜀学，是指四川地区的学术，其重点在文、史、哲，其核心是思想、理论"[2]。基于蜀学的重点在文史哲、核心是思想与理论这一定位，对三苏蜀学与巴蜀学术思想关系的研究，应立足三苏蜀学之本，以求凸显以下三点学术价值。

一是通过对三苏蜀学的整体性研究，以巴蜀学术为背景，增强对三苏学术的研究深度。二是通过对三苏蜀学与巴蜀学术思想的关系研究，开展互动性探讨，扩展巴蜀学术的研究广度。三是通过对三苏家风家学与教化的结合以及对三苏蜀学与巴蜀学术思想当代价值的研究，加大对宋代巴蜀乃至宋代社会思潮、家风家学等方面的研究力度，以发掘三苏蜀学与巴蜀学术思想关系研究的时代意义。

相关研究应在此研究基础上，力求将马克思主义基本原理同中华优秀传统文化相结合，立足现实，推动巴蜀优秀传统文化创造性转化、创新性发展，为四川文化强省建设服务。

---

1 谢无量：《蜀学会叙》，载蔡竟主编：《谢无量全集》第一册，成都：巴蜀书社，2022年，第21页。
2 胡昭曦：《蜀学与蜀学研究刍议》，载西华大学、四川省文史研究馆、蜀学研究中心主办：《蜀学》第一辑，成都：巴蜀书社，2006年。

二、三苏蜀学与巴蜀学术思想关系研究的主要内容

巴蜀学术思想是中国思想文化的重要组成部分，在中国思想文化史上占有重要地位。把三苏蜀学与巴蜀学术思想联系起来，对二者的关系进行比较研究，具有重要的学术价值和时代意义。以往学术界对三苏蜀学和巴蜀学术思想分别进行了广泛深入的研究，取得了令人瞩目的成果，值得充分肯定，为相关研究打下了深厚的基础。但在三苏蜀学和巴蜀学术思想的关系研究上仍需进一步深入探讨，以突出三苏蜀学在巴蜀学术思想史上的重要地位；同时研探巴蜀学术思想对三苏蜀学的深刻影响，并揭示三苏蜀学盛行之后对巴蜀学术思想和中国思想文化产生的重要影响。在对三苏蜀学和巴蜀学术思想的关系研究的基础上，应发掘三苏蜀学与巴蜀学术思想对当代社会的价值，把马克思主义基本原理同中国具体实际相结合、同中华优秀传统文化相结合，反思传统，立足现实，推动巴蜀优秀传统文化创造性转化、创新性发展，为四川经济文化的大发展服务，为弘扬优秀民族精神、全面建设社会主义现代化国家服务，这是我们从事三苏蜀学与巴蜀学术思想关系研究的重要目的。

具体来看，相关研究应以三苏蜀学的基本内涵、巴蜀学术思想研究、古代巴蜀学术思想与三苏蜀学的互动、三苏蜀学与巴蜀学术思想关系研究的时代意义和当代价值为主要研究内容。

此外，研究三苏蜀学也应重视三苏蜀学的精神内核对于塑造民族精神的重要价值。三苏家风家学中的爱国精神，勤政爱民，重视人情，注重教化，躬行济世，包容并蓄，融会贯通儒、释、道、诸子之学，重视义理，崇尚自然，情理结合，文道并重和肯定文的独立艺术价值和审美意识等思想，集中体现了三苏蜀学的内涵和精华。三苏蜀学所蕴含的精神是中华民族精神的重要组成部分，对于民族精神的塑造具有重要价值，值得认真总结、整理研究，进而继承创新。充分发挥三苏蜀学和巴蜀地方文化资源优势，立足巴蜀，突出地方特色，面向全国，为中国社会的持续发展和现代化建设服务，建设中华民族现代文明，这是我们研究三苏蜀学和巴蜀思想文化的重要任务。

（一）三苏蜀学研究的基本内涵

包括三苏的文学思想、三苏的政治思想、三苏的史学思想、三苏的哲学思想、三苏的宗教思想、三苏的经学思想、三苏蜀学的家风家教、三苏蜀学的基本特征等内容。以学科论，三苏蜀学大致可划分为三苏的文学思想、史学思想、政治思想、哲学思想四类（宗教思想、经学思想亦可归于哲学思想）。

三苏之文学成就最为著名，其文学思想实以儒学结合道家思想为治学根底，具体表现为文道兼具、洒落旷达、报国治世的蜀学旨归。

三苏之史学的重心，可分为史事评论和史学评论两类。史事评论以观风察势为核心，以求借古鉴今；史学评论涉及社会历史观、义利观和人才观等内容，以苏洵的经史观、苏轼的正统论和苏辙评论《史记》闻名。

对古代士人而言，欲行天下邦国之道，使天下有道的最直接的方法为出仕入政，三苏除史论外，其政论多论国家大事，故可从中挖掘三苏的为政理念、政治理想和治国方略，以及历史观、民本思想等政治学思想。

从哲学角度而言，三苏的本体论为道本论宇宙观，人性论认为善恶非性，阴阳相资理论则体现了其辩证思想。这些思想即是三苏蜀学的哲学理论基础，对宋代巴蜀哲学产生了重要的影响，也影响了此后蜀学的建构。

宋代三教合一趋势已显，宋明理学应运而生。三苏蜀学以儒为宗，又援佛入儒、援道入儒、援诸子以入儒。故三苏在政治上积极入世、经世济民，此为儒家思想。而处于逆境时，道教的"无为"和佛教的人生常无的般若空观、心无所住的人生态度，万法平等、周遍含容的学说则为如何处理人生存亡意义的问题提供了借鉴。

从三苏经学思想研究情况来看，现有研究多注重单经或该经内部的一些细节问题的讨论和考辨，缺乏从巴蜀学术角度加以把握，来进行必要的探究。学界虽对三苏经学等做了较多研究，但对三苏经学如何展现蜀学的内在特质，三苏经学内在学理逻辑如何构建，三苏经学在与新学、理学的互动中如何体现学派间互补的一面等问题，仍需要进一步深入研究。

从家风家学的研究来看，自习近平来到三苏祠发表讲话以来，主要涉及苏氏家风的内涵、苏氏家风与三苏文学创作影响关系以及苏氏家风教育价值，尚有不少文献资源有待发现和整理，进而探讨眉山苏氏家风家训的形成、传承、发展的原因、意义及当代价值。

由于三苏的研究成果积累已经较为充分，今后的研究应概括提炼问题视域，适时调整研究方向，在上述研究内容的基础上提炼出三苏蜀学的文道并重、情理结合、崇尚自然、廓然自成、重视人情、注重教化、融通和合、包容并蓄的思想特征及其时代价值。

（二）巴蜀学术思想研究的基本内涵

包括巴蜀学术思想的产生与发展线索、巴蜀学术思想的内涵与基本结构、巴蜀学术思想的历史地位和影响、巴蜀学术思想的特征。巴蜀学术发展大体可分为先秦至两汉、蜀汉至唐五代、宋元明清、近现代等四个发展阶段，总体上呈现赓续巴蜀学脉、融会贯通的学术思想体系与脉络。

先秦时期的巴蜀学术虽无完备的学术作品传世，但考古发现显示古代巴蜀在礼乐制度和史传方面与商周文化的交流融合为后来蜀学汲取中原优秀学术思想打下坚实基础。

两汉时期文翁在蜀兴学，促使"蜀学"一词形成，蜀地尚文好学之风蔚然兴起。巴蜀学术根植于自身的文化传统，在赋学、今文经学、古文经学、神仙家言、老庄学说、道教学说以及天文历数等方面取得了有巴蜀学术特色的成果。

蜀汉时期虽然巴蜀古文经学占据官学优势，但巴蜀今文经学仍然兴盛，图谶流行，对当时的学术政治产生了重要影响。两晋南北朝时期，巴蜀经学与史学结合，在解史中体现其经学思想。

唐代巴蜀在文学方面涌现出李白、陈子昂等著名诗家。而马祖道一、宗密的佛学理论与佛教哲学影响甚大。蜀石经和《道藏》的出现则代表巴蜀学术在经学和道教思想方面引领全国。

北宋时兴起的三苏蜀学代表了巴蜀文化发展的高峰，对当时和后世产生了深远影响。南宋张栻、魏了翁又将巴蜀理学推向高潮。

元明清时期巴蜀学人融会贯通、博采诸学、重视实学、经世致用，涌现出虞集、来知德、费密、唐甄、李调元、刘沅等著名学者，推动了巴蜀学术的发展。

近现代巴蜀学术转型，廖平、邹容走在时代前列，吴虞、郭沫若、蒙文通、刘咸炘、贺麟、唐君毅等与时代发展相适应，体现了巴蜀学术思想的兴盛。

因此，相关研究应从巴蜀学术思想演进和发展的脉络出发，进一步探析蜀学的起源、发展及转型的历史过程，在巴蜀学术融入中华传统主流学术的历史进程中总结古代蜀学的学术思想内涵及时代价值。

汉代以降，巴蜀的学术体系呈现出全面发展的趋势，其对中华传统主流学术发展做出了重大贡献。

哲学方面，严遵的《老子指归》远承入蜀之老子学说，汉代扬雄《太玄》阐发易理，张道陵的《老子想尔注》继承道教与巴蜀方术相结合的传统。

儒学方面，汉代巴蜀既重今文经学，也重古文经学；唐宋时期蜀地还兴起浩大的"蜀刻十三经"工程。宋代巴蜀学人于《尚书》《诗经》《春秋》诸经均有要著，魏了翁独撰《九经要义》，开启经学与理学的融合发展之路。

文学方面，汉代的司马相如、扬雄等彰显了巴蜀在辞赋之学上的地位，唐宋时寓居巴蜀的诗家辈出，李、杜及陈子昂为唐诗的繁荣转型做出杰出贡献。

史学方面，既有巴蜀专史之作也有通史之作，如汉晋时代的《蜀记》《蜀本纪》《古史考》《华阳国志》和《三国志》，唐宋巴蜀史学迎来新的高峰，出现苏辙、范祖禹、李心传、李焘等通史大家。

总之，巴蜀的学术内涵和思想体系十分宏大，不同阶段的发展特征亦不相同，但在融会贯通、开放包容的学术精神上是一以贯之的，总结其内涵及精神价值对于当代继续弘扬巴蜀学术无疑有百益而无一弊。

（三）古代巴蜀学术思想与三苏蜀学的互动研究的基本内涵

这是研究的重点。其中包括三苏蜀学对宋以前巴蜀学术思想的吸收与借鉴、三苏蜀学及巴蜀学术思想与北宋其他学派的互动、三苏蜀学及巴蜀学术思想与南宋理学的互动、三苏蜀学及巴蜀学术思想在元明清时期的影响。

关于在三苏蜀学对宋以前巴蜀学术思想的吸收与借鉴，可以从以下几个方面展开研究。在史学方面，可以着重探讨三苏史学对于宋以前巴蜀史学的吸收与借鉴。蜀学史学有深厚的渊源和传承，在唐代之前存留不多的史学著述中，蜀人所著有晋代常璩的《华阳国志》和陈寿的《三国志》。在五代十国战乱之际，蜀学史学仍然呈现出"十国攘攘，蜀独尚文"的特点。句延庆的《锦里耆旧传》、张唐英的《蜀梼杌》、孙光宪的《北梦琐言》均是记载五代史事不可多得的著作。到了宋代，三苏史学的观念与方法也影响了之后的蜀中史学。此后，王称撰《东都事略》，范祖禹佐司马光修《资治通鉴》，李心传著《建炎以来系年要录》《建炎以来朝野杂记》《旧闻证误》《道命录》等，李焘著《续资治通鉴长编》等，皆名著于世。其他还有杜大珪的《名臣碑传琬琰集》、李攸的《宋朝事实》等。可以说，宋代蜀中不只保存了大量两宋史料，其史学撰述之隆，亦冠于宋世。

易学方面。历代学人在概述巴蜀文化的特色时有所谓"易学在蜀"的说法，易学是巴蜀古代文化的重要内容。经历了春秋到秦汉的发轫期，唐代的巴蜀易学出现著名易学家李鼎祚集三十五家之易说，撰《周易集解》，存汉代象数易学一脉于后，影响较大。到了两宋时期，蜀地易学兴盛，三苏均有易论并合力完成了《苏氏易传》。《苏氏易传》是北宋时期经传俱释的易学著作。除了三苏，在宋代，巴蜀易学由于师承关系，在研究的范围和深度上都是前所未有的，不仅产生了一批杰出的易学专家，而且出现了易传的多种流派。宋代义理易学的代表著作《伊川易传》就成书于巴蜀地区的涪陵，亦可视为宋代巴蜀易学的组成部分。我们需要去梳理三苏蜀学中的易学对前代易学的吸收与借鉴，还要将其与其他巴蜀易学流派的思想进行比较研究，分析其在宋代兴盛的原因，以及不同流派之间的异同。

关于三苏蜀学与巴蜀学术思想及北宋其他学派的互动，主要可从以下两方面展开研究。一是探讨三苏蜀学建立之前的巴蜀学术思想对三苏的影响。有宋以来，蜀中学者反对章句之学而重义理，他们关注易学，研究较深，对三苏蜀学产生了较大影响，宋代蜀中易学的发达从这一时期就表现出来了。宋代蜀学的形成与初盛时期，邵雍易学、王安石新学、司马光朔学、张载关学、二程洛学等学派竞相发展，蜀中则以苏氏蜀学最为著名。苏学自为一家，它吸收儒学，又援佛老入儒，对道、性、情等概念也做出了解释。成都范氏蜀学也是这一时期蜀学的重要组成部分，范学草创于范镇，形成于范祖禹。从范镇到范祖禹，范学的思想内涵发生了较大变化。范镇之学与三苏之学接近，重文章，重人情。范祖禹之学则与二程之学更为接近，在义理方面做了拓展。二是将三苏蜀学的学术思想和北宋其他学派的学术思想进行比较，以期从细节方面深入探讨三苏蜀学的特性。

在三苏蜀学及巴蜀学术思想与南宋理学的互动方面，两宋之际，政局动荡，社会经济破坏严重，而四川地区相对稳定，许多学者也于此时来到四川，如邵伯温、尹焞、晁公武等人。各派学术在巴蜀地区融会、交流，呈现出百家争鸣的局面。其中最为著名的有三个，即川东谯定涪陵学派、川中李石资中学派和川西李焘丹棱学派。从学术渊源上看，谯定之学为程颐亲传，李焘、李石之学多偏于苏学。这实质上是苏学与洛学的进一步斗争与融合，这一时期蜀学的大融合，表现为以苏学为主转向以洛学为主。值得注意的是，荆公新学长期作为官学，在这一时期对蜀中学术的发展也有着较大影响。如张浚认为王安石之学与"元祐学术"各有千秋，不论孰是孰非。蜀中学人员兴宗同样认为临川学长于名数，因此，宜合三家之长，以出一道，使之归于大公至正。这些都反映出荆公新学在宋代蜀学转型时期仍有较大影响。随着程朱理学成为主流，许多宗苏的学者转而宗程，至此蜀学完成从以苏学为主到以洛学为主的转型，这也是蜀学发展的高峰。这一过程中，张栻、魏了翁发挥了重要作用。张栻少学蜀中苏氏之学，又从二程后学胡宏得程氏之传。南轩之学传入蜀地，并通过门人、私淑在蜀中得到了广泛传播。魏了翁继张栻之后，创立鹤山书院，使蜀人尽知义理之学，确立了程朱思想在四川的主要地位。可以通过对比三苏蜀学与二程洛学的学术思想，深入探讨洛学能够超越三苏蜀学的原因，或者通过朱熹对三苏蜀学的评论，对比分析三苏蜀学与朱熹闽学的异同。

在三苏蜀学及巴蜀学术思想在元明清时期的影响方面，南宋后期，由于战争的影响，许多巴蜀学人迁居东南，这些学人虽远离故土，但仍然继承蜀地固有之文史传统，使宋代蜀学在东南地区得以传播。学界以往研究已详细描述宋末元初以牟巘为代表的蜀人外迁并将蜀学传播到东南地区，探讨了蜀中文学与史学在两浙的成功扎根。但同时也能看到，蜀系理学受时代的裹挟，在东南地区难以进一步发展。

清代前期（顺、康、雍三朝），巴蜀学术处于衰微状态。从明末到清代前期，四川地区长期战乱，经济、文化遭受空前浩劫。在这数十年间，四川人士转徙游离，文教事业无从谈起。从这个时期的四川学术文化来看，理学仍然是主流，但也出现了费密、唐甄等开清学风气之先的思想家，在清初思想界还占有相当的地位。同时也要看到，他们虽为蜀人，主要学术活动却在吴越，交游圈亦以江浙人士为多，对四川地区影响反而较小，这个特点可以说从宋元之际一直延续到此时。

（四）三苏蜀学与巴蜀学术思想关系研究的时代意义和当代价值

包括三苏蜀学与巴蜀学术思想的异同、三苏蜀学与巴蜀学术思想的地位和影响、三苏蜀学对近代蜀学的影响、三苏蜀学对现代四川学术思想的影响、三苏蜀学对当代四川学术文化的影响、三苏治国理政思想的当代价值、三苏家风家学文化传承与当代价值、三苏蜀学与巴蜀学术思想对当代社会的影响和价值。

根据文献整理，可以从三苏蜀学地域特色的形成、巴蜀学术思想的历史嬗变、三苏蜀学与巴蜀学术思想的异同与互动发展等角度展开研究，探讨三苏蜀学在巴蜀学术思想发展传播过程中所起到的作用，进而研究三苏蜀学在巴蜀学术思想史上的地位与影响。

还可以结合现代社会实践需求，探索三苏蜀学价值发挥的途径，服务巴蜀优秀传统文化创造性转化、创新性发展；结合现实需求，发掘三苏蜀学积极合理的思想因素，探讨三苏治国理政的思想，非义不取、清廉为政的官德操守，勤于吏治的民本情怀，立法任人的择吏观与变更弊法的思想等，并进一步研究三苏蜀学对于当代治政涵养的价值，对于惠民工程建设、对于廉政建设的价值，国民财富关系的辨析等，为现代社会的发展提供借鉴。

三、研究展望

在系统研究三苏蜀学和巴蜀学术思想内涵的基础上，以期把三苏蜀学放在巴蜀学术思想这一地域性思想文化统一整体之中，对三苏蜀学和巴蜀学术思想的关系做深入细致的比较研究，从中概括提炼包括三苏蜀学在内的整个巴蜀学术思想的特征，以及三苏蜀学是怎样体现巴蜀学术思想特征的；体现三苏蜀学特点的整个巴蜀学术思想即蜀学与中国其他地域文化的异同，及其如何体现多元一体的中华文化的包容性和发展格局；在弘扬巴蜀学术文化基本精神的基础上，广泛吸收中华各地域文化的优长，并在交流互鉴的同时，探讨三苏蜀学和巴蜀学术思想的时代意义和当代价值，对现代社会的影响，反思传统，立足现实，推动巴蜀优秀传统文化的创造性转化和创新性发展，弘扬中华民族与中华文化持续创新的基本精神，为建设中华民族现代文明作贡献。

对三苏蜀学与巴蜀学术思想的关系展开研究，符合国家发展哲学社会科学的重大战略目标。2022年6月8日，习近平赴四川考察。在北宋著名文学家苏洵、苏轼、苏辙故居三苏祠，习近平了解三苏的生平、主要文学成就和家训家风，以及三苏祠的历史沿革、东坡文化研究传承等，对传承和弘扬中华优秀传统文化发表了重要讲话。习近平总书记多次强调要传承和弘扬中华优秀传统文化，而三苏蜀学中包含了诸多中华优秀传统文化的内涵和精神，它与巴蜀学术思想有着密切联系，对三苏蜀学与巴蜀学术思想的关系作深入系统研究有重大意义。我们要以科学的态度对待传统文化。不忘历史才能开辟未来，善于继承才能善于创新。优秀传统文化是一个国家、一个民族展的根本，如果丢掉了，就割断了精神命脉。我们要善于把弘扬优秀传统文化和发展当代文化有机统一起来，紧密结合起来，在继承中发展，在发展中继承。这为我们科学对待优秀传统文化，在不忘历史，善于继承优秀文化传统的基础上，开辟未来，创新发展指明了方向。

（一）在学术思想理论方面的展望

以人物、流派、思潮和思想发展史相互包含、相互体现的形式，来全面完整地梳理研究三苏蜀学与巴蜀学术思想的关系，以探讨和揭示三苏蜀学与巴蜀学术思想融合三教、融贯博通、重人情、情理结合等鲜明特色，以及与齐学、鲁学、楚学、洛学、湘学、闽学、岭南学等地域性学术文化的相同相异之处，而中华学术思想正好体现了这种融合差异的包容性。三苏蜀学作为宋代产生的地域性文化，其在产生、发展演变的过程中，深受中华学术文化及时代思潮的影响，二者存在着相互影响和渗透、相互体现、相互促进的互动关系。通过探讨三苏蜀学与经学之宋学、宋学之理学的相互关系，把握地域性文化与时代思潮的互动及其意义。蜀学是中国学术文化史的一个重要分支和巴蜀地域文化精神的体现，而三苏蜀学作为整个蜀学的重要代表，体现了中国文化多元一体的包容性和发展格局，已成为现代学人研究的重要对象。三苏蜀学与巴蜀学术思想的关系研究有着广阔的前景，值得深入探讨。

（二）在学科建设发展方面的展望

三苏蜀学是中国思想文化尤其是巴蜀学术思想发展史上的重要流派，它的演进发展促进了巴蜀学术思想的发展，并在一定程度上带动了中国思想文化的发展。对三苏蜀学与巴蜀学术思想的关系展开深入的研究，推陈出新，对于中国思想文化发展和地方文化学科建设，具有重要意义。

巴蜀学术思想与蜀学自形成以来，经过历代演变和推进，于宋代得到三苏的大力推动，其发展的重要阶段是宋代，三苏吸取佛、道诸家思想，以儒家伦理政治学说为本位，融合三教，以文论道，把儒家政治伦理与宇宙天道、佛道思想结合起来，体现了三苏蜀学的包容性，并与宋学的其他流派相互辩难，促进了学术思想的发展。其以文论道，文道并重，情理结合；崇尚自然，廓然自成；重视人情，注重教化；融通和合，包容并蓄等重要理论相互联系，体现了三苏蜀学在宋学和巴蜀学术思想理论体系建构中的重要地位，并促进了巴蜀学术思想的发展。鉴于三苏蜀学的重要性，深入挖掘和探讨三苏蜀学及其与巴蜀学术思想的关系，对于促进中国哲学、文学、史学、宗教学与宋学学科发展，具有重要意义，亦可弥补以往研究的不足之处。

（三）在资料文献发现利用和实践运用、服务决策等方面的展望

对三苏蜀学和巴蜀学术思想关系的研究与重视资料文献的发现并将其运用于研究工作的实践分不开。为此，应系统地整理历代关于三苏蜀学和巴蜀学术思想的文献资料。从时间上看，为汉代至当代；从文献保存形式来看，包括传世文献与出土文献。另外，应对历代三苏蜀学和巴蜀学术思想的史料做全面评价与研究。预期目标是，通过对历代三苏蜀学和巴蜀学术思想史料的整理，发掘丰富的三苏蜀学和巴蜀学术思想资源，为二者的关系研究提供系统、准确、可靠的原始材料；结合历代三苏蜀学和巴蜀学术思想资料对广义和狭义的蜀学的发展演变历程做进一步系统的梳理；充分并客观反映三苏蜀学和巴蜀学术思想的内容，为当代社会发展和文明进步提供新的资料与理论支持；并为出版三苏蜀学与巴蜀学术思想关系研究的专著、发表相关研究论文提供文献资料。

对三苏蜀学与巴蜀学术思想的关系展开系统研究，可为决策者提供一定的参考，使决策者了解对中华文化与中国社会影响甚大的三苏蜀学和巴蜀学术思想有什么基本内涵，其理论创新如何，对社会发展产生了什么影响，有什么可为当今社会提供借鉴。

今天的中国是昨天的中国的继续，世界上还没有一个抛弃了自己的民族文化

而能够生存和发展的国家，三苏蜀学和巴蜀学术思想及其关系客观地对今天的四川乃至中国产生了影响，对治国理政、文化建设都有一定的借鉴和参考价值。在这方面，通过相关研究，为决策者在文化强省、文化建设方面提供相应的参考；亦可为了解巴蜀地域文化的特色，比较其与其他地域文化的异同，加强学科建设与文化交流，促进中华民族现代文明的发展，走出一条具有地方文化特色的发展之"道"。

苏洵与巴蜀文化

潘殊闲（西华大学文学与新闻传播学院）

摘　要：苏洵是在巴蜀大地诞生的文化名人，巴蜀文化对苏洵的性格、文风、学术兴味、人生追求等有着重要的影响，弄清这些问题，不仅有助于深入了解苏洵的为人、为事、为文，而且对认识受其影响、直接沾溉于他的苏轼、苏辙二人为政、为学也有很大的帮助。本文认为，巴蜀文化对苏洵的影响表现在他坚守通经学古的传统、心向中原的执着、杂学风范的浸染、逆向思维的熏陶、易学传统的赓续五个方面。这五个方面对苏洵有直接的影响，实际上，对苏轼、苏辙也有深刻的濡染。

关键词：苏洵　巴蜀文化　浸染　熏陶

苏洵（1009—1066）是从蜀中走出的历史文化名人，不仅跻身"唐宋八大家"之列，而且培养了两位优秀的儿子——苏轼与苏辙，两位也一同荣列"唐宋八大家"阵容，三人还在世时，就闪耀文坛，被时人称为"三苏"，至元祐初年，三苏之名已远播海外[1]。

作为大苏（苏轼）与小苏（苏辙）的父亲，苏洵被人们称为"老苏"。相对于二苏（苏轼、苏辙），特别是苏轼的研究，有关苏洵的研究显得较为冷清。苏洵作为在巴蜀大地诞生的文化名人，他与巴蜀文化有何关系？换言之，巴蜀文化对苏洵

1　（清）王文诰辑注，孔凡礼点校：《苏轼诗集》卷三十一《次韵子由使契丹至涿州见寄四首》之三中有这样一联诗："毡毳年来亦甚都，时时鴂舌问三苏。"苏轼自注云："予与子由入京时，北使已问所在。后余馆伴，北使屡诵三苏文。"北京：中华书局，1982年，第1671页。

的成长有何影响？巴蜀文化的哪些特质对苏洵的性格、文风、学术兴味、人生追求等有影响？弄清这些问题，不仅有助于深入了解苏洵的为人、为事、为文，而且对认识受其影响、直接沾溉于他的两个儿子，也有很大的帮助。

梳理学界的研究可以看到，已有一些学者注意到这个问题，相继有一些成果推出，如黄莹、裴宏江的《巴蜀文化与苏洵散文艺术风格》[1]，李凯的《苏洵"杂学"特色及其文艺思想》[2]，杨胜宽的《苏洵文风溯源论略》[3]，熊宪光的《苏洵与"纵横"》[4]等。但是，从上述成果也可以看到，关于巴蜀文化对苏洵的影响，还缺乏系统的观照与分析。对此，本文拟在前人研究的基础上，就巴蜀文化对苏洵的影响做多角度的探讨。

一、通经学古的传统

巴蜀地区偏于西南一隅，长期远离政治中心与文化中心，这种区位带来的影响，表现在文化领域有二：一是新潮、时尚的文化进来得比较慢，二是保留下来的古风传统较多。苏轼曾在《眉州远景楼记》中这样描写眉州的习俗："吾州之俗，有近古者三。其士大夫贵经术而重氏族，其民尊吏而畏法，其农夫合耦以相助。盖有三代、汉、唐之遗风，而他郡之所莫及也。始朝廷以声律取士，而天圣以前，学者犹袭五代之弊，独吾州之士，通经学古，以西汉文词为宗师。方是时，四方指以为迂阔。至于郡县胥史，皆挟经载笔，应对进退，有足观者。"[5]这段话非常准确地描述了眉州悠久的文化传统，其中，苏轼用了"通经学古"来概括。"通经学古"包括了两层含义：一是"通经"，二是"学古"。所谓"通经"，就是强调学习儒家经典，不固守某一部经典，而是要贯通、打通被儒家称为"经"的典籍。所谓"学古"，就是要学习经过时间沙汰而永载史册的古圣先贤的著述、思想与事迹。从时间维度言，这种"古"，远绍夏商周三代，近逮汉、唐。这种看似不合时尚（"四方指以为迂阔"）的流俗，恰好是眉州士人"取法乎上"的最佳例证。不妨来看苏洵在给欧阳修的信中是如何陈述自己这种"通经学古"的历程：

1　黄莹、裴宏江：《巴蜀文化与苏洵散文艺术风格》，《乐山师范学院学报》2007年第7期。

2　李凯：《苏洵"杂学"特色及其文艺思想》，《四川师范大学学报》（社会科学版）2004年第2期。

3　杨胜宽：《苏洵文风溯源论略》，《江苏科技大学学报》（社会科学版）2015年第1期。

4　熊宪光：《苏洵与"纵横"》，《西南师范大学学报》（人文社会科学版）2002年第3期。

5　孔凡礼点校：《苏轼文集》卷十一，北京：中华书局，1986年，第352页。

洵少年不学，生二十五岁，始知读书，从士君子游。年既已晚，而又不遂刻意厉行，以古人自期。而视与己同列者，皆不胜己，则遂以为可矣。其后困益甚，然后取古人之文而读之，始觉其出言用意，与己大异。时复内顾，自思其才则又似夫不遂止于是而已者。由是尽烧曩时所为文数百篇，取《论语》《孟子》，韩子及其他圣人、贤人之文，而兀然端坐，终日以读之者七八年矣。方其始也，入其中而惶然；博观于其外，而骇然以惊。及其久也，读之益精，而其胸中豁然以明，若人之言固当然者，然犹未敢自出其言也。时既久，胸中之言日益多，不能自制，试出而书之，已而再三读之，浑浑乎觉其来之易矣。然犹未敢以为是也。[1]

这段话透露出很多的信息。一是苏洵说他"生二十五岁，始知读书"，二十五岁这个年龄确实有点大了，何以如此？因为他"少年不学"。"不学"并不是一点都不学习，而是不怎么爱学习。到二十五岁才知道"读书"。这个"读书"，并不是简单地随便读点什么，而是知道了怎么读书，该如何读书，读哪些书，也就是"会读书"。二是到这个年龄，除了会读书外，还懂得"从士君子游"，也就是跟那些有道德文章的士人交游，其目的就是向他们学习，耳濡目染。三是苏洵知道，到他这个年龄了，已不可能如少年学人那样，意气风发，锐意进取，只能以古之贤人君子砥砺自己。四是苏洵这时环顾身边的同辈人，似乎感觉他们都不如自己，于是有了一种自满意得的成就感。五是当这种自满意得笼罩自己时，他却难以找到新的突破，于是转而向古人之文学习，发现他们的立意与用言与自己差异很大，由此反思，觉得自己应该还有更大的进步空间。这时的苏洵做了一件很惊人的事情，就是把自己过去写的数百篇文章全部拿去烧了，之后，把《论语》《孟子》，韩非子以及其他圣人、贤人的文章拿来反复研读，时间长达七八年。这种功夫，让苏洵彻底颖悟为文之道与为文之策，文思泉涌，不能自已，苏洵的文章写作能力与水平实现了历史性的跨越。这段话虽然有这么多层意思，但集中到一点，其实就是因为苏洵认真学习钻研了古圣先哲的文章，他的写作思维、写作能力、写作水平才得以有质的飞跃。而这其实就是苏轼所说的"通经学古"的结果。对此，欧阳修在给苏洵撰写的墓志铭中这样概括道："而君少独不喜学，年已壮，犹不知书……年二十七，始大发愤，谢其素所往来少年，闭户读书，为文辞……悉取所为文数百篇

1　（宋）苏洵著，曾枣庄、金成礼笺注：《嘉祐集笺注》卷十二《上欧阳内翰第一书》，上海：上海古籍出版社，1993年，第329页。

焚之，益闭户读书，绝笔不为文辞者五六年，乃大究六经、百家之说，以考质古今治乱成败、圣贤穷达出处之际，得其粹精，涵蓄充溢，抑而不发。久之，慨然曰：'可矣。'由是下笔，顷刻数千言，其纵横上下，出入驰骤，必造于深微而后止。盖其禀也厚，故发之迟，志也悫，故得之精。"[1]参校苏洵自己给欧阳修的信，再对比欧阳修墓志铭中的概括，可以说是相当客观的。事实上，不仅苏洵从"通经学古"中受益匪浅，苏洵也将自己的这一切身体会与学习经验传授给两个儿子。苏辙晚年曾在《藏书室记》中这样回忆道："予幼师事先君，听其言，观其行事。今老矣，犹志其一二。先君平居不治生业，有田一廛，无衣食之忧。有书数千卷，手缉而校之，以遗子孙曰：'读是，内以治身，外以治人，足矣。此孔氏之遗法也。'"[2]看来，当年力图诗文革新的欧阳修在三苏的身上找到革新的"火种"，是有充分依据的。在巴蜀地区曾有这样的谚语流传坊间：自古文宗出巴蜀。其中的原因是多重的，但有一点，与这一地区的士人"通经学古"的学风有很大的关系，三苏无疑是其中的代表。

二、心向中原的执着

巴蜀虽偏于西南一隅，但一直跟中原有紧密的联系。据《史记·五帝本纪》记载："黄帝居轩辕之丘，而娶于西陵之女，是为嫘祖。嫘祖为黄帝正妃，生二子，其后皆有天下：其一曰玄嚣，是为青阳，青阳降居江水；其二曰昌意，降居若水。昌意娶蜀山氏女，曰昌仆，生高阳，高阳有圣德焉……黄帝崩，葬桥山。其孙昌意之子高阳立，是为帝颛顼也。帝颛顼高阳者，黄帝之孙而昌意之子也……"[3]嫘祖为蜀女，为皇帝正妃，生有二子，皆降居蜀地，也就是到蜀地为官。据《史记·夏本纪》载："夏禹，名曰文命。禹之父曰鲧，鲧之父曰帝颛顼，颛顼之父曰昌意，昌意之父曰黄帝。禹者，黄帝之玄孙，而帝颛顼之孙也。"[4]由此可知，作为夏朝开国领袖的大禹，为黄帝的玄孙，而大禹就出生在蜀地："禹生石纽，今之汶山

1　（宋）欧阳修著，洪本健校笺：《欧阳修诗文集校笺》卷三十四《故霸州文安县主簿苏君墓志铭并序》，上海：上海古籍出版社，2009年，第902页。

2　（宋）苏辙著，陈宏天、高秀芳点校：《苏辙集·栾城三集》卷十，北京：中华书局，1990年，第1238页。

3　（汉）司马迁撰：《史记》卷一，北京：中华书局，1999年，第8—9页。

4　（汉）司马迁撰：《史记》卷二，第37页。

郡是也。"[1] 夏禹继承父亲鲧未竟之事业，治理洪水，划定九州，"禹为人敏给克勤；其德不违，其仁可亲，其言可信；声为律，身为度，称以出；亹亹穆穆，为纲为纪"[2]。

《华阳国志·巴志》记载巴国的远世："巴国远世，则黄（炎）帝之支封；在周则宗姬之戚亲。"[3] 又云："武王既克殷，以其宗姬（封）于巴，爵之以子。"[4] 《华阳国志·蜀志》记载蜀国历史："蜀之为国，肇于人皇，与巴同囿。至黄帝，为其子昌意娶蜀山氏之女，生子高阳，是为帝喾；封其支庶于蜀，世为侯伯，历夏、商、周。武王伐纣，蜀与焉。"[5]

以上文献记载说明，古巴和古蜀国从一开始就与黄帝一族有千丝万缕的联系。

公元前316年，古巴国和古蜀国被秦国兼并，与中原融为一体，助力秦国统一六国。至汉文帝末年（一说汉景帝末年），文翁为蜀郡守，开办学馆，选派蜀中优秀弟子入京城学习，学成之后回蜀地教授蜀中学子，于是蜀地"学徒鳞萃，蜀学比于齐鲁"[6]。

这种选派人入京学习，学成后回乡教授蜀中学子的政策，催生了巴蜀士人心向中原的集体情结。蜀中士人想要有大的发展，一定要到当时的政治与文化中心京城去闯荡。细数巴蜀历史上那些名标史册的大文化名人，大多有"京漂"的经历，如宋之前的落下闳、司马相如、王褒、扬雄、陈子昂等。

苏洵作为宋人，也有"京漂"的经历。苏洵性格豪宕，年轻时未能一心向学。当其仲兄苏涣于天圣二年（1024）进士乙科及第时，苏洵（15岁）"犹不知

1　（晋）陈寿撰，（南朝宋）裴松之注：《三国志》卷三十八《蜀书》第八，北京：中华书局，1999年，第723页。

2　（汉）司马迁撰：《史记》卷二，第38页。

3　（晋）常璩撰，任乃强校注：《华阳国志校补图注》卷一《巴志》，上海：上海古籍出版社，1987年，第51页。

4　（晋）常璩撰，任乃强校注：《华阳国志校补图注》卷一《巴志》，第4页。

5　（晋）常璩撰，任乃强校注：《华阳国志校补图注》卷三《蜀志》，第113页。另据刘琳校注：《华阳国志新校注》卷三《蜀志》所注，这里的"帝喾"，应为"颛顼"，成都：四川大学出版社，2015年，第97页。

6　《华阳国志》卷三《蜀志》云："孝文帝末年，以庐江文翁为蜀守。翁穿湔江口，溉灌郫繁田千七百顷。是时，世平道治，民物阜康；承秦之后，学校陵夷，俗好文刻。翁乃立学，选吏子弟就学。遣隽士张叔等十八人东诣博士，受七经，还以教授。学徒鳞萃，蜀学比于齐鲁。巴、汉亦立文学。孝景帝嘉之，令天下郡、国皆立文学。因翁倡其教，蜀为之始也。"见（晋）常璩撰，任乃强校注：《华阳国志校补图注》卷三，第141页。

书"[1]。在父亲的督促下，苏洵尝试为应试而读书，学习句读、属对声律这些当时科举考试的主要内容。但天性豪纵的苏洵难以为这些所束缚。这种"不情愿"的学习所带来的直接结果是，苏洵于天圣五年（1027）、宝元元年（1038）、庆历四年（1044）三次应试都铩羽而归。庆历七年（1047），苏洵父亲苏序去世。苏洵对人生有了豁然开朗的新认识，由此开启了十年（1047—1056）闭门求索省思的生活。脱胎换骨之后的苏洵，有强烈的出仕愿望。但再走科举应试之路，显然是不现实的（此时苏洵已47岁），也是苏洵做不到的。留在苏洵面前的只有一条路，那就是拜谒达官显宦，以求荐举骤达。苏洵先后到成都、雅州等地去拜访地方长官。在张方平、雷简夫等蜀地官员的大力推荐下，苏洵来到京城，拜访欧阳修等京城名流。在张方平的指导、鼓励与荐举之下，苏洵于嘉祐元年（1056）直接带上苏轼、苏辙两个儿子到京城一同拜谒京城名流，并积极备考，终于在次年，也即嘉祐二年（1057）苏轼与苏辙双双高中进士，引起轰动。

心向中原的苏洵进京干谒名公达宦，不仅使自己声名鹊起，更为重要的是，让自己两个风华正茂的儿子苏轼、苏辙能有机会尽早接触到当今政坛与文坛的巨擘文宗，为二人日后的崛起打下了最珍贵的基础。这或许比苏洵本人仕至更高职位意义更大，价值更重。对此，欧阳修、曾巩等众多当事者最有发言权。

如欧阳修评论道："当至和、嘉祐之间，（苏洵）与其二子轼、辙偕至京师，翰林学士欧阳修得其所著书二十二篇，献诸朝。书既出，而公卿士大夫争传之。其二子举进士，皆在高等，亦以文学称于世。眉山在西南数千里外，一日父子隐然名动京师，而苏氏文章遂擅天下。"[2]曾巩也有类似的概述："嘉祐初，（苏洵）始与其二子轼、辙复去蜀，游京师。今参知政事欧阳公修为翰林学士，得其文而异之，以献于上。既而欧阳公为礼部，又得其二子之文，擢之高等。于是三人之文章盛传于世，得而读之者皆为之惊，或叹不可及，或慕而效之，自京师至于海隅障徼，学士大夫莫不人知其名，家有其书。既而明允召试舍人院，不至，特用为秘书省校书郎。顷之，以为霸州文安县主簿，编纂太常礼书。而轼、辙又以贤良方正策入等。于是三人者尤见于当时，而其名益重于天下。"[3]因为苏洵心向中原的决心与毅力，开创了包括他自己在内的三苏一鸣惊人的局面，这段历史堪称巴蜀文化的奇迹。

1　（宋）欧阳修著，洪本健校笺：《欧阳修诗文集校笺》卷三十四《故霸州文安县主簿苏君墓志铭并序》，第902页。

2　（宋）欧阳修著，李逸安点校：《欧阳修全集》卷三十五，北京：中华书局，2001年，第512页。

3　（宋）曾巩撰，陈杏珍、晁继周点校：《曾巩集》卷四十一《苏明允哀词》，北京：中华书局，1984年，第560页。

三、杂学风范的浸染

巴蜀地区向来不是全国的文化中心，这里学风淳朴，与当时的流行与时尚保持着较大的距离。这里的文化具有海纳百川的风格与气度，由此形成一种杂糅的特质。实际上这种特质从古巴古蜀时期的出土文物上就已能窥见。如从三星堆遗址、金沙遗址出土的青铜器、玉器、金器造型丰富，可以明确地判断，它们不是只受到某一地域文明的影响，而是兼具了多地域文明的特征。同样的，位于嘉陵江、渠江流域与峡江流域的多处巴文化遗址出土的青铜、陶罐等器物，也是多文明交流互动的结晶。因为有这样的文明碰撞，这一区域的人们较少受某一种思想与文化的束缚，它们往往兼收并蓄，既精通易老庄，又杂糅儒佛道，其他诸如纵横之学、炼养击剑，亦多喜爱。如在司马相如生活的时代，正是董仲舒提出"罢黜百家""独尊儒术"之时，但司马相如却未受影响，他好读书击剑，博学多才，与章句之儒各行其道。扬雄生当西汉末年经学炽盛、谶纬弥漫之际，却"不为章句，训诂通而已，博览无所不见"[1]。唐代陈子昂，"少好三皇五帝霸王之经，历观《丘》《坟》，旁览代史"[2]，又"驰侠使气"[3]"少学纵横术，游楚复游燕"[4]。其父陈元敬于"群书秘学，无所不览"[5]"居家园以求其志，饵地骨炼云膏四十余年"[6]，这对陈子昂也产生了影响，他曾说"余家世好服食，昔尝饵之"[7]，又说"林岭吾栖，学神仙而未毕"[8]，因此之故，被誉为"雅有相如子云之风骨"[9]。唐代蜀中另一位天才李白，"志尚道术，谓神仙可致"[10]，又"十五好剑术"[11]，曾在《上安州裴长史书》中自述："五岁诵六甲，十岁观百家。轩辕以来，颇得闻矣。常横经籍书，制作不倦，迄于今三十春矣。以为士生则桑弧蓬矢，射乎四方，故知大丈夫必有四方之

1　（汉）班固撰：《汉书》卷八十七上《扬雄传上》第五十七上，北京：中华书局，1999年，第2608页。

2　（唐）陈子昂撰，徐鹏校点：《陈子昂集》卷九《谏政理书》，上海：上海古籍出版社，2013年，第229页。

3　（唐）陈子昂撰，徐鹏校点：《陈子昂集》附录《陈氏别传》，第264页。

4　（唐）陈子昂撰，徐鹏校点：《陈子昂集》卷二《赠严仓曹乞推命录》，第30页。

5　（唐）陈子昂撰，徐鹏校点：《陈子昂集》卷六《府君有周文林郎陈公墓志文》，第131页。

6　（唐）陈子昂撰，徐鹏校点：《陈子昂集》附录《陈氏别传》，第264页。

7　（唐）陈子昂撰，徐鹏校点：《陈子昂集》卷一《观荆玉篇并序》，第15页。

8　（唐）陈子昂撰，徐鹏校点：《陈子昂集》卷七《晖上人房饯齐少府使入京府序》，第186页。

9　（唐）陈子昂撰，徐鹏校点：《陈子昂集》附录《陈氏别传》，第264页。

10　（唐）刘全白：《唐故翰林学士李君碣志》，载（唐）李白著，（清）王琦注：《李太白全集》，北京：中华书局，1977年，第1460页。

11　（唐）李白：《与韩荆州书》，载（唐）李白著，（清）王琦注：《李太白全集》，第1240页。

志。乃仗剑去国，辞亲远游。南穷苍梧，东涉溟海。见乡人相如大夸云梦之事，云楚有七泽，遂来观焉。"[1]

受这些巴蜀前辈名公的影响，三苏的学术特点也可以用"杂家"来概述。他们融儒道佛三家于一体，表现为一种杂家特色。王安石将苏氏蜀学视为战国纵横之学，被朱熹视为"杂学"。朱熹专拟"杂学辨"来评述《苏氏易解》，有云："《乾》之《象辞》，发明性命之理，与《诗》《书》《中庸》《孟子》相表里，而《大传》之言亦若符契。苏氏不知其说，而欲以其所臆度者言之，又畏人之指其失也，故每为不可言、不可见之说以先后之，务为闪倏溟漾不可捕捉之形，使读者茫然，虽欲攻之，而无所措其辨。殊不知性命之理甚明，而其为说至简。今将言之而先曰不可言；既指之而又曰不可见。足以眩夫未尝学问之庸人矣。由学者观之，岂不适所以为未尝见、未尝知之验哉。然道衰学绝，世颇惑之，故为之辨，以待后之君子，而其它言死生鬼神之不合者，亦并附焉。"[2]虽是朱熹的批评乃至抨击，但从中可以看出苏氏杂取多家，不循故辙的思维特性和学术风格。

纵横为乱世之学，战国时期曾风靡一时，至战乱的秦汉之际，仍盛行一时，但自汉武帝"罢黜百家，独尊儒术"后，纵横之学被视为"荧惑诸侯，倾覆万乘"[3]的异端邪说，为正统儒家所不齿。但巴蜀文化的开放与兼容使纵横思想仍有存在的土壤，苏洵也公开承认自己爱好纵横家。战国纵横家朝秦暮楚，没有固定的主张，对此苏洵并不赞成，但他很欣赏他们根据人主的好恶，因势利导的雄辩之术。他说："苏秦、张仪，吾取其术，不取其心，以为谏法。"[4]

毋庸讳言，苏洵的思想底色是儒家，但其中道家思想也相当丰富，此外还有法家、兵家、纵横家的思想。现存的《嘉祐集》并非完帙，因为苏洵曾毁弃少作，"尽烧曩时所为文数百篇"[5]。除此之外，曾枣庄、金成礼在笺注《嘉祐集》时，已有辑佚，包括佚文6篇，佚诗24首。应该说这还不是全貌，应该还有散佚待辑存的诗与文。尽管如此，我们从现有的《嘉祐集》目录中就可以清楚地看到，苏洵除了有《六经论》《太玄论》《洪范论》等儒家论说外，还有《几策》《权书》《衡论》等明显是纵横、兵家、法家等方面的杂论，这些都充分显示了苏洵兼综百

1 （唐）李白著，（清）王琦注：《李太白全集》卷二十六，第1245页。

2 （宋）朱熹著，郭齐、尹波编注：《朱熹文集编年评注》卷七十二《杂学辨·苏氏易解》，福州：福建人民出版社，2019年，第3504页。

3 （汉）桓宽：《论诽》，载（汉）桓宽：《盐铁论》诸子集成本，北京：中华书局，1954年，第28页。

4 （宋）苏洵著，曾枣庄、金成礼笺注：《嘉祐集笺注》卷十九《谏论上》，第244页。

5 （宋）苏洵著，曾枣庄、金成礼笺注：《嘉祐集笺注》卷十二《上欧阳内翰第一书》，第329页。

家、不拘一格的气度与风采。也正因为这样的原因，宋代有些人对苏洵的学术和思想就有带贬斥的称呼和评价。如宋人邵博《邵氏闻见后录》卷十四载："东坡中制科，王荆公问吕申公：'见苏轼制策否？'申公称之。荆公曰：'全类战国文章，若安石为考官，必黜之。'故荆公后修《英宗实录》，谓苏明允有战国纵横之学云。"[1]纵横家的说辞，往往气势磅礴，纵横恣肆，酣畅淋漓，雄辩滔滔，富有鼓动性，具有说服力。苏洵的散文同样具有这样的特点，欧阳修也认为苏洵的散文"博辨宏伟"，苏洵写作时，"下笔顷刻数千言，其纵横上下，出入驰骤，必造于深微而后止"[2]。

总之，从苏洵的求学读书经历以及著述来看，苏洵思想中占首要地位的应该是儒家思想，但同时也非常鲜明地体现出整个蜀学的特色，这就是"杂学"色彩。

四、逆向思维的熏陶

所谓逆向思维，实际上就是一种异于常规、不落俗套的思维，也是一种张扬个性、拒绝平庸的思维。巴蜀偏处西南，古代长期被称为"西南夷"。苏轼《眉州远景楼记》曾这样概述当地的百姓："故其民皆聪明才智，务本而力作，易治而难服。守令始至，视其言语动作，辄了其为人。其明且能者，不复以事试，终日寂然。苟不以其道，则陈义秉法以讥切之，故不知者以为难治。"[3]这段文字告诉世人，眉州之老百姓是遵纪守法的，但他们要看长官是否"有道"，如果"不以其道"，他们是不服的，所以给人的印象是"易治而难服"，用今天的话说是不怕事的。这是宋代的苏轼对眉州的民风的陈述。时间上溯到汉代，班固在《汉书·地理志》中形容蜀地"未能笃信道德，反以好文刺讥，贵慕权势"，这是"文翁化蜀"之后，司马相如享誉家乡内外之前的事。无论是班固的叙述，还是苏轼的陈述，其实都说明一点，巴蜀之人是非常有个性的，特别是巴蜀名人。司马相如是一个极度张扬个性的人，他被另一位越名教而任自然的魏晋名士嵇康所赞佩："长卿慢世，越礼自放。犊鼻居市，不耻其状。托疾避官，蔑此卿相。乃赋《大人》，超然莫

1　（宋）邵博撰，刘德权、李剑雄点校：《邵氏闻见后录》卷十四，北京：中华书局，1983年，第111页。

2　（宋）欧阳修著，洪本健校笺：《欧阳修诗文集校笺·居士集》卷三十四《故霸州文安县主簿苏君墓志铭并序》，第902页。

3　孔凡礼点校：《苏轼文集》卷十一，第353页。

尚。"[1]至于相如琴挑文君，黉夜私奔的放纵，更是徒令诸多文人拍案惊奇，自叹弗如。扬雄"简易佚荡""不修廉隅以徼名当世"[2]，以至秉心任性，敢赋《剧秦美新》。陈子昂初入京师，即以千缗买胡琴，当众碎之，以其文百轴遍赠观者，一月之内，轰动京城[3]，更不要说其在中国诗歌史上的"横制颓波"了。李白之使高力士殿上脱靴的霸气以及"仰天大笑出门去，我辈岂是蓬蒿人"[4]"焉能与群鸡，刺蹙争一餐"[5]"尧舜之事不足惊，自余嚣嚣直可轻"[6]"君看我才能，何似鲁仲尼"[7]的狂傲，无人能比；甚至一向被认为温和的苏辙在仁宗皇帝主持的崇政殿御试中也敢直言皇上娱乐耗财之不是，以致初考官胡宿认为苏辙直斥皇上，出言不逊，则力请黜落，引起一番激烈争论。凡斯种种，均是巴蜀之人鲜明个性的彰显。

苏洵也是一位受到巴蜀逆向思维熏陶的人。诚如欧阳修在《故霸州文安县主簿苏君墓志铭并序》中所叙述的："君少独不喜学，年已壮，犹不知书。职方君纵而不问，卿闾亲族皆怪之。或问其故，职方君笑而不答，君亦自如也。"[8]"纵而不问"与"笑而不答"，一方面可以看出苏洵父亲苏序对儿子性格叛逆、倔强的认识，另一方面也可以看出父亲对儿子的充分信任。这种宽容温暖的家庭教育氛围，是不走寻常路的苏洵能够最后成名成家的重要因素之一。

苏洵的这种耿介旷荡的性格，还可以从他对待科举仕进的态度上看出来。如前所述，苏洵35岁前，曾三次应试，皆以失败告终。后来拜谒欧阳修等名流，在欧阳修的举荐下，召试紫微阁，苏洵推辞不去。为什么？苏洵在给梅尧臣的信中有自己的解释："自离京师，行已二年，不意朝廷尚未见遗，以其不肖之文犹有可采者，前月承本州发遣赴阙就试。圣俞自思，仆岂欲试者？惟其平生不能区区附合有司之尺度，是以至此穷困。今乃以五十衰病之身，奔走万里以就试，不亦为山林之士所轻笑哉？自思少年尝举茂才，中夜起坐，裹饭携饼，待晓东华门外，逐队而入，屈膝就席，俯首据案。其后每思至此，即为寒心。今齿日益老，尚安能使达官贵人复弄其文墨，以穷其所不知邪？且以永叔之言与夫三书之所云，皆世之所见。今千里

1 （明）张溥编：《汉魏六朝百三家集》卷三十五《魏嵇康集·司马相如赞》，文渊阁《四库全书》本。

2 （汉）班固撰：《汉书》卷八十七上《扬雄传上》第五十七上，第2608页。

3 （宋）计有功辑撰：《唐诗纪事》卷八，上海：上海古籍出版社，2008年，第102页。

4 （唐）李白著，（清）王琦注：《李太白全集》卷十五《南陵别儿童入京》，第744页。

5 （唐）李白著，（清）王琦注：《李太白全集》卷二《古风其四十》，第138页。

6 （唐）李白著，（清）王琦注：《李太白全集》卷八《怀仙歌》，第448页。

7 （唐）李白著，（清）王琦注：《李太白全集》卷十二《书怀赠南陵常赞府》，第643页。

8 （宋）欧阳修著，洪本健校笺：《欧阳修诗文集校笺·居士集》卷三十四，第902页。

召仆而试之，盖其心尚有所未信，此尤不可苟进以求其荣利也。"[1]在苏洵看来，自己所献之文以及欧阳修的推荐，已为大家所见，如果这些都还不足以为信，还要千里迢迢"召仆而试之"，这种"苟进"与"荣利"，已有违他的"初心"，为自己所不齿。在给雷简夫的信中，苏洵说得更直白："仆已老矣，固非求仕者，亦非固求不仕者。自以闲居田野之中，鱼稻蔬笋之资，足以养生自乐，俯仰世俗之间，窃观当世之太平；其文章议论，亦可以自足于一世。何苦乃以衰病之身，委曲以就有司之权衡，以自取轻笑哉？然此可为太简道，不可与流俗人言也。向者《权书》《衡论》《几策》，皆仆闲居之所为。其间虽多言今世之事，亦不自求出之于世，乃欧阳永叔以为可进而进之。苟朝廷以为其言之可信，则何所事试？苟不信其平居之所云，而其一日仓卒之言，又何足信邪？恐复不信，只以为笑。"[2]苏洵坦言他到这个年龄，已经无所谓，委屈自己去"就有司之权衡"，那是"自取轻笑"。"然此可为太简道，不可与流俗人言"，可以看出他异于常人凡夫的独特之处。这种掏心窝的话，只有给懂自己的雷简夫说，给其他人说，别人难以理解，自己也懒得加以解释。

苏洵的这种性格，对他的"进步"难免会产生一定阻力。如嘉祐八年（1063）三月，仁宗去世，韩琦为山陵使，要厚葬仁宗，苏洵作《上韩昭文论山陵书》，反对厚葬，建议薄葬："窃见先帝以俭德临天下，在位四十余年，而宫室游观无所增加，帏簿器皿弊陋而不易，天下称颂，以为文、景之所不若。今一旦奄弃臣下，而有司乃欲以末世葬送无益之费，侵削先帝休息长养之民，掇取厚葬之名而遗之，以累其盛明。故洵以为当今之议，莫若薄葬。窃闻顷者癸酉赦书既出，郡县无以赏兵，例皆贷钱于民，民之有钱者，皆莫肯自输，于是有威之以刀剑，驱之以笞棰，为国结怨，仅而得之者。小民无知，不知与国同忧，方且狼顾而不宁。而山陵一切配率之科又以复下，计今不过秋冬之间，海内必将骚然，有不自聊赖之人。窃惟先帝平昔之所以爱惜百姓者如此其深，而其所以检身节俭者如此其至也，推其平生之心而计其既没之意，则其不欲以山陵重困天下，亦已明矣。而臣下乃独为此过当逾礼之费，以拂戾其平生之意，窃所不取也。且使今府库之中，财用有余，一物不取于民，尽公力而为之，以称遂臣子不忍之心，犹且获讥于圣人。况夫空虚无有，一金以上非取于民则不获，而冒行不顾以狥近世失中之礼，亦已惑矣。"[3]虽然苏洵

1 （宋）苏洵著，曾枣庄、金成礼笺注：《嘉祐集笺注》卷十三《与梅圣俞书》，第360—361页。

2 （宋）苏洵著，曾枣庄、金成礼笺注：《嘉祐集笺注》卷十三《答雷太简书》，第362页。

3 （宋）苏洵著，曾枣庄、金成礼笺注：《嘉祐集笺注》卷十三《上韩昭文论山陵书》，第355—356页。

言之在理，但这些话毕竟听起来是很不顺耳的，也让作为山陵使的韩琦很难堪。苏洵一直未能得到重用，与他这种"不合时宜"的性格或许有很大的关系。

五、易学传统的赓续

蜀地易学传统深厚，在历史上曾有"易学在蜀"的声誉。《宋史·谯定传》有云："初，程颐之父珦尝守广汉，程与兄颢皆随侍，游成都，见治箴箍桶者挟册，就视之则《易》也，欲拟议致诘，而箴者先曰：'若尝学此乎？'因指'未济男之穷'以发问。二程逊而问之，则曰'三阳皆失位。'兄弟涣然有所省，翌日再过之，则去矣。其后袁滋入洛，问《易》于颐。颐曰：'易学在蜀耳，盍往求之？'滋入蜀访问，久无所遇。已而见卖酱薛翁于眉、邛间，与语，大有所得，不知所得何语也。"[1]这是一段很有意思的传记，它透露出很多的信息：一是易学在蜀中有广泛的群众基础，连箴叟、酱翁这些走卒贩夫也《易》不离手；二是蜀中民间多易学高手，箴叟、酱翁这些走卒贩夫随口而出的易学术语，也轻易把程颐、程颢两兄弟难住；三是蜀中类似于箴叟、酱翁这样有学问功底的隐君子（隐士）很多，他们散布在各行各业，不可小觑；四是蜀中易学有自己独到的巴蜀特色，这从箴者的发问可以看出。

事实上，蜀中之人自古即长于历法、卜算、阴阳，春秋时资中人苌弘明天文，孔子曾问学于他。[2]汉代落下闳、严君平、扬雄，唐代李鼎祚、李淳风、袁天罡，明代来知德等都是蜀中的易学名家。宋代三苏对易学也十分喜爱，三人合力完成了《苏氏易传》，共九卷。苏洵在给韩琦的信中曾自豪地说："作《易传》百余篇。此书若成，则自有《易》以来，未始有也。"[3]苏洵此言是有根柢的，因为这是北宋时期现存唯一一部经传同释的易学著作。

这部《苏氏易传》确实是三人接力完成的，苏籀曾透露："公（苏辙）言先曾祖晚岁读《易》，玩其爻象，得其刚柔、远近、喜怒、逆顺之情，以观其词，皆迎刃而解。作《易传》未完，疾革，命二公（苏轼、苏辙）述其志。东坡受命，卒以成书。初二公少年皆读《易》，为之解说。各仕它邦，既而东坡独得文王、伏羲

1　（元）脱脱等：《宋史》卷四百五十九，北京：中华书局，1999年，第10439页。
2　（汉）郑氏注，（唐）陆德明音义，（唐）孔颖达疏：《礼记注疏》卷三十九，文渊阁《四库全书》本。
3　（宋）苏洵著，曾枣庄、金成礼笺注：《嘉祐集笺注》卷十三，第353页。

超然之旨。公（苏辙）乃送所解予坡，今《蒙》卦犹是公解。"[1]这段话应该说来自苏辙当年为苏轼所作的墓志铭："先君晚岁读《易》，玩其爻象，因得其刚柔远近、喜怒逆顺之情以观其词，皆迎刃而解，作《易传》，未完，疾革，命公述其志。公泣受命。卒以成书，然后千载之微言，焕然可知也。"[2]欧阳修在苏洵墓志铭中也云："盖晚而好《易》，曰：'《易》之道深矣，汩而不明者，诸儒以附会之说乱之也，去之，则圣人之旨见矣。'作《易传》未成，而卒。"[3]这些材料，可以互证。

《太玄》是被称为"西道孔子"的蜀中名人扬雄所作，其"以为经莫大于《易》，故作《太玄》"[4]。扬雄志向高远，"欲求文章成名于后世"[5]，所以，取法乎上，以《易》为准的，别创一天地，名之曰《太玄》。苏洵《嘉祐集》第七卷即为《太玄论》，包括《太玄论上》《太玄论中》《太玄论下》《太玄总例并引》。虽然苏洵更多是在批评扬雄："雄之所以自附于夫子，而无得于心者也。使雄有得于心，吾知《太玄》之不作。"[6]但从另一方面看，苏洵对依《易》而作的《太玄》十分关心，作了上中下三论。为避免后世读者误读他的意思，又特意作了《太玄总例并引》："吾既作《太玄论》，或者读扬子之书未知其详，而以意诘吾说，病辞之不给也，为作此例，凡雄之法与夫先儒之论，其可取者皆在。有未尽传之己意，曰姑观是焉。盖雄者好奇而务深，故辞多夸大，而可观者鲜。"[7]

在苏洵的《六经论》中，开篇即是《易论》，在苏洵看来："圣人之道，得《礼》而信，得《易》而尊。信之而不可废，尊之而不敢废，故圣人之道所以不废者，《礼》为之明而《易》为之幽也。"[8]那圣人为何要作《易》？或者说，作《易》何为？苏洵认为："圣人惧其道之废，而天下复于乱也，然后作《易》：观天地之象以为爻，通阴阳之变以为卦，考鬼神之情以为辞。探之茫茫，索之冥冥，童而习之，白首而不得其源，故天下视圣人如神之幽，如天之高，尊其人而其

1　（宋）苏籀记：《栾城遗言》，文渊阁《四库全书》本。

2　（宋）苏辙：《亡兄子瞻端明墓志铭》，载（宋）苏辙著，陈宏天、高秀芳点校：《苏辙集·栾城后集》卷二十二，第1127页。

3　（宋）欧阳修：《故霸州文安县主簿苏君墓志铭》，载（宋）欧阳修著，李逸安点校：《欧阳修全集》卷三十五，第514页。

4　（汉）班固撰，《汉书》卷八十七下《扬雄传下》，第2659页。

5　（汉）班固撰，《汉书》卷八十七下《扬雄传下》，第2659页。

6　（宋）苏洵著，曾枣庄、金成礼笺注：《嘉祐集笺注》卷七，第169页。

7　（宋）苏洵著，曾枣庄、金成礼笺注：《嘉祐集笺注》卷七，第184页。

8　（宋）苏洵著，曾枣庄、金成礼笺注：《嘉祐集笺注》卷六，第142页。

教亦随而尊。故其道之所以尊于天下而不敢废者，《易》为之幽也。"[1]这段话对《易》之卦、爻、辞作了形象通俗的解释，有别于《易传》的解释，是相当有新意的。由此，也可以看到苏洵的易学修养与功夫是相当到位的。

1　（宋）苏洵著，曾枣庄、金成礼笺注：《嘉祐集笺注》卷六，第143页。

从苏辙《蚕市》诗探析蜀中蚕市风俗[1]

王凤阁（眉山三苏祠博物馆）

摘　要：本文以苏辙《蚕市》诗为引子，探析宋时蜀中的蚕市风俗及蚕神崇拜。蜀中的蚕市风俗可以追溯至蚕丛氏教民养蚕的上古时期，在宋时人们会在正月至三月举办具有一定规模和标准的蚕市民俗活动。蚕市不仅仅是一个集会和交易中心，更是一个集宴饮游乐、祭祀祈福、神异奇遇于一体的中心，是蜀中丝织业繁荣，尚交游、乐市集、追求享乐、重烟火气之民风的具体体现。从更深层次来看，蚕市风俗体现的是蜀中对蚕丛氏（青衣神）、马头娘两位蚕神的崇拜。蚕丛氏与青衣神的合体体现了蚕丛氏从祖先之神到行业之神的转变，其根源与蜀地蚕业生产技术不断提高、商业发展程度不断加深、丝织刺绣产品流通范围日益扩展有关。独特的马头娘崇拜体现了浓重的性别文化色彩，是母权氏族社会中一直垄断着蚕纺职业技术的体现以及社会对女织的期许、监督和对女性不织的惩罚。

关键词：苏辙　蚕市　蚕神崇拜

宋时，蜀地丝织业非常繁荣，是宋代丝织业三大生产中心之一，《宋史·地理志》称蜀中"土植宜柘，茧丝织文纤丽者穷于天下"[2]。自汉代以来，蜀地就以出产高级丝织品而闻名全国；到了宋代，尤其以成都平原地区的丝织业盛名天下。蜀

1　本文系四川省哲学社会科学基金"三星堆、蜀道、三苏研究"重大专项"三苏遗址遗迹调查与研究"（SCJJ24ZD61）的阶段性成果。
2　（元）脱脱等：《宋史·地理五·夔州路》，北京：中华书局，1985年，第2230页。

中丝织品，技艺精湛，丝衣轻薄凉爽、美奂飘逸。陆游诗赞："疏帘曲槛蘋风凉，细腰美人藕丝裳。绿藤水纹穿矮床，玉指纤纤弹《履霜》"[1]。《全蜀艺文志》记载成都的丝织生产是"连甍比室，运筹弄杼"的盛况，且官方专门设置成都锦院来经营织造。除了官府设置的场院外，蜀中大多数丝织品都由民间作坊产生。宋代蜀地丝织品的产量虽然没有确切数字，但从北宋记载的赋役数据中，可看出巴蜀丝织业在全国的地位。北宋岁入帛匹11351907匹，巴蜀达1799151匹，约占全国总数的16%。《宋会要辑稿》："神宗熙宁元年十二月尚书户部上诸道府土产贡物……益州大花罗六匹，高纻布一十匹，眉州麩金三两，蜀州春罗四匹，嘉州麩金三两，邛州丝布二匹，黎州红椒二十斤，简州绵绸二十匹，梓州白熟绫一十四匹。"[2]可见巴蜀地区丝绸与布匹的地位。发达的丝织业使民户除了以传统的粮食生产为生计外，也以经营蚕桑丝织为生，使得桑蚕成为民户生计安排的重要组成部分，无论是民间还是官方，都十分重视种桑养蚕事业，蚕市风俗在宋代发展到了极盛的阶段。

嘉祐八年（1063）岁首，苏洵、苏辙在京，苏轼在凤翔任签书判官，时值岁首，苏轼、苏辙分隔两地，苏辙寄给苏轼《馈岁》《别岁》《守岁》《踏青》《蚕市》，追忆在家乡眉州的风俗以及两人共同度过的青少年时光。其中《蚕市》一诗，详细记录了眉州的蚕市风俗。苏轼的和诗《和子由踏青》《和子由蚕市》也追忆了眉州踏青郊游、新春禳蚕的生动景象。

苏辙《蚕市》：

> 枯桑舒牙叶渐青，新蚕可浴日晴明。前年器用随手败，今冬衣着及春营。倾囷计口卖余粟，买箔还家待种生。不惟箱筐供妇女，亦有锄镈资男耕。空巷无人斗容冶，六亲相见争邀迎。酒肴劝属坊市满，鼓笛繁乱倡优狞。蚕丛在时已如此，古人虽没谁敢更？异方不见古风俗，但向陌上闻吹笙。[3]

苏轼《和子由蚕市》：

> 蜀人衣食常苦艰，蜀人游乐不知还。千人耕种万人食，一年辛苦一春

1 （宋）陆游著，钱仲联、马亚中主编：《陆游全集校注》，杭州：浙江古籍出版社，2015年，第39页。
2 （清）徐松辑，缪荃孙重订：《宋会要辑稿》，民国二十五年国立北平图书馆影印本。
3 （宋）苏辙著，陈宏天、高秀芳点校：《苏辙集》，北京：中华书局，1990年，第18页。

闲。闲时尚以蚕为市,共忘辛苦逐欣欢。去年霜降斫秋获,今年箔积如连山。破瓢为轮土为釜,争买不啻金与纨。忆昔与子皆童卯,年年废书走市观。市人争夸斗巧智,野人喑哑遭欺谩。诗来使我感旧事,不悲去国悲流年。[1]

苏辙《蚕市》诗首两句说明了时节,正是枯桑发芽、新蚕始生的初春时节。当地人民上一年的器用已经耗尽,今冬的衣食还等着今春的辛苦经营。所以只有去蚕市上将仓中的余粮全部卖掉,以购买蚕箔等养蚕器具回家等待蚕种出生。蚕市上的器用各式各样,不仅有供妇女收纳使用的箱箧,还有用于耕种的锄镈等农具。街市上出现了万人空巷的热闹场面,亲戚朋友在街上遇见了都热情地相互招呼着。坊市里人们"酒肴劝属"、鼓笛繁乱,一派繁华热闹、人声鼎沸之景。记忆中眉州此时节的热闹繁华与现实中京城的安静冷清形成了鲜明的对比。宋代眉山地区历有二月十五蚕市之习,其市以出售蚕器为主,兼卖锄、镈等耕作之具和其他杂物,实亦有作乐纵观之目的。此诗交代蚕市交易之景象,重点刻画蜀人游冶、酒肴满坊、鼓乐繁乱的欢乐场面,旨在强调蚕市之风自古有之,且为蜀地民风,异方难见,其描述清晰地反映了古代蜀中独特的节庆风俗。

苏轼的《和子由蚕市》也描写了眉州蚕市的概况,但不同于苏辙对蚕市景象的娓娓道来,苏轼更侧重于重要信息与重点画面的描述。他着重介绍了蜀人衣食的艰难,是"千人耕种万人食,一年辛苦一春闲"。所以他们更加注重在蚕市上的游乐和欢欣。其描写农民在蚕市上争相购买获箔等养蚕之具,瓢轮、土釜等缫丝之物的景象也更加生动具体:"争买不啻金与纨"。其中苏轼还注意到了一些细微的生活场景,就是城里的摊主能说会道,斗巧斗智,使乡下的百姓白白遭到了欺谩,而且蚕市上不仅有远道而来购买蚕具和农具的农户,还有像苏氏兄弟一样专门出门游乐观赏的人。

一、蚕市的起源与时间

蜀中蚕市传说一是起源于蚕丛时期,《成都记》云:"蚕丛氏每春,劝民农桑,但鬻蚕具,谓之蚕市云。"[2]苏辙诗中也提到"蚕丛在时已如此"。二是源于

1 (清)王文诰辑注,孔凡礼点校:《苏轼诗集》,北京:中华书局,1982年,第163页。
2 王炎、王文才:《蜀志类纂考释·宋〈成都记〉》,北京:中华书局,2021年,第317页。

祈蚕福的传统。与中原地区不同，蜀地崇拜的蚕神是马头娘。蜀中流行"蚕女"的传说故事。相传，蚕女在高辛帝时，被马皮卷走而"化为蚕，食桑叶，吐丝成茧，以衣披人间"，蚕女的墓冢在四川绵竹县。从此之后蜀地"宫观诸化，塑女子之像，披马皮，谓马头娘，以祈蚕"。蚕丛时期的蚕市应是随人而迁移的临时交易场所，而由祭祀蚕神发展而来的蚕市则是人们到寺观拜蚕神而产生的。

蚕市举行的时间是每年正月至三月之间。《茅亭客话·鬻龙骨》："蜀有蚕市，每年正月至三月，州城及属县循环一十五处。耆旧相传，古蚕丛氏为蜀主，民无定居，随蚕丛所在致市居，此之遗风也。又蚕将兴以为名也，因是货蚕农之具，及花木果草药什物。"[1]蚕市最早从正月初五开始，最晚到三月二十七日止。各个州县的时间也不一致，作为经济政治中心的成都地区，较周围其他市州举行蚕市的频率高。正月至三月是蜀中的农闲时期，并且成都地区气候温暖，桑树采摘时间比其他地方早，三月即可养蚕，所以蚕事一般在三月初开始。因此蚕市的举行时间正好是在一年忙碌的前夕，即"一年辛苦一春闲"。加之蚕市历来具有劝农耕织的意图和作用，宋代蜀中地区人口激增，人地矛盾开始出现，特别是在土地肥沃的成都平原地区，人稠地狭，"千人耕种万人食"，蜀民只有努力从事生产才"仅能充岁粮"。所以官府也大力提倡蚕市，通过蚕市提供生产用品，劝导百姓勤劳耕织，戒除懒惰。但是随着商品经济的发展以及宴游之风的兴起，蚕市开市的时间和重大的民俗节日相重合，如正月初七、二月二日、三月三日等。蚕市举办的地点一般是在城市中的贸易交易中心市场以及举办庙会、宗教集会的寺观、道观旁边。在远离城市中心的地区，村镇的草市也是蚕市举办的主要地点。"幽寻野外兴何如，蚕市村墟忆故墟。"[2]"蚕市渐休人已稀，市桥官柳金丝弄。……知在柘冈村路西。"[3]

表1 古代蚕市时间及相关文献

蚕市时间	来源	内容
三月	《成都古今记》	"三月蚕市"
	《十国春秋》	"蜀中每春三月为蚕市"
三月三日	《阴阳书》	"三月三日欲阴不雨则蚕善"
三月九日	《儒林公议》	"九日大慈寺前蚕市"

---

1 （宋）黄休复撰，赵维国整理：《茅亭客话》，北京：大象出版社，2019年，第67页。

2 （清）吴之振、吕留良、吴自牧选，管庭芬、蒋光煦补：《宋诗钞·次韵嘉言机宜》，北京：中华书局，1986年，第3050页。

3 （清）吴之振、吕留良、吴自牧选，管庭芬、蒋光煦补：《宋诗钞·山市晴岚》，第3743页。

续表

蚕市时间	来源	内容
三月二十七日	《岁华纪丽谱》	"二十七日大西门睿圣夫人庙前蚕市"
二月二日、二月八日	《岁时广记》	"同州以二月二日与八日为市，四远村民毕集，应蚕农所用"
二月初八	《儒林公议》	"八日大慈寺前蚕市"
二月十五	《方舆胜览》	"成都古蚕丛之国，其民重蚕事，故一岁之中，二月望日，鬻花木蚕器于某所者，号蚕市"
正月初七	《舆地纪胜》《通义志》	"山中人以人日为蚕市，杨真人上升之日也"
正月初七	《元丰九域志》	"梓州有蚕丝山，每岁春七日，士女游此以祈蚕丝"
正月初五	《岁华纪丽谱》	"五日五门蚕市，盖蚕丛氏始为之俗，往往呼为蚕丛，太守即门外张宴"
正月初五	《儒林公议》	"五日州南门蚕市"
正月二十三	《岁华纪丽谱》	"二十三日圣寿寺前蚕市，张公咏始即寺为会，使民鬻农器"
正月二十三	《儒林公议》	"二十三日圣寿寺前蚕市"

二、蚕市：多功能中心

从相关记载可以看出，蚕市不仅仅是一个商品交换和贸易的中心，而是一个多功能的活动中心。《岁时广记》记载张乖崖任益州知州时，在二月二日踏春郊游的时节，在宝历寺前"创一蚕市，纵民交易。嬉游乐饮，倍于往岁，薄暮方回"。又"鬻蚕器"条引张仲殊词曰："成都好，蚕市趁遨游。夜放笙歌喧紫陌，春邀灯火上红楼。车马溢瀛洲。"[1]"祈蚕福"条引《成都记》："三月三日，远近祈蚕福于龙桥，曰蚕市。"[2]可见在蜀地，蚕市是一个交易、宴饮、郊游、祈福的中心。

（一）商品交易中心

《岁时广记》引《成都记》云："同州以二月二日与八日为市，四远村民毕集，应蚕农所用。"[3]虽然蚕市交易的主要商品是耕作农具，"乘此耕桑前，以助农绩次"，农民们在市场上争相购买蚕桑生产器具，"破瓢为轮土为釜，争买不啻金与纨"。但是蚕市交易的物品远不止于此。田况在《五日州南门蚕市》形容其为

---

1 （宋）陈元靓撰，许逸民点校：《岁时广记》卷一，北京：中华书局，2020年，第50—51页。
2 （宋）陈元靓撰，许逸民点校：《岁时广记》卷十八，第369页。
3 （宋）陈元靓撰，许逸民点校：《岁时广记》卷一，第50页。

"齐民聚百货""物品何其多，碎琐皆不遗""游人炫识赏，善贾求珍奇"[1]的景况。可见蚕市的商品应有尽有，不仅有日用商品，更有珍奇古玩。《茅亭客话》记载蚕市上有人售卖"龙骨""白虾蟆""灵芝"等奇珍宝物，以满足游人的猎奇心理。"伪蜀将季，延秋门内严真观前蚕市，有村夫鬻一白虾蟆。其质甚大，两目如丹，聚视者皆云肉芝也。"[2]此外还有树苗花卉药材等。"蜀中每春三月为蚕市，至时货易毕集，阛阓填委，蜀人称其繁盛。而建尝登楼望之，见其货桑栽者不一，乃顾左右曰：'桑栽甚多，傥税之，必获厚利。'"[3]有专门以"蚕"为名的贸易交换中心，有专门植桑卖叶的农户，由此推测，也有专门的蚕种售卖，这也是蜀地丝织业生产专业化分工的体现。

大体来说，蚕市交易商品主要分为三大类：一是各式各样的农桑器具，是市场上最主要、需求量最多的商品，为生产用品。二是生活所需的器用杂物，是市民生活中不可缺少的商品，为生活用品。三是花木、奇珍异物，此类商品的出现说明蚕市商品经济与市井娱乐因素增多，是城市商品经济繁荣的具体体现。

（二）宴游娱乐中心

蚕市不仅是一个综合性的集贸市场，还是蜀地士庶歌舞宴乐之地，兼具娱乐、休闲的功能，人们在此，集会宴饮、郊游踏青。《岁时广记》引张忠殊的词描绘了成都蚕市的夜景：一片灯火辉煌、车马鼎沸、夜放笙歌的热闹景象。范成大在《离堆行》一诗中也暗示了锦城蚕市的繁华之景："成都火米不论钱，丝管相随看蚕市。"[4]范纯仁《又和暮春蚕市》则侧重展现了蚕市举办期间官民同乐、一城狂欢的景象："古祠幽邃锦城隈，千骑欢游宴席开。尽日风光随彩斾，一方民乐在春台。"[5]蜀地民风本来就尚奢侈、好娱乐，《宋史·地理志》称："地狭而腴，民勤耕作，无寸土之旷，岁三四收。其所获多为遨游之费，踏青、药市之集尤盛焉，动至连月。好音乐，少愁苦，尚奢靡，性轻扬，喜虚称。"[6]可见宋代川峡西部，特别是成都附近，尚宴游之风炽盛，特别是在节日期间。人们在二月二、三月三这些重大的节日，基本上是倾城出游，而且是官方带头组织，"郡守就子城东北隅龙

1　（宋）袁说友等编，赵晓兰整理：《成都文类》卷九，北京：中华书局，2011年，第178页。

2　（宋）黄休复撰，赵维国整理：《茅亭客话》卷五，第39页。

3　朱易安、傅璇琮等主编：《全宋笔记·五国故事》卷上，北京：大象出版社，2019年，第88页。

4　（宋）范成大著，辛更儒点校：《范成大集》卷十九，北京：中华书局，2020年，第328页。

5　（宋）范纯仁撰：《范忠宣公文集》，清康熙四十六年岁寒堂刻二范全集本。

6　（元）脱脱等：《宋史·地理志·夔州路》，第2230页。

兴寺前，立山棚、设幄幕，乐以宴劳将吏，累日而后罢"[1]。"蚕市共娱丛帝魄，火官初换介推烟"明确表明了蚕市的娱乐性质。陆游《开岁》也记载了在蚕市举办期间和友人于眉州蟆颐津踏青郊游并醉酒的场景："相寻蚕市人何在，烂醉蟆津事亦非。惟有禹祠春渐好，从今剩判典春衣。"[2]甚至到后来蚕市已经没有交易蚕具、祈蚕福的功能，却仍保留了其休闲、娱乐的功能，成为一项民俗文化活动。冯山的《和吕少蒙蚕市》有载："何处青衣旧俗酣，峨嵋东畔蜀江南。从来岁首争为市，大半民间已不蚕。几日笙歌常继烛，晚春桃李尚仍蓝。嬉游果获神明助，太守虽贫亦荠甘。"[3]

虽然从政治上看，宴游之风应算一种奢风，并非一种好现象，但若换一个角度，从民生经济观之，乐游则是刺激消费的有效手段。应该讲，蜀中的好游之风归根结底还是得益于当地雄厚的经济基础。经过北宋初期的动荡之后，蜀地回归太平，至北宋中叶，特别是以成都平原为中心的地区，已发展起来有相当规模的工商业城市，民众富足，贸易繁盛，为宴游娱乐提供了充足的物质条件。

（三）祭祀祈福中心

祭祀蚕神是蚕市民俗中一项重要的活动，官方的蚕神由皇帝与后妃祭祀，并拥有宏伟的祭坛。蜀地的蚕神祭祀一般由百姓自发组织，蚕市活动期间，人们去庙里祭祀马头娘与蚕丛氏。《宋史》记载眉山洪雅春时人们会祭祀蚕丛祠，并且会准备酒食在一起宴饮。"洪雅春时为蚕丛祠，娟与邑少年期因蚕丛具酒邀娥。"[4]陆游《春晚即事》还记录了家家红灯、冬冬画鼓祭祀蚕神的盛大场景："桑麻夹道蔽行人，桃李随风旋作尘。煜煜红灯迎妇担，冬冬画鼓祭蚕神。"[5]除了在公众场合祭祀外，还有在家祭祀蚕神的传统，陆游《春晚村居杂赋绝句》描写了晚上以自家的酒食祭祀蚕神的习俗："朝书牛券拈枯笔，暮祭蚕神酌冻醪。"[6]由此可知，民间祭祀蚕神的方式也多种多样，除了有以赛春社的形式直接去庙里祭祀马头娘和蚕丛氏以外，还有在家祭祀蚕神的习俗。《太平广记》引《续齐谐记》记载，吴县张诚之夜半见一女子在蚕室，并要求张诚之在正月十五的时候以白粥祭祀。可见于家中

---

1 （宋）陈元靓撰，许逸民点校：《岁时广记》，第12页。

2 （宋）陆游著，钱仲联、马亚中主编：《陆游全集校注》卷五十，第217页。

3 （宋）冯山撰：《冯安岳集》，民国间南城李氏宜秋馆刊宋人集本。

4 （元）脱脱等：《宋史》卷四百六十《列传》，第13479页。

5 （宋）陆游著，钱仲联、马亚中主编：《陆游全集校注》卷七十，第376页。

6 （宋）陆游著，钱仲联、马亚中主编：《陆游全集校注》卷二十四，第168页。

蚕室祭蚕的传统由来已久。

人们祭祀蚕神时除了酬谢蚕神外，还会向蚕神祈福、占卜。"《成都记》云三月三日远近祈福于龙桥，命曰'蚕市'"[1]据《五行书》记载："欲知蚕善恶，常以三月三日，天阴如无日，不见雨，蚕大善。"[2]但在宋朝蜀地的蚕市活动期间，人们的祈禳活动对象不局限于蚕神，其祈福心愿也并不仅仅包括蚕事顺利、农事丰收，还有求福、祈子等。所以很多州县的蚕市也都设置在寺观的旁边。如成都的乾元观、龙兴观、睿圣夫人庙、大慈寺、圣寿寺等都是蚕市开市的地方。《云笈七签》载，三月三日蚕市的时候，远近之人都会到金堂县昌利化玄元观南院玄元殿前的九井旁祈求子嗣，祈求之后在井中取得石头的人会生男孩，探得瓦砾的人会生女孩，传说非常灵验。《眉州古志》载，正月初七，苏洵也曾于眉州重瞳观求子："人日州人游重瞳观。观有仙翁洞，云重瞳真人淘丹处。洞出灵蟹，色白，见者生贵子。老泉曾祷之，在蟆颐山下。"[3]因为百姓在蚕市活动期间特地到寺观拜蚕神祈福，寺观的道士、和尚就成为人们咨询的对象，一些和尚道士遂向其售卖符纸。《岁华纪丽谱》载，三月三日，学射山上"巫觋卖符于道，游者配之，以宜蚕避灾"，市坊之间可见遮道卖符的道人。苏轼《和子由踏青》便生动描述了一位卖符的道人，他称自己的符能使"汝茧如瓮，汝羊如麋"虽然"路人未必信此语，强为买服祷新春"，人们都知道此事未必可信，但是为了讨取新春的吉利，也就纷纷出钱买符。

（四）神异奇遇中心

作为货物贸易中心，蚕市是一个各阶层、各行业、各色人会聚交流的地方，不仅是货物的集散地，也是人员的集散地。因此，蚕市上会发生各种奇遇与异事，一部分百姓甚至为了这些奇遇与奇货而前往蚕市。"每蚕市，好事者凌晨而往。或有遇神仙者，或有遇灵药者，或有遇奇物者，着艾相传，青城山仙人隐士多因蚕市接救人尔。"[4]《云笈七签》记载了成都于满川、贾琼之母在蚕市上的奇遇：

> 于满川者，是成都乐官也。其所居邻里阙水，有一老叟，常担水以供

1　（宋）佚名辑：《锦绣万花谷》后集《卷四》，宋刻本。
2　（后魏）贾思勰著，缪启愉校释：《齐民要术校释》卷五，北京：中国农业出版社，第332页。
3　王斌等著：《蜀中广记征引方志考·眉州》，成都：巴蜀书社，2014年，第340页。
4　（宋）黄休复撰，赵维国整理：《茅亭客话》卷九，第68页。

数家久矣。忽三月三日，满川于学射山通真观看蚕市，见卖水老人，与之语云，居在侧近。相引蚕市看讫，即邀满川过其家。入栒竹径，历渠堑，可十里许。即见门宇殿阁，人物喧阗，有像设图绘，若宫观焉。引至大厨中，人亦甚众，失老叟所在。问人，乃葛璝化厨中尔，云来日蚕市，方营设大斋。顷刻之间，已三日矣。卖水老叟，自此亦不复来。[1]

成都贾琼年三岁，其母因看蚕市，三月三日过龙兴观门，众齐受箓，遂诣观受童子箓一阶。[2]

于满川在蚕市上遇见卖水老叟，并在其邀请之下参观了葛璝化厨中大斋的景象。贾琼之母在蚕市上受童子箓，后来这果真在贾琼身上应验了。由于蚕市的繁荣，蚕市已然成为故事发生的空间场景。作家以此为素材，把蚕市这一公共空间充分利用起来，把奇幻故事和情节都安排在这一空间场景中。这些神异的故事也表明，随着道教经历魏晋的大发展，至唐宋进入鼎盛时期，蚕神信仰以及蚕市风俗都增添了道教的元素，甚至经过道教的加工和修饰，流传于蜀地的"蚕女"成了天宫的仙女。

三、蜀地的蚕神崇拜

《礼记·祭法》："山林川谷丘陵，能出云，为风雨，见怪物，皆曰神。"[3]孔颖达疏："风雨云露并益于人，故皆曰神而得祭也。"[4]人们祭祀蚕神就是为了蚕茧丰产、蚕丝多产、桑叶丰产和占卜桑叶丰歉，后又延伸至农畜、医药等领域。历史上有载于文献的蚕神有天驷、黄帝、嫘祖、菀窳妇人、寓氏公主、马头娘（马明菩萨、蚕花娘娘）、蚕花五圣、蚕丛（青衣神）、三姑、紫姑等。蜀地的蚕神有蚕丛、嫘祖、马头娘、先蚕、蚕姑、紫姑、蚕母以及一些无名氏蚕神。有些时候，蜀人并不知道自己祭祀的是哪位蚕神，只是希求对自家蚕桑的护佑，这便体现出了功利性。在蚕市买符的行为也是出于这种心理。苏轼在《和子由踏青》一诗中就详

1　（宋）张君房编，李永晟点校：《云笈七签》卷一百一十二，北京：中华书局，2003年，第2430页。

2　（宋）张君房编，李永晟点校：《云笈七签》卷一百一十九，第2630—2631。

3　杨天宇撰：《礼记译注》（下），上海：上海古籍出版社，2004年，第600页。

4　（汉）戴圣编：《礼记注疏》（十三经注疏本），北京：中华书局，1980年，第1588页。

细描绘了人们的这种心理。

蜀地养蚕的历史可追溯到黄帝时代。《史记》记载黄帝的元妃西陵氏——嫘祖,教民众养蚕、缫丝、制衣。可见蜀人在距今约4500年以前已知养蚕。蜀王蚕丛更是蜀地蚕业的推广者,清代段玉裁以为,"蜀"字实为蚕之代称。《荣县志》:"蚕以蜀为盛,故蜀曰'蚕丛',蜀亦蚕也。《诗》曰,蜎蜎者蠋,蒸在桑野,榛榛狉狉,缘山遍野,有蚕丛者,教民畜而饲之,民被其利,因王之曰蚕丛。"[1] 蚕丛教民养蚕,深受蜀人的爱戴,所到之处,蜀人簇拥成市,这便是蚕市风俗可以追溯的最早源头。

(一)青衣神

把蚕丛氏作为蚕神来崇拜是蜀地特有的蚕桑文化,蚕丛本来是蜀地的祖先神,常璩《华阳国志》记载:"周失纲纪,蜀先称王。有蜀侯蚕丛,其目纵,始称王。"[2] 扬雄在《蜀王本纪》中也指出蜀王蚕丛、柏濩和鱼凫"此三代各数百岁,皆神化不死,其民亦颇随王化去"[3]。作为蜀王的蚕丛被认为是蜀地的文化祖先。记载蚕丛被作为蚕神来崇拜和祭祀的文献出现较晚,而且蚕丛不是直接演变为蚕神的,而是经历了蚕丛氏—青衣神—蚕神这一过程。《元和郡县图志》介绍青神县时解释:"青神,即青衣神,在今嘉州界。"[4] 但是其并未说明此青衣神是蚕神。《鉴诫录》记载王建平蜀之时,梦见有青衣神向其大张其口。王建部中小将山章对其解释说:"青衣乃蜀之地名也。亦有青衣之神,其祠在平垒内。"也并未说明蜀地青衣神的属性。黄休复《益州名画录》记载成都圣寿寺有青衣神庙。《太平御览》载:"《益州记》曰青衣神号雷堆庙,班固以为离堆下有石室,名玉女房,盖此神也。"[5] 可见蜀中地区有青衣神的崇拜与祭祀,但是这时的青衣神是类似地方土地神的民间神。但是从南宋开始,蚕丛与青衣神联系在了一起,并有了青衣神即蚕丛氏的说法。范成大《吴船录》:"乙酉,泊嘉州,渡江游凌云,在城对岸,山不甚高,绵延有九山头,故名九顶,旧名青衣山,青衣,蚕丛氏之神也。"这里明

1 (民国)《荣县志·物产第六》,民国十八年刻本。

2 (晋)常璩撰,刘琳校注:《华阳国志校注》,成都:巴蜀书社,1984年,第181页。

3 (汉)扬雄著,张震泽校注:《扬雄集校注》,上海:上海古籍出版社,2009年,第244页。

4 (唐)李吉甫撰:《元和郡县图志》卷三十二《剑南道中》,清乾隆五十年至嘉庆十四年兰陵孙氏刻岱南阁丛书本。

5 (宋)李昉撰:《太平御览》卷一百六十六,民国二十四至二十五年上海商务印书馆四部丛刊三编影宋刻配补日本聚珍本。

确指出了青衣之神即蚕丛氏之神。南宋罗泌所撰杂史《路史》记载南齐永明年间，人们在成都地区发现了蚕丛氏之墓，后于此地铸坟祭祀，并塑神像，衣青衣，其后来就演变成为成都地区的青衣神。"永明二年，萧鉴刺益，治园江南，凿石冢，有棺无椁。得铜器数千种，玉尘三斗，金蚕蛇数万，朱砂为阜，水银为池子，珍玩多所不识，有篆云：蚕丛氏之墓。鉴责功曹何仵坟之，内无所犯，于上立神，衣青衣，即今成都青衣神也。"[1]祝穆《方舆胜览》"蚕丛祠"条就将青衣神确定为教民种蚕的蚕丛氏。"蜀王蚕丛氏祠也，今呼为青衣神，在圣寿寺。蚕丛氏教人养蚕，作金蚕数十，家给一蚕。后聚而弗给，瘗之江上，为蚕墓。"[2]后又有青神县因蚕丛而得名的说法。《舆地广记》："昔蚕丛氏衣青衣以劝农桑，县盖取此为名。"即此，蚕丛氏就成为衣青衣的蚕神。蚕丛氏也就从祖先之神转变成为行业之神。青衣神即雷堆庙，即《华阳国志》所谓"雷垣"，雷垣是李冰所凿离堆所平之滩涂。滩涂下有石室名玉女房，是青衣神的住处。从这里明显可以看出，青衣神更偏向土地神的性质。后由于南齐永明年间何仵立蚕丛坟，塑蚕丛氏像时衣青衣，蚕丛氏才与青衣神联系在一起。明代曹学佺也曾提出，蜀地的"青衣"传说有三种，一是《汉书》所载的"公孙述僭据，青衣人不宾"，二是青神县流传的"蚕丛衣青而教民农事，人皆神之"，三是"当县古有青衣国"。只是在后来的演变中，青衣神逐渐被统一指代为蚕丛氏，青衣国的传说故事与青衣人土地神的性能、蚕丛祖先神的性能慢慢地消逝，最终成为蜀地的行业神蚕神代表。

至于蚕丛氏衣青衣的现象，应该是受到了中原桑蚕文化的影响。中原地区祭祀蚕神有着青衣的习俗，据《吕氏春秋·季春纪》记载，周朝天子需在春天穿青衣，后妃需要着鞠衣躬桑亲蚕："天子居青阳右个，乘鸾辂，载青旂，衣青衣，服青玉，食麦与羊，其器疏以达。"[3]到了汉朝，皇后在亲蚕采桑时穿着青衣："皇后春桑，皆衣青，手采桑，以缫三盆茧，示群臣妾从。"[4]从此亲蚕之礼和后妃着青衣的传统便被官方确定和延续下来。"青衣"成为蚕桑的代名词，在蜀地，青衣神也就成为蚕丛氏的代名词。

1　（宋）罗泌撰，罗苹注：《路史》，北京：中华书局，1989年，第24页。

2　（宋）祝穆撰，施和金点校：《方舆胜览》卷五十一，北京：中华书局，2003年，第913页。

3　许维通撰，梁运华整理：《吕氏春秋集释》，北京：中华书局，2009年，第59页。

4　（汉）卫宏撰，（清）孙星衍校：《汉旧仪》，北京：中华书局，1985年，第11页。

（二）马头娘

除了蚕丛氏（青衣神）的蚕神崇拜外，蜀中的马头娘也是一位重要的蚕神。马头娘的故事源于女化蚕的传说故事。《搜神记》记载：

> 寻旧说云：太古之时，有大人远征，家无余人，唯有一男一女，并牝马一疋，女亲养之。穷居幽处，女思念其父，乃戏马曰："尔能为我迎得父还，吾将嫁汝。"既承此言，马乃绝缰而去，径至父所。父见马惊喜，因取而乘之。马望所自来，悲鸣不息，父曰："此马无事如此，我家得无有故乎？"乃亟乘以归。为畜生有非常之情，故厚加刍养。马不肯食，每见女出入，辄喜怒奋击，如此非一。父怪之，密以问女，女具以告父，必为是故也。父曰："勿言，辱家，且莫出入。"于是伏弩射而杀之，曝皮于庭。父行，女与邻女之皮所戏，以足蹙之曰："汝是畜生，而欲取人为妇耶？招此屠剥，如何自苦？"言未及竟，马皮蹶然而起，卷女以行。邻女忙怕，不敢救之，走告其父。父还求索，已出失之。后经数日，得于大树枝间，女及马皮尽化为蚕，而绩于树上。其茧纶理厚大，异于常蚕。邻妇取而养之，其收数倍。因名其树曰桑。桑者，丧也。由斯百姓竞种之，今世所养是也。言桑蚕者，是古蚕之余类也。[1]

《原化拾遗传》《齐民要术》《玉烛宝典》《法苑珠林》《艺文类聚》《太平御览》等典籍也记载了该故事，只是把故事的时间和地点确定了下来。太古之时是高辛氏时期，地点为蜀中。《太平广记》引《原化拾遗记》云："蚕女旧迹，今在（蜀）广汉。今家（冢）在绵竹、什邡、德阳三界。每岁祈蚕者，四方云集。宫观诸化，塑女子之像，披马皮，谓之马头娘，以祈蚕桑焉。"[2]朱胜非《绀珠集》卷一三"马头娘"条亦云："《稽圣集》，蚕女冢在绵竹县，塑女像，被以马皮，谓之马头娘。"[3]《方舆胜览》亦载："在绵竹、什邡、德阳三县界，每岁祈蚕者云集。蜀之风俗，塑女像，披马皮，谓之马头娘，以祈蚕焉。"[4]清代的《德阳县

---

1 （晋）干宝撰，李剑国辑校：《新辑搜神记》，北京：中华书局，2007年，第339页。

2 （宋）李昉等编：《太平广记》卷四百七十九，北京：中华书局，1961年，第3945页。

3 （宋）朱胜非编：《绀珠集》卷十三，明天顺刻本。

4 （宋）祝穆撰，施和金点校：《方舆胜览》卷五十四，第968页。

志》还记载了蚕女庙与蚕女墓的具体位置[1]。女化蚕故事原型中的蚕女的形象可以追溯至《山海经》，《山海经·海外北经》记载："呕丝之野，在支踵东，一女子跪据树呕丝。"女子呕丝的蚕女形象便从此确定和流传下来。战国时期荀子的《蚕赋》记载："此夫身女好而头马首者与？"其指出蚕这种动物的头像马。蚕与马产生了直接的联系，后人又从天文星算的角度，为蚕神之蚕、马同体找到了理由[2]，直到演变出女化蚕的原型故事。实际上，唐时蜀中地区就已经形成了祭祀马头娘的传统。宋戴埴《鼠璞》卷下"蚕马同本"条云："唐《乘异集》载，蜀中寺观多塑女人披马皮，谓马头娘，以祈蚕。"[3]但是，蚕神的信仰化过程还没有完全结束，到了宋代，佛教和道教利用"女化蚕"的故事，编造了各自的蚕神起源故事，"蚕女"在佛教系统中被改造成了"马明菩萨"[4]，在道教系统中成了"马头娘"[5]。

之后，蜀地民间便兴起了蚕神崇拜。蜀地种蚕历史可以追溯至上古蚕丛时期，与女化蚕故事所载皇帝高辛时期一致。唐宋蜀地丝织业蓬勃发展时期兴起了蚕神崇拜，人们在蚕市活动期间，去宫观道场，祭祀蚕神，向身披马皮的女子神像祷告，祈求新的一年风调雨顺、蚕桑丰收。人们对马头娘的崇拜体现了女织生产方式在传统社会中的确立与重要地位。在中原地区，在嫘祖被确立为蚕神之前的一段时期内，人们把黄帝作为"先蚕"来祭奉（这与蚕丛氏从始祖神转变为行业神类似）。《隋书·礼仪志》载后齐礼仪："每岁季春，谷雨后吉日，使公卿以一太牢祀先蚕黄帝轩辕氏于坛上。"[6]到了唐宋之际，人们才普遍确立了黄帝之妃嫘祖的蚕神地位。罗泌《路史》载："黄帝之妃西陵氏曰嫘祖，以其始蚕，故又祀先蚕。"可见女性作为蚕神的形象，是随着蚕桑业在社会中越发突出的重要地位而逐渐确立的。

蚕桑业主要由女性操持，女性在母权氏族社会中一直垄断着蚕纺织业技术。随着社会生产力的发展以及各行业的发展和分工，男子在农业和畜牧业中占主导地

1　清同治十三年（1874）修《德阳县志》卷二十三："蚕女庙，县西四十里通江镇水浒，列朝屡建，屡圮于水，至今仅一小丛祠焉"；卷三十六："蚕女墓，县西二十里石亭寺侧，今为水所啮，仅存祠宇。"

2　《周礼注疏》卷三十"马质"，郑玄注引《蚕书》曰："蚕为龙精，月直大火，则浴其种，是蚕与马同气。"《宋史》卷四百三十一《孔维传》亦载："《月令》仲春祭马祖，季春享先蚕，皆为天驷房星也，为马祈福，谓之马祖，为蚕祈福，谓之先蚕，是蚕与马同其类尔。"

3　《鼠璞》卷二，民国十六至十九年武进陶氏影宋咸淳刻百川学海本。

4　《阿娑缚抄》卷一百一十四载："《宝林传》云，昔天竺之境有一马国，人皆生毛，声悉如马。马鸣卉，曾作蚕虫出彼国，自口出丝，令人作衣。马人钦仰，悉为悲鸣，故名马鸣"

5　道教把蚕女形象吸纳到自己的神仙体系中，收录于《墉城集仙录》《三洞群仙录》《历世真仙体道通鉴》《铸鼎余闻》等道教经典中。

6　（唐）魏征等撰：《隋书》卷七，北京：中华书局，1973年，第145页。

位，而女子则降为从属的地位。但随着商业的兴起和繁荣，蚕桑业的商业化，女子灵巧、柔韧的双手又展现出重要的作用，女织标志着女性在这一行业仍占主导地位。在漫长的以家庭为单位的小农经济社会，由于生产力滞后，桑麻的种植受到自然条件和自然灾害的限制，女织则成为一种社会责任，女性又被这一繁重劳作所拘役。马头娘传说表达了在丝织业繁荣的社会中对女织的期许与对女织的监督以及对女性不织的惩罚。

苏轼《春帖子词》版本考辨
——从《群玉堂春帖子词》谈起

方克朋（西南大学文学院，吉林师范大学文学院）

摘　要：苏轼《春帖子词》创作于元祐二年（1087）冬，元祐年间苏轼多次书写《春帖子词》赠予友人，版本众多。《群玉堂苏帖》收录苏轼《春帖子词》25首，是数量最多、刻工最精的宋代刻帖。明清时期刻帖盛行，收录《春帖子词》有"三首本""八首本""九首本""十七首本""十八首本"。又有珂罗版《春帖子词》"十九首本"墨迹及清宫所藏汪由敦临《苏轼春帖子词轴》等版本系统。

关键词：苏轼　《群玉堂春帖子词》　《春帖子词》　刻帖　版本

一、《群玉堂春帖子词》相关问题考

《群玉堂帖》原名《阅古堂帖》，刻于南宋嘉泰末、开禧初（1204—1205）[1]，由当朝权相韩侂胄辑刻其家藏墨迹而成。"侂胄虽权奸，而颇有鉴目，又藉先世相门，收藏甚富。"[2]并将诸多前贤墨迹藏于阅古堂[3]，"阅古堂图书皆

---

[1]　启功、王靖宪主编：《中国法帖全集》第七册，武汉：湖北美术出版社，2002年，第2页。

[2]　启功、王靖宪主编：《中国法帖全集》第七册，第36页。

[3]　"韩魏公阅古堂在定州，侂胄建于临安者乃祖名也。"见丁传靖辑：《宋人轶事汇编》卷十七，北京：中华书局，2003年，第953页。

向若水鉴定"[1]。向氏精于鉴赏，长于刻帖，故此帖极为精善。开禧三年（1207）韩侂胄被诛，《阅古堂帖》因"首卷全刊南渡以后帝后御书"而幸免灾祸，嘉定元年（1208）四月二十四日被收入秘书省，因此外间流传拓本甚少；嘉定三年（1210）置于东廊屋，更名《群玉堂帖》。景炎、祥兴之际（1276—1279），原石毁于战火，现仅有宋拓残卷传世，《群玉堂帖》拓本流传极为稀少[2]，故明代董其昌曾言："《群玉堂帖》世所罕见，至有对面不识者。"[3]现吉林省博物院藏宋拓孤本《群玉堂帖》第六卷即为苏轼书迹（以下简称《群玉堂苏帖》）。《群玉堂苏帖》卷首沈堪题"宋拓群玉堂苏帖"，收录苏轼书《上清储祥宫碑》《春帖子词》二帖，帖芯纵29厘米，横17.4厘米，共38页，206行，1788字。卷内有明代范大澈、近代李钦等人古今印鉴28方，卷后附有张伯英题跋六则。

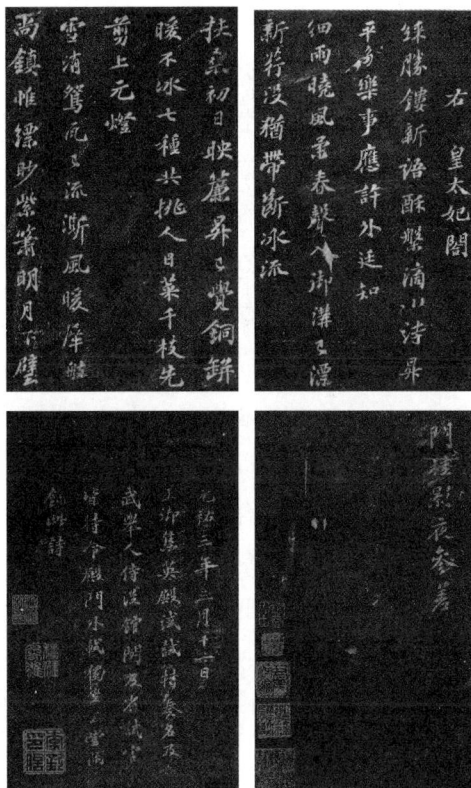

图1　《群玉堂春帖子词》

吉林省博物院藏宋拓《群玉堂苏帖》是现存收录苏轼《春帖子词》数量最多、刻工最精的刻帖。据宋刻《苏东坡全集·内制集》卷五记载，苏轼元祐三年（1088）作《春帖子词》27首，其中《皇帝阁》六首、《太皇太后阁》六首、《皇太后阁》六首、《皇太妃阁》五首、《夫人阁》四首。张伯英跋《群玉堂苏帖》第23面右侧云，"春帖子词，上缺"，但未言缺几首。刘正成考《群玉堂春帖子词》云："行楷书，帖子词二十五首半。"[4]笔者经仔细核对，与刘氏所考不同，《群玉堂春帖子词》共收录苏轼《春帖子词》25首，其中《皇帝阁》四首、《太皇太后

---

1 丁传靖辑：《宋人轶事汇编》卷十七，第953页。
2 现所见存世拓本有故宫博物院藏《群玉堂帖》米芾大字，吉林省博物院藏《群玉堂帖》第六卷，上海图书馆藏《群玉堂帖》第八卷，以上均为残卷，仅美国安思远藏第四卷《怀素千字文》为完整卷。
3 严文儒、尹军主编：《董其昌全集·容台集》卷三，上海：上海书画出版社，2013年，第577页。
4 刘正成主编：《中国书法全集》第三十四卷《苏轼二》，北京：荣宝斋出版社，1992年，第490页。

阁》六首、《皇太后阁》六首、《皇太妃阁》五首、《夫人阁》四首，共16页，70行，凡678字。[1]上缺《皇帝阁》二首，共计40字，按原帖每行满12字，每页五行，加卷首题跋、挪抬空缺等，大约缺失两页。自刘氏记载《群玉堂春帖子词》收录苏轼《春帖子词》25首半，后人多沿用其误。[2]

　　"春帖子词"唐、宋已有，多用于宫廷之中，是迎接立春的专用诗体，多为五言、七言绝句，内容或歌咏升平，或颂扬帝王后妃，不以特咏景物为观美。宋周辉《清波杂志》记载："翰林书待诏请春词，以立春日剪贴于禁中门帐。"[3]宋代春帖子词由翰林院侍臣所撰并书，粘贴于宫廷诸阁户壁之上，以表祥瑞，祝贺新春。《春帖子词》是苏轼为迎接元祐三年立春所作，"元祐"为宋哲宗年号，《皇帝阁》即为哲宗皇帝赵煦所作。据《宋史》记载："英宗宣仁圣烈高皇后，亳州蒙城人。……治平二年册为皇后。……神宗立，尊为皇太后，居宝慈宫。……哲宗嗣位，尊为太皇太后。"[4]可知《太皇太后阁》即为宣仁太皇太后所作。《宋史》载："神宗钦圣宪肃向皇后，河内人。故宰相敏中曾孙也。治平三年，归于颍邸，封安国夫人。神宗即位，立为皇后。帝不豫，后赞宣仁后定建储之议。哲宗立，尊为皇太后。"[5]可知《皇太后阁》即为神宗向皇后所作。又《宋史》载："钦成朱皇后，开封人。……熙宁初，入宫为御侍，进才人、婕妤，生哲宗及蔡王似、徐国公主，累进德妃。哲宗即位，尊为皇太妃。"[6]可知《皇太妃阁》即为神宗朱德妃所作。又《宋史》载："林贤妃，南剑人，三司使特之孙，司农卿洙之女。幼选入宫，既长，遂得幸，封永嘉郡君，升美人。生燕王俣、越王偲、邢国公主，进婕妤。元祐五年薨。诏用一品礼葬，赠贵仪，又赠贤妃。"[7]可知《夫人阁》即为神宗林贤妃所作。[8]

　　值得注意的是，《群玉堂春帖子词》中，苏轼每书毕一阁后，必对应题有"右

1　参见曹建、张兴成、朱万章等主编：《苏轼书法全集·法帖卷二》，重庆：西南大学出版社，2023年，第37—52页。

2　如，萧翰：《明清书法批评论丛》，武汉：湖北美术出版社，2016年，第115页；李世杰：《苏轼书〈春帖子词〉版本考辨》，《书法》2021年第10期，第136—141页。文中均记《群玉堂春帖子词》为"二十五首半"。

3　（宋）周辉撰：《清波杂志校注》卷十，北京：中华书局，1994年，第425页。

4　（元）脱脱等：《宋史·后妃上》卷二百四十二，北京：中华书局，1985年，第8625页。

5　（元）脱脱等：《宋史·后妃下》卷二百四十三，第8630页。

6　（元）脱脱等：《宋史·后妃下》卷二百四十三，第8630—8631页。

7　（元）脱脱等：《宋史·后妃下》卷二百四十三，第8631—8632页。

8　王文诰考"以各内制考之，此是皇太后殿夫人，信为林婕妤也。余贤妃、贵妃皆非是。"见（清）王文诰辑注，孔凡礼点校：《苏轼诗集》卷四十六，北京：中华书局，1982年，第2483页。

皇帝阁"“右太皇太后阁"“右皇太后阁"“右皇太妃阁"。然而，最后书《夫人阁》四首后，未见有"右夫人阁"题款，或为刊刻遗漏。帖尾苏轼自跋云："元祐三年三月十一日，上御集英殿试，试特奏名及武举人、侍从馆阁及省试官，皆待令殿门外。轼独坐玉堂，闲录此诗。"可知此帖所刻并非苏轼进献宫廷墨本，而是书于元祐三年三月十一日进献宫廷后的自抄本。此次苏轼进《春帖子词》是为迎接元祐三年正月四日壬子立春[1]，据《三希堂法帖》记载，苏轼于元祐二年十二月五日进献《春帖子词》[2]，可知翰林学士需在立春前一个月进献春帖子词。

二、《春帖子词》的复制与临摹

（一）作者复制

《春帖子词》创作于元祐二年冬，苏轼时任朝奉郎翰林学士知制诰兼侍读。元祐二年、三年之间苏轼多次书写《春帖子词》赠予友人，如裴维甫、王巩等。直至明清时期仍有多种墨迹版本存世，如明沈倩所藏《春帖子词》八首墨本[3]，韩敬所藏《春帖子词》十六首墨本[4]，梁储所藏三札茧纸《春帖子词》合卷[5]，清宫廷所藏《春帖子词》十八首素笺本[6]，卞永誉所藏《春帖子词》十七首粉笺本[7]，安岐

1　元祐三年，因有闰十二月，所以本年内有两次立春，第一次为正月四日壬子立春，第二次为闰十二月十六戊午立春。

2　孔凡礼撰：《苏轼年谱》卷二十六，北京：中华书局，1998年，第797页。

3　（明）李日华：《味水轩日记》卷八，上海：上海远东出版社，1996年，第538页。

4　詹景凤《东图玄览·苏轼春帖子词卷》："东坡书《春帖子词》一卷，真稍带行，字稍大于《兰亭叙》。《帖子词》有呈皇帝阁、皇太后阁、皇大妃阁、夫人阁四目，每一目赋五言绝句四首。……后有南宋诸人跋。与《寒食诗》并在韩敬老家。"（明）詹景凤：《东图玄览　詹氏性理小辨（书画部分）》卷一，上海：上海书画出版社，2020年，第36页。

5　（清）梁廷枏：《藤花亭书画跋》卷一《苏文忠三札春帖子词合卷》："东坡遗迹。成化丁未秋八月，后学梁储拜题。三札皆茧纸，墨光尚照人。《春帖子》似较戏鸿堂石刻丰润，书之绢素尚无歪斜痕迹，且所存止上皇后妃夫人阁，无皇帝、皇太后二词，署名加印当为后时别书矣。首有家文康公成化题四大字，分两纸所藏也，不知何以流落潮郡。予东行于郑尚书大进家得之，束之高阁，致使数十年官绅游历无从问讯，斯实前贤之不幸，不意予以匆匆旬月，偶然拂拭于风尘湮没中耳。三札本可自为卷，《春帖子》宜别归册页，今以文康故仍文。"见水赍佑编：《苏轼书法史料集》，上海：上海书画出版社，2017年，第846页。

6　（清）张照：《秘殿珠林·石渠宝笈合编》第七册，上海：上海书店，1988年，第351—352页。

7　（清）卞永誉纂辑：《式古堂书画汇考》第一册，杭州：浙江人民美术出版社，2012年，第493—495页。

《墨缘汇观录法书续录》所载《春帖子词》粉笺本[1]，谢安山所藏《春帖子词》粉笺本[2]。然，以上所载诸多苏轼《春帖子词》墨本今均未见出现，仅见有复制珂罗版墨迹。

（二）珂罗版复制

曹建主编的西南大学版《苏轼书法全集》收录了珂罗版苏轼《春帖子词》墨迹版本[3]，该墨本苏轼书录《春帖子词》19首，其中《皇帝阁》四首、《皇太后阁》六首、《皇太妃阁》五首、《夫人阁》四首，共计59行，凡500字，现为私人所藏，未见底本。卷首有"元祐三年春帖子词，翰林学士臣苏轼进"，其中"元"字残损。《皇太后阁》"瑞日明天仗"句"瑞"字残损。《夫人阁》"已流新荇没"句"流"字旁补"漂"更正。卷尾题款"元祐二年十二月五日，翰林学士苏轼进"。卷后有南宋淳祐年间尤焴、王应辰二人题跋，元延祐年间邓文

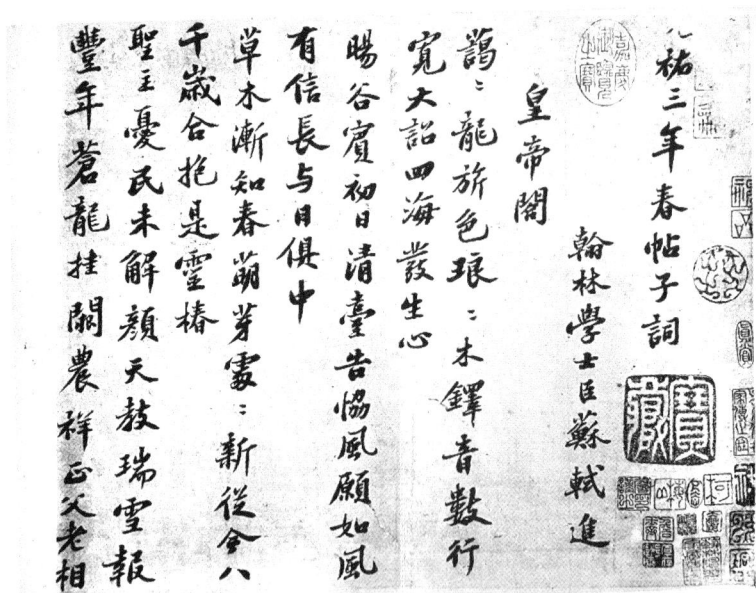

图2　珂罗版《春帖子词》（局部）

1　安岐《墨缘汇观录》法书续录："《春帖子词》，行书，粉纸本，不佳。"见水赍佑编：《苏轼书法史料集》，第646页。

2　（清）毛庆臻《一亭考古杂记》："苏文忠《春帖子诗卷》，系粉笺，尚好，谢安山所藏，毛意香、陶筠椒向有疑，李子仙独以为真，不谬也。"见水赍佑编：《苏轼书法史料集》，第1278页。

3　参见曹建、张兴成、朱万章等主编：《苏轼书法全集·墨迹卷三》，第2—27页。

原、仇远二人题跋，此四人跋文同李日华《味水轩日记》所载。又有明末王一鸑、戒显二人题跋，清代刻帖中未见刻录此二人题跋。卷内有"嘉庆御览之宝""詹谨之印""韩世能印""韩逢禧印""朱潮之印""仇远""戒显"等50余方印鉴。

（三）临摹复制

金梁《盛京故宫书画录》载有清代汪由敦临《苏轼春帖子词轴》，形制为"素笺本，笺高三尺六寸四分，广一尺八寸八分"[1]。行书六行，临摹苏轼《皇帝阁》三首，《皇太后阁》一首，四首均为五言绝句，款题"苏轼春帖子词，臣汪由敦敬临"，有"臣印由敦""葵藿是平生"汪由敦印鉴两方，"乾隆御览之宝""石渠宝笈""乾隆鉴赏""三希堂精鉴玺""宜子孙"乾隆印鉴五方，由此可知该词轴曾为清宫廷所藏。

三、《春帖子词》的模刻版本

随着明清刻帖盛行，所刻《春帖子词》数量各不相同，版本众多。本文据曹建主编的西南大学版《苏轼书法全集》所见十余种刻帖整理研究，发现主要有以下几个版本系统。

（一）明刻《春帖子词》八首本

目前所见明代辑刻苏轼《春帖子词》的刻帖有五种存世，明万历三十一年（1603），董其昌刻《戏鸿堂法书》是明代所见最早刻录苏轼《春帖子词》的刻帖。《戏鸿堂法书》第十二卷收录苏轼《春帖子词》八首，分别为《皇帝阁》二首、《皇太后阁》二首、《皇太妃阁》二首、《夫人阁》二首。该帖帖芯纵27.8厘米，横14厘米，共六页，每页五行，每行十字左右。卷首题"翰林院国史编修制诰讲读官董其昌审定"[2]，现有拓本藏于美国哈佛大学哈佛燕京图书馆。据明代书画家李日华（1565—1635）《味水轩日记》卷八记载："八月九日，沈倩处借得苏文忠《春词帖子》手迹，细玩，乃董氏《戏鸿堂帖》中所刻者。婉逸沉顿，《禊帖》

1　（清）金梁撰，祁晨越点校：《盛京故宫书画录》，杭州：浙江人民美术出版社，2019年，第265页。
2　曹建、张兴成、朱万章等主编：《苏轼书法全集·法帖卷三》，第57页。

之变也。有诸跋，乃《鸿帖》所无。”[1]可知《戏鸿堂法书》所刻苏轼《春帖子词》底本来源于沈倩[2]所藏苏轼《春帖子词》墨迹。该墨本后有宋、元17人题跋[3]，其中南宋题跋者有税与权、王辰应、曾宏迪、黎安朝、李曾伯、尤焴、林存端、胡逸驾八人，题跋时间主要集中于嘉熙、淳祐年间。元代题跋者有邓文原、张友贤、张楧、胡长孺、龚璛、仇远、马臻、孙衍、汤炳龙九人，题跋时间主要集中于延祐年间。但《戏鸿堂法书》并未刻录宋、元17人题跋。

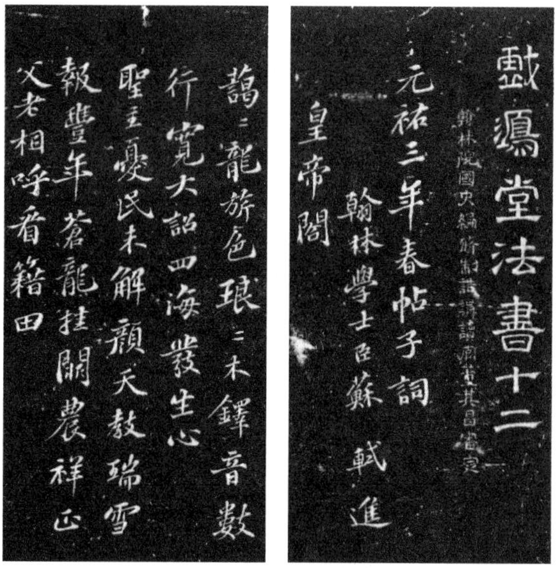

图3 《戏鸿堂法书》所刊《春帖子词》（局部）

另外四种明代刻帖，时间晚于《戏鸿堂法帖》，所刻《春帖子词》与《戏鸿堂法帖》所刻完全相同。万历三十六年（1608）戊申四月，卢氏《雪浪斋苏帖》第三卷刻录《春帖子词》，帖芯纵24.9厘米，横12.8厘米，共七页，每页四行，字形相较董氏《戏鸿堂法帖》所刻略显纤细。卷首题有“雪浪斋帖”，卷册有“庐氏家藏金石”“御书之宝”印鉴，拓本现为私人所藏。明万历四十年（1612），由陈瞅撰辑，吴之骥镌刻的《玉烟堂帖》第二十一卷刻录《春帖子词》，帖芯纵28厘米，横14.5厘米，共七页，每页四行，首页题有“苏轼”二字，现有拓本藏于广州博物馆。明万历四十四年（1616），郭氏刻《墨稼庵帖》第五卷刻录《春帖子词》，卷册题签“墨稼庵卷五”下方钤有“偶爱闲静”“抱膝坐啸”两方印鉴，帖芯纵24.3厘米，横11.1厘米，共十页，每页三行，首页隶书题刻“宋苏文忠公”，并刻有“副騑书府”“真赏图书”“缉熙殿宝”三方印鉴，现有拓本藏于美国哈佛大学哈佛燕京图书馆。明末清初，陈氏《海宁陈氏藏真》第三卷刻录《春帖子词》，帖芯纵30厘米，横15厘米，共七页，每页四行，卷首题有“苏轼”二字，现有拓本藏于

1 （明）李日华：《味水轩日记》卷八，第538页。

2 沈倩，字伯远，与李日华交善，家藏甚富，精于书画鉴赏。

3 （明）李日华：《味水轩日记》卷八，第538—542页。

广州博物馆。以上所见四种明代刻帖与《戏鸿堂法帖》所刻《春帖子词》应出于同一底本，或翻刻于董氏《戏鸿堂法帖》。

表1 《春帖子词》刻帖"八首本"

刻帖	《戏鸿堂法书》第十二卷	《雪浪斋苏帖》第三卷	《玉烟堂帖》第二十一卷	《墨稼庵帖》第五卷	《海宁陈氏藏真》第三卷
时间	明万历三十一年	明万历三十六年	明万历四十年	明万历四十四年	明末清初
辑刻人	董其昌	卢氏	陈㻞撰辑，吴之骥镌刻	郭氏	陈氏
拓本藏地	美国哈佛大学哈佛燕京图书馆	私人藏	广州博物馆	美国哈佛大学哈佛燕京图书馆	广州博物馆

（二）清刻《春帖子词》十七首本

据卞永誉《式古堂书画汇考》记载，东坡《春帖子词》，行楷书，粉笺本[1]；收录苏轼《春帖子词》17首，其中《皇帝阁》三首、《皇太后阁》六首、《皇太妃阁》四首、《夫人阁》四首；款题"元祐二年十二月五日翰林学士苏轼进"[2]，卷后有元代延祐年间胡长孺、仇远、龚璛、马臻、孙衍五人题跋，此五人跋文同李日华《味水轩日记》所载。康熙六年（1667），卞氏据此《春帖子词》墨本刻入《式古堂法帖》第六卷。

除《式古堂法帖》外，另见四种清代刻帖与《式古堂法帖》所刻《春帖子词》完全相同。康熙五十四年（1715），蒋陈锡《敬一堂帖》卷二刻录《春帖子词》，卷后刻有元代五人题跋，又有沈荃、蒋陈锡二人题跋。乾隆五十三年（1788），姚学经《小晚香堂苏帖》第二卷刻录《春帖子词》，帖芯纵26厘米，横13.5厘米，共15页，每页四行，首页篆书题"晚香堂苏帖"并刻有"绍兴""龙图阁学士杨时藏""陈瓛鉴定""政和"四方印鉴，卷后未刻题跋，尾页有"秘府""草木生""内府书印""御书宝绘""御书之宝"五方印鉴，现有拓本藏于眉山三苏祠博物馆。乾隆年间，孔继涑《谷园摹古法帖》第十一卷刻录《春帖子词》，帖芯纵30.5厘米，横13.1厘米，共13页，每页四行，卷后未刻元代五人题跋，现北京大学图书馆藏有拓本。嘉庆十年（1805），由谢希曾选辑，高铁厂、毛渐逵、毛湘渠摹刻《契兰堂法帖》第六卷刻录《春帖子词》，共19页，每页六行，卷后刻有元代五人题跋，现有拓本为私人所藏。上述所见四种清代刻帖与《式古堂法帖》所刻《春

1 （清）卞永誉纂辑：《式古堂书画汇考》第一册，第493—495页。
2 （清）卞永誉纂辑：《式古堂书画汇考》第一册，第494页。

帖子词》应出于同一底本，或翻刻于卞氏《式古堂法帖》。

表2　《春帖子词》刻帖"十七首本"

刻帖	《式古堂法帖》第六卷	《敬一堂帖》卷二	《小晚香堂苏帖》第二卷	《谷园摹古法帖》第十一卷	《契兰堂法帖》第六卷
时间	清康熙六年	清康熙五十四年	清乾隆五十三年	清乾隆年间	清嘉庆十年
辑刻人	卞永誉	蒋陈锡	姚学经	孔继涑	谢希曾选辑，高铁厂、毛渐逵、毛湘渠摹刻
拓本藏地	私人藏	私人藏	眉山三苏祠博物馆	北京大学图书馆	私人藏

（三）清刻《春帖子词》十八首本

清乾隆十五年（1750），梁诗正等辑刻《三希堂法帖》第十二卷刻录苏轼《春帖子词》十八首，分别为《皇帝阁》四首、《皇太后阁》六首、《皇太妃阁》五首、《夫人阁》三首。该帖现有拓本藏于眉山三苏祠博物馆，帖芯纵28厘米，横17.5厘米，共18页，每页六行，每行十字左右；首页题有"御刻三希堂石渠宝笈法帖第十二册""宋苏轼书""元祐三年春帖子词，翰林学士臣苏轼进"，卷尾有款"二年十二月五日进后四日书，以示裴维甫。轼"。据此可知，该帖底本并非苏轼进献宫中《春帖子词》本，为元祐二年十二月九日所书的另抄本，用来书赠好友裴维甫。卷后刻有南宋淳祐年间林存端、李曾伯二人题跋，元延祐年间邓文原、龚璛、仇远三人题跋，此五人跋文同李日华《味水轩日记》所载，但该底本并非沈倩所藏墨本。《石渠宝笈》卷五载《宋苏轼春帖子词一卷》云：

> 素笺本。楷书。卷首自识云："元祐三年《春帖子词》，翰林学士臣苏轼进。"有"贡泰父氏""似道"二印。又"政和"连玺，缺其半。卷后又识云："二年十二月五日进，后四日书，以示裴维甫。"……拖尾林存端跋云……又李曾伯跋云……又邓文原跋云……又龚璛跋云……又仇远跋云……诸跋前押缝有"长"字一印。卷高八寸四分，广五尺五寸六分。[1]

于此可知《石渠宝笈》所载素笺墨本《春帖子词》为《三希堂法帖》底本来源。

1　（清）张照：《秘殿珠林·石渠宝笈合编》第七册，第351—352页。

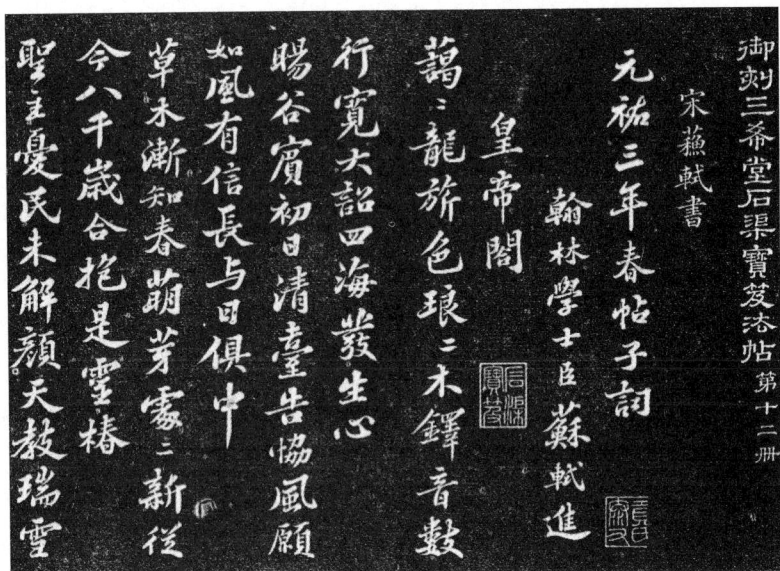

图4 《三希堂法帖》所刊《春帖子词》（局部）

除《三希堂法帖》外，又见三种清代刻帖，所刻《春帖子词》与《三希堂法帖》所刻完全相同。乾隆三十五年（1770），葛正笏《仁聚堂法帖》第四卷刻录《春帖子词》，帖芯纵28.5厘米，横17.5厘米，共12页，每页五行，首页刻有"刘恕所好""寒碧藏秘籍印""恕庵""一经堂图书记"四方印鉴，现有拓本藏于美国哈佛大学哈佛燕京图书馆。嘉庆四年（1799），秦震钧《三希堂法帖摹本》第一册刻录《春帖子词》，此帖翻刻于《三希堂法帖》，卷首刻有小楷"宋苏轼书"，现有拓本藏于广州博物馆。光绪十八年（1892），杨寿昌等《景苏园帖》第五册刻录《春帖子词》，帖芯纵29.6厘米，横17.5厘米，共11页，每页六行，尾页刻有"子瞻"一印，现有拓本藏于广州博物馆。以上所见三种清代刻帖所刻《春帖子词》与《三希堂法帖》应出于同一底本，或翻刻于《三希堂法帖》，但三种刻帖卷后均未刻宋、元时期五人题跋。

表3 《春帖子词》刻帖"十八首本"

刻帖	《三希堂法帖》第十二册	《仁聚堂法帖》第四卷	《三希堂法帖摹本》第一册	《景苏园帖》第五册
时间	清乾隆十五年	清乾隆三十五年	清嘉庆四年	清光绪十八年
辑刻人	梁诗正等	葛正笏	秦震钧	杨寿昌等
拓本藏地	眉山三苏祠博物馆	美国哈佛大学哈佛燕京图书馆	广州博物馆	广州博物馆

（四）其他模刻版本

康熙三十一年（1692），由叶长芷撰辑，宛陵李万纪镌刻的《来益堂帖》卷三刻录苏轼《春帖子词》三首，均为七言绝句，其中《皇帝阁》一首、《皇太后阁》一首、《皇太妃阁》一首。此帖所刻为叶氏临书，并非钩摹古帖。[1]

清嘉庆二十年（1815），师亮采《秦邮帖》第一册刻录《春帖子词》九首，其中《皇帝阁》四首、《皇太后阁》五首。帖芯纵26.8厘米，横16厘米，共11页，每页四行，每行十字左右。首页刻师亮采题跋，卷首有"春帖子词，翰林学士臣苏轼进。"卷尾题款"元祐二年十二月五日进书，以示王巩南监局，轼。"可知此刻底本为苏轼书赠好友王巩所作。卷后刻有元代延祐四年（1317）龚璛题跋一则，跋文同李日华《味水轩日记》所载。

四、结论

元祐年间苏轼书《春帖子词》版本众多，吉林省博物院藏宋拓孤本《群玉堂苏帖》收录苏轼《春帖子词》25首，是数量最多、刻工最精的宋代刻帖。

直至明清著录苏轼书《春帖子词》墨本仍有七种存世，明清刻帖收录《春帖子词》有16种。明代刻帖以《戏鸿堂法书》为中心的"八首本"有《雪浪斋苏帖》《玉烟堂帖》《墨稼庵帖》《海宁陈氏藏真》，此五种刻帖所刻《春帖子词》为同一系。清代以来，以《式古堂法帖》为中心的"十七首本"有《敬一堂帖》《小晚香堂苏帖》《谷园摹古法帖》《契兰堂法帖》，此五种刻帖所刻《春帖子词》为同一系。以《三希堂法帖》为中心的"十八首本"有《仁聚堂法帖》《三希堂法帖摹本》《景苏园帖》，此四种刻帖所刻《春帖子词》为同一系。其他版本系统有《来益堂帖》"三首本"，《秦邮帖》"九首本"。又有私人所藏珂罗版苏轼《春帖子词》"十九首本"墨迹及清宫所藏汪由敦临《苏轼春帖子词轴》。

综之，苏轼的个人书写复制、后人模刻复制、临摹复制、珂罗版复制都促进了《春帖子词》书法及文本的传播。

---

1 张伯英：《张伯英碑帖论稿》（一），石家庄：河北教育出版社，2007年，第117页。

苏轼诗词中的巴蜀意象与地域文化认同

吴元均（四川省眉山车城中学）

摘　要： 本文探讨了苏轼诗词中的巴蜀意象及其所体现的地域文化认同。苏轼是北宋时期的文学巨匠，其诗词深受巴蜀地域文化的影响。本文首先对巴蜀意象进行界定，然后分析了苏轼诗词中自然景观、历史遗迹景观及民俗民风等巴蜀意象的具体表现，如巫山、锦江、青衣江的壮丽景色，以及巴蜀地区的历史人物和民俗民风。苏轼通过生动的描绘和形象的比喻，展现了巴蜀文化的独特魅力和深厚底蕴，表达了对巴蜀地域文化的深刻认同和热爱。这种认同不仅丰富了苏轼诗词的创作内涵，也促进了巴蜀文化的传播与弘扬，为后世的文学创作提供了宝贵的借鉴与启示。

关键词： 苏轼　东坡诗词　巴蜀意象　地域文化　文化认同

一、引言

苏轼（1037—1101），字子瞻，号东坡居士，是北宋时期著名的政治家、文学家、艺术家。苏轼的诗词创作对后世有着非常深远的影响。[1]他的诗词作品以深邃的思想内容、丰富的艺术表现手法和独特的地域文化色彩著称。巴蜀地区（今四川、重庆地区）作为苏轼仕途中的重要一站，不仅为他的文学创作提供了丰富的素材，也深刻影响了他的文化认同与审美情趣。本文旨在探讨苏轼诗词中的巴蜀意象，进而分析这些意象如何反映并构建他对巴蜀地域文化的认同。

1　刘静：《苏轼的婉约词探析》，《芒种》2014年第5期。

二、巴蜀意象与地域文化的界定

（一）意象

"意象"一词，《辞海》中的解释是：中国古代美学范畴。意，指心意；象，指物象。意象即对象的感性形象与自己的心意状态融合而成的蕴于胸中的具体形象。[1]

（二）巴蜀意象

巴蜀意象特指在文学作品中，通过对巴蜀地区自然景观、人文历史、风土人情等元素的描绘与塑造，所形成的一种具有地域特色和文化内涵的艺术形象或情感符号。巴蜀意象不仅仅是对巴蜀地理环境的客观再现，更是作者情感与巴蜀文化相互交融、相互渗透的结果，体现了作者对巴蜀文化的独特感知与深刻理解。

关于巴蜀意象的界定，我们可以借鉴文学地理学的研究方法，将其视为文学作品与地域文化相互作用的产物。正如梅新林教授在《中国文学地理学导论》中所指出的："文学意象作为作家主体与地理客体相遇合的产物，既包含着作家对自然地理环境的直观感知，又蕴含着对人文地理环境的深刻体悟。"因此，巴蜀意象不仅是巴蜀地区自然景观的文学再现，更是巴蜀文化精神的艺术升华。

（三）地域文化

地域文化，是指某一特定地域，在自然环境、历史传统、社会习俗等多种因素的综合作用下，形成的具有独特性和相对稳定性的文化体系。地域文化既包括物质文化，如建筑风格、服饰特色、饮食习惯等，也包括非物质文化，如语言文字、宗教信仰、民间艺术等。[2]

巴蜀文化作为地域文化的一种，具有鲜明的地域特色和深厚的文化底蕴。它源于古代巴国和蜀国的文化积淀，又在长期的历史发展过程中，与中原文化、楚文化等交流融合，形成了独具特色的文化风貌。巴蜀文化以其独特的自然景观、丰富的历史遗迹、多彩的民俗风情和深厚的文化底蕴，成为中华文化宝库中的一颗璀璨明珠。

---

1 林轶：《西南边疆少数民族小城镇旅游开发过程中意象及其构成要素研究》，《广西民族研究》2011年第3期。

2 张祖耀、丁梦迎：《基于文化认同的博物馆数字文创设计研究》，《包装与设计》2024年第4期。

巴蜀意象与地域文化是密不可分的。巴蜀意象是地域文化在文学作品中的具体表现，而地域文化则是巴蜀意象形成和发展的深厚土壤。通过对苏轼蜀道诗中巴蜀意象与地域文化的分析，我们可以更加深入地理解巴蜀文化的独特魅力和深远影响。

三、苏轼与巴蜀的渊源

苏轼与巴蜀的深厚渊源，始于其童年、植根于青年前期、心藏于中晚年，贯穿其一生。

（一）童年时期，一直生活在巴蜀眉州

1037年，苏轼诞生于四川眉山。据《苏东坡传》记载，苏轼家境优渥，他从小就沐浴在文学的光辉中。他的祖父苏序和父亲苏洵都是巴蜀地区的文化名人，这为苏轼的童年生活增添了浓厚的文化底蕴。在这样的环境中，苏轼度过了快乐而充实的童年，对巴蜀的山水人情产生了深厚的感情。

（二）青年时期，多次长住巴蜀眉州

苏轼20岁以前一直在巴蜀接受文化熏陶和文学教育。这段求学经历，不仅让他汲取了丰富的文学营养，还为他日后的文学创作打下了坚实的基础。在此期间，他还经历了美好的恋爱和婚姻，这些人生大事都是在巴蜀完成的。根据《苏轼对地方特色文化的推扬与受容——系列研究之一：以家乡眉山为例》一文可知，在巴蜀学习、生活，使他对这片土地有了更加深刻的理解。

20岁时（1057）苏轼中进士，尚未正式授官（仅被任命为河南福昌县主簿），同年，其母亲程氏病逝，便因母丧立即返回眉州守制，至嘉祐四年（1059）守丧结束。

24岁时（1061），苏轼再获佳绩，应制科入三等，被授大理评事、签书凤翔府判官，正式步入官场。[1]五年后，父亲苏洵去世（1066）他与弟弟苏辙辞官丁忧，扶灵柩归乡，在眉州长住，守丧至熙宁元年（1068）。

---

1 陈伟庆：《风格苏轼兴治水利考》，《乐山师范学院学报》2013年第1期。

（三）中年及晚年，再未返回眉州

31岁那年（1068），苏轼丁忧结束，离开巴蜀后，因仕途辗转、贬谪流徙，终生未再返回眉州。他对巴蜀的深深情谊，也只能隐藏于他的内心，于他的思念里，于他的梦中。

苏轼的这些经历，不仅让他亲身感受到了这片土地的自然之美和人文之韵，更为他的诗词创作提供了丰富的灵感与素材。如杨胜宽所言，苏轼对地方特色文化的推扬，在他的巴蜀诗作中得到了充分体现。这些诗作，不仅记录了他的个人经历，更成为巴蜀文化的瑰宝。

苏轼与巴蜀的渊源深厚而复杂，巴蜀，既是他成长的摇篮，也是他文学创作的重要源泉之一。

四、苏轼诗词中的巴蜀意象

（一）自然景观意象

巴蜀地区山川秀美，自然风光旖旎，为苏轼提供了丰富的创作灵感。巴蜀地区独特的自然景观，如峨眉山、青城山、三峡等，在苏轼的笔下被赋予了无限生机和美感。通过生动的描绘和形象的比喻，苏轼将巴蜀的自然风光展现得淋漓尽致，表达了他对大自然的敬畏和向往。这种对自然风光的热爱与赞美，不仅反映了苏轼的审美情趣和情感倾向，也体现了巴蜀文化对他的深刻影响。在他的诗词中，巴蜀的自然风光得到了生动的描绘。例如他在《巫山》一诗中写道，"瞿塘迤逦尽，巫峡峥嵘起。连峰稍可怪，石色变苍翠"，描写了巫山群峰的险峻与色彩变幻。又如他在《初发嘉州》中写道："锦水细不见，蛮江清可怜。奔腾过佛脚，旷荡造平川。"书写了锦江与青衣江的绵延与清澈，以及江水奔涌之状。

苏轼对巴蜀的名山特别钟爱，如他在《送运判朱朝奉入蜀》中写道："蔼蔼青城云，娟娟峨眉月。随我西北来，照我光不灭。"这也是苏轼的思乡情感的投射，借青城、峨眉之景，寄托对蜀中山水的深切思念。又如他的《寄黎眉州》中写道："瓦屋寒堆春后雪，峨眉翠扫雨余天。诗中瓦屋，指的是瓦屋山（眉山附近），与峨眉山并称"蜀中二绝"。

（二）历史遗迹意象

除了自然景观外，苏轼的诗词中还有对巴蜀地区人文景观的描绘。苏轼在巴蜀期间，不仅游览了许多名胜古迹，还结交了许多文人墨客，这些经历都深刻影响了他的诗词创作。如他在《送张嘉州》中写道，"少年不愿万户侯，亦不愿识韩荆州。颇愿身为汉嘉守，载酒时作凌云游"，表达了对乐山山水与名胜的神往，汉嘉（乐山古称）凌云寺侧有大佛古迹，乐山大佛在宋代又有"凌云大像"之称，此诗或意指此。又如他在《白帝庙》写道："朔风催入峡，惨惨去何之？共指苍山路，来朝白帝祠。"此诗作于苏轼出蜀途经夔州（今重庆奉节），该诗既是对三国遗迹的实地探访，亦暗含对巴蜀历史的沉思。

此外，苏轼到丰都时，游览了仙都观，并写下《留题仙都观》一诗。"山前江水流浩浩，山上苍苍松柏老"描述了仙都观的位置及其周边景观。"飞符御气朝百灵，悟道不复诵《黄庭》。龙车虎驾来下迎，去如旋风抟紫清。真人厌世不回顾，世间生死如朝暮。学仙度世岂无人，餐霞绝粒长苦辛。安得独从逍遥君，泠然乘风驾浮云，超世无有我独存"则表达了苏轼对于生死的慨叹，从中亦可见其深受儒、释、道三家思想的影响。

（三）民俗民风意象

巴蜀地区的民俗风情也是苏轼诗词中的重要意象。在他的诗词中，巴蜀的民俗风情得到了生动展现。苏轼在《春菜》中写道："蔓菁宿根已生叶，韭芽戴土拳如蕨。烂烝香荠白鱼肥，碎点青蒿凉饼滑"。诗中列举蔓菁（芜菁）、韭菜、荠菜等蜀地春蔬，记录川人"食青蒿凉饼"的食俗。再如他的诗文《岁晚三首·馈岁》中"农功各已收，岁事得相佐。为欢恐无及，假物不论货"，"馈岁"即年终邻里互赠年礼的习俗，强调人情往来，不计较礼物价值（"不论货"），反映蜀地的淳朴民风。

可见，苏轼通过对巴蜀地区自然景观的描绘，展现了巴蜀文化的自然之美；通过对巴蜀历史人物的追忆和赞美，体现了巴蜀文化的历史传承；通过对巴蜀民俗民风的刻画，反映了巴蜀的社会习俗和人文精神。这些诗歌不仅是对巴蜀自然与人文的艺术再现，也是对巴蜀文化精神的深刻挖掘和传承。

五、苏轼对巴蜀地域文化的认同

（一）对巴蜀人文景观的推崇

苏轼在诗词中对巴蜀人文景观的推崇，体现了他对巴蜀地域文化的深刻认同。他通过对巴蜀地区历史人物和事件的描绘，表达了对巴蜀文化的敬仰和推崇。这种对人文景观的敬仰与推崇，不仅反映了苏轼的文化追求和价值观念，也体现了巴蜀地域文化对他的熏陶和塑造。

这从苏轼有关巴蜀文化遗迹的诗中可见一斑。他在《望夫台》一诗中写道："山头孤石远亭亭，江转船回石似屏。可怜千古长如昨，船去船来自不停。"《名胜志》中记载："南山即翠屏山，在忠州城对岸，山中有朝真岩、望夫台。"苏轼以"孤石远亭亭"定格传说中望夫石的凄美意象，"千古长如昨"将地质奇观升华为永恒情感符号。又如在夔州，苏轼游历了八阵碛，写下《八阵碛》："平沙何茫茫，仿佛见石蕝。纵横满江上，岁岁沙水啮。"传说八阵碛在夔州西，是三国时诸葛亮留下的练兵遗址。苏轼以"千古壮夔峡"凸显了遗迹的时空震撼力。除八阵碛外，夔州还有很多三国时期的名胜古迹，如白帝庙、诸葛盐井、木枥观等，苏轼对这些历史遗迹都有诗歌咏叹，可见其对巴蜀人文景观的喜爱。

（二）对巴蜀民风的赞扬

苏轼在诗词中对巴蜀民风的赞扬，进一步体现了他对巴蜀地域文化的深刻认同。同时，他还善于从巴蜀地区的民俗风情中汲取创作灵感，将其与人生哲理相结合，表达了对生活的深刻感悟和思考。这种对民风的赞扬，不仅反映了苏轼的包容性和创新性，也体现了巴蜀地域文化对他的深刻影响。

如他的《眉州远景楼记》中"吾州之俗，有近古者三：其士大夫贵经术而重氏族，其民尊吏而畏法……"此文是苏轼为眉州地标"远景楼"作记，系统概括蜀中古之遗风——重学问、守礼法、勤协作等，此文也是难得的研究宋代巴蜀社会的一手资料。

此外，苏轼的《和子由蚕市》中写道："蜀人衣食常苦艰，蜀人游乐不知还。千人耕种万人食，一年辛苦一春闲。"蚕市是蜀地旧俗，每年春时举行，买卖蚕具兼及花木、果品、药材杂物，并供人游乐。诗中既写蜀地农桑之艰，又赞其苦中作乐的乐观精神，蜀地人民忘记辛苦，投身于蚕市交易，他们共同忘却劳苦，追求欢愉。

综上所述，苏轼对巴蜀地域文化的认同体现在他对巴蜀自然风光的热爱与赞美和对巴蜀民风的赞扬。苏轼通过生动的描绘和形象的比喻，将巴蜀的自然风光、人文景观和民俗风情展现得淋漓尽致，表达了他对巴蜀地域文化的深刻认同和热爱。苏轼的诗词作品因此充满了浓郁的地域特色和文化底蕴，成为中华文化宝库中的瑰宝。

六、苏轼诗词中的巴蜀意象与地域文化认同的意义

首先，丰富了苏轼诗词的内涵。苏轼诗词中的巴蜀意象与地域文化认同，无疑极大地丰富了其诗词的内涵。在他的笔下，巴蜀的自然风光、人文景观和民俗风情被赋予了浓浓的诗意和独特的韵味。如《和子由踏青》中"东风陌上惊微尘，游人初乐岁华新。人闲正好路旁饮，麦短未怕游车轮"，生动描绘了巴蜀（现四川眉山一带）春天踏青时的热闹景象，充满了浓郁的生活气息。

这种对巴蜀地域文化的深刻认同和热爱，为苏轼的诗词创作提供了源源不断的灵感。他通过生动的描绘和形象的比喻，将巴蜀的自然风光、人文景观和民俗风情完美地融入自己的诗词中，使其作品更具地域特色和文化内涵。这不仅展示了苏轼的文学才华和艺术造诣，也留下了宝贵的文化遗产。

其次，促进了巴蜀地域文化的传播与弘扬。苏轼诗词中的巴蜀意象与地域文化认同，还极大地促进了巴蜀地域文化的传播与弘扬。作为北宋时期的著名文学家和书法家，苏轼的作品具有广泛的影响力和传播力。他通过对巴蜀地域文化的描绘和赞美，不仅让更多人了解了巴蜀地区的自然风光、人文景观和民俗风情，也增强了人们对巴蜀地域文化的认同感和自豪感。

这种对地域文化的传播与弘扬，对于推动巴蜀地区文化的发展和繁荣具有重要意义。它使巴蜀地域文化得以更好地传承和发扬，也让更多的人了解和喜爱这片土地的文化。

最后，为后世文学创作提供了借鉴与启示。苏轼诗词中的巴蜀意象与地域文化认同，还为后世的文学创作提供了借鉴与启示。他通过对巴蜀地域文化的深入描绘和赞美，展示了独特的艺术风格和表现手法。如他在描绘巴蜀自然风光时，善于运用生动的描绘和形象的比喻，使如画景色跃然纸上；在描绘巴蜀人文景观时，则善于运用深刻的寓意和丰富的想象，使人物栩栩如生、形象丰满。

通过对巴蜀地域文化的描绘和赞美，不仅展示了独特的艺术风格和表现手法，

也为后世的文学创作提供了借鉴和启示。这种对地域文化的深入挖掘和传承，不仅推动了中国文学的发展和繁荣，也为后人留下了宝贵的文化遗产和精神财富。

七、结论

苏轼以其独特的艺术视角和厚重的文化情怀，将巴蜀的自然风光、人文景观和民俗风情融入诗词，丰富了其作品的文化内涵和艺术表现力。

苏轼诗词中的巴蜀意象，不仅是对巴蜀自然景观的生动描绘，更是对巴蜀人文精神的深入挖掘。通过对巴蜀名山大川、江河湖泊、历史遗迹和民俗风情的描绘，苏轼展现了巴蜀文化的独特魅力和深厚底蕴。这些意象不仅丰富了苏轼诗词的创作内涵，也为我们理解巴蜀文化提供了重要的文学资料。

苏轼诗词中的巴蜀意象与地域文化认同，不仅是对巴蜀文化的艺术再现，更是对巴蜀文化精神的深刻挖掘和传承。苏轼以其独特的艺术才华和文化情怀，为巴蜀文化的传播与弘扬做出了重要贡献，也为后世的文学创作提供了宝贵的借鉴与启示。通过研究苏轼诗词中巴蜀意象与地域文化认同，我们可以更加深入地理解苏轼的文化追求和艺术成就，也可以更好地传承和发扬巴蜀文化。

《苏氏易传》义利观探析
——兼论与《程氏易传》义利观异同

陈南君（四川师范大学哲学学院）

摘　要：《苏氏易传》为苏氏父子三人合力而著的易学著作，具有侧重义理、融合儒道等治《易》特点，集中体现了苏氏的义利观。其义利观之构建，首先是融合儒道以批判"徒义""徒利"，避免片面极端之弊。其次，在此基础上提出了"存义约利""以利济义"的辩证义利思想，一方面，认为"利"应遵循"义"而合乎时宜；另一方面，主张统治者应让利于民、重民爱民，从而推进"义"的施行。这与同时期《程氏易传》"重义轻利""存理去欲"的义利观有所不同，体现了苏氏重视仁义道德和社会现实利益的政治理念。

关键词：三苏　《苏氏易传》　义利观　《程氏易传》　治理思想

一、绪论

被誉为"一门父子三词客"的三苏，凭借杰出的文学成就而享誉华夏，以致今人论及三者，往往更多关注其诗词散文研究，而易忽视其学术思想。事实上，三苏在经学上亦有诸多著述，除三人共著的《苏氏易传》外，苏洵有《六经论》，苏轼著有《书传》《论语说》，苏辙有《诗集传》《春秋集解》。可见三苏经学造诣颇深，而其经学思想不仅对其文学艺术创作产生了巨大影响，也深刻影响了后世学者。

三苏十分重视对《易》的阐释。苏籀《栾城遗言》中载："公（苏辙）言先曾祖（苏洵）晚岁读《易》，……作《易传》未宗，疾革，命二公述其志。东坡受命，卒以成书。初二公少年皆读《易》，为之解说，各仕它邦，即而东坡独得文王伏羲超然之旨，公乃送所解予坡，今《蒙卦》尤是公解。"[1] 由此可知苏洵晚年潜心于《周易》研究，以至临终前还嘱咐二子接续其工作，而《苏氏易传》正是三人合力之作。

自古以来，义利关系问题就是儒家学者关切的重要问题，儒家经典《周易》中，亦不乏对义利问题的论述。如《乾·文言》有曰："利者，义之和也。"又有"利物足以和义"之言，对义利关系进行了说明。苏氏对此注曰："礼非亨则偏执而不合，义非利则惨洌而不和。"[2] 认为义如果没有利的现实效用则会沦为外在僵化的形式，这体现了其独特的义利观，也反映出苏氏治《易》侧重于义理，注重发挥《周易》的经世致用之道，此为三苏易学特点之一。

二、相关研究综述

目前学界对三苏义利思想的研究已有部分成果，现综述如下。

吴孟复、詹亚园在《苏洵思想新探》一文指出，苏洵反对只讲"徒利""徒义"，认为"利"必须有"义"的制约，"义""利"并不矛盾，而是相互作用的，这与董仲舒和理学家强调重义轻利的思想不同。[3] 谢桃坊在《苏洵对"利者义之和"的阐释及朱熹的批评》中认为，苏洵对《乾·文言》中"利者，义之和"的命题提出了新见解。在苏洵看来，"义"是圣人戕害天下之器，并作出义必有利而和的论断，而朱熹对苏洵此论之批评，仍坚持儒家固有观念，难以否定苏洵之论的合理性。[4] 古屿鑫《论苏洵伦理思想的三重蕴含》将苏洵义利观总结为义利相用的功利主义，认为苏洵此论基于北宋富饱穷饥的社会现实，遂以《周易》为据，以史为证，强调了义与利交相养对社会治理的重要性。[5] 韩鼎基《苏洵哲学思想研究》说明了苏洵以性情互为表里，但在生活中以重情为原则的哲学思想，并指出苏洵与

1 （宋）苏籀记：《栾城遗言》，民国十六年至十九年武进陶氏影宋咸淳刻百川学海本。

2 《苏氏易传》，载曾枣庄、舒大刚主编：《三苏全书》第一册，北京：语文出版社，2001年，第146页。

3 吴孟复、詹亚园：《苏洵思想新探》，《安徽大学学报》（哲学社会科学版）1982年第3期，第67—70、94页。

4 谢桃坊：《苏洵对"利者义之和"的阐释及朱熹的批评》，《中华文化论坛》2018年第12期，第4—9页。

5 古屿鑫：《论苏洵伦理思想的三重蕴含》，载卢国龙主编：《儒道研究》第三辑，北京：中国社会科学出版社，2016年，第215—229页。

先儒不同，主张义利二者应该互相依存，徒言义或利都是片面的。[1]上述学者对苏洵的义利观进行了探析，并指明了苏洵主张义利相合的思想倾向。

此外，又有学者以苏轼为切入点，阐释了苏轼的义利思想。王健《苏轼义利思想研究》一文指出，苏轼的义利思想既受苏洵的影响，又受北宋儒者影响，将"义"视为自我修养的道德标准，将"利"看作个人生存的重要条件，据此提出了以"义利相和"为核心的义利思想。[2]黄杰《论苏轼性命义利观对其诗歌的意义》认为，苏轼义利观是以百姓利益为出发点，并未完全否定利，其义利观又影响了他对人生的思考和务实的作风，进而形成了其独特的诗歌风格。[3]陈彦杰在其博士学位论文《苏轼易学思想研究》中，提及了苏轼易学中的现实主义义利观，认为苏轼将个体利益置于首位，只有当义能满足个体功利需要时，社会才能和合。[4]

上述学者从各方面对苏氏义利思想进行了探析，成果颇丰，论述了苏氏注重现实功效的思想倾向，但对《苏氏易传》中所体现的义利思想挖掘较少，略有遗憾。实际上，《苏氏易传》中蕴含着丰富的义利思想，是三苏现实主义之义利观的集中体现，值得进一步考察，下文将就此展开详细论述。

三、融合儒道批"徒义""徒利"

《苏氏易传》依义理治《易》，其思路并非完全依循儒家传统，而是借鉴了老子道家之学的思想，融合儒道解《易》。在解《坤·文言》中"坤至柔，而动也刚"一句时，苏注曰："夫物非刚者能刚，惟柔者能刚耳。"[5]从中不难见老学"贵柔守雌"思想的影子。在解《系辞上》时，苏注曰："阴阳一交而生物，其始为水。……老子识之，故其言曰：'上善若水。'又曰：'水几于道。'"[6]可见苏氏对老子以水喻道思想的认同。在阐释《系辞下》时，苏氏则直接引老子言注曰："老子曰：'王侯得一以为天下贞。'夫贞之于天下也，岂求胜之哉？故胜者贞之衰

1　韩鼎基：《苏洵哲学思想研究》，《四川文理学院学报》2015年第1期，第89—92页。
2　王健：《苏轼义利思想研究》，《山西高等学校社会科学学报》2022年第8期，第76—81页。
3　黄杰：《论苏轼性命义利观对其诗歌的意义》，《杭州大学学报》1994年第3期，第135—139页。
4　陈彦杰：《苏轼易学思想研究》，博士学位论文，山东大学中国哲学系，2022年。
5　《苏氏易传》，载曾枣庄、舒大刚主编：《三苏全书》第一册，第154页。
6　《苏氏易传》，载曾枣庄、舒大刚主编：《三苏全书》第一册，第352页。

也。"又有："老子曰：'埏埴以为器，当其无，有器之用。'夫《井》亦然。"[1]明显表现出对老子"无为"思想的接受，体现了苏氏易学对老学的亲和态度。

在融合儒道的思想倾向下，苏氏对王弼注本甚是推崇，《苏氏易传》中更是多处直接引用了王弼注。如解《乾·象》时，其直接引用了王弼注："居上不骄，在下不忧，反复皆道也。"[2]在释《乾·文言》初九爻时，其引王弼注："不为世所易。"[3]体现了苏氏对王弼玄学"尚自然"思想的吸收。从苏氏对王弼注本的大量引用中，亦可见苏氏融合儒道治《易》，不仅吸收了老子思想，还借鉴了王弼的玄学思想。由上述引证可看出，引老学、玄学解《易》，正是苏氏易学的特点之一。

在此基础上，《苏氏易传》中的义利观，亦难免受道家学说影响。《乾·文言》中有对义利关系的清晰说明："利者，义之和也。"苏注曰："礼非亨则偏执而不合，义非利则惨冽而不和。"[4]主张道义需要以现实功效为基础和手段，才能达到和谐的目的。这种义利观与先儒所倡导的重义轻利思想明显不同，苏洵为此特地撰文论述。苏洵《利者义之和论》创造性地指出"徒义""徒利"的概念，并首先对圣人鼓吹的"徒义"思想进行了猛烈批判，说道："然则义者，圣人戕害天下之器也。"[5]认为空讲道义，只能使道义沦为戕害天下的工具。《老子》第十九章有言："绝圣弃智，民利百倍；绝仁弃义，民复孝慈；绝巧弃利，盗贼无有。"[6]老子认为圣人道义是与民争利的根源，因此对圣人及其所提倡的仁义道德提出了批判。苏洵显然是受到了老子圣人观的影响，故而对圣人及其所提倡的道义说教亦进行了批判，但苏洵并未完全反对道义之作用，而仅仅是反对空讲道义而忽视现实利益的"徒义"。苏洵举伯夷、叔齐殉义之事曰："伯夷、叔齐殉大义以饿于首阳之山，天下之人安视其死而不悲也。……虽然，非义之罪也，徒义之罪也。"[7]否定了没有现实效益的"徒义"。

对于没有道义约束而一味求利的"徒利"行为，苏洵亦持批判态度。其引《乾·文言》"利者，义之和"与"利物足以和义"之言，曰："君子之耻言利，

1　《苏氏易传》，载曾枣庄、舒大刚主编：《三苏全书》第一册，第383页。
2　《苏氏易传》，载曾枣庄、舒大刚主编：《三苏全书》第一册，第146页。
3　《苏氏易传》，载曾枣庄、舒大刚主编：《三苏全书》第一册，第147页。
4　《苏氏易传》，载曾枣庄、舒大刚主编：《三苏全书》第一册，第146页。
5　《苏洵集》，载曾枣庄、舒大刚主编：《三苏全书》第六册，第242页。
6　（魏）王弼注，楼宇烈校释：《老子道德经注校释》，北京：中华书局，2008年，第45页。
7　《苏洵集》，载曾枣庄、舒大刚主编：《三苏全书》第六册，第242页。

亦耻言夫徒利而已。"[1]由此可见其义利观中的儒学底色。在《苏氏易传》中，"利"是以"情"为基础而获得正当性的，《乾·彖》苏注："其于《易》也，卦以言其性，爻以言其情。情以为利，性以为贞。"又曰："'乾道变化，各正性命，保合大和，乃利贞'，以各正性命为贞，则情之为利也亦明矣。"[2]苏氏通过"情利性贞"的性情观来说明利是依情而生的，是人人生而具有的欲望，故有正当性，而由情生利的过程，就是乾道变化之过程，"方其变化，各之于情，无所不至。"[3]《系辞上》苏注曰："既变之，复通之，则反覆于万物之间，无遗利矣"[4]。正因苏氏将利与情、情与乾道变化联系起来，认为利是万物变化之现实目的，故在其看来，利不可完全否定，而是应加以正确规范和引导，以发挥变化之功。因此，苏氏曰："反而循之，各直其性以至于命，此所以为贞也。""'利贞者，性情也。'言其变而之乎情，反而直乎性也。"又曰："君之令曰命，天之令曰命，性之至者曰命。"[5]其继承了儒家的性命观，认为"义利""情性""利贞"都源于天命，强调了正性与至天命的重要性，并以此对"利"加以约束，此亦体现了苏氏兼言性情、兼言利贞的辩证思维。

可见，苏氏治《易》，既吸取了道家、玄学思想以批判空谈道义、不注重实际效益的弊端，又继承了儒家"天命性道"的性命观，强调性命之于情利的基础和规范作用，如其曰："情者，性之动也。溯而上，至于命；沿而下，至于情，无非性者。"[6]这都体现出《苏氏易传》融合儒道，反对"徒义""徒利"的片面义利观，既注重道义的规范，又重视现实利益的思想倾向。

四、"存义约利"以节制天下

在批判"徒义""徒利"的基础上，苏洵主张以义约利而节制天下的义利思想。苏洵《利者义之和论》曰："凡天下之言刚者，皆义属也。……虽然，无之

1　《苏洵集》，载曾枣庄、舒大刚主编：《三苏全书》第六册，第242页。
2　《苏氏易传》，载曾枣庄、舒大刚主编：《三苏全书》第一册，第143页。
3　《苏氏易传》，载曾枣庄、舒大刚主编：《三苏全书》第一册，第142页。
4　《苏氏易传》，载曾枣庄、舒大刚主编：《三苏全书》第一册，第370页。
5　《苏氏易传》，载曾枣庄、舒大刚主编：《三苏全书》第一册，第142、143页。
6　《苏氏易传》，载曾枣庄、舒大刚主编：《三苏全书》第一册，第142页。

则天下将流荡忘反，而无以节制之也。"[1]他认为刚强的"义"是防止天下出现无节制的无序状态所必要的，因此是不可轻视的。在实现"义"的方法上，苏洵认为作为刚的"义"，必须以作为柔的"利"为驱动力，他举周武王伐纣"发粟散财"为例，指出"虽武王亦不能以徒义加天下也"[2]。据此，苏洵进一步阐述其义利观："故君子欲行之，必即于利；即于利，则其为力也易；戾于利，则其为力也艰。"[3]这说明了现实的利益对于行义的必要性，施行道义只有与利益相关联，才能易于推广，如果违背了现实利益，则会举步维艰。可见，在苏洵看来，"义"与"利"处于一种"节制—促进"的相互关系中。一方面，天下需要道义来制约欲望的无限制发展，防止出现利欲横行的混乱；另一方面，道义的施行又需要以现实利益为驱动，使道义能更顺利地发挥作用。

在《苏氏易传》中，三苏继承了上述义利观的基本思想，并加以阐发。《屯卦》苏注曰："因世之屯，而务往以求功，功可得矣。而争功者滋多，天下之乱愈甚。"[4]其指出了天下混乱的原因，在于争功逐利之人过多，又无法加以限制。而《屯卦》卦辞言"利建侯"，就是要使"人各归安其主"[5]，这样天下便无与为乱。苏氏注《屯卦》，体现了辩证的义利思想，认为无限制地追求功利是需要被批判的，而真正肯定的是合乎时宜的"利"，只有当"利"合宜时，天下方能安定。《谦·上六·小象》苏注引王弼言："动之所起，兴于利者也。"后曰："未有居众人之所恶，而为动者所害；处不竞之地，而为争者所夺。"[6]此言与《老子》二十二章"夫唯不争，故天下莫能与之争"有相通之处，不难看出道家思想的影子。苏氏认为谦逊而不争利，则可以避免受到损害，可见苏氏并非一味抬高利益的作用，而是在承认"利"出于天性的合法性同时，强调"徒利""争利"的危害，而"谦"就意味着要顺应天命，这样"利"才能自然体现，此便是"利贞"，是"反而直乎性"，亦即是行义。

《随·彖》有言："大亨贞无咎，而天下随时。随时之义大矣哉！"苏注曰："责天下以人人随己而咎其贞者，此天下所以不说也。是故大亨而利贞者，贞者无

1　《苏洵集》，载曾枣庄、舒大刚主编：《三苏全书》第六册，第242页。
2　《苏洵集》，载曾枣庄、舒大刚主编：《三苏全书》第六册，第242页。
3　《苏洵集》，载曾枣庄、舒大刚主编：《三苏全书》第六册，第242页。
4　《苏氏易传》，载曾枣庄、舒大刚主编：《三苏全书》第一册，第156页。
5　《苏氏易传》，载曾枣庄、舒大刚主编：《三苏全书》第一册，第156页。
6　《苏氏易传》，载曾枣庄、舒大刚主编：《三苏全书》第一册，第194页。

咎，而天下随时。时者上之所制也，不从己而从时，其为随也大矣。"[1]苏氏此句指出天下不悦的原因在于人人"随己"的自利行为，而"利贞"之关键就在于"随时"。"时"承天命所制，是自然生生不息之规律，"随时"就是要求人们顺从天时，依据自然而行，不可因一己私利而违背自然天时，这便是使天下悦之的方式。据此，可探苏氏所倡之"利"，并非指满足私欲的个人利益，而是偏向于具有普遍性的社会现实利益。在苏氏看来，这种社会现实利益与儒家所倡导的仁义道德原则并不冲突，二者均有承天而制的合法性，真正有冲突的是"随己"的私欲泛滥，所以"利贞"就是要限制私欲泛滥，让现实的利益与天时法则相契合，受道义的约束，以此成为具有普遍性的社会现实利益，这同时也是道义能畅行于世的驱动力。

由上可知，《苏氏易传》中的义利思想，不同于以往重义轻利的儒家传统主张，其创造性地提出了存义约利、以利济义的新型义利观。苏氏将义利关系与《易》中的性情、利贞关系相关联，强调"义""利"皆出自天命自然，肯定了二者的正当性。据此，苏氏认为"义"的实现必须依赖"利"的作用，作为普遍约束法则的道义，需要与现实利益相契合，才能应对不断变化的现实情况，从而顺利施行；反之，"利"又需要"义"的规范才能保持和谐，个人私利需要在道义的指导下符合社会共同利益，使社会得以稳定发展。依苏氏见，《乾·文言》曰"利者，义之和""利物足以和义"，其中"利"并非一己私利，而是天下社会共同之"利"，有之能使社会和谐发展，无之则会陷于"徒义""徒利"之乱，故苏氏曰："礼非亨则偏执而不合，义非利则惨洌而不和。"[2]可见苏氏谈义利，二者并非截然两物，而是于本原上同一，并且始终处于相互关联、相互影响的关系之中。故朱子对苏氏将义利分为两物，认为其不知"义中自有利"的批评，是难以成立的。

五、"以利济义"以利民重民

通过对社会现实利益的合理肯定，苏氏将"以利济义"的义利观渗透到对社会治理的关注中，反映出三苏"利民重民""以民为本"的政治思想，这在《苏氏易传》中有多处体现。《屯·初九》苏注曰："初九不争以成其贞，故利建候，

1　《苏氏易传》，载曾枣庄、舒大刚主编：《三苏全书》第一册，第197页。
2　《苏氏易传》，载曾枣庄、舒大刚主编：《三苏全书》第一册，第146页。

以明不专利而争民也。"[1]基于其"利贞"的诠释思路,这里表达了不独占私利而与民争夺利益的政治观。释《豫卦》卦辞时,苏氏曰:"有民而不以分人,虽欲豫可得乎?"[2]指出统治者不分利于民,而想着自己的安乐,这是不可能的。释《兑·象》时,苏注:"小惠不足以劝民。"[3]认为统治者如果只做表面功夫,给人民以小恩小惠,是不足以使人民信服的。在苏氏看来,在社会分配中,统治者应该让利于民,节制私欲,合理分配资源,保障民众利益,这便是"利贞";而以此为基础构建和谐社会,获得民众的依附,此便是"义之和","义"与"利"就如此在社会治理中统一起来。

除了强调统治者让利于民来促进社会和谐发展外,《苏氏易传》还基于其义利观,提出了处理统治者与民众关系的具体方法。《观·六三·小象》苏注曰:"夫欲知其君,则观其民,故我之生,则君之所为也。"[4]苏氏认为想要知道统治者的治理能力之高低,重点在于观察其人民,民生便是统治者作为的直观体现,指出人民的信任对于统治者的重要性。《兑·九二·小象》苏注:"君子之说于小人,将以有所济,非以为利也。"[5]苏氏指出上位者对待下位者,应抱以尊重的态度,在施行命令时,也应以利他为主,而非以利己为主。可以看出《苏氏易传》的义利观实为利他主义,不仅反对"徒利",也批判"私利"。《损·象》苏注:"使民知所以损我者,凡以益我也,则信之矣。损者下之所患也,然且不顾而为之,则其利必有以轻其所患者也。"[6]这是说,统治者颁布政令时,于民众所生不便,需晓之以利,动之以义,使其信服,否则民众的担忧反而会大于政令的收益。《中孚·象》苏注:"刚得中则正,而一柔在内则静而久。……君子法之,行之以说,辅之以巽,而民化矣。"[7]此句集中体现了苏氏所主张的政治哲学,即外刚内柔。"行之以说"即是指《兑卦》所注的"有所济",使民获益,此为内柔;"辅之以巽",则如苏轼所言,天子之号令应如"重巽以申命",使"上令而下不议,下从而上不诛"[8],此为外刚。可见,在君民关系上,《苏氏易传》所主张的是以利惠民,以义约民,

1 《苏氏易传》,载曾枣庄、舒大刚主编:《三苏全书》第一册,第157页。
2 《苏氏易传》,载曾枣庄、舒大刚主编:《三苏全书》第一册,第194页。
3 《苏氏易传》,载曾枣庄、舒大刚主编:《三苏全书》第一册,第324页。
4 《苏氏易传》,载曾枣庄、舒大刚主编:《三苏全书》第一册,第209页。
5 《苏氏易传》,载曾枣庄、舒大刚主编:《三苏全书》第一册,第324页。
6 《苏氏易传》,载曾枣庄、舒大刚主编:《三苏全书》第一册,第269页。
7 《苏氏易传》,载曾枣庄、舒大刚主编:《三苏全书》第一册,第331页。
8 《苏轼文集·御试重巽申命论》,载曾枣庄、舒大刚主编:《三苏全书》第十四册,第108页。

这也是"存义约利""以利济义"的哲学思想在社会治理上的体现。

至此，不难看出《苏氏易传》所倡导的"存义约利""以利济义"之义利观，更多时候是站在统治者角度而言，为巩固社会秩序而服务，其目的还是宣扬其政治理念。《苏氏易传》义利观中所体现的注重社会现实利益，维护社会和谐稳定的主张，最终演化为让利于民和重民爱民的思想。在现实的入仕生涯中，这一思想也使三苏切实关注到底层劳动人民的生活状态，并以提升百姓生活水平为从政目标，这都体现在了他们重视生产、兴修水利、教化风俗等政绩之中。苏氏父子并未将其义利观视作理论空谈，而是将之付诸社会治理的实践中，事实证明，这于当时社会背景而言，是有所成效的。

六、《苏氏易传》与《程氏易传》义利观之异同

三苏与程颐同为北宋著名思想家，且都对《周易》有深入的研究，并为其立言著书。《苏氏易传》与《程氏易传》成书年代相近，代表了当时义理派易学的高峰，集中体现了三苏和程颐的哲学思想，因而对二书体现的义利观进行比较研究，亦具有重要的时代价值，有必要加以说明。

《程氏易传》蕴含丰富的哲学思想。程颐在其中提出了"体用一源，显微无间"的主张，认为《易》的内在本体和外在发用都源于同一个理，且体用为同一整体的两面，而非割裂的两事。其《易传序》曰："至微者理也，至著者象也。体用一源，显微无间。"[1]将天理视为宇宙本体和发用于万物的源头，于是乎，理便在万物上体现为不同的象。《周易》虽展示了六十四卦的变化，但这些变化都合乎"随时取义以从道"的理，这与程颐"以理为本""理一分殊"的本体论、生成论思想相契合，是其理学主张在治《易》上的体现。

基于重视天理的理学思想，《程氏易传》体现出了"重义轻利""存理去欲"的义利主张。程颐释《乾·文言》曰："元亨利贞，乾之四德，在人则元者众善之首也，亨者嘉美之会也，利者和合于义也，贞者干事之用也。"[2]在道德根源问题上，他认为人事之中，元作为天德是伦理道德的源头和根本，是众善之首，而在义

1　《周易程氏传》，载（宋）程颢、程颐著，王孝鱼点校：《二程集》，北京：中华书局，1981年，第689页。

2　《周易程氏传》，载（宋）程颢、程颐著，王孝鱼点校：《二程集》，第699页。

利问题上，认为利寓于义之中，需在义上方能体现出来。故其曰："和于义乃能利物。岂有不得其宜，而能利物者乎？"[1]认为义于利之先，是实现利的前提条件，世上没有非义而能利物的事情。这都体现出了程颐"重义轻利"的思想倾向。在义利选择的问题上，程颐主张"存理去欲"。其释《遁》卦九四爻曰："君子虽有所好爱，义苟当遁，则去之而不疑，所谓克己复礼，以道制欲，是以吉也。"[2]这便指明了在义利冲突中，君子应优先取义，克制自己的欲望，以此实现吉利的结果。其释《无妄》卦辞曰："法无妄之道，利在贞正，失贞正则妄也。"[3]又释《无妄》卦上九爻曰："上九居卦之终，无妄之极者也。极而复行，过于理也，过于理则妄也。故上九而行，则有过眚，而无所利矣。"[4]将"无妄"解释为对人欲的抑制，以及对天理道义的恰当对待，换言之，就是要求人们克制私欲，各正性命，复归天理，程颐认为只有如此方能得"大亨"，能实现现实的利益，并以此作为其"存理去欲"主张的理论依据。

可以看出，程颐与三苏，在治《易》方法上都侧重于义理，希望从《易》中发明为人处世、经世致用之道。但二书所体现的义利观点却有明显不同，三苏融合儒道思想，反对"徒义""徒利"的片面取舍，将义利的重要性同等视之，主张"存义约利""以利济义"的辩证义利观，摒弃了传统儒家"重义轻利"的义利观。其目的是论证自己的政治主张，唤起统治者重民利民的觉悟，维护社会的稳定。

与三苏不同，程颐强调道义优先于利益，《程氏易传》中体现了其"重义轻利""存理去欲"的义利思想。他受孟子"舍生取义"影响，继承了儒家"重义轻利"的传统，提出了"饿死事小，失节事大"的观点，进一步强化了道德在价值选择中的优先性。程颐释乾之利贞曰："凡顺理无害处便是利，君子未尝不欲利。然孟子言'何必曰利'者，盖只以利为心则有害。"[5]可见程颐并不完全否定利的合理性，反而认为"欲利"是人之本性，但是，利是寓于义之中的，义才应是最终目的，追求义的过程中，利便会自然实现。故而，程颐认为在义利发生冲突时，应该优先选择义，这是其"重义轻利"思想的特点。从目的上看，《程氏易传》所体现的义利观，一方面是为了将伦理道德本体化，构建起稳定的儒家伦理秩序；另一方面也是为构建其理学体系提供理论支撑。

1　《周易程氏传》，载（宋）程颢、程颐著，王孝鱼点校：《二程集》，第699页。

2　《周易程氏传》，载（宋）程颢、程颐著，王孝鱼点校：《二程集》，第868页。

3　《周易程氏传》，载（宋）程颢、程颐著，王孝鱼点校：《二程集》，第822页。

4　《周易程氏传》，载（宋）程颢、程颐著，王孝鱼点校：《二程集》，第827页。

5　《河南程氏遗书》卷十九，载（宋）程颢、程颐著，王孝鱼点校：《二程集》，第249页。

七、结语

三苏的治《易》思路侧重于义理之学，关注《易》中的经世致用理念，且受老聃、王弼的思想影响较深，故《苏氏易传》的特点就在于侧重义理，阐发政治，融合儒道，既体现了三苏浓厚的儒家经学功底和对现实社会的关注，又具有独特的道家哲学风格，这些特征也体现于其义利观中。

其义利观的形成，首先是在儒家传统性命观、仁义观的基础上，融合道家"无为而治""顺其自然"的理念，指出并批判了"徒义""徒利"的片面义利观，认为这是社会之所以混乱无序的原因之一。其次，在阐释《周易》经传的义利思想过程中，通过对"性情""利贞"等概念的阐发，指出"义""利"均源于天命，具有同一性和正当性，且二者处于"节制—促进"的相互关系中，并创新性地提出了"存义约利""以利济义"的义利观。在苏氏看来，仁义道德与现实利益都应被同等重视，以"义"使"利"不盲目、不逾矩，亦不局限于一己之私；同时又用"利"促使"义"得以顺利施行，造福百姓，如此方能使社会和谐稳定。最后，《苏氏易传》据其义利思想，对《易》中具体的政治和社会治理观点进行阐释。主张发挥"义"之作用，将个人的私利转变为社会的公利，要求统治者让利于民、重民爱民，由此实现社会的和谐稳定发展。从上可知，《苏氏易传》的义利观，主要的劝诫对象是君主，目的是提高统治者的社会治理水平，使天下安定，并非针对普通个体。如苏洵言："义利、利义相为用，天下运诸掌矣。"[1]这正体现了苏氏治《易》的儒家思想基底。

《苏氏易传》完成后，便流行于世，对北宋及后世学者产生了重要的影响，其中蕴含的义利思想亦不例外。然而，在目前学术繁荣发展的背景下，当代学者对苏氏易学及其义利观的研究却略显不足。事实上，在如今市场经济快速发展的时代背景下，如何处理好义利关系，是社会发展面临的重要课题。重新审视并探究《苏氏易传》中的义利思想，具有重要实践意义。苏氏所主张的"存义约利""以利济义"的义利观，可为制约资本盲目扩张、实现共同富裕、构建人类命运共同体等现实问题提供借鉴和参考，对《苏氏易传》义利观进行深入研究，亦将有利于促进中华优秀传统文化创造性转化、创新性发展，并为创造人类文明新形态贡献中国智慧。

1　《苏洵集》，载曾枣庄、舒大刚主编：《三苏全书》第六册，第243页。

台北故宫博物院藏《净因院画记卷》跋文考辨
——以元人"苏书"题跋为中心

豆新德（西南大学文学院）

摘 要：台北故宫博物院藏《净因院画记卷》的文本应为真，书迹应为伪。"画记"前有董其昌题跋，后有宇文公谅、鲁渊、周天球、王穉登、董其昌诸家题跋。本文通过梳理文献，结合图像及相关史实情况，主要对宇文公谅、鲁渊二位元人题跋进行探讨，认为宇文公谅"苏书"题跋与"京兆宇文公谅子贞章"皆伪，鲁渊"苏书题跋"疑为伪迹。当然，题跋无论真伪与否，均具有参考价值。诸多书家题跋的层累堆积，形成东坡书法的接受史，对我们系统地研究苏轼书学思想具有借鉴意义。

关键词：苏轼 《净因院画记卷》 "苏书"题跋 宇文公谅 鲁渊

台北故宫博物院藏《净因院画记卷》，纸本，纵28.8厘米，横217.6厘米；拖尾有宇文公谅、鲁渊、周天球、王穉登等五人题跋；《六研斋二笔》卷二、《珊瑚网法书题跋》卷二十四、《式古堂书画汇考》书卷十、《六艺之一录》卷三百四十二、《盛京书画故宫录》卷二等著录，曾刻入《墨池堂法帖》第四卷（眉山三苏祠博物馆藏）、《萼辉堂苏帖》第二册（残帖，眉山三苏祠博物馆藏）、《晚香堂苏帖》第三册（残帖，广州博物馆藏）、《小晚香堂苏帖》第六卷（眉山三苏祠博物馆藏）。

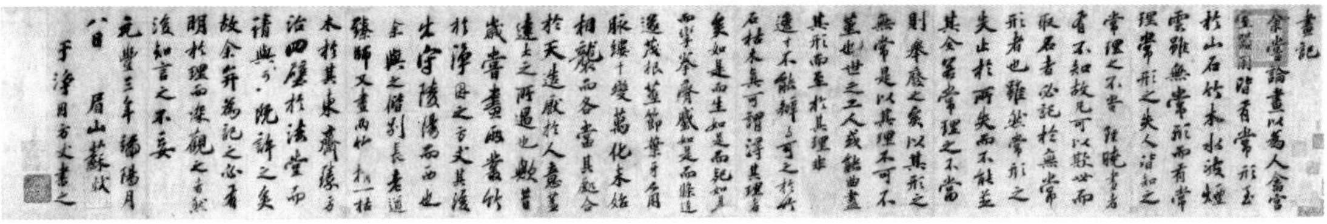

图1 《净因院画记卷》台北故宫博物院藏

一、台北故宫博物院藏《净因院画记卷》文本、署款、书风等问题

《净因院画记卷》，台北故宫博物院藏，是卷所书题目为“画记”，署款为“元丰三年端阳月八日，眉山苏轼，于净因方丈书之”；然《西楼苏帖》中刻有《净因院文与可画竹枯木记》一帖，《东坡七集》正集卷三十一收录此帖，题为《净因院画记一首》。“凡人”“不能办”“枯木竹石”“联拳”“畅茂”“皆别长老臻师”“臻师方治”，集本作“人皆”“不能辨”“竹石枯木”“挛拳”“遂茂”“偕别长老道臻师”“臻方治”。帖文为“□□三年十月初五日赵郡苏轼□□□，笔冻不成字，不讶不讶”。此帖汪珂玉《珊瑚网》名画题跋卷二十四亦收录，其末题“元丰三年端阳月八日，眉山苏轼于净因方丈书之”。现以台北故宫博物院藏《净因院画记卷》为底本，进行文本比勘。

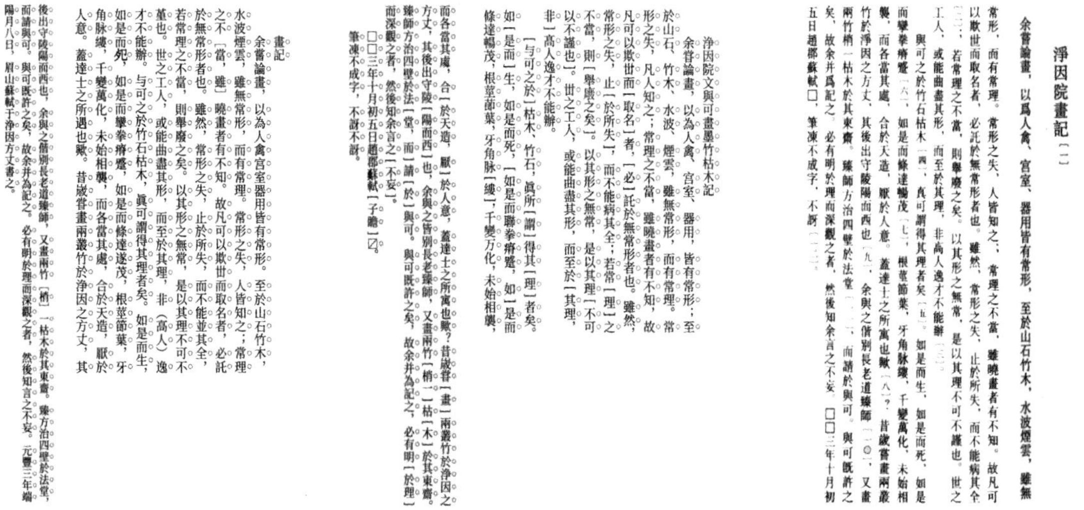

畫記
余嘗論畫，以為人禽宮室器用皆有常形。至於山石竹木，水波煙雲，雖無常形，而有常理。常形之失，人皆知之；常理之不［當，雖］曉畫者有不知。故凡可以欺世而取名者，必託於無常形者也。雖然，常形之失，止於所失，而不能並其全，若常理之不當，則舉廢之矣。以其形之無常，是以其理不可不謹也。世之工人，或能曲盡其形，而至於其理，非（高人）逸才不能辦。與可之於竹石枯木，眞可謂得其理者矣。如是而生，如是而死，如是而攣拳瘠蹙，如是而條達遂茂，根莖節葉，牙角脉縷，千變萬化，未始相襲，而各當其處，合於天造，厭於人意。蓋達士之所寓也歟。昔歲嘗畫兩叢竹於淨因之方丈，其後出守陵陽而西也，余與之偕別長老道臻師，又畫兩竹［梢］一枯木於其東齋。臻方治四壁於法堂，而請與可。與可既許之矣，故余并為記之。必有明於理而深觀之者，然後知言之不妄。元豐三年端陽月八日，眉山蘇軾于淨因方丈書之。

①《净因院画记卷》文本
台北故宫博物院藏

淨因院文與可畫墨竹枯木記
余嘗論畫，以為人禽、宮室、器用，皆有常形；至於山石、竹木、水波、煙雲，雖無常形，而有常理。常形之失，凡人知之；常理之不當，雖曉畫者有不知，故凡可以欺世而［取名］者，［必］託於無常形者也。雖然，常形之失，止［於所失］，而不能病其全；若常［理］之不當，則［舉廢之矣］。以其形之無常，是以其理［不可以不謹也］。世之工人，或能曲盡其形，而至於［其理，非］高人逸才不能辦。
［與可之於］枯木、竹石，眞所［謂］得其［理］者矣。如［是而］生，如是而死，［如是而聯拳瘠蹙，如］是而條達暢茂，根莖節葉，牙角脉［縷］，千變万化，未始相襲，而各當其處，合［於天造，厭］於人意，蓋達士之所寓也歟？昔歲嘗［畫］兩叢竹於淨因之方丈，其後出守陵［陽而西］也，余與之皆別長老臻師，又畫兩竹［梢一］枯［木］於其東齋。臻師方治四壁於法［堂，而］請［於］與可。與可既許之矣，故余并為記之，必有明［於理］而深觀之者，然後知余［言之］不妄］。
□□三年十月初五日趙郡蘇軾［子瞻］☐。
筆凍不成字，不訝不訝。

②《西楼苏帖》之《净因院文与可画竹枯木记》
天津博物馆藏

淨因院畫記〔一〕
余嘗論畫，以爲人禽、宮室、器用皆有常形，至於山石竹木，水波煙雲，雖無常形，而有常理。常形之失，人皆知之；常理之不當，雖曉畫者有不知。故凡可以欺世而取名者，必託於無常形者也。雖然，常形之失，止於所失，而不能病其全〔二〕，若常理之不當，則舉廢之矣。以其形之無常，是以其理不可不謹也。世之工人，或能曲盡其形，而至於其理，非高人逸才不能辨〔三〕。
與可之於竹石枯木〔四〕，真可謂得其理者矣〔五〕。如是而生，如是而死，如是而攣拳瘠蹙〔六〕，如是而條達暢茂〔七〕，根莖節葉，牙角脉縷，千變萬化，未始相襲，而各當其處，合於天造，厭於人意。蓋達士之所寓也歟〔八〕？昔歲嘗畫兩叢竹於淨因之方丈，其後出守陵陽而西也〔九〕，余與之偕別長老道臻師〔一〇〕，又畫兩竹梢一枯木於其東齋。臻師方治四壁於法堂〔一一〕，而請於與可。與可既許之矣，故余并爲記之。必有明於理而深觀之者，然後知余言之不妄。□□三年十月初五日趙郡蘇軾□，筆凍不成字，不訝〔一二〕。

③《苏轼全集校注》之
《净因院画记》

图2 文本比勘

由该图可知，比勘结果如下：

（1）题目不同，①作"画记"；②作"净因院文与可画竹枯木记"；③作"净因院画记"。

（2）"常理之不当，虽晓画者有不知"，①中"当""虽"残缺。

（3）"而不能病其全"，①作"而不能并其全"。

（4）"非高人逸才不能办"，①中缺"高人"二字。

（5）"如是而挛拳瘠蹙"，①中"是"残缺。

（6）"如是而条达畅茂"，①作"如是而条达遂茂"。

（7）"盖达士之所寓也欤"，①作"盖达士之所遇也欤"。

（8）"又画两竹梢一枯木于其东斋"，①中"梢"残缺。

（9）"臻师方治四壁于法堂，而请于与可"，①中缺"师""于"二字。

（10）"然后知余言之不妄"，①中缺"余"字。

（11）署款不同，①作"元丰三年端阳月八日，眉山苏轼，于净因方丈书之"；②③署款大致相同。

由以上校勘结果可以发现，台北故宫博物院藏《净因院画记卷》文本，缺字漏字数处，最为明显处当为署款。细绎文意"昔岁尝画两丛竹于净因之方丈，其后出守陵阳而西也，余与之偕别长老道臻师，又画两竹梢、一枯木于其东斋"，又知"文同熙宁三年（1070）末知陵州，熙宁四年（1071）三月到知陵州任"[1]"元丰二年（1079）正月二十一日，以疾卒于陈州之宾馆"[2]综合以上文献，此文应作于文同出守陵州之后，应是熙宁四年春初——熙宁四年五月作于汴京[3]。

而元丰三年（1080）正月，苏轼离京师赴黄州贬所，不可能在京师静因院写

1 （宋）文同著，胡问涛、罗琴校注：《文同全集编年校注》卷二，成都：巴蜀书社，1999年，第88页。

2 （宋）家诚之编，吴洪泽校点：《石室先生年谱》，明万历刻本《陈眉公订正丹渊集》卷首。详见吴洪泽、尹波主编：《宋人年谱丛刊》第三册，成都：四川大学出版社，2002年，第1621页。

3 按，有关画记文本的作年时间说法不一，孔凡礼认为："熙宁四年五月（端阳月）八日作于汴京。"见孔凡礼撰：《苏轼年谱》，北京：中华书局，1998年，第199页。《苏轼全集校注》："熙宁三年十月初五日作于汴京。"见张志烈等校注：《苏轼全集校注：苏轼文集校注》卷十一，石家庄：河北人民出版社，2010年，第1160页。《盛京故宫书画录》卷二："元丰三年端阳月八日，眉山苏轼于净因方丈书之。"见（清）金梁撰，祁晨越点校：《盛京故宫书画录》，杭州：浙江人民美术出版社，2019年，第37—40页。据崔永升考证："《画记》文本，熙宁四年春初后作于汴京。"见崔永升：《〈晚香堂苏帖〉研究》，博士学位论文，西南大学，2022年，第203页。

字[1]。因此，台北故宫博物院藏《净因院画记卷》署款为"元丰三年端阳月八日，眉山苏轼，于净因方丈书之"，不合常理。

从书风特征来看，苏轼传世书迹甚多，其中元丰年间所书作品30余件。如《与苏不疑懒惰帖》《远游庵铭一首》《祭文与可文》《与可久北游帖》《与陈慥一夜帖》《与陈慥新岁帖》《与陈慥人来帖》《赤壁赋卷》等。现选取书写时间可靠之书迹与《净因院画记卷》比勘，详见图3。

由图3可知，从元丰二年到元丰中再到元丰六年，苏轼书迹已俱面目。宋人桑世昌曾评其："子瞻少时学《兰亭》，极遒媚。中年以来笔墨重实，李北海未足

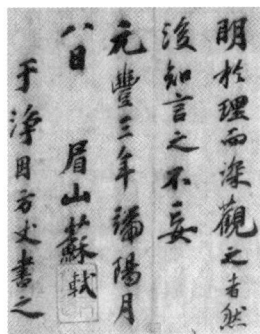

《净因院画记卷》元丰三年（1080）台北故宫博物院藏

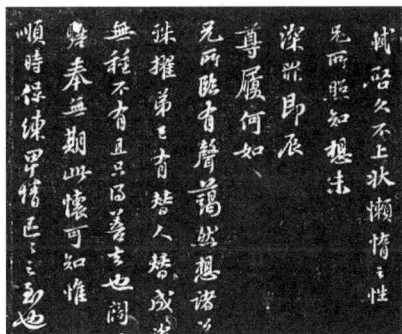

《与苏不疑懒惰帖》元丰元年（1078）天津博物馆藏

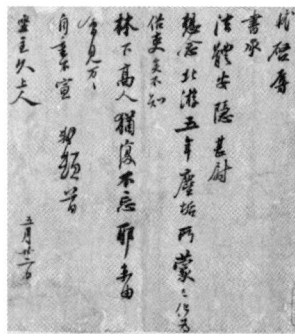

《与可久北游帖》元丰二年（1079）台北故宫博物院藏

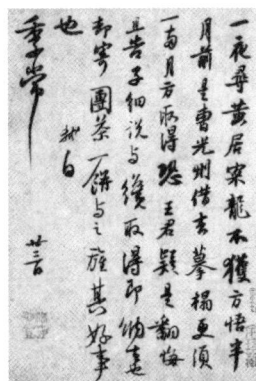

《与陈慥一夜帖》元丰中书台北故宫博物院藏

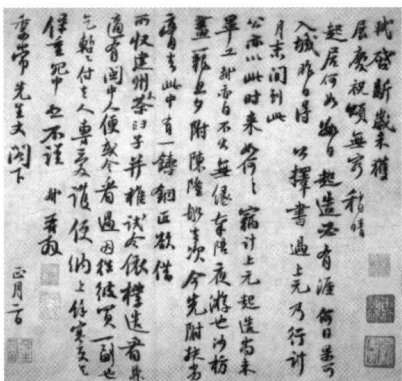

《与陈慥新岁帖》元丰五年（1082）故宫博物院藏

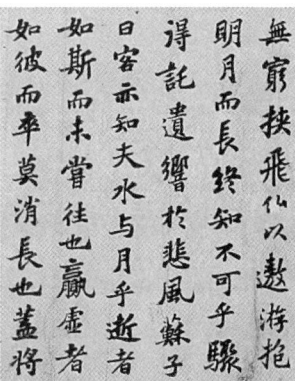

《赤壁赋卷》元丰六年（1083）台北故宫博物院藏

图3 苏轼元丰年间书迹与《净因院画记卷》比勘

---

1 孔凡礼撰：《苏轼年谱》，第470页。李之亮笺注：《苏轼文集编年笺注》卷十一，成都：巴蜀书社，2011年，第152页。

多也。"[1]黄庭坚《跋东坡墨迹》:"东坡道人少日学《兰亭》,故其书姿媚似徐浩。至于酒酣放浪,能忘工拙时,瘦劲字乃似柳诚悬。中岁喜学颜鲁公、杨风子书,其合处不减李北海。至于笔圆而韵胜,挟以文章妙天下,忠义贯日月之气,本朝善书者自当推为第一人。数百年后,必有知余此论者。"[2]然观其《净因院画记卷》,整体的字势开张,趋于正方。点画不易成形,提按使转、牵丝连带显然未有苏轼书法"左秀右枯""石压蛤蟆"之特征。

再观署款"眉山苏轼",苏轼书作署款多有"轼"(《与可久北游帖》《与陈慥新岁帖》《赤壁赋卷》等);"眉阳苏轼"(《题陈泗诗后》);"苏轼"(《到黄州谢表》《题王诜诗后》等);"赵郡苏轼"(《三绝句示谏公并别山中诸道友》)等,除此之外,与诸多系年可靠行、楷书"轼"字款[3]相较,"眉山苏轼"款相去甚远。

此外,亦可根据"钤印、题跋判断台北故宫博物院藏苏轼书《画记》墨迹为伪之可能"[4],综上所述,故判定是卷应为伪迹。其后诸家题跋亦多为伪迹,鉴于此,本文对元人"苏书"题跋进行考证。

二、宇文公谅"苏书"题跋与"京兆宇文公谅子贞章"皆伪

据《苏轼书法全集》补编墨迹卷二载:

> 东坡先生以雄文直节高一代,而其英伟秀杰之气,发为翰墨者,姿态横生,锋颖遒劲,尤非时人之所能及。此帖文简意足,不易得也。好事者宜宝藏之。至正十九年龙集己亥四月既望,后学双流宇文公谅谨题。[5]

1 （宋）桑世昌集,白云霜点校:《兰亭考》卷十,杭州:浙江人民美术出版社,2019年,第130页。
2 （宋）黄庭坚著,刘琳、李勇先、王蓉贵点校:《黄庭坚全集》正集卷二十八,北京:中华书局,2021年,第699页。
3 按,有关苏轼书法署款与作品系年的研究,详见张家伟、曹建:《苏轼书法署款与作品系年》,《收藏家》2024年第4期,第2—15页。
4 按,崔永升从《净因院画记卷》印鉴存疑者居多以及墨迹题跋多伪、墨迹亦伪之可能等方面有详细论述。见崔永升的《〈晚香堂苏帖〉研究》第206—213页。
5 曹建、张兴成、朱万章等主编:《苏轼书法全集·补编墨迹卷二》,西南大学中国书法研究所研究资料,第104—105页。

　　宇文公谅，字子贞，善画，工诗文、书法，元代文学家。元统元年（1333）进士，授徽州路同知婺源州事，改同知余姚州事，以病辞归。后召为国子监丞、江浙提学，官至岭南廉访司金事。有关宇文公谅生平经历，《元史》卷一百九十有传："至顺四年，登进士第，授徽州路同知婺源州事。丁内艰，改同知余姚州事，夏不雨，公谅出祷辄应，岁以有年，民颂之，以为别驾雨。摄会稽县，申明冤滞，所活者众……迁高邮府推官，未几，除国子助教……调应奉翰林文字、同知制诰，兼国史院编修官，以病得告。后召为国子监丞，除江浙儒学提举，改金岭南廉访司事，以疾请老。"[1] 其著作《折桂集》《观光集》《辟水集》《越中行稿》等皆佚。

　　元代文学家宇文公谅的传世书迹并不多见，据目前不完全统计，主要有日本京都国立博物馆藏行书《柳桥渔唱诗叙》《六言绝句二首》[2]，中国国家图书馆藏行书跋《资治通鉴残稿》[3]，故宫博物院藏楷书跋赵孟頫《人骑图》[4]，台北故宫博物院藏楷书款《山水图》，私人藏楷书跋王蒙《煮茶图》、行书《春中帖》[5]等。

　　今见宇文公谅跋《净因院画记卷》，经检文献，此跋最早著录于《六研斋笔记》[6]，文曰："东坡先生雄文直节高一世，而其英伟秀杰之气，发为翰墨，姿态横生，锋颖遒劲，尤非时人之所能及。此帖文简意足，不易得也。好事者宜宝藏之。至正十九年龙集己亥四月既望，双流宇文公谅谨题。"与其"苏书"题跋相较，文本略有差异，比勘结果为："东坡先生雄文直节高一世"，"苏书"题跋作"东坡先生以雄文直节高一代"；"发为翰墨"，"苏书"题跋作"发为翰墨者"；"双流宇文公谅谨题"，"苏书"题跋作"后学双流宇文公谅谨题"。

1　（明）宋濂等撰，中华书局编辑部点校：《元史》，北京：中华书局，1976年，第4349页。
2　顾工：《日本藏王蒙〈柳桥渔唱图卷〉题咏研究——杨维桢存世最早书迹的发现与鉴别》，《书法研究》2024年第4期，第119—137页。
3　张珩：《木雁斋书画鉴赏笔记》壹，上海：上海书画出版社，2015年，第47页。
4　张珩：《木雁斋书画鉴赏笔记》壹，第621—622页。劳继雄：《中国古代书画鉴定实录》贰，上海：东方出版中心，2011年，第949页。杨仁恺：《中国古代书画鉴定笔记》贰，沈阳：辽宁人民出版社，2015年，第520页。
5　按，徐邦达认为：疑非宇文氏；傅熹年认为：是另名公谅者，非元人双流宇文公谅。详见杨仁恺：《中国古代书画鉴定笔记》贰，第855页。图录见劳继雄：《中国古代书画鉴定实录》叁，第1268页。
6　按，东坡书画记，乌丝界纸，字方一寸，用李泰和行法，而雄毅振掉处，稍涉颜笔。疑云："元丰三年端阳月八日，眉山苏轼于净因方丈书之。"见（明）李日华撰，《六研斋笔记》，明启祯间（1621—1644）原刊本。

而后《珊瑚网法书题跋》[1]《式古堂书画汇考》[2]亦有著录，文本内容与"苏书"题跋文本相同。换言之，跋文最早由《六研斋笔记》著录后，再有"苏书"题跋，后经《珊瑚网法书题跋》《式古堂书画汇考》著录。

因此，此跋文经书家书写时，或可能由"题跋者"将"世"改为"代"，增添"以""者""后学"等字。

此跋书于至正十九年龙集己亥四月，同年撰《元左丞潘元明政绩碑》并立石，题"朝列大夫、金岭南广西道肃政廉访司事宇文公谅撰"[3]款署"后学双流宇文公谅谨题"，就宇文公谅题识来看，"多自署为'京兆宇文公谅'，间或称'双流宇文公谅'，盖先世居京兆，后徙双流也"[4]。另有署款"蜀宇文公谅""公谅"等。不过，就署款特征而言，"宇文"二字相对较大，且文字笔画加重，"公"字最小。这与日本京都国立博物馆藏行书《柳桥渔唱诗叙》《六言绝句二首》中，署款一致："《柳桥渔唱诗叙》与《跋资治通鉴残稿》两件墨迹的书风极为接近，很多字如出一辙。签名四字中'文'字最大而'公'字最小，这一特点完全相同。两件墨迹后面都钤盖了'京兆宇文公谅子贞章'朱文长方印，经过比对，完全重合，也可证明《柳桥渔唱诗叙》墨迹的真实性。"[5]由此亦可证明司马光《资治通鉴残稿》题跋的真实性。

当然，在宇文公谅题跋作品中，亦有《跋蔡襄书寒蝉赋》："右蔡君谟书寒蝉赋真迹。观其大似褚河南笔法，迺御府收藏之物也。先朝评书者，称苏子瞻、蔡君谟、黄鲁直、米元章为'四大家'，并驰海内。纵横于夷岛之间，只字片楮而不易得。今阅此帖，楷法咸精，殆高驾三公而优入于神。诚翰墨中之至宝也。京兆宇文公谅。"钤有"京兆宇文公谅子贞章""苕东耕隐""考古正今"朱文印。徐邦达先生认为："宇文公谅跋因缩印过小，难辨真赝，论文句庸劣，恐亦非

1　按，署款"双文宇文公谅谨题"，应为"双流宇文公谅谨题"。（明）汪珂玉辑：《珊瑚网法书题跋》，清初（1644—1722）抄本，10行20字，黑格，细黑口，左右双边。

2　（清）卞永誉纂辑：《式古堂书画汇考》，清康熙二十一年（1682）刻本，10行22字，白口，四周单边。清查莹、柯逢时跋。

3　（清）阮元：《两浙金石志》卷十八，国家图书馆善本金石组编：《辽金元石刻文献全编》第二册，北京：北京图书馆出版社，2003年，第434页上栏。

4　刘海峰、李兵主编：《科举学的提升与推进》，武汉：华中师范大学出版社，2014年，第281页。

5　按，顾工考证："日本京都国立博物馆藏王蒙《柳桥渔唱图卷》后有宇文公谅、杨维桢、韩性、王冕等八位元人题咏。王蒙画伪，致使此卷长期被束之高阁，但卷后诸元人题咏均可验证为真迹。"详见顾工：《日本藏王蒙〈柳桥渔唱图卷〉题咏研究——杨维桢存世最早书迹的发现与鉴别》，《书法研究》2024年第4期，第119页。

真迹。"[1]观其跋蔡襄《寒蝉赋》，不仅书风与③④不同，且署款风格亦有不同，"'文'字笔画较轻，'公谅'与'宇文'二字距离较近，'谅'字最后一笔为短捺"。也就是说，徐邦达先生从文辞方面判断此作亦非真迹；然从风格及署款分析，此作亦应为伪迹。

①跋《净因院画记卷》台北故宫博物院藏

②跋蔡襄《寒蝉赋》
台北故宫博物院藏

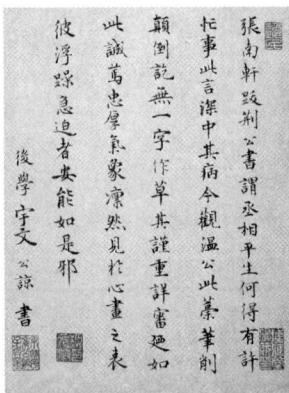

③跋司马光《资治通鉴残稿》
中国国家图书馆藏

④跋赵孟頫《人骑图》
故宫博物院藏

图4　宇文公谅题识与跋《净因院画记卷》比勘

1　故宫博物院编：《古书画伪讹考辨》壹，北京：故宫出版社，2015年，第2页。

　　如前文所述，②伪③真，另有行书《柳桥渔唱诗叙》《六言绝句二首》[1]真迹。然观其跋《净因院画记卷》，就书风来看，整体"运笔不圆"[2]，如"高""而""其""墨""劲""时""足""月""宇""谨"等字，转折处呈方折，无圆润流畅之感。又如捺画，《柳桥渔唱诗叙》《六言绝句二首》以及③中，用笔自然灵活，风格雅致秀美，变化丰富。而①中"东""文""之""人""足""题"等字，收笔写法单一，区别较大。从章法来看，就宇文公谅题识作品中，行距大，字与字之间距离较小，呈现一种纵有列、横无行的布局形态，这在跋《净因院画记卷》中表现并不明显。

　　值得注意的是，宇文公谅"署款"特征明显。一般署为"京兆""蜀""后学"等，"署名前面为何一称"京兆"一称"蜀"呢？这是因为宇文公谅祖上是成都双流人，其父徙湖州，占籍归安，而宇文氏的郡望是京兆（今西安），故他自称蜀人或京兆人都是符合古人习惯的"[3]。然《净因院画记卷》跋文署款为"后学双流宇文公谅谨题"，这在其题跋作品中仅此一例。

①《净因院画记卷》印鉴 台北故宫博物院藏　　②蔡襄《寒蝉赋》印鉴 台北故宫博物院藏　　③司马光《资治通鉴残稿》印鉴 中国国家图书馆藏　　④王蒙《煮茶图》印鉴 私人藏

图5　宇文公谅"京兆宇文公谅子贞章"印鉴比勘

　　再考印鉴。（见图5）首先可以确认的是，②和④中印鉴应伪，作伪特征较为明显，"贞字最后两笔与章字第一笔相重合"。虽然在跋《净因院画记卷》中，贞

1　顾工：《日本藏王蒙〈柳桥渔唱图卷〉题咏研究——杨维桢存世最早书迹的发现与鉴别》，《书法研究》2024年第4期，第119—126页。
2　（清）顾复撰，林虞生校点：《平生壮观》卷二，上海：上海古籍出版社，2011年，第51页。
3　顾工：《日本藏王蒙〈柳桥渔唱图卷〉题咏研究——杨维桢存世最早书迹的发现与鉴别》，《书法研究》2024年第4期，第126页。

章二字尾首笔画并未重合，但其他字形刻法与③用印亦有区别，诸如"京"字，最后一笔向内凹；"兆"字，"丿"与"乚"起笔处平齐；"文"字最后三笔之间，布白均匀；"子"字"凵"部，左右笔画平行；"章"字起笔横画平正，且"凵"及"田"部转折处过于圆转。此外，此印风格为典型的元朱文"细文细边"，但整体线质与跋司马光《资治通鉴残稿》，行书《柳桥渔唱诗叙》《六言绝句二首》用印相比，略显不足。

综上所述，通过文本、书风、署款、印鉴比勘等方式，对《净因院画记卷》跋文进行考证，认为宇文公谅"苏书"题跋和"京兆宇文公谅子贞章"应皆为伪迹。

三、鲁渊"苏书"题跋疑为伪迹

鲁渊，字道原，淳安人，学者称其为岐山先生，善书翰，工小楷；励志为学，举进士，为华亭丞；明初征修礼、乐书，授江西按察司佥事，以病辞；著有《春秋节传》《策府枢要》[1]《青溪鲁道原先生诗集》[2]。述其生平者主要包括：明顾清《（正德）松江府志》卷二十三[3]、明李贤《明一统志》卷四十一[4]、清毕沅《续资治通鉴》卷第二百十七[5]等。

鲁渊传世书迹甚少，就今所能寓目者，主要有《鲁渊绝句二首》（元明人题钱谱杂文之二十一），台北故宫博物院藏，钤印：辛卯进士，道原，极斋[6]。《鲁渊次韵杨维桢诗帖》，钤印："景行维贤""鲁渊""本斋"白文印、"道原""小如庵秘笈"朱文印，日本东京国立博物馆藏。以及楷书跋《净因院画记卷》，台北

1　（明）黄宗羲著，吴光主编：《黄守羲全集·宋元学案》卷七十四，杭州：浙江古籍出版社，2012年，第2836—2837页。

2　按，该诗集收入清代鲍楹辑：《青溪先正诗集三卷》，详见雒竹筠遗稿，李新乾编补：《元史艺文志辑本》，北京：北京燕山出版社，1999年，第533页。

3　（明）陈威、顾清纂修：《（正德）松江府志》，《四库全书存目丛书》编纂委员会编：《四库全书存目丛书》史部第一百八十一册（天一阁藏明代方志选刊续编影印明正德刻本），济南：齐鲁书社，1996年，第719页上栏。

4　（明）李贤撰：《明一统志》，景印文渊阁《四库全书》第四百七十二册，台北：台北商务印书馆，1986年，第1017页上栏。

5　（清）毕沅撰，续资治通鉴小组点校：《续资治通鉴》，北京：中华书局，1957年，第5915页。

6　按，"极斋"应为"本斋"。"本斋"乃鲁渊之号，《石渠宝笈》著录有误。详见（清）张照、梁诗正等编：《石渠宝笈》卷十，载徐娟主编：《中国历代书画艺术论著丛编》（7），北京：中国大百科全书出版社，1997年，第290页下栏，"元明人题钱谱杂文一册"条。

故宫博物院藏，其文曰：

> 急雨苕溪小系船，手披翰墨忆坡仙。故家文物今煨烬，抚卷题诗一慨然。曲阜鲁渊。[1]

此跋与宇文公谅行书跋均著录于《六研斋笔记》，又经《珊瑚网》[2]《式古堂书画汇考》[3]《六艺之一录》[4]著录。此画记中宇文公谅、鲁渊、周天球三段跋文，《珊瑚网》画录卷二十四《形理论》中亦收录，但"鲁渊"为"吴成龙"。遍检文献，有关"吴成龙"相关信息甚少，而"鲁渊"又为何改为"吴成龙"，不知何故。

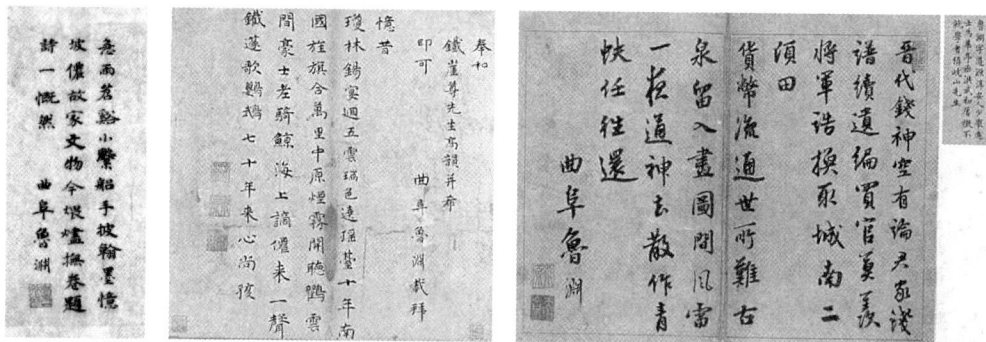

跋《净因院画记卷》台北故宫博物院藏

《鲁渊次韵杨维桢诗帖》日本东京国立博物馆藏

《鲁渊绝句二首》台北故宫博物院藏

图6　鲁渊书迹与跋《净因院画记卷》比勘

现就鲁渊传世书迹与跋文进行比勘，《鲁渊次韵杨维桢诗帖》，今在《元人次韵杨维桢草玄阁诗》册内第六幅。楷书凡八行。书法虞永兴，颇俊雅可喜[5]。据张

1 曹建、张兴成、朱万章等主编：《苏轼书法全集·补编墨迹卷二》，西南大学中国书法研究所研究资料，第106页。

2 （明）汪珂玉：《珊瑚网》卷四十八《画继》，载徐娟主编：《中国历代书画艺术论著丛编》（28），第937页下栏。

3 （清）卞永誉纂辑：《式古堂书画汇考》书卷十，载徐娟主编：《中国历代书画艺术论著丛编》（42），第507页上栏。

4 （清）倪涛：《六艺之一录》卷三百四十二，载徐娟主编：《中国历代书画艺术论著丛编》（52），第164页下栏。

5 张珩：《木雁斋书画鉴赏笔记》叁，第1632页。

珩先生所言,鲁渊师法虞永兴,受其影响。

虞世南,字伯施,越州余姚(今属浙江)人。《旧唐书》卷七十二有传[1]。宋朱长文评其:"世南貌儒谨,外若不胜衣,而学术渊博,议论持正,无少阿狥,其中抗烈,不可夺也。故其为书气秀色润,意和笔调。然而内含刚特,谨守法度,柔而莫渎,如其为人。虽欧、虞同称德义,乃出询右也。"[2]明董其昌《画禅室随笔》:"虞永兴尝自谓于道字有悟,盖于书发笔处出锋,如抽刀断水,正与颜太师锥画沙、屋漏痕同趣。"[3]其传世书迹主要有:《孔子庙堂碑》《汝南公主墓志铭卷》《破邪论序》等。

虞世南所书《孔子庙堂碑》,清冯班有评:"虞世南《庙堂碑》全是王法,最可师。"[4]其行书《汝南公主墓志铭卷》又呈现出"萧散虚和,风流姿态"之感:"晚得永兴《汝南公主志铭草》一阅,见其萧散虚和,风流姿态,种种有笔外意,高可以室《兰亭诗叙》《治头眩方》,卑亦在《枯树》上游,则非《鄱阳》《薄冷》险笔所能并驾矣。"[5]

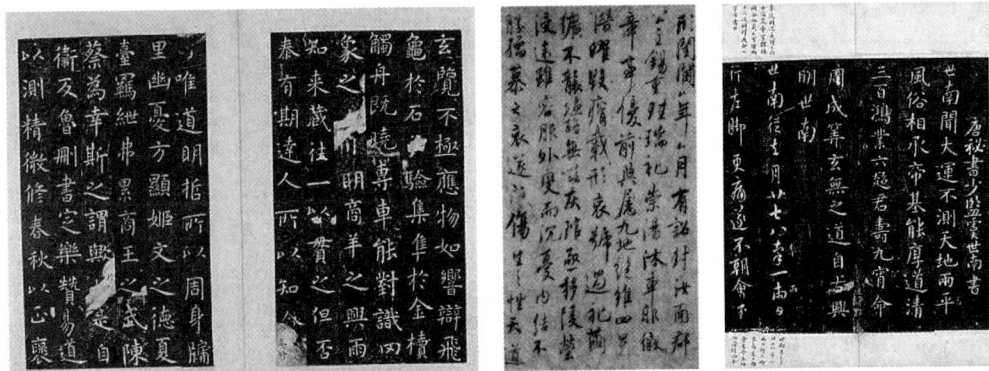

虞世南《孔子庙堂碑》(陕本)　　　《汝南公主墓志铭卷》　　大运帖(《淳化阁帖》第四卷)
西安碑林博物馆藏　　　　　　　上海博物馆藏　　　　弗利尔美术馆藏

图7　虞世南传世书迹(墨迹、碑刻、法帖)

1　(后晋)刘昫等撰,中华书局编辑部点校:《旧唐书》,北京:中华书局,1975年,第2565—2571页。
2　(宋)朱长文纂辑,何立民点校:《墨池编》,杭州:浙江人民美术出版社,2019年,第282页。
3　(明)董其昌撰,印晓峰点校:《画禅室随笔》,上海:华东师范大学出版社,2012年,第36—37页。
4　(清)冯班撰,(清)何焯评,李鹏点校:《钝吟杂录》卷六,北京:中华书局,2013年,第95页。
5　(明)王世贞、孙矿撰,汤志波点校:《弇州山人题跋　书画跋跋》,上海:上海书画出版社,2020年,第61—62页。

由图6、图7可知，《鲁渊次韵杨维桢诗帖》，用笔、结体与虞世南书法极类，尤其如"锡""南""国""万""间"等字，转折处圆润，颇有劲力。整体"气秀色润，意和笔调，俊雅可喜"。

然观其跋《净因院画记卷》，画记中宇文公谅、鲁渊跋。运笔不圆[1]。虽然"雨""文""手""然""鲁"等字，颇有虞永兴之风。但在捺画处理上，略显生硬，诸如"披""翰""故""今""题"等字，与《鲁渊次韵杨维桢诗帖》中，"林""回""绕""合"等字处理方式显然有别。结体方面，鲁渊与虞世南不同的是，整体字形偏扁，这与《鲁渊次韵杨维桢诗帖》表现方式相同。

值得注意的是，在鲁渊"苏书"题跋中，检阅"故家文物今煨烬"之"物"字，明显与"今"字"人"部相重合。但是，鲁渊作为诗人、学者，曾被聘为博士，按常理来讲，对诗文文本应比较了解。由此说明"题跋者"在书写过程中，或对此诗文本不详，误将"物""今"二字颠倒，才会呈现出"物"字下多"人"两笔的情况。

由于鲁渊传世书迹（题跋）甚少，相关文献记载亦少，从现存书迹以及鲁渊学书渊源进行论述，认为鲁渊"苏书"题跋极大可能为后人作伪。

四、余论

本文首先回顾了孔凡礼、张志烈等学者的相关研究成果，结合《六研斋二笔》卷二、《珊瑚网》卷二十四、《式古堂书画汇考》书卷十、《六艺之一录》卷三百四十二、《盛京书画故宫录》卷二等文献，对台北故宫博物院藏《净因院画记卷》文本、书风、署款进行分析，认为是卷文为真书迹为伪。其次，《画记》拖尾后有宇文公谅、鲁渊等诸家题跋，笔者从书风、印鉴等情况入手，与"题跋者"可靠书迹、印鉴比勘，认为宇文公谅"苏书"题跋及"京兆宇文公谅子贞章"皆伪；而有关鲁渊传世书迹、相关文献甚少，将目前所能寓目书迹与虞世南楷书比勘，大致判定鲁渊"苏书"题跋极大可能为后人伪造。

金梁曾在《盛京故宫书画录》有言："苏书流传极少，盖党禁极严，当时不敢收藏。初禁其诗，后并其字而禁之。煨烬之余，存者如吉光片羽。当南渡时，公书已珍如球璧，元明以来，存者益少，香光法眼，尚不免误收赝鼎。此卷为《净因院

1　（清）顾复撰，林虞生校点：《平生壮观》卷二，第51页。

画记》，神采飞动，字形较石刻苏书差肥，官止神行，极兴酣淋漓之致，断非双钩所能摹拟。卷末余纸盈尺，殆留待五百年后人题跋耶？"[1]然在梳理文献过程中发现：此画记中共有六人题跋，除元人"苏书题跋"应为伪迹之外，另有周天球、王稺登、董其昌诸家题跋，《珊瑚网》卷二十四亦收录，但鲁渊为"吴成龙"，周天球为"张静"，再结合金氏所言，明清诸家"苏书"题跋亦可能为伪迹，不过真伪与否，仍有待进一步深入研究。

1 （清）金梁撰，祁晨越点校：《盛京故宫书画录》，第40页。

从巴蜀到世界：苏轼及三苏相关文化创意设计与符号价值生成（2016—2024）

易美昕（眉山东坡宋城文化旅游发展有限公司）

摘　要： 苏轼及其父苏洵、其弟苏辙合称"三苏"，扬名古今，为后世留下了丰富的文化遗产。苏轼及三苏相关文化创意自2016年国家颁布《关于推动文化文物单位文化创意产品开发的实施意见》以来已取得阶段性成果，但仍须加强与巴蜀文化、中国文化的关联，契合当代社会生活与审美需求，以持续生成新的、顺应时代发展的符号文本，增强巴蜀文博、文旅吸引力，促进跨区域文旅相融相促，在日常生活审美化趋势下提升人民的文化自信。本文基于符号学、设计学、传播学、经济学多学科视角，结合苏轼及三苏相关文化创意实践进行案例分析，总结当下相关文化创意符号的提炼与价值生成，并探讨中华民族伟大复兴视阈下，以苏轼故居三苏祠为源点的苏轼及三苏相关文化创意产品如何出圈、出川、出国，充分发挥其当代传播价值，助力中国传统文化创造性转化与创新性发展。

关键词： 苏轼及三苏　巴蜀　中国文化　创意设计　符号　当代传播

一、从地方到国家：巴蜀人文地理概述

位于四川盆地一带的四川和重庆两地无论在地理上还是文化上都紧密相连，并称"巴蜀大地"。从神秘的古蜀文明开始，巴蜀故地上逐渐形成了独特的地域文化，即巴蜀文化。巴蜀地区是一个相对独立的地域空间，古有"蜀道难，难于上青

天"[1]之说；该地区虽自古以来交通闭塞，但物产丰饶，战略地位突出，治蜀兴蜀成为历代国家治理的重大关切；因蜀乱及战争开启的几次移民以及蜀人自身的地理迁徙，都促进了巴蜀文化的繁荣，使其在形成自身特点的同时，也成为中华文化不可分割的一部分。

先秦时期，巴与蜀最初是族名、国名；五代蜀王时期，巴、蜀两族交往密切，在战国时期形成了统一的巴蜀民族；[2]秦并巴蜀（前316）后改为巴郡、蜀郡，大量移民涌入两地，为巴蜀本土注入了新的文化，中原文化的特色逐渐增强；到汉代，巴蜀文化繁荣兴盛，达到高峰——题材多样的巴蜀画像石是其充分体现。其符号呈现包括六类：农作、纺织等物质生活；讲经、乐舞等文化生活；伏羲、西王母、牛郎织女等神话故事；荆轲刺秦王、孔子问礼、完璧归赵等历史故事；日、月、星、云、树等自然景物以及各种图案花纹，[3]巴蜀文化不再是独立发展的文化系统；相反，巴蜀文化逐渐融入中原文化中。三国至隋唐时期，巴蜀地区则因战乱而凋敝；唐宋时期，巴蜀经济社会得到恢复和发展，文化再度繁荣，大批文人墨客聚集蜀中——"自古诗人例到蜀"，如杜甫、陆游入蜀，为巴蜀留下了大量文学创作；从元代到明末，巴蜀地区再度因战乱全面衰败，直到清朝初年实行休养生息政策，才得以重新焕发生机。中晚清以降，在西方工业文明的冲击下，中国的文化传统彻底瓦解，整个中华民族陷入了严重的存亡危机；巴蜀地区同中国其他地区一道陷入战乱。20世纪20年代参与广汉遗址考古发掘的华西协和大学博物馆（四川大学博物馆前身）团队从考古学角度将广汉遗址所代表的文化称为"广汉文化"，初步建立了巴蜀地方文化独立发展的认知。抗日战争时期大批学者从北南迁入蜀，在抗战救亡的爱国热情的推动下，四川历史文化研究走向高潮，并助推了中国区域文化研究的发展。考古学家兼历史学家卫聚贤（1899—1989）率先于1941年在《说文月刊》正式提出"巴蜀文化"这一全新的区域文化概念。[4]随着对巴蜀文化的讨论愈加热烈，更多学者从多维度、多视域进一步丰富了巴蜀文化的内涵，彻底改变了学界固有的"古蜀不晓文字"的论断，肯定了其文化的延续性，打破了学界传统的"中原

1 引自李白诗《蜀道难》。
2 袁庭栋：《巴蜀文化》，沈阳：辽宁教育出版社，1991年，第3—11页。
3 袁庭栋：《巴蜀文化志》，成都：四川人民出版社，2022年，第229页。
4 何一民、杨丽华：《"巴蜀文化"学术概念的提出与区域文化史研究系统的再造》，《四川大学学报》2024年第5期，第132—140页。

中心论"观点。[1]

　　以上是对巴蜀文化作为独立文化体以及巴蜀文化融入中原文化的溯源，而在当代巴蜀文化研究中，巴蜀文化应被置于整个中国文化发展语境中——现代化过程中，区域文化不断趋向国家文化的统一性。[2]它不仅仅包括三星堆文化、金沙文化等在内的区域特色文化遗产，更是在移民入川、人口加速流动中不断兼容并包的多元文化体系，是以川、渝两地为核心的多民族文化在融合发展过程中从古至今的文化总和。本文将基于以上广泛范围的巴蜀文化内涵对苏轼及三苏相关巴蜀文化符号价值开展案例分析。

二、从眉山到巴蜀：苏轼及三苏相关巴蜀文化视觉符号建构

　　文化在广泛的人类学和社会学框架下被描述为一整套为某一群体所共有或共享的态度、信仰、传统、习俗、价值观和惯例。[3]近代中国在西方文明的冲击下，完全丧失文化自信而陷入盲目的文化他信；经历了洋务运动、中华民国的失败，越来越多的知识分子意识到不能盲目学习西方，必须通过文化革新促进国人的思想解放，而这离不开对自身历史与文化的反思——1914年"中国文化"正式出现在政府公告中，标志着国家层面对中国文化的认可与重视。随着新中国成立和改革开放，中国经济社会取得巨大成就，人民的物质生活得到极大改善；党的十八大确定中国国内社会主要矛盾已经由人民日益增长的物质文化需要同落后的社会生产之间的矛盾，转化为人民日益增长的美好生活需要和不平衡不充分的发展之间的矛盾，并提出要全面建成人民生活富足、全面进步协调发展的"小康社会"。"小康社会"的显著征象，就是人民日常生活中艺术的部分日益增多，消费追求越来越个性化，趋向将消费品视为满足欲望的符号系统，而非其在生产过程中所耗费的劳动时间。[4]同时，在全球后现代消费文化的影响下，高雅艺术也不再属于特定身份的受众，转而走向大众化；尤其是数字媒体时代图像的大量生成与传播，大众更容易接触艺

1 胡易容、杨登翔：《巴蜀符号 巴蜀文化的源头与活水（四川冷门绝学之六）》，《天府新论》2021年第6期。
2 王笛：《显微镜下的成都》，上海：上海人民出版社，2020年，第91页。
3 ［澳］戴维·思罗斯比：《经济学与文化》，王志标、张峥嵘译，北京：中国人民大学出版社，2014年，第4页。
4 赵毅衡：《符号美学与艺术产业》，成都：四川大学出版社，2023年，第37页。

术，也更容易理解艺术，日常生活审美化成为全球发展趋势。[1]

符号学认为，社会中的每一个人随时随地所进行的语言或非语言的沟通，传播着意义和意识形态。[2]因此，在全球化信息飞速生产与传播的时代，更需要创新中国传统文化独有的符号体系传播，以增强民族文化自信，建立牢固文化主体性地位。博物馆属于国家重要的文化文物单位，是践行文化自信的重要载体。为弘扬中华优秀文化，传承中华文明，推进经济社会协调发展，提升国家软实力，自2016年起，包括眉山三苏祠博物馆（以下简称"三苏祠"）在内的全国各类文化文物单位依托自身馆藏及相关资源，积极开发文化创意产品（以下简称"文创"），推进优秀传统文化顺应当代文化、与现代社会相协调，推陈出新、以文化人。自此，以三苏祠为主推者的苏轼（又名"苏东坡"）及三苏相关文化创意实践在巴蜀地区及东坡足迹地竞相开展，甚至随着持续不断的"东坡热"拓展到全国范围。

作为三苏故居，三苏祠积极扛起了在当代传承中华优秀传统文化的大旗，并在2024年成功成为国家一级博物馆，全面升级大众文化体验。从符号发出者意图来看，三苏祠作为名人故居、历史遗迹类博物馆，历史文化资源独特且丰富，被视为东坡文化、三苏文化的源点，同时又能通过东坡遗址遗迹地及苏轼在东亚、欧美的影响力链接全国甚至世界；加之苏轼及三苏文脉自两宋赓续至今从未断绝，三苏作品特别是苏轼作品大量入选当代中国义务教育阶段必修篇目，因而在国内，尤其是川渝、苏杭、海南等地区仍然有较好的受众基础与传播意义，与之相关的中国传统文化符号更容易被当今受众接收并理解。

文化产品是文化的物化过程，具体表现为核心文化元素的呈现。与苏轼及三苏相关的语言与非语言文化遗产十分丰富，既代表了中国传统文化的高峰，也体现了苏轼及三苏的文章气节与个人魅力；尤其是苏轼面对人生困境始终保持独立自由、乐观豁达的态度，与现代人的精神需求高度契合。经过八年对苏轼及三苏文化艺术符号的挖掘与转化，三苏祠逐渐形成了13类各具特色的视觉符号体系，从不同类别（见表1）生成了丰富的苏轼及三苏相关文化创意符号体系。如东坡诗词竹戒尺，将巴蜀竹文化与东坡诗词、东坡家风故事元素结合，成为博物馆（景区）常年畅销单品。

1　向勇主编：《文化产业概论》，北京：中国人民大学出版社，2022年，第55页。
2　张野：《传统文化设计符号学研究》，北京：中国建筑工业出版社，2022年，第31页。

表1

序号	视觉符号体系	题材来源
1	东坡诗词、书法、四川方言	语言文字
2	东坡盘陀像等各类东坡形象，三苏形象	符号化的历史人物
3	三苏祠馆藏书画及全球东坡相关书画作品	古代文化艺术
4	三苏祠披风榭等景点	古代建筑
5	桂花、银杏等三苏祠名木古树	自然树木
6	盖碗茶、宋代茶具等民俗特色	古代生活用具
7	竹编、蜀锦、蜀绣等巴蜀地区代表性非遗技艺	古代生产生活需求
8	荷花、海棠等三苏祠植物、中国传统花卉	直接模拟自然
9	东坡相关地域美食	古代生活需求
10	祠堂动物如橘猫、松鼠等	自然动物
11	三苏祠馆藏捶丸等文物	古代生活需求
12	三苏祠门廊楹联匾额	古代文化艺术
13	三苏祠馆藏苏轼手迹及 相关书画碑刻	古代文化艺术

　　文化资源作为一种物质基础上的符号构建，符号构成了其最核心的价值[1]；符号形式可以是文字的，如广汉三星堆出土的青铜器上的巴蜀文字；也可以采用类比或隐喻，引起人们关注并运用抽象概念进行解码，如三苏祠东坡盘陀像特意放大苏轼右手，寓意苏轼出众的文笔。[2]设计符号修辞进一步将符号分为三个设计要素维度：题材来源、组合关系、形式特征。其中题材来源明确符号"要表达什么"，如表1所列的13种视觉符号体系；组合关系就是符号结合方式、数量配置等法则，具体表现为各类图像、文字符号的主次关系；形式特征主要体现符号形式语言的时代性或地域性，呈现不同的风格与审美，如卡通Q版、插画风格的东坡形象与传统书画中水墨风格的东坡画像。

　　文化产品大体包括物质形态的文化创意商品（又称"静态文创"）与精神服务产品（又称"动态文创"）两类。[3]苏轼及三苏相关文化产品发展迅速——以三

1　向勇主编：《文化产业概论》，第51页。

2　［英］西恩·霍尔：《符号崛起：读图时代的意义游戏》，皮永生、段于兰译，重庆：重庆大学出版社，2019年，第7页。

3　厉以宁：《文化经济学》，北京：商务印书馆，2020年，第6页。

苏祠研发的静态文创为例，2016年仅有几十款文创，之后一年就能推出90余款原创文创，截至2024年10月底累计已有600余款苏轼及三苏相关静态文创。经济繁荣发展刺激了人们追求更多样化的产品选择，因此为打造兼具文化性和差异化的文化产品，创意设计越来越重要。在元素、材质、色彩、风格组合搭配过程中，创意发挥着至关重要的作用，它会让人产生异于日常生活的效果（也叫"陌生化"）[1]。以"地域特色+东坡诗词"组合的文创明信片研发为例：其视觉元素从最初仅仅聚焦单一景点的影像化传播，发展为融合经典景点、名木古树、东坡诗词、苏轼形象等多重元素的图像文本；材料上选取纹理感较强的特种纸；配以柔和、丰富、多变的水彩笔触，在方寸纸间营造出明亮、愉悦的氛围。这样的创意设计既突显了地域景观特色，同时能通过东坡诗词唤起大众共同的文化记忆，增强文化认同及文化自豪感。此外，"地域特色+非遗技艺"的文创产品也大受欢迎，尤其契合跨文化交际伴手礼需求，如东坡盘陀像蜀绣摆件，借助古老的蜀绣技艺完成对东坡盘陀像的现代表达，使其成为融合艺术性、文化性、装饰性的现代家居摆件，且不失地域文化特色。

此外，文化创意设计更突出用户的体验和情感。[2]从情感性角度出发，苏轼及三苏相关文化创意设计主要依托蕴含苏轼浓厚情感并且耳熟能详的经典诗词，如"一蓑烟雨任平生""但愿人长久，千里共婵娟""人生如梦"等，使之形成古人与今人的情感纽带，满足现代人的心理需求，营造今人与古人的精神共鸣。为了方便大众理解古人的诗意表达，在呈现东坡诗词元素的同时，还引入了四川方言，如"慌啥子""巴适得板"等，体现巴蜀人乐观豁达的精神世界。情感设计就是要带给消费者愉悦感。为进一步丰富情感体验，文创设计上还引入了多重感官体验，如桂花明信片（见图1）的设计，除了加入苏祠丹桂的插画设计，还特别收入三苏祠的桂花标本，从赏苏祠丹桂、读东坡诗词到实物闻香，向消费者传递更加完整、沉浸式的文化体验。"设计不是一种技能，而是捕捉事物本质的感觉能力和洞察能力"，在中国大众的审美意识不断成熟的当下，需要设计者从使用场景出发，完善受众的五感体验，传递美与文化。

不同类型的符号以或主要或次要的形式服务于产品的整体表达，随着三苏文化更广泛的传播及被认可，三苏祠文创研发内容已由局限于苏轼相关文化创意逐渐拓展到三苏、苏轼苏辙的组合元素，呈的信息更加完善。如2024年有围绕苏轼苏

1　［日］原研哉：《设计中的设计》，朱锷译，济南：山东人民出版社，2006年，第35页。
2　李康化：《文化市场营销学（第3版）》，北京：清华大学出版社，2021年，第28页。

图1

图2

辙兄弟情研发的香酥银杏仁小零食，其包装设计就以卡通版的苏轼苏辙同坐共享美食的形象呈现；另外，立足于三苏祠飨殿的三苏座像形象，研发团队还开发了"三苏邮票"冰箱贴文创（见图2）。除了以静态文创在三苏文化符号方面进行延展，三苏祠还不断在数字化展览、商品等方向发力。2023年，三苏祠推出全国首个以全息投影、语音互动等多媒体手段展示三苏家国情怀的沉浸式展览——"中国有三苏——眉山苏氏的家国情怀"主题展。该展览首先在展序中以"宋代""眉州"两个关键词讲述了三苏生活的时代和地域；在家风家教板块，侧重通过场景化的人物剪影、多样化的文物藏品等着重展示了苏轼父母苏洵和程夫人、爷爷苏序、伯父苏涣等人对其的教育以及对其人格形成的深刻影响。[1]2024年三苏祠还推出了生成式AI智图合影，让游客不用亲自换装，就能快速、轻松与三苏合影或生成自己独有的古代生活场景照片。在不断提高产品的品质与交互体验过程中，苏轼及三苏文化传播的力量也在不断增强。

围绕三苏家风、苏母、苏辙、苏洵等除苏轼之外的普及性与学术性书籍也大量出版，进一步丰富了当代苏轼及三苏相关文化的内涵。包括三苏祠博物馆团队编撰的《中国有三苏 三苏家风家教》，眉山本土作家刘小川、刘寅合著的《三苏家风》，成都籍作家蒋蓝等人合著的《苏母传》，乐山籍作家张花氏著的《是父是子——三苏家风家教》，还有著名学者郦波所著的《眉州家风》等等，较为系统地梳理了三苏家风家教的内涵，特别是对影响

1　封面新闻：《看苏东坡的"家与国" "中国有三苏"6月8日在三苏祠开展》，2023年6月8日，https：//baijiahao.baidu.com/s?id=1768055537831734211&wfr=spider&for=pc。

三苏的重要人物及事迹进行了提炼完善。宋代文学研究者朱刚的《苏轼苏辙研究》深化了对苏氏兄弟文学、文献和行迹的分析等，这样立足地域、家风、时代等关键因素深度解析三苏成长成才及人生历程，更有助于呈现鲜活立体的三苏形象，也拓展了苏轼及三苏相关文化艺术符号，如以程夫人为代表的巴蜀民间女性符号、岷江与长江文化历史符号、其他巴蜀名胜符号等。

狭义的文化创意产品大多是将文化元素直接转移、嫁接到特定的、具象的商品载体上，如瓷器、冰箱贴、笔记本等。然而，在社会高速发展、生活节奏过快的当下，"大文创"概念兴起，文创产品的范畴已延展到社会教育、公众研学、文旅演艺、科研成果转化等文化增值服务；文创推广传播也需要借助社交媒体、数字科技不断深入发展。"蜀宴赋"提供了巴蜀文旅消费新场景的典型案例。作为全国首家全景沉浸式汉文化主题餐饮，"蜀宴赋"依四时变化更新主题，提炼了"诗、词、歌、赋、伎、乐、舞、飨"八大元素串联整个宴饮仪式，使蜀地汉文化、蜀地历史名人、蜀地美食文化有效关联起来。以秋宴为例，从蜀地名人司马相如、卓文君的爱情故事《凤求凰》开始，到大唐第一才女薛涛的短剧，再以戏歌演绎的苏轼名篇《水调歌头·丙辰中秋》压轴，充分体现中国传统文化的历史地域，又不失巴蜀文化特色。该餐秀在社交媒体如"小红书"平台上有826多篇攻略；"抖音"短视频最多点赞数超10.9万人次[1]，积极拓展社交化营销。

文化传播是人们的精神追求、行为模式的交互、互动过程，[2]苏轼及三苏相关文化元素正随着持续的"东坡热"不断融入新场景、新主题中焕发新生机。在场景消费、社群消费模式盛行的当下，苏轼及三苏相关文化创意体系应进一步拓展，引入熊猫、岷江等巴蜀文化、中国传统文化相关符号，进一步丰富产品的文化内涵，突出地域文化与中华文化的相融相促，彰显文化自信。如2022年四川博物院成功推出的"高山仰止·回望东坡"的苏轼主题展。该展览除了以较全面的语言文字、图像体系呈现了苏轼的文学艺术成就，还结合了巴蜀特有的文化艺术及其内涵，展现地方文化对文化精英的深刻影响。

---

1 以上为小红书、抖音平台实时数据，数据更新截至2024年10月31日。
2 徐翔：《中国文化国际社交媒体传播研究：基于社交媒体挖掘与数据分析·绪论》，上海：同济大学出版社，2019年，第18页。

三、从符号到价值：以三苏祠为源点的苏轼及三苏相关文化创意的符号意义与价值生成

不同于普通商品，文创开发偏重解决设计中的文化性、社会性、心理性问题，因而文创的符号往往象征意义更强，突破了最表层的符号形式。选择苏轼及三苏相关文化创意产品等同于认同中国传统文化——认同已成为一种文化现象，尤其是国家层面中国年轻一代对中国文化的认同。认同在现代社会正作为一种超越市场、超越政府的社会力量，而文化就是其基础。包括苏轼形象、三苏祠建筑、名木古树、东坡诗词文章、东坡相关书画作品等在内的文化元素，都具有重要的符号意义。如何进一步发挥苏轼及三苏相关文化创意对文化自信、产业发展的积极意义，值得持续探索、实践。

从经济学视角审视苏轼及三苏相关文化创意产品，其价值与其他商品并无两样；发展文化产业既能拉动经济增长，又能扩大改善型消费[1]，如大众的文旅消费。三苏祠作为热门名人故居，自2016年以来参观人数持续增长，2023年度参观人数达160万人次[2]；三苏祠近年来围绕文博类、文旅类研发的静态文创收入已由100多万（2016年）到突破千万（2023年），增长了近10倍。就巴蜀地区的苏轼及三苏相关文化创意设计而言，其产品形态愈加丰富多元，也逐渐成为巴蜀文化产业、文旅产业发展的一支重要力量。

一是"大文创"成果纷呈，社会价值与经济价值并增。大型公益讲座《东坡大家讲》已持续开展13期，全球知名学者接连受邀赴东坡老家，从不同视角为大众深度普及东坡文化、三苏文化，不断挖掘其与当代社会的关联。演艺方面，如现代舞诗剧《诗忆东坡》[3]将现代舞蹈与东坡诗词书画及篆刻、古琴、戏曲、武术等中华优秀传统文化元素融合，以较为写意的方式，实现了东坡故事由文学语言到肢体语言的创新转化，收获了国际观众对东坡文化、中国文化的喜爱。话剧《苏东坡》[4]

---

1 厉以宁：《文化经济学》，第57页。

2 上游新闻：《从"保下来""懂起来"到"活起来"：三苏祠，守住文化千年根脉 传承述说美好未来》，2024年6月9日，https://www.cqcb.com/chengdu/2024—06—08/5586227.html。

3 《诗忆东坡》是一部由中国东方演艺集团和中共眉山市委宣传部出品，国际著名编导、舞蹈家、画家与视觉艺术家沈伟执导的现代舞诗剧，2023年7月22日在上海文化广场首演，2024年亮相美国。

4 《苏东坡》由四川人民艺术剧院、中共眉山市委宣传部等单位联合出品，以话剧形式立体呈现了苏轼的宦途、诗路、情感等多个方面，展现了苏轼作为政治家、思想家、文学家的多面形象；该剧查丽芳为执导，姚远为编剧。2018该剧于国家大剧院成功演出，现已完成2018年、2023年两轮全国巡演。

聚焦苏轼从44岁到64岁跌宕起伏的人生阶段，采用将戏剧内容和评述相结合的手法，还创造性地融入了川剧的"帮腔"和眉山方言，突显巴蜀特色，成功塑造了一个更真实、自由独立、平易近人的东坡形象；该剧现已完成两轮全国巡演，演出上百场[1]，并推出了周末剧场驻场演出，长效化助力东坡、三苏相关文旅消费。社会研学方面，苏轼及三苏相关研学自2019年以来面向中小学生、党政机关干部以及国际友人等多样化人群持续开展，2023年接待人数超4万人次；课程围绕"苏轼成才之路""三苏家风家教""东坡诗词"等主题展开，并将拓片、竹编等非遗技艺融入课程中，丰富学员对巴蜀技艺、中国传统文化的体验感和获得感。

二是，东坡遗址遗迹地的联动成果丰硕。三苏祠联合四川博物院、杭州西湖博物馆、海南省博物馆分别举办了"高山仰止·回望东坡"苏轼主题展、"高山仰止 千古一人——苏轼主题文物展"、"千古风流 不老东坡——苏轼主题文物展"。三苏祠自身馆藏精品文物宋代捶丸等首次亮相川外，杭州展还借助第十九届亚运会在杭州举办之际，面向世界讲好东坡故事，进一步强化了苏轼及三苏相关文化艺术符号的普及性传播。海南省博物院推出的《千古风流 不老东坡——苏轼主题文物展》参观人数更是创历史新高，3个月内达92万人次，足见当地对东坡文化、中国文化的关注与喜爱。

国际传播上，苏轼及三苏相关文化的跨文化传播持续发力。现有如唐凯琳、艾朗诺、克洛德·罗等欧美学者以及衣若芬、内山精也等东亚圈汉学家对苏轼的深度研究，《诗忆东坡》等演艺的国际交流铺垫，还有图书出版的译介努力——四川新华文轩自2023年开始实施三苏文化出版工程，从文献集成、学术研究、普及推广、教材教辅、海外传播五个维度，全面深入挖掘三苏文化，并首先从"一带一路"沿线国家开始，持续讲好三苏故事，传承三苏文脉。同时视频内容生产愈加丰富，三苏祠联合网络热门IP推出系列短视频；拍摄《中国有三苏》国际传播（英语版）短片；四川博物院未来也将以"国际范、中国味、巴蜀风"推出更多相关展览，探索构建新的符号文本，促进包括东坡文化、三苏文化在内的巴蜀文化、中华优秀传统文化的跨文化传播。

1　封面新闻：《话剧〈苏东坡〉成功演出100场！主创深圳分享创演故事》，2023年6月22日，https：//www.thecover.cn/news/EGEkXTF8wceH90qSdq8Jkw。

四、结语

随着社交媒体和新技术发展，人机交互技术越来越成熟，数字经济不断赋能产业发展，文创研发从符号的题材来源、组合关系、形式特征三个维度进行提升，还逐步通过数字游戏、数字展品展览增加用户的交互体验，促进场景消费，以缩短传统文化与现代生活的距离。以三苏祠等国家文化文物单位为主体的文创产品研发在坚持丰富产品精神内核的同时，更加注重创意的跨界联合，不断寻找新的媒介，创新传播和运营机制，特别是短视频内容的生产与传播，充分挖掘苏轼及三苏相关文化艺术符号与当代社会生活的契合点，在丰富大众日常生活的同时，在更大范围延续其文化价值与影响力。

"一滴水可以见太阳，一个三苏祠可以看出我们中华文化的博大精深。我们说要坚定文化自信，中国有'三苏'，这就是一个重要例证。"[1]东坡文化、三苏文化作为中华优秀传统文化的重要组成部分，不仅拥有丰富的语言、文字、书画等文化资源，还应不断生成适应当代受众，尤其是年轻人审美的视觉风格体系；更为重要的是共享经济、社群经济、场景经济等新的经济模式里，应加强线上线下的文化链接[2]，以"大文创"引领三苏相关文博类、文旅类文创的可持续开发。

回到对人的需求的关照，后现代人的身份构建已转向根据各种不同的参照点而完成：一部分参照来自当地文化背景，而另一部分则源自全球媒介和文化产业的影响。[3]因此，苏轼及三苏文化创意的符号生成除了在关注如何平衡传统与现代、建立自身的符号及话语体系的同时，也在不断加强跨文化传播研究成果的转化，让相关文创不仅仅立足巴蜀文化，更面向全国乃至全球赓续三苏文脉，让更多人在现实世界与虚拟世界里"散为百东坡"[4]，形成文化共同体，共同助力中华民族伟大复兴和国家文化强国目标的实现。

1　该句为2022年6月8日习近平总书记在四川考察期间来到眉山市三苏祠时的讲话。
2　彭兰：《新媒体用户研究：节点化、媒介化、赛博格化的人》，北京：中国人民大学出版社，2020年，第24页。
3　［澳］安迪·本尼特：《文化与日常生活》，张丹旸译，北京：知识产权出版社，2022年，第4页。
4　引自苏轼诗作《泛颖》。

每逢蜀叟谈终日
——苏轼诗文中的家乡情结

徐　丽（眉山三苏祠博物馆）

摘　要：苏轼的家乡眉山地处成都平原西南，向为蜀中文化名城。苏轼二十一岁考中进士踏入仕途，因父母亡故而回眉山丁忧，约在眉山生活了二十六年，在之后近四十年的时光里，苏轼宦海漂泊，再也没能回到家乡。对故土的眷恋、对亲人的思念时常出现在他的诗文中，在不同时期、不同环境下，苏轼诗文中的家乡情结表达也不同，以时间为序，即为初入仕途的思乡期、地方官任的望乡期和元祐重臣的梦乡期。

关键词：苏轼　家乡　情结

眉山地处成都平原西南，向为蜀中文化名城。眉山名胜古迹众多，俊彦贤才辈出，唐代《通义志》称其"山不高而秀，水不深而清"，唐代《庐拯罗城记》"坤维上腴，岷峨奥区"，说眉山是岷峨之间最奥妙、最美丽的地方。南宋诗人陆游赞眉山"孕奇蓄秀当此地，郁然千载诗书城"，眉山因而有了"千载诗书城"的美誉。清《广舆记》称其"介岷峨之间，为江山秀气所聚"，清代《眉山县志》载"川南形胜地，人文第一州"，眉山呈现出独特的历史文化现象。

眉山有中国古代著名的私家图书馆。孙氏书楼始建于唐代开元年间，从创建人孙长儒起，历经十多代孙氏子孙。科举取士制度的确立，使得读书之风大盛，孙长儒以其远见卓识，读书、购书、筑楼藏书，其孙氏书楼在历史上有"万卷书楼"之称，唐僖宗御赐"书楼"二字。清嘉庆《眉州属志》载："书楼，治西，唐光启初，州人孙长儒建，为藏书之所。僖宗御书'书楼'二字赐之，长儒四世孙降衷，宋初受眉州别驾，因市书万卷贮之，六世孙重修，魏了翁作记。"眉山是宋代三大刻版印刷中心之一。宋代眉山刻版印刷业十分发达，所产精品成为"蜀本"的代表，以眉山为代表的"蜀刻眉州大字本"闻名于世。四川眉山与浙江杭州、福建建阳并称全国三大刻版印刷中心。眉山的书院教育规范且完善。眉山文化的发展使得读书之风盛行，在眉山，书院教育非常兴盛，书籍的大量刊行，推动了眉山的官学、私学教育。宋代眉州有名的四大书院分别为：洪雅修文书院、眉山东馆书院、丹棱巽崖书院、丹棱栅头书院。眉山有深厚的文化渊源。宋代眉山文化世家以苏、程、石、史四家为盛，且皆有姻亲关系，苏轼在《眉州远景楼记》中称其为"江乡"，即"大家显人，以门族相上，推次甲乙，皆有定品，谓之江乡。非此族也，虽贵且富，不通婚姻"。《眉山县志》载"眉州科第莫盛于宋，南北两朝中，甲乙科者八百八十人。想其时腾蛟起凤，甲第连云，都会亦莫之及焉"。

一、"吾家蜀江上，江水绿如蓝"（思乡）

苏轼的家乡眉山，位于天府之国的成都平原，北宋景祐三年（1037）苏轼出生于眉山纱縠行苏家的宅院中。他"七岁知书，十岁能文"，踏青郊游，种松骑牛，在家乡眉山度过了美好的童年和青春岁月。"朝发鼓阗阗，西风猎画旂。故乡飘已远，往意浩无边。锦水细不见，蛮江清可怜。奔腾过佛脚，旷荡造平川。野市有禅客，钓台寻幕烟。相期定先到，久立水潺潺。"嘉祐元年（1056）十月，在苏洵的带领下，三人赴京城参加科举考试，在嘉州（今四川乐山）下水乘船时，苏轼写下了这首《初发嘉州》。这是苏轼第一次离开家乡眉山，虽然嘉州距离眉州不过百里，可苏轼感到故乡已经很远了（故乡飘已远），而自己入仕之路却没有边际，不知在哪里（往意浩无边）。刚刚离开家乡的苏轼流露出对家乡的无限依恋。

嘉祐二年（1057）苏氏兄弟双双考取进士，可正当他们为此高兴的时候，却接到母亲程夫人在家乡眉山病逝的消息，这对苏轼的打击是巨大的，苏轼回到眉山守孝，看到家中一切如旧，却看不到母亲的身影，母亲的谆谆教诲还时常在耳边响起，苏轼关于母亲的两篇文章《记先夫人不残鸟雀》和《记先夫人不发宿藏》虽然不是在这期间写的，但文中记载的家中发生的两件事，却是苏轼一生中最深刻的记忆。第一件事是"不发宿藏"。在纱縠行的家中，有一天，家里人偶然发现了一个大罐子，怀疑罐中藏有宝物，程夫人告诫苏氏兄弟，君子爱财取之有道。第二件事是"不残鸟雀"。在苏家的堂前，"竹柏杂花丛生满庭，众鸟巢其上"，程夫人教育苏氏兄弟要珍爱生命。这也反映出苏轼对故园的深深眷恋。

苏轼还有一篇关于父亲的文章叫《天石砚铭》，这是在父亲去世多年后，苏轼在黄州写的。天石砚是苏轼十二岁那年，在家中的庭院中与小朋友做游戏的时候，偶然挖到的一块石头，石头很美，外表像一条鱼，石质温润晶莹，呈浅碧色，并有细小的银星，用手轻轻叩击时会发出铿铿的金属声。苏轼将石头送给父亲看，苏洵认为这是一方天然的砚台，是苏轼走上文学道路的象征，让他好好保存。从此，天石砚就像苏轼的宝贝一样，一直陪伴着他。宋神宗元丰二年（1079），苏轼被贬入狱，"家属流离，书籍散乱""求砚不复得，以为失之矣"。苏轼以为自己心爱的砚台丢了，心里很失落。元丰七年（1084）苏轼将要离开黄州，在整理书箱的时候，意外地找到了天石砚，这种失而复得使苏轼异常欣喜，他告诉儿子们这方砚台是故居院中的异石，是自己的父亲赐予的宝物，希望以此更好传承苏家的优良家风。从这些短短的文字中，可以看出苏轼对家乡的热爱、对亲人的思念。

宋仁宗嘉祐年间是苏轼初入仕途并且较为顺利的几年，只是对于他来讲，母亲去世，父亲和弟弟苏辙与自己团聚的时间很少，每逢佳节倍思亲。苏轼在陕西凤翔任签判时，重阳节前收到伯父苏涣去世的消息，心里十分悲痛，因为这个原因，苏轼不能参加太守组织的重阳聚会，他独自游览了普门寺，写了《壬寅重九，不预会，独游普门寺僧阁，有怀子由》："花开酒美盍言归，来看南山冷翠微。忆弟泪如云不散，望乡心与雁南飞。明年纵健人应老，昨日追欢意已违。不向秋风强吹帽，秦人不笑楚人讥。"嘉祐八年（1063）新春佳节来临前，本应是一个团圆的日子，苏轼思念弟弟苏辙，不免想起与苏辙儿时在家乡的快乐生活，作了《晚岁思归寄子由》诗三首，分别为《馈岁》《别岁》和《守岁》。在家乡眉山有这样的习俗："岁晚相与馈问为馈岁。"馈的方式是一样的，都是相互赠送，但贫富之间的差异却很大，"富人事华靡，彩绣光翻座"，而且，"置盘巨鲤横，发笼双兔卧"。而穷人只能"微挚出春磨"，拿出自己春磨的食物，相互馈赠。之后，"酒食相邀，呼为别岁"。别岁之后还要守岁，"至除夜，达旦不眠，为守岁"。虽然时光易逝，"明年岂无年"，但苏轼却有着积极向上的人生态度，"努力尽今昔，少年犹可夸"。这三首诗在对弟弟的思念中，再现了家乡的风土人情，表露出苏轼对家乡的眷恋。岁末之后，即是新春，在家乡眉山，每年的正月，苏轼与弟弟都会去郊外踏青，去蚕市游玩。正当此时，苏轼收到弟弟苏辙的踏青诗和蚕市诗，便依韵作《和子由踏青》《和子由蚕市》诗，这两诗是也是家乡民情风俗的再现。

《和子由踏青》[1]

东风陌上惊微尘，游人初乐岁华新。

人闲正好路旁饮，麦短未怕游车轮。

城中居人厌城郭，喧阗晓出空四邻。

歌鼓惊山草木动，箪瓢散野乌鸢驯。

何人聚众称道人？遮道卖符色怒嗔。

宜蚕使汝茧如瓮，宜畜使汝羊如麇。

路人未必信此语，强为买服禳新春。

道人得钱径沽酒，醉倒自谓吾符神！

《和子由蚕市》[2]

蜀人衣食常苦艰，蜀人游乐不知还。

千人耕种万人食，一年辛苦一春闲。

闲时尚以蚕为市，共忘辛苦逐欣欢。

去年霜降斫秋获，今年箔积如连山。

破瓢为轮土为釜，争买不啻金与纨。

忆昔与子皆童卯，年年废书走市观。

市人争夸斗巧智，野人喑哑遭欺谩。

诗来使我感旧事，不悲去国悲流年。

苏轼在凤翔的三年中，游览了当地的名胜古迹，每当此时，他常常把凤翔的美景与家乡美景相比，其中，《凤翔八观》中的《东湖》诗就是一首饱含对家乡的赞美和怀念之情的诗歌。

《东湖》（节选）[3]

吾家蜀江上，江水绿如蓝。

尔来走尘土，意思殊不堪。

况当岐山下，风物尤可惭。

1　张志烈等校注：《苏轼全集校注·诗集》，石家庄：河北人民出版社，2006年，第273页。

2　张志烈等校注：《苏轼全集校注·诗集》，第276页。

3　张志烈等校注：《苏轼全集校注·诗集》，第297页。

有山秃如赭，有水浊如泔。

不谓郡城东，数步见湖潭。

入门便清奥，恍如梦西南。

苏轼在路过宝鸡时，游览斯飞阁，他凭高远眺，眼底无限江山使他陷入归乡无计的感慨中。"西南归路远萧条，倚槛魂飞不可招。野阔牛羊同雁鹜，天长草树接云霄。昏昏水气浮山麓，泛泛春风弄麦苗。谁使爱官轻去国，此身无计老渔樵。"这首《题宝鸡县斯飞阁》表达了他对家乡的怀念和归乡的渴望。

二、"胶西高处望西川"（望乡）

熙宁四年（1071），苏轼任杭州通判，此时的苏轼，离家已有十多年了，父亲苏洵已经去世，妻子王弗也已离开了他，从熙宁年间到元丰年间苏轼贬谪黄州，他与弟弟苏辙也是书信来往居多，见到杭州的美景，苏轼自然会想到家乡眉山，这年的十一月，苏轼赴杭州任时，路过镇江的金山寺，夜宿寺庙中，写下了《游金山寺》：

《游金山寺》[1]

我家江水初发源，宦游直送江入海。

闻道潮头一丈高，天寒尚有沙痕在。

中泠南畔石盘陀，古来出没随涛波。

试登绝顶望乡国，江南江北青山多。

羁愁畏晚寻归楫，山僧苦留看落日。

微风万顷靴纹细，断霞半空鱼尾赤。

是时江月初生魄，二更月落天深黑。

江中似有炬火明，飞焰照山栖鸟惊。

怅然归卧心莫识，非鬼非人竟何物？

江山如此不归山，江神见怪惊我顽。

我谢江神岂得已，有田不归如江水。

1　张志烈等校注：《苏轼全集校注·诗集》，第607页。

诗的首句写道："我家江水初发源，宦游直送江入海。"苏轼的家乡位于岷江河畔，《尚书》中有"岷江导江"之说，意思是岷江是长江的发源地，苏轼就引用了这种说法，说自己居住在长江的发源地，为了做官，长江一直陪伴自己来到海边。金山寺就处在长江下游的镇江。如今，苏轼只能"试登绝顶望乡国，江南江北青山多"，登上山顶，远望家乡，可是大江两岸山峦重叠，遮挡了他的视线。"羁愁畏晚寻归楫，山僧苦留看落日。"苏轼怀着客居他乡的忧愁，怕天晚了，心里更难受，想找条船返回镇江，可寺里的僧人都希望他留下来看落日美景，傍晚时微风吹过，苏轼看到江面上漾起细碎的波纹，天空中一片片晚霞，像火红的鱼尾闪耀着光芒。晚霞过后，淡淡的月亮升起，二更过后，天渐渐地暗了下来，但江心似乎有一支火炬，那飞腾着的火光使山林中栖息的鸟儿惊恐万状。苏轼感叹：如此美好的江山，自己为什么不归隐回乡呢？刚才看到的一切，分明是江神显现的怪异神色，是江神对我苏轼顽固恋官感到震惊。最后，苏轼告诉江神，自己不归隐回乡实在是因为没有办法，当年父亲带领他们出川时就将家里的田产都变卖了，才凑足了路费，当然也有置之死地而后生的想法。苏轼对江发誓，如果家乡有田可耕，他一定辞官归隐。"我谢江神岂得已，有田不归如江水。"

熙宁五年（1072），苏轼在杭州任通判，作为太守的助理，他经常要到杭州所辖的润州、常州、秀州等地办理公务，在对秀州的视察中，苏轼游览报本禅院时，结识了寺院的主持文长老方丈，文长老是蜀人，苏轼离开家乡十多年了，遇见了这位德高望重的"蜀叟"文长老，就像是他乡遇故知，多么亲切啊！苏轼按捺不住思乡之情，与文长老用家乡话聊天，一聊就是一整天，写下了这首怀乡诗：

《秀州报本禅院乡僧文长老方丈》[1]
万里家山一梦中，吴音渐已变儿童。
每逢蜀叟谈终日，便觉峨眉翠扫空。
师已忘言真有道，我除搜句百无功。
明年采药天台去，更欲题诗满浙东。

苏轼说，我的家乡在万里之遥的岷峨，只有在梦境中跨越千山万水方能回到那里，离开家的时间太久了，孩子们满口都是杭州方言了，他们对家乡的记忆还有多少呢？今天，我见到了我的老乡，尊敬的文长老，就想用家乡话与你聊天，我们在

1　张志烈等校注：《苏轼全集校注·诗集》，第821页。

一起聊天，感觉真是美妙，多么轻松自在，多么亲切愉快，聊着聊着，仿佛觉得漫天都是峨眉苍翠欲滴的秀色。如今，远离故土，只能用诗句来表达对家乡的眷恋。秀州，即浙江嘉兴市。报本禅院始建于唐宣宗时期，宋代时曾易名为本觉寺，宣和年间改为神霄玉清万寿宫，南宋建炎年间又恢复为报本禅院，因苏轼三次到寺院拜会文长老，嘉定年间僧人元澄修筑三过堂，并立石刻苏轼诗。

熙宁六年（1073），苏轼游览杭州昌化溪口时，沿途秀美的景色，使他如见家乡的美景，他写下了《自昌化双溪馆下至治平寺》，诗的最后两句写道："正似醴泉山下路，桑枝刺眼麦齐腰。"醴泉山在眉山城西八里，因有甘泉如醴而得名。苏轼闲游在双溪路上，好像漫步在家乡的醴泉山下，满眼都是嫩绿的桑枝和茂盛的麦子。熙宁七年（1074）秋冬之际，苏轼遇到了一件让他欣喜而又伤感的事情，妻子王闰之的弟弟王缄从眉山来杭州看望他，勾起了苏轼对家乡和亲人的深切怀念，离别时，苏轼写了一首《临江仙》送别王缄：

《临江仙·送王缄》[1]

忘却成都来十载，因君未免思量。凭将清泪洒江阳。故山知好在，孤客自悲凉。

坐上别愁君未见，归来欲断无肠。殷勤且更尽离觞。此身如传舍，何处是吾乡！

苏轼词中所指的成都，即当时的成都府路，眉山在其辖区范围内，词中用成都指代家乡眉山。离开家乡很久了，亲人的到来激起了苏轼的思念和伤感，故乡美丽依旧，可他远在他乡，自感悲凉，亲友的短暂相聚让苏轼暂时忘却烦恼，可送走亲人，心中则更加悲凉，他感觉自己就像一个孤独的旅行者，漂泊在外，哪里才是真正的家啊！苏轼的这首词，抒发的情感极为复杂，有送别的惆怅、悼亡的悲痛和对故乡的思念。

熙宁八年（1075），苏轼以太常博士、直史馆权知密州军州事，实际的职务就是密州知州，这一年，他的好友黎希声出任眉州知州，朋友要到自己的家乡任职了，不禁让他的思乡之情再次涌现出来。试想，如果自己站在密州的最高处，眺望家乡，会看到怎样的美景呢？如果自己能像陶渊明那样辞官归田，那将有饮酒高歌、临流赋诗的闲适之乐，多么惬意啊！他的这首《寄黎眉州》，以望乡之态起

---

1 张志烈等校注：《苏轼全集校注·词集》，第202页。

笔，用归隐之心收笔，是苏轼内心情感的真实流露。

《寄黎眉州》[1]

胶西高处望西川，应在孤云落照边。

瓦屋寒堆春后雪，峨眉翠扫雨余天。

治经方笑《春秋》学，好士今无六一贤。

且待渊明赋归去，共将诗酒趁流年。

　　熙宁十年（1077），苏轼任徐州知州，王安石变法的社会现状、政治抱负无法实现的遗憾、新党人物的排挤使苏轼的归隐之心更加强烈，他在《答任师中、家汉公》中描述了对家乡故园及父老乡亲的怀念之情和自己的归隐之心。元丰元年（1078）苏轼的朋友黎希声在眉州任上已经三年了，黎太守在眉山治理有方，深受眉州百姓爱戴。黎太守在眉州修建了远景楼，楼成之时，乡人请苏轼为其作记，苏轼即写下了这篇描写眉州民情风俗的文章《眉州远景楼记》。眉州的风土民情不仅有别于他州，而且近古，沿三代、汉、唐之遗风，这就是"其士大夫贵经术而重氏族，其民尊吏而畏法，其农夫合耦以相助"。具体表现为在朝廷以声律取士，学者都沿袭五代的文风时，只有眉州的读书人，通经学古，以西汉的文风为楷模，当时还受到其他州郡的攻击。郡县胥长，都挟经载笔，应对进退，其风节十分可观。对政绩突出的太守、县令，会记下他们的事迹，并传扬下去。眉州之民家家都藏有国家的律令，而且常常能通念。即使是小刑小罪，终身也不敢违反。每年春播秋收时，大家都相互帮助。这样的结果是眉州的人具有聪明才智，务本而努力耕作，他们对于地方长官的言论行动通常以法以义来讽谏。苏轼从眉州淳朴的民风出发，表达了他对家乡的热爱以及归隐之心。

　　元丰二年（1079）苏轼出任湖州知州，在上任途中，他被道旁的田园风光所吸引，作了《罢徐州往南寄子由》，其中，第五首就有"卜田向何许，石佛山南路。下有尔家川，千畦种秔粳。"石佛山和尔家川都是苏轼家乡的地名。"故山岂不怀，废宅生篙露。便恐桐乡人，长祠仲卿墓。"如今，故居已经荒废，杂草丛生，他希望归隐故里，不要像汉代朱邑一样归葬他乡。

　　元丰二年至元丰六年（1079—1083），是苏轼四年的黄州贬谪生涯，其间，苏轼的生活发生了很大的变化，他不能写更多的诗文来表达自己对家乡的眷恋，但

1　张志烈等校注：《苏轼全集校注·诗集》，第1393页。

他的乡愁在生活中得到了很大的排解，妻子儿女的朝夕相伴，使他虽穷困但生活快乐，孩子们都适应了黄州的生活。在黄州，还有许多乡人与他往来，如陈季常、王齐万、王齐愈、任师中等蜀中友人，他还写有《陈公弼传》《方山子传》《祭任师中文》等。他虽然与弟弟相隔千里，但两人时常有书信往来，相互问候。尽管如此，苏轼还是写下了一些关于家乡的文章，如《元修菜》《戏作种松》《柏》等。

三、"何以待我归"（梦乡）

宋哲宗元祐元年（1086），苏轼从登州被召还朝，先后担任礼部尚书、翰林学士等职，成为继欧阳修之后的北宋文坛领袖，五十多岁的苏轼，离家已经三十多年了，此时家乡更加遥远，只有在梦中才能回到家乡。这一年，苏轼的朋友贾讷要到眉州担任通判，苏轼委托贾讷看顾父母的坟园并问候家乡的父老乡亲，写下了《送贾讷倅眉》诗：

《送贾讷倅眉》[1]
老翁山下玉渊回，手植青松三万栽。
父老得书知我在，小轩临水为君开。
试看——龙蛇活，更听萧萧风雨哀。
便与甘棠同不剪，苍髯白甲待归来。

也是这一年，苏轼的表弟程六出任楚州（今江苏淮安）知州，苏轼写下了《送表弟程六知楚州》，作为元祐重臣，这一时期苏轼的仕途较为畅达，然而在他的诗中，辉煌的前途似乎远不及家乡的山水、寺庙、松柏、柑橘更有吸引力。苏轼与表弟回忆童年往事，并相约急流勇退，归隐家乡，苏轼的心始终向着家乡。有亲人来探望，对苏轼来讲是件兴奋的事，元祐三年（1088），苏轼的侄儿苏千乘和苏千能到京城来探望他，临行之前，苏轼写了《送千乘千能侄儿还乡》为他们送行。诗中劝勉侄儿要安贫守志、安居乐土，并希望他们多栽花植树，以待自己归居。苏轼的叔丈人王庆源，又名宣义，眉州青神人，经多次举荐担任了眉州洪雅县主簿，后为雅州（今四川雅安市）户掾，虽位卑职小，但深受百姓爱戴，而且能甘贫守志，志

---

1 张志烈等校注：《苏轼全集校注·诗集》，第3035页。

向高洁，令苏轼十分敬佩。王庆源写信来求红带，即想要宋代官服上的红色皮革腰带，苏轼在赠送红带的同时，还写了《庆源宣义王丈人求红带》相赠，并请黄庭坚、秦少游各赋诗一首，为叔丈增光添彩。苏轼的诗中历数王庆源家乡青神的山川名胜，诸如瑞草桥、慈姥岩、青衣江等，而这些地方，正是苏轼年轻时候经常游览的地方，表现了苏轼对家乡的热爱。

元祐年间，眉山人杨孟容致仕还乡，宋哲宗亲书"清节"二字馈赠，元祐二年（1087），苏轼写诗为杨孟容送行，诗中叙及他们的同乡之情和自己的思乡之苦，"我家峨眉阴，与子同一帮。相望六十里，共饮玻璃江。江山不违人，遍满千家窗。但苦窗中人，寸心不自降。"苏轼称赞杨孟容学识广博，但大才未被大用令他感到惋惜，自己留在皇帝身边任翰林学士却是小才大用了。诗的最后，苏轼请杨孟容致意乡中故旧，爱惜身体，等待自己归乡，共度余年，他写下"爱惜霜眉庞""何以待我归"。

《送杨孟容》[1]

我家峨眉阴，与子同一帮。
相望六十里，共饮玻璃江。
江山不违人，遍满千家窗。
但苦窗中人，寸心不自降。
子归治小国，洪钟喤微撞。
我留侍玉座，弱步欹丰扛。
后生多高才，名与黄童双。
不肯入州府，故人余老庞。
殷勤与问询，爱惜霜眉庞。
何以待我归，寒醅发春缸。

这一年，苏轼儿时的朋友家安国担任成都教授，能回蜀中任职，离家乡那么近，这让苏轼十分羡慕，苏轼在这首《送家安国教授知成都》中，称赞家安国是一位文武全才，希望他为家乡培养更多的人才。苏轼想到家乡后继有人，自己将来告老还乡，也可以安度晚年。

元祐四年（1089），苏轼离开京城，以龙图阁学士身份出任杭州太守，他有一

1　张志烈等校注：《苏轼全集校注·诗集》，第3079页。

首诗叫《寄蔡子华》非常有名：

《寄蔡子华》[1]

故人送我东来时，手栽荔子待我归。

荔子巳丹吾发白，犹作江南未归客。

江南春尽水如天，肠断西湖春水船。

想见青衣江畔路，白鱼紫笋不论钱。

霜髯三老如霜桧，旧交零落今谁辈。

莫从唐举问封侯，但遣麻姑更爬背。

蔡子华是眉州青神人，苏轼父辈的朋友。苏轼自从离家以后，家乡的亲朋好友无时无刻不在等待他归来。"故人送我东来时，手栽荔子待我归"，苏轼自己也时刻想念着他们，转眼间，自己在家乡亲手栽下的荔枝已经成熟了，自己的头发也已经白了，可仍然还是"江南未归客"，心中不禁感慨万千。第二年，苏轼的朋友张伯温出任嘉州刺史，苏轼写了《送张嘉州》为其送行，诗中有"少年不愿万户侯，亦不愿识韩荆州。颇愿身为汉嘉守，载酒时作凌云游"，苏轼不求富贵，不愿做万户侯，也不想结识"韩荆州"这样的人推荐自己将来做高官，只希望做像张伯温一样的嘉州太守，带着美酒在凌云山水间畅游。诗中还引用了唐代李白的《峨眉山月歌》的句子："峨眉山月半轮秋，影入平羌江水流。"来表达对家乡山水的热爱。

《送张嘉州》[2]

少年不愿万户侯，亦不愿识韩荆州。

颇愿身为汉嘉守，载酒时作凌云游。

虚名无用今白首，梦中却到龙泓口。

浮云轩冕何足言，惟有江山难入手。

峨眉山月半轮秋，影入平羌江水流。

谪仙此语难解道，请君见月时登楼。

谈笑万事真何有，一时付与东岩酒。

归来还受一大钱，好意莫违黄发叟。

1　张志烈等校注：《苏轼全集校注·诗集》，第3499页。

2　张志烈等校注：《苏轼全集校注·诗集》，第3585页。

之后，苏轼的朋友朱朝奉到四川任运判官，苏轼作《送运判朱朝奉入蜀》送别，诗中对蜀中山水的描述，表明了苏轼强烈的怀乡心结。如今，五十多岁的他，身居要职，无法归隐田园，就只能是梦回家乡了。元祐八年（1093）八月十一日这天，苏轼早上起来，准备去上朝，时间还早，他就闭目养神，做了一个梦，梦见自己回到了纱縠行的家院中，自己在院子中自由自在地走来走去，当走到书房南轩时，看见家里有许多干活的人，这些人正在运土去填一个小水池子，在泥土中找到了两根萝卜，干活的人很高兴，准备拿回去吃。看到眼前的一切，苏轼觉得自然又亲切，忍不住取出笔墨作了一篇小文，其中有这样几句："坐于南轩，对修竹数百，野鸟数千。"突然醒了，才知道是因为思念太久而做的一场梦。苏轼将梦记载下来，还有一个特别的原因，即续配夫人王闰之在几天前病逝，苏轼还在悲痛和思念之中，所以才梦回纱縠行老家。

《梦南轩》[1]

元祐八年八月十一日，将朝，尚早，假寐，梦归縠行宅，遍历蔬园中。已而坐于南轩，见庄客数人，方运土塞小池。土中得两芦菔根，客喜食之。予取笔作一篇文，有数句云："坐于南轩，对修竹数百，野鸟数千。"既觉，惘然怀思久之。南轩，先君名之曰"来风"者也。

"故人送我东来时，手栽荔子待我归。荔子已丹吾发白，犹作江南未归客。""万里家山一梦中，吴音渐已变儿童。每逢蜀叟谈终日，便觉峨眉翠扫空。"读到这些诗，便能看到一个爱家乡、恋家乡的苏轼，那浓浓的家乡情结也深深地感染着每一位热爱家乡、热爱生活、热爱东坡的人。

---

1 张志烈等校注：《苏轼全集校注·文集》，第8136页。

三苏蜀学与蜀地学术精神

高云鹏（北京体育大学人文学院）

摘　要：三苏蜀学作为北宋的一个重要学派，向来以突出的个性色彩著称。但是三苏蜀学尊奉儒道、兼容并包、以情为本和经世致用的学术精神却都来自汉代以降蜀地学者所传承的学术精神。蜀地的学术精神是三苏蜀学之根，三苏在文学、艺术、哲学、史学等多个领域取得巨大成就的根本原因就在于充分继承和发扬了蜀地的学术精神。

关键词：三苏蜀学　学术精神　蜀地文化

关于"蜀学"概念，历来有不同的说法。就其指称的对象而论，或泛指蜀地的学术文化，或特指三苏的学术。若就其内涵而言，它既可以专指蜀地的儒学，又能够涵盖蜀地的一切学问。各种说法的共同之处就是都把蜀学视为带有鲜明地域文化特色的学术派别。苏氏蜀学凭借鲜明的蜀地地域特色和三苏的个性创造，在中国古代学术史上成功地占有一席之地。虽然三苏的文学、艺术、哲学、史学向来都以个性著称，但其基本的学术精神却深深植根于蜀地的学术文化。总的来说，汉代以降蜀地学人所传承的学术精神是三苏蜀学取得令后世瞩目的巨大成就的源头活水。

一、尊奉儒道的精神

经学在汉代传入蜀地，对蜀人产生了很大的影响。文翁化蜀促使蜀学兴起。《三国志·蜀书·秦宓传》载秦宓语："蜀本无学士，文翁遣相如东受七经，还教吏民，于是蜀学比于齐、鲁。"[1]《汉书·循吏传·文翁传》亦云："至今巴蜀好文雅，文翁之化也。"[2]扬雄以孔、孟之后儒道的传承者自居，他重视五经并在《法言·寡见》中提出了"惟五经为辩。说天者莫辩乎《易》，说事者莫辩乎《书》，说体者莫辩乎《礼》，说志者莫辩乎《诗》，说理者莫辩乎《春秋》"[3]的观点。扬雄还"以为经莫大于《易》，故作《太玄》；传莫大于《论语》，作《法言》……"[4]，用著书立说的方式弘扬儒道。宋人田况在《进士题名记》中描述了经学传入后蜀地儒学和文学繁荣的盛况，以及由汉至宋蜀地儒学发展演变的过程："蜀自西汉，教化流而文雅盛。相如追踪屈、宋，扬雄参驾孟、荀，其辞其道，皆为天下之所宗式……唐季五代，政纪昏微，斯文与人，几至坠绝。国家之起，海内统一，尧文舜明，寖昌以大。其设科考士，擢取之多，则前王之所未有。益州自太平兴国以来，登进士第者接踵而出……"[5]宋代儒学的复兴使得蜀地登科及第者众多。苏轼在《眉州远景楼记》中自豪地用"士大夫贵经术而重氏族"[6]来概括眉州的学风。可见，尊儒重道是蜀地学人普遍奉行的学术精神。

虽然三苏之学通常被冠以"杂学"之称，但三苏的学术却都表现出以儒为本的基本精神。苏洵重视经典的作用，他在《六经论·易论》中说"圣人之道，得礼而信，得《易》而尊。信之而不可废，尊之而不敢废，故圣人之道所以不废者，礼为之明而《易》为之幽也"[7]。他在《六经论·乐论》中也说："礼者固吾心之所有也，而圣人之说，又何从而不信乎？"[8]苏洵生前著《易传》，并将这部未完成之作托付给苏轼。苏轼著有《东坡易传》《东坡书传》《论语说》三书。他晚年在《答苏伯固四首》其三中说："某凡百如昨，抚见《易》《书》《论语》三书，即觉此生不虚过。如来书所论，其他何足道。"[9]不仅如此，苏轼还在《扬雄论》《韩愈论》等文章中阐述了他对儒家一些基本问题的看法。从中不难看出儒学在他心目中的分量。苏辙则完成了《诗集传》《春秋集解》《孟子解》和《论语拾遗》。其中同样不乏精到之处。

1　（晋）陈寿撰：《三国志》，北京：中华书局，1959年，第973页。

2　（汉）班固撰，（隋唐）颜师古注：《汉书》，北京：中华书局，1962年，第3627页。

3　汪荣宝撰，陈仲夫点校：《法言义疏》，北京：中华书局，1987年，第215页。

4　（汉）班固撰，（隋唐）颜师古注：《汉书·扬雄传》，第3583页。

5　曾枣庄、刘琳主编：《全宋文》第三十册，上海：上海辞书出版社，2006年，第53页。

6　孔凡礼点校：《苏轼文集》卷十一，北京：中华书局，1986年，第352页。

7　（宋）苏洵著，曾枣庄、金成礼笺注：《嘉祐集笺注》卷六，上海：上海古籍出版社，1993年，第142页。

8　（宋）苏洵著，曾枣庄、金成礼笺注：《嘉祐集笺注》卷六，第152页。

9　孔凡礼点校：《苏轼文集》卷五十七，第1741页。

　　虽然三苏并不以儒学名世，但是他们对儒家思想的理解却不输他人。下面通过两个具体的问题对苏轼的儒学加以分析：

　　一是，对礼的本质的认识。《邵氏闻见后录》卷二十中记载了这样一个故事："司马丞相薨于位，程伊川主丧事，专用古礼。将祀明堂，东坡自使所来吊，伊川止之曰：'公方预吉礼，非哭则不歌之义，不可入。'东坡不顾以入，曰：'闻哭则不歌，不闻歌则不哭也。'伊川不能敌其辩也。"[1]程颐以"哭则不歌"为由阻止参加过吉礼的苏轼吊祭司马光，这是因为他把礼当成了不可违反的行为规范。苏轼则认为礼不是僵化的教条，礼原本就是基于人的真情实感而制定的。所以，对礼的执行也应以符合人情为根本原则。孔子"哭则不歌"是出于情感的真实性，也就是朱熹所说的"日之内，余哀未忘，自不能歌也"[2]。苏轼认为，判断一种行为是否合于礼不能只拘于表面，而是要考虑到礼不违背人情这一本质。虽然已经参加吉礼，但是苏轼凭吊司马光是出于真实的情感，先歌后哭的做法完全合乎礼的精神。通过苏轼和程颐的矛盾可以看出，苏轼对礼的本质的理解反而更加接近儒家"礼之用，和为贵"[3]的思趣。

　　二是，对以德治国的倡导。苏轼在《上神宗皇帝书》中说："夫国家之所以存亡者，在道德之浅深，不在乎强与弱，历数之所以长短者，在风俗之厚薄，不在乎富与贫。道德诚深，风俗诚厚，虽贫且弱，不害于长而存。道德诚浅，风俗诚薄，虽强且富，不救于短而亡。"[4]孔子看到了仅依靠法律来治国的局限性。孔子提倡德治，故而提出"道之以政，齐之以刑，民免而无耻；道之以德，齐之以礼，有耻且格"[5]的主张。儒家用德和礼来治理国家，这和法家"抱法处势则治"[6]的思想形成了尖锐的矛盾。苏轼充分继承了孔子的为政之道，对法家思想做出了强烈的批判。他在《上神宗皇帝书》中借古讽今，表达了对王安石不听人言、依势行法的不满："唯商鞅变法，不顾人言，虽能骤致富强，亦以召怨天下，使其民知利而不知义，见刑而不见德，虽得天下，旋踵而失也。至于其身，亦卒不免，负罪出走，而诸侯不纳，车裂以徇，而秦人莫哀。"[7]同样主张变法的苏轼之所以走向了王安石

1　（宋）邵博撰，刘德权、李剑雄点校：《邵氏闻见后录》，北京：中华书局，1983年，第159—160页。

2　（宋）朱熹撰：《四书章句集注》，北京：中华书局，1983年，第95页。

3　《论语·学而》，载（宋）朱熹撰：《四书章句集注》，第51页。

4　孔凡礼点校：《苏轼文集》卷二十五，第737页。

5　《论语·为政》，载（宋）朱熹撰：《四书章句集注》，第54页。

6　《韩非子·难势》，载（清）王先慎撰，钟哲点校：《韩非子集解》，北京：中华书局，1998年，第392页。

7　孔凡礼点校：《苏轼文集》卷二十五，第730页。

的对立面，这和他继承孔、孟的仁政思想是不无关系的。

关于三苏的儒学，历来褒贬不一。米芾在《苏东坡挽诗五首》其三中用"道如韩子频离世，文比欧公复并年"[1]来赞美苏轼在儒道传承中的重要性。朱熹则认为"东坡天资高明，其议论文词自有人不到处。如《论语说》亦煞有好处，但中间须有些漏绽出来。"[2]这显然与苏轼经常融合佛、道思想来解释儒家经典有关。朱熹不止一次指出"东坡说得高妙处，只是说佛"[3]。朱熹对苏轼《东坡易传》《东坡书传》以及苏辙《诗集传》的批评也多与此有关。虽然他们因为融合三教而遭受非议，但我们不能据此否认尊奉儒家思想始终是三苏蜀学的一种基本学术精神。苏轼在对一些根本问题的看法上所延续的正是孔、孟之学的精神命脉。三苏之后，被朱熹誉为"其学之成就，既足可名于一世"[4]的张栻、"独以穷经学古，自为一家"[5]的魏了翁以及清代宣称"圣人之道，惟经存之。舍经无所谓圣人之道"[6]的费密等大量蜀地学者都在儒学方面取得了巨大的成就。从中不难看出尊奉儒道的学术精神是蜀地学者的立身之本。

二、兼容并包的精神

蜀地自古就有兼容并包的学术精神。蜀地的易学研究最为发达。程颐对此也不吝赞美之词，《宋史·谯定传》记载了他"易学在蜀"[7]的评价。蜀人治《易》充分表现出其融通儒、道两家的特点。扬雄把《易经》和《老子》结合起来，并在《太玄》中加以阐发。严遵"专精《大易》，耽于《老》《庄》"[8]。隋代的何妥同时精通《易经》《乐经》《孝经》《庄子》等多部儒、道经典。和李白并称"蜀中二杰"的赵蕤则在《长短经·适变》中直接提出了"故知治天下者有王、霸焉，

1　北京大学古文献研究所编：《全宋诗》第十八册，北京：北京大学出版社，1995年，第12249页。

2　（宋）黎靖德编，王星贤点校：《朱子语类》卷一百三十，北京：中华书局，1986年，第3113页。

3　（宋）黎靖德编，王星贤点校：《朱子语类》卷一百三十，第3113页。

4　（宋）朱熹：《张南轩文集序》，载（宋）朱熹撰：《朱子全书》第二十四册，上海：上海古籍出版社，2002年，第3661页。

5　《鹤山全集提要》，载（清）永瑢等撰：《四库全书总目》卷一百六十二，北京：中华书局，1965年，第1391页。

6　《弘道书·道脉谱论》，载（清）费密：《费氏遗书三种》，民国九年（1920）大关唐氏成都刻本。

7　（元）脱脱等：《宋史》，北京：中华书局，1977年，第13461页。

8　（晋）常璩撰，刘琳校注：《华阳国志校注》卷十，成都：巴蜀书社，1984年，第761—762页。

有黄、老焉，有孔、墨焉，有申、商焉，此其所以异也。虽经纬殊致，救弊不同，然康济群生，皆有以矣"[1]的观点。这些无不说明蜀学具有广泛的包容性。三苏充分继承和发扬了蜀地先贤兼容并包的学术精神，并将其应用在经学、政治、文学、艺术等多个领域之中。

三苏蜀学把蜀地兼容三教的学术精神发挥得淋漓尽致。苏轼在《祭龙井辩才文》中明确指出了三教是殊途同归的："孔老异门，儒释分宫。又于其间，禅律相攻。我见大海，有北南东。江河虽殊，其至则同。"[2]他在《跋子由老子解后》中高度赞扬了弟弟苏辙注解老子时打通三教的做法："使汉初有此书，则孔、老为一；晋、宋间有此书，则佛、老不为二。"[3]苏辙在《上两制诸公书》中强烈反对"学者不可以读天下之杂说，不幸而见之，则小道异术将乘间而入于其中"[4]的观点，并在《历代论·梁武帝》中提出"好之笃者，则欲施之于世，疾之深者，则欲绝之于世，二者皆非也。老、佛之道，与吾道同，而欲绝之；老、佛之教，与吾教异，而欲行之；皆失之矣"[5]的观点。苏氏兄弟都认为佛、老与儒家同道，表现出广泛的学术包容性。基于这样的学术精神，苏轼对王安石通过颁行《三经新义》来统一天下人思想的做法表达了极大的反感。他在《送人序》中说："王氏之学，正如脱筮，案其形模而出之，不待修饰而成器耳，求为桓璧彝器，其可乎?"[6]王安石认为"今人材乏少，且其学术不一，异论纷然，不能一道德故也"[7]。于是他以一己之"新学"强行禁锢人的思想，迫使所有的人接受自己的学术。这是苏轼所不能容忍的。苏轼既承认事物的多样性，又认为万物之间都存在着共性。前者如《思堂记》中说的"万物并育而不相害，道并行而不相悖"[8]，后者以他在《跋君谟飞白》中所说的"物一理也，通其意，则无适而不可"[9]为代表。因此，苏轼对不同的思想采取求同和包容的态度。

苏氏蜀学的兼容性并不局限于哲学领域，三苏对艺术的看法同样贯彻了融会

1 （唐）赵蕤撰，梁运华整理：《长短经》，北京：中华书局，2017年，第163页。
2 孔凡礼点校：《苏轼文集》卷六十三，第1961页。
3 孔凡礼点校：《苏轼文集》卷六十六，第2072页。
4 （宋）苏辙：《栾城集》卷二十二，载（宋）苏辙著，陈宏天、高秀芳点校：《苏辙集》，北京：中华书局，1990年，第388页。
5 （宋）苏辙：《栾城后集》卷十，载（宋）苏辙著，陈宏天、高秀芳点校：《苏辙集》，第995页。
6 孔凡礼点校：《苏轼文集》卷十，第325页。
7 （元）脱脱等：《宋史·选举志》，第3617页。
8 孔凡礼点校：《苏轼文集》卷十一，第363页。
9 孔凡礼点校：《苏轼文集》卷六十九，第2181页。

贯通的精神。苏轼洞悉诗、书、画等不同艺术的共通之处，在理论表述和文艺批评中经常打破不同艺术形式的界限。如《文与可画墨竹屏风赞》中的"诗不能尽，溢而为书，变而为画，皆诗之余"[1]、《次韵吴传正枯木歌》中的"古来画师非俗士，妙想实与诗同出"[2]、《欧阳少师令赋所蓄石屏》中的"古来画师非俗士，摹写物像略与诗人同"[3]、《书鄢陵王主簿所画折枝二首》其一中的"诗画本一律，天工与清新"[4]、《凤翔八观·王维吴道子画》中的"摩诘本诗老，佩芷袭芳荪。今观此壁画，亦若其诗清且敦"[5]、《闻复》中的"孤山思聪闻复师，作诗清远，如画工"[6]、《送钱塘僧思聪归孤山叙》中的"聪若得道，琴与书皆与有力，诗其尤也。聪能如水镜以一含万，则书与诗当益奇"[7]以及《书摩诘蓝田烟雨图》中那句著名的"味摩诘之诗，诗中有画。观摩诘之画，画中有诗"[8]等。苏轼在创作中"以诗为词"，把诗歌表现的题材和抒发的情感移入词中，实现了"无意不可入，无事不可言"[9]，从而打破了诗尊词卑的传统。苏轼在艺术风格和审美取向上也反对单一化，他在《孙莘老求墨妙亭诗》中对杜甫论书法只崇尚"瘦硬"之风的观点发表了不同的见解："杜陵评书贵瘦硬，此论未公吾不凭。短长肥瘠各有态，玉环飞燕谁敢憎。"[10]他在《答张文潜县丞书》中对王安石追求整齐划一的做法同样表达了愤慨："文字之衰，未有如今日者也。其源实出于王氏。王氏之文，未必不善也，而患在于好使人同己。自孔子不能使人同，颜渊之仁，子路之勇，不能以相移。而王氏欲以其学同天下！地之美者，同于生物，不同于所生。惟荒瘠斥卤之地，弥望皆黄茅白苇，此则王氏之同也。"[11]这些都是苏氏蜀学兼容并包、兼收并蓄学术精神的具体体现。

关于三苏融合三教的精神，朱熹是反对者。朱熹评苏洵云"看老苏《六经

1　孔凡礼点校：《苏轼文集》卷二十一，第614页。

2　（清）王文诰辑注，孔凡礼点校：《苏轼诗集》卷三十六，北京：中华书局，1982年，第1962页。

3　（清）王文诰辑注，孔凡礼点校：《苏轼诗集》卷六，第278页。

4　（清）王文诰辑注，孔凡礼点校：《苏轼诗集》卷二十九，第1525—1526页。

5　（清）王文诰辑注，孔凡礼点校：《苏轼诗集》卷三，第109页。

6　孔凡礼点校：《苏轼文集》卷七十二，第2301页。

7　孔凡礼点校：《苏轼文集》卷十，第326页。

8　孔凡礼点校：《苏轼文集》卷七十，第2209页。

9　（清）刘熙载撰：《艺概》卷四，上海：上海古籍出版社，1978年，第108页。

10　（清）王文诰辑注，孔凡礼点校：《苏轼诗集》卷八，第371—372页。

11　孔凡礼点校：《苏轼文集》卷四十九，第1427页。

论》，则是圣人全是以术欺天下也"[1]，评苏轼云"东坡则杂以佛老，到急处便添入佛老，相合"[2]，评苏辙云"苏侍郎晚为是书，合吾儒于老子，以为未足，又并释氏而弥缝之，可谓舛矣"[3]。这些都是针对三苏学术之"杂"而言的。但是更多的学者都对三苏融合儒、道、佛的学术精神表示认可。深受苏氏蜀学影响，与苏门和三苏后人过从密切的叶梦得[4]则接受三苏融合三教的思想。叶梦得《避暑录话》卷上中的"孔子正言之，庄周激言之，其志则一尔"[5]就是如此。很多蜀地的学者都接受融合三教的精神，并将其应用于自己的学问之中。如李石《老子辩下》中的"道有通乎？曰通唯其通，故浑然大矣。曰清净、曰寡欲云者，岂唯老氏。圣人宅心于虚，以受万物之托，寂然自冥于无所思虑，俾百姓日用以给而救其过者，此吾儒之正道"[6]便运用道家观念来诠释儒家之道。《宋元学案》卷七十一有云："盖元祐有洛、蜀之争，二百年中，其学终莫能合，及后溪与先生兄弟出，鹤山继之，遂合其统焉。"[7]这里涉及的刘光祖、李壁、李植、魏了翁都是蜀地著名的理学家，他们共同致力于完成"洛蜀会同"。把来自不同地域、不同学派的思想整合为一，这显然是蜀地学者共有的学术精神。由此可见，三苏之后众多的蜀地学人仍然秉承着兼容并包的学术精神。这样就为蜀地的地域文化注入了更多的活力。

三、以情为本的精神

蜀人治学以人情为重。他们从符合人的常情常理的角度出发来分析和看待各种事物。在天人儒学盛行的汉代，扬雄就明确反对以天道秩序来规范和束缚人之德行的观念，他在《法言·问道》中提出："吾于天与，见无为之为矣。"[8]扬雄用道家的"无为"思想消解天道对人道的制约，从而提高了人的地位。他在《法

1　（宋）黎靖德编，王星贤点校：《朱子语类》卷一百三十，第3118页。

2　（宋）黎靖德编，王星贤点校：《朱子语类》卷一百三十七，第3276页。

3　（宋）朱熹：《杂学辨·苏黄门老子解》，载（宋）朱熹撰：《朱子全书》第二十四册，第3469页。

4　潘殊闲：《叶梦得：苏门渊源与学术旨趣》，《南昌大学学报》（人文社会科学版）2008年第2期。

5　朱易安、傅璇琮等主编：《全宋笔记》第二编第十册，郑州：大象出版社，2006年，第242页。

6　曾枣庄、刘琳主编：《全宋文》第二百零六册，第10页。

7　（清）黄宗羲著，（清）全祖望补修，陈金生、梁运华点校：《宋元学案》，北京：中华书局，1986年，第2392页。

8　汪荣宝撰，陈仲夫点校：《法言义疏》，第114页。

言·五百》中还说："史以天占人，圣人以人占天。"[1]这样就把人事的重要性抬高到天道之上。欧阳修在《易童子问》卷一中对这种思想做出了发明："圣人，人也，知人而已。天地鬼神不可知，故推其迹；人可知者，故直言其情。以人之情而推天地鬼神之迹，无以异也。然则修吾人事而已，人事修，则与天地鬼神合矣。"[2]对天道鬼神的拒斥必然会导致对人情的重视。三苏继承了这种学术精神，特别看重人的常情常理在经学、文学、史学中的重要意义。

从人之常情出发，把不违背常情常理当成看待一切事物的根本出发点，这是苏氏蜀学的特色。苏洵在《利者义之和论》中说："《易》之道本因天以言人事。"[3]苏洵认为《易经》《春秋》《论语》等经典都源自圣人在现实中的所思、所感、所触，并不会违背人之常情，因而既深刻又易懂。其《太玄论上》云："夫子之于《易》，吾见其思焉而得之者也；于《春秋》，吾见其感焉而得之者也；于《论语》，吾见其触焉而得之者也。思焉而得，故其言深；感焉而得，故其言切；触焉而得，故其言易。"[4]苏洵还从人之常情出发，在《辨奸论》中根据"夫面垢不忘洗，衣垢不忘浣，此人之至情也"做出了王安石必为奸邪的推断："今也不然，衣臣虏之衣，食犬彘之食，囚首丧面而谈诗、书，此岂其情也哉?凡事之不近人情者，鲜不为大奸慝。"[5]苏洵立论的依据便在于王安石种种行为的"不近人情"。苏洵认为这些行为的背后包藏着祸心。苏轼也多次强调"人情"的重要性。如《中庸论》云，"夫圣人之道，自本而观之，则皆出于人情"[6]；《礼以养人为本论》云，"夫礼之初，缘诸人情"[7]；《书李简夫诗集后》云，"孔子不取微生高，孟子不取于陵仲子，恶其不情也"[8]；《诗论》亦云，"夫六经之道，惟其近于人情，是以久传而不废。而世之迂学，乃皆曲为之说，虽其义之不至于此者，必强牵合以为如此，故其论委曲而莫通也"[9]。苏轼还以此为据给《诗经》中的"比"和"兴"下了定义："且彼不知夫《诗》之体固有比矣，而皆合之以为兴。夫兴之为言，犹曰其意云尔。意有所触乎当时，时已去而不可知，故其类可以

1 汪荣宝撰，陈仲夫点校：《法言义疏》，第264页。
2 （宋）欧阳修著，李逸安点校：《欧阳修全集》卷七十六，北京：中华书局，2001年，第1109页。
3 （宋）苏洵著，曾枣庄、金成礼笺注：《嘉祐集笺注》卷九，第278页。
4 （宋）苏洵著，曾枣庄、金成礼笺注：《嘉祐集笺注》卷七，第169页。
5 （宋）苏洵著，曾枣庄、金成礼笺注：《嘉祐集笺注》卷九，第272页。
6 孔凡礼点校：《苏轼文集》卷二，第61页。
7 孔凡礼点校：《苏轼文集》卷二，第49页。
8 孔凡礼点校：《苏轼文集》卷六十八，第2148页。
9 孔凡礼点校：《苏轼文集》卷二，第55页。

意推，而不可以言解也。'殷其雷，在南山之阳'，此非有所取乎雷也，盖必其当时之所见而有动乎其意，故后之人不可以求得其说，此其所以为兴也。嗟夫，天下之人，欲观于《诗》，其必先知比、兴。若夫'关关雎鸠，在河之洲'，是诚有取于其挚而有别，是以谓之比而非兴也。"[1]苏轼认为"比"和"兴"的根本区别就在于作者写诗时是否"有所取"。至于如何区别二者，那就要从人之常情出发来加以判断。因为人之常情是不会随着时间的改变发生变化的。既然今人不会"有取乎雷"，那么古人自然也就不能"有取乎雷"。因此凡属此类便都是"兴"。至于"关关雎鸠，在河之洲"这样的作品，今人轻易就能看出作者"有取于其挚而有别"，所以应属于"比"。苏轼进一步总结出解经的原则："无强为之说，以求合其当时之事。"[2]对于经典中年代久远的内容不必牵强附会，应该从人之常情出发来做出合情合理的解释。苏轼所著的《东坡易传》在解释《易》理时同样以"多切人事"[3]著称。苏辙也有很多顺乎人情方面的言论。他在《诗论》中说："夫六经之道，惟其近于人情，是以久传而不废。而世之迂学，乃皆曲为之说，虽其义之不至于此者，必强牵合以为如此，故其论委曲而莫通也。"[4]在《论明堂神位状》中也说过"夫礼沿人情，人情所安，天意必顺。"[5]苏辙还运用这种思想来分析历史人物和故事。其《夏论》云："今夫人之爱其子，是天下之通义也。有得焉而思以予其子孙，人情之所皆然也。圣人以是为不可易，故从而听之，使之父子相继而无相乱。以至于尧，尧举天下而授之舜，舜得尧之天下而又授之禹。举天下而授之人，此圣人之所以大过人，而天下后世之所不能也……然则禹之不以天下授益，非以益为不足受也。使天下复有禹，予知禹不以天下授之矣，何者？启足以为天下故也。启为天下，而益为之佐，是益不失为伊尹、周公，而其功犹可以及天下也。"[6]虽然苏辙对尧、舜禅让和禹传位于启的原因的解释异于前人，但是完全合乎人之常情。总之，三苏解经、观人、论史无不遵循从人之常情出发这一原则。

三苏蜀学从人之常情出发的学术精神产生了很大的影响。叶梦得《春秋考》卷一中的"有事与例与义俱不可见，而意可通者，求以意。意者，人情之所同

1　孔凡礼点校：《苏轼文集》卷二，第55页。
2　孔凡礼点校：《苏轼文集》卷二，第55页。
3　《东坡易传提要》，载（清）永瑢等撰：《四库全书总目》卷二，第6页。
4　（宋）苏辙：《栾城应诏集》卷四，载（宋）苏辙著，陈宏天、高秀芳点校：《苏辙集》，第1273页。
5　（宋）苏辙：《栾城集》卷三十八，载（宋）苏辙著，陈宏天、高秀芳点校：《苏辙集》，第670页。
6　（宋）苏辙：《栾城应诏集》卷一，载（宋）苏辙著，陈宏天、高秀芳点校：《苏辙集》，第1243—1244页。

也……"[1]便显然受到了三苏蜀学的影响。除了受三苏影响的学者外，就连作为理学家的朱熹也不否认常情常理的合理性。朱熹反对以汉儒"教化"解释《诗经》，破除《毛诗序》的做法便贯彻了这种思想。他认为古人和今人作诗在感物抒情上是一致的："大率古人作诗，与今人作诗一般，其间亦自有感物道情，吟咏情性，几时尽是讥刺他人？只缘序者立例，篇篇要作美刺说，将诗人意思尽穿凿坏了！"[2]可见，蜀学从人的常情常理出发看待一切事物的学术精神，经三苏之手变得更具影响力，在当时和后世都得到了普遍的认可。

四、经世致用的精神

经世致用的思想自古有之，但是对于生活在地理环境相对封闭、生活富足安逸的蜀人来说，能够不安于现状、追求经世致用实属不易。汉代以降的蜀地文人不仅普遍都有用世之意，他们的经学、文学也多把实用性放在首要的位置。司马迁在《史记·司马相如列传》中批评司马相如的赋"虽多虚辞滥说，然其要归引之节俭，此与《诗》之风谏何异"[3]。扬雄改变了对赋的态度，这是因为他认识到了赋在讽谏方面的无能为力。《汉书·扬雄传》云："雄以为赋者，将以风也，必推类而言，极丽靡之辞，闳侈巨衍，竟于使人不能加也，既乃归之于正，然览者已过矣。往时武帝好神仙，相如上《大人赋》，欲以风，帝反缥缥有陵云之志。繇是言之，赋劝而不止，明矣。又颇似徘优淳于髡、优孟之徒，非法度所存，贤人君子诗赋之正也，于是辍不复为。"[4]陈子昂在《修竹篇·序》中反对齐梁诗风，提出"思古人常恐逶迤颓靡，风雅不作"[5]。李白《古风五十九首》其一中所说的"大雅久不作，吾衰竟谁陈"[6]也带有对现实强烈的关切。

三苏蜀学把经世致用的精神发展到了一个新的高度。三苏都注重学问的实用性。苏轼在《谢除两职守礼部尚书表》其二中明确表示自己所追求的是实用之学：

1　（宋）叶梦得：《春秋考》，武英殿外聚珍福建光绪十九年刻本。
2　（宋）黎靖德编，王星贤点校：《朱子语类》卷八十，第2076页。
3　（汉）司马迁著，（南朝宋）裴骃集解，（唐）司马贞索隐，（唐）张守节正义：《史记》，北京：中华书局，1959年，第3073页。
4　（汉）班固撰，（隋唐）颜师古注：《汉书》，第3575页。
5　（唐）陈子昂撰，徐鹏校点：《陈子昂集》卷一，北京：中华书局，1962年，第15页。
6　（唐）李白著，（清）王琦注：《李太白全集》卷二，北京：中华书局，1977年，第87页。

"始臣之学也，以适用为本，而耻空言。"[1]除了直陈时弊外，苏轼还经常把自己对现实问题的看法寄托在历史人物的评论中。以《管仲无后》为例：

> 《左氏》云："管仲之世祀也宜哉！"谓其有礼也。而管子之后不复见于齐者。予读其书，大抵以鱼盐富齐耳。予然后知管子所以无后于齐者。孔子曰："管仲相桓公，九合诸侯，一匡天下。微管仲，吾其被发左衽矣。"又曰："桓公九合诸侯，不以兵车，管仲之力也。如其仁！如其仁！"夫以孔子称其仁，丘明称其有礼，然不救其无后，利之不可与民争也如此。桑弘羊灭族，韦坚、王鉷、杨慎矜、王涯之徒，皆不免于祸，孔循诛死，有以也夫。[2]

苏轼认为历史上的管仲、桑弘羊、韦坚、王鉷、杨慎矜、王涯等人都不免于祸患，其根本原因就在于他们都与民争利。虽然苏轼是在评论历史人物，但这段话明显是在影射时政。在王安石变法期间，苏轼看到了一些新法带有与民争利的性质。这就使得苏轼对新法实际效果强烈质疑。他在《拟进士对御试策》中就谈到了青苗法所存在的问题："今陛下使农民举息，与商贾争利，岂理也哉，而何怪其不成乎？"[3]不仅如此，苏轼在《论商鞅》一文中直接把评论历史和分析现实结合起来："至于桑弘羊，斗筲之才，穿窬之智，无足言者。而迁之言曰：'不加赋而上用足。'善乎，司马光之言也，曰：'天下安有此理。天地所生财货百物，止有此数，不在民则在官。譬如雨泽，夏涝则秋旱。不加赋而上用足，不过设法阴夺民利，其害甚于加赋也。'二子之名在天下，如蛆蝇粪秽也，言之则污口舌，书之则污简牍。二子之术，用于世者，灭国残民，覆族亡躯者，相踵也。而世主独甘心焉，何哉？乐其言之便己也。"[4]苏轼以史为鉴，充分发掘历史人物和故事对于当下的意义。思想方面亦是如此。苏轼对佛教也是本着以实用为主的态度的。他在《答毕仲举二首》其一中说："仆尝语述古，公之所谈，譬之饮食龙肉也，而仆之所学，猪肉也，猪之与龙，则有间矣，然公终日说龙肉，不如仆之食猪肉实美而真饱也。"[5]这里的龙肉象征着高深玄妙的禅理，猪肉指佛教思想的实用价值。在这

1　孔凡礼点校：《苏轼文集》卷二十三，第701页。
2　孔凡礼点校：《苏轼文集》卷六十五，第2000页。
3　孔凡礼点校：《苏轼文集》卷九，第303页。
4　孔凡礼点校：《苏轼文集》卷五，第156页。
5　孔凡礼点校：《苏轼文集》卷五十六，第1671—1672页。

二者之中，苏轼更加看重的是后者。他认为佛教对自己最大的价值便在于可以为现实生活提供切实有效的帮助。

　　三苏的文学也都把实用价值放在首位。欧阳修在《荐布衣苏洵状》中称赞苏洵"文章不为空言而期于有用。"[1]苏洵在《上韩枢密书》中说自己所著的《权书》的价值就在于可以施用于当今的社会："虽古人已往成败之迹，苟深晓其义，施之于今，无所不可"[2]。苏轼也崇尚文学的实用性。苏轼《题柳子厚诗二首》其二强调了"有为而作"的重要性："诗须要有为而作，用事当以故为新，以俗为雅。好奇务新，乃诗之病。"[3]他在《凫绎先生诗集叙》中批评颜太初诗文的时候便运用了这种诗学观念："先生之诗文，皆有为而作，精悍确苦，言必中当世之过，凿凿乎如五谷必可以疗饥，断断乎如药石必可以伐病。"[4]在《答虔倅俞括一首》中也着眼于文学的实用价值："今观所示议论，自东汉以下十篇，皆欲酌古以驭今，有意于济世之实用，而不志于耳目之观美，此正平生所望于朋友与凡学道之君子也。"[5]可见，苏轼特别欣赏有济世之用的作品。苏辙同样也把关注现实当成自己创作的主要目的，他的《自齐州回论时事书》开篇就说"臣自少读书，好言治乱"[6]。和哥哥苏轼一样，苏辙也经常在诗文中反映王安石变法、元祐党争等现实问题。我们仅从《次韵子瞻吴中田妇叹》中的"东邻十日营一炊，西邻谁使救汝饥。海边唯有盐不旱，卖盐连坐收婴儿。传闻四方同此苦，不关东海诛孝妇"[7]等句便可以看出，苏辙在讽刺现实的力度上丝毫不逊其兄。三苏在解经、讲史、文学等方面都表现出对现实问题极大的关切，并使务实的精神成为苏氏蜀学的突出特色。

　　三苏发扬了蜀地经世致用的学术精神，对后世产生了很大的影响。作为南宋时期蜀地著名的理学家，魏了翁也充分强调学问的实用性。他在《答朱择善书》中反对把著书立说和实践截然分开的做法："若书自书，人自人，说自是说底，行自是行底，则全不济事。"[8]魏了翁认为学问的根本就在于实践，其《答周监酒书》

1　（宋）欧阳修著，李逸安点校：《欧阳修全集》卷一百一十二，第1698页。

2　（宋）苏洵著，曾枣庄、金成礼笺注：《嘉祐集笺注》卷十一，第301页。

3　孔凡礼点校：《苏轼文集》卷六十七，第2109页。

4　孔凡礼点校：《苏轼文集》卷十，第313页。

5　孔凡礼点校：《苏轼文集》卷五十九，第1793页。

6　（宋）苏辙：《栾城集》卷三十五，载（宋）苏辙著，陈宏天、高秀芳点校：《苏辙集》，第616页。

7　（宋）苏辙：《栾城集》卷五，载（宋）苏辙著，陈宏天、高秀芳点校：《苏辙集》，第81页。

8　曾枣庄、刘琳主编：《全宋文》第三百零九册，第377页。

云："又见得向来多看先儒解说，不如一一从圣经看来。盖不到地头亲自涉历一番，终是见得不真，又非一一精体实践，则徒为谈辩文乘之资耳。来书乃谓只须祖述朱文公诸书。文公诸书读之久矣，正缘不欲于卖化担上看桃李，须树头枝底方见活精神也。"[1]晚清学者李慈铭在《越缦堂读书记》中对魏了翁的学术做出了这样的评价："南宋之儒，吾必以吕成公、魏文靖公为巨擘焉，其学经而切用，其人和而近圣。"[2]此语准确地道出了魏了翁学术思想注重实用的特点。由此可以看出，经世致用始终是蜀地学者孜孜以求的学术精神。

三苏蜀学在解经、讲史、论政以及文艺创作、批评等方面都颇多精彩独到之处，三苏蜀学更是因三苏天才的创造性和巨大的影响力呈现了"人传元祐之学，家有眉山之书"[3]的局面。但是若就其学术精神而言，三苏蜀学尊奉儒道、兼容并包、以情为本和经世致用的学术精神却都源自对蜀地学术传统的继承和发扬。不仅三苏，不同时期的蜀地学者都在各自擅长的领域里取得了不凡的建树，创造出各具特色的文学、文化成果。但是在学术精神上，蜀地学人都体现出高度的趋同性——带有鲜明的蜀地文化色彩。对蜀地学术精神的继承和发扬是蜀地学人之所以能够取得辉煌成就的原因，同时也是他们对家乡文化认同感和自豪感的体现。

1　曾枣庄、刘琳主编：《全宋文》第三百零九册，第385页。

2　（清）李慈铭撰，由云龙辑：《越缦堂读书记》，北京：中华书局，1963年，第50页。

3　（宋）罗大经撰，王瑞来点校：《鹤林玉露》甲编卷二，北京：中华书局，1983年，第33页

宋代眉山苏氏家族成员墓志文研究综述[1]

袁志敏（眉山三苏祠博物馆）

摘　要： 眉山苏氏家族由科举起家，绵延数百年，其家族成员中，仕历显要者比比皆是，在北宋文坛与政坛上留下了深深的印记。保存于宋人文集中苏氏家族成员的墓志文，以及出土的有关苏氏家族成员的墓志碑刻，构成了研究眉山苏氏家族成员的丰富史料和知识图谱。通过梳理与搜集，目前可得宋代眉山苏氏家族成员墓志21篇：其中传世的苏姓墓志9篇，出土的苏姓墓志2方；传世的非苏姓墓志7篇，出土的非苏姓墓志3方。这些志文中所记录的家族世系、生平事迹、交游图景、家风家教、读书学习、日常生活等，是三苏家族历史及墓主人生平事迹的真实写照，对于研究苏氏家族历史文化以及家族成员为政、为文、为人等方面具有重要的文献价值。

关键词： 眉山　宋代　苏氏家族　墓志文

三苏是北宋文化史上最耀眼的明珠，其家族的逸闻趣事和优良家风更是为人津津乐道。在眉山苏氏家族成员中，仕历显要者比比皆是，保存于宋人文集中苏氏家族成员的墓志文，以及新出土的有关苏氏家族成员的墓志碑刻，构成了研究眉山苏氏家族成员的丰富史料。有关眉山苏氏家族成员墓志的研究，除苏登科的《眉山三苏家族墓志目录提要》对三苏家族墓志目录进行了集中提要式的梳理之外[2]，未

1　本文系四川省哲学社会科学基金"三星堆、蜀道、三苏研究"重大专项"三苏遗址遗迹调查与研究"（SCJJ24ZD61）的阶段性成果。
2　苏登科：《眉山三苏家族墓志目录提要》，载《第21届中国苏轼学术研讨会论文集》，2017年。

见有其他专家学者对眉山苏氏家族成员墓志进行全面梳理与叙录，故有必要集中整理其家族成员墓志文。文章拟以宋代眉山苏氏家族成员墓志为中心，兼及行状、挽词、哀辞、墓表以及祭文等，分类简述，以祈方家指正。

一、眉山苏氏家族的苏姓成员墓志

（一）传世的苏姓墓志

传世的苏姓墓志，多见于三苏文集及相关宋人文集之中。苏洵《族谱后录下篇》道："苏氏自迁于眉而家于眉山，自高祖泾则已不详，自曾祖钘而后稍可记。"[1]为行文方便，笔者以生平世次为序，梳理如下：

（1）《苏廷评行状》：此行状载于《苏轼文集》卷十六。苏廷评即苏序，为苏轼祖父，苏洵父亲，因其子苏涣科举中进士，获赠大理评事。于庆历七年（1047）五月十一日终于家，庆历八年（1048）年二月葬于眉山县修文乡安道里（今东坡区修文镇十字卡村）。此状主要叙述状主的家族世系、生平事迹以及卒葬信息等，强调了苏序乐善好施、面对危难处变不惊等高尚的德行与远见卓识。据苏轼在《与曾子固一首》所论："京师人事扰扰，而先君亦不自料止于此。呜呼，轼尚忍言之！今年四月，轼既护丧还家，未葬，偶与弟辙阅家中旧书，见先君子自疏录祖父事迹数纸，似欲为行状未成者，知其意未尝不在于此也。因自思念，恐亦一旦卒然，则先君之意，永已不遂。谨即其遗书粗加整齐为行状。"[2]可知，苏洵于治平三年病逝于京师开封，苏氏兄弟护丧还家，由于京师开封距家乡眉州几千里，还家当花费时日。故文中的"今年四月"当为治平四年四月到达家乡眉州之时间，行状当作于此时。

（2）《赠职方员外郎苏君墓志铭》："职方员外郎苏君"亦指苏序，其获赠尚书职方员外郎。该墓志载于《曾巩集》卷四十三，据墓志文所论："熙宁元年春，余之同年友赵郡苏轼自蜀以书至京师，谓余曰：'轼之大父行甚高，而不为世用，故不能自见于天下。然古之人亦不必皆能自见，而卒有传于后者，以世有发明之者耳。故轼之先人尝疏其事，盖将属铭于子，而不幸不得就其志。轼何敢废焉？

1　（宋）苏洵著，曾枣庄、金成礼笺注：《嘉祐集笺注》，上海：上海古籍出版社，1993年，第385页。
2　孔凡礼点校：《苏轼文集》，北京：中华书局，1986年，第1467页。

子其为我铭之'"[1]可知，此墓志铭主要撰写时间当在熙宁元年（1068）春，是曾巩应苏轼之请，并依照苏轼所提供的行状撰写的。

（3）《伯父墓表》："伯父"即苏辙伯父苏涣，字公群，后字文甫，天圣二年（1024）进士，历任宝鸡主簿、凤州司法、阆中通判、利州路提刑等职。嘉祐七年（1062）八月己亥卒于任上，治平二年（1065）二月，同夫人杨氏合葬于永寿乡高迁里。该表载于《苏辙集·栾城集》卷二十五，文中首先叙述了伯父苏涣年少颖悟笃志、谦逊礼让的品格，入仕后刚正不阿、秉公执法、廉洁从政的官箴实践；其次对伯父家庭成员做了介绍；最后追忆了伯父对苏氏兄弟为政为学的影响。据表文所载："公没二十七年，不危状公遗事，以授公之从子辙曰：'先君既没，而二兄不淑，惟小子仅存，不时记录，久益散灭，则不孝大矣。'"[2]可知此表是苏辙在其伯父苏涣去世二十七年之后，受其堂兄苏不危之托，并根据苏不危提供的信息撰写的，再据"元祐三年，岁次戊辰，十二月朔日癸酉，从子朝奉郎试尚书户部侍郎上骑都尉赐紫金鱼袋辙表"的落款信息可知，《伯父墓表》撰写于元祐三年十二月。

（4）《故霸州文安县主簿苏君墓志铭并序》：此墓志由欧阳修撰写，是其为悼念好友，即同为"唐宋八大家"的苏洵而作的，志文载于《欧阳修全集》卷三十五。其内容在介绍其生平事迹与家族概况时，着重强调了其在文学上的重要成就及其纯明笃实的德行操守。苏洵，字明允，苏涣之弟，与苏轼、苏辙合称"三苏"，嘉祐六年被任命为秘书省试校书郎、霸州文安县主簿，与姚辟同修《太常因革礼》。治平三年四月戊申卒于京师开封，治平四年十月壬申，葬于彭山之安镇乡可龙里（今东坡区富牛镇永光村）。据墓志所述："与陈州项城县令姚辟同修礼书。为《太常因革礼》一百卷。书成，方奏未报，而君以疾卒。实治平三年四月戊申也。享年五十有八。天子闻而哀之，特赠光禄寺丞，敕有司具舟载其丧归于蜀。"[3]可知，苏洵于治平三年四月戊申卒于京师，而"特赠光禄寺丞"的时间为六月壬辰，墓志中既然出现赠官之史实，则说明此墓志撰写的时间最早当在治平三年（1066）六月。

（5）《文安先生墓表》：此墓表是张方平为悼念苏洵所撰，表文载于《张方平集》卷三十九。该表文最突出的价值是叙述了与苏洵相识、相交的过程，对研究

1　（宋）曾巩撰，陈杏珍、晁继周点校：《曾巩集》，北京：中华书局，1984年，第586页。

2　（宋）苏辙著，陈宏天、高秀芳点校：《苏辙集》，北京：中华书局，1990年，第417页。

3　（宋）欧阳修著，李逸安点校：《欧阳修全集》，北京：中华书局，2001年，第512页。

三苏与张方平之间的交游具有重要的意义；此外，全文保存了苏洵所撰的《辨奸论》一文，对考察苏洵与王安石的恩怨提供了史料支撑。此据墓表所述："集成《太常因革礼》一百卷，书成，奏未报而以疾卒，享年五十有八，实治平三年四月。英宗闻而伤之，命有司具舟载其丧归葬于蜀，明年八月壬辰葬于眉州彭山县安镇乡可龙里。"[1]可知，此表当撰于治平三年四月之后。

（6）《亡姊王夫人墓志铭》：该墓志是苏辙为悼念其堂姐而撰写的铭文，志文载于《苏辙集·栾城后集》卷二十四。据墓志所载："伯父大中大夫，生女子四人，仲姊适进士王君东美器之，独享上寿，年七十有五。从其子肄为梓州铜山尉，官满而归，没于乡间，实建中靖国元年十二月庚寅也。"可知，亡姊王夫人，姓苏，伯父苏涣第二女，嫁于进士王东美为妻。其逝世时间为建中靖国元年（1101）十二月，又据"将以崇宁元年十月六日袝于器之之墓"[2]中的"将"字可知，苏辙撰写此墓志时，堂姐尚未安葬。故其写作时间当在中靖国元年（1101）十二月之后。

（7）《亡兄子瞻端明墓志铭》：该墓志是苏辙为其兄苏轼所撰，志文载于《苏辙集·栾城后集》卷二十二。苏辙以平实的语言娓娓道出苏轼的人生经历，讲述了苏轼为官期间的品行作为，着重描绘了其为官政绩，是研究苏东坡及北宋中期政治不可或缺的文献资料。据墓志铭所载："建中靖国元年六月，请老，以本官致仕。遂以不起。未终旬日，独以诸子侍侧曰：'吾生无恶，死必不坠，慎无哭泣以怛化。'问以后事，不答，湛然而逝，实七月丁亥也。"[3]可知，苏轼病逝于建中靖国元年（1101）七月二十八日。又志文称："明年闰六月癸酉，葬于汝州郏城县钓台乡上瑞里。"可知此墓志当作于崇宁元年闰六月癸酉苏轼安葬郏县之际。相关研究有王豪有《从苏辙〈亡兄子瞻端明墓志铭〉谈乌台诗案前后的神宗与苏轼》，载于《扬州教育学院学报》2019年第2期。

（8）《宋故通直郎眉山苏叔党墓志铭》：该墓志是晁说之为悼念苏过而撰写的，志文载于《嵩山文集》卷二十（四部丛刊续编集部，上海涵芬楼影印旧抄本）。舒大刚的《三苏后代研究》亦著录其墓志内容。据墓志所载："其葬以七年四月辛酉，墓在先生兆之东南。篜等以说之有奕世之好，辱在先生荐贤中，求铭。

1 （宋）张方平撰，郑涵点校：《张方平集》，郑州：中州古籍出版社，1992年，第717页。
2 （宋）苏辙著，陈宏天、高秀芳点校：《苏辙集》，第1140页。
3 （宋）苏辙著，陈宏天、高秀芳点校：《苏辙集》，第1140页。

不敢辞。"¹可知苏过墓志铭当作于宣和七年（1125）四月。

（9）《朝散郎秘阁修撰江南西路转运副使苏公墓志铭》：该墓志载于《南涧甲乙稿》卷二十一，舒大刚在《三苏后代研究》中亦著录此墓志，为韩元吉为悼念其世交好友苏岘而作。韩元吉，字无咎，号南涧，祖籍真定，出身于"桐木韩氏"，后徙居开封雍丘，再徙颍昌。韩元吉以荫为龙泉主簿，历知建安县知县、建安府知府，累官吏部尚书，封颍川郡公，有《桐荫旧话》《南涧甲乙稿》等文集传世。据志文所载："而公旧苦肺疾，以哭兄逾戚，连岁屡作，淳熙之十年也，六十有六矣。疾旬余，却医药不肯视，曰：'东坡之年止此，吾何德似之。'屏荤茹，冠栉而逝。十二月七日也。将葬，诸子以铭为请，予与公既故且亲同里间共庚甲也，其何可不铭？"²可知，此墓志铭撰写于（1183）十二月七日。

（二）出土苏姓墓志

出土的苏姓墓志，则散见于出土时考古人员所撰写的有关发掘报告，或见于与出土地相关的博物馆或文物保护机构。墓志内容多收录于墓志汇编资料和相关学术研究文章中。兹据相关线索，梳理如下：

（1）《宋故承议郎眉山苏仲南墓志铭》：撰者苏迟。此志系1972年6月在河南郏县三苏坟发现。墓志分为志盖和志文两部分，志盖由苏过撰，正书"宋承议郎眉山苏仲南墓志铭"12字。志文由苏迟撰并书丹，碑文正楷，39行，满行39字。碑石规格为正方形，碑身长宽均为78厘米，厚14厘米。碑藏于河南省博物院，是目前所见有关苏适生平记载最为集中和详细的石刻文献资料，内容主要涉及其家世姻亲、仕宦履历及生活细节等。志主苏适为苏辙之次子，以苏辙遗恩入仕为官，官至信阳军司录军事。《新中国出土墓志（河南卷）》《郏县三苏坟资料汇编》和《三苏后代研究》中有志文内容或笺释。有关苏适墓志铭的研究，有李绍连的《北宋苏适墓志及其他》，载于《文物》1973年第7期；曾劲的《从苏适墓葬形制看苏氏家族川俗之保持》，载于《江汉论坛》2005年第8期；朱梦园的《北宋苏适墓志及其相关问题研究》，载于《郑州大学学报》（哲学社会科学版）2017年第5期；乔建功、王文一的《〈宋苏适墓志及其他〉之价值——探索三苏坟之锁钥》，载于《中国苏轼研究》2019年第11辑。

（2）《苏符行状碑》：撰者苏山，刻立于南宋初年，碑文详细记述了苏符的

1　舒大刚：《三苏后代研究》，成都：巴蜀书社，1995年，第43页。
2　（宋）韩元吉著，刘云军点校：《南涧甲乙稿》，北京：中国社会科学出版社，2022年，第408页。

生平事迹，简述了其夫人王氏生平，还介绍了苏符的学问成就和生活记事。碑刻整体保存较为完好，字体基本清晰可辨。此碑于1983年发现于眉山市（今东坡区）修文乡甘漕沟十字卡村。碑石为长方形，碑身长125厘米，宽105厘米，因碑镶嵌于墙壁中，厚度无法测量。碑文正楷，采用平阙书仪格式，碑文27行，满行33字。拓片与碑石并藏于眉山三苏祠博物馆。此碑是目前可见关于苏符生平记载最为集中和翔实的碑刻文献资料。据碑中所载："越明年，除知邛州，命下，未拜而薨，实二十六年七月丁未，享年七十。"和"以三十一年十二月己酉葬于眉山县修文乡顺化里。"[1]可知，此行状当写于绍兴三十一年（1161）十二月苏符下葬之时。铭文收录于《四川历代碑刻》《三苏后代研究》《宋代传状碑志集成》中。有关苏符行状碑的研究，有张忠全的《宋苏符行状碑及墓砖铭文》，载于《四川文物》1986年第2期；高文、高成刚的《东坡孙白鹤翁墓考》，载于《四川文物》2002年第1期；袁志敏的《三苏祠藏〈苏符行状碑〉考释》，载于《文物天地》2024年第1期。

二、眉山苏氏家族的非苏姓成员墓志

眉山苏氏家族的非苏姓墓志主要是与苏氏家族有姻亲关系之人的墓志。此类墓志主要分为以下两种情况：一是苏氏男子的妻子或苏氏女子的丈夫；二是苏氏人物的母亲、乳母或保母等。此类墓志的书写多取决于撰写者与被撰写者之间的关系，故而从这些墓志中或可窥见其家族成员的交游信息。以下仍以世次为序，按照传世与出土分类进行梳理。

（一）传世非苏姓墓志

（1）《苏主簿夫人墓志铭》：该墓志铭载于《温国文正公文集》卷七十六（民国八年上海商务印书馆四部丛刊影宋绍熙本），是司马光受苏氏兄弟之托为其母程夫人所撰。曾枣庄、金成礼的《嘉祐集笺注》有此文。志文主要叙述了志文撰写的缘由并详细介绍了程夫人良好的德行修养和对三苏的重要影响，突出了其在苏氏家族中重要的地位。据墓志所载："治平三年夏，苏府君终于京师，光往吊焉。二孤轼、辙哭且言曰：'某将奉先君之枢，归葬于蜀。蜀人之祔也，同垄而异圹。日者吾母夫人之葬也，未之铭，子为我铭其圹。'光固辞不获命。因曰：'夫

1　舒大刚：《三苏后代研究》，第356页。

人之德，非异人所能知也，愿闻其略。'二孤奉其事状，拜以授光。"[1]可知，志文撰写于宋英宗治平三年（1066）夏。志主程氏，大理寺丞程文应之女，天圣六年（1028）嫁于苏洵为妻。嘉祐二年四月在家乡眉山逝世，同年十一月庚子葬于彭山县安镇乡可龙里（今眉山市东坡区富牛镇永光村）。关于此墓志暂无相关出土资料，相关文章无。

（2）《保母杨氏墓志铭》：此墓志载于《苏轼文集》卷十五，是苏轼在元丰八年二月为弟弟苏辙的保母杨金蝉所写。据墓志载："年六十八，熙宁十年六月己丑，卒于徐州，属纩不乱。子由官于宋，载其枢殡于开元寺。后八年，轼自黄迁汝过宋，葬之于宋东南三里广寿院之西，实元丰八年二月壬午也。"[2]可知，保母杨氏（1010—1077）于熙宁十年（1077）六月卒于徐州，其灵枢安放于商丘开元寺。元丰八年（1085）二月，苏轼量移汝州期间，与其弟苏辙将其葬于南京应天府（今河南商丘）广寿院之西。此墓志目前无相关出土资料。有关《保母杨氏墓志铭》的研究，有日本学者野村鲇子的《苏轼〈保母杨氏墓志铭〉之谜》，载于《宋代文化研究》2003年第12辑。此文作者围绕墓志铭书写人以及保母之界定，从中国文学中的乳母墓志铭和保母墓志铭谈起，借助苏轼《乳母任氏墓志铭》的书写格式及内容对保母杨氏墓志铭的诸多疑点和保母杨氏进行了文献释证。

（3）《乳母任氏墓志铭》：此墓志载于《苏轼文集》卷十五，是元丰三年（1080）十月苏轼为其乳母任采莲亲自撰写并书写的墓志铭。据万历《黄冈县志》所述，其出土于隆庆年间，攀拓者络绎不绝，黄州官府担心原石受损，便重刻墓志而将原石收藏于府库之中。明代周晖的《续金陵琐事》和王世贞的《弇州山人续稿》卷一百六十七记载其出土情况。清代孙星衍的《寰宇访碑录》著录了此墓志。此后墓志碑刻所藏不见文献记载，亦无从考证。台湾"中研院"史语所傅斯年图书馆藏有数幅拓片。黄冈市东坡赤壁管理处藏有墓志碑石一通。志主（1008—1080）任采莲，任遂之女，元丰三年（1080）八月在黄州苏轼贬所临皋亭逝世，十月，安葬于黄州城东阜上。关于《乳母任氏墓志铭》的研究，有柳立言的《苏轼乳母任采莲墓志铭所反映的历史变化》，载于《中国史研究》2007年第1期；孔令彬的《生有以养之，不必其子——读苏轼〈乳母任氏墓志铭〉》，载于《名作欣赏》2011年第17期；梁敢雄的《苏轼乳母任氏墓址考——兼订正光绪〈黄州府志〉的两处误记》，载于《黄冈职业技术学院学报》2017年第6期；胜成居士的《读〈乳母任氏

1　（宋）苏洵著，曾枣庄、金成礼笺注：《嘉祐集笺注》，第525页。
2　孔凡礼点校：《苏轼文集》，第473页。

墓志铭〉》，载于《文史杂志》2000年第4期；柳立言的《宋代墓志铭的虚与实及其反映的历史变化——苏轼乳母任采莲墓志铭探微》，载于《北京论坛·文明的和谐与共同繁荣——全球化视野中亚洲的机遇与发展》2005年11月。

（4）《静安县君蒲氏墓志铭》：此墓志铭出自《净德集》卷二十七，是吕陶为苏轼堂兄苏不欺之妻蒲氏撰写的墓志铭。据墓志铭所载："绍圣某年七月某日，以疾终于眉山之所居。享年六十有八。明年十一月某日，祔于中舍君之墓次。"[1]可知，蒲氏于绍圣某年七月病逝，具体时间不明。孔凡礼先生《三苏年谱》卷五十"绍圣二年"条载："七月，堂兄不欺（子明）之妻蒲氏卒。辙作挽词。"[2]可知其逝世年代为绍圣二年七月，然无具体文献佐证。姑从之，以待后考。

（5）《亡妻王氏墓志铭》：此墓志载于《苏轼文集》卷十五，是苏轼为其原配王弗所撰。志文主要记录了王弗知书达理、孝慈仁爱的良好品性以及对苏轼为官凤翔的支持与帮助，突出表现了苏轼对其感情之深厚。据墓志铭所载："治平二年五月丁亥，赵郡苏轼之妻王氏，卒于京师。六月甲午，殡于京城之西。其明年六月壬午，葬于眉之东北彭山县安镇乡可龙里先君先夫人墓之西北八步。轼铭其墓。"[3]可知，此墓志作于治平三年六月。然对于此墓志的写作时间，吴雪涛先生在《苏文系年考略》中提出疑问并有详细释义[4]。姑依墓志内容将写作时间定为治平三年六月，以待后来者详考。

（6）《朝云墓志铭》：此墓志载于《苏轼文集》卷十五，是苏轼为其侍妾王朝云所撰，志文记录了王朝云的籍贯生平、卒葬地以及个人的德行修养等。据墓志所载："坡先生侍妾曰朝云，字子霞，姓王氏，钱塘人。敏而好义，事先生二十有三年，忠敬若一。绍圣三年七月壬辰卒于惠州，年三十四。八月庚申，葬之丰湖之上栖禅山东南。"[5]可知，王朝云于绍圣三年七月卒于惠州，八月庚申下葬。则该墓志当作于七八月间。惠州西湖湖畔现有朝云墓，墓旁立有清代伊秉绶所书的《苏文忠公朝云墓志铭》碑，该碑是否为原碑已不可考。据了解，惠州博物馆有此碑拓片。

（7）《王子立墓志铭》：此墓志载于《苏轼文集》卷十五，是苏轼为苏辙女婿王适所撰。据墓志："元祐四年冬，自京师将适济南，未至，卒于奉高之传舍。

1 （宋）吕陶撰，王云五主编：《净德集》（丛书集成初编），北京：商务印书馆，1935年，第297页。
2 孔凡礼：《三苏年谱》，北京：北京古籍出版社，2004年，第2666页。
3 孔凡礼点校：《苏轼文集》，第472页。
4 吴雪涛：《苏文系年考略》，呼和浩特：内蒙古教育出版社，1990年，第32页。
5 孔凡礼点校：《苏轼文集》，第473页。

盖十月二十五日也。"　"七年十一月五日，其兄蓬子开葬于临城龙门乡两口村先茔之侧。"[1]可知，王适于元祐四年十月二十五日卒于奉高（今山东省泰安市），元祐七年十一月五日，其兄王蓬将其归葬于临城龙门乡两口村。则该墓志当作于元祐七年十一月五日前后。现临城王氏家族墓地已出土大量墓志，包括其兄王蓬、其弟王通的墓志。惜未见王适墓志之实物。关于临城王氏家族的研究，现已有谢飞、张志忠、杨超所著的《北宋临城王氏家族墓志》[2]一书可做参考。

（二）出土非苏姓墓志

（1）《宋故孺人黄氏墓志铭》：又称《苏适妻黄氏墓志铭》，系1972年与苏适墓志同时出土于郏县三苏坟，分为志盖和志文两部分，志盖高、广均为65.8厘米，厚11.5厘米，由苏过撰，正书"宋故孺人黄氏墓志铭"9字，3行，每行3字。志文由苏籥撰，苏籥书丹，正书，32行，满行32字，志石为青石材质，高、广均为64厘米，厚11厘米，碑石藏于河南省博物院。铭文著录于《郏县三苏坟资料汇编》和《新中国出土墓志·河南卷》。据墓志所载："将以宣和五年十月与先人合葬于少保坟东南之隅。"[3]其中"将"字表明撰写墓志时，黄氏还未下葬，又知其于宣和四年四月去世，则可推测其墓志撰写时间当在宣和四年之后。对此碑的研究，无专门的学术文章，其内容主要记载了对双亲孝思之哀和对黄氏贤淑德行的称颂。志主黄氏，福建浦城人，黄寔女，黄好谦（几道）孙女，宣和四年四月卒，享年五十三岁，宣和五年十月与苏适合葬于河南郏县。

（2）《宋故孺人安定梁氏墓志铭》：此墓志铭是苏迟为其妻子梁氏所撰。此墓志系乔钵于顺治初年于河南郏县苏坟园梁氏墓穴中发现。铭文著录于康熙二十三年的《郏县志》《郏县三苏坟资料汇编》，刘继增、于海峰、刘彩平的《子瞻不保其丘墓乎——苏轼侄媳梁氏墓志铭的久佚与再现》一文亦有著录[4]，该文载于《乐山师范学院学报》2019年第10期。据志文所载"政和丙申正月二十六日辛卯，以疾不起，享年四十有二。十一月十三日壬寅，葬于先茔西南八十步。"可知，其撰写时间为政和丙申（1116）年十一月壬寅。志主梁氏，山东泰安人，安定郡开国公梁子美之女，翰林学士梁灏之曾孙女。政和六年（1116）正月卒，十一月十三日壬

1　孔凡礼点校：《苏轼文集》，第466页。
2　谢飞、张志忠、杨超：《北宋临城王氏家族墓志》，北京：文物出版社，2009年。
3　郏县档案馆：《三苏坟资料汇编》，开封：河南大学出版社，1986年，第24页。
4　刘继增等撰：《子瞻不保其丘墓乎——苏轼侄媳梁氏墓志铭的久佚与再现》，《乐山师范学院学报》2019年第10期。

寅，葬于先茔西南八十步。

（3）《右朝奉大夫主管台州道观苏简妻墓志》：撰碑者无考。此碑系1988年出土于金华城北浙赣线东关铁路改道施工工程二号工区。碑的材质为青石页岩，易剥落。访碑被发现时因被丢弃于乱石堆中，部分内容剥蚀而无从确认。碑铭无署款信息，故无法考证其书写人信息。确切藏地无考。碑是毛天哲发现的，据其推测，若存世应藏于金华太平天国侍王府纪念馆或金华市文化馆。据残存志文所载："绍兴庚申正月始……犹能经理家事，神色不乱，幼稚在前，无□□意。八月一日啜粥饮药如故，不移刻而殁。""十月十四日葬于婺州金华县赤松乡法性院之西。"[1]可知韩氏病逝于绍兴庚申（即绍兴十年，1140年）八月一日，并于该年十月十四日安葬于金华县赤松乡。据此可知，该墓志的撰写时间当在绍兴十年（1140）十月。关于其形制，毛先生凭借其记忆并经过AI复原，对墓志铭进行了校录。志主韩氏，开封雍丘人，忠献公韩亿之后裔，郾城宰韩玑之女。绍兴庚申（1140）年八月逝世，同年十月十四日葬于婺州金华县赤松乡法性院之西。

三、结语

综上，本文通过对宋代眉山苏氏家族成员墓志文的梳理，明确得到了有世次记载的墓志21篇（方）：其中主要包括传世的苏姓墓志9篇，出土的苏姓墓志2方；传世的非苏姓墓志7篇，出土的非苏姓墓志3方。除此之外，有关苏氏家族成员的祭文、挽词、哀辞、挽歌等，笔者以为亦可列入墓志文的序列之中。查阅相关文献，据不完全统计，其数量为44篇（见附表1）。在对上述墓志文的梳理以及对相关墓志研究的整理中，笔者发现，学界对此虽有关注，但研究现状呈现出不平衡性，具体而言：

其一，传世墓志文的研究有所欠缺，其中传世苏姓墓志，除了《亡兄子瞻端明墓志铭》外，其他墓志无专门研究文章；传世非苏姓墓志，除了《保母杨氏墓志铭》《乳母任氏墓志铭》和《王子立墓志铭》外，其他墓志铭亦无专门研究文章；其二，出土墓志铭的研究，虽成果丰富，但大部分只是对墓志的出土情况、碑刻的具体内容的校录及其相关问题进行叙述讨论，而针对墓志本身内容的书写并无太多

---

1 毛天哲：《金华出土〈宋苏简妻韩氏墓志〉标点笺注》，腾讯空间，2020年12月7日。来源：http：//www.360doc.com/content/20/1207/19/5563194_950016477.shtml。

的专题论述；其三，有关宋代眉山苏氏家族成员祭文、挽词、哀辞、挽歌等题材的文章，数量不少，内容也比较丰富，而目前学界仅有部分内容以随书专题附录的形式呈现，尚无统一的辑录与研究。针对上述缺陷与不足，笔者认为，有关宋代眉山苏氏家族墓志文的整理与研究尚有很大空间：

一是立足于传世墓志文献本身，对传世文献中所涉及的苏氏家族成员墓志进行深入挖掘，形成专门的普及性书籍或研究性文章，如对相关墓志进行记录汇编，或以墓志文为对象，探讨某一主题等；二是基于出土墓志，加强对墓志内涵的挖掘，使出土墓志和传世墓志互相印证，通过对墓志内容的挖掘，来补充文献的缺漏和不足；三是重视苏氏家族成员的祭文、挽词、哀辞等丧葬文体内容，尤其是对其书写背景、时间、用典等方面进行考察。

附表1　宋代眉山苏氏家族成员祭文、挽词、哀辞、挽诗统计表

序号	文章题目	出处	撰写者
1	祭伯父提刑文	《苏轼文集》卷六十三	苏轼
2	利路提刑亡伯郎中挽词二首	《苏辙集·栾城集》卷二	苏辙
3	亡伯提刑郎中挽诗二首	《苏轼书法全集·法帖卷一》	苏轼
4	亡伯母同安县君杨氏挽词	《苏辙集·栾城集》卷二	苏辙
5	老苏先生祭文	《眉山堂·苏氏族谱》卷四	蒲宗孟
6	挽霸州文安县主簿苏明允	《华阳集》卷五	王珪
7	苏洵员外挽词二首	《安阳集》卷四十五	韩琦
8	苏明允哀辞并引	《曾巩集》卷四十一	曾巩
9	苏明允府君挽词	《古灵文集》卷四	陈襄
10	挽苏明允二首	《彭城集》卷十二	刘攽
11	哀苏明允	《郧溪集》卷二十七	郑獬
12	挽老苏先生	《宋诗纪事》卷十八	姚辟
13	挽老苏先生	《宋诗纪事》卷十二	张焘
14	挽老苏先生	《宋诗拾遗》卷十二	曾公亮
15	挽老苏先生	《两宋名贤小集》卷一百零六	张商英
16	挽老苏先生	《宋诗纪事》卷十二	王拱辰
17	挽老苏先生	《宋诗纪事》卷十三	赵概
18	老苏先生哀词	《苏老泉先生全集》附录	章望之
19	苏主簿洵挽歌	《欧阳修全集》卷十四	欧阳修
20	苏明允宗丈二首	《苏魏公集》卷二十四	苏颂
21	祭亡妻文	《嘉祐集笺注》卷十五	苏洵
22	祭侄位文	《嘉祐集笺注》卷十五	苏洵
23	祭堂兄子正文	《苏轼文集》卷六十三	苏轼

续表

序号	文章题目	出处	撰写者
24	亡嫂靖安君蒲氏挽词二首	《苏辙集·栾城后集》卷二	苏辙
25	祭亡妹德化县君文	《苏轼文集》卷六十三	苏轼
26	祭亡兄端明文	《苏辙集》卷二十	苏辙
27	再祭亡兄端明文	《苏辙集》卷二十	苏辙
28	苏子瞻哀辞	《画墁集》卷二	张舜民
29	东坡挽词	《姑溪居士全集》卷十一	李之仪
30	东坡先生挽词十五首	《参寥子诗集编年校注》	释道潜
31	《苏东坡挽诗五首》	《米芾集》卷三	米芾
32	《苏子瞻挽辞》	《节孝集》卷二十七	徐积
33	《祭端明苏公文》	《鸡肋集》卷六十一	晁补之
34	《祭苏端明郡君文》	《张耒集》卷五十八	张耒
35	祭亡妻同安郡君文	《苏轼文集》卷六十三	苏轼
36	祭亡嫂王氏文	《栾城集》卷二十	苏辙
37	再祭亡嫂王氏文	《栾城集》卷二十	苏辙
38	挽苏黄门子由三首	《宋诗纪事》卷二十八	王巩
39	祭子由门下文	《永乐大典》卷三千四百零一	张舜民
40	祭叔父黄门文	《苏过诗文编年笺注》卷八	苏过
41	祭迨妇欧阳氏文	《苏轼文集》卷六十三	苏轼
42	祭八新妇黄氏文	《苏辙集》卷二十	苏辙
43	再祭八新妇黄氏文	《苏辙集》卷二十	苏辙
44	奠亡兄尚书龙学文	《双溪集》卷十五	苏籀

苏辙与蜀文化
——基于罢榷蜀茶的分析

彭林泉（四川省眉山市人民检察院）

摘　要： 自秦入蜀后，始有蜀茶。蜀茶是一种保健饮料，蜀内外盛行喝茶后，茶文化逐渐形成。熙宁七年，蜀地实行榷蜀茶，并持续多年，这有利于开边、增加税赋和防务等。但其在执行中也产生了一些弊端。苏辙认为榷蜀茶有五大弊端，即害茶叶种植户、害民、害政、害运茶人、害蜀也害陕西。为此主张罢榷，让百姓自由贸易，再收税钱，或先弛榷禁，再收长引钱，以增加朝廷税收，免除蜀人被剥创之害。他还请求罢免陆师闵等人。其建议具有专门性、整体性和精详性，后被采纳。苏辙与王安石在是否实行榷（蜀）茶上存在异同点。苏辙的罢榷蜀茶观与他忠于职守、熟悉蜀茶、知晓青城茶贩、拥有长期收酒盐税的地方经验以及王小波、李顺起义有关，体现了他的民本思想，于今也有借鉴意义。

关键词： 苏辙　罢榷蜀茶　放开　民本　蜀文化

苏辙与蜀茶有不解之缘。截至目前，学术界对元祐年间苏辙的罢榷蜀茶主张[1]、苏辙税赋或者财政思想[2]和苏辙较早对蜀茶产区的整体战略思考[3]等进行了分析，给人以启发。不过，对苏辙的罢榷蜀茶观，包括其背景、内容、特点和作用，

1　曾枣庄：《苏辙评传》，成都：巴蜀书社，2023年，第125页。
2　吴淑桦：《苏辙学术思想研究》，台北：万卷楼图书股份有限公司，2009年，第383—384页。
3　张国文：《东坡茶》，成都：四川辞书出版社，2019年，第9页。

与王安石在罢榷茶叶与实行榷蜀茶方面的异同点，苏辙在元祐年间任右司谏时为什么要主张罢榷蜀茶，以及苏辙的罢榷蜀茶与民本思想和蜀文化的关系，少有深入和具体的研究。本文从苏辙罢榷蜀茶的角度出发，对苏辙与蜀文化的关系进行专题研究，以期对于促进苏辙研究有所裨益。

一、官榷蜀茶的形成

榷茶始于唐，至宋代，有了长足的发展。榷有多种含义，作为动词，意思之一是专卖、专营，从这个意义上讲，榷茶是政府对茶叶实行专卖的制度，故有榷茶法的说法，也指对茶叶实行专卖的法令，而官榷蜀茶中的官即指政府。官榷蜀茶是由政府对蜀茶实行专卖，以独占其利的制度，意在增加赋税，换回所需的战马，以加强防务；同时，也解决了相关部门的经济问题。这与开边密切相关。

榷蜀茶始于宋神宗熙宁七年（1074），并持续多年，直至元祐年间。以茶易马存留的时间则更长，延续到了乾道之末。《宋史》还记载自熙、丰以来博马的茶叶种类、茶马司所收成都利州路十二州的茶叶产量、税收以及用途等。

据脱脱的《宋史》记载：

> 七年，始遣三司干当公事李杞入蜀经画买茶，于秦凤、熙河博马。而诏言西人颇以善马至边，所嗜惟茶。[1]

这里叙述了以茶易马的时间、具体负责人、地区和提议者王韶及其理由。神宗熙宁七年是一个重要的时间节点，在是年，蜀地实行榷蜀茶。在此之前，神宗熙宁年间，王韶开熙（今甘肃临洮）、河（今甘肃临夏）。王韶认为，"西人颇以善马至边，其所嗜唯茶，而乏茶与之为市"[2]，故王韶建议运蜀茶至熙、河卖茶买马。[3] 王韶经营熙河，更是加强茶马贸易来联络吐蕃部族。熙河路刚建立，熙宁六年（1073）六月，宋朝就"徙秦州茶场于熙州，以便新附诸羌市易"。在此之后，即熙宁七年（1074）二月，又规定熙河路经略司买马"停支折盐钞，其马价止以茶、

1　（元）脱脱等：《宋史》卷一百六十七《职官志》，北京：中华书局，1985年，第4498页。
2　（元）脱脱等：《宋史》卷一百六十七《职官志》，第4498页。
3　贾大泉主编：《四川通史·五代两宋》，成都：四川人民出版社，2018年，第243页。

银、物帛计折偿之",这些措施得到吐蕃部族的拥护。当年就收到"熙河路蕃户近已向顺,事多就绪"的效果。可以说,以茶易马及榷蜀茶与对熙河地区的用兵及熙河路的建立密切相关,甚至可以说后者是以茶易马制度及榷蜀茶的诱因。

具体来讲,榷蜀茶的原因有三:一是蜀地靠近西北前线;二是以茶易马,可以满足西部吐蕃部族的日常生活需要,因为茶叶是西北肉食乳饮的畜牧民族的生活必需品;三是四川茶叶产量大。

北宋时,四川的产茶地区较唐代有了很大发展。关于茶叶的产地,据史料[1]记载,四川辖境产茶地区已达20州军之多。按照当时川峡四路的行政区划,产茶地区有成都府路的10州军、利州路的2州军和夔州路的4州军,见下表:

表1 蜀地产茶地区的分布

序号	地区
1	成都府(路雅州、蜀州、邛州、嘉州、眉州、彭州、汉州、绵州、简州、永康军)
2	利州路(利州、巴州)
3	夔州路(夔州、忠州、达州、南平军)

在这14州军中,成都府路产茶地区有10州军,占四川产茶州军的一半。著名的茶叶有雅州的蒙顶茶。

北宋时蜀茶的年产量有多少呢?据史料记载,每年蜀茶的产量大约为3000万斤。哲宗元祐元年(1086),蜀人吕陶说:"蜀茶岁约三千万斤。"其中元丰七年(1084)产茶29147000斤,元丰八年(1085)产茶29548000斤。[2]这一茶产量超过东南地区年产量的23%,尽管质量不如后者,蜀茶多为粗茶,东南地区多为细茶,因为茶的原料不同。

北宋时蜀人范镇说:

蜀之产茶凡八处:雅州之蒙顶,蜀州之味江,邛州之火井,嘉州之中峰,彭州之堋口,汉州之杨村,绵州之兽目,利州之罗村。[3]

1 参见《太平寰宇记》《元丰九域志》《宋史·地理志》《文献通考》《舆地纪胜》《宋会要》等书。
2 参见(宋)吕陶:《净德集》卷三《奏乞罢榷名山等三处茶以广德泽亦不阙备边之费状》,钦定四库全书本。这里的名山属于雅州。
3 (宋)范镇撰:《东斋记事》卷四,北京:中华书局,1980年,第37页。

这8处是产茶最多的地区。除利州的罗村而外，其余均在成都府路辖区之内。有的地方，年产茶百万斤。有的地方因产茶多，出现茶叶积压，甚至出现官府无钱继续收买，导致茶叶积压、茶农买茶场殴打官吏的现象。如熙宁十年（1077），永康军就"积压茶五十六万余斤在务"[1]。据吕陶记载，熙宁十年（1077）四月十七日瑞口茶场一天就收买茶6万斤，造成官府无钱继续收买，茶叶积压，导致"十九日有园户五千人"买茶场殴打官吏。[2]

与东南产茶不同，蜀地产茶地集中，而且产量高。有的地区居民以茶为生，茶农世代种茶维生。吕陶说："九峰之民多种茶，山村栉比千万家。朝脯伏腊皆仰此，累世凭恃为生涯。"[3]"自来采茶货卖，以充衣食。"[4]因而人多的茶园户，年产量达三五万斤。

究其原因，主要是四川的地理和气候条件适宜茶树的生长。

此外，在丘陵、深丘和山区种茶，茶农积累了丰富的种茶经验；而且四川榷茶较东南晚，一直未曾弛禁，外部的法律环境，加之周边少数民族对蜀茶的需要，使之拥有广阔的市场。因此四川茶叶产量能够超过东南诸地的总和，成为全国产茶量最多的地区。

榷蜀茶在客观上起到以下不可忽视的作用：一是增加茶税，从而增加政府税赋，除用于熙河路购买粮草外，在有的年份其余款项还助转运司经费，或拨给别司，如泾原路安抚司和秦凤路经略司；二是通过茶马互易，解决战马来源问题，换回了急需的大批战马，据统计，当时经营茶马贸易，政府每年在熙秦地区买战马15000至20000匹，在四川买羁縻马5000匹左右，这有利于建立一支骑兵部队，加强防务；三是满足了西部游牧民族的日常生活需要，增进双方理解和交融。一言以蔽之，官买官卖茶叶的巨额收入，对解决国家财政和军费开支问题起到了重要作用。苏辙曾指出蜀茶的收入用于熙河前线，也就是开边：

> 近岁李杞初立茶法，一切禁止民间私买。然犹所收之息，止以四十万贯为额，供亿熙河。[5]

1　参见（宋）吕陶：《净德集》卷一《奏具置场买茶旋行出卖远方不便事状》。

2　参见（宋）吕陶：《净德集》卷一《奏为官场买茶亏损园户致有词诉喧闹情状》。

3　参见（宋）吕陶：《净德集》卷三十一《以茶寄宋君仪有诗见答和之》。

4　参见（宋）吕陶：《净德集》卷一《奏为官场买茶亏损园户致有词诉喧闹情状》。

5　（宋）苏辙撰：《栾城集·论蜀茶五害状》卷三十六，北京：中华书局，1990年，第628页。

二、苏辙的罢榷蜀茶观

对蜀茶实行专卖也存在弊端。苏辙为官期间，多次论及蜀茶或川茶，特别是对实行蜀茶专卖持反对态度，上书表达他的看法，他的罢榷蜀茶观也逐步形成。这集中体现在他的《论蜀茶五害状》一文中。

（一）苏辙罢榷蜀茶观的内容

从内容来看，苏辙的罢榷蜀茶观大致包括以下三方面：

1. 榷蜀茶存在的问题

《论蜀茶五害状》作于元祐元年（1086）二月二十四日。[1]苏辙在此文中，分析榷蜀茶之弊有五：

> 其一曰：……邛、蜀、彭、汉、绵、雅、洋等州，兴元府三泉县人户，均以种茶为生，自官榷茶以来，以重法胁制，不许私卖，抑勒等第，高秤低估，递年减价，见今止得旧价之半……其二曰：川茶本法止于官自贩茶，其法已陋，今官吏缘法为奸，遂又贩布，贩大宁盐，贩瓷器等物……为害不一……其三曰：今官自贩茶，所至虽量出税钱，比旧十不及一……公行欺罔……其四曰：蜀道行于溪山之间，最号险恶，般茶至陕西，人力最苦。元丰之初，始以成都府路厢军数百人贴铺般运，不一二年，死亡略尽。茶官遂令州县和雇人夫。和雇不行，即差税户。其为搔扰，不可胜言……其五曰：陕西民间所用食茶，盖有定数，茶官贪求羡息，般运过多，出卖不尽，逐州多亏岁额……

经此，苏辙提出了著名的五害说。这里的邛、蜀、彭、汉、绵、雅分别指邛州（今四川邛崃）、蜀州（今四川崇州）、彭州（今四川彭州市）、汉州（今四川广汉）、绵州（今四川绵阳）、雅州（今四川雅安）。蜀有榷茶之法始于五代，宋太祖平蜀已罢，宋太宗淳化年间又榷茶，引起王小波、李顺起义，曾被迫允许民间卖茶。后又行茶法，严禁民间私买。陆师闵领茶事，又于成都设都茶场，榷利更多，蜀民益困。且由于川路险阻，搬茶至陕西极难，所差搬茶百姓和士兵，往往死于非命。

---

1 孔凡礼撰：《苏辙年谱》，北京：学苑出版社，2001年，第305页。

2. 榷蜀茶的危害

在分析榷蜀茶的问题时已经涉及榷蜀茶的危害。在此基础上，苏辙进一步说：

> 五害不除，蜀人泣血，无所控告。

在他看来：

> 唯有益、利、秦、凤、熙河等路茶场司，以买卖茶虐害四路生灵，又以茶法影蔽市易，贩卖百物。

意思是说，在这三路，朝廷从熙宁十年（1077）开始实行茶法，即官方垄断，禁止一切民间私自买卖，严重影响百姓利益。

榷蜀茶晚于东南，并一直未曾弛禁，曾形成嘉祐四年（1059）"天下茶皆禁，唯川峡、广南听民自买卖，禁其出境"[1]的局面。而且，当时政府对茶农也实行赋税和役钱，但税负并不重。因为当时官府对川茶产销的管理办法主要是征收茶叶生产者即茶园户的农业夏秋二税和征收茶商的商税并限制出境。吕陶曾说：

> 川蜀茶园，本是百姓两税田地，不出五谷，只是种茶，赋税一例折科，役钱一例均出。[2]

实行榷茶后，税赋增多。不妨作一对比：未榷茶前，茶叶"税租之数"，利州路夏税37028斤，秋税170斤；夔州路夏税7909团，每团25斤[3]，共197725斤。茶商商税的税钱收入，成都府路岁入30301贯，夔州路18859贯，利州路7597贯，梓州路7270贯。[4]，这把茶地和茶叶作为农地和农产品来对待。政府从茶叶中征收的税赋不多，从而促进了茶叶的发展。而实行榷蜀茶后，便有所变化。我国学者认为：

> 熙宁七年（1074）四川开始榷茶，确定每年茶课税息30万贯，到同

1　参见（宋）吕陶：《净德集》卷一《奏具置场买茶旋行出卖远方不便事状》。
2　参见（宋）吕陶：《净德集》卷一《奏具置场买茶旋行出卖远方不便事状》。
3　参见《宋会要·食货》二九之一五记载。
4　参见《宋会要·食货》二九之一六记载。

年十一月就增加到40万贯。元丰五年（1082）又增至50万贯，元丰七年（1084）更增至100万贯。实际上，茶课税息收入，往往是超过官定岁额的。据文献记载，自熙宁七年到熙宁十年（1077）李杞主管四川茶场公事的四年内，"总入息税钱百二十二万九千余缗"，平均每年收课税息30余万缗；从元丰元年（1078）到元丰五年（1082）李稷主管四川榷茶的五年内，"除百费外，收获净利四百二十八万余贯"，平均每年收茶课税息90万贯，大大超过了岁额50万贯之数；元丰六年（1083）陆师闵主管榷茶后，元丰七年（1084）已"增羡至一百六十万缗"，元丰末（1085）茶税息钱已高达"岁献二百万贯之数"；到政和三年（1113），一年之内"川陕收到茶息钱"更高达"三百七十一万一千一百七十二贯"之多。[1]

宋人洪迈在《容斋随笔·容斋三笔》写道：

> 蜀茶税额，总三十万。熙宁七年，遣三司干当公事李杞经画买茶，以蒲宗闵同领其事。创设官场，增为四十万。后李杞以疾去，都官郎中刘佐继之，蜀茶尽榷，民始病矣。

这是佐证，榷蜀茶加重了茶农的负担。

3. 罢榷蜀茶的措施

在此基础上，苏辙对罢榷蜀茶提出了改进措施：

> 臣乞朝廷哀怜远民，罢放榷法，令细民自作交易，但收税钱，不出长引，止令所在场务据数抽买博马茶，勿失朝廷武备而已。如此则救民于网罗之中，使得再生，以养父母妻子，不胜幸甚。如朝廷以为陕西边事未宁，不欲顿罢茶事，即乞先弛榷禁，因民贩茶，正税之外，仍收长引钱。一岁之入，不下数十万贯。而商旅通行，东西诸货日夜流转，所得茶税、杂税钱及酒课增美，又可得数十万贯。而罢置茶递，无养兵衣粮及官吏缘茶所费息钱、食钱之类，其数亦自不少，则榷茶可罢，灼然易见。[2]

1　贾大泉主编：《四川通史·五代两宋》，第250页。

2　（宋）苏辙：《栾城集·论蜀茶五害状》卷三十六，第627页。

苏辙建议朝廷考虑四川地理位置特殊，又地处偏远，不如罢榷，让百姓自由贸易，再收税钱，或先弛榷禁，再收长引钱，这样朝廷税收可以增加，蜀人也可免剥创之害。他请求朝廷哀怜远民，罢放榷法，令细民自作交易，但收税钱，具有可操作性，体现了家国情怀。这与欧阳修在《通进司上书》一文中对茶盐贩运的利害进行分析后主张尽地利的观点是一致的。

在贴黄处，苏辙还请求罢茶官陆师闵，言其久擅茶事，欺罔朝廷，罪不可赦。还弹劾郭概、韩玠二人。元祐元年（1086），他两次上书请求差官同黄廉体量茶法，还请求罢免经手害民之法的杜纮右司郎中。

（二）苏辙罢榷蜀茶观的特点

笔者认为，苏辙罢榷蜀茶观有以下三个特点：

1. 专门性

有论者在谈到苏辙的罢榷蜀茶时认为，"苏辙对北宋的茶、盐、酒公卖制度，虽然认为是前朝所未有，但并未持反对的态度，唯独对蜀茶之专卖有意见。他身为蜀人，对四川榷茶的状况十分清楚，认为弊多于利"[1]。这不无道理。苏辙专门论述蜀茶，除了这篇《论蜀茶五害状》，还有《申本省论处置川茶未当状》《蜀论》以及相关的奏议。

2. 整体性

在文中，苏辙针对蜀茶这一地区产品，在分析时并不局限于四川，而牵涉其他地区，如陕西，涉及税赋、财政、军事、民生等问题，作整体性的思考，体现了战略性。在同一年，即元祐初年（1086），苏辙还在《申本省论处置川茶未当状》中批评朝廷榷蜀茶易马时造成茶业的混乱。

> 榷与不榷地分之远，小人易以起动茶户，借如名山之西南出茶之地，尚有雅州、庐山、荥经等处。若放令此茶北出，道过名山，彼此相杂，不可辨认。若效令此茶由水路入嘉、眉，则名山之茶，亦当从此走失。宽则榷法自废，急则民遭诬罔，横被从配。[2]

这揭示了蜀地产茶地与邻近地区的关系。在他看来，茶产区是一个整体，名

1　吴淑桦：《苏辙学术思想研究》，第383—384页。
2　（宋）苏辙：《栾城集·申本省论处置川茶未当状》，第717页。

山官榷，周围的雅州、庐（芦）山、荥经不官榷，就会导致有人乱窜茶货。往大处看，雅州、嘉州、眉州水陆相通，又是一个整体，厚此薄彼，难免挂一漏万，茶法就可能会失去应有的权威而变成一纸空文。这体现了他的大局观。

3. 精详性

苏辙在《论蜀茶五害状》一文中，在谈到官榷对蜀茶的五害时，以事实及数据说话，很有说服力。如在谈到害茶叶种植户时，他说自官榷以来，采取的"重法胁制，不许私卖，抑勒等第，高秤低估"等手段，造成茶叶价格逐年递减，现在已经减少到原价的一半了。还说政府使茶叶专卖，又巧立名目榨取民众钱财，如"牙钱""打角钱"之类，以致征收到五分以上。这里通过"减少到原价的一半"和"征收到五分以上"两个数据，说明榷茶对茶农利益的损害。在谈到官榷蜀茶害的运茶之险时，他举例说，元丰初成都府路厢军数百人运茶，不到两年，这些人死的死，逃的逃，所剩无几。于是他建议采取补救办法，设置递铺。每隔15里就设立一铺，招收军士50人，起屋60间，政府投入经费156贯，加上民力的帮助，此勉强能够运转。这里列出了数据，说明运茶之危险，称其为"纳命场"。他的可贵之处在于找到存在的问题，还提出有效的方案，就像看病一样，不仅看得准，而且开对了药方。

（三）作用

"朝廷采纳了他的意见，元祐元年七月罢榷蜀茶。"[1]经再三奏请陈说利害，苏辙的以上建议后来被采纳，朝廷对此做出调整，维护了茶农茶商的正当利益。

他的这篇上书《论蜀茶五害状》已载入地方志《绵州志》，具体为《直隶绵州志卷三十·茶法》：

> 而茶之有税，则自赵赞始之，张滂行之，至王播则有增税，至王涯则有榷法，迨宋而榷商、易马、入衔、置使，国家因以为财赋之源。历元及明，责令将应办茶课，约十株而取其一，解茶马司收，以备易马远番之需。盖番人无茶则病，若一背中国，则无从得茶，以此为羁縻之术，蔡方炳所谓贤于数万甲兵者也。

这一记载是少见的。南宋时，当时主管成都府路财政的赵开，决定更改茶法，

1 曾枣庄：《苏辙评传》，第125页。

废除榷茶积弊，以开辟财源，筹集军费，也吸取了苏辙上述观点的合理因素。

三、苏辙与王安石在罢榷（蜀）茶方面的异同点

嘉祐四年（1059），王安石任三司度支判官时，茶法通行不久。他在《议茶法》一文中说：

> 国家罢榷茶之法，而使民得自贩，于方今实为便，于古义实为宜，而有非之者，盖聚敛之臣，将尽财利于毫末之间，而不知与之为取之过也。夫茶之为民用，等于米盐，不可一日以无。而今官场所出，皆粗恶不可食，故民之所食，大率皆私贩者。夫夺民之所甘而使不得食，则严刑峻法有不能止者，故鞭扑流徒之罪未常少弛，而私贩私市者亦未尝绝于道路也。既罢榷之之法，则凡此之为患，皆可以无矣。然则虽尽充岁入之利，亦为国者之所当务也，况关市之入，自足侔昔日之利乎。

在他看来，茶是百姓的生活必需品，像米盐一样，不可或缺。如今官场出售的多为粗恶陈茶，民用之食茶多从私茶贩购得。强行禁榷使百姓饮不到好茶，所以虽有严刑峻法、鞭扑流徒之罪不断，私贩、私买茶者仍然屡禁不止。他主张罢榷茶之法，弛商贾之禁，认为罢禁榷以后，上述一切弊端就可彻底解决。这样虽然要减少一些岁课，但事关国家当前急务，何况茶商税的收入，也足以弥补过去茶课的损失。他力主国家罢榷茶之法，使民得以自贩。此外，王安石在《茶商十二说》和长诗《酬王詹叔奉使江东访茶法利害见寄》中，表达了相同的观点。按理，罢榷茶包括罢榷蜀茶。在反对或罢榷茶这方面，王安石此论与苏辙、苏轼相近或相同。

不过，在任宰相后，王安石的态度发生了变化。这与熙丰新政或王安石变法相关。神宗熙宁四年（1071）正月十三日，政府诏令将各地的茶税、租税汇总变成稳定的货币（金银）和货物（绵绢）送到京城，也许是皇帝和众臣看了数字不满意，于是讨论茶法问题。据《宋会要辑稿》记载：

> 二月十三日，上因言向来茶法之弊。文彦博对曰："非茶法弊，盖缘昔年用兵西北，调边食急，用茶偿之。厥数既多，茶不售则所在委积，故虚钱多而坏法也。"王安石曰："榷茶所获利无多。"吴充曰："仁宗朝

茶法极弊时，岁犹得九十余万贯，亦不为少。茶法因用兵而坏，彦博所言
是矣。[1]

这里的上指宋神宗。从上可见，王安石对榷茶的收入不满意，也想要增加收
入。在开边方面，王韶是开熙河的倡导者和实施者，宋神宗是决策者和支持者，而
王安石则是积极的参与者。这从王安石与王韶的书信中可以看出。可以说，王安石
对茶叶是否由政府专卖的观点，有个变化过程。他先反对榷茶，后又关心茶税的收
入，赞同榷蜀茶，这源自财政的压力与紧张，以及军事问题，诚如文彦博所说的
"用兵西北"，其实，"真正促使茶法改革的是永续以来西北地区的用兵"。对蜀
茶实行专卖，与财政收入和防务有关。苏辙也重视财政，视财政为国家的命根子，
他说：

> 夫今世之患，莫急于无财而已。财者为国之命，而万事之本。国之所
> 以存亡，事之所以成败，常必由之。[2]

还提出一些丰财措施。财政事关政权的运转，在这方面，他与王安石持有相同
的看法。不同之处在于，他看到了对蜀茶实行专卖的问题，反对继续这种茶法。

苏辙在《申本省论处置川茶未当状》中说，如果朝廷罢去益、利路榷茶之法，
有五个好处：对于益、利茶户，不会被官场"以贱价大秤抑勒收买"；民间采茶，
可以复采牙茶、早茶、晚茶、秋茶四色茶；"所运减半，则茶递役兵及州郡雇脚，
皆得轻减"；岐、雍两个地方的百姓可以喝到价格便宜的茶；益、利诸州百货通
行，酒税课利理当自倍"，其他货物的税利会成倍增加。进而，苏辙说：

> 由此观之，朝廷若但和买边郡合用茶数，只于边郡立榷法，其余率皆
> 通商。此法一行，则上件三说之弊自除，至于供给蕃部，收买战马之利，
> 则与三说无异。以此较之，利害可见。

这体现了苏辙的判断力。

1　（清）徐松辑，刘琳、刁忠民、舒大刚等校点：《宋会要辑稿》，上海：上海古籍出版社，2014年，第
6679页。

2　（宋）苏辙：《栾城集·上皇帝书》，第367页。

四、苏辙为什么在元祐元年主张罢榷蜀茶

元祐元年（1086），苏辙任右司谏时，主张罢榷蜀茶，有以下原因：

（一）忠于职守

元祐元年（1086）二月，苏辙任右司谏，至当年十一月。右司谏是中书省（苏辙有的时候称中书省为后省）所设之官，拥有重要的职权。在此期间，苏辙共上书74件，平均每月7件多，其中与理财和选择人才等相关的居多，如《论蜀茶五害状》。这是一篇重要的法律文献，长期以来未受到应有的重视。在此文中，苏辙主张罢榷蜀茶，并提出理由和改进建议。苏辙孙子苏籀在《遗言》一书中曾说：

> 公在谏垣，论蜀茶祖宗朝量收税。李杞、刘佑、蒲宗闵取息初轻，后益重，立法愈峻。李稷始议极力掊取，民间遂困。稷引陆师闵共事，额至一万贯。陆师闵又乞额外以百万贯为献。成都置都茶场，公条陈五害，乞放榷法，令民自作交易。但收税钱，不出长引，止令所在场务据数抽买博马茶，勿失武备而已。言师闵百端凌虐细民，除茶递官吏养兵所费所收钱七八十万贯，蜀人泣血无所控告。公讲书纤悉曲折，利害昭炳，时小吕申公当轴，叹曰：只谓苏子由儒学，不知吏事精详至于如此。公论役法，尤为详尽。识者韪之。[1]

这里的公指苏辙，掊取指施行茶叶专卖。这段话叙述了李杞、刘佑、蒲宗闵、李稷、陆师闵五名地方官员在实行榷蜀茶方面存在的问题，提及苏辙的主张"公条陈五害，乞放榷法，令民自作交易"和他人对苏辙的评价。这是苏辙在此期间有效履职的佐证。

（二）作为蜀人的苏辙熟悉蜀茶

苏辙爱茶，吟诗品茶，留下大量的茶诗。据初步统计，苏辙的茶诗作品共有24首，如《和子瞻煎茶》、《梦中谢和老惠茶》、《次韵子瞻道中见寄》（"兄诗有味据隽永"）、《茶花二首》（"黄檗春芽大麦粗"）、《宋城宰韩秉文惠日铸茶》（"君家日铸山前住"）、《次前韵》（"龙鸾仅比闽团酽"）、《次韵李公

1　杨观、刘默、刘芳池编：《苏辙资料汇编》，北京：中华书局，2018年，第60页。

择以惠泉答章子厚新茶二首》（"无锡铜瓶手自持""新诗态度霭春云"）等。从茶诗的数量来看，苏辙不及他的兄长苏轼，不过远超过他的父亲苏洵，后者仅一首，即《送陆权叔提举茶税》。苏辙在诗文中多次提及蜀茶，包括茶法。如他在《和子瞻煎茶》中说：

> 煎茶旧法出西蜀，水声火候犹能谙。
> 相传煎茶只煎水，茶性仍存偏有味。

这首诗是苏辙为唱和苏轼《试院煎茶》而作的诗。西蜀指今四川省，其古为蜀地，因在京城西方而称"西蜀"；谙指熟悉，精通。在这里，苏辙指出煎茶旧法出自西蜀，比如保持茶的本性，减少生产烹制的环节，去除其他材料的影响，这些都是苏辙认可的"旧法"。其中煎茶的关键在于候水，"茶性仍存偏有味"。在谈论哪一种煎茶法最好时，他认为是故乡西蜀的。在这方面，他与兄长的看法一致。这些茶诗说明他熟悉蜀茶且懂茶，对蜀茶也充满了情感。

（三）知晓青城茶贩王小波、李顺起义的历史

关于四川王小波、李顺起义，南宋陈均之《皇朝编年备要》记载：

> 蜀地狭民稠，耕作不足以给，益以贫困。兼并者复籴贱贩贵，以夺其利。青城县民王小波聚众起而为乱，谓众曰："我疾贫富不均，今为汝均之！"贫民多来附。遂攻掠邛、蜀诸县，袭杀县令齐元振，剖其腹，实以钱，盖恶其诛求之无厌也。贼党由是愈炽。[1]

这叙述了起义的经过和发生的原因。淳化四年（993），四川王小波、李顺起义，攻打邛、蜀、眉山等地。在起义过程中，他们还首次提出了"均贫户"的主张。起义先后持续三年，后被镇压，震惊全国，影响深远。对这次起义的根本原因，陈均之认为是"人祸"，这从"蜀地狭民稠，耕作不足以给，益以贫困。兼并者复籴贱贩贵，以夺其利"可以看出，苏轼认为是"民怨"，而苏辙则认为是"茶祸"。他在《论蜀茶五害状》一文中说：

1 （宋）陈均：《皇朝编年备要》四，日本静嘉堂文库影宋刊本。转引自张荫麟：《两宋史纲·宋初四川王小波、李顺之乱》，北京：北京出版社，2016年，第97页。

牟利之臣始议搉取，大盗王小波、李顺等因贩茶失职，穷为剽劫……[1]

搉取指施行茶叶专卖。在他看来，王小波、李顺叛乱是因为"茶祸"，即政府的专卖政策是导致叛乱的根源。这涉及王小波、李顺的身份，王小波、李顺是成都青城县人，为茶户或茶贩。据陆游《老学庵笔记》载，王小波自称"我土锅村民也"，"土锅"或为制茶所用的锅具，他因破产失业最后被逼走上揭竿而起的道路，造成了席卷整个蜀地的王小波、李顺叛乱。这是洞见。这次起义发生在离苏辙出生地、成长地不远之处，距离他上书的时间也只有几十年，苏辙知晓这段历史，所以他还说：

假令万一蜀中稍有饥馑之灾，民不堪命，起为盗贼，或如淳化之比，臣不知朝廷用兵几何，费钱几何，杀人几何，可得平定？[2]

他发出了自己的心声。

（四）拥有长期从事收盐酒税的地方经验

元丰二年（1079），苏辙因营救苏轼获罪，被贬至筠州（今江西高安），任"监盐酒税"，这是负责盐、酒的税官，属于市场管理的小官。是年六月，苏辙到达筠州，碰上筠水泛滥成灾，州府州门面被冲坏，给他带来困扰。他的工作烦琐忙碌而辛苦，导致他郁郁寡欢。

他在《东轩记》中写道：

然盐酒税旧以三吏共事。余至，其二人者适皆罢去，事委于一。昼则坐市区，鬻盐沽酒税豚鱼，与市人争寻尺以自效。暮归，筋力疲废，辄昏然就睡，不知夜之既旦。旦则复出营职，终不能安于所谓东轩者。每旦莫出入其旁，顾之未尝不哑然自笑也。[3]

1　（宋）苏辙：《栾城集·论蜀茶五害状》卷三十六，第627页。
2　（宋）苏辙：《栾城集·论蜀茶五害状》卷三十六，第627页。
3　（宋）苏辙：《栾城集·东轩记》，第405页。

这描述了苏辙忙于酒务的经过和辛苦，正是"微官终日守糟缸"。收盐、酒税，过去一般是三吏共事，而他初到筠州时，其他二吏皆罢去，委事于他一人，使他更加繁忙。"与市人争寻尺以自效"，意思是与商人斤斤计较，争尺寸之利，来报效朝廷。这延续了一段时间。一个人干三个人的活，而且能够胜任，说明他肯干、能干。他的工作对象是市人，即商人，这是对他的考验。他在筠州工作了几年，对民众有了更多的了解，也积累了才干。在此期间，他收了不少税。据《宋会要辑稿》之《食货一二之一六》记载，熙宁十年（1077），筠州酒税额为12693贯，买扑额为692贯。而据许怀林考证，此时，江西十三个州军，共70个酒务，每个酒务平均酒税额为6500贯，也就是说，苏辙一年所收酒税，是全省酒税额平均数的两倍。而关于盐课征收情况，据《国朝会要》记录，熙宁九年（1076），筠州城区盐务收86344贯558文，而当年江西省十三个州军每个盐务平均收28255贯，苏辙他们盐务的征收额是全省平均数的3倍。

苏辙还任过绩溪（今安徽绩溪）县令，虽然时间不长，仅半年时间，但对他的地方历练起到了积极作用。

五、苏辙的罢榷蜀茶与民本思想和蜀文化

与此相关的问题是苏辙的罢榷蜀茶观的思想基础。

苏辙的罢榷蜀茶观不是偶发的，而是长期思考的结果，体现了对人民疾苦的关心，特别是他《论蜀茶五害状》一文中所说的"不与商贾争利，四民各得其业"，以及主张"朝廷哀怜远民，罢放榷法，令细民自作交易，但收税钱"，集中体现了他的民本思想。

究其原因，在于苏辙从小受孟子影响，树立了牢固的民本思想，关心最多的就是民生利益问题，面对民生疾苦，民情吏事，他了如指掌，关心至重。[1] 在此之前，他在《刑赏忠厚之至论》中说，"古之君王立于天下，非求有胜于斯民也。"[2] 他还曾说"去民之患，如腹除疾"。这与当下的以人民为中心的主张相契合。这就不难理解苏辙的罢榷蜀茶观。

如果说在苏轼遭遇乌台诗案后，苏辙营救的是他的兄长，一个人，那么，在

1　参见（宋）苏辙：《栾城集·淮策·民政下第一道》。
2　（宋）苏辙著，曾枣庄、马德富点校：《栾城集》，上海：上海古籍出版社，2009年，第1712页。

西蜀茶农陷入苦难后，苏辙同情他们，主张罢榷蜀茶，营救的则是一群人，如同当年苏轼怜农一样，这体现苏辙的胸襟和博爱。这是非常了不起的，值得称赞。宋之后，为三苏立祠者遍布，香火不断。这也是他们受到后人敬重的重要原因。

苏辙的言行也体现了蜀文化。以成都平原为中心的四川盆地，是蜀人的主要活动区域，在此产生的文化可以称为蜀文化。而茶文化是蜀文化的重要组成部分。

蜀茶，也称为川茶。自秦入蜀后，始有蜀茶。晋代常璩在《华阳国志·巴志》中写道：

> 周武王伐纣，实得巴蜀之师，著乎尚书……其地东至鱼复，西至僰道，北接汉中，南极黔涪。土植五谷，牲具六畜，桑蚕麻苎，鱼盐钢铁，丹漆茶蜜……皆纳贡之。

这里提及巴蜀已经开始产茶，并定期向朝廷贡呈茶叶。但目前尚未见到其文字记载和实物。秦入蜀后，才有了改变。清初学者顾炎武认为："自秦取蜀而后，始有茗饮之事。"他指出各地饮茶，是在秦国吞并巴、蜀以后才慢慢开始的。

汉代司马相如在《凡将篇》中，称茶为"荈诧"，把它列为二十种药物之一，这是我国历史上把茶作为药物的最早文字记载。而西汉哲学家、文学家、语言学家扬雄所著的《方言》载："蜀西南人谓茶曰蔎。"这是首次对茶的别名"蔎"的记载，证明茶在当时社会生活中已具相当影响。扬雄还被陆羽列入《茶经》人物。与司马相如、扬雄同代的辞赋家王褒在《僮约》中记载，"烹茶尽具，已盖藏""武阳买茶，杨氏担荷"。武阳县即今四川眉山彭山，也就是张献忠沉银的地方，当时已有茶叶市场，说明汉代四川已是全国著名的种茶、制茶和饮茶的地区。甚至有人认为这是国际上有史料记载最早的茶叶商场的依据。而据《华阳国志·蜀志》记载：南安、武阳皆出名茶。南安即今天乐山一带，武阳即今天眉山一带。

据唐代陆羽《茶经》和李肇《唐国史补》等历史资料记载，唐代名茶有50多种，其中有18种出自四川，说明四川茶业之兴旺。陆羽称赞四川的蒙顶茶是天下第一茶，是茶中绝品。中国历史上第一首茶诗《出歌》有"姜桂茶荈出巴蜀"。

巴蜀是茶的故乡，四川有悠久的种茶、制茶和饮茶的历史。蜀茶是一种保健饮料，蜀内外盛行喝茶并成为一种茶文化。以后，伴随着蜀地茶叶生产的发展，饮茶成为人们的一种生活方式。在战争、政权对峙等特殊情况下，茶叶是一种重要的商品，甚至是一种重要的战备物资。茶文化兴于唐，盛于宋。而苏辙便生活于北宋。

北宋时，四川是茶叶的重要产地。四川地处北纬26°—34°、东经97°—108°

之间的温带和亚热带，是适宜茶树生长的地区。雅州，尤其如此。这也是雅州能够产出佳茗蒙顶茶的重要原因。而且四川盆地四周有绵延的群山，盆地内部有起伏的丘陵，大江大河纵横其间，云雾多，湿度大，土地肥沃，是茶树生长的好地方。茶农们在长期的生产中，积累了许多经验。

眉山也是产茶地区，岷江在境内缓缓流淌。它与成都相邻，介于岷江和峨眉山之间，地势平坦、山清水秀、土地肥沃、林木葱茏。人文聚集，犹如人之眉毛，不可或缺，也是天府之国的重要组成部分。南宋陆游在《眉州披风榭拜东坡先生遗像》一诗中写道："蜿蜒回顾山有情，平铺十里江无声。孕奇蓄秀当此地，郁然千载诗书城。"苏辙多次提及眉山，钟情于这片美好而神奇的地方。

在北宋时，苏辙目睹了茶叶已成为中原及周边地区各族人民不可缺少的日常消费品，感受茶叶对宋代的社会生活产生的重大影响，以及金融与茶叶的关系。他在《论蜀茶五害状》一文中说："蜀中旧使交子，惟有茶山交易最为浩瀚。"交子为纸币，北宋时蜀中已经出现纸币，说明宋朝金融较为发达。苏辙这一文句反映了北宋茶时贸易的状况，很难得。

总之，中国是世界上最早发现茶树和利用茶树的国家。蜀地是茶叶的故乡，不仅茶树品种资源丰富，而且种茶、饮茶的历史悠久、文化底蕴深厚，是我国茶和茶文化的摇篮，备受世人称颂。有人称茶文化堪称中国的第五大发明，是最具有中国元素的世界名片。蜀茶发展脉络清晰，对中国茶文化的发展和传播发挥了积极作用。苏辙不仅爱茶，吟诗品茶，还对榷蜀茶的五害进行详细分析，提出解决方案，终被采纳，维护了茶农等主体的合法或正当利益，在历史上留下了不朽的一页。与苏辙同时代的张耒（1054—1114）曾赞叹苏辙行事过人：

　　　　某平生见人多矣，惟见苏循州（苏辙）不曾忙……苏公虽事变纷纭至前，而举止安徐，若素有处置。[1]

这令人难忘。

1　张耒：《续明道杂志》。

诗画一理视野下苏轼"成竹在胸"说探论

潘　浩（汉江师范学院文学院）　庆振轩（兰州大学文学院）

　　摘　要：罗大经《鹤林玉露》《画马》篇拈出韩干、李伯时画马之绝技，再举精于画草虫的曾无疑之感慨，以突显苏轼评价文同画竹之"成竹在胸"论"精确如此"。寻绎苏轼之论精绝的奥秘，离不开传统书画艺术在北宋所达到的高度，及同时代人在艺术理论上探求创获的文化背景，但苏轼之"精妙"源自其作为全才、通才、天才型作家的学养才识，及其贯通古今、穷理尽性的系统文艺理论；再加之其与文同，相知甚深，知人论艺，论艺思人，故苏轼论文同画竹，知其人与物化，"胸有成竹"，以其似之，所以好之。
　　关键词：成竹在胸　精于书画　通才高论　知人论艺

　　罗大经《鹤林玉露》分甲、乙、丙三编，共十八卷448则，其中所涉苏轼者多达50则，评论内容因聚焦点不同而表现各异。限于题旨，本文尝试在苏轼"诗画一理"理论视野下，就《画马》篇所涉"成竹在胸"之论进行考察与探研。

一、胸有全马、胸有全虫与成竹在胸

　　《鹤林玉露》有关苏轼诗文的评论，尤以《画马》篇为佳。罗氏为突显苏轼议论文同画竹"成竹在胸"独到之处，在一篇短文之中，以言韩干画马开篇，再以曾无疑工画草虫作结，一唱三叹，感慨万千，其中蕴涵，颇耐寻味。其《画马》篇如下：

　　唐明皇令韩干观御府所藏画马，干曰："不必观也，陛下厩马万匹，皆臣之师。"李伯时工画马，曹辅为太仆卿，太仆廨舍国马皆在焉，伯时每过之，必终日纵观，至不暇与客语。大概画马者，必先有全马在胸中。若能积精储神，赏其神俊，久久则胸中有全马矣。信意落笔，自然超妙，所谓用意不分乃凝于神者也。山谷诗云："李侯画骨亦画肉，笔下马生如破竹。""生"字下得最妙，盖胸中有全马，故由笔端而生，初非想像模画也。东坡《文与可竹记》云："竹之始生，一寸之萌耳，而节叶具焉。自蜩腹蛇蚹以至于剑拔十寻者，生而有之也。今画者节节而为之，叶叶而累之，岂复有竹乎！故画竹必先得成竹于胸中，执笔熟视，乃见其所欲画者，急起从之，振笔直遂，以追其所见，如兔起鹘落，少纵则逝矣。"坡公善于画竹者也，故其论精确如此。曾云巢无疑工画草虫，年迈愈精。余尝问其有所传乎，无疑笑曰："是岂有法可传哉？某自少时，取草虫笼而观之，穷昼夜不厌。又恐其神之不完也，复就草地之间观之。于是始得其天，方其落笔之际，不知我之为草虫耶，草虫之为我也。此与造化生物之机缄盖无以异，岂有可传之法哉！"[1]

　　联系《鹤林玉露》中有关文学艺术的系统述论，会自然与其《文章性理》之"政缘不欲于卖花担上看桃李，须树头枝底方见活精神也"[2]联系起来，因为罗氏笔下所言及的几位画家，皆可谓师法自然，道艺双至。文章先言韩干，引出李公麟，且重在后者，称扬李公麟每过访曹太仆，必终日纵观太仆廨舍国马，并由此推论：大概画马者，必先有全马在胸中。

　　罗氏还特别提及曾无疑自述其画草虫之心法难传以衬之，但令人好奇的是，其妙处真的没有"可传之法"吗？读此篇妙文，前段言韩干以厩马为师，胸有全马，所画之马，生气凛然，妙绝天下；末段言曾无疑善画草虫，草虫在胸，所画之虫，妙造自然，但韩干善画马，后人载之；曾无疑善画草虫，得造化生物之机而难言其法。罗氏所陈之意，皆为突显苏轼议论之精深。

　　东坡善于画竹，故其论精确如此。其精确之处即"画竹必先得成竹于胸中"之"胸有成竹"，与韩干"胸有全马"、曾无疑"胸有全虫"道理一致；其摹写文

1　（宋）罗大经：《鹤林玉露》，载上海古籍出版社编：《宋元笔记小说大观》，上海：上海古籍出版社，2007年，第5382—5383页。

2　（宋）罗大经：《鹤林玉露》，载上海古籍出版社编：《宋元笔记小说大观》，第5375页。

同"成竹在胸"之后，"执笔熟视，乃见其所欲画者，急起从之，振笔直遂，以追其所见，如兔起鹘落，少纵则逝矣"。其中，已关涉艺术创作之灵感与创作激情问题。关于这一点，前辈学者多有论列，宗白华《论文艺的空灵与充实》言："艺术心灵的诞生，在人生忘我的一刹那，即美学上的所谓'静照'。静照的起点在于空诸一切，心无挂碍，和事务暂时绝缘。这是一点觉心，静观万象，万象如在镜中，光明莹洁，而各得其所，呈现着它们各自充实的、内在的、自由的生命，所谓万物静观皆自得。这自得的、自由的各个生命在静默里吐露光辉。"[1]至为精要。

罗氏之文激起进一步探求之意趣，何以前人所论"胸有全马""胸有成竹"与"胸有全虫"，皆流誉后世，而成为成语者，却只有"胸有成竹""成竹在胸"？甚者同时论及成竹在胸者也非一人，何以苏轼独享盛誉，所谓"坡公善于画竹者也，故其论精确如此"？这些问题，值得进一步加以辨明。

二、章惇、黄庭坚、苏辙与元祐书画的时代维度

苏轼高论之精确，除其精于绘画外，还有一个重要的因素，即传统绘画艺术及理论至北宋均达到新的高峰，画坛不仅有标志性人物及画作传世，且诸多论者在绘画理论方面也皆有创获，而这是审视苏轼绘画理论精妙的时代维度。

宋人张邦基《墨庄漫录》载章惇书法造诣及书法见解有云："章丞相申公子厚以能书自负，性喜挥翰，虽在政府，暇时日书数幅。予尝见杂书一卷，凡九事，乃抄之，今因载于此。"所载文字颇长，不具录，仅录其论书法之"心手相应"节如下：

> 学者须先晓规矩法度，然后加以精勤，自入能品。能之至极，心悟妙理，心手相应，出乎规矩法度之外，无所适而非妙者，妙之极也。由妙入神，无复踪迹，直如造化之生成，神之至也。然先晓规矩法度，加以精勤，乃至于能，能之不已，至于心悟而自得，乃造于妙；由妙之极，遂至于神。要之不可无师授与精勤耳。凡用笔日益习熟，日有所悟，悟之益深，心手日益神妙矣。力在手中而不在手中，必须用力而不得用力，应须

1 宗白华：《美从何处寻》，南京：江苏教育出版社，2005年，第22页。

在意而不得在意，此可以神遇而不可以言传也。[1]

章惇对自己的书法体悟颇为自负，沈括《梦溪笔谈》称其自谓"墨禅"，尝有："章枢密子厚善书，尝有语：'书字须极用意，不用意而用意，皆不能佳。此有妙理，非得之于心者，不晓吾语也。'尝自谓'墨禅'。"[2]

书画相通，其言书法名家之心手相应、出乎规矩法度之外诸语，当可在苏轼书画论中觇得相关字面；苏轼、章惇二人在人生后期政治上的分歧，原因不具论，但章惇之言无疑从侧面显示，当时代文艺实践与理论达到一定高度时，其又从不同层面、角度促进一代文艺之繁盛。

除章惇外，黄庭坚的书画见解可与东坡得心应手、成竹在胸观点相印证，其在《跋秦氏所置法帖》中提及刻石者之得手应心，曰：

> 刻石者，潭人汤正臣父子，皆善摹刻，得于手而应于心，近古人用笔意云。[3]

在其《论黔州时字》评历代名家书法创获之语，又与章惇之论相近，有云：

> 张长史折钗股，颜太师屋漏法，王右军锥画沙印印泥，怀素飞鸟出林惊蛇入草，索靖银钩虿尾：同是一笔心不知手，手不知心法耳。若有心与能者争衡后世不朽，则与书艺工史辈同功矣。[4]

当然，就"论竹"而论，苏、黄则持相同的"成竹于胸"之表述：

> 有先竹于胸中，则本末畅茂。有成竹于胸中，则笔墨与物俱化。津人之未尝见舟而便操之，惟其熟也。夫依约而觉，至于笔墨而与造化者同功，岂求之他哉。盖庖丁之解牛，梓庆之削镰，与清明在躬、志气如神者同一枢纽。不容一物于其中，然后能妙。若夫外矜于众人议己，内藏于识

---

1 （宋）张邦基：《墨庄漫录》，载上海古籍出版社编：《宋元笔记小说大观》，第4746—4747页。
2 （宋）沈括撰，金良年点校：《梦溪笔谈》，北京：中华书局，2017年，第234页。
3 （宋）黄庭坚著，屠友祥校注：《山谷题跋校注》，上海：远东出版社，2011年，第19页。
4 （宋）黄庭坚著，屠友祥校注：《山谷题跋校注》，第137页。

不似，则画虎成狗，画竹成柳，又何怪哉。[1]

黄庭坚、章惇关于书法之"得心应手"及黄氏论画艺之"成竹于胸中"，皆与苏轼所论有颇多契合之处，何以相关论述之名仅归于苏轼？

细搜文献，或可窥得一斑，如《宋史》尝评：

> 黄庭坚学问文章，天成性得。……善行、草书，楷书亦自成一家。……轼为侍从时，举以自代，其词有"瑰伟之文，妙绝当世；孝友之行，追配古人"之语，其重之也如此。[2]

所评文字并未言及黄氏画艺，且黄氏亦无画作名世，但其诗文言及画家画作者却甚众，仅就屠友祥《山谷题跋校注》统计，其题跋文涉及画家画作者多达四十余则。

而章惇作为北宋政坛的重要人物，《宋史·章惇传》亦不载其书画之造诣，且宋人相关著述对其书法毁誉不一。黄伯思《跋大涤翁论述帖》云："章申公暮年愈妙，一以魏晋诸贤为则。此其正书，殊类逸少所临钟《尚书》《宣示》，意象高古，非可以近世伦拟也。而论据端确，评裁曲尽，非深于书者不能识之。"[3]章惇其人，平生追求在政治庙堂而不在书画，因此其不仅没有画作传世，且书迹也罕有存者，故黄伯思之论或有偏爱之嫌；而苏轼与章惇相识较早，其对章氏书艺之批评多获后人认同，如曾敏行《独醒杂志》载：

> 客有谓东坡曰："章子厚日临《兰亭》一本。"坡笑曰："工模临者，非自得，章七终不高耳。"予尝见子厚在三司北轩所写《兰亭》两本，诚如坡公所言。[4]

书画一理，那么我们如何理解黄庭坚、章惇有高论而鲜佳作的历史现象呢？曹宝麟在其所撰《中国书法史·宋辽金卷》对此有一番妙论，其认为章惇之书艺"水

1　（宋）黄庭坚著，屠友祥校注：《山谷题跋校注》，第276页。

2　（元）脱脱等：《宋史》，北京：中华书局，1977年，第13110页。

3　朱易安、傅璇琮等主编：《全宋笔记》第三编四册，郑州：大象出版社，2008年，第99页。

4　（宋）曾敏行：《独醒杂志》，载上海古籍出版社编：《宋元笔记小说大观》，第3241页。

平在蔡京之下，'知之易而行之难'这句古语是千真万确的"[1]。"知之易而行之难"确乎道出了文学艺术创作由理论到创作实践的普遍问题，但不同论者由于个人艺术修为的千差万别，在认识上也各有不同。苏轼苏辙与文同相知甚深，但苏轼对于苏辙之《墨竹赋》并不认同，其曰：

> 子由为《墨竹赋》以遗与可曰："庖丁，解牛者也，而养生者取之；轮扁，斫轮者也，而读书者与之。今夫夫子之托于斯竹也，而予以为有道者则非耶？"子由未尝画也，故得其意而已。若予者，岂独得其意，并得其法。[2]

相关文献资料显示，苏辙是爱好书画且有绘画经历的，其在《汝州龙兴寺修吴画殿记》中自述："予先君宫师平生好画，家居甚贫，而购画常若不及。予兄子瞻少而知画，不学而得用笔之理。辙少闻其余，虽不能深造之，亦庶几焉。"[3]虽不能深造，但其父兄、子侄均好画，其所交游，便有画工，更不乏画坛名家，诸如李公麟、文同、王诜等，耳濡目染，性之所好，其所撰写的有关书画的诗文有数十篇之多，其中与家人友朋，特别是与苏轼有关的书画唱和之诗文，正可参照发明，诸如《子瞻与李公麟宣德共画翠石古木老僧谓之憩寂图题其后》[4]《次韵子瞻题郭熙平远二绝》[5]《和子瞻凤翔八观八首》之《王维吴道子画》[6]《杨惠之塑维摩像》[7]等；其对于绘画见解，诸如《墨竹赋》中评说文同，在青年时期对于唐人遗迹之感受，云："予昔游成都，唐人遗迹遍于老佛之居。先蜀之老有能评之者曰：'画格有四，曰能、妙、神、逸。'盖能不及妙，妙不及神，神不及逸。"又云："范、赵之工，方圆不以规矩，雄杰伟丽，见者皆知爱之。而孙氏纵横放肆，出于法度之外，循法者不逮其精，有从心不逾矩之妙。"[8]均能给予我们在探求苏轼妙论的过程中以启示。

1　曹宝麟：《中国书法史·宋辽金》，南京：江苏教育出版社，2009年，第244页。
2　张志烈等校注：《苏轼全集校注·文集》，石家庄：河北人民出版社，2010年，第1154页。
3　（宋）苏辙著，曾枣庄、马德富校点：《栾城集》，上海：上海古籍出版社，2009年，第1396页。
4　（宋）苏辙撰，蒋宗许、袁津琥、陈默笺注：《苏辙诗编年笺注》，北京：中华书局，2019年，第1232页。
5　参见（宋）苏辙撰，蒋宗许、袁津琥、陈默笺注：《苏辙诗编年笺注》，第1287页。
6　参见（宋）苏辙撰，蒋宗许、袁津琥、陈默笺注：《苏辙诗编年笺注》，第122页。
7　参见（宋）苏辙撰，蒋宗许、袁津琥、陈默笺注：《苏辙诗编年笺注》，第124页。
8　参见（宋）苏辙著，曾枣庄、马德富校点：《栾城集》，第1396页。

苏辙学问文章多得之父兄，轼辙兄弟情深，苏辙曾自谓："辙幼学于兄，师友实兼，志气虽同，以不逮惭。"又称："手足之爱，平生一人。幼学无师，受业先君。兄敏我愚，赖以有闻。"[1]兄弟相知，苏轼曾称苏辙的散文成就优于自己，尝曰：

> 子由之文实胜仆，而世俗不知，乃以为不如。其为人深不愿人知之，其文如其为人，故汪洋澹泊，有一唱三叹之声，而其秀杰之气，终不可没。[2]

从存诗数据来看，苏辙关于书画的诗文七十余首，其与乃兄及精诗善画友朋的应和之作颇有意趣，我们在研味东坡"批评"苏辙《墨竹赋》的同时，还应注意东坡对于《墨竹赋》的称扬，东坡在《与文与可》信中说：

> 近见子由作《墨竹赋》，意思萧散，不复在文字畛域中，真可以配老笔也。亦欲写在绢卷上。如何？如何？[3]

东坡批评苏辙"子由未尝画也，故得其意而已"，而苏辙对自己对绘画艺术的认知还是颇为自负的，其言：

> 予先君宫师平生好画，家居甚贫，而购画常若不及。予兄子瞻少而知画，不学而得用笔之理。辙少闻其余，虽不能深造之，亦庶几焉。[4]

在《和子瞻凤翔八观八首》之《王维吴道子画》中亦谓：

> 吾观天地间，万事同一理。扁也工斫轮，乃知读文字。我非画中师，偶一识画旨。[5]

1 四川大学中文系唐宋文学研究室编：《苏轼资料汇编》，北京：中华书局，1994年，第59页。
2 张志烈等校注：《苏轼全集校注·文集》，第5322页。
3 张志烈等校注：《苏轼全集校注·文集》，第8541页。
4 参见（宋）苏辙著，曾枣庄、马德富校点：《栾城集》，第1396页。
5 参见（宋）苏辙著，曾枣庄、马德富校点：《栾城集》，第122页。

苏辙与精于书画的王诜、王巩、李公麟、苏轼以诗论画，切磋琢磨，时发己见，受到苏轼和友朋的关注。苏辙在《韩干三马》中写道："物生先后亦偶尔，有心何者能忘之？画师韩干岂知道？画马不独画马皮。画出三马腹中事，似欲讥世人莫知。伯时一见笑不语，告我韩干非画师。"[1]苏轼《次韵子由书李伯时所藏韩干马》称许道："烦君巧说腹中事……君不见韩生自言无所学，厩马万匹皆吾师。"即就苏辙《韩干三马》而言，与二苏兄弟应答唱和者即有刘攽、王钦臣、苏颂、黄庭坚、张耒诸人，可略见当时风气之盛。

前文已经提及，黄庭坚论书画艺术，有与东坡相同的"成竹在胸"之表述，其虽未有画作传世，但自谓在与李伯时等人的交往中"深悟画格"，论书画重"韵"，并认为绘画"与文章同一关纽"，有云：

> 凡书画当观韵。往时李伯时为余作李广夺胡儿马，挟儿南驰，取胡儿弓引满以拟追骑。观箭锋所直，发之人马皆应弦也。伯时笑曰："使俗子为之，当作中箭追骑矣。"余因此深悟画格。此与文章同一关纽，但难入人神会耳。[2]

苏黄书画论之比较研究应做系统深入的探讨，在这里限于文章主旨，尝试经由黄庭坚相关文字记载，略窥苏门及元祐学术的文化氛围。

黄庭坚曾邀约二苏兄弟欣赏郭熙画作：

> 郭熙元丰末为显圣寺悟道者作十二幅大屏，高二丈余，山重水复，不以云物映带，笔意不乏。余尝招子瞻兄弟共观之，子由叹息终日。以为郭熙因为苏才翁家摹六幅李成《骤雨》，从此笔墨大进。[3]

黄庭坚在次韵诗中和二苏兄弟讨论韩干、李伯时画马绝技：

> 曹霸弟子沙苑丞，喜作肥马人笑之。李侯论干独不尔，妙画骨相遗毛皮。翰林评书乃如此，贱肥贵瘦渠未知。况我平生贵神骏，僧中云是道

1　（宋）苏辙撰，蒋宗许、袁津琥、陈默笺注：《苏辙诗编年笺注》，第1279页。
2　廖承良选注：《苏门四学士》，长沙：岳麓书社，1998年，第10页。
3　（宋）黄庭坚著，屠友祥校注：《山谷题跋校注》，第226页。

林师。[1]

在《题子瞻枯木》中黄庭坚又礼赞苏轼绘事之妙在于"胸有丘壑"，有云：

> 折冲儒墨阵堂堂，书入颜杨鸿雁行。
> 胸中元自有丘壑，故作老木蟠风霜。[2]

宋人笔记载，苏东坡、黄庭坚曾以戏谑方式批评彼此书法之不足：

> 一日，东坡曰："鲁直近字虽清劲，而笔势有时太瘦，几如树梢挂蛇。"山谷曰："公之字固不敢轻论，然间觉褊浅，亦甚似石压蛤蟆。"二公大笑，以为深中其病。[3]

限于篇幅，不能多加引述，但从以上篇幅大致可感真切、和谐、平等的文化氛围，黄庭坚的文化观念诸如以议论为诗、以诗论画、诗文书画与文章同一关纽、"胸有丘壑"，当可看作苏轼文艺思想的同声相应。

"苏学"主峰挺立，周遭群山拥簇，在苏轼友朋门人诗文中，时有群山和声。秦观《观易元吉獐猿图歌》再现"形神兼备"之说："易老笔精湖海推，画意忘形形更奇。"[4]张耒《答李推官书》则有以水喻文之喻："江河淮海之水，理达之文也，不求奇而奇至矣。"[5]晁补之系列诗作可见其与东坡唱和观点的融合补充，如"胸中云梦"之表述："画写物外形，要物形不改。诗传画外意，贵有画中态。"[6]"与可画竹时，胸中有成竹。"[7]"胸中正可吞云梦，盏里何妨对圣贤。"[8]

要言之，"得心应手""胸有成竹"等词语是宋代书画艺术与书画理论发展到一定高度，经不同论者加以关注研讨后，与苏轼的高识妙文达成共识。一部鲜活的

---

1 廖承良选注：《苏门四学士》，第52页。

2 廖承良选注：《苏门四学士》，第60页。

3 四川大学中文系唐宋文学研究室编：《苏轼资料汇编》，第478页。

4 廖承良选注：《苏门四学士》，第133页。

5 （宋）张耒撰，李逸安、孙通海、傅信点校：《张耒集》，北京：中华书局，1990年，第829页。

6 廖承良选注：《苏门四学士》，第243页。

7 廖承良选注：《苏门四学士》，第245页。

8 廖承良选注：《苏门四学士》，第260页。

艺术史告诉我们，韩干、李公麟皆画马之圣手，但没有流传其画马之"心法"；曾无疑胸怀画草虫绝技，而难以口传笔写"心法"之妙；章惇、黄庭坚对书画有其高识妙论，然均"知之易而行之难"，难称行家里手；苏辙虽对文同知之甚深，但其所论，不被苏轼所认可，谓其不精书画，得其意不得其法；苏轼友朋诗文关涉之作亦多，然罗大经独赞东坡高论，此现象背后之原委，还需进一步研探。

三、苏轼画论"精确如此"的多维探求

在宋代书画创作与书画理论繁盛的背景下，研讨苏轼画论"精确如此"之奥秘，分析认知苏轼、章惇、黄庭坚、苏辙及苏门诸人创作论述的契合与差异，是认识苏轼之论的起点，但最终还需在苏轼博大系统的文艺理论中去探求、研味。

传统文学艺术发展到宋代，至东坡"而大成"。宋孝宗为其文集所作序文可作定论，序文称："（轼）负其豪气，志在行其所学。放浪岭海，文不少衰。力斡造化，元气淋漓，穷理尽性，贯通天人。山川风云，草木华实，千汇万状，可喜可愕。有感于中，一寓之于文，雄视百代，自作一家，浑涵光芒，至是而大成矣。"[1]在文化艺术上"贯通天人""穷理尽性"的苏轼在学习继承前代文化精华时，也乐以"集大成"论人，其在《书吴道子画后》写道：

> 君子之于学，百工之于技，自三代历汉至唐而备矣。故诗至于杜子美，文至于韩退之，书至于颜鲁公，画至于吴道子，而古今之变，天下之能事毕矣。道子画人物，如以灯取影，逆来顺往，旁见侧出，横斜平直，各相乘除，得自然之数不差毫末。出新意于法度之中，寄妙理于豪放之外。所谓游刃有余，运斤成风，盖古今一人而已。[2]

苏轼不仅以"集大成"论前贤，也以"集大成"论恩师欧阳修，其在《六一居士集叙》中言："欧阳子论大道似韩愈，论事似陆贽，记事似司马迁，诗赋似李白。此非予言也，天下之言也。"[3]苏轼师出欧门，从其对欧阳修的追思论说中，

---

1 四川大学中文系唐宋文学研究室编：《苏轼资料汇编》，第610页。
2 （宋）苏轼著，屠友祥校注，《东坡题跋校注》，上海：远东出版社，2011年，第253页。
3 洪本健编：《欧阳修资料汇编》，北京：中华书局，1995年，第89—90页。

又可发现，其对"集大成"，即所谓通才全才"学者"，有着极高的要求。如其《盐官大悲阁记》认为：

> 岂其所以美者，不可以数取欤？然古之为方者，未尝遗数也。能者即数以得妙，不能者循数以得其略。其出一也，有能有不能，而精粗见焉。人见其二也，则求精于数外，而弃迹以逐妙，曰："我知酒食之所以美也。"而略其分齐，舍其度数，以为不在是也，而一以意造，则其不为人之所呕弃者，寡矣。今吾学者之病亦然。天文、地理、音乐、律历、宫庙、服器、冠昏、丧祭之法，《春秋》之所去取，礼之所可，刑之所禁，历代之所以废兴，与其人之贤不肖，此学者之所宜尽力也。[1]

曾枣庄、徐中玉二位先生都认为《盐官大悲阁记》与《书吴道子画后》相通，可互为参详。苏轼在《盐官大悲阁记》中提出了美学上的一个重大命题，美须以数取。其以生动的比喻、大量的事实，说明了数、基本技能对于文学艺术以及各行各业的重要性；文章由饮食文化入手，进而联系"天文、地理、音乐、律历、宫庙、服器、冠昏、表纪之法"，及"历代之所以废兴，与其人之贤不肖"等广泛的社会人生问题，这显然是在探讨社会人文发展的规律性；尤其论述到"能者即数以得其妙，不能者循数以得其略"时，其所表达的是现实生活中不同行业间存在的"能"与"不能"之区别。

连类及之，苏轼所谓"知者创物，能者述之"，综合其多篇诗文不同角度的论说，应为创物之知者有高下之分，能者之述说也有"能"与"不能"的区别。如前所述，罗大经在《画马》篇中言及精于画马的画师唐宋各一，一为唐代韩干，所谓"厩马万匹皆吾师"；一为宋代李伯时，李伯时画马，"每过之，必终日纵观"，"积精储神，赏其神俊，久久则胸中有全马矣，信意落笔，自然超妙"。从"创物"画马的角度看，韩干、李伯时皆技、道两进，堪称"能者"；但从"述之"的角度看，韩干作为一代名家，存世作品有《牧马图》等，苏轼有《书韩干牧马图》诗作，但韩干本人并无讲述个人创作之"心法"问世。李公麟继韩干之后，师法自然，集众所善，自为一家，被尊为一代宗师。苏轼极赞"其神与万物交，智与百工通""龙眠胸中有千马，不惟画肉兼画骨"。颇为遗憾的是，李公麟也未有诗文论其书画创作"心法"，所以韩干、李公麟虽精于绘画，但以语言文字总结提炼绘画

1　张志烈等校注：《苏轼全集校注·文集》，第1219—1220页。

理论，论述自己创作"心法"方面，文献阙如，依然是有所能，有所不能。

细味罗大经《画马》篇，文章第一节写韩干、李伯时画马，第三节写曾无疑工画草虫，当罗大经询问其是否有所传时，曾无疑表示"是岂有法可传哉"，强调在文学艺术创作方面，即使专门家，学道有先后，术业有专攻，亦有所能有所不能。仅就《画马》篇所言，精于画马、画竹、画草虫者有其共通性，但何以绘画"心法"只有东坡之论"精确如此"，罗大经对其中之密奥，仅举一端，"东坡精于绘画者也，故其论精确如此"。

苏轼是文化史上罕见的通才型大家，其书画造诣公认一流。在绘画方面，其是"文人画"的倡导和实践者，有名作传世，从作家的角度论画，其评价前代画家画作眼光独到，时有妙论。考检苏轼论画诗一百五十余首，相关论述形成系统严谨的理论体系。对于绘画中的"道"，其在《书李伯时山庄图后》曾形容李公麟作为"知者"创物的自然、真实、精妙之所在，有云："龙眠居士作《山庄图》，使后来入山者信足而行，自得道路，如见所梦，如悟前世；见山中泉石草木，不问而知其名；遇山中渔樵隐逸，不名而识其人。"[1]进而认为，佳作《山庄图》非凭借记忆所能为，需要特有的天分与艺术修养，李伯时绘《山庄图》，在"天机之所合，不强而自记"之外，还有赖于"居士之在山也，不留于一物，故其神与万物交，其智与百工通"。绘画艺术需要"道""艺"高度契合，苏轼依据对前代与当世画作的研味探讨，结合创作体验，总结出书画技艺"有道有艺，有道而不艺，则物虽形于心，不形于手"的妙论。

苏轼在文艺思想方面有其系统独到的认知体系，把东坡精于绘画，"精妙如此""成竹在胸"之论纳入其系统精深的文艺思想加以观照，当可进一步加深对"苏海"之理解。

苏轼根据自己丰富的生活实践和对于文学艺术创作的总结体味，归结为："孔子曰：'辞达而已矣。'物固有是理，患不知；知之，患不能达之于口与手。所谓文者，能达是而已。"[2]

在《与谢民师推官书》中又言："孔子曰：'言之不文，行而不远。'……夫言止于达意，即疑若不文，是大不然。求物之妙，如系风捕影，能使是物了然于心者，盖千万人而不一遇也。而况能使了然于口与手者乎？是之谓辞达。辞至于能

1　张志烈等校注：《苏轼全集校注·文集》，第7910页。
2　曾枣庄选释：《三苏文艺思想》，成都：四川文艺出版社，1985年，第128页。

达，则文不可胜用矣。"[1]

对于诗文书画创作而言，有道有艺，有道有不艺，其中固然有天分学力问题，最大的分野在于诗文书画属于不同的创作门类，即使在书画创作上道艺双至如韩干、李伯时、曾无疑，要用语言文字阐说个中奥秘，还要有一个诗文书画"兼擅"的跨越；而苏轼在书画艺术上不仅提出识见高远、学养深厚的要求，且其创作也已进化境，李昭玘《乐静集》载：

> 昔东坡守彭门，尝语舒尧文曰："作字之法，识浅、见狭、学不足三者，终不能尽妙，我则心、目、手俱得之矣。"[2]

苏轼的书画创作，寓目所见，得心应手，从心所欲不逾矩，所以论文同画竹绝技，才能够"精确如此"；更进一步，沿着苏轼全才通才诗文书画创作相同的思想路径，发现要将道艺兼至、得心应手、出神入化的书画创作艺术用语言文字出色表达出来，不仅需要不同创作领域的跨越，还需要言语的"辞达"，即"言之不文，行而不远"，其曾自谓：

> 吾文如万斛泉源，不择地皆可出。在平地滔滔汨汨，虽一日千里无难。及其与山石曲折，随物赋形，而不可知也。所可知者，常行于所当行，常止于不可不止，如是而已矣。其他虽吾亦不能知也。[3]

苏轼不仅以此评价自己的文字写作，也以此期许后学。其《答谢民师书》曰："所示书教及诗赋杂文，观之熟矣。大略如行云流水，初无定质，但常行于所当行，常止于所不可不止，文理自然，姿态横生。"[4]《文与可筼筜谷偃竹记》则集中体现了其经典文风，文理自然，姿态横生，所以东坡之论"精确如此"，这是寻绎苏轼系统文艺思想后，联系罗大经极言东坡精于书画，又言曾无疑感叹"岂有可传之法哉"，从文艺创作"有能有不能"的全才角度得到的第二点启示。

知人论艺，精艺论人，苏轼与文同的知己之赏是东坡之论"精确如此"的原

1　张志烈等校注：《苏轼全集校注·文集》，第5292页。
2　（宋）李昭玘撰，张祥云辑校：《乐静集辑校》，济南：齐鲁书社，2021年，第84页。
3　张志烈等校注：《苏轼全集校注·文集》，第7422页。
4　张志烈等校注：《苏轼全集校注·文集》，第5292页。

委之三。翻检文献，我们曾撰文对苏轼与文同一生交游及知己深情加以探讨，尝认为，"惟其友之，是以知之"，苏轼诗文中有八十余篇与文同有关，其中涉及书画艺术的诗歌近六十首。勾稽这些诗文，可得如下感受。苏轼对于文同学识人品给予高度评价。二人相处不过数月，但一生师友情深，并各自引为知己。苏轼《文与可笃筜谷偃竹记》曰："昔曹孟德祭桥公文，有'车过''腹痛'之语。而予亦载与可畴昔戏笑之言者，以见与可于予亲厚无间如此也。"苏轼《书文与可墨竹》并叙亦曰："亡友文与可有四绝，诗一，楚词二，草书三，画四。与可尝云：世无知我者，惟子瞻一见，识吾妙处。"[1]

苏轼对文同的整体评价首重文同的道义节操，其《文与可字说》曰："与可之为人也，守道而忘势，行义而忘利，修德而忘名，与为不义，虽禄之千乘不顾也。"[2]

特别是在王安石变法新旧党争复杂的政治生态中，相较士风之左右观望，趋炎附势，文同却能"守道而忘势，行义而忘利，修德而忘名"。苏轼钦慕文同个性挺然独立，不为世俗名利所牵绊。文同病逝后，苏轼在《祭文与可文》中感叹："呜呼哀哉！孰能敦德秉义如与可之和而正乎？孰能养民厚俗如与可之宽而明乎？孰能为诗与楚词如与可之婉而清乎？孰能齐宠辱、忘得丧如与可之安而轻乎？"[3]在《黄州再祭文与可文》中追怀文同在地方官任上，仁济黎民，于复杂官场纷繁党争之际，独立不群，不以个人得失为念的风采："俯仰三州，眷恋桑枌。仁施草木，信及麇麖。昂然来归，独立无群。俯焉复去，初无戚欣。"[4]

在苏轼心中，文同与其笔下墨竹一样，志节皎然。苏轼《戒坛院文与可画墨竹赞》曰："风梢雨箨，上傲冰雹。霜根雪节，下贯金铁。谁为此君，与可姓文。惟其有之，是以好之。"[5]《墨君堂记》亦赞"墨君"（与可笔下的墨竹）："得志，遂茂而不骄；不得志，瘁瘠而不辱。群居不倚，独立不惧。"[6]

霜根雪节，笑傲风雨；"惟其有之，是以好之"。文同之墨竹乃其个性之写照。"与可尝云：世无知我者，惟子瞻一见，识吾妙处"，以苏轼与文同知己之交，知人论艺，对于文同书画便会有更深层的理解。正如其《书唐氏六家书后》所

1 张志烈等校注：《苏轼全集校注·文集》，第2926页。
2 张志烈等校注：《苏轼全集校注·文集》，第1043页。
3 张志烈等校注：《苏轼全集校注·文集》，第6984页。
4 张志烈等校注：《苏轼全集校注·文集》，第6987页。
5 张志烈等校注：《苏轼全集校注·文集》，第2388页。
6 张志烈等校注：《苏轼全集校注·文集》，第1120页。

言："古人论书者，兼论其生平，苟非其人，虽工不贵也。"[1]

在宋代文化史上，苏轼实乃文人画的倡导者，文同是文人画的践行者，被尊为当世墨竹第一人，苏、文二人同为画坛"湖州画派"的代表人物，苏轼多处诗文中称自己传承了文同湖州画派枯木竹石之妙，其《文与可筼筜谷偃竹记》一再曰："与可之教予如此。予不能然也，而心识其所以然""子由未尝画也，故得其意而已。若予者，岂独得其意，并得其法""及与可自洋州还，而余为徐州。与可以书遗余曰：'近语士大夫，吾墨竹一派，近在彭城，可往求之。袜材当萃于子矣'"[2]。其《书竹石后》亦曰："今竹逸求余画竹，因妄袭与可法则为之，并书旧事为赠。"[3]

苏轼精于书画，文同亦为一代名家，苏轼被誉为一代通才，文同也堪称全才。范百禄《宋故尚书司封员外郎充秘阁校理新知湖州文公墓志铭》载："公资廉，方家居，不问资产。……好水石松竹，每佳赏幽趣，乐而忘返，发于逸思，形于笔妙，摸写四物，颇臻其极，士大夫多宝之。"[4]加之二人，惺惺相惜，交往之中，多所切磋，使得苏轼从多个方面加深了对文同画艺之认知。

苏轼对文同书画艺术的精确认知主要体现在三个方面。其一，众所周知的"成竹在胸"说，论者多引述其《文与可筼筜谷偃竹记》为据，反复品味"与可之教予如此。予不能然也，而心识其所以然""子由未尝画也，故得其意而已。若予者，岂独得其意，并得其法"，益感苏轼知艺论艺、知人论艺之特点。

搜检相关资料，由苏轼"成竹在胸"为聚焦点，可以看到在苏轼文艺理论体系中，其"花式"表达。苏轼自谓其书法创作"胸有天大"："（东坡）又尝教人学书云：世人写字，能大不能小，能小不能大。我则不然，胸中有个天来大字，世间纵有极大字，焉能过此？从吾胸中天大字流出，则或大或小，为吾所用。若能了此，便会作字也。"[5]而东坡在《次韵吴传正枯木歌》中激赏善于画马的李龙眠"胸有千驷"——"龙眠胸中有千驷"[6]；在《书吴道子画后》赞吴道子画之全人在胸"游刃余地"[7]，再联系黄庭坚《题子瞻枯木》赞其"胸有丘壑"——"胸中

1 参见（宋）苏轼著、屠友祥校注，《东坡题跋校注》，第245页。
2 张志烈等校注：《苏轼全集校注·文集》，第1153页。
3 张志烈等校注：《苏轼全集校注·文集》，第546页。
4 曾枣庄、刘琳主编：《全宋文》第七十六册，上海：上海辞书出版社，2006年，第76页。
5 （宋）费衮：《梁溪漫志》，载上海古籍出版社编：《宋元笔记小说大观》，第3377页。
6 张志烈等校注：《苏轼全集校注·文集》，第4178页。
7 参见（宋）苏轼著，屠友祥校注，《东坡题跋校注》，第253页。

元自有丘壑，故作老木蟠风霜。"[1] 晁补之在《自画山水留春堂大屏题其上》自谓"胸中云梦"——"胸中正可吞云梦，盏里何妨对圣贤。有意清秋入衡霍，为君无尽写江天"[2]。可以看到苏轼在"成竹在胸"之关于创作构思的思考，是其在特定的学术环境下，综合考察研味艺术史上多人的艺术实践，融合自身创作体验，并由文同的创作而激发定型。

其二，"形理两全"说。此说亦由文同创作启发，见于其《净因院画记》和《书竹石后》。《净因院画记》有云：

> 余尝论画，以为人禽、宫室、器用，皆有常形，至于山石竹木，水波烟云，虽无常形，而有常理。常形之失，人皆知之；常理之不当，虽晓画者有不知。故凡可以欺世而取名者，必托于无常形者也。虽然，常形之失，止于所失，而不能病其全；若常理之不当，则举废之矣。以其形之无常，是以其理不可不谨也。世之工人，或能曲尽其形。而至于其理，非高人逸才不能辨。与可之于竹石枯木，真可谓得其理者矣。[3]

《书竹石后》亦曰：

> 昔岁，余尝偕方竹逸寻净观长老，至其东斋小阁中，壁有与可所画竹石，其根茎脉缕，牙角节叶，无不臻理，非世之工人所能者。与可论画竹木，于形既不可失，而理更当知；生死新老，烟云风雨，必曲尽真态，合于天造，厌于人意；而形理两全，然后可言晓画。故非达才明理，不能辩论也。[4]

苏轼论画既重形似，亦重神似，既要符合常形，更要符合常理，形神兼备，"形理两全"是绘画的极致。苏轼曾批评黄荃所画飞鸟、戴嵩所画斗牛既不合常形，更违背常理；而其"形理两全"的妙论，不仅来源于对文同绘画的观察总结，而且来自文同的夫子之道。

1　廖承良选注：《苏门四学士》，第60页。
2　廖承良选注：《苏门四学士》，第260页。
3　张志烈等校注：《苏轼全集校注·文集》，第1159—1160页。
4　（明）李日华：《六研斋笔记》（三笔），景印文渊阁四库全书第八百六十七册，第663页。

其三，"内外如一，心手相应"说。苏轼在《文与可筼筜谷偃竹记》文中以神来之笔描述文同画竹，胸有成竹，内外如一，心手相应，在《书晁补之所藏与可画竹》三首之一中，也生动地展现了文与可画竹时"身与竹化""用志不分，乃疑于神"的创作状态。

苏轼从自己向文同学画的经历中，深刻认识到，要做到内外如一、心手相应、得心应手、形神俱到，一定要掌握创作规律，认真学习创作技巧。对诗文书画创作理论、创作规律的学习了解和对纯熟的创作技巧的掌握，是相辅相成的两个方面，缺一不可。如果仅仅了解相关创作方法、规律，没有纯熟的创作技巧，"有道而不艺"，是不能够得心应手地应用相关文艺样式抒情达意的。

从苏轼所论创作胸有成竹、了然于心，阐释文艺创作"形理两全"、形神兼备，再到创作状态的身与竹化、身与物化，及至论述诗文、书画创作得心应手，辩证认识了然于心与了然于口、了然于手的关系，似乎都能看到文同的创作经验，听到苏轼所言"与可教我如此"的心声。当然苏轼作为一代文坛巨擘，其诗文、书画之涉猎甚为广博，其相关理论更融入了个人创作的独到体悟和思考。苏轼作为一个通才作家，既有辉煌的创作实绩，又有系统的创作理论，既是"知者"，能够目到心到、心手相应，享受"创物"之愉悦，又是"能者"，能够传神地将书画创作的情态传写出来，并上升到理论层面概括总结，使后人阅其妙论，一再惊叹"其论精确如此！"

四、结语

苏轼探讨借鉴传统文化的集大成者，于崇仰致敬之外，亦强调文学艺术的发展沿革，指出集大成者的出现绝非偶然，天才作家的个人因素之外，尚有承继前人的经验积累，所谓"知者创物，能者述焉，非一人而成也"[1]。苏轼之所以能够成为一代文化的标志人物，就在于其是一位通才、全才、天才型的作家，其不仅在诗文书画创作上自成一家，流誉后世，且能够出新意于法度之中，寄妙理于豪放之外，形成了苏氏独具个性特色的创作论，严谨系统的文艺思想，所以将其"成竹在胸"妙论置于其理论体系中探讨，始知其浩瀚渊深。

1　（宋）苏轼著，屠友祥校注：《东坡题跋校注》，第253页。

貳

三苏与巴蜀遗址遗迹

复古、述古与慕古：东坡文化景观的经典建构

——以眉山三苏祠为中心

任　正

（华中师范大学国家文化产业研究中心，中国矿业大学苏轼研究院）

摘　要： 东坡文化景观是中国文化遗产的重要组成部分，包含实体型东坡文化景观、意象型东坡文化景观与基因型东坡文化景观三大类。三苏祠作为东坡文化景观中的典范，在历代"复古"与"述古"的文化生产活动中层累生成，完成了多维叙事，满足了人们"慕古"的文化心理。"复古"与"述古"的诗意建构与文化实践促成了实体型东坡文化景观与意象型东坡文化景观的生成，而究其实质，是中国人固有的"慕古"的文化情结与文化基因的外化显现。东坡文化景观在经典建构的过程中形成了表层—中层—深层三位一体的系统结构。而在时代性动力、层级性动力与地方性动力的合力之下，东坡文化景观得以生成、传承、传播。东坡文化景观的经典建构不仅体现了中华文明突出的连续性、创新性、包容性等特征，对实现中华优秀传统文化的创造性转化与创新性发展也大有裨益。

关键词： 东坡文化景观　三苏祠　文化遗产　文化治理　景观生产

习近平总书记强调："历史文化遗产承载着中华民族的基因和血脉，不仅属于我们这一代人，也属于子孙万代。要敬畏历史、敬畏文化、敬畏生态，全面保护好历史文化遗产。"三苏是中华优秀传统文化的集大成者，三苏祠是北宋大文豪三苏的故居，是蜀中久负盛名的名人祠堂和古典园林，也是历代拜谒、凭吊三苏的文化胜地，更是祖先留下的宝贵历史文化遗产，它凝聚着眉山乃至四川、全中国的文化

根脉，承载着中华文明的历史积淀与独特智慧。"东坡文化景观则是指与苏东坡密切相关的历代文化遗迹，如山水园林、亭台楼阁、祠庙墓冢等实体景观，以及这些文化遗迹的文学书写、口头传播与影像表达等意象景观，涵盖了物质文化景观与非物质文化景观。"[1]三苏祠作为东坡文化景观中的典范，在历代"复古""述古"的诗意建构与文化接受过程中层累生成，实现了多维叙事。宋代以降，眉山乃至全国各地的官员、士人、民众等不同社会阶层的人们通过"复古""述古"的文化生产活动，表达对三苏祠这一神圣性场域的崇拜，唤醒了人们"慕古"的思想意识与文化记忆，形成了凝聚人心、尊崇先贤的文化认同。

一、复古：实体型东坡文化景观的层累营建

三苏祠原为三苏在眉山纱縠行的故居，后经地方官员改宅为祠，逐渐由私家宅院演化为了三苏祠堂（包括三苏祠、三苏公园、苏轼博物馆等不同阶段的称谓），成为供世人瞻仰、吊唁、游赏的开放性与公共性并存的文化空间。从北宋时期的三苏故宅到南宋以降的三苏祠堂，再到当代的三苏祠博物馆，三苏祠于天灾兵燹中破败不堪，又于官方民间的合力保护下浴火重生，经历了从原生型东坡文化景观到再生型东坡文化景观再到新生型东坡文化景观的历史嬗变，实体型东坡文化景观在千年的层累营建中不断获得新生。

（一）改宅为祠：两宋时期三苏祠的营建

北宋时期，东坡一家居于眉山城西南纱縠行。东坡在回忆其母程夫人时曾言："先夫人僦居于眉之纱縠行。"[2]民国时期的《眉山县志》介绍三苏祠时，引宋人付藻所著《东坡纪年录》，言："十二月十九日卯时，公生于眉山县纱縠行私第。"[3]苏宅内环境优美，苏轼曰："家有五亩园，幺凤集桐花"[4]，庭院内"竹柏

---

1 任正：《东坡文化景观的多维叙事与当代表达》，《西南民族大学学报（人文社会科学版）》2024年第9期。

2 孔凡礼点校：《苏轼文集》卷七十三《记先夫人不发宿藏》，北京：中华书局，1986年，第2373页。

3 王铭新修，郭庆琳纂：《眉山县志》卷五《祀典·三苏祠》，民国十二年刊本，第1a页。

4 张志烈等校注：《苏轼全集校注·诗集五》卷三十一《异鹊并叙》，石家庄：河北人民出版社，2010年，第3470页。

杂花，丛生满庭"[1]，草木繁盛，鸟鸣悦耳，还分布有古井、瑞莲池、南轩等。苏宅为东坡父子的日常生活提供了优美的环境，苏氏兄弟于此幸福快乐地度过了少年时代。苏宅成为其后来出川中举、入仕做官、漂泊在外的心灵寄托之处。后随着苏氏兄弟在外为官，苏宅便交由眉山的苏氏同宗帮忙照看。北宋时期的三苏宅院属于原生型东坡文化景观的范畴。

南宋时期，三苏故宅的性质发生了变化，开始由私家宅院向公共祠堂转变，而这种转变与眉州地方官员的文化实践密切相关。据现有资料来看，早在南宋早期，三苏祠便已出现。南宋士人周必大为崇庆府江原（今四川崇州市）人张璘所撰的《眉州太守赠金紫光禄大夫张公墓志铭》中有相关记载。张璘的母亲杜夫人是眉州人，张公曾任眉州知州，在此颇有所为：

> 公讳璘，字廷玉，姓张氏，崇庆府江原人。……得知眉州。眉，母杜夫人乡也。……杜氏故贫，至质墓地，公捐俸钱赎归之，仍为经理其家。辟苏氏旧宅，创文安先生及文忠、文定公祠堂，郡人大悦……[2]

四川人张璘生活于两宋之交，曾于宋徽宗政和八年（1118）上舍及第，绍兴年间曾知眉州，卒于绍兴三十年（1160），其在眉州任内出于对乡人三苏的景仰与地方长官的职责，首次将三苏故宅改辟为三苏祠堂，不仅开改宅为祠之先河，还使得原生型东坡文化景观开始向再生型东坡文化景观转化，使其迎来了三苏祠发展史上的第一个黄金时期，其功甚伟。南宋中后期的嘉定三年到四年（1210—1211），同为四川人的理学大家魏了翁也曾知眉州，于此他不仅修筑了披风榭等再生型东坡文化景观，而且率先垂范，拜谒三苏祠，作祝文纪念三苏。魏氏为邛州蒲江县（今蒲江县）人，与三苏亦为四川同乡与异代知音，在其《鹤山集》中有《谒苏文公祠祝文》一文，苏文公即苏洵，该祠虽名为苏文公祠，但苏轼、苏辙也从祀其中，实为三苏祠。祝文道：

> 眉号士大夫郡，圣天子不以某不肖，莫守兹土。其在境内凡百辟卿士有益于民者，夙夜承祀无忒。翊惟山川炳灵，世载苏氏一翁二季先后相

1　孔凡礼点校：《苏轼文集》卷七十三《记先夫人不残鸟雀》，第2374页。
2　（宋）周必大撰，王瑞来校证：《周必大集校证》第八册，上海：上海古籍出版社，2020年，第3107—3108页。

望，文章事业在太史氏之典策。今居郡满岁，顾岁时奉尝阙然弗讲，殆非所以厉贤崇化、律我有民也。用修圭荐展于宰下，以内翰太师文忠公、黄门文定公从祀。既齐既稷，神保攸歆。敢不永与多士，承绎斯文，以毋忘德。[1]

　　由此可见，地方官员在三苏祠的营建与祭祀方面发挥了重要作用。创建于宋代的三苏祠，成为祭奠三苏的正祀所在，得以入祀典，享香火，供眉州本地及来眉的士人与民众景仰、凭吊，也开启了其作为再生型东坡文化景观的层累营建。

（二）钟鸣不绝：元明清民国时期三苏祠的营建

　　元明两代，地方官员对三苏祠也一如既往地重视，其得以钟鸣不绝。元代时，三苏祠也应经过一次大修，故后世方志多言三苏祠为元代改宅所建。此时的三苏祠声名远播海外。元代的高丽使臣李齐贤（1288—1367）曾在中国生活26年之久。期间，他与姚燧、赵孟頫、张养浩等元代著名文人往来甚密，互为知己。元仁宗延祐三年（1316），身为高丽成均馆祭酒的李齐贤奉使峨眉山，途经眉山时，专程拜谒三苏于"三苏堂"，还留下了《眉州》诗一首。诗中提及了三苏堂："过客停骖必相问，道旁为有三苏堂。"[2]其中的"三苏堂"应是其为押韵而改的，其意应指"三苏祠"，可见元代时，三苏祠依然香火不断。

　　明清两代，三苏祠在国家兴衰的历史进程中动态演变，于明末毁灭，又于清初复建。《大明一统志》载："三苏祠，在州治西南，即宋苏洵故宅。元建为祠，本朝洪武间重修。"[3]清嘉庆二十一年（1816），由常明、杨芳灿等纂修的《四川通志》载："三苏祠，在州治西南，即纱縠行苏洵故宅。元建为祠，洪武间重修。今名眉山书院。"[4]清嘉庆十七年刊印的《眉州属志》卷二中的相关记载与此相差无几，"三苏故宅，在城南。明洪武中即其地建三苏祠，甲申后毁于兵。"[5]洪武二十九年（1396），三苏祠添建维修，眉州知州赵从矩翻刻了《东坡盘陀画像

1　（宋）魏了翁：《鹤山集》卷九十八，台湾商务印书馆景印文渊阁四库全书本，1983年。
2　（元）李齐贤：《奉使录》，载弘华文主编：《燕行录全编》第一辑，桂林：广西师范大学出版社，2010年，第421页。
3　（明）李贤：《大明一统志》卷七十一《眉州·祠庙》，明天顺五年刊本。
4　（清）常明、杨芳灿等纂修：《四川通志》卷三十七《舆地·祠庙》，成都：巴蜀书社，1984年，第1487页。
5　（清）王昌年纂，（清）涂长发修：《眉州属志》卷二，清嘉庆十七年刻本。

碑》，现存于眉山三苏祠博物馆内。[1]到嘉靖九年（1530），邱道隆命眉州太守莫钝维修三苏祠，并割九寺庙田产为苏祠祀田，三苏祠的祭祀及日常活动有了经费支持。但到了明末，蜀中流民四起，兵燹不断，张献忠率领的农民起义军及地方割据武装在四川地区破坏了大量文化古迹，三苏祠也未能幸免，"蜀乱后，有贼号铁脚蛮，据眉，祠毁"[2]，祠内仅存"五碑一钟"。由上可见，明代的三苏祠在层累营建中赓续发展，直到明末毁于战火。

清朝建立以后，三苏祠在历任眉州知州等地方官员的文化实践中涅槃重生，又迎来了新的发展机遇。康熙四年（1665），眉山知州赵惠芽在三苏祠原址基础上组织民间匠人模拟复建了三苏祠，修缮殿、启贤堂、瑞莲亭于其间，初步奠定了今三苏祠祠堂区的格局与规模。清代文学家王士祯曾于康熙十一年（1672）入川主持壬子科乡试，途经眉山时，他拜谒了三苏祠，谈道："州守赵君始稍稍修复。"[3]记述的便是赵惠芽复建三苏祠之事。清康熙五十四年（1715），眉州知州黄元煐组织

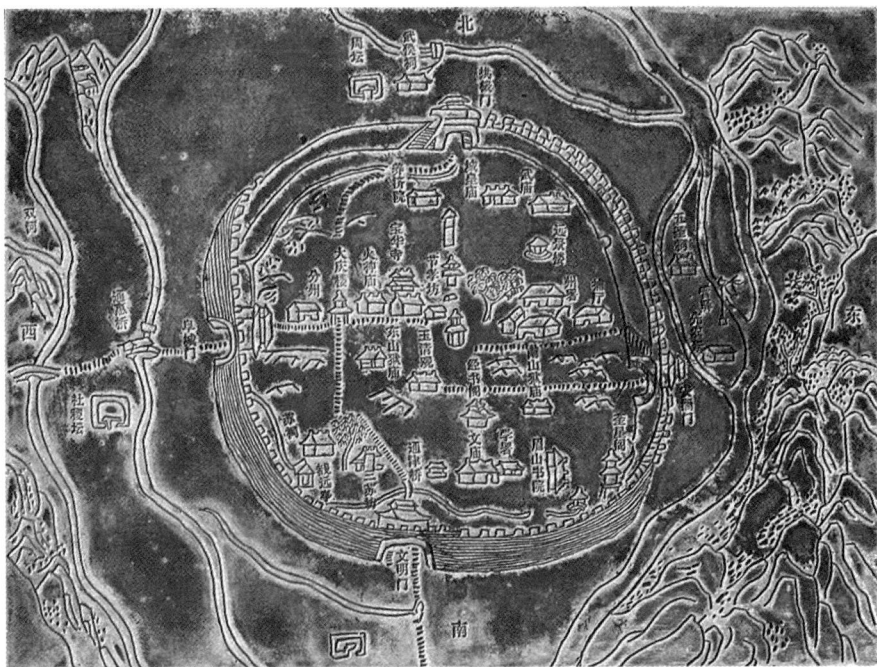

图1 清嘉庆年间眉山县城中的苏祠与三苏坊示意图[4]

---

1 徐丽编著：《苏祠漫步：三苏祠导览解说词》，成都：四川大学出版社，2021年，第141—143页。

2 （清）王士祯：《蜀道驿程记》卷下，清康熙十一年刻本，第2b页。

3 （清）王士祯：《蜀道驿程记》卷下，清康熙十一年刻本，第2b页。

4 该图据清嘉庆本《眉州属志》卷二舆图绘制，清《眉州城图》现存于眉山三苏祠博物馆。

维修了三苏祠并置祀田。清嘉庆十一年（1806），三苏祠内增修了东西厢房与方墙门道。清嘉庆《眉州属志》卷五《庙坛》中的"三苏祠"条载："城西，即纱縠巷旧宅。"[1]这时的三苏祠仍位于眉山城西南。清嘉庆十八年（1813），眉州知州赵来震在启贤堂后檐辟修木假山堂，将原木假山房更名为济美堂（现来凤轩）。清咸丰三年（1853），三苏祠内增修了快雨亭。清同治九年（1870），又增修大门（现前厅）及耳房。清光绪元年（1875），时任四川学政的张之洞倡导修建了三苏祠内的云屿楼、抱月亭、绿洲亭等景观。清光绪二十四年（1898），眉州人为纪念苏东坡、陆游、魏了翁等先贤，在瑞莲右池北岸重建了披风榭。有清一代，三苏祠得以层累重建或修缮，形成了以祠堂为核心，亭台楼阁池沼为衬托的具象型东坡文化景观群，三苏祠由此演变为极具地方特色的西蜀园林典范代表，成为三苏祠发展史的第二个黄金时期，再生型东坡文化景观达到了新的规模与高度。

民国时期是三苏祠增修保护的重要阶段。民国七年（1918）到八年（1919），在眉山驻军旅长陈国栋的主持下，三苏祠得以修缮，增设了浮桥、复道，修缮了消寒馆、栖贤堂等主体建筑，维修了抱月亭、洗墨池、云屿楼、披风榭等附属设施，有《培修眉州三苏祠记》一碑存世。民国十七年（1928），眉山地方官绅集议拓建三苏祠，相继增修了南大门、百坡亭、式苏轩、半潭秋水一房山、船坞、彩画舫等建筑，三苏祠内景观更加多元，富有园林气质，成为三苏公园，其开放性与平民性特征尽显。民国二十五年（1936），当时的四川省政府和国民政府军事委员会先后签署三苏祠保护布告，为三苏祠的保护提供了政策保障。

（三）传承复兴：新中国成立以来三苏祠的保护与发展

新中国成立后，党和国家高度重视文物保护利用工作，特别是党的十八大以来，三苏祠的文物保护和三苏文化传承发展工作步入快车道，在建筑文物保护传承与活化利用方面探索出了一条新路，此为三苏祠发展史的第三个黄金时期。1959年，眉山成立了三苏纪念馆，正式对外开放。1979年，"三苏公园"更名为"三苏文物保管所"。1982年，东坡盘陀坐像落成于披风榭前，成为三苏祠内标志性塑像。1984年，眉山"三苏文物保管所"更名为"眉山三苏博物馆"，三苏博物馆应运而生，三苏祠保护的体制机制日渐完善。2006年，三苏祠成功入选第六批全国重点文物保护单位。2007年，三苏祠内新建东园碑廊、三苏纪念馆、游客接待中心和西园，规模逐渐扩大。2008年5月12日，四川汶川发生8.2级特大地震；2013年4月

1　（清）王昌年纂，（清）涂长发修：《眉州属志》卷五《庙坛》，清嘉庆十七年刻本，第25a页。

20日，四川雅安芦山县发生7.0级大地震，三苏祠内建筑经两次强震影响损毁较为严重。因此，2013—2016年，三苏祠闭馆实施灾后抢救保护，此次修整涉及本体维修、展陈提升、环境整治等七项工程，后获得"第三届全国优秀文物维修工程"称号。因三苏祠在文化遗产保护方面所作的贡献，2018年，被联合国教科文组织授予文化遗产保护荣誉证书。2019年4月，眉山市第四届人大常委会通过了《眉山市三苏遗址遗迹保护条例》，并于当年9月1日开始施行。2020年，三苏祠内的南堂改建为东坡书院。2021年，祠内"式苏轩"文物库房展厅改造提升工程完工。2022年，三苏祠入选国家文物局"文物建筑保护利用典型案例"。

2022年6月，习近平总书记来到三苏祠考察时指出："一滴水可以见太阳，一个三苏祠可以看出我们中华文化的博大精深。"随后，三苏祠及三苏文化的保护传承迎来了新的发展机遇。2024年5月，三苏祠成功步入国家一级博物馆行列。如今的眉山三苏祠博物馆、眉山苏轼纪念馆、眉山东坡书院等三苏相关机构由眉山市东坡文化旅游景区管理委员会统一管理，三苏祠博物馆是其中的核心组成部分。三苏祠博物馆利用声光电、VR、AR等现代技术赋能三苏祠内文物、景观等的保护传承，现已成为川派古典园林的代表。景区内包含祠堂区、碑廊区、园林区、东坡书院、式苏轩、三苏纪念馆等六大部分，人文气息浓厚，自然风光优美，景观丰富多元、展陈现代多样，自然与人文完美结合，传统与现代有机融合。中国古代大型建筑往往遵循两大原则，一是以中轴线为美，形成左右对称的格局；二是以门为分隔单位，形成一进一进的递进关系。祠堂区是三苏祠的主体部分与核心保护区，是祭祀三苏、展陈三苏祠沿革与三苏事迹的重要场所。从南大门向北，依次是前厅、飨殿、启贤堂与来凤轩，这些东坡文化景观从南至北依次排开，沿中轴线对称分布，组成了三进四合院，尽显中式古建的独特魅力。如今，三苏祠博物馆作为全国规模最大、馆藏最丰富、保存最完好的三苏纪念祠堂，已经成为集文物保护、学术研究、文化传承、爱国教育、休闲娱乐等功能于一身的东坡文化保护、传承、发展、创新高地。

作为实体景观的苏祠在不同历史时期呈现出不同的历史面貌，是在政府、士人、民众等多元主体的动态共构中生成的，是他们共建、共享、共情的神圣空间。三苏祠从私家宅院到公共祠堂，再到纪念园林的"创建—复建—新建"的演变轨辙是中华文明突出的连续性、创新性、包容性等特征的生动展示与经典例证，不仅承载着人们对古圣先贤的缅怀崇敬之情，还包含着人们对三苏文化的独到理解与美好期待。保护好以三苏祠为代表的中华优秀传统文化对激活民族文化记忆、构建中华文化认同，增进文化自信自强都大有裨益。

二、述古：意象型东坡文化景观的多维叙事

东坡文化景观中的实体型景观于历代的层累营建中经典性生成，意象型景观则于文学书写、方志表达与口头讲述的多维叙事中互文性呈现。意象型东坡文化景观谱系在历代官方、文人与民众的书写传统与口承传统的流动性"述古"实践中，形成实体型东坡文化景观向意象型东坡文化景观的转化，脱实向虚，营造了一种超越时空，具有永恒性的意象空间。

（一）意象型东坡文化景观的文学书写

意象型东坡文化景观的形成离不开历代文人的文学书写。苏东坡诗文作品中对各类文化景观，如眉山远景楼、清风阁，黄州雪堂、东坡、杭州西湖等的书写是意象型东坡文化景观的原始样态。就眉山而言，陆游对东坡文化景观的文学书写颇具典范性。陆放翁一生景仰东坡，不仅经常重走东坡路，拜谒东坡文化景观，而且在其诗文作品中留下了诸多东坡文化景观的书写轨迹。入蜀任职时，他把沿途见闻写成了《入蜀记》一书。他一路寻访东坡芳躅，书写东坡文化景观，在黄州拜谒了雪堂，游赏了赤壁；在峡州（今宜昌）探访了三游洞，均有游记传世。入蜀后，陆游曾在蜀中生活五年，与四川制置使范成大成为莫逆之交。宋孝宗淳熙四年（1177），范成大奉诏回京，陆游一路送行至眉州。陆游来到东坡故里后，寻访到了披风榭，其中挂有东坡画像，虔诚拜谒之后，他写下了著名的《眉州披风榭拜东坡先生遗像》一诗：

> 蜿蜒回顾山有情，平铺十里江无声。
>
> 孕奇蓄秀当此地，郁然千载诗书城。
>
> 高台老仙谁所写，仰视眉宇寒峥嵘。
>
> 百年醉魂吹不醒，飘飘风袖筇枝横。
>
> 尔来逢迎厌俗子，龙章凤姿我眼明。
>
> 北扉南海均梦耳，谪堕本自白玉京。
>
> 惜哉画史未造极，不作散发骑长鲸。
>
> 故乡归来要有日，安得春江变酒从公倾。[1]

1　（宋）陆游著，钱仲联校注：《剑南诗稿校注》卷九，上海：上海古籍出版社，1985年，第768页。

该诗成为书写"披风榭"这一东坡文化景观的经典作品，"孕奇蓄秀当此地，郁然千载诗书城"盛赞眉州的钟灵毓秀，成为宣介眉州的亮丽名片。后来，"披风榭"曾经魏了翁重修，但此之后便在历史长河中逐渐消亡，直至清末才得以重建，成为三苏祠中的重要景点。他还曾拜谒三苏故居，对"木假山"颇为钟情，留有《木山》诗："书窗正对云洞启，丛菊初傍幽篁栽。"[1]他用白描手法使木假山周遭的优美环境跃然纸上。他还游赏了有东坡父子足迹的蟆颐观，乘兴而作《醉中怀眉山蟆颐旧游》："故乡不敢思，登高望锦城。锦城那得去，仿佛蟆颐路。遥知尊前人，指我题诗处。"后代文人但凡途经眉州或居于眉州，均会前往三苏祠拜谒。元代高丽人李齐贤因公曾途经眉州，专程前往三苏祠拜谒，留下《眉州》一诗，收录于其《奉使录》一书中：

> 眉山僻在天一方，满城草木秋荒凉。
> 过客停骖必相问，道旁为有三苏堂。
> 三苏郁郁应时出，一门秀气森开张。
> 渥洼独步老骐骥，丹穴双飞雏凤凰。
> 联翩共入金门下，四海不敢言文章。
> 迩来悠悠二百载，名与日月争辉光。
> 君不见鸡林三李亦人杰，翰墨坛中皆受钺。
> 韩洎绳枢笑无用，王家珠树誉成癖。
> 机云不入洛中来，皎皎沧州委明月。
> 两雄已矣不须论，家有吾师今白发。[2]

三苏祠中的瑞莲池是明代眉州八景之一，明成化年间眉州知州许仁的《眉州八景诗·苏池瑞莲》云："可人千载尚流芳，故宅池中并蒂香。莫讶为祥兆科甲，生前元自擅文章。"[3]将三苏祠并蒂莲与科甲的佳兆联系起来，颇具传奇色彩。清康熙初年眉州知州赵惠芽不仅复建了三苏祠，还留下了不少关于三苏祠的诗文，如《题瑞莲亭》等七绝。[4]意象化的东坡文化景观除了书写于诗歌这一文体中外，还

1 （宋）陆游著，钱仲联校注：《剑南诗稿校注》卷四，第348页。
2 （元）李齐贤：《奉使录》，载弘华文主编：《燕行录全编》第一辑，第421页。
3 徐丽编著：《名人与三苏祠》，成都：四川大学出版社，2020年，第18页。
4 徐丽编著：《名人与三苏祠》，第23页。

在宋词、元曲、元杂剧以及游记、祭文、记文等诸多文体间流转，形成了以三苏祠（包括其中的瑞莲池、披风榭）等为代表的经典意象型东坡文化景观。

（二）意象型东坡文化景观的方志表达

意象型东坡文化景观在层累的方志表达中逐渐形成。地方志是地方性知识的凝练式呈现，其不仅是记载地方历史、赓续地方文脉、维系地方认同的重要载体，也是研究地方名人文化景观，挖掘地域文化资源的重要渊薮。地方志不但具有存史、资治、教化的表层功能，更拥有建构地方文化传统的深层功能。[1]宋代以降，各类全国性地理总志、四川省志、眉州州志、眉山县志等不同层级的方志中均有关于以三苏祠为代表的东坡文化景观的记述，形成了丰富完备的方志书写谱系。宋元方志存世较少，但幸有几部全国性地理总志流传，其中与眉州东坡文化景观相关的有南宋的《方舆胜览》与元代的《大元混一方舆胜览》等两部，从中我们得以一窥宋元时期东坡文化景观的方志表达模式与内容。《方舆胜览·成都府路·眉州》中对眉州形胜赞曰："介岷、峨之间，象耳镇于后。山秀水清，通衢平直。"[2]其后的"井泉"目有"猪龙泉"条，"阁楼"目有"远景楼"条、"嘉祐阁"条（枕罗城。绘三苏于上，刻和陶诗于壁间），"堂榭"目有"披风榭"条等诸多东坡文化景观的记述。[3]《大元混一方舆胜览·眉州》中则于"景致"条有远景楼、清风阁、披风榭等东坡文化景观的简要书写。[4]

明清以后，方志编撰步入鼎盛时期。这一阶段意象型东坡文化景观主要集中于各类方志的地理志、祀典志、艺文志等部分。较之宋元地理总志中东坡文化景观的记述，《大明一统志》不仅在文献形态、内容呈现方面与前代承接，而且收录的东坡文化景观更加丰富。"山川"目中收录蟆颐山、连鳌山、猪龙泉、瑞莲池等多条东坡文化景观。如瑞莲池条载："在三苏祠垣内。祠本苏氏故宅，苏轼尝作二池以种莲。其西池岁产瑞莲一茎两蒂，至今每大比岁，乡人观瑞莲有无占士第否。"[5]"宫室"目中亦收录丰富的东坡文化景观，如既有因祭祀东坡而修建的景苏楼、嘉祐阁、四贤堂、起文堂、披风榭等，也有因东坡诗文作品而兴建的

1　陈野：《建构文化传统：中国方志的深层功能》，《浙江学刊》2021年第1期。

2　（宋）祝穆撰，祝洙增订，施和金点校：《方舆胜览》卷五十三，北京：中华书局，2003年，第947页。

3　（宋）祝穆撰，祝洙增订，施和金点校：《方舆胜览》卷五十三，第949—951页。

4　（元）刘应李原编，詹友谅改编，郭声波整理：《大元混一方舆胜览》，成都：四川大学出版社，2003年，第257页。

5　（明）李贤编：《大明一统志》卷七十一，北京：中华书局，1977年，第4449页。

远景楼、百坡亭，还有用于观赏但又与苏东坡有联系的观莲亭等。景苏楼"在州治西，宋司农少卿陈晔总领蜀饷过眉，为三苏父子建"[1]。百坡亭"在州治西，宋建。取苏轼'散为百东坡'之句"[2]。观莲亭"在苏祠西池中，苏轼建。自池东岸为石梁，至此筑台砌以石建亭台上。绕亭种莲……本朝永乐间重修"[3]。《大清一统志》中亦有不少类似的书写。除了一统志等全国性地理总志外，省志、州志、县志中的东坡文化景观也有不少。如清嘉庆《四川通志》、清嘉庆《眉州属志》、民国《眉山县志》等，其中地理志、祀典志、艺文志中的记载最具代表性。地方志的艺文志部分又有辑录地方诗文作品的书写传统，因此东坡文化景观的方志书写与文学书写在地方志中合流，进一步扩展、深化了文学书写传统，共同组成书写传统中的意象景观谱系，意象型东坡文化景观在文本表达中日臻完善。

在当前世界遗产的"地方转向"过程中，文化遗产地方性特征的表达日益成为一种重要趋势。地方志书写谱系中的风景遗产兼有物质性与非物质性形态，其代际性和代表性等特征明显。[4]东坡文化景观的本质即为一种文化遗产，而地方志以其特有的叙事模式，有效建构并传承、传播了具有鲜明地域性特征的东坡文化景观。

（三）意象型东坡文化景观的口头讲述

意象型东坡文化景观是在历代口传中经典演绎的，从在民众口碑间自发流传向国家文化治理实践中的自觉保护演变。东坡于青少年时代在眉山生活了二十年，他在此留下了不少趣闻轶事，不仅在士人的笔尖流传，也在眉州民众的口耳相传间历久弥新，苏东坡的传说故事至今仍在眉山、青神等地经典流传。"遍及世界各地的讲故事，既是一种和人类生存发展攸关的文化娱乐活动，又是一种重要的口头语言艺术创造活动。就其内容之广博而言，它是民众生活的百科全书；就其思想感情深厚程度而言，它又是一个国家或民族乃至人类共同体心灵世界的窗口"[5]而这些苏东坡传说涉及不少东坡文化景观，既有以东坡文化景观为传说的地方风物传说，亦有以东坡文化景观为背景的人物传说。

眉山地区至今流传有瑞莲池、来凤轩、东坡湖、东坡渡、远景楼等东坡文化景观的地方风物传说。其中关于瑞莲池的故事颇具传奇。"三苏祠是我国北宋大文学

1　（明）李贤编：《大明一统志》卷七十一，第4450页。

2　（明）李贤编：《大明一统志》卷七十一，第4452页。

3　（明）李贤编：《大明一统志》卷七十一，第4452页。

4　毛华松、汤思琦、程语：《基于地方志的中国风景遗产保护理论探索》，《风景园林》2023年第12期。

5　刘守华：《刘守华故事学文集》第十卷，武汉：华中师范大学出版社，2022年，第69页。

家苏洵、苏轼、苏辙的故居。这里古木参天，屋宇典雅，翠竹掩映，绿水萦绕。祠内有一处养莲的水池叫瑞莲池，相传是当年苏洵所凿。每当春末夏初，荷叶盈盈，荷花怒放，芙蕖吐蕊，满园清香。小时候，苏东坡常常和姐姐苏八娘、弟弟苏子由在池边玩耍。"[1]后来父子三人赴京赶考，苏宅瑞莲池里的荷花竟然并蒂开放，第二年，两兄弟同科进士及第。眉山人纷纷传说，瑞莲池的荷花并蒂开放是吉兆，预示着高中。至今每逢高考前夕，不少求学运的家长还来三苏祠祈福，祈求子女能够鲤鱼跃龙门，金榜题名。

　　而这些东坡文化景观也在老百姓的心目中、口耳间生生不息，成为承载他们文化记忆的东坡符号。目前，这些眉山的苏东坡传说还入选了四川省省级非物质文化遗产代表性项目名录，以王晋川等为代表的苏东坡传说非遗传承人在讲好苏东坡故事、传播好苏东坡声音方面做了大量细致有效的工作，苏东坡传说也在非遗保护的文化治理实践中焕发出新的时代光彩。

三、慕古：东坡文化景观生产的系统结构与动力机制

　　"复古"与"述古"的文化实践促成了实体型东坡文化景观与意象型东坡文化景观的生成，而究其实质是中国人固有的"慕古"的文化情结与文化基因的外化显现，基因型东坡文化景观也应运而生。"慕古"的文化理念往往通过"复古"与"述古"的文化实践得以实现，在此过程中，不仅文化实践主体的文化记忆被激活，文化认同与文化自信得以实现，而且作为文化传承载体的东坡文化景观也得到有效保护、传承与发展，由此形成了东坡文化景观生产的系统结构与动力机制。

（一）东坡文化景观生产的系统结构

　　东坡文化景观是中国名人文化景观中的典型代表，在其经典建构的过程中形成了表层—中层—深层三位一体的系统结构。表层的东坡文化景观是指直观可视的实体型东坡文化景观及构成其的历史、地理、文化等外部环境所组成的系统。实体型东坡文化景观是在历代层累营建的"复古"实践中动态生成的，是东坡文化景观存在的物质实体，是中层、深层东坡文化景观生产的基础条件，具有突出的历史性、

1　眉山市东坡区旅游局编：《东坡故里传奇——民间旅游故事与传说》，北京：中国文联出版社，2013年，第34页。

地方性、具象性、可视性等特征。中层的东坡文化景观是指因各类文化实践而形成的意象型东坡文化景观系统。意象型东坡文化景观是在文学书写、方志表达、口头讲述乃至当代的数字化呈现等外在手段"述古"的多维叙事中形成的。中层东坡文化景观连接表层与深层，既是表层东坡文化景观的抽象表达，也是深层东坡文化景观的载体与表征，具有突出的抽象性、符号性、易存储性等特征。深层的东坡文化景观是指超越时空限制的基因型东坡文化景观系统。基因型东坡文化景观作为一种意识，它潜移默化地存在于人们"慕古"的认知中，是"复古""述古"等外在实践的内在逻辑。深层东坡文化景观是中华优秀传统文化谱系中的重要组成部分，在东坡文化景观的系统结构中处于核心位置，是决定东坡文化景观赓续与发展的核心内容与基本要素，具有突出的包容性、稳定性、延续性等特征。三层结构间的关系具有明显的二重性特征，既有层级性与差异性的一面，又有契合性与融通性的一面，在具体的"复古""述古"的文化实践中彼此交融，超越了结构层级的限制，传承了东坡文化景观承载着的文化基因，建构了"慕古"的文化传统。东坡文化景观的系统结构模式图如图所示。

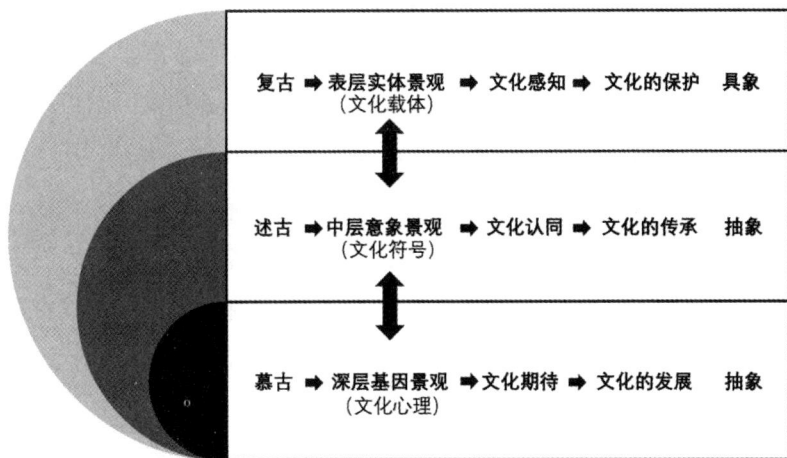

图2 东坡文化景观的系统结构模式图

"复古"的文化生产行为使得表层的实体景观被营建出来，生产出了可供文化感知的物质载体，文化的保护得以实现。而"述古"的文化实践使得中层的意象景观被建构出来，人们的文化认同在此过程中得以塑造，文化的传承得以实现。"慕古"的文化基因在"复古""述古"的流动性实践中被传承、传播、激活，深层的基因景观被建构出来，人们的文化期待得以满足，文化的发展得以实现。东坡文化景观的经典建构过程本质上是中国传统文化中的"三不朽"理念的生动体现。复古是一种立功的行为，述古是一种立言的表达，慕古是一种立德的体现。"复古—立功—行为""述古—立言—语言""慕古—立德—思想"层层相扣，相互成就，实现了三位一体的中华优秀传统文化生产模式的经典生成。东坡文化景观作为中华优秀传统文化的重要载体、鲜明标识与经典例证，其经典生成过程是中华优秀传统文化生生不息的体现。

（二）东坡文化景观生产的动力机制

东坡文化景观的经典建构过程包含着多重动力机制，涉及时代性动力、层级性动力与地方性动力等多种动力，在不同动力的合力之下，东坡文化景观得以生成、传承、传播。对东坡文化景观的动力学分析，不仅是对具象的苏东坡文化景观建构成因的阐释，更是对景观动力学的有益探讨。东坡文化景观通过"复古"的营建与"述古"的叙事生产出了一种以文化英雄为中心的精神场域，在这一场域中，景观与人的关系愈发密切，实现了从客观的景观呈现到主观的景观体验的转变，人们可以超越时空，与偶像东坡对话。何峰指出："中国古代名胜景观的传承集中体现了古代景观文化中的"慕古"与"述古"传统，这是以人及与人相关的故事为核心的传统，具体表现在基于"名人"及"文献"的景观文化传承，具有层累的特征。"[1]东坡文化景观在流动性的文化建构中实现了文化再生产，可以说东坡文化景观是苏东坡文化生命的延续。从人们对实体景观的文化感知到对意象景观的文化认同，再到对基因景观的文化期待，人们通过东坡文化景观的文化生产实践连接了中华优秀传统文化的过去、现在与未来，实现了对其的保护、传承与发展。

东坡文化景观生产的时代性动力。东坡文化景观的生成轨辙是一个波浪式起伏的动态发展过程，不同时代因其特殊的时代背景，导致"慕古"的意识形态有所不同，进而影响"复古"与"述古"的文化实践，而这又对文化景观的存废兴亡影响甚大。三苏故居等原生型东坡文化景观在苏东坡生前的北宋时期便已形成，但随着宋代的党争影响，实体型东坡文化景观、意象型东坡文化景观遭到严重破坏，特别是一些书籍、碑刻被官方下令损毁。直到南宋初期，随着东坡名誉的恢复，原生型东坡文化景观也得到了较好的保护，三苏祠等再生型东坡文化景观开始形成。新中国成立以来，特别是近几十年来，随着国家文化治理实践的日益现代化，作为中华优秀传统文化重要组成部分的东坡文化景观迎来了发展的黄金时代。不仅以三苏祠

---

1 何峰：《中国古代名胜景观的生成与传承》，《重庆大学学报（社会科学版）》2024年第2期。

为代表的实体景观得到保护、修缮，各类含有意象型东坡文化景观的书籍、非遗等亦得到了前所未有的关注与保护。

东坡文化景观生产的层级性动力。景观本身也是一种语言，由此，参与景观营建与叙事就成为一种具有话语权参与的语言表达。实体型东坡文化景观的层累修建体现了官方意志，意象型东坡文化景观的历代建构则承载着文人、民众等群体的民间记忆。景观的存在，本质上是一种理念的客观显现，不同群体对东坡文化景观的建构，使其在"复古""述古"的文化实践中实现了"慕古"的文化夙愿，于东坡文化景观中获得了自己的身份认同。这不仅是人们对苏东坡的崇敬，承载着文化记忆，更体现了人们尊重历史、保护历史的文化心理与态度，以及保护与传承中华优秀传统文化的责任担当与文化自觉。

东坡文化景观生产的地方性动力。地方文化的赓续传承与创新发展离不开一定的载体。东坡文化景观具有明显的地域属性，是承载地方文化记忆的重要载体与鲜明标识，这与地方文化的传承发展需求是高度契合、相互成就的。"文化记忆构建了一个空间，作为文化记忆范畴的纪念碑、墓碑、庙宇神像等在营造空间过程中将摹仿性记忆、对物的记忆、交往记忆等无缝对接到这个空间中。"[1]东坡文化景观构建的文化空间是地方性的，成为地方民众崇尚英雄、保护英雄的神圣纪念物。而对其"复古""述古""慕古"的文化生产活动成为地方民众对美好生活向往的一种文化投射，对真善美追寻的一种具象表达。在当代文旅融合发展、新型城镇化建设、乡村振兴等时代宏大背景下，东坡文化景观成为地方文化建设、文化产业发展差异化表达的重要依托。

四、结语

东坡文化景观是中国文化遗产的重要组成部分，包含实体型东坡文化景观、意象型东坡文化景观与基因型东坡文化景观三大类。三苏祠作为东坡文化景观中的典范，在历代"复古"与"述古"的文化生产中层累生成，完成了多维叙事，满足了人们"慕古"的文化心理。"复古"与"述古"的诗意建构与文化实践促成了实体型东坡文化景观与意象型东坡文化景观的生成，而究其实质是中国人固有的"慕

1 ［德］扬·阿斯曼：《文化记忆——早期高级文化中的文字、文献回忆和政治身份》，金寿福、黄晓晨译，北京：北京大学出版社，2015年，第10页。

古"的文化情结与文化基因的外化显现。东坡文化景观经典建构的过程中形成了表层—中层—深层三位一体的系统结构。而在时代性动力、层级性动力与地方性动力的合力之下，东坡文化景观得以生成、传承、传播。东坡文化景观的经典建构不仅体现了中华文明突出的连续性、创新性、包容性等特征，对实现中华优秀传统文化的创造性转化、创新性发展也大有裨益。

东坡文化景观作为承载中华优秀传统文化的经典例证，是一个具有鲜明中国特色的概念工具，以其作为切入口，融合历史学、文学、地理学、传播学、文化学、民俗学等诸多学科的研究视角，开展中国古代名人文化景观研究将有助于全景式地探究中国古代名人文化景观的文化实践类型与经典生成谱系，对于建构中国文化景观研究的学科体系、学术体系、话语体系，探索中华文明发展演变轨辙，铸牢中华民族共同体意识，传承中华民族文化基因，构建人类命运共同体等，均具有积极的理论与现实意义。

昭穆贯鱼葬法与苏坟

乔建功（河南省郏县财政局）
苏　航（眉山市苏味道文化研究中心）
黄梦龙（郏县党史和地方史志办公室）

　　摘　要：本文在介绍昭穆贯鱼葬法和五音姓利说的基础上，适时引入有关三苏墓葬的文字史料，并配以图示，充分证明西蜀彭山东茔及河南郏县苏坟当年采用的都是昭穆贯鱼葬法，从而为探索苏家族茔的沧桑变迁找到了一条比较可靠的途径。

　　关键词：昭穆贯鱼葬法　五音姓利说　东茔　苏坟

　　笔者最早接触昭穆贯鱼葬法，是20世纪80年代读到的河南省文物研究所李绍连先生的《宋苏适墓志及其他》。该文在剖析苏适夫妇合葬墓为何在"三苏坟"院外而不在其内时说，郏县苏坟采用的可能是昭穆贯鱼葬法，"宋代官修《地理新书》卷一三冢穴吉凶之步地取穴条云：'凡葬有八法，步地亦有八焉……八曰昭穆，亦名贯鱼，入先茔内葬者，即左昭右穆，如贯鱼之形……惟河南、河北、关中、陇外并用此法。'"可惜仅此一带而过，没作任何阐释。20世纪80年代后期《许昌文化》杂志曾刊数篇姚海栓、孟德京两位先生探讨三苏墓葬排列问题的文章，认为是遵照昭穆贯鱼葬法排列的。[1]至于此葬法究竟如何，谁也没有进一步言及。后来，笔者遍问所接触的风水先生，均无果；再后，托郑州市苏氏总谱主编苏航先生觅得

1　郏县档案馆：《三苏坟资料汇编》，开封：河南大学出版社，1986年。

《地理新书校理》[1]（以下简称《地理新书》）。这是讲述北宋地理风水的官书，为当时堪舆学之圭臬。全书共十五卷，分别阐释了阴阳二宅的风水选择和应用，内容浩繁，博大精深，专业术语连篇，语言艰涩难懂。怎奈自己学识浅陋，难入其门，而中国人民大学刘未先生的《昭穆贯鱼：北宋韩琦家族墓地》一文，谈到南水北调中线工程搬迁安阳北宋时期韩琦墓葬，经考古验证认为该墓葬采用的是昭穆贯鱼葬法。[2]通过反复研读和图例引导，回头再读《地理新书》，方略知一二，似见端倪。然也深悔自己过去妄论苏坟葬法之浅薄，大有别开洞天之感。正所谓"千淘万漉虽辛苦，吹尽狂沙始到金。流水淘沙不暂停，前波未灭后波生。令人忽忆潇湘渚，回唱迎神三两声。"今就自己近年的得失感悟奉献于众，以飨学人，聊作引玉之砖。

一、何谓昭穆贯鱼葬法

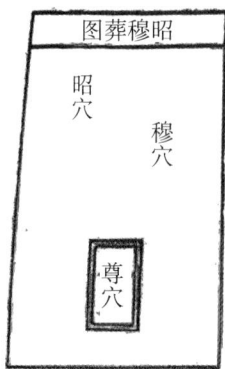

图1　昭穆葬图

《地理新书》共介绍了八种葬法，其中第八种为昭穆贯鱼葬法，此法应用最为广泛，曾为皇家所采用。该书着重介绍了此种葬法的理论基础和应用。"昭穆"语出《周礼·冢人》："先王葬地居中，以昭穆为左右。"后世以此提出了"左昭右穆"的昭穆制度以体现宗族内部长幼辈分的亲疏关系。在《地理新书》中其被形象地展示为类似贯穿鱼串（如图1）的形式。其中大致可这样理解："尊穴"为父辈的墓，"昭穴"是子辈的墓，"穆穴"是孙辈的墓，以形似"贯鱼"的样子排列。需要注意的是，此"昭穆葬图"仅表示一种相对位置关系，而非墓地实际位置所在。

至于墓葬的安排，在实际应用中，应以长方形或正方形的墓园作为一独立单元

1　王沫等：《地理新书校理》，湘潭：湘潭大学出版社，2012年。

2　刘未：昭穆贯鱼：北宋韩琦家族墓，2018年1月7日，https：//WWW.sohu.com/a 215126371_713036。

墓区。墓区四边皆平分为七等份，分别用甲乙丙丁庚辛壬癸八天干，子丑寅卯辰巳午未申酉戌亥十二地支和乾坤艮巽四卦象来表示单元墓区的四十九个穴位，如图2。

如此单元墓区7×7的格局是相同的，但每个姓氏选择的穴位却各自不同，必须按五音姓利说的原则才能推出相应的最佳穴位。五音姓利，就是把人们的姓氏分成宫、商、角、徵、羽五音，再将五音分别与阴阳五行中的金、木、水、火、土相对应。这样就可在单元墓区昭穆贯鱼葬穴位图上找到与姓氏相对应的最佳墓葬方位与时日。

北 ↑

乾	亥	壬	子	癸	丑	艮
戌	穴					寅
辛				穴		甲
酉						卯
庚	穴					乙
申			穴			辰
坤	未	丁	午	丙	巳	巽

图2　昭穆贯鱼葬穴位图

五音出自《黄帝内经·灵枢·斜客篇》。古人把五音与五脏相配：脾应宫，其声漫而缓；肺应商，其声促以清；肝应角，其声呼以长；心应徵，其声雄以明；肾应羽，其声沉以细，此为五脏正音。另相传五音也是因中国上古时期乐器"埙"的五种发音而得名，相当于现代的12356（do、re、mi、sol、la）。五音姓利，最早见于汉代《五音图宅》，但这是对阳宅而言。至隋唐时期，才将其转化到阴宅的应用。五音配姓氏如下：

角音姓（属木）：赵、周、朱、孔、曹、金、华、俞、廉、乐、和、萧、董、虞、裘、艾、弘、国、秋、高、郜、印、怀、侯、宓、雍、淮、晁、荆、密、革、曲、药、衙、由、号、岳、敬、曳、虑、刘、邹。

羽音姓（属水）：吴、褚、卫、许、吕、喻、苏、韦、马、苗、袁、费、于、卡、伍、余、卜、顾、孟、穆、毛、禹、贝、梅、盛、夏、胡、凌、缪、霍、扈、燕、茹、雨、古、越、戎、祖、武、符、詹、龙、蒲、婿、宗、包、龚、翁、羿、汲、富、饶、涂、须、楚、来、旅、牟。

徵音姓（属火）：钱、李、郑、陈、秦、尤、施、姜、宝、云、史、唐、薛、滕、罗、毕、郝、时、皮、齐、尹、祁、米、戴、纪、舒、兰、季、娄、钟、蔡、田、支、淖、管、经、干、边、郏、别、庄、瞿、连、官、易、慎、廖、真、祭、员、智、晋、练、辛、訾、聂、郦、宰、芮、甄、吉、石、单、邓、贡、宣、丁、莘、闻、荀、池、卓、赖、咸。

宫音姓（属土）：孙、冯、沉、严、魏、陶、水、彭、凤、任、酆、鲍、岑、倪、敖、明、计、谈、宋、熊、屈、闵、童、林、丘、应、冀、农、晏、闾、充、容、暨、耿、冠、广、阙、隆、仰、仲、宫、甘、景、幸、司、邵、薄、蔺、屠、蒙、阴、郁、双、贡、鞠、封、縻、松、愧、逢、桂、牛、勾、简、空、沙、乜、曲、丰、红、游、权、公、鹿、酒、钦、粟、蹇、奄。

商音姓（属金）：王、蒋、韩、何、张、谢、相、章、潘、葛、奚、郎、昌、花、柳、方雷、贺、汤、邬、常、傅、康、元、平、黄、姚、郡、湛、汪、狄、伏、成、芊、庞、项、祝、梁、杜、阮、席、马、贾、路、余、江、颜、徐、骆、樊、万、柯、庐、莫、房、解、寿、通、尚、温、喋、习、向、衡、匡、文、欧、殳、暴、叶、白、鄂、藉、能、苍、党、杭、程、稽、邢、滑、裴、荣、羊、惠、邴、牧、山、金、郗、班、申、郄、桑、阚、巢、蒯、查、盖、益、勤、留、铎、猴、庆、长、南、苌、况、拔、过、靖、附、丹、商、杨、安、藏、危、哀、郭、斛。

五音墓地的典型取穴次序如下：宫、羽两音同取甲穴、庚穴、壬穴、癸穴、辛穴；角音取丙穴、壬穴、甲穴、乙穴、癸穴；徵音取庚穴、甲穴、丙穴、丁穴、乙穴；商音取壬穴、丙穴、庚穴、辛穴、丁穴（如表1）。每组姓氏都有五个穴位可供选择，每个穴位还有内外之分，使得每个单元最多有十个穴位可供选择。

表1　昭穆贯鱼葬坐穴次序及朝向

五姓	宫、羽	角	徵	商
尊穴	甲，东偏北	丙，南偏东	庚，西偏南	壬，北偏西
次穴	庚，西偏南	壬，北偏西	甲，东偏北	丙，南偏东
卑穴	壬，北偏西	甲，东偏北	丙，南偏东	庚，西偏南
又次穴	癸，北偏东	乙，东偏南	丁，南偏西	辛，西偏北
再次穴	辛，西偏北	癸，北偏东	乙，东偏南	丁，南偏西
绝穴	丙，南偏东	庚，西编南	壬，北偏西	甲，东偏北
朝向	坐东北向西南	坐东南向西北	坐西南向东北	坐西北向东南
昭穆葬	丁，南偏西	辛，西偏北	癸，北偏东	乙，东偏南
贯鱼葬	庚，西偏南	壬，北偏西	甲，东偏北	丙，南偏东

昭穆贯鱼葬法发轫于隋唐，盛行于宋元，明清以降逐渐式微。尤其五音姓利说自始至终都充满争议，最终步入死胡同，被民众所遗弃。

二、眉山东茔与昭穆贯鱼葬法

通过以上图表可知，苏姓属羽音，与宫音的坐穴安排相同，依次为甲穴（尊位）、庚穴（次穴）、壬穴（卑穴）、癸穴（又次穴）、辛穴（再次穴）。

政和元年（1111）十月，苏辙《卜居赋并引》云：“昔先君相彭、眉之间为归全之宅，指其庚、壬曰：‘此而（二）兄弟之居也。’今子瞻已藏于郏山矣，予年七十有三，异日当追蹈前约。”[1]这是苏辙病逝前〔政和二年（1112）十月三日〕所写下的最后一篇赋。文章追忆了自己晚年谋求居所的艰辛和渴望回归眉山故里的迫切心情，说的是苏家先茔本在眉山修文乡安道里，人称西茔。嘉祐年间父亲苏洵为安葬夫人程氏，在东去40多里的彭山安镇乡可龙里（今眉山市东坡区富牛镇）老翁泉旁另辟一族茔，人称东茔。安葬母亲程氏已毕，父亲指着庚、壬二穴说：“这就是你们兄弟二人百年之后的归葬之地。”如今兄长东坡已安葬郏县，自己虽已七十有三，仍心心念念回归故里，践行父子宿约。

在苏家新辟的东茔，苏洵夫妇埋葬的是甲穴（尊穴）的位置。父亲所指的庚穴（次穴）理所当然是苏轼的，而壬穴（卑穴）自然而然是苏辙的。如此排列，完全符合以上所述五音姓利说。因此，苏辙《卜居赋并引》中虽然没有言明彭山东茔采用何种葬法，但根据以上所述的信息，可判断当年苏家东茔采用的是昭穆贯鱼葬法。

程夫人去世九年后，即治平二年（1065）五月，苏轼原配夫人王弗病逝于汴京，三年（1066）四月，父亲苏洵也在京师去世。四年（1067）八月，轼、辙兄弟二人沿长江溯水而上将他们的灵柩运抵眉山故里，把父亲与母亲合葬于老翁泉旁的东茔。苏轼在《亡妻王氏墓志铭》开篇说：葬夫人王弗于“先君先夫人墓之西北八步”[2]。在追述了夫人王弗的贤良聪慧之后才言明其理由说：“始死，先君命轼曰：‘妇从汝于艰难，不可忘也。他日汝必葬诸其姑之侧。’未期年而先君没，轼谨以遗令葬之。”大意是，王弗刚死时，父亲苏洵告诉苏轼说，你不要忘记，王弗是在我家艰难时刻嫁给了你，将来一定要将她安葬在她婆婆的身旁。父亲交代这话后不到一年就去世了。苏轼谨遵父命安葬了王弗。

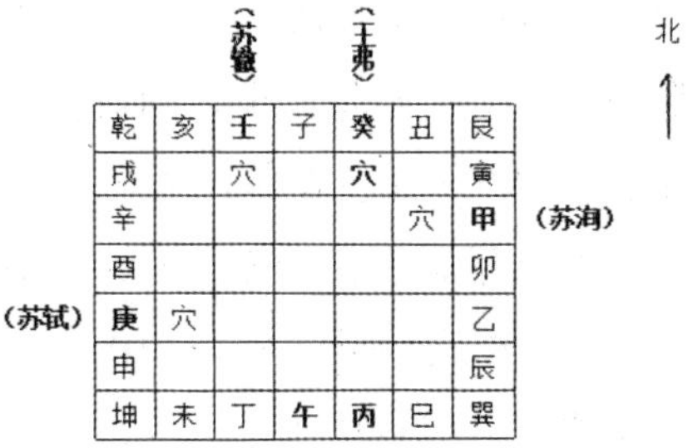

图3 彭山东茔昭穆贯鱼葬

按常理，王弗应安葬在苏轼庚穴的位置，等待与苏轼合葬。但苏洵感念王弗与

1 （宋）苏辙著，曾枣庄、马德富校点：《栾城集》，上海：上海古籍出版社，1987年。

2 （宋）苏轼：《苏轼全集》，珠海：珠海出版社，1996年。

婆婆患难与共，贤惠淑德，特意叮嘱将其葬在婆婆程氏身旁。从图3看，苏洵与程夫人合葬墓（甲穴）西北八步是癸穴（又次穴）的位置，也属苏姓应选的位置，仍与昭穆贯鱼葬法相吻合，从而进一步验证了眉山东茔采用昭穆贯鱼葬法的推断。另外从图3也可看出，甲穴与癸穴仅相隔一个丑穴，又言"八步"，因此我们不妨推导此单元墓区每个穴位占地约八步。同时也可推断，因轼、辙兄弟二人最终葬身汝州郏城县，因此这个墓地上的庚、壬二穴也就一直没用。

2012年11月笔者有幸参加全国首届苏辙学术研讨会。会议组织拜谒了老翁泉旁的东茔。苏洵夫妇合葬墓西北不远处确有王弗墓葬，同时附近还有苏轼、苏辙衣冠冢。不过，据介绍这些全是20世纪80年代重建的。

三、郏县苏坟与昭穆贯鱼葬法

三十五年后的建中靖国元年（1101），历尽劫波的轼、辙兄弟二人被流放岭南七年后归来，眼见回蜀无望，在苏轼去世前的半年间他们通过三封书信商定在汝州郏城县钧台乡嵩山脚下另辟一流寓在外的苏家族茔。不幸苏轼一语成谶，当年七月二十八日病逝于常州。翌年〔崇宁元年（1102）〕闰六月二十日，苏辙遵遗命将苏轼同早其十年去世的继室王闰之合葬于此。另外苏辙的三儿媳八郎妇黄氏及苏轼二儿媳迨妇欧阳氏也安葬在这里。

苏轼葬郏已毕，崇宁三年（1104）八月苏辙命次子苏适携祭文回蜀祭扫东茔。苏辙在《谴适归祭东茔文》中说："兄轼已没，遗言葬汝。辙与妇史，夙约归附。常指庚穴，以敕诸子。"大意是，兄长苏轼已经安葬在汝州郏城县，自己和夫人史氏早已约定，百年之后也要跟随兄长归葬到这里，还时常指着这里的庚穴告诉孩子们，这就是将来埋葬自己的位置。而"庚穴"正是苏姓昭穆贯鱼葬五音姓利中的次穴。参照图4，苏轼在这里占据的是甲穴（尊穴），位居墓园东北，而苏辙自言居庚穴（次穴），位居其西南，与现实格局大致吻合。这充分说明郏县小峨眉的苏坟当年所采用的同样也是昭穆贯鱼葬法。以此推理，那么与苏轼夫妇同时安葬的迨妇欧阳氏及八郎妇黄氏所葬的位置分别应是壬穴和癸穴

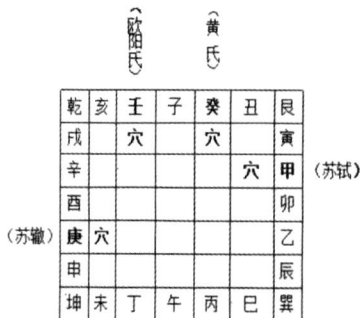

图4 郏县苏坟昭穆贯鱼葬

（见图4）。尽管目前看不到这两座坟墓，但理论推导应该是这样的。

然后再看，现在坟园外神道东侧面的墓葬，这是1969年当地农民浇地时发现的洞穴，逐级上报有关部门后，1972年河南省文物研究所委派李绍连先生前来进行考古发掘，他确认这是北宋时期苏辙次子苏适（字仲南）夫妇的合葬墓，世称苏仲南墓。李绍连先生就此作《宋苏适墓志及其他》（以下简称《宋文》）一文，刊载于1973年第7期《文物》杂志。因此《宋文》成为当时三苏园唯一具有现代科学意义的考古发掘学术报告，具有极其重要的价值和意义。1986年为迎接在郏县召开的全国第四届苏轼学术研讨会，县政府根据《宋文》所提供的信息，为苏仲南夫妇墓封土立碑。《宋文》载"苏适墓的方向为南偏西87度"，这意味着再偏西3度，岂不是正西方了吗？所以现在看苏仲南夫妇墓似乎是面西而立。这些都完全符合表1中苏姓（羽音）墓葬坐东北向西南的朝向。这再次证实郏县苏坟采用的是昭穆贯鱼葬法。由此可见无论是彭山东茔，还是郏县苏坟，当年所采用的都是昭穆贯鱼葬法，足见当时此种葬法流行之广。

当然，以上分析仅是理论层面的推导，至于在实际应用中还有诸多问题需要探讨，尤其是清初顺治年间发现的苏迟夫人梁氏墓和苏仲南夫妇合葬墓的位置关系以及史料记载中的苏过墓葬何在等诸多问题，远不是我辈所能说清道明的。笔者始终认为，苏轼葬郏的研究无非是苏轼葬郏之因的探讨以及苏坟的沧桑变迁。但是探讨苏坟葬法似乎又是研究苏坟沧桑变迁不可逾越的门槛，却又总是感觉迷雾重重，山高路险，不禁望而兴叹。幸喜就在本文杀青之时，笔者读到北京大学中国考古研究中心、北京大学考古文博学院刘未教授《宋元时期的五音墓地》一文。文章根据考古发现和文献记载，概括了三十例宋元时期较为完整的五音墓地资料。其中第七例就是根据苏洵《老翁井铭》、苏辙《卜居赋并引》及《谴适归祭东茔文》，推断苏家彭山东茔和郏县苏坟为五音墓地，遵循的都是昭穆贯鱼葬法[1]，遗憾的是未作进一步阐述。相信不久的将来终会引起有关学术权威和上级领导的关注和支持，逐步破解苏轼葬郏的种种谜团。正所谓枣花如米小，也学牡丹开。开也不争春，只把春来报。但愿秋来枣满树，只在枣中笑。

以上读书偶得，舛误难免。意在抛砖，以期引玉。谨乞方家，予以郢政。

---

1 刘未：宋元时期的五音墓地，2023年4月21日，https://WWW.sohu.com/a 215126371_713036。

眉山三苏文化景观传承研究

中共眉山市东坡区委党校课题组
课题组组长：张　盖（四川省眉山市东坡区委党校）
课题组成员：张逸平（陕西师大西北研究院）　郭雨薇（四川大学历史文化学院）
杨　雪（四川省眉山市东坡区委党校）

摘　要：本文以习近平文化思想为科学指引，探赜北宋以降眉山三苏文化景观史，探索其来龙去脉，探究其人地关系，探析眉山三苏文化景观与其实践主体及社会的互动。三苏文化景观是指与三苏密切相关的文化遗产，如祠庙墓冢、亭台楼阁、山水园林等实体景观，已成为眉山地方文化记忆赓续、眉山地域文化认同增进的重要物质载体。眉山深受三苏文化浸润滋养，孕育产生了大量三苏文化景观。而今，主要景观遗存以岷江为中轴，西面眉山城中以三苏祠为核心，远景楼矗立于东坡湖畔，城外是三苏镇连鳌山与修文镇苏坟园，东面自北向南依次为富牛镇苏坟山、蟆颐山及青神县中岩寺。眉山应依托三苏文化景观，围绕"三苏故里"主题，构建"一江两岸、一核多点"的文旅融合发展格局。

关键词：眉山　三苏文化景观　传承　研究

"文化景观"一词由德国人文地理学家拉采尔最早系统说明，英文为"cultural landscape"。世界遗产委员会将"文化景观"定义为"代表自然与人类共同作品的文化遗产"，分为"由人类有意设计和建筑的景观、有机进化的景观、关联性文化景观"三类。"文化景观"研究在我国于20世纪80年代逐步兴起。复旦大学教授安介生指出：文化景观研究应当着眼于历史时期，运用丰富多样的史料对相关的景观进行全方位的复原，重建连续的、立体的景观变迁史。

中华民族之文化，历数千载之演进，造极于赵宋之世。"山不高而秀，水不深而清"的眉山，古称眉州，古谓"坤维上腴，岷峨奥区"，自设置州郡建制以来已有2300多年，一座始建于唐代、兴盛于宋代，有唐僖宗御笔亲题"书楼"二字赐赠的"万卷书楼"——孙氏书楼曾经巍然屹立于此，在宋代是三大雕版印刷中心之一，享有"千载诗书城，人文第一州"和"进士之乡"等美誉。发轫于北宋的三苏文化是中华优秀传统文化的杰出典范，是巴蜀文化的璀璨明珠，是诗书眉山的亮丽名片。三苏文化景观是指与三苏密切相关的文化遗产，如祠庙墓冢、亭台楼阁、山水园林等实体景观，呈现原生型、再生型、新生型风貌，已成为眉山地方文化记忆赓续、眉山地域文化认同增进的重要物质载体。眉山作为"三苏故里"，深受三苏文化浸润滋养，孕育产生了大量三苏文化景观。它们经历了北宋的萌芽、南宋的成长、元明清的拓展、民国的扩建以及当代的壮大，饱经了岁月沧桑，有的还经受了战火洗礼和"文革"浩劫，如三苏祠、蟆颐山、苏坟山、苏坟园、连鳌山、远景楼、中岩寺等。令人遗憾的是，一些见诸史料的三苏文化景观，如旌喜院、小桃源、尔家川、雁塔碑、栖云寺、三峰寺、嘉祐阁、四贤堂、岷峨亭、江乡馆、晚赋园等，已荡然无存、了无痕迹。而今，主要景观遗存凸显"一江两岸、散珠碎玉"的分布格局，即以岷江为中轴，西面眉山城中以三苏祠为核心，远景楼矗立于东坡湖畔，城外是三苏镇连鳌山与修文镇苏坟园，东面自北向南依次为富牛镇苏坟山、蟆颐山及青神县中岩寺。

中华文明具有突出的连续性。"积善之家，必有余庆。"眉山三苏文化景观的传承，缘起乡梓对三苏道德文章的景仰、对三苏家国情怀的赞许、对苏门家教家风的推崇、对中华优秀传统文化的向心力和感召力。历史时期的眉山三苏文化景观，以纪念、祭祀三苏的功能发挥着社会教化作用，也以兴建工程的形式维系着眉山当地官绅与百姓的社会凝聚意识。

一、三杰一门三苏祠

三苏祠是北宋大文豪苏洵、苏轼、苏辙的故居，坐落于东坡区苏祠街道纱縠行，苏轼曰："昔吾先君夫人僦宅于眉，为纱縠行。"[1]三苏祠于元代改宅为祠，

1　（宋）苏轼：《东坡先生志林》卷三，清嘉庆十年（1805）虞山张氏照旷阁刻学津讨源本。

明洪武重建增修，《四川通志》载："三苏祠，在州治西南，即纱縠行苏洵故宅，元建为祠，洪武间重修。"[1]明代末期因为战火焚毁，仅剩五碑一钟一井；清康熙四年（1665）重建，民国时期与当代均有拓建。

1956年，眉山县成立三苏公园修建委员会。"文化大革命"中，三苏祠遭到破坏。1979年，三苏公园更名为三苏文物保管所。1980年，其被列为四川省重点文物保护单位；2006年，被列为全国重点文物保护单位；2009年，被评为国家二级博物馆、国家4A级旅游景区。受2013年"4·20"芦山地震严重影响的三苏祠，被列入国家文物局灾后恢复重建首批重点项目，实施文物古建筑本体修复。2018年，联合国教科文组织授予三苏祠《文化遗产保护荣誉证书》，称其"为中华文化在世界范围内的传播做出了巨大贡献"。2022年6月，习近平总书记来眉视察莅临三苏祠，了解三苏文化研究传承，并动情地说："一滴水可以见太阳，一个三苏祠可以看出我们中华文化的博大精深。我们说要坚定文化自信，中国有'三苏'，这就是一个重要例证。"2024年5月，三苏祠博物馆被评为国家一级博物馆。

三苏祠作为眉山地标建筑，以城市名片的形式为眉山代言，也见证着眉山经济社会发展，是眉山三苏文化景观中最具影响力的景观遗存。最初的苏宅占地5亩，"家有五亩园，幺凤集桐花"[2]，园中草木繁茂"竹柏杂花丛生满庭"[3]。今天的三苏祠占地106亩，是国内目前规模最大、保存最完好的三苏纪念祠堂，有瑞莲亭、披风榭、百坡亭、抱月亭、云屿楼、快雨亭、绿洲亭、半潭秋水一房山、绿筠轩、厢房等16处古建筑。祠堂区为三进四合院，有飨殿、启贤堂、来凤轩，保留传统祠堂风貌，是游客拜谒先贤、三苏后人祭奠先祖的核心场所。其中，祠堂祭祀区主体建筑自清代遗留至今，整个园林构成"三分水、两分竹，祠在水中央"的独有景致，是四川清代园林的范例之一。馆内收藏的数千件三苏文物文献与古建遗迹、园林景色交相辉映，传承千年文脉和浓厚家国情结。"苏祠瑞莲"被誉为"眉州八景"之首。相传苏家故宅池中，苏洵就种植了瑞莲，"昔老泉种莲其中"[4]。北宋嘉祐二年（1057），苏家莲池中并蒂莲盛放，是年，苏轼、苏辙高中进士。由此，苏宅莲花被视为祥瑞征兆，有"瑞莲兆科甲"之说。宋代，眉州城内种满荷花，莲叶接天，荷葩映日。宋范成大有言："城中荷花特盛，处处有池塘，他郡种荷者皆

1 （清）常明、杨芳灿：《四川通志》卷三十七《舆地志》三十六，清嘉庆二十一年（1816）刻本。

2 （清）冯应榴辑：《苏诗合注》年谱，清乾隆五十八年（1793）冯氏踵息斋刻本。

3 （宋）苏轼：《异鹊》，载（宋）施元之、顾禧注：《施注苏诗》卷二十八，清同治光绪间孔氏三十有三万卷堂重刻古香斋袖珍十种本。

4 （清）涂长发、王昌年：《眉州属志》卷二，清嘉庆五年（1800）刻本。

买种于眉。"[1]清康熙年间，眉州知州赵惠芽疏浚莲池，于池上重建莲亭，即现在的瑞莲亭。此亭为八角十二柱，四周有美人靠，采用单檐攒尖式屋顶，亭脊上装饰的瑞兽栩栩如生、惟妙惟肖。苏祠瑞莲不仅是充满诗情的景观，也是眉山文教昌盛的标识。

表1 明代三苏祠相关遗存

序号	遗存	年代	备注
1	东坡盘陀画像碑[2]	明洪武二十九年十月（1396）	明洪武年间眉州知州赵从矩依原碑翻刻，原石已不存。"东坡盘陀画像碑"由苏辙题额、黄庭坚赞词、李公麟画东坡像以及重刻说明四部分组成。
2	眉山八景诗碑[3]	明成化二十一年（1485）	明成化年间眉州知州许仁为眉山八处名胜撰写的诗。
3	三苏先生祠记碑[4]	明嘉靖年间	赵渊撰文，徐钰书。赵渊，明嘉靖年间眉州知州。
4	马券碑（二通）[5]	明	现存二通，碑文为苏轼《马券》文一篇，苏辙《方叔来别子瞻，馆于东斋。将行，子瞻以赐马赠之，方叔作诗，次韵奉和》诗一首，黄庭坚《赠李方叔》文一篇。（"马券"即马的凭条和说明）
5	铁铸钟[6]	明天顺元年（1457）	四川雅州名山人刘可海捐铸。刘可海送子刘秩从学于眉郡庠生徐洵，借此拜谒三苏先生祠堂。
6	苏宅古井	北宋	三苏故宅生产生活所用水井。

表2 清代三苏祠主体建筑营建情况

序号	建筑	修建年代	备注
1	前厅	清同治九年（1870）	建筑风格为悬山式屋顶，抬梁式梁架，是清代时期的三苏祠大门。
2	飨殿	清康熙四年（1665）	硬山式屋顶，抬梁式梁架，为三进四合院的第一进院。

---

1 《吴船录》卷上，载（宋）范成大著，孔凡礼点校：《范成大笔记六种》，北京：中华书局，2002年，第193页。

2 现藏于眉山三苏祠博物馆东园碑廊。

3 现藏于眉山三苏祠博物馆前厅碑亭。

4 现藏于眉山三苏祠博物馆前厅碑亭。

5 现藏于眉山三苏祠博物馆东园碑廊。

6 现藏于眉山三苏祠博物馆东厢房。

续表

序号	建筑	修建年代	备注
3	启贤堂	清康熙四年（1665）	歇山式屋顶，台梁式木结构，祠堂三进四合院的第二进。
4	瑞莲亭	清康熙四年（1665）	相传，苏洵曾于故宅池中手植瑞莲。嘉祐二年（1057）苏轼、苏辙二子考中进士，苏家池中盛开并蒂莲花，于是眉山有"瑞莲兆科甲"之说。明代成化年间，眉州知州许仁将"苏祠瑞莲"列为眉山八景之首。
5	来凤轩	清康熙四年（1665）	歇山式屋顶，穿斗木结构，与连接启贤堂的回廊组成第三进四合院。
6	云屿楼	清光绪元年（1875）	原名东坡楼。
7	披风榭	清光绪二十四年（1898）	始建于南宋时期眉州城内环湖，当时榭中悬挂有东坡像。南宋淳熙四年（1177），陆游于此拜东坡遗像，写下《眉州披风榭拜东坡先生遗像》诗。
8	东园碑廊	清嘉庆十年（1805）	旧为清代眉州试院的考棚所在地。咸丰三年（1853），四川学政使何绍基来眉州巡视乡试，留有《谒三苏祠》诗碑。光绪十五年（1889），时任眉州知州毛隆恩主持维修，作《眉州考棚试院培修记》，后勒石存于其内。

表3　清代三苏祠匾额

序号	内容	作者	地点	年代	备注
1	三苏祠	何绍基	南大门	清咸丰三年（1853）	咸丰癸丑五月道州何绍基（时任四川学政使）
2	文献一家	洪运开	前厅	清道光十四年（1834）	淮南后学洪运开（时任眉州知州）谨题
3	是父是子	蔡宗建	飨殿	清乾隆四十三年（1778）	荆南后学蔡宗建（时任眉州知州）敬题
4	文章气节	刘锡嘏	飨殿	清乾隆四十三年（1778）	督学使者刘锡嘏（时任四川督学使）敬题
5	文峰鼎峙	金一凤（题）宋载（补书）	飨殿	清康熙四十三年（1704）清乾隆十六年（1751）	康熙甲申仲冬山阴金一凤（时任眉州知州）题 乾隆辛未严江宋载（时任眉州知州）书
6	养气	张兑和	飨殿	清乾隆二十年（1755）	吴兴后学张兑和（时任眉州知州）拜书
7	瑞莲重现	能泰	瑞莲亭	清康熙四十六年（1707）	巡抚四川提督军务都察院右副都御史加十二级能泰（时任四川巡抚）
8	灵沼遗香	高思雍	瑞莲亭	清雍正年间	高思雍（时任眉州知州）
9	瑞莲池	宋载	瑞莲亭	清乾隆十八年（1753）	宋载（时任眉州知州）
10	快雨亭	何绍基	快雨亭	清咸丰三年（1853）	道州何绍基（时任四川学政使）

表4　清代三苏祠楹联

序号	内容	作者	地点	年代	备注
1	一门父子三词客， 千古文章四大家。	张鹏翮（撰）赵藩（书）	前厅	清雍正年间撰清宣统二年（1910）书	张鹏翮（清雍正年间文华殿大学士）赵藩（时任四川茶盐使）
2	宦迹渺难寻，只博得三杰一门，前无古，后无今，器识文章，浩若江河行大地； 天心原有属，任凭他千锤百炼，扬不清，沉不浊，父子兄弟，依然风雨共名山。	杨庆远	飨殿	清光绪十九年（1893）	滇西后学杨庆远敬题（时任眉州州判）
3	萃父子兄弟于一堂，说论忠规，总以爱君为本； 侔董贾扬班之钜制，行云流水，初无定质成文。	不详	飨殿	清	
4	从岭海间拥节南来，每怀鹤观游踪，图画笠屐空千载； 向纱縠行驱车西去，喜挹蟆颐秀气，忠义文章萃一门。	马维骐	飨殿	清光绪三十三年（1907）	余提督粤东时驻节惠州，当谒苏文忠公庙。入蜀五年矣，今春于役嘉阳归，过眉访三苏祠，平生宦辙所经，恒得拜公遗像，不可谓非厚幸云。光绪丁未滇南马维骐撰并书。

表5　清代主持维修三苏祠名录

序号	人物	籍贯	职务	相关活动
1	赵惠芽	直隶涞水	眉州知州	康熙四年（1665），于三苏祠原址主持重建。
2	金一凤	浙江山阴	眉州知州	康熙三十七年（1698）任眉州知州，主持维修三苏祠，并于康熙四十四年（1705）主持刻《柳州碑》。
3	黄元煐	江南江宁	眉州知州	康熙五十四年（1715）任眉州知州，维修三苏祠飨殿，更换正梁，并置祀田。
4	赵来震	山西崞县	眉州知州	嘉庆五年（1800）任眉州知州，主持修建启贤堂后的桥廊，并辟今启贤堂北楹为木假山堂，将原木假山房更名为济美堂。
5	梁敦怀	浙江新昌	眉州知州	嘉庆十年（1805）任眉州知州，主持修建眉州试院。
6	弓翊清	河南郑州	眉州知州	道光六年（1826）四月任眉州知州，道光十二年（1832）二月复任眉州知州，主持重建木假山。
7	张之洞	直隶南皮	四川督学使	光绪元年（1875），以四川督学的身份主持增修云屿楼、抱月亭。

图1 三苏祠南大门   图2 披风榭与东坡盘陀像   图3 瑞莲亭

二、玻璃江畔蟆颐山

蟆颐山位于东坡区富牛镇蟆颐村，占地265亩，植被繁盛，古木参天，荫翳蔽日，相传为轩辕氏之丹室，与眉山城区隔岷江相望，仅5公里之遥。岷江流经蟆颐山一段，波平如镜，江水透明而深蓝，故名玻璃江。蟆颐山在此处是一个泛称，指的是以"玻璃江、重瞳观"为核心，集合周围自然景观与人文景观的蟆颐山名胜区。

当年三苏于此处踏青游玩，以作诗为雅趣，苏轼《和子由踏青》诗云："东风陌上惊微尘，游人初乐岁华新。人闲正好路旁饮，麦短未怕游车轮。城中居人厌城郭，喧阗晓出空四邻。歌鼓惊山草木动，箪瓢散野乌鸢驯。何人聚众称道人？遮道卖符色怒嗔。宜蚕使汝茧如瓮，宜畜使汝羊如麏。路人未必信此语，强为买服禳新春。道人得钱径沽酒，醉倒自谓吾符神！"[1]苏辙《踏青诗·序》中说："眉之东门十数里，有山曰蟆颐，山上有亭榭松竹，下临大江。"《踏青》诗云："江水冰消岸草青，三三五五踏青行。浮桥没水不胜重，野店压糟无复清。松下寒花初破蕚，谷中幽鸟渐嘤鸣。洞中泉脉龙眼动，观里丹墀鸭舌生。山下瓶罂沾稚孺，峰头鼓乐聚簪缨。缟裙红袂临江影，青盖骅骝踏石声。晓去争先心荡漾，莫归夸后醉纵横。最怜人散西轩静，暖暖斜阳著树明。"[2]从诗文中"东门、蟆颐、大江、踏

1　（宋）苏轼：《和子由踏青》，载（宋）施元之、顾禧注：《施注苏诗》卷一，清同治光绪间孔氏三十有三万卷堂重刻古香斋袖珍十种本。

2　（宋）苏辙：《栾城集》卷一，清道光十二年（1832）眉山三苏祠刻三苏全集本。

青、道人、新春、洞门泉脉、观里丹池"等意象，可寻三苏在蟆颐山的踪迹，蟆颐山相对于眉州城位于东方，方志记载与诗文描述互为印证。作为眉山人出游首选之地，蟆颐山具有先天优势。首先，山形如蛤蟆状，奇特秀丽。眉山人出城渡江即至，或于江面观山或于山上览江，如此绝佳鉴赏角度，使宋眉山人眼中的蟆颐山钟灵毓秀、美轮美奂。其次，蟆颐山重瞳观是道教圣地。老翁泉又称四目仙翁陆修静真府，唐末、杨太虚、尔朱真仙得道于此。从苏轼、苏辙二人诗中的描写，可知北宋蟆颐山重瞳观香火旺盛，每逢新春正月初七，眉山人倾城而出，前来此地求神画符。最后，传说逸事令人神往。蟆颐山距离眉山城路程较短，且山清水秀、香火不绝，在一定程度上引导着三苏父子的审美，以及道家观念的形成。眉山至今流传着苏洵于蟆颐山求子而后喜得苏轼苏辙的故事。苏洵《题张仙画像》曰："洵尝于天圣庚午重九日，至玉局观无碍子卦肆中见一画像云张仙也，有感必应，因解玉环易之，且必露香以告，逮数年得轼，性嗜书，乃至真人急于接物而无碍子之言不妄矣。"[1]可见，苏洵是信奉道教的，他的道教观念自然对二子的宗教认知深有陶染，故而在苏轼、苏辙的诗文中常见道教元素，料想苏轼前后《赤壁赋》中的宇宙观和人生观，即因其自幼继承衣钵、熟记老庄，潜移默化受道教思想的影响。

蟆颐山拥有厚重的文化积淀，自唐以来为眉山圣境，文人墨客题咏颇多。宋代苏洵、苏轼、苏辙、陆游，明清李梦莲、左绁兰、毛隆恩、刘庭植等皆作有诗文或题记。"蟆颐晚照""江乡夜月"入列眉州八景，"玉蟹呈祥""丹荔流香""虎滩钓鱼""龙洞探云""米兰撷秀""紫芝延年""神灯夜游""玻璃晓镜"又为蟆颐八景。

蟆颐山重瞳观为唐代蜀中三大名观之一，后毁于战火，明代成化十三年（1477）重建。碑记曰："前岁春，吾命承奉智良诣于观祷请，回言仙翁灵感有徵，急于应物，但观之殿宇颓毁岁久，因命工鸠材，去卑陋，恢复故址而重构之，装严神像，门墙廊庑，焕然一新。为大书蟆颐山重瞳观，以易其旧额。始作于成化十三年（1477）正月二十三日，成于是年三月十五日也。"清康熙年间，眉州知州赵惠芽、金一凤先后培修蟆颐山重瞳观，现存大殿、山门、老人泉及三通明清石碑。2002年12月，蟆颐山重瞳观入列四川省第六批省级文物保护单位。

1　（宋）苏洵：《题张仙画像》，载（清）王文诰注：《苏诗编注集成》总案卷一，清嘉庆二十四年（1819）武林韵山堂刻后印本。

表6　蟆颐山及周边相关景观

序号	景观	相关情况	与三苏关系
1	玻璃江	玻璃江，在蟆颐山下，即岷江。源出岷山，莹若玻璃因名，又名蟆颐津。即唐田令孜沉左拾遗孟昭图处，陆游有诗见"艺文"。[1]	《舆地纪胜》云，人日出东郊，渡玻璃江，游蟆颐，眉之故事也，苏子由有诗见"艺文"。[2]
2	蟆颐观	蟆颐观，又名重瞳观，最早建于唐初，传说是重瞳仙翁的真府。故观名蟆颐山重瞳观，简称蟆颐观。	早年苏洵于观内求子，后得苏轼及苏辙。
3	老人泉	老人泉位于大殿下，洞口石壁上横镌"仙翁胜境"四字。下石梯三十四级有一清泉，泉水自石罅中流出，涝不溢，旱不枯，汲之不尽，其味甘甜凉爽，沁人肺腑。清康熙六年（1667），眉州知州赵惠芽手书"老人泉"三字刻石上；同治二年赐进士出身胡子材题词于洞口，现仍然镶嵌在石壁之间。入口两侧新立石碑两通，分别刻字"龙穴""丹池"。	老翁井，在蟆颐山下，一名老翁泉，东坡有诗见"艺文"，康熙六年知州赵惠芽书"老人泉"三字于石。[3]
4	《蟆颐山重瞳观新修殿宇碑记》	《蟆颐山重瞳观新修殿宇碑记》碑文曰：吾蜀之眉州有山曰蟆颐，去州七里许。山腹有龙湫，净深澄碧，白蟹紫芝产于内，有老翁隐常不常，又深之老人泉。传记以为轩辕氏之丹室，唐末杨太虚、尔朱先生得道之所。	
5	蟆颐晚照	眉州八景之一。	《方舆胜览》载："蟆颐山。在眉山县东七里，状如蟆颐因名。苏子瞻诗'人日东郊尚有梅'。"[4]苏辙诗《踏青》曰："晓去争先心荡漾，莫归夸后醉纵横。最怜人散西轩静，暖暖斜阳著树明。"[5]
6	江乡夜月	眉州八景之一。	《眉州属志》载："江乡馆，治东，玻璃江畔。旧名共饮亭，宋邑宰胡文靖建，为燕宾客之所。嘉定间，魏了翁为州牧，更拓之，改名并为记。"[6]苏轼诗《送杨孟容》曰："我家峨眉阴，与子同一邦。相望六十里，共饮玻璃江"[7]陆游诗《玻璃江》曰："玻璃江，眉州共饮亭盖取东坡'共饮玻璃江'一句，追怀旧游，献作以补西州乐府。"[8]

1　（清）涂长发、王昌年：《眉州属志》卷二，清嘉庆五年（1800）刻本。

2　（清）涂长发、王昌年：《眉州属志》卷二，清嘉庆五年（1800）刻本。

3　（清）涂长发、王昌年：《眉州属志》卷二，清嘉庆五年（1800）刻本。

4　（宋）祝穆撰，施和金点校：《方舆胜览》卷五十三《成都府路》，北京：中华书局，2003年，第947页。

5　（宋）苏辙：《栾城集》卷一，清道光十二年（1832）眉山三苏祠刻三苏全集本。

6　（清）涂长发、王昌年：《眉州属志》卷二，清嘉庆五年（1800）刻本。

7　（宋）苏轼：《送杨孟容》，载《东坡七集》卷十六，清光绪三十四（1908）年至宣统元年（1909）宝华盦翻刻明成化本。

8　《剑南诗稿》，载（宋）陆游著，钱仲联、马亚中主编：《陆游全集校注》，杭州：浙江古籍出版社，2015年，第288页。

图4　蟆颐观山门

图5　老人泉

三、年年肠断苏坟山

苏坟山即苏洵墓，位于东坡区富牛镇永光村，占地140亩。始建于宋，清嘉庆年间大修，是纪念三苏的实物遗存。墓地选址是传统风水学的现实印证，为我国风水学研究提供了实例。

苏坟山有四座墓。第一座是苏洵程夫人合葬墓，合葬墓后右侧为王弗墓，苏轼衣冠墓在苏洵墓左后侧，与王弗墓齐平，苏辙衣冠墓在苏轼墓和王弗墓之后，与苏洵墓正对。墓冢形制一致，均呈梨形，墓基为红砂石砌筑，苏洵程夫人合葬墓墓冢较大，其余三座墓冢稍小。苏坟山始于苏洵夫人程氏的去世。程夫人，北宋眉州人，出身名门，熟读诗书，深具闺秀风范，勤劳恭俭，持家有道。三苏能取得卓越成就，程夫人功不可没，后世之人将她与孟母、岳母并誉为中国古代三大贤母。

北宋嘉祐二年（1057），苏轼、苏辙在父亲苏洵的带领下进京赴考，两兄弟同科进士及第，三苏名震京师。此时程夫人与世长辞，父子闻声奔回眉山置办后事，苏洵与风水先生一起寻到彭山县安镇乡可龙里（今东坡区富牛镇永光村）的柳沟，选中一块风水宝地作为墓地，苏轼、苏辙二兄弟丁母忧三年。宋英宗治平二年

（1065），苏轼发妻王弗病逝于京师，次年苏洵亦去世。轼辙二人扶柩还乡，将苏洵、王弗归葬于此，丁父忧三年，在墓地周围种植松树。苏轼有诗说："老翁山下玉渊回，手植青松三万栽。"他在发妻离世多年后愈加怀念，难舍牵挂，于密州知州任上深情遥望家乡的苏坟山，写下一首被称扬为"天下第一悼亡词"的作品——《江城子·乙卯正月二十日夜记梦》，词曰："十年生死两茫茫。不思量，自难忘。千里孤坟，无处话凄凉。纵使相逢应不识，尘满面，鬓如霜。夜来幽梦忽还乡，小轩窗，正梳妆。相顾无言，惟有泪千行。料得年年肠断处，明月夜，短松冈。"

到了明代成化时期，苏坟山历经四百余年时光流转，所在地已不详，眉州知州许仁奉命寻找苏洵墓，他根据史料及苏轼诗《送贾讷倅眉》[1]的描述查到苏洵墓，认定了苏坟山。清康熙年间，时任眉州学政的段子文与时任眉州知州的金一凤对苏洵墓进行维护，并置祀田收租以作修葺之用。1986年，眉山县人民政府重修了苏洵程夫人合葬墓与王弗墓，新添苏轼与苏辙衣冠墓。2006年，东坡区人民政府修复老翁亭、老翁井，将老翁井三通碑从村民家中收回并重置于井沿，修建了曲桥、老翁亭与苏洵墓相连。同年8月，原清嘉庆年间苏老泉墓碑重归于苏洵墓石牌坊内。2007年6月，苏坟山入列四川省第七批省级文物保护单位。

表7 苏坟山及周边相关景观

序号	景观	相关情况
1	苏洵程夫人合葬墓	司马光在为程夫人写的《苏主簿夫人墓志铭》中盛赞："贫不以污其夫之名，富不以为其子之累，知力学可以显其门，而直道可以荣于世。勉夫教子，底于光大。寿不充德，福宜施于后嗣。"[2]欧阳修《故霸州文安县主簿苏君墓志铭》中有"苏君，讳洵，字明允……葬于彭山之安镇乡可龙里。"[3]
2	苏轼衣冠墓	

1　（宋）苏轼：《送贾讷倅眉》，载（宋）王十朋集注：《王状元集注东坡诗》卷二十一，民国八年（1919）上海商务印书馆四部丛刊景宋务本堂刻本。

2　《苏主簿夫人墓志铭》，载（宋）司马光：《温国文正公文集》卷七十六，民国八年（1919）上海商务印书馆四部丛刊景宋绍熙刻本。

3　《故霸州文安县主簿苏君墓志铭》，载（宋）欧阳修：《欧阳文忠公集》卷三十四《居士集》，民国八年（1919）上海商务印书馆四部丛刊景元刻本。

续表

序号	景观	相关情况
3	王弗墓	苏轼《亡妻王氏墓志铭》载："葬于先君、先夫人墓之西北八步。"[1]
4	苏辙衣冠墓	
5	老翁井	"老翁泉"三个大字为民国二十五年（1936）时任第四区首任督查专员兼眉山县长和保安司令梁正麟所书。"翁"字碑背面阴刻草书文字，为五言长诗一首，共四十句，乃清宣统元年（1909）拔贡邑人彭耀章作并书，记述了老翁井的传说及1936年春重修老翁井的经过。
6	《重修老泉先生墓记》	

图6　苏坟山保护碑

图7　苏洵程夫人合葬墓

图8　王弗墓

图9　苏轼衣冠墓

图10　苏辙衣冠墓

1　《亡妻王氏墓志铭》，载（宋）苏轼：《东坡七集》卷三十九，清光绪三十四（1908）年至宣统元年（1909）宝华盦翻刻明成化本。

四、家族墓地苏坟园

苏坟园即苏氏家族墓地遗址，是苏轼十一世祖唐朝宰相苏味道及其眉州后人的家族墓地，位于东坡区修文镇十字卡村，距离眉山城区20公里，北宋名为安道里，南宋名为顺化里，小地名为杨梅山，占地200多亩。苏坟园肇始于唐代政治家、文学家苏味道，其老家在赵州栾城（今河北省石家庄市栾城区冶河镇苏邱村）。唐高宗乾封年间考中进士，武则天圣历初官至同凤阁鸾台平章事，先后三度为相，执政长达7年。他因文辞驰名，与杜审言、崔融、李峤并称"文章四友"，《新唐书》《旧唐书》著录《苏味道集》共15卷，《全唐诗》录其诗16首。神龙元年，武则天驾崩，唐中宗第二次登基，打击报复母后党羽，排除异己，苏味道被贬谪眉州安置。

苏洵在《族谱后录》缮写："味道……贬为眉州刺史，迁为益州长史，未行而卒。有子一人不能归，遂家焉，自是眉始有苏氏。"文中"有子一人"指代苏份。苏份的后代，一直在修文地带繁衍生息，经过晚唐、前蜀、后蜀，进入宋朝，传承了苏泾、苏釿、苏祜、苏杲、苏序、苏洵等多代，逐渐形成眉山的名门望族。有道是："金生丽水三苏怀乡系赵郡，玉出昆岗眉山发迹源栾城。"苏洵当年在紧邻家族墓地的苏家老宅、实相寺守孝中，感念苏家血脉的流淌，感叹家族传统的继续，撰有《谱例》《大宗谱法》《苏氏族谱亭记》《苏氏族谱》《族谱后录》等，概述了苏氏家族的瓜瓞延绵，记述了苏氏先祖的嘉言善行。苏门重家教，严家风。他们牢记"奋厉当世、循理无私、厚人薄己、自洁自好"的家教，沿袭"读书正业、孝慈仁爱、非义不取、为政清廉"的家风，谨守家规，秉承家训，世代相传，一以贯之。苏序对苏洵讲过他父亲苏杲的故事："吾父杲最好善，事父母极于孝，与兄弟笃于爱，与朋友笃于信，乡间之人无亲近，皆敬爱之……"（《族谱后录》记载）。他曾言："吾欲子孙读书，不愿富。"（《昨非庵日纂》记载）苏洵在《族谱后录》描写苏釿："以侠气闻于乡间。"记录苏祜："最贤，以才干精敏见称。"描述苏序："薄于为己而厚于为人，与人交，无贵贱皆得其欢心。"《苏氏族谱亭记》写道："少而孤则老者字之，贫而无归则富者收之。而不然者，族人之所共诮让也。"《苏氏族谱》记载："苏味道墓在城西南二十里杨梅山。"

熙宁二年（1069）八月，仕途受挫、远在汴京的苏轼给治平寺（又名龙合寺，今修文镇辖区内）史院主——徐大师写信："……石头桥、塌头两处坟茔，必烦照管……非久，求蜀中一郡归去，相见未间，惟保爱之。不宣。"拜托他们照管好爷爷苏序和父母双亲的坟茔（即苏坟园和苏坟山），自己不久将请求调任蜀地州郡，终老一生（《治平帖》记载）。苏轼有3个儿子长大成人，即苏迈、苏迨、苏过。苏迈育有苏箪、苏符2个儿子。到了南宋，苏氏家族不少人去世后被埋在祖坟，目前发现的苏符和其子苏山、其孙苏植，都葬于苏坟园。经论证，至少有14代24名苏家人"叶落归根""魂归故里"。三苏祠东园碑廊保存有从苏坟园发掘的宋代刻制苏符行状碑（国家二级文物）和清代培修所立墓碑。

苏坟园千年的宁静，一直保持到1958年。此后，横遭三次浩劫。第一次是"大跃进"。修文公社社员乱砍滥伐满山的松树，致使原来人畜难进、密不透风的苏坟园暴露在外，任随其日晒雨淋、风雨侵蚀。第二次是"文化大革命"，其惨遭红卫兵破坏。第三次是20世纪80年代被盗墓者损坏。苏坟园多次被盗掘，残砖遍地，损毁严重。据当地村民倪国民、王成甫等回忆，"文革"前苏坟园还有其他苏家先人墓碑，后来都无影无踪、不知下落，宋代样式、古风古韵的实相寺、牌坊、神道、族谱亭等建筑全遭毁坏，墓地被开垦成农田。

2016年12月，东坡区修文镇政府成立东坡园开发管理办公室，实行"政府主导、村民自治、社会捐助"模式，修建东坡民俗博物馆（简易）、文圣故里广场，修复牌坊、神道、族谱亭和苏轼碑林6通石碑，大苏坟园（当地民众对苏坟园内苏符墓一带的称谓）恢复5座坟墓，共收集墓地出土墓碑、陶制水果、刻有铭文的墓砖等物品600多件。2018年12月，四川省文物考古研究院对小苏坟园（当地民众对苏坟园内苏山墓一带的称谓）墓葬及周边进行考古发掘。虽然苏轼曾孙苏山墓室被破坏一空，但揭露的完整宏大的墓园结构，在巴蜀极为罕见，对研究宋代品官丧葬制度深有启示。2022年2月，苏坟园被公布为第五批市级文物保护单位。

表8 苏坟园及相关景观

序号	景观	相关说明
1	苏符墓	苏符，苏轼孙子，字仲虎，晚号白鹤翁，官至礼部尚书。
2	苏山墓	苏山，苏轼曾孙，符之子，字养父，曾为贺金正旦使、太府丞、司农少卿。
3	族谱亭	族谱亭，在州城西南七十里，苏氏祖坟之侧，宋苏洵建，自为记。[1]
4	苏味道墓	苏家先祖苏味道本是赵州栾城人，唐高宗乾封年间考中进士，武则天圣历初官至同凤阁鸾台平章事，神龙元年武则天驾崩，唐中宗即位后将其贬谪至眉州安置，自此苏氏一脉在眉州境内开枝散叶。
5	苏序墓	苏洵父，苏轼、苏辙祖父。
6	苏八娘墓	苏洵女，苏轼、苏辙姐。

---

1 （清）穆彰阿、潘锡恩：（嘉庆）《大清一统志》卷四百一十《眉州》，民国二十三年（1934）至二十四（1935）年上海商务印书馆四部丛刊续编景旧钞本。

图11　苏坟园保护碑　　　　　　图12　苏符墓　　　　　　　图13　族谱亭

五、少年抒怀连鳌山

连鳌山，位于东坡区三苏镇连鳌村，距离眉山城区45公里。山之阳石壁坡上的连鳌山石刻，占地60平方米，"连鳌山"三字南北向竖排，长12.6米，宽4.8米，上高下低，坐北朝南，一石围栏将其圈住。连鳌山石刻是苏轼少年时期的手书遗迹，笔画流畅、气势非凡，展示了苏轼书法神采，是全国现存最大的苏轼墨宝。

相传，连鳌山栖云寺曾是苏轼、苏辙少时读书的地方。连鳌山高低起伏、错落有致，特别是山形似六鳌并举，登上鳌头寓意登科及第、金榜题名。一个中秋月明之夜，苏氏兄弟邀请同学家定国、家安国、家勤国和刘仲达同登连鳌山，赏月赋诗。是夜，皓月当空，山林幽幽，微风拂拂。众人边走边谈，不知不觉爬上了山头，蓦然回首发现，他们刚好六人共登连鳌，而连鳌山恰是六鳌并举，甚感天人巧合、正中下怀。在大家提议下，苏轼在山崖写下"连鳌山"三个大字，以作希冀和纪念。石刻刻于宋代，清代字迹被加深处理。明代《蜀中广记》载："连鳌山，在西南九十里。山形如鳌，旁即栖云寺，东坡少时读书寺中，曾于石崖上作'连鳌山'三字，大如屋宇，雄劲飞动，其书专车今存。"[1]

自宋以降，连鳌山石刻暴露于山坡上，任由人畜践踏。清光绪六年（1880），丹棱县令庄定域砌石栏保护，并以官府名义颁发公文，禁止人畜进入。民国后直至20世纪50年代，因无人管理，石栏被拆毁。1986年，眉山县人民政府公布为县级文

1　（明）曹学佺：《蜀中广记》卷十二《蜀中名胜记》，明刻本。

物保护单位，重修围栏。2017年，东坡区实施"连鳌山石刻东坡遗迹保护工程"，新修悬山式与歇山式相结合的仿宋全木建筑，采用抬梁穿斗混合式梁架结构。

连鳌山石刻目前尚存两通清代石碑，剥蚀严重。一为丹棱知县庄定域所立，碑文曰："特受四川省眉州直隶州丹棱县正堂加五级纪录，第十次出示禁事：照得丹邑，山川毓秀，代有伟人，胜迹多端。实难所得，属东北之连鳌山，乃宋贤苏文忠公东坡读书处。有亲笔勒石，日久年淹，半没榛莽。去岁为贡生黄玉堂、禀生彭松龄、齐肇璜，文生方彤云、倪炳珗、李尚秾，监生彭秋玉等具禀本县。亲往履勘，见所书擘窠，形同虎踞泊沟，实宜护惜，以壮志乘。随令斋长郑方澄、吉元善等筹款修葺。遂除草修立石栏，诚恐人畜凌架，为此示禁，拓民知悉。现此山修立石栏，相应保护，倘有牧牛磨刀玩要者，重惩不贷。仰附近绅粮刻石宣凛，毋违特示。丹棱知县庄定域。"第二通碑文曰："蒻草莽剔苔薛涤，字迹顾形模糊，最喟然曰：人有也夫，苏公之文章妙天下，忠义贯日月，奇气横于胸，蠹立磅礴，勒石于山川，至今仍令，终归渐是，将谁责哉，用发短歌，过示同众……凿护以石栏，俾邑之人士，咸知珍重斯，前贤手迹，直不连于淹没……同治癸酉科报进士系选州判朱斋长、吉元善、郑方澄、黄庭跃，首事文生方彤云，贡生黄玉堂，禀生彭松龄、黄焕然、齐肇璜，光绪六年岁次庚辰三月上旬立。"2007年6月，连鳌山石刻入列四川省第七批省级文物保护单位。

表9　连鳌山及周边景观

序号	景观	相关事迹
1	连鳌山石刻	连鳌山治东北十五里，山相续如鳌之连，宋苏轼写"连鳌山"三个大字，刻石字书丈许，今存。[1]
2	兰坡石刻	连鳌山后山之阴为侯沟，有大石横卧。山麓镌"兰坡"二字，各四尺余，宋进士刘炜书。傍跋："大宋淳祐辛亥（1251）正月二日，刘炜侍兄炳，携子侄登探，得幽兰于石壁之下，因以名亭"。
3	连鳌阁	

1　（清）涂长发、王昌年：《眉州属志》卷二，清嘉庆五年（1800）刻本。

图14　连鳌山石刻保护碑　　　　　　　　图15　连鳌山石刻

六、名扬天下远景楼

远景楼始建于宋元丰元年（1078），时任眉州知州黎希声主持修建，宋元丰七年（1084）竣工。同年四月，苏轼应家乡友人邀约，作《眉州远景楼记》[1]。首先，苏轼叙述了北宋眉山社会风俗，在他看来，家乡眉山是一个士人崇礼、民吏和睦、农夫相助，具有浓郁人文关怀的和谐社会。其次，苏轼在赋文中对时任眉州知州黎希声作了介绍和称颂，从中可知：第一，黎希声为苏轼父亲苏洵的故友；第二，黎希声于眉州任上，治理有方、政绩卓著，百姓不舍黎希声的调任，自发请愿延长黎希声的任期；第三，黎希声在眉州的政声远扬，苏轼欣然为楼作赋，交代当时他任徐州知州。再次，从远景楼地点和功能的描写，可知建于守居北面的城墙，是一个宾客、官僚的交游场地。最后，苏轼在文中抒发了思乡之情，他认为：虽不能登楼而望，却能想象家乡美景，并将眉山政通人和、百姓安居乐业归功于贤良的地方官们。苏轼所作《眉州远景楼记》，一方面为后人提供了一个窥探北宋眉山社

1　（宋）吕祖谦：《宋文鉴》卷八十二，民国八年（1919）上海商务印书馆四部丛刊景宋刻本。

情民意的视角，补充了史志空白；另一方面则以自己的身份和才华，为眉山远景楼刻画了深邃的文化印记，从此文人雅士谈及眉山，都避不开苏轼对此楼的点睛传神之笔。同时期黄庭坚《跋东坡书远景楼赋后》[1]就已作讨论，当时世人对眉州远景楼和苏轼远景楼赋展开了互动交流。景以文名，文因景传。时年萦绕眉州远景楼进行的雅集活动，有意无意、润物无声地塑造着北宋眉山三苏文化景观。

南宋，以远景楼为诗词意象或写作对象的文赋也数不胜数、不胜枚举。楼钥《游隐清》曰："滕王阁中无韩子，远景楼中欠老坡。"[2]从中窥见，那时远景楼的知名度与滕王阁不分伯仲。以晁公遡《眉州燕游杂咏十首·远景楼》："山川未为远，在此轩楯中。我觉千岁近，收今三代同。"[3]和《送张君玉赴宁江幕府七首》："远景楼高风月清，酒酣要看笔纵横。山川有待君知否，可是东坡赋不成。"[4]为线索，可以瞥见南宋远景楼的相关景致，及文人士大夫于其间的活动情况。时任眉州知州魏了翁所作《重阳前一日约寓公饮于新开湖之西港有歌词者》云："吾州远景楼，为天下第一。下有千尺湖，长虹倚斜日。"[5]显露远景楼下有一片湖面的地理信息，或许当代眉山市于东坡湖畔复原远景楼的选址，就参考了此条文献。文天祥《贺衡州宋吏部上》说："远景楼高拂西眉之意气，灵光殿炯接东鲁之风流。"[6]远景楼被视为眉山的象征，这和《蜀川胜概图》画中意象对于远景楼等地理实体的标注完全吻合，互相印证着南宋以远景楼等建筑为代表的眉山三苏文化景观于这座城市的价值和意义。

历经宋元明清朝代更替，远景楼损毁于兵火，清代乾隆年间修复，后又遭毁坏。而今耸立于东坡湖畔的远景楼，是目前全国最高大的仿古建筑之一；重建于2006年，主楼共13层，高80米。凭栏远眺，可尽享"登临览观之乐，山川风物之美"意境；其夜景犹有特色，华灯初上，与天上熠熠星光和楼下粼粼波光相映成趣，仿佛海市蜃楼，恍如人间天堂。

1　（宋）黄庭坚：《山谷集》文集卷二十九，明嘉靖六年（1527）刻山谷全书本。

2　（宋）楼钥：《攻愧集》卷八，清乾隆武英殿木活字印武英殿聚珍版书本。

3　（宋）晁公遡：《嵩山居士集》卷十二，清钞本。

4　（宋）晁公遡：《嵩山居士集》卷九，清钞本。

5　（宋）魏了翁：《鹤山集》卷二，民国八年（1919）上海商务印书馆四部丛刊景宋刻本配明嘉靖安国铜活字本。

6　（宋）文天祥：《文山集》卷七，民国八年（1919）上海商务印书馆四部丛刊景明刻本。

图16　远景楼夜景

图17　远景楼春景

图18　《蜀川胜概图》（眉山段）[1]

1　现藏于美国华盛顿哥伦比亚特区弗瑞尔艺廊，馆藏号：F1916.539。

七、岩壑胜景中岩寺

相关文献记载了青神县和中岩寺存在三苏的游踪。《眉州属志》载："山之上岩，有三石笋鼎峙，宋苏东坡曾读书于此。"[1]

青神县在眉山州治以南，苏轼发妻王弗即是眉州青神人。《亡妻王氏墓志铭》云："君讳弗，眉之青神人，乡贡进士方之女。生十有六年而归于轼。有子迈。"[2]中岩寺位于青神县岷江东岸，始建于东晋，彰显于唐宋，为罗汉"诸矩罗尊者"的道场，古与峨眉山齐名，素有"西川林泉最佳处、川南第一山"之称，有摩崖造像48龛、大小佛像2400余尊，占地500亩。"岩壑胜景，不减峨山"，在古代盛行水运时，有"先游中岩，后游峨山"之说。前来造访的文人士大夫，唐代有诗仙李白，两宋有苏洵、苏轼、苏辙、黄庭坚、陆游、范成大等，他们于江岸泊舟，登山凭吊，揽胜于怀，吟诗勒石，至今留有题刻119则，岩壁之间，光彩夺目。

《蜀中广记》载："县之名胜在乎三岩。三岩者，上岩、中岩、下岩也。今惟称中岩焉。"[3]三苏自眉州州治所在地眉山县前往青神县，结合当时地形地貌和交通条件，水路出行最为便捷，即于眉州城东岷江渡口顺江而下，至青神县及中岩寺。中岩寺段的岷江古时别称"平羌水"，李白《峨眉山月歌》曰："峨眉山月半轮秋，影入平羌江水流。"[4]就是描绘中岩寺段的岷江风光，苏轼对此段岷江的称呼为"青衣江"，有诗曰："归来瑞草桥边路，独游还佩半生壶。慈姥岩前自唤渡，青衣江畔人争扶。"[5]《寄蔡子华》曰："想见青衣江畔路，白鱼紫笋不论钱。"[6]此处"青衣江"是否为中岩寺段的岷江？据《方舆考证》载："慈母岩，在青神县西，即慈母山也。《元丰九域志》：'青神县有慈母山。'《明统志》：'慈母岩，下临青衣水，一名慈母矶。'又《方舆纪要》：'青神县西北五里有上岩，又五里为中岩，有唤鱼潭、罗汉洞，青衣水经其下……'按青衣江并不

1　（清）涂长发、王昌年：《眉州属志》卷二，清嘉庆五年（1800）刻本。

2　《亡妻王氏墓志铭》，载（宋）苏轼：《东坡七集》卷三十九，清光绪三十四年（1908）至宣统元年（1909）宝华盦翻刻明成化本。

3　（明）曹学佺：《蜀中广记》卷十二《蜀中诗话记》，明刻本。

4　《峨眉山月歌》，载（唐）李白著，夏华等编译：《李太白集》，沈阳：万卷出版公司，2016年，第10页。

5　（清）王文诰注：《苏诗编注集成》，清嘉庆二十四年（1819）武林韵山堂刻后印本。

6　（宋）苏轼：《寄蔡子华》，载（宋）施元之、顾禧注：《施注苏诗》卷二十八，清同治光绪间孔氏三十有三万卷堂重刻古香斋袖珍十种本。

流州境，《明统志》误以思蒙水为青衣江，而顾氏亦踵其讹。"[1]《大清一统志》载："又苏轼诗'想见青衣江畔路'，注谓在青神中岩下，一名平羌，承中岩距三江口且六七十里，非青衣水所经。"[2]清朝，就有人对中岩寺段岷江的别名进行考证，认为"平羌水"为别名，而"青衣江"则是讹误。《元和郡县图志》载："青衣水，一名平羌水，经县南一里。青神县，本汉南安县地也，李雄之后，夷獠内侵，西魏恭帝遥于此置青衣县属眉州……青神即青衣神，在今嘉州界。"[3]《舆地广记》载："青神县……昔蚕丛氏衣青衣，以劝农桑，县盖取此为名。"[4]通过对比推测，岷江中岩寺段的别称"青衣江"与今于乐山汇入大渡河的"青衣江"并非同一条河流；根据文献佐证，苏轼所云"青衣江"，正是岷江中岩寺段。2013年3月，中岩寺被公布为第七批全国重点文物保护单位。

表10　中岩寺及周边相关景观[5]

序号	景观	相关事迹
1	唤鱼池	中岩，去上岩二里许，下有唤鱼池，客至抚掌鱼群出，宋陆游诗"春枕悠悠梦何许，两枝竹筇"，唤鱼潭岩上东坡书"唤鱼池"三个大字。[5]
2	东坡读书楼	上岩，治南十八里，山之上岩，有三石笋鼎峙，宋苏东坡曾读书于此，岩东北有垂拱寺，下曾有龙聪僧讲经，宋范镇、冯时行有诗见"艺文"。
3	青衣水	治南二十里，中岩之下，即慈姥岩，下临青衣水，一名平羌水，苏轼诗："想见青衣江畔路，白鱼紫笋不论钱。"
4	灵岩石笋	眉州八景之一。

对历史最好的传承，就是创造新的历史；对人类文明最大的礼敬，就是创造人类文明新形态。眉山三苏文化景观，在历史时期几乎都是兴建的建筑、墓园或者游览胜地等地理空间本体；在当代，则是市政设施建设与城市文化发掘的运用，三苏文化已经深深刻印在城市发展的"基因"里。以东坡城市湿地公园领头的三苏主题文化公园，点缀在广场中央、街头巷尾的三苏雕塑，以三苏字号命名的学校、街道和注册的商标、品牌，串联三苏遗址遗迹的研学线路，东坡·印象水街、东坡步

1　（清）许鸿磐：《方舆考证》卷七十《四川六》，民国七年（1918）至二十二年（1933）济宁潘氏华鉴阁刻本。

2　（清）穆彰阿、潘锡恩：（嘉庆）《大清一统志》卷三百九十五《叙州府一》，民国二十三年（1934）至二十四年（1935）上海商务印书馆四部丛刊续编景旧钞本。

3　（唐）李吉甫撰，贺次君点校：《元和郡县图志》，北京：中华书局，1983年，第806页。

4　（宋）欧阳忞：《舆地广记》卷二十九，清嘉庆道光间吴县黄氏士礼居丛书景宋刻本。

5　（清）涂长发、王昌年：《眉州属志》卷二，清嘉庆五年（1800）刻本。

图19 岷江中岩寺段   图20 中岩寺山门   图21 唤鱼池

图22 灵岩石笋   图23 东坡读书楼

道·大家之路……接续推动三苏文化融入眉山城市发展和百姓生活。

文化遗产是一个地方的"根"与"魂"。党的十八大以来，习近平总书记高度重视历史文化遗产保护。2021年9月，中共中央办公厅、国务院办公厅印发《关于在城乡建设中加强历史文化保护传承的意见》，明确要求促进历史文化保护传承与城乡建设融合发展。2022年5月，习近平总书记在十九届中央政治局第三十九次集体学习时强调："我们要积极推进文物保护利用和文化遗产保护传承，挖掘文物和文化遗产的多重价值，传播更多承载中华文化、中国精神的价值符号和文化产品。中国共产党人不是历史虚无主义者、文化虚无主义者，不能数典忘祖、妄自菲薄。"诚如习近平总书记来眉视察，莅临三苏祠时所言，"三苏"这滴"水"正折射出中华优秀传统文化的自信与光芒，这是眉山三苏文化景观文化价值、历史价值、社会价值的充分体现，也是眉山三苏文化景观与时俱进、长盛不衰、历久弥新的精神特质。

　　眉山是三苏文化的源头和原点，传承好眉山三苏文化景观是躬身践行习近平文化思想的应有之举，是新时代眉山各级党委和政府的神圣使命，是新征程眉山各界仁人志士的崇高担当，是包含牵引性、奠基性、突破性的德政工程，对擦亮三苏文化金字招牌、追溯眉山城市文脉渊源、厚植眉山城市文化底蕴、发散眉山城市文化魅力，以文塑城、以文化人、以文兴业、以文促廉，极具强大推动作用。我们要把握趋势，乘势而上，顺势而为，依托眉山三苏文化景观，抢抓成渝地区双城经济圈、巴蜀文旅走廊、长江国家文化公园建设契机，围绕"三苏故里"主题，构建"一江两岸、一核多点"的文旅融合发展格局。即以岷江（眉山）段为纽带，以三苏文化景观为脉络，开掘两岸文化旅游资源禀赋，将岷江（眉山段）打造为全方位展示和沉浸式体验三苏文化的中轴线；以三苏祠为核心，串珠成链、多点开花、众星拱月、全域支撑，开发蟆颐山、苏坟山、苏坟园、连鳌山、远景楼、中岩寺等三苏文化景观，激活文化会展、研学旅游、夜游等业态。只要我们持续发力，纵深推进，就一定会重塑眉山城市空间文化风貌，提升眉山城市空间文化形象，助推眉山建成蜚声海内外的国家历史文化名城、文化旅游经济强市和重要旅游目的地。

巴蜀地区三苏文化展陈现状及问题思考[1]

金　欢（眉山三苏祠博物馆）

摘　要：三苏是巴蜀文人的杰出代表，三苏五次出入巴蜀，为巴蜀留下了丰富的遗产，但是目前巴蜀地区为其留有相当空间并常设展陈陈列三苏文化、纪念三苏的，除眉山外，仅有乐山大佛景区、丰都双桂山、忠县东坡花园三处，展陈存在量少废旧、展陈内容缺乏地方文化特色、展陈形式单一等问题，文章基于以上问题展开思考，提出相关举措建议，期待优化巴蜀地区三苏文化展陈，弘扬三苏文化和巴蜀文化，促进川渝地方文化旅游产业的发展。

关键词：巴蜀地区　三苏文化　展陈现状　存在问题　举措建议

一、前言

2024年4、5月，眉山三苏祠博物馆开展了巴蜀地区三苏文化遗址遗迹调研。此次调研，由三苏祠博物馆馆长带领馆内研究人员，携同西南大学、四川师范大学苏学研究专家、学者，对巴蜀地区的广元市剑阁县、朝天区，成都市锦江区，乐山市市中区、犍为县，宜宾市叙州区、翠屏区，泸州市合江县，重庆市南岸区、渝中区、丰都县、忠县、万州区、奉节县、巫山县等15个区县进行了三苏文化遗产的调研。

三苏一生多次出入蜀地，有明确记载的至少五次，其中三次陆路两次水路。嘉祐元年（1056）三月，苏洵携苏轼、苏辙第一次从陆路离眉出蜀赴京赶考，他们

1　本文系四川省哲学社会科学基金"三星堆、蜀道、三苏研究"重大专项"三苏遗址遗迹调查与研究"（SCJJ24ZD61）的阶段性成果。

"发成都，过剑门，经凤翔府眉县横渠镇，游崇寿院，经扶风，过长安，经华清宫，出关中，过渑池"[1]，于当年五六月间抵达京师，全程用时两个多月。嘉祐二年（1057）四月七日，正值三苏名震京师之际，程夫人在眉山老家病逝，三人闻讯后依赴京陆路"仓惶返蜀"[2]。嘉祐四年（1059）十月守母丧期满，三苏携家眷从水路赴京，他们自眉山沿岷江、长江而下，一路南行途经乐山、宜宾、泸州、重庆等地，到湖北江陵登岸陆行北上，于次年二月中旬抵达京师，用时大概四个月。治平三年（1066）四月二十五日，苏洵病逝，同年六月苏轼苏辙兄弟二人扶父灵柩走水路返眉，从三峡取水道入川，经泗州、洪泽、樊口、石首、江陵，溯长江而上，于同年十二月入峡，次年四月抵眉。熙宁元年（1068）七月守父丧期满，后苏轼"娶王介（君锡）之幼女闰之（季璋）为妻"[3]，其后苏轼、苏辙携家眷从陆路出蜀入京，于次年二月初抵达京师。

　　三苏生在巴蜀，长在巴蜀，且多次出入巴蜀，为巴蜀大地留下了丰厚且宝贵的文化资源。在此次调研之前，三苏祠博物馆研究团队收集整理了相关文献资料，梳理了丰富的三苏文化遗产资料，诸如乐山的乐山龙岩、凌云寺、乌牛山、锦水、蛮江、钓台、治易洞、烂柯洞、犍为王氏书楼、沫水等，宜宾的夷老山、牛口戎等，泸州的南井口、安乐山等。重庆渝中区的洪崖洞，南岸区的龙门浩，巴南区的苏碑，丰都县的仙都观、平都山、苏公祠、东坡楼、鹿鸣寺、东坡塑像等，忠县的望夫台、严颜碑、屈原塔等，万州区的木枥观、岑公洞、七贤堂等，奉节的白帝庙、瞿塘、八阵碛、诸葛盐井、永安宫、长江三峡、夔峡等，巫山县的巫山、神女庙等。但调研之后，发现很多遗产或湮没于长江水下，或吞没于历史长河，或风化于岁月沧桑……保存至今且留有相当空间并常设展陈陈列三苏文化、纪念三苏的，除眉山外，仅有乐山大佛景区、丰都双桂山、忠县东坡花园三处。

二、巴蜀地区三苏文化展陈现状（眉山除外）

（一）乐山

乐山大佛风景区内保存有东坡楼、清音亭、洗墨池、载酒亭、石刻等展示三苏文化。

1　孔凡礼撰：《苏轼年谱》，北京：中华书局，1998年，第43页。

2　孔凡礼撰：《苏轼年谱》，第60页。

3　孔凡礼撰：《苏轼年谱》，第154页。

1.东坡楼

东坡楼立有石碑介绍如下：

蜀中名楼——东坡楼，位于凌云九峰之栖鸾峰巅，始建于公元10世纪，历经兴废。宋代大文豪苏轼曾读书于此，故名东坡读书楼。公元2001年，乐山大佛景区管委会按照历史原貌进行了大规模修复，并整理收集了大文豪苏东坡的相关碑刻、典章、字画。东坡楼环境优雅，远眺三江，近听梵音，修竹茂密。楼前有洗墨池、清音亭，传为苏东坡洗笔、抚琴、听涛之处，传说众多。游览其间，发古之幽思，其味悠远。

东坡楼为木质两层楼，坐东北朝西南。楼正面匾额"东坡楼"三字，乃集黄庭坚手书而成。楼内大厅正中陈列苏轼塑像，两侧为苏门四学士塑像。苏轼塑像头顶陈列《黄州寒食二首》。两侧楹联一副，内容为：

江上此台高，问坡颖而还，千载读书人几个？（咸丰乙卯仲春月科试嘉州，曾撰联此联，未及书也。孟秋月因游峨眉过此，李云生太守览游憩于山上，属书付梓）

蜀中游迹遍，信嘉峨特秀，扁舟载酒我重来。（道州何绍基）

楼内横梁上陈列了五首苏轼的诗文，分别为《桄榔杖寄张文潜一首时初闻黄鲁直迁黔南范淳》《戏用晁补之韵》《答李昭玘书》《次韵参寥寄少游》《鲁直以诗馈双井茶次韵为谢》。

楼外侧廊壁上原镶嵌有清道光年间嘉定知府李晶移的四幅刻苏轼书画石刻，现已佚，现展示内容为乐山大佛景区管委会增补的苏轼的竹诗《于潜僧绿筠轩》，画像东坡笠屐图、拄杖图各一幅，苏轼诗《送张嘉州》《自题金山画像》各一首。楼前有两个洗墨池。楼外两侧修设长廊，长廊顶部悬挂了26首刻有苏轼、苏辙诗词的匾额，内容分别是苏轼的《满庭芳·仲览自江东来别》《卜算子·缺月挂疏桐》《次韵林子中蒜山亭见寄》《送杨孟容》《送戴蒙赴成都玉局观将老焉》《送贾讷倅眉（其一）》《次韵徐积一首》《卢山五咏·障日峰》《犍为王氏书楼》《洞仙歌·冰肌玉骨》《临江仙·夜饮东坡醒复醉》《浣溪沙·游蕲水清泉寺》《蝶恋花·春景》《饮湖上初晴后雨（其二）》《六月二十七日望湖楼醉书》《题西林壁》《惠崇春江晚景》《次韵章质夫杨花词》《醉落魄·席上呈元素》《减字木兰花·郑庄好客》《望江南·超然台作》《西江月·世事一场大梦》《次前韵寄子由》《送运判朱朝奉入蜀（节选）》《寄离眉州》共25首，苏辙的《君不见峨眉山西雪千里》1首。长廊外侧柱子悬挂今人所撰对联。

2. 清音亭

清音亭位于东坡楼的正对面临崖处，下瞰大江，八角方亭建筑，亭前立有一石刻雕塑，刻有南宋著名文人邵博所写的《清音亭记》。"清音亭"三字集苏轼书，传苏轼曾手迹"清音亭"三字。

3. 载酒亭

载酒亭，位于凌云山上，俯瞰三江（岷江、青衣江、大渡河）交汇，为纪念苏东坡曾载酒泛舟游凌云山而建，原亭已毁，现为20世纪80年新建。亭前陈列楹联一副："但愿身为汉嘉守，载酒时作凌云游。"取苏轼《送张嘉州》"颇愿身为汉嘉守，载酒时作凌云游"[1]诗句。

4. 石刻

石刻位于载酒亭斜对面的绝壁上，内容为"苏东坡载酒时游处""仰苏"，据说"苏东坡载酒时游处"为明代嘉州知事郭卫宸手书。

（二）重庆丰都双桂山景区

重庆丰都双桂山景区内保存有苏公祠，是为纪念大文豪苏东坡青年时游历丰都而建的祠堂。有东坡塑像、三苏群像和昂首的白鹿、洗砚池、玉鸣泉井、临江长廊、鹿鸣茶轩、艺园和东坡楼等。

1. 东坡塑像

一进苏公祠便可见东坡潇洒地躺卧在一蹲石头上，手扶书橱，两眼凝视前方，塑像前有苏公祠简介，内容为：

> 位于双桂山东南腰，该祠创建于明洪武元年（1368年），清同治七年（1868年）重建，祠为宫殿式结构，有临江长廊、鹿鸣茶轩、艺园和东坡楼。从东至西分别为东坡塑像、三苏群像和昂首的白鹿，造型生动，塑工精良。

1　张志烈等校注：《苏轼全集校注》诗集五，石家庄：河北人民出版社，2010年，第3585页。

2. 洗砚池和玉鸣泉

洗砚池位于东坡塑像背后，池壁内有一老龙头，泉水从龙口正中吐出。洗砚池并排靠崖处有玉鸣泉，1985年其被扩建为三口圆形石井，当地居民奉之为"神水"，并在井口刻上"老龙水""还童水""长生水"。

3. 石碑

洗砚池旁立一石碑，碑文为《徙苏文公像置龛白云山房序》：

邑志载宋名宦李长官令鄞，闻仙鹿夜鸣，异之，使人往山踪迹，遇老人云："当有贤人至。"翌日，苏文公乔梓果过访焉，故以鹿鸣名山，且以名其山之寺，厥后宰斯土者，遂肖文忠公像，为屋一楹以位公，于寺外称曰："苏公祠。"盖以诘其山与寺得名之所由来云。余按坡公年谱："嘉祐四年冬，及弟子由侍老苏回自蜀，舟行至楚，过丰都县，有留题仙都山鹿诗。"又坡公《养生诀》曰："予治平末沂峡还蜀，舟泊仙都山下，有道士持阴长生金丹诀石本示予云云。"然则肖公像而遗老苏子由者或以坡公题仙鹿有诗欤。抑谓公于嘉祐、治平数过仙都欤？否则因公好为方外交，故于萧寺外特置一座欤，均未敢以臆度也。第思山与寺之名得公而名益彰，是其地固以人传，而所以位乎公者，似未可外之寺于也。余少时尝步谒公像，必欢然，若不自安。及领乡荐后，偕都人士与游，议所以徙公而卒以相沿既久，不果迄。去岁，余赴海北秋两祠后壁尽倾，儿辈蹑山，见公像仆扶之以待，余妇会有鸠资为祖苴计者，亦遂仍旧。然至是加饰而庐山面目已失也。令夏六月五日，天初暝，风雨大作，冰雹压山，移时声息。次晨有报公祠失所在者。遣仆视之，则椽桷摧折，四壁颓然，而公像亦化烟云飞去。噫嘻！异哉！公之不乐居于此也久矣。顾余少时，徒对之而不自安及长也。谋徙之而又不果去。秋雨积壁倾像，仆可以徙也，而余適远出不得与里人聚议，令像之销归。乌有者谓：非公之灵示人以徙乎。示人以必徙，而不徙即复公像，而公不散鹿亦将不乐鸣，而山与寺之名其谓之何。于是谋于苏君小波、曾君访臣、郎君松生、李君华庭佥曰："寺中有白云山房可位公，愿各输金钱营香龛以妥公像。"并议除槛外地数弓，缭以垣植梅花若干。本每岁公诞时，置酒为寿，即折梅供奉。或犹募有余资则仍修复故祠以祀。他神之旧，附于八者。议既定，余窃喜景仰前贤众有同志而尤望踊跃捐助共襄厥成。庶公之灵，常镇此山，而听鹿鸣而来者，亦复大有人在也。岂特山与寺之幸哉！

清王元曾撰辛丑正月十三后学石珺书

4. 三苏群像和昂首的白鹿

苏公祠入祠右边陈列四川美院秦臻教授精塑的三苏群像和昂首的白鹿。塑像前立有石碑，碑石的刻字部分风化已不识，部分内容为：

> 因苏轼诗中"夜鸣白鹿安在哉，满山秋草无行迹"之叹，"白鹿夜鸣"名列丰邑八景而冠绝古今。其后双桂山上即建"来苏坊""苏公祠"以纪其胜，明、清两季"苏公祠"中塑有苏文忠公像，岁逢东坡寿诞，置酒折梅奉祀为俗。岁月风雨，"苏公祠"屡建屡圮，苏公像亦化烟云而去。癸亥年（公元1983年）苏公祠得以重建，胜景即成阆苑，文光更射斗牛。今精塑三苏之像于兹，不特彰前贤之风华，更昭后世之毓秀。

5. 摩崖题刻和刻石

在三苏群像和昂首的白鹿背后，有一面摩崖题刻，下面零星矗立几个石刻，陈列着"白鹿夜鸣"等内容。

6. 园内墙壁展陈

园内墙壁上陈列着苏轼《仙都山鹿》《洞庭春色赋》《中山松醪赋》《书和靖林处士诗后》《黄州寒食二首》《石恪书维摩赞》《宋故正议大夫守尚书左仆射兼门下侍郎上柱国河内郡开国公食邑四千一百户食实一千五百户赠太师追封温国公谥文正司马公神道碑》《醉翁亭记》《妙高台》《前赤壁赋》《书南轩梦语》《大江东去》等内容和苏轼人物绘画，另有李白诗《蜀道难》一首，苏公小传一篇。

7. 东坡楼

东坡楼一楼一底，飞檐斗拱。楼口正门上书"东坡楼"三个大字，两侧楹联为"千秋笔墨惊天地，万里云山入画图"。楼内外壁有苏轼楷书、行书拓片数幅，内容为东坡主题诗文画，如《谢人见和前篇二首其一》、归去来辞集字诗六首、"德有邻堂"等。

8. 临溪长廊

临溪长廊前悬挂"文风鼎峙"匾额和"一门父子三词客，千古文章四大家""诗笔离骚亦时用，文章尔雅称吾宗"两副楹联。其墙壁上陈列了《赴宴吟诗》《夫妻情重》《得识醉翁》《结交山谷》《创制佳肴》《克承慈训》《妙对禅师》《兄妹诙谈》等八个东坡主题画。

（三）重庆忠县东坡花园

东坡花园和忠州巷子相接，占地17.2亩，以白居易《东坡种花二首》等诗词为依据，营造乐天东坡种花、东亭闲望、东楼宴宾、东坡放怀等诗意景观，为市民缔造一方自然的休憩空间。其中，乐天诗廊专门陈列了白居易和苏东坡的展陈，关于苏东坡的展陈，主要以一幅苏轼拄杖图画像开启，旁附苏轼生平年表，最后附有一段"忠黄江上两东坡"的小结，内容如下：

忠州东坡自唐代诗人白居易栽花种地以后，即成为文化胜地，影响深远。北宋文豪苏轼第一次出川，慕名登临东坡，后贬黄州自号东坡，盖源于忠州之东坡无疑。事载南宋翰林院学士洪迈《容斋随笔》："苏公谪居黄州，始自称东坡居士。详考其意，盖专慕白乐天而然……苏公在黄，正与白公忠州相似。因忆苏诗，如《赠善相程杰》云：我似乐天君记取，华颠赏遍洛阳春……《去杭州》云：出处依稀似乐天，敢将衰朽较前贤。序曰：平生自觉出处老少相似乐天，则公之所以景仰者，不止一再言之，非东坡之名偶尔暗合也。"南宋丞相周必大《二老堂诗话》之《东坡立名》亦云："白乐天为忠州刺史，有东坡种花二诗。又有步东坡诗云：朝上东坡步，夕上东坡步，东坡何所爱，爱此新成树。本朝苏文忠公不轻许可，独敬爱乐天，屡形诗篇，鲞其文章皆主辞达，而忠厚好施，刚直尽言，与人有情，于物无著，大略相似。谪居黄州，始号东坡，其原必起于乐天忠州之作也。"洪迈周必大之言是为的论，故南宋进士樊汉炳诗曰："忠黄江上两东坡，二老遗风凛不磨。人得矜夸知地胜，天教流落为才多。"

三、巴蜀地区三苏文化展陈存在的问题

（一）量少且废旧

巴蜀大地上，与三苏相关的遗址遗迹有几十处，但是除眉山外，现在留有空间并专设常展陈列三苏文化、纪念三苏的仅三处，数量稀少。其中，忠县的东坡花

园主要为纪念白居易，虽仍给苏轼留有一方展示空间，但展陈面积小，内容少，几乎可以忽略不计。乐山大佛景区有关三苏的主要展陈场所东坡楼为危楼，清音亭、洗墨池等场所亦废旧不堪，且均处于关停状态。丰都双桂山景区的苏公祠虽然开放着，但是其展陈较陈旧，多年未优化升级。另外，三处展陈基本以文字展为主，没有陈列相关文物，使得展陈含金量略显不足，也大大降低了展陈的吸引力。

（二）内容不够科学，文化特色不突出

从前文所列展陈内容可见，其展陈内容的文字解读不够精确和科学，或过于简单，或过于繁杂，或繁简不得当，或存有知识性错误。如忠县东坡花园的展陈便过于简单，以一幅随处可见的东坡拄杖图和一段简单的苏轼生平年表以概，内容与其他地方展陈重复，同质化强，叙事表达与地方特色关联性不够。苏轼苏辙兄弟在忠县皆留有《屈原塔》《严颜碑》《望夫台》《竹之歌》的诗文，东坡花园在忠县博物馆未有三苏文化陈列的情况下，有意为东坡专列空间，却未能有效运用三苏留于忠县独特而宝贵的文化资源，特色挖掘和呈现不足，无法让观者构建起"忠县+三苏文化"的独特认知。另外东坡花园"忠黄江上两东坡"的文字展陈，说明意在突出苏东坡与白居易的故事，但是其展陈小结文字简短，概谈简说为主，并未深入探究两位名人之间的故事，内容过于简单，无法最大化发挥两位名人的实用价值和社会效益。双桂山景区苏公祠的展陈便过于繁杂，其东坡塑像、三苏群像和昂首的白鹿、东坡楼等处处可见三苏文化主题，并以《徙苏文公像置龛白云山房序》和三苏群像前详细的碑文突出了三苏和丰都的故事，内容可谓翔实，又显地方特色。但是除此之外，园内墙壁上还大量展出了苏轼的各类诗文和东坡故事主题画，内容繁多，主题不清，没有明显的主题过渡、升华和高潮，展陈逻辑碎片化，空间布局层次感不强。且临溪长廊的匾额楹联与三苏祠的如出一辙，此种照搬之行易让观者对展陈的总体评价大打折扣。乐山大佛景区的东坡楼，以东坡命名，但是楼里仅简单陈列了东坡和苏门四学士的塑像和极略的个人简介，展陈内容未体现东坡与苏门四学士的故事以及他们与乐山的故事，展陈内容太过单一。其长廊陈列的26首苏轼苏辙的诗文，虽大多为名篇，但是内容量大，主题繁多，未明显突出三苏与巴蜀文化的独特魅力。其中，仅《犍为王氏书楼》《君不见峨眉山西雪千里》书写乐山，但据《南行集》资料，三苏直接书写乐山的诗文至少有8篇，另三苏书写巴蜀的诗篇也不在少数。

（三）形式单调，艺术美感不强

三处展陈皆以大篇幅纯文字及较少的主题画的信息静态呈现为主，没有运用动态的多媒体展示，如展陈的设计没有展品互动、体验游戏、触摸屏幕、视频播放、二维码扫描语音讲解等设置，展示形式单一，展陈创意不新，缺乏互动性，无法满足当今游客的多元化需求，参观者的参与感、体验感低。参观者在观展过程中，除听取讲解员讲解外，只能通过观看、阅读文字来了解信息，但是以上展陈的呈现增加了阅读难度，如乐山大佛东坡楼长廊上陈列的东坡诗文（未配有文字解说），对于专业的书法字体，部分作品除了书法专业学者及其相关学术专家，大多数普通游客无法辨识，拉远了展陈和观者的距离，无法有效体现展陈让人愿意看、能看懂、留下印象并影响生活的目的。另外，从展陈的视觉传达上来看，展陈设计风格缺乏三苏文化和巴蜀文化的独特视觉符号，未充分融入具有巴蜀建筑美学和地域传统工艺元素，艺术表达与文化特色脱节。丰都苏公祠内的展陈，色彩暗淡无变化，展陈质感不强，缺乏整体的艺术美感，展示效果较弱。

四、巴蜀地区三苏文化展陈发展建议

（一）整合资源，树立品牌

巴蜀自古为一家。2022年以来，川渝两地着力打造巴蜀文化旅游走廊，截至2024年11月，川渝两地已经组建文旅企业等合作联盟36个，签订合作协议100多份，形成了如"知足常乐""点石成金""七星揽月"等一批长红长新的品牌，打造了旅游精品线路70多条，推出了国际潮流消费新场景60多个，等等。眉山、乐山、丰都、忠县皆有三苏文化资源，都处于巴蜀文化旅游走廊建设范围内，在当下的政策红利下，几地虽存在空间距离，但是可用好"三苏"这张文化名片，打破时空局限，加强联系、沟通、交流和共享，整合三苏文化资源，加强文化互通、活动互访、线路互育，树立巴蜀地区的三苏文化品牌，以品牌赢得更多的游客，并实现游客互送、营销互推、经济互增的良性效益。

（二）创新形式，提档升级

2022年8月，国际博物馆协会发布了博物馆的最新定义：博物馆是一个为社会服务的非营利性常设机构，旨在研究、收藏、保护、阐释和展示物质与非物质遗产。它向公众开放，具有可及性和包容性，促进多样性和可持续性。博物馆以符合道德且专业的方式进行运营和交流，并在社区的参与下，为教育、欣赏、深思和知识共享提供多种体验。这就对展览展陈提出了更高的要求，为实现教育、欣赏、深思和知识共享的目的，展陈手段须多元化，贴合现代生活，考虑适当地增加数字化、交互性、美学元素，如VR、AR、全息投影等技术的运用，丰富和创新展陈形式，提高展陈的质量，畅通游客获取展陈知识的渠道，实现学术性、专业性、知识性、趣味性和观赏性的有机统一，让展陈可看、可听、可视、可触，从而强化展陈的文化和艺术感染力，提高游客的体验感。

（三）丰富内容，突出特色

丰都、忠县、乐山和三苏的碰撞有自己不同的缘分、不同的故事、不同的精彩，同时也有着自己独特的地方文化特色，因此在展陈内容的表达上可有自己不同的主题和独特的叙事角度，还可融入当地的历史、民俗、建筑、饮食等元素，从而拓宽陈展的内容，避免内容同质化的问题，让展陈更接地气，更富吸引力，让观众的参观有新鲜感，有更多的知识性获得，从而更好地传播巴蜀文化、三苏文化和地方文化。

五、结语

巴蜀文化是中华文化的重要一环，三苏文化是巴蜀文化的杰出代表。整合巴蜀地区三苏文化资源，积极挖掘以三苏文化为主的巴蜀文化的历史内涵和当代价值，活化提升巴蜀地区三苏文化展览展陈，有利于讲好三苏故事，讲好巴蜀故事，有利于推动巴蜀文化繁荣，促进地方文化旅游产业的发展，从而赋能巴蜀文化旅游走廊的建设，促进川渝大发展。

三苏祠创设年代考
——兼献疑绍兴十二年论

罗睿沣（清华大学中文系）

摘　要： 眉山三苏祠是苏洵、苏轼、苏辙的故居，也是国内研究三苏文化的重要基地。关于三苏祠的创设年代，历代以来有明朝洪武年间、元代延祐年间、南宋嘉定年间、南宋绍兴年间等说法。经过对以往史料的考辨、诗史互证，再结合南宋的政治文化背景进行综合分析，今日三苏祠前身的创设年代应在南宋嘉定年间。不过，在南宋初年的绍兴中后期，眉山就已经出现了用于民间祭祀、供奉三苏的小规模祠堂。这与今天的三苏祠非属同源，但也是三苏文化的重要组成部分。

关键词： 三苏祠　创设年代　三苏文化　苏轼

三苏祠位于眉山市东坡区纱縠行，是北宋著名文学家苏洵、苏轼、苏辙的故居。现存的祠堂是在清康熙四年（1665）重建的规模上扩建改造而成的。三苏祠内整体布局呈现"三分水，两分竹，祠在水中央"的特色，是西蜀园林的典范，是国内规模最大、保存最完好的三苏纪念祠堂。自创设以来，便是历代名人雅士、文人墨客拜谒、凭吊三苏的文化胜地。数百年来，关于三苏祠创设的年代有多种说法，有南宋说、元代说、明代说等。

一、绪论：何为"三苏祠"

《说文解字》中对"祠"的解释是这样的：春祭曰祠。品物少，多文词也。从示司声。仲春之月，祠不用牺牲，用圭璧及皮币。[1]当"祠"作名词时，有"春祭""供奉鬼神、祖先或先贤的庙堂"和"祠禄的省称"三种意思。显然，三苏祠的"祠"在这里用的是第二种意思。需要注意的是，"祠"的概念并没有专指官方修建或民间自发组织修建，也没有地址、规模等其他限制因素。今日之眉山三苏祠博物馆方圆百亩，其由祠堂、三苏纪念馆、东坡书院共同组成。这与千年前三苏居于此的规模相比，扩大了不止数倍，而"三苏祠"建筑群之名却在几百年间从未改变。所以，对于三苏祠创设年代的讨论，我们需要脱离官修这一限制，讨论范围也不必限于在三苏纱縠行老宅原址。笔者认为，只要是位于三苏故里——四川眉山，用于供奉、纪念三苏，且与今日之三苏祠一脉相承之建筑皆可以算作"三苏祠"历史的一部分，都应该纳入本文的讨论范围。

二、传统观点

对于三苏祠的创设年代，传统的观点主要有两个说法，分别为"元代说"和"明代说"。

明代官修地理总志《大明一统志》中如是记载："三苏祠，在州治西南，即宋苏洵故宅。元建为祠，本朝洪武间重修。"[2]在清朝官修的地理总志《大清一统志》中也有相似的记载，作为辅证："三苏祠，在州治西南，即苏洵故宅，元建为祠。"[3]这是关于创设年代为"元代"的两条记载。在《眉山县志》之三苏祠篇中，有如是记载："元代将苏家故宅改建为苏祠祭祀三苏。明洪武年间（1368—1398）扩建。明末毁于兵燹，仅存五碑一钟。"[4]

在民国年间的《眉山县志》中，有如此记载："三苏祠，为三苏故宅。宋傅藻《东坡纪年录》：十二月十九日卯时，公生于眉山纱縠行私第。明洪武中即其地建

1　（清）陈昌治刻本《说文解字》。

2　（明）李贤、彭时等撰修：《大明一统志》卷七一，明内府天顺五年，第21页。

3　（清）穆彰阿、潘锡恩等纂修：《大清一统志·钦定大清一统志》卷三百九十，钦定四库全书本。

4　四川省眉山县志编纂委员会编纂：《眉山县志》，成都：四川人民出版社，1992年，第929页。

三苏祠、三苏故里坊。"[1]这在三苏祠在明末于张献忠兵火中幸存下来的"五碑一钟"之东坡盘陀画像碑上亦有旁证。东坡盘陀画像碑上刻制了北宋著名画家李伯时（名公麟）根据苏东坡真实模样画的一幅东坡像。黄庭坚在上面题赞词："东坡之酒，赤壁之笛，嬉笑怒骂，皆成文章。"苏辙也题词："乐哉子瞻，居水中坻。野衣黄冠，非世所羁。横策欲言，问者为谁。我欲褰裳，溯游从之。有叩而鸣，亦发我私。人曰吾兄，我曰吾师。李伯时笔，子由词。元祐五年五月十六日。"明代洪武二十九年（1396），眉州知州赵从矩依原碑翻刻，刻碑有跋记："洪武丙子孟冬谷旦，奉训大夫眉州知州赵从矩更石。儒学正丁济篆额，训导张迪书，朱安镌。"这块画像碑的存在无疑为三苏祠创设于明代的说法提供了有力的旁证。

但是，数百年来，这两种传统观点都得到了学界和史家的赞同。可此二观点都有足够的材料和证据证明自己的说法，均无法说服和压倒另一方。因此，三苏祠的创设年代形成了长久的争议。

三、近年新说

新世纪以来，韩国高丽大学搜集高丽、朝鲜时代出使中国的使臣或随行的读书人撰写的日记体文献，编纂出版《燕行录全集》。高丽王朝大臣李齐贤奉高丽忠宣王之命出使元帝国，在燕京陪侍高丽忠宣王。延祐三年（1316）李齐贤奉命随从忠宣王出使西蜀，路经眉山时"停骖"拜谒三苏祠堂，留下《眉山》诗一首：

> 眉山僻在天一方，满城草木秋荒凉。
> 过客停骖必相问，道旁为有三苏堂。
> 三苏郁郁应时出，一门秀气森开张。
> 渥洼独步老骐骥，丹穴双飞雏凤凰。
> 联翩共入金门下，四海不敢言文章。
> 迩来悠悠二百载，名与日月争辉光。
> 君不见鸡林三杰亦人杰，翰墨坛中皆受钺。
> 韩泪绳枢笑无用，王家珠树誉成癖。
> 机云不入洛中来，皎皎沧州委明月。

---

1 王铭新等纂修：《眉山县志》卷五《祀典（下）》，汉文石印社，民国十二年（1923），第1页。

两雄已矣不须论，家有吾师今白发。[1]

其中"过客停骖必相问，道旁为有三苏堂"一句可知，在延祐三年（1316）时眉山就已经至少有纪念三苏的场所。

与"满城草木秋荒凉"的眉山其他地方相比，李齐贤在此处着重描写了过客必驻足的"三苏堂"。"渥洼独步老骐骥，丹穴双飞雏凤凰。联翩共入金门下，四海不敢言文章。迩来悠悠二百载，名与日月争辉光。"这几句，用"凤凰""金门""四海"等词汇，足见元代时期苏氏父子的文学成就之大，影响深远。作者只是着力强调三苏的文学影响和路人对三苏的重视，但诗中没有提到"三苏堂"是否已经有了供奉三苏、供游人参拜的功能。我们似乎无法从诗中直接得出"三苏堂"与"三苏祠"是否相同的结论，这里的"三苏堂"可能是"三苏祠"为了押韵（下平七阳）所改字，也有可能是别有所指。诗歌作为包含作者主观个人情绪的文学作品，虽然有一定的史料作用，但作者不可避免会夸大或缩小事实。从前三苏祠的来凤轩门口曾有副楹联："渥洼独步老麒麟，丹穴双飞雏凤凰"，即出自李齐贤的《眉山》诗，只是把"骐骥"改作"麒麟"。虽然此对联在几年前被撤下，但其中的诗句与李齐贤诗几乎无右。三苏祠不可能专为一使臣而建，再联系到《大明一统志》和《大清一统志》中关于三苏祠创设于元代的记载，此处似乎实现了诗史互证。原三苏祠副研究馆员何家治先生曾对此有所论证[2]，他认为三苏祠创建时间的下限应为元延祐三年。

但是，《大明一统志》和《大清一统志》中仅仅记载三苏祠建于元代，并没有记载具体的年份和时间。根据现有的史料，我们无法将李齐贤的诗歌作为元代说的辅证证据，因为《大明一统志》和《大清一统志》中记载的元代也有可能在延祐三年之后。李齐贤的诗句通过《奉使录》流传至后世，但也仅仅作为文人墨客对三苏的颂扬，诗中的"三苏堂"完全有可能仅仅是三苏故居，没有足够证据证明"三苏堂"是祭祀、供奉三苏的场所。所以，笔者认为，根据李齐贤的诗句和楹联，不足以确定三苏祠在元代延祐年间已经创设。

另外，近年有学者认为，三苏祠可能创设于南宋期间。在魏了翁《鹤山先生大全文集》中有《谒苏文公祠祝文》，全文如下：

---

1 （元）李齐贤：《奉使录》，载弘华文主编：《燕行录全编》第一辑，桂林：广西师范大学出版社，2010年，第421页。

2 参见何家治：《三苏祠何年改宅为祠》，《眉山日报》2007年1月27日第三版。

眉号士大夫郡，圣天子不以某不肖，莫守兹土。其在境内凡百辟卿士有益于民者，夙夜承祀无忒。矧惟山川炳灵，世载苏氏一翁二季先后相望，文章事业在太史氏之典策。今居郡满岁，顾岁时奉尝阙然弗讲，殆非所以厉贤崇化、律我有民也。用修圭荐展于宰下，以内翰太师文忠公、黄门文定公从祀。既齐既稷，神保攸歆。敢不永与多士，承绎斯文，以毋忘德。[1]

文中之"苏文公"，就是李壁上书请求追谥苏洵为"苏文公"但未获批准[2]，却已约定俗成的称号，在此处或许可以算一种私谥。文章中该祠虽然名为"苏文公祠"，却从祀苏轼和苏辙，其祠之功能与三苏祠无二，所以的确可以算作是今日三苏祠的前身。魏了翁于宁宗嘉定四年（1211）左右知眉州，而在其作品中并未见兴建、扩建或改建苏宅为祠等的记录。作为革除时弊、谋求改良的名臣，魏了翁文章的记录有着较高的可信度，他也没有必要编造出一篇拜谒苏文公祠的文章。所以基本可以确定，在不晚于嘉定四年的时候，眉山就已经有了"苏文公祠"。从"用修圭荐展于宰下"中可以看出，魏了翁在任时的"苏文公祠"应该位于安镇乡可龙里（今眉山市东坡区富牛镇永光村）的苏洵墓地旁。虽如此，正如前文所说，苏祠并非专指官方扩建、改建苏宅而成的祠堂，在眉山或附近、为了祭祀供奉三苏而修建的人工建筑均可算作苏祠。所以据此可以基本推断出，南宋嘉定四年时眉山苏洵墓地附近已经存在祭祀三苏的建筑，但无法具体确定建筑规模的大小。

近年来，学者们不断寻找证据，试图将三苏祠的创设年代往前推。吴健、杨化麟二位先生认为，三苏祠创设的时间下限约为绍兴十二年（1142）。[3]南宋初年，张璘知眉州。张璘，字廷玉，崇庆府江原（今四川崇州）人。政和八年中进士，卒于绍兴三十年。绍兴年间知眉州，"辟苏氏旧宅，创文安先生及文忠、文定公祠堂，郡人大悦"[4]。《眉州太守赠金紫光禄大夫张公墓志铭》载，张璘在任时，适逢推行经界法。该法是绍兴十二年朝廷应两浙转运副使之请，由平江府开始逐路推行的。吴健、杨化麟据此推断，绍兴十二年可以作为三苏祠创设的下限。

1　（宋）魏了翁撰：《重校鹤山先生大全文集》（明刻本）卷九十八，中国国家图书馆藏，第62页。

2　见李壁：《乞与苏洵定谥札子》，载曾枣庄、刘琳主编：《全宋文》卷六千六百八十四，上海：上海辞书出版社，2006年，第374页。

3　吴健、杨化麟：《眉山三苏祠创建年代考》，《苏轼研究》2023年第3期，第72—74页。

4　（宋）周必大：《眉州太守赠金紫光禄大夫张公墓志铭》，载曾枣庄、刘琳主编：《全宋文》卷五千一百九十五，第179页。

四、笔者观点

吴健、杨化麟利用《眉州太守赠金紫光禄大夫张公墓志铭》和关于经界法的记载，推断出三苏祠创设的时间约为绍兴十二年，笔者认为，吴、杨的文章找出了新材料、做出了新思考，该文同时将南宋朝廷官方清查、核实土地占有状况的措施和私家墓志铭作为证据，有一定的合理性，但其论证有一定不完善之处，仍有几点值得商榷，在此提出自己的浅见：

首先，南宋经界法的推行是一个历经数年的过程。实际上，绍兴十二年只是平江府局部试点，全国大规模开始实施是绍兴十九年（1149）。绍兴十二年，高宗下诏委派李椿年办理此事，他遂设立经界所，从平江府（今江苏苏州）开始，逐渐将其推广至两浙，再推广至诸路。经界法的具体实施措施为：打量步亩，以乡都为单位，逐丘进行打量，计算亩步大小，辨别土色高低，均定苗税；造鱼鳞图，保各有图，大则山川道路，小则人户田宅，顷亩阔狭，皆一一描画，使之东西相连，南北相照，各得其实；然后合十保为一都之图，合诸都为一县之图。按照苏州—两浙—其他诸路的推广路线，再加上南宋时期效率较低的测量核查方法，是断然不可能在一年之内，也就是绍兴十二年就推广至眉州的。吴、杨从经界法推行的时间推断张璘在任的时间，忽略了经界法在南宋数百万平方公里国土中的缓慢推行过程。

其次，对于古代碑志文，必须放在特定的历史场域综合考察。既要关注彼时的社会环境，也要对作者写作时的生存处境、内心感受进行考证。碑志文的写作会受到丧家润笔的影响，某种意义上也是丧家与作者博弈的结果。[1]所以，对墓志铭文的真实客观性不能有过高期待，对类似作者的声明也要保持一定警惕，不能盲信。吴健、杨化麟仅仅从周必大《眉州太守赠金紫光禄大夫张公墓志铭》中找到了相关记载，且并无其他文献佐证。张璘去世于绍兴三十年（1160），彼时周必大先后任秘书省正字兼国史院编修、监察御史，而后更是任吏部尚书、枢密使、左丞相，乃当时之名臣，而张璘仅仅是一个州太守。二人身份之悬殊，让人怀疑周必大在写作墓志铭的时候是否完全了解张璘的生平和担任眉州太守时的细节。在《眉州太守赠金紫光禄大夫张公墓志铭》中，还有另外一处记载：

昔初察先生知贡举事，我先太师秦国公奏名第三，用两优释褐魁多

1　参见周绚隆：《诔墓金：碑志文写作的利益驱动与作者的传播角色》，《文艺研究》2024年第2期，第46页。

士，实与公同升。[1]

从此处可以看出，周必大的父亲和张璘有同年之谊。所以周、张两家从父辈起或许就有非常密切的交往，这也解释了周必大为何要为身份地位与自己相差悬殊的张璘撰写墓志铭。对于这样一位与自己父亲同辈的墓主，周必大在墓志铭中完全有夸大的可能。再加之周必大身处高位，以文章起家，所作墓志铭必不少，所以其记不一定完全准确。

但是，碑文无论如何撰写，都不会有本质上的黑白颠倒、无中生有。碑志文的获益者主要是死者的后人，他们欲借作者之手将死者的德行和道统传播后世。所以，即便张璘知眉州时没有真正"辟苏氏旧宅，创文安先生及文忠、文定公祠堂"，起码也是为祭祀、供奉三苏做出了贡献。欲考证张璘墓志铭所载之真实性，需要细考周必大与张璘之间的关系、张璘墓志铭的润笔细节和当时具体的历史社会环境，不能轻下定论。

再次，徽宗时北宋朝廷便颁布了元祐党籍碑，苏轼、苏辙兄弟名列其上。直到北宋灭亡，苏氏兄弟都被冠上"奸党"之名。到宋室南渡、高宗继位，朝廷官方对三苏的态度才有所改变。虽在绍兴元年（1131）高宗就追复苏轼端明殿学士之位[2]，但直到孝宗乾道六年（1170），朝廷才从眉州守何耆仲之请谥苏轼为文忠[3]；淳熙三年（1176）才谥苏辙为文定[4]。谥号是后人对其生平事迹进行评定后给予或褒或贬评价的文字，用来高度概括一个历史人物的生平，尤其是朝廷给出的谥号，具有"盖棺论定"的作用。所以，直到苏氏兄弟得到了朝廷给的谥号，才算是官方彻底为他们"平反"。若三苏祠为绍兴年间创设，在盖棺论定前就为其设立祠堂，对创设者来讲，有较大因朝野变动、上层政治态度变化后产生的风险。再者，如《眉州太守赠金紫光禄大夫张公墓志铭》所说，张璘创文安先生及文忠、文定公祠堂。而在同篇墓志铭中，记载张璘去世于（绍兴）三十年（1160）九月十七。[5]可是苏轼、苏辙二人得谥分别是孝宗乾道六年（1170）、淳熙三年（1176）之事，张

1　（宋）周必大：《眉州太守赠金紫光禄大夫张公墓志铭》，载曾枣庄、刘琳主编：《全宋文》卷五千一百九十五，第179页。

2　（宋）李心传：《建炎以来系年要录》卷四十六，北京：中华书局，2013年。

3　孔凡礼撰：《三苏年谱》第四册，第3201页。

4　孔凡礼撰：《三苏年谱》第四册，第3201页。

5　（宋）周必大：《眉州太守赠金紫光禄大夫张公墓志铭》，载曾枣庄、刘琳主编：《全宋文》卷五千一百九十五，第180页。

璘早已去世。所以从周必大在撰写墓志铭时称呼苏氏兄弟为"文忠、文定公"可知，此墓志铭写于淳熙三年之后。墓志铭中写道："孙女三人，长适奉议郎、秘书省校书郎兼实录院检讨官李壁。"[1]而李壁在南宋绍熙五年（1194）八月任秘书省校书郎。翌年，也就是庆元元年（1195）四月，李壁便又改官。所以墓志铭的写作时间只可能是绍熙五年八月到庆元元年四月这大半年间，此时距张璘谢世已三十余年。古代没有现代的精确记事记录工具，三十多年后再次回忆一位前辈的生平，很容易出现谬误或偏差。

苏轼、苏辙获得谥号时，距徽宗设立元祐党籍碑已经过了半个世纪。徽宗后期对于二苏及元祐诸臣的定论已经逐渐松动，再加之苏氏兄弟的作品在二人生前就广为流传，甚至在元祐党籍碑落成时还屡禁不止。经过半个世纪的流转和宋室南渡后政治格局的变化，苏氏兄弟作品的流传度同绍兴十二年左右刚刚"解禁"时相比，已不可同日而语。三苏的影响力也随着其作品的流传而逐渐增加。苏轼之孙苏符在绍兴十年（1140）被授予与其资历、才能明显不符的礼部尚书职位。除了他是东坡之孙外，似乎找不到这个不合理举动的任何解释。从此可以看出，宋室南渡后，高宗开始逐步恢复苏氏兄弟的名誉和位份。所以在诸多因素的影响下，周必大在墓志铭中完全有夸大的可能。经过隆兴和议，宋金两国之间的长时间战争得以暂停。与绍兴和议时相对屈辱的协议相比，更平等的合约也使得社会风尚更加尚敬，乾道、淳熙时的政治环境也大为松动，更是增加了为三苏创设祠堂的可能。

此外，孔凡礼《三苏年谱》有如是记载：

> 绍兴年间，治平院绘苏洵、苏轼、苏辙之像，祠祀之。[2]

南宋诗人郭印有诗《治平院三苏像》曰：

> 三苏皆天人，著作浩篇简。少读纂成丝，苦恨生何晚。人言笈库卑，我自得疏散。春风牵衣裾，兴发无近远。禅堂俨真容，光炯破昏眼。父子也而处，天畀岷峨产。扬马争轨躅，孔孟发关键。日月有尽时，斯文未埋铲。邪说入人深，风俗颓莫返。招得戎马来，中原恣蹂践。缅思药石言，

---

1 （宋）周必大：《眉州太守赠金紫光禄大夫张公墓志铭》，载曾枣庄、刘琳主编：《全宋文》卷五千一百九十五，第180页。
2 孔凡礼撰：《三苏年谱》第四册，第3200页。

祸患已先见。安得起其灵，一副苍生愿。[1]

郭印为成都人，绍兴四年（1134）前后即在故乡云溪营别业，一生基本生活在蜀地。从"招得戎马来，中原恣蹂践"一句可以推断出此诗写于宋室南渡后。从孔凡礼的考证和郭印的这首诗中可以看出，绍兴年间眉山至少已经有了民间临时性的纪念、供奉三苏的场所。这一点在吴、杨二位先生的文中也有提及。关于治平院，苏轼有信札《治平帖卷》（见图1）写道：

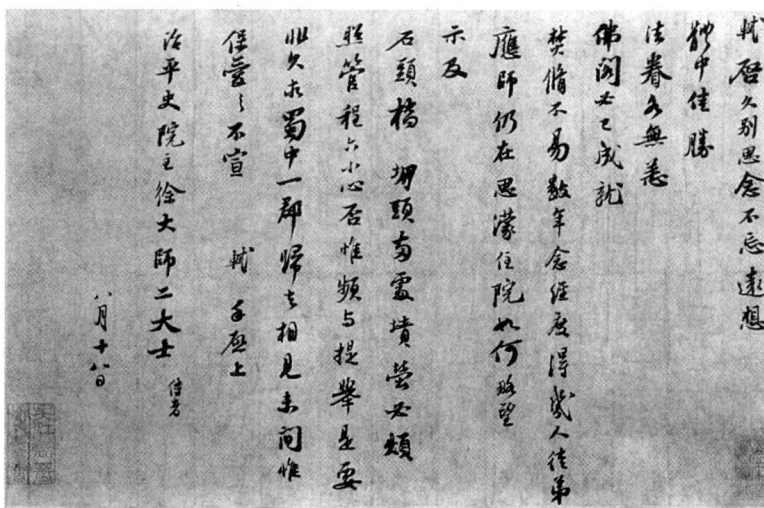

图1　苏轼《治平帖卷》

　　轼启：久别思念不忘，远想体中佳胜，法眷各无恙。佛阁必已成就，焚修不易。数年念经，度得几人徒弟。应师仍在思蒙住院，如何？略望示及。石头桥、坍头两处坟茔，必烦照管。程六小心否，惟频与提举是要。非久求蜀中一郡归去，相见未间，惟保爱之，不宣。轼手启上。治平史院主、徐大师二大士侍者。八月十八日。[2]

根据苏轼的这封信札可以推断出，治平院位于眉山苏洵坟茔附近。所以综合《三苏年谱》《治平院三苏像》和《治平帖卷》推断，绍兴年间眉山苏洵墓地附

1　（宋）郭印：《云溪集》卷五，四库全书本，第3页。
2　（宋）苏轼《治平帖卷》，故宫博物院藏。

近已经有了以民间为主，供奉祭祀三苏的小规模场所。关于宋代在坟墓边上立祠的记载，在各类史书中非常常见，在此不再赘述。治平院的祭祀场所或许算不上特殊，但确实是供奉祭祀三苏的源头。而《眉州太守赠金紫光禄大夫张公墓志铭》所记录的张璘"创文安先生及文忠、文定公祠堂"，很有可能是指将治平院中祭祀三苏的小规模场所加以修整、维护。此处在苏洵坟茔的基础上经过官方一定的支持和改造，成为一定规模的三苏纪念场所。笔者认为，其与今天的三苏祠有着本质的区别，但也基本符合"祠"的标准。虽说彼时张璘的身份是眉州太守，但在朝廷为二苏追谥前，张璘未必有魄力以官方的方式对临时的祭祀场所进行修整，很有可能是以号召富商捐款，加以自己出资的半官方形式完成修缮的。

此外，淳熙四年（1177），入蜀为官的陆游送奉召回京的友人范成大过眉州时，见到了修筑在眉山城内环湖高土台上的披风榭和亭中悬挂的苏轼像，欣然祭拜并题诗《眉州披风榭拜东坡先生遗像》："孕奇蓄秀当此地，郁然千载诗书城。"需要注意的是，陆游此诗中的披风榭并非今日三苏祠的披风榭。今日三苏祠中之披风榭，乃是清光绪二十四年（1898），眉州人为纪念苏轼、陆游、魏了翁而重建的。陆游作为伟大的爱国主义诗人，其诗歌内容的可信度较高。在乾道初年，晁公溯知眉州时所作《眉州燕游杂咏十首·其五·披风榭》中就有披风榭之名。公溯乃晁冲之季子、晁补之堂侄，对东坡十分推崇。从陆游、晁公溯的诗歌来看，孝宗即位之初，眉州城内已有亭台式的三苏纪念场所，只是无法推断出此亭台式建筑是官修的还是民为的。直到嘉定年间魏了翁知眉州时，在今眉山老城小北街后田坝疏沼建环湖，湖上筑翠洞、书台、起文堂、披风榭。[1]这才算是有了明确记录的官修纪念场所。

此二处史料看似矛盾，陆游到访眉州时，魏了翁尚未出生，又怎会到访魏了翁主持修筑的环湖和披风榭？不少学人媒体提及此事时，没有详查便加以引用论述，容易误导读者。如眉山市委、市政府官网上介绍此事：

> 据《旧眉山县志》，南宋嘉定年间，魏了翁知眉州时，在今眉山老城小北街后田坝疏沼建环湖。湖上筑翠洞、书台、起文堂、披风榭。南宋淳熙年间，诗人陆游来眉州，游环湖，登披风榭，拜苏东坡遗像，并写下了

1　参见王铭新修，（清）杨卫星、郭庆琳撰：《眉山县志》，民国十二年（1923）铅印本，四川省图书馆藏。

《眉州披风榭拜东坡先生遗像》诗……[1]

鉴于南宋时的人力物力，几十年内的大型建筑迁建的可能性很小。再者，从建筑而言，榭一般是建造在水边或者完全在水中的高台，于是多有水榭之称，披风榭定是建于高台之上。所以，此处魏了翁所建"环湖"和陆游到眉山的"环湖"应为同一处。结合陆游、晁公溯的诗歌，很可能"环湖"在淳熙年间便已存在，后经魏氏修缮、命名。而后人在记载时忽略了"环湖"在嘉定年间才得以命名，直接在淳熙年间陆游到眉时便呼"环湖"之名。在南宋诗词中跟眉州环湖有关的，最早见于魏了翁《浣溪沙·李参政璧领客访环湖瑞莲席间索赋》（嘉定七年，1214）和李壁《小重山·数椽甫葺，知府载酒宠临，辄次日近环湖所赋韵为一杯寿》，此二人在嘉定年间同在蜀为官且素有交情，魏了翁曾担任汉州、眉州、遂宁、泸州知府，李词中"知府载酒宠临"的"知府"便是指魏了翁。在《明一统志》中也有如是记载：眉州环湖"旧有沼，州人为矼梁塞之。宋魏了翁为守，特疏凿之……名之曰环湖。了翁为记。"[2]此处"名之为环湖"的说法与前面的结果一致，所以环湖和披风榭等建筑应是在孝宗初年便已存在，后经魏了翁修缮后名扬后世。或许因为魏氏的政治地位和眉州乡人对其感激，史家将修建环湖和披风榭的功劳记在了他的名下。

孝宗登位之初《隆兴合约》的签订，社会风尚和上层态度急剧变化，高宗时期的一些政策很快被废除。高宗作为徽宗之子，废除徽宗所立元祐党籍碑的态度自然不会过于坚决；而孝宗既是与高宗政治态度截然不同的中兴之君，又只是高宗的养子、徽宗名义上的孙子，所以能有更坚决的政治力量改变高宗甚至徽宗时期遗留的风气和制度。孝宗的作为逐渐影响全国社会风气，所以即便暂时没有给二苏追谥，但乾道年间眉州城中便已经出现祭祀和供奉三苏的场所。嘉定年间，经过魏了翁主持的官修，眉山城中第一次有了官方承认并管理的供奉三苏的建筑。

考虑到元代灭宋战争后长时间的征战、封赏和元中前期"八娼九儒十丐"的民族和文化政策，刚刚征服四川不久的元帝国不太可能有余财和意愿兴建供奉汉儒的祠堂。所以今天三苏祠的原型，很可能创设于苏辙得谥之后、四川遭蒙古战火之前的嘉定年间。至于治平院和陆游诗中的披风榭，或不完全用于祭祀和供奉三苏，

---

1 原眉山市旅发委：《青石垒起诗碑 传唱千载诗书城——探秘千载诗书城主题雕塑》，2018年5月28日，https://www.ms.gov.cn/info/4920/1030433.htm。

2 见《明一统志》卷七十一。

也不是今日纱縠行苏祠之原址。虽然如此，它们也承担了苏祠的部分功能，也可算作今日三苏祠前身的一部分，所以我们在讨论三苏祠创设年代的问题时不可将其忽略。

五、结语

关于三苏祠的创设年代，历代以来一直莫衷一是。从明代、元代延祐年间到南宋绍兴年间，学者们有着自己的答案。根据现有的史料和文献来看，基本能确定的是南宋前期眉山已经有祭祀供奉三苏的场所，这与三苏巨大的文化影响力和人格魅力是分不开的。朝廷在半个多世纪后便为苏氏兄弟"平反"，除了受当时的时势影响外，民意也是一个重要的因素。这为三苏祠的创设提供了必要的舆论条件。所以就以上的考辨来看，今天三苏祠的原型可能创设于十三世纪初的南宋嘉定年间，而更早的民间供奉三苏的场所，则可能出现于南宋绍兴中后期。

总书记曾说："一滴水可以见太阳，一个三苏祠可以看出我们中华文化的博大精深。我们说要坚定文化自信，中国有'三苏'，这就是一个重要例证。"作为三苏文化的传承者和发扬者，我们要探寻三苏文化的方方面面，三苏祠的创设便是其中一个重要的部分。只有做好了三苏文化的探寻工作，才能从中汲取丰富的治国理政理念智慧和家风家教思维，从而更加坚定我们的文化自信。

论苏轼润州诗词的怀土思归情怀

喻世华（江苏科技大学学报编辑部）

摘　要：生长在岷江边的苏轼，与长江岸边的润州有着很深的渊源。在苏轼润州诗词中，其怀土思归之情，既有江水引发的思乡之情——"我家江水初发源，宦游直送入江海"，也有乡音带来的温馨互动——"迎笑喜作巴人谈"，更有家书带来的对家乡亲人的眷念——"一纸乡书来万里"。 但苏轼润州怀土思归诗词主要集中在前三次路经润州时，这主要与苏轼的处境、心境以及润州特有的地理位置与环境有关。苏轼润州诗词中展现的岷江水与故乡情、萍水相逢同乡情在苏轼怀乡思归诗词中有其独特地位。

关键词：苏轼　润州　诗词　怀土思归

对家乡巴蜀大地刻骨铭心的思念，对回归故土的念念不忘，是苏轼诗词最为重要的母题，也是苏轼终身难以化解的心结。笔者曾在《苏轼的人间情怀》一书开篇第一章"故园情：'一寸相思一寸灰'"中从时间与空间的角度对其怀土思归情怀进行过纵向梳理与横向勾勒，认为"无论是从时间延续的长度看，还是从空间的广阔性看，这种无时无处不在的思乡之情，使苏轼成为我国最为杰出的乡恋诗人"[1]。但这种梳理归纳仅仅是粗线条勾勒，缺乏个案分析的深度，笔者拟以苏轼润州诗词为线索，结合苏轼相关诗词，深入分析其怀土思归情怀及其成因与价值。

1　喻世华：《苏轼的人间情怀》，镇江：江苏大学出版社，2017年，第29页。

一、苏轼的润州怀土思归诗词

苏轼在润州的怀土思归诗词大致可以分为三个方面，一是触景生情，由江水引发的思乡怀归之情；二是同在异乡为异客的，于润州与巴蜀老乡见面所引发的怀土思归之情；三是家书家信引发的乡关之思。

（一）江水："有田不归如江水"

熙宁四年（1071）十一月三日，苏轼第一次路经润州写下《游金山寺》，这是苏轼润州诗词中艺术水平最高的诗歌之一，完整地表达了苏轼的思乡怀归之情。

> 我家江水初发源，宦游直送江入海……试登绝顶望乡国，江南江北青山多……江山如此不归山，江神见怪惊我顽。我谢江神岂得已，有田不归如江水。[1]

乾隆对于该诗推崇备至，该诗不仅是其六巡江南每次必和的两首诗之一，而且在《御选唐宋诗醇》中乾隆还有精彩的朱批评点：

> 起句将万里程、半生事，恰好由岷山导江至此处海门归宿，为入题之语。中间望乡国句，故作羁望语，以环应首尾。后思及江神见怪，而终之以归田矜奇之语、见道之言，想见登眺徘徊，俯视一切。[2]

乾隆是有高度艺术鉴赏力的皇帝，点评抓住了《游金山寺》的主旨所在及其情感线索——怀乡思归。开篇的"我家江水初发源，宦游直送江入海"直接入题，苏轼的故乡眉州地处岷江中游，古有岷江为长江之源一说；宋代的润州长江江面宽阔，素有海门之称。流经润州的长江水触发了苏轼对"我家江水"岷江的思念，苏轼受到眼前景物的触动，引起联想，产生某种感情，正是所谓触景生情。不仅如此，苏轼还用拟人手法，表现长江之水蕴含的长江之"情"——"宦游直送入江海"。这与李白的"仍怜故乡水，万里送行舟"有异曲同工之妙。从情感上说，苏轼表达的对故乡岷江之水的感情比李白更进一步——岷江之水被直接说成是"我家

1　（清）王文诰辑注，孔凡礼点校：《苏轼诗集》，北京：中华书局，1984年，第307—308页。
2　乾隆《御选唐宋诗醇》卷三十三，珊城遗安堂藏版。

江水"。开篇就为全诗定下思乡怀归的基调。中间的"试登绝顶望乡国，江南江北青山多"，一个"望"字，进一步彰显了苏轼对家乡的深深眷念，在结构上有承上启下的作用。结尾的"江山如此不归山，江神见怪惊我顽。我谢江神岂得已，有田不归如江水"与前面形成完整的回环照应，明确了希望有田后回归故土的主旨。

《游金山寺》思乡怀归之情力透纸背，线索明晰，主旨明确：抒发了苏轼无尽的乡思与乡愁，表达了对于归田回乡的向往。元丰七年（1084）八月，苏轼在《书浮玉买田》中还提及《游金山寺》许下的归田心愿：

> 浮玉老师元公，欲为吾买田京口，要与浮玉之田相近者，此意殆不可忘。吾昔有诗云："江山如此不归山，江神见怪惊我顽。我谢江神岂得已，有田不归如江水。"今有田矣而不归，无乃食言于神也耶？[1]

时间虽然过去了十多年，苏轼对于归田的愿望还是没有改变。只是这时归田的地方有所改变而已。

（二）同乡："为我佳处留茅庵"

"南朝四百八十寺"，江南的润州寺院众多。润州的金山、焦山都有佛教寺院，苏轼与出家在此的巴蜀人士多有交往。

1. 与焦山长老的交往

熙宁四年十一月，苏轼第一次路经润州，写下《自金山放船至焦山》[2]：

> 老僧下山惊客至，迎笑喜作巴人谈。自言久客忘乡井，只有弥勒为同龛。困眠得就纸帐暖，饱食未厌山蔬甘。山林饥卧古亦有，无田不退宁非贪。展禽虽未三见黜，叔夜自知七不堪。行当投劾谢簪组，为我佳处留茅庵。（吴人谓水中可田者为沙。焦山长老，中江人也。）[3]

1　孔凡礼点校：《苏轼文集》，北京：中华书局，1986年，第2259页。

2　苏轼另有《书焦山纶长老壁》，熙宁七年（1074）作于润州，《苏轼全集校注·诗集》编者认为，似为《自金山放船至焦山》作"巴人谈"的焦山长老（见张志烈等校注：《苏轼全集校注·诗集》，第2108—2109页）；《记焦山长老答问》，元丰八年（1085）七月作于润州，《苏轼全集校注·文集》编者认为，亦为作"巴人谈"的焦山长老（见张志烈等校注：《苏轼全集校注·文集》，第8251页）。但从内容看，没有"巴人谈"的痕迹，故不列入论述，只放在注释中。

3　（清）王文诰辑注，孔凡礼点校：《苏轼诗集》，第308—310页。

该诗也是乾隆六巡江南每次必和的诗，现在焦山碑林还以"御碑亭"形式立有乾隆《自金山放舟至焦山五叠苏轼韵》的文物。《御选唐宋诗醇》中乾隆对《自金山放船至焦山》的朱批为：

> 金山作已极登高望远之胜，故焦山作只写见闻。歌啸之景，彼以雄放称奇，此处闲寂入妙，结处"无田不退宁非贪"则又为前篇"有田不归如江水"之句进一解矣。[1]

乾隆眼光独到，看出了该诗与《游金山寺》思想感情的一致性——对于归田的向往（"无田不退宁非贪""为我佳处留茅庵"）。苏轼没有像《游金山寺》那样"试登绝顶望乡国"直接表露自己的思乡之情，而是通过在异乡碰见同乡老僧的惊喜表现——"迎笑喜作巴人谈"，含蓄地表现了浓浓的乡情与乡谊。

2. 与法通禅师的交往

熙宁七年二月，苏轼在常润赈灾，于润州碰到了老乡——往来吴中的法通禅师杜暹伯升，苏轼留有诗《成都进士杜暹伯升，出家，名法通，往来吴中》，另有《书赠法通师诗》：

> 欲识当年杜伯升，飘然云水一孤僧。若教俯首随缰锁，料得而今似我能。仆偶云："通师子不脱屁场屋，今何为乎？"柳子玉云："不过似我能。"因戏作此诗。熙宁七年二月日。[2]

3. 与金山乡僧的交往

元丰七年八九月间，苏轼为买田置产在真州、润州间往来，遇到金山乡僧即将归蜀开堂，留有《送金山乡僧归蜀开堂》：

> 撞钟浮玉山，迎我三千指。众中闻謦欬，未语知乡里。我非个中人，何以默识子。振衣忽归去，只影千山里。涪江与中泠，共此一味水。冰盘荐琥珀，何似糖霜美。[3]

1　乾隆《御选唐宋诗醇》卷三十三，珊城遗安堂藏版。
2　孔凡礼点校：《苏轼文集》，第2127页。
3　（清）王文诰辑注，孔凡礼点校：《苏轼诗集》，第1268—1269页。

在润州，苏轼与焦山长老、法通禅师、金山乡僧的交往，都是萍水相逢。这种萍水相逢的同乡情，显得弥足珍贵与单纯。没有利益算计，没有恩怨纠葛，仅仅是缘于语言的相似——"迎笑喜作巴人谈""众中闻謦欬，未语知乡里"，缘于江水的相连——"涪江与中泠，共此一味水"。这种缘于语言、山水的认同，在异乡为异客时遇到同乡，更容易产生共鸣与认同。

（三）家书："问我何年，真个成归计"

苏轼在润州的怀土思归诗词，以熙宁七年两次到润州的三首词表现得最为直白和浓烈。熙宁七年正月到四月，苏轼在常润赈灾，长住润州3个多月，写下了《蝶恋花·雨过春容清更丽》《醉落魄·轻云微月》；熙宁七年十月，苏轼到密州赴任，同乡杨元素相陪到润州，写下了《醉落魄·分携如昨》。

《蝶恋花·雨过春容清更丽》（又名"京口得乡书"）
雨过春容清更丽。只有离人，幽恨终难洗。北固山前三面水，碧琼梳拥青螺髻。一纸乡书来万里。问我何年，真个成归计。回首送春拼一醉，东风吹破千行泪。[1]

该词为熙宁七年春作于京口。上阕写所处之地京口之景北固山，用反衬法：碧琼之水梳理似青螺之山，雨后北固山的春容更显清丽，但雨水只洗春容，无法洗去自己的幽恨。下阕抒情，表现浓浓的思乡之情，采用对比法："一纸乡书"对"万里"家山，"拼一醉"对"千行泪"，并交代了"幽恨终难洗"的原因——"问我何年，真个成归计"。

《醉落魄·轻云微月》（又名"离京口作"）
轻云微月，二更酒醒船初发。孤城回望苍烟合，记得歌时，不记归时节。　巾偏扇坠藤床滑，觉来幽梦无人说。此生飘荡何时歇？家在西南，长作东南别。[2]

该词为熙宁七年四月离开京口时作。苏轼从酒醒船发着笔，倒叙临行前酒宴

---

1 邹同庆、王宗堂：《苏轼词编年校注》，北京：中华书局，2002年，第54页。
2 邹同庆、王宗堂：《苏轼词编年校注》，第58页。

上的乘醉而归，再回到此刻从巾偏扇坠藤床滑的睡梦中醒来，以及梦醒后的平生感慨："此生飘荡何时歇？家在西南，长作东南别。"

《醉落魄·分携如昨》（又名"席上呈元素"）

分携如昨，人生到处萍飘泊。偶然相聚还离索，多病多愁，须信从来错。樽前一笑休辞却，天涯同是伤沦落。故山犹负平生约，西望峨嵋，长羡归飞鹤。[1]

该词为熙宁七年十月作于京口。杨元素与苏轼同为蜀人，在杭州时杨元素为知州，苏轼为通判，两人同时接到新的任命，从杭州开始一直同舟到润州，感情深厚，思乡（"故山犹负平生约，西望峨嵋，长羡归飞鹤"）之情，漂泊流离（"人生到处萍飘泊""天涯同是伤沦落"）之苦展露无遗。

综上所述，苏轼在润州的怀土思归诗词，从时间上分析，主要集中在熙宁四年第一次路过润州写的《游金山寺》《自金山放船至焦山》两首诗上，熙宁七年正月到四月在常润赈灾留住润州（第二次过润州）以及熙宁七年十月到密州赴任路经润州（第三次过润州）的三首词上。从内容上看，主要是江水、老乡见面以及家书引发的思乡之情，贯穿这些诗词的主线则是对回归故园、故土的向往与渴望。

二、苏轼润州怀土思归诗词的成因

苏轼曾15次路经润州，分别为熙宁四年（1次）、熙宁七年（2次）、元丰二年（2次）、元丰七年（3次）、元丰八年（3次）、元祐四年（1次）、元祐六年（1次）、建中靖国元年（2次），为什么苏轼润州怀土思归诗词主要集中在前三次路经润州时？这需要从苏轼的处境与心境、润州特有的地理位置与环境两个维度展开分析。

（一）苏轼的处境与心境

熙宁四年，苏轼第一次路过润州，写下了他在润州最为著名的两首诗《游金山寺》《自金山放船至焦山》（为乾隆六巡江南每次必和并在《御选唐宋诗醇》中

---

1 邹同庆、王宗堂：《苏轼词编年校注》，第123页。

加以评点的两首诗歌）。诗中最为明显的主旨与情绪是思乡与归田，如"有田不归如江水""无田不退宁非贪""为我佳处留茅庵"，这与苏轼当时的处境与心境有关。熙宁四年苏轼出知杭州路经润州，是在与王安石政争失败之后，苏轼诗词中浓郁的思乡与归田情绪，可以说是政治失意的产物以及郁闷心情的释放。

熙宁七年正月到四月，苏轼在常润赈灾，长住润州3个多月，与堂妹一家有非常密切的互动交往[1]；回到杭州不久又接到知密州的任命，十月再过润州。熙宁七年的苏轼大多数时间奔波在润州到杭州、杭州到润州的路上，"此生飘荡何时歇？""人生到处萍飘泊"正是这一阶段处境的真实写照，萌发思乡怀归之情亦在情理之中。

此后路经润州，苏轼的处境已经发生巨大变化，元丰二年（1079）在乌台诗案前后路经润州，没有过多耽误也没有机会过多耽误；元丰七年在常州宜兴买田成功，苏轼此后更多抒发的是归老常州宜兴之情。这是以后苏轼路经润州少作怀土思乡诗词的重要原因。

（二）润州特有的地理位置与环境

古代润州（今镇江）号称吴头楚尾，地处长江与大运河交汇的十字要冲。苏轼的怀土思归诗词大都与长江有关——"我家江水初发源""蒜山小隐虽为客，江水西来亦带岷"[2]，也大都与镇江的风景名胜金山、焦山、北固山有关。而镇江的风景名胜金山、焦山、北固山又都与长江有关，金山、焦山在宋代都是江中岛屿，被称为"浮玉"，北固山则三面环水。润州三山（金山、焦山、北固山）是苏轼多次游览的风景名胜，也是触发苏轼思乡怀归的重要场所。

《游金山寺》在表达江水引发的怀乡思归之情时，为我们保留了一千多年前金山寺珍贵的第一手地理风貌："……闻道潮头一丈高，天寒尚有沙痕在。中泠南畔石盘陀，古来出没随涛波……羁愁畏晚寻归楫，山僧苦留看落日。微风万顷靴文细，断霞半空鱼尾赤。是时江月初生魄，二更月落天深黑。江心似有炬火明，飞焰照山栖鸟惊。怅然归卧心莫识，非鬼非人竟何物？"

《自金山放船至焦山》再现了自金山放船至焦山的壮阔江景："金山楼观何耽耽，撞钟击鼓闻淮南。焦山何有有修竹，采薪汲水僧两三。云霾浪打人迹绝，时有沙户祈春蚕。我来金山更留宿，而此不到心怀惭。同游尽返决独往，赋命穷薄轻江

1　喻世华：《苏轼与润州柳氏三代交游考》，《镇江高专学报》2015年第3期。
2　（清）王文诰辑注，孔凡礼点校：《苏轼诗集》，第1706—1707页。

潭。清晨无风浪自涌，中流歌啸倚半酣。"

《蝶恋花·雨过春容清更丽》则再现了北固山三面环水雄奇之外的秀丽形象：
"北固山前三面水，碧琼梳拥青螺髻。"

纵观苏轼润州怀土思归诗词，都是触景生情。《游金山寺》是由江水引发的
思乡怀归之情，《自金山放船至焦山》是见到老乡引发的思乡怀归之情，《蝶恋
花·雨过春容清更丽》是收到万里之外乡书而引发的思乡怀归之情。面对与家乡岷
江相通的长江水（金山、焦山、北固山与岷江水、长江水相连），自然触发了苏轼
思乡之情与回归故土的愿望。

三、苏轼润州怀土思归诗词的价值

要评估苏轼润州怀土思归诗词的价值，需要将其放在相同背景中进行比较分
析，才能充分评估其价值所在。

（一）触景生情：岷江水与故乡情

熙宁四年，在润州写下的《游金山寺》，是苏轼首次在长江岸边身临其境将故
乡的岷江与长江水、故乡情、归田相联系的尝试。这是苏轼润州怀土思归诗词有别
于苏轼其他岷江水与故乡情诗词的价值所在。

岷江水与故乡情是苏轼诗词重要的母题。在岷江边成长的苏轼，对于故乡
的山水情有独钟，写作《游金山寺》之前，就多有吟咏蜀江的诗句，如"吾家蜀
江上，江水绿如蓝。"（《东湖》）[1]"门前商贾负椒荈，山后咫尺连巴蜀。何
时归耕江上田，一夜心逐南飞鹄。"（《二十七日自阳平至斜谷宿于南山中蟠龙
寺》）[2]"蜀江久不见沧浪，江上枯槎远可将。"（《和子由木山引水二首》）[3]但
这些诗并非处于长江岸边的触景生情之作，大多是回忆想象之词。

苏轼此前两次借道长江，也留下了相当多的诗歌。嘉祐四年（1059），苏
轼同家人从眉山顺岷江、长江而下江陵（荆州市），《南行集》完整记载了这次
诗歌之旅，但这次是三苏首次沿江出川，自然不易产生怀土思归之情。治平三年

1　（清）王文诰辑注，孔凡礼点校：《苏轼诗集》，第111页。

2　（清）王文诰辑注，孔凡礼点校：《苏轼诗集》，第175页。

3　（清）王文诰辑注，孔凡礼点校：《苏轼诗集》，第219页。

（1066），苏轼、苏辙载苏洵之枢还乡，从真州入长江溯江而上回眉山。这是苏轼在长江干流最长的一次旅程，但因为是居丧期间相关诗文记载并不多。

在长江岸边，自《游金山寺》后将岷江水与故乡情、怀乡与思归再次联系在一起的触景生情之作当在十年后的黄州。元丰四年（1081），苏轼在黄州写下《满江红·江汉西来》（又名"寄鄂州朱使君寿昌"）：

> 江汉西来，高楼下、蒲萄深碧。犹自带、岷峨云浪，锦江春色。君是南山遗爱守，我为剑外思归客。对此间、风物岂无情，殷勤说。　《江表传》，君休读。狂处士，真堪惜。空洲对鹦鹉，苇花萧瑟。独笑书生争底事，曹公黄祖俱飘忽。愿使君、还赋谪仙诗，追黄鹤。[1]

元丰七年，离开黄州时，苏轼深情写下《满庭芳·归去来兮，吾归何处》：

> 元丰七年四月一日，余将自黄移汝，留别雪堂邻里二三君子。会李仲览自江东来别，遂书以遗之。
> 归去来兮，吾归何处？万里家在岷峨。百年强半，来日苦无多。坐见黄州再闰，儿童尽、楚语吴歌。山中友、鸡豚社饮，相劝老东坡。　云何、当此去，人生底事，来往如梭。待闲看秋风，洛水清波。好在堂前细柳、应念我、莫剪柔柯。仍传语、江南父老，时与晒渔蓑。[2]

元丰三年（1080）二月一日到元丰七年四月上旬，苏轼在长江边的黄州居住了约四年三个多月，江水"犹自带、岷峨云浪，锦江春色"，由此触发回归"万里家在岷峨"的故土之念本在情理之中。而润州只是苏轼路经的众多地点之一，而且是第一次匆忙路经润州时就写下"我家江水初发源"。这在苏轼"岷江水与故乡情"诗歌中是有其特殊价值的——开类似诗歌之先河。

（二）萍水相逢：弥足珍贵同乡情

苏轼"身行万里半天下"（《龟山》）[3]，或做官（凤翔、八州督、开封），

1　邹同庆、王宗堂：《苏轼词编年校注》，第335页。

2　邹同庆、王宗堂：《苏轼词编年校注》，第506页。

3　（清）王文诰辑注，孔凡礼点校：《苏轼诗集》，第291页。

或贬谪（黄州、惠州、儋州），或旅经某地（润州、秀洲），只要碰到巴蜀老乡都与其有着或深或浅的交往。

任职凤翔时与陈希亮的误解与和解，任职开封时与范镇家族、文同、鲜于侁的交往，贬谪黄州时与陈季常、王齐万、王齐愈、巢元修的友情，以及贬谪惠州时与程正辅的冰释前嫌，等等，历历可数。但仔细探究这些人与苏轼的关系，他们都与苏轼有较深的渊源，如陈希亮与苏轼，既为眉州同乡，又为上下级关系[1]。范镇家族更是与苏轼有着多重联系，他们相互之间的关系远非同乡那样简单，范镇与苏轼有坐主与门生之谊，范镇又有举荐苏轼之功；范镇的从子范百禄元祐年间与苏轼、苏辙同朝为官，与苏轼、苏辙同被视为"蜀党"领军人物；范镇的从孙范祖禹与苏轼同朝共事，其子范元长为秦观女婿[2]。文同与苏轼既是同乡，更是诗画同道[3]。鲜于侁与苏轼是世交，鲜于侁受知于苏轼伯父苏涣[4]。苏轼与陈季常早在凤翔时就相识，苏轼贬谪黄州后他更是苏轼患难中的挚友[5]。王齐万、王齐愈与苏轼也并非萍水相逢，嘉祐四年苏轼同家人从眉山顺岷江经过犍为，就曾拜访过王氏书楼写下《犍为王氏书楼》[6]。至于巢元修、程正辅与苏轼的渊源，更是大家耳熟能详，不赘述。

相较于上述诸人，苏轼在润州与同乡的交往有别于他处与同乡交往的地方，在于与润州焦山长老、法通禅师、金山乡僧的交往都是萍水相逢，既不存在职场关系的利害计较，也没有血缘亲情关系的维系。这种萍水相逢的同乡情只是源于乡土、语言等因素，显得更为纯粹，更能显示苏轼对于故土、故乡的深情。这在苏轼与秀州报本禅院乡僧文长老的交往中可以得到进一步佐证。苏轼与文长老的三次交往，完整演绎了这种萍水相逢的同乡情谊。

1 喻世华：《论苏轼与陈公弼、陈季常父子的交谊》，《重庆邮电大学学报（社会科学版）》2012年第4期。

2 喻世华：《"岂以闾里，忠义则然"——论苏轼与范镇家族的四代交谊》，《南京理工大学学报（社会科学版）》2012年第3期。

3 喻世华：《亦师亦友亦兄亦弟——论苏轼与文同的忘年交谊》，《重庆交通大学学报（社会科学版）》2012年第5期。

4 喻世华：《论苏轼与鲜于侁的忘年交谊》，《南京晓庄学院学报》2012年第4期。

5 喻世华：《苏轼的人间情怀》，第156—169页。

6 （清）王文诰辑注，孔凡礼点校：《苏轼诗集》，第7页。

熙宁五年（1072）十二月，苏轼第一次与文长老相见，写下《秀州报本禅院乡僧文长老方丈》：

万里家山一梦中，吴音渐已变儿童。每逢蜀叟谈终日，便觉峨眉翠扫空。师已忘言真有道，我除搜句百无功。明年采药天台去，更欲题诗满浙东。[1]

熙宁六年（1073）十一月，苏轼第二次与文长老相见，写下《夜至永乐文长老院文时卧病退院》：

愁闻巴叟卧荒村，来打三更月下门。往事过年如昨日，此身未死得重论。老非怀土情相得，病不开堂道益尊。惟有孤栖旧时鹤，举头见客似长言。[2]

熙宁七年五月，苏轼第三次见到已经去世的文长老，写下《过永乐文长老已卒》：

初惊鹤瘦不可识，旋觉云归无处寻。三过门间老病死。一弹指顷去来今。存亡惯见浑无泪，乡井难忘尚有心。欲向钱塘访圆泽，葛洪川畔待秋深。[3]

苏轼在润州与焦山长老、法通禅师、金山乡僧的交往，与秀州报本禅院乡僧文长老的交往都是萍水相逢结下的同乡情。而这种萍水相逢的同乡情还有一些共同点，从时间上说，大都发生在熙宁四年到熙宁七年苏轼做杭州通判期间；从身份上说，这些巴蜀同乡都是佛教界人士。这对于研究苏轼与佛教界同乡关系有独特的价值，而萍水相逢的同乡情显得更为珍贵。

1　（清）王文诰辑注，孔凡礼点校：《苏轼诗集》，第412页。
2　（清）王文诰辑注，孔凡礼点校：《苏轼诗集》，第529页。
3　（清）王文诰辑注，孔凡礼点校：《苏轼诗集》，第566页。

四、小结

苏轼曾15次路经润州，留下了97首诗、17首词、108篇文牍[1]。在苏轼润州诗词中，明确表达其怀土思归的诗词只占其很小一部分，却是苏轼润州诗词中最为著名和最有价值的部分。苏轼对于"我家江水"的思念，对萍水相逢同乡的深情，以及对于归田的向往，在苏轼怀乡思归诗词中有特殊的地位。

1　喻世华：《苏轼润州有关的诗文篇目考》，《江苏科技大学学报（社会科学版）》2012年第2期。

三苏巴蜀遗址遗迹地文献、地名、方志考述

翟晓楠（眉山三苏祠博物馆）

摘　要：本文第一部分通过考察《过安乐山，闻山上木叶有文，如道士篆符，云，此山乃张道陵所寓二首》的历代著录、诗歌意义、二苏南行诗文的写作规律、《舆地纪胜》收录的文献来源，确认组诗的第二首实为苏辙所作，该诗长期以来被误收进苏轼诗文集；第二部分梳理巴蜀区域大量方志记载的得名于三苏中某一位的"来苏""思坡""苏稽"等地名，发现此类文献或为地方标榜文化胜迹而发明的传说，并且此类遗址遗迹地的叙述模式具有普遍性、固定性。第三部分研究乡贤祠、名宦祠之外的奉祀三苏的多个与祭祀地域关联性不强的经行祠，甚至还有三苏并未寓居的地域为其建立的寓居祠，并分析此类祠堂建设的文化心态。第四部分关注苏轼歌咏某地的诗歌常发生张冠李戴，出现在其他同地名所在的地域文献中的现象。结语探究三苏对于巴蜀区域的文学塑造，以及方志、后世文学对于三苏巴蜀史实书写的偏离等命题。

关键词：三苏　安乐山　来苏　苏坡　寓居祠

一、安乐山诗著录、作者与诗题

嘉祐四年（1059）末至五年（1060）初，三苏沿长江南行，复东行，此行三人多有诗文唱和，还曾编著有《南行集》（今不存），收录此行诗文。

途经安乐山（今泸州合江县笔架山），苏轼作诗，即今多种苏轼诗集收录的《过安乐山，闻山上木叶有文，如道士篆符，云，此山乃张道陵所寓二首》，其一："天师化去知何在，玉印相传世共珍。故国子孙今尚死，满山秋叶岂能

神。"[1] 其二："真人已不死，外慕堕空虚。犹余好名意，满树写天书。"[2]《嘉祐集》《栾城集》不见苏洵、苏辙存此诗。

南宋王象之《舆地纪胜》、祝穆《方舆胜览》两种地理志可以解释诗中安乐山所在地以及诗中所谓的"木叶有文，如道士篆符"，《舆地纪胜》卷一百五十三"潼川府路·泸州·景物下·安乐山"："《元和郡县志》云：'在合江县东八十三里。'《图经》云：'在合江县西五里。三峰清秀，山趾即安乐溪……'《皇朝郡县志》云：'始刘真人珍卜居此山，曰：僰道平盖气歇而不清，江安方山气浊而不秀，成山而又清秀，惟安乐山耳，遂定居焉。'"[3] "景物下·天符叶"条："初生安乐山，一夕大风雨，拔去，不知所在，后得于容子山，俗以为神所迁。如荔枝叶而长，上有文如虫蚀，或密或疏，宛类符篆，不知何木也。或以为刘真人仙迹。东坡诗云：'天师化去知何日，玉印相传世共珍。故国子孙今尚在，满山秋叶岂能神。'颍滨诗云：'真人已不死，外慕堕空虚。犹余好名士，满树写天书。'"[4] "仙释类"亦有"刘真人"[5]条，"景物上"的"石柜"[6]条，"古迹"的"炼丹井"[7]条，"碑记"的《刘真人藏经碑》[8]《刘真人传（杜光庭撰）》[9]，从"仙释类"的"刘真人"条推测，"碑记"的《唐高宗安乐山取丹经诏碑（在安乐山）》[10]《唐高宗赐进经道士诏碑（在安乐山）》[11]等都是刘真人与安乐山相关联的事迹。《方舆胜览》所载与《舆地纪胜》相比，除少数文字不同外，内容意义几乎一致，不赘引。

苏诗题目说安乐山为"张道陵所寓"，多种注本未能注出，《方舆胜览》与《舆地纪胜》也不见安乐山与张道陵的关联，清代查慎行《苏诗补注》引明代曹佺《蜀中名胜记》等多种记载，解释苏轼极可能是把安乐山为刘真人仙迹误作张道陵住所，其云："则安乐山先迹乃刘善庆，非天师（张道陵）也。先生（轼）舟行过

1　张志烈等校注：《苏轼全集校注·诗集》，石家庄：河北人民出版社，2010年，第25页。

2　张志烈等校注：《苏轼全集校注·诗集》，第27页。

3　（宋）王象之：《舆地纪胜》，北京：中华书局，2003年，第4137—4138页。

4　（宋）王象之：《舆地纪胜》，第4140页。

5　（宋）王象之：《舆地纪胜》，第4146—4147页。

6　（宋）王象之：《舆地纪胜》，第4135页。

7　（宋）王象之：《舆地纪胜》，第4142页。

8　（宋）王象之：《舆地纪胜》，第4147页。

9　（宋）王象之：《舆地纪胜》，第4148页。

10　（宋）王象之：《舆地纪胜》，第4147页。

11　（宋）王象之：《舆地纪胜》，第4147页。

山下，一时所闻，出年长三老之口，恐未必得其真，故考证如此。"[1]王文诰《苏诗总案》："张道陵遗迹'蜀中所在皆是'。"[2]"道陵自蜀州晋原县能至忠州，独不过泸州安乐山乎？"[3]"方外之事，此牵彼附，并无一定。"[4]查、王二人虽持两说，但也称得上两种比较可信的解释。

这两篇诗歌还值得关注的问题有三：一是《舆地纪胜》引此二诗，与苏轼诗集有多处异文，其一，"在"作"日"，"死"作"在"；其二，"意"作"士"，"树"作"叶"。稍晚的《方舆胜览》仅收录第一首，其中"在"也作"日"。"在"作"日""死"作"在"，似是字形相近而导致的异文。明本《重编东坡先生外集》毛九苞又提出"在"疑为"处"[5]。二是《舆地纪胜》将第二首记录为"颖滨诗"，但这首并不见于苏辙《栾城集》。《方舆胜览》收录第一首时，作"苏子瞻诗"。实际上，这两篇诗大多数情况下都见于苏轼诗文集。那么第二首诗作者究竟是苏轼，还是苏辙？三是这两首诗在部分文献中，名称还有"过安乐山""重过安乐山""重游安乐山"，又是从何而来？

梳理历代苏轼诗文集收录情况，或许能为解释后面两个问题提供线索。苏轼本人生前编订的宋本《东坡集》[6]以及时人纂集且由苏轼过目的《东坡后集》是除《和陶集》之外专收苏轼文学类的文本，二书不载《南行集》诗，而从苏轼制科考试后赴任凤翔起编，首篇为《郑州别后马上寄子由》。宋本施、顾《注东坡先生诗（残卷）》[7]与此相同。《王状元集百家注分类东坡先生诗（二十五卷）》（旧王本）卷四"仙道类"收录此诗，目录题目作"过安乐山"[8]，正文题目作"过安乐山，闻山上木叶有文，如道士篆符，云，此山乃张道陵所寓"[9]，仅载第一首。

宋人也曾编订多种苏轼别集、外集、续别集，收录"东坡六集"之外遗漏的诗

1 （宋）苏轼著，（清）冯应榴辑注：《苏轼诗集合注》，上海：上海古籍出版社，2001年，第12—13页。

2 转引自张志烈等校注：《苏轼全集校注·诗集》，第27页。

3 转引自张志烈等校注：《苏轼全集校注·诗集》，第27页。

4 转引自张志烈等校注：《苏轼全集校注·诗集》，第27页。

5 明万历三十六年本《重编东坡先生外集》卷一，国家图书馆藏，第4b页。

6 南宋杭州刊本《东坡集》，日本公文书馆藏本。

7 据彭文良辑校的南宋施元之、顾禧、施宿三人合注的《施顾注苏轼诗集》（原名为"注东坡先生诗"，后世简称"施顾注"，其书综合南宋"嘉定本""景定本"残卷），北京：人民出版社，2021年。

8 元建安熊氏刻本《王状元集百家注分类东坡先生诗》（中华再造善本）卷四，北京：国家图书馆出版社，2004年，第7a页。日本宫内厅书陵部藏刘辰翁批点本与此同，刘批本底本应是南宋建安黄善夫家塾本，黄善夫家塾本是目前所见该书著录最早的版本。

9 元建安熊氏刻本《王状元集百家注分类东坡先生诗》（中华再造善本）卷四，第20b页。

文，但这些文献宋本今多不见。万历年间，由康丕扬据两种外集抄本所收集，毛九苞校订而成的《重编东坡先生外集》卷一[1]收录时，也仅有第一篇，目录、正文题目与"王状元集百家注分类东坡先生诗"一致。

明成化本《东坡全集》以宋本《东坡七集》（除却《和陶集》）为底本，又增加《东坡续集（十二卷）》，"旧本无而新本有者，则为《续集》"[2]，《东坡续集》收录了"包括南行诗、东坡书简在内的《前集》和《后集》未收的诗文"[3]。《东坡续集》收录二诗，目录省略作"安乐山木叶，如道士篆符，二首"[4]，正文篇题为"过安乐山，闻山上木叶有文，如道士篆符，云此山乃张道陵所寓二首"[5]。

明万历茅维刊、崇祯间王永积翻刻、清康熙朱从延重刊分类的《东坡先生诗集注》（新王本）将其录入"仙释类"，其二题目作"重过安乐山"[6]。

清本《施注苏诗》在宋本《施注苏诗》的基础上补充了遗诗四百余首，也收录了此诗，题目作"二首"；查慎行《苏诗补注》[7]、冯应榴《苏文忠公诗集合注》[8]、王文诰《苏文忠公诗编注集成》[9]尽皆收录。

据以上今存各种苏诗版本可知，《东坡集》、宋本《注东坡先生诗》不载此二诗。宋本旧王本、明本《重编东坡先生外集》仅载第一首，目录题目简略，正文题目完整，后者编订应是参考前者。因此，二诗并列不见于早期苏诗版本，第二首进入苏轼诗集最早见于明代。

对此二诗进行文本细读，也可发现其诗歌意义高度重复。第一首写张道陵仙去，不知所在。他所传的符章、印剑被世世代代珍惜。家乡遗留的子孙还在（若以"死"解，则意为家乡的子孙早已死去），漫山画满像道家篆符的秋叶岂能通神？

1　元建安熊氏刻本《王状元集百家注分类东坡先生诗》（中华再造善本），目录在第2a页；正文在卷一，第4b页。

2　（明）李诏：《成化重刊苏文忠公全集序》，见于（宋）苏轼：《东坡七集（110卷）》，清光绪三十四年至宣统元年宝华盦翻刻明成化本，序言第2页。

3　张志烈等校注：《苏轼全集校注·前言》，第50页。

4　明成化本《东坡七集（110卷）》目录，第5a页。

5　明成化本《东坡七集（110卷）》卷一，第6a页。

6　转引自张志烈等校注：《苏轼全集校注·诗集》，第26页。

7　（清）乾隆二十六年刻本，国家图书馆藏本。

8　（宋）苏轼著，（清）冯应榴辑注：《苏轼诗集合注》，第12页。

9　（清）王文诰：《苏文忠公诗编注集成》，台湾学生书局，影印嘉庆二十四年武林韵山堂本，目录在第278页，题目有"二首"；正文在502页，题目无"二首"。

第二首真人已经修炼成仙，成为不死之身，视名利为身外之物为虚幻。但是还有好名之意（如果以"士"解，则意为但是还有好名之辈），在树叶上写满如同道家篆符的图文。二诗主旨极其相近，都是质疑安乐山带有神奇色彩的秋叶实则毫无意义，揭露其传说的荒谬性。从诗歌创作角度，一人同时作两篇题目相同、意义相近的诗不合创作常理。如果两人同题，诗旨相近，就在情理之中。

二苏南行诗展现出不同的创作特征，在题目、体裁上是有规律可循的，以之也可推想安乐山诗二诗的创作。

《苏轼全集校注》《栾城集》[1]收录二人南行诗，排列其题目、体裁等，如下：

表1

题目	苏轼	苏辙
《郭纶》	七古，八句	五古，五十八句
《初发嘉州》	五排，十二句	五古，五十八句
《过宜宾见夷中乱山》	五古，十四句	五古，十句
《夜泊牛口》	五古，二十二句	五古，十六句
《戎州》	五排，十二句，同韵，或为次韵之作	五排，十二句
《舟中听琴》	七古，十六句，题目作《舟中听大人弹琴》	七古，十八句
《泊南井口期任遵圣长官，到晚不及见，复来》	五律	五古，十句，题目作《泊南井口期任遵圣》
《江上看山》	七古，八句	七古，八句
《山胡》	五律，题目作《涪州得山胡次子由韵》	五律
《屈原塔》	五古，二十四句	七古，十句
《严颜碑》	五古，十四句	七古，十六句
《竹枝歌》	《苏轼全集校注》排列为七古，按：苏轼自序"故特缘楚人畴昔之意，为一篇九章，以补其所未道者"[2]，似乎排列为类似七绝，每首四句，九首更佳，既合竹枝歌体制，也合苏轼诗序	七绝，一篇九首
《望夫台》	七古，八句	七古，八句；与苏轼诗韵脚不同
《八阵碛》	五古，三十句	五古，二十二句
《滟滪堆》	赋，题目作《滟滪堆赋》	七古，十句
《入峡》	五排，六十句	五古，三十八句
《巫山》	五古，七十七句，题目作《巫山》	七古，四十七句，苏辙另有《巫山赋》

1　（宋）苏辙著、曾枣庄、马德富校点：《栾城集》，上海：上海古籍出版社，1987年。
2　张志烈等校注：《苏轼全集校注·诗集》，第45页。

续表

题目	苏轼	苏辙
《巫山庙乌》	七绝，题目作《巫山庙上下数十里，有乌鸢无数，取食于行舟之上，舟人以神之故，亦不敢害》	七绝
《昭君村》	五七言杂体，十句	七古，十二句
《三游洞》	七绝，题目作《游三游洞》	七古，十六句
《寄题清溪寺》	五古，十六句	五古，二十四句
《息壤》	四言，二十句	七古，四十句
《荆门惠泉》	五律，苏轼另作五律《荆门十咏》	五古，二十句；苏辙另有《答荆门张都官维见和惠泉》，为五古，二十句
《浰阳早发》	五古，十六句，二苏诗同韵	五古，十六句
《襄阳古乐府三首》	《野鹰来》，三七言，十七句；《上堵吟》，五七言，十三句；《襄阳乐》，七言，十二句	苏辙存二首，《野鹰来》，三五七言，二十四句；《襄阳乐》，五七言，十六句
《双凫观》	五古，十二句	七古，八句

可见二苏南行，常常同题创作（苏洵也曾参与，存诗极少，不统计），但诗的次韵形式不同，一般是题目相同，二人各自以不同体裁作诗一首，除了苏轼、苏辙同作的九篇《竹枝歌》，而且竹枝歌（词）本就是发源于巴、渝一带的民歌，也正是苏轼、苏辙途经之地，于发源地作竹枝歌，凸显这一文学体式于其地的独特意义。其他诗歌并未出现同题一人作二首的状况。

安乐山二诗一为七绝，一为五绝，以二苏南行创作普遍情形，一人一篇，更符合创作规律。

如果第二首为苏辙作品，为何不见于《栾城集》？《舆地纪胜》的记录是否可信？所引二诗来源何处？是否抄录自宋人所见的苏轼、苏辙诗文集？

诚然，《栾城集》是苏辙亲自编订，历来被视作最为可信、全面的苏辙诗文文献，但是遗漏也不少，姑且不论历代补遗，见于苏轼诗集的南行诗的不少题目，不见于《栾城集》，或许苏辙就未曾编订入集。而且苏轼、苏辙诗文混同，其例不在少数。

《舆地纪胜》成书于南宋嘉定、宝庆间（1208—1227），其书除了援引各类宋代以前的经史子集以及宋代官修全国地理志，还多采用各地新编的方志，尤其是"景物""风俗形胜""碑记"等多记载近人事迹、创作的板块，部分还标注了出处，如苏辙元丰间在江南西路瑞州（筠州）所居的东轩，其"风景"中"东轩"

条："《新志》云：'在贡院。元丰中，栾城居住之。有种兰诗曰：兰生幽谷无人识，客种东轩为我香。东坡自黄移汝，取道访栾城，留东轩十日有诗。'"[1]《新志》应是当地新修的地理志。《舆地纪胜》属方志，其文献也多源于地方文献，极少引用文人别集，目前其书仅见一条苏辙诗文，明确引自《栾城集》。

《舆地纪胜》的"安乐山"在"潼川府路"，所载"碑记"下有"《江阳谱》，永嘉曹叔远编集"[2]，《宋史》载曹叔远在绍熙元年（1190）登进士第[3]，但于其生平事迹记载简略，不载其任职潼川事。"潼川府路"下"景物""风俗形胜""碑记"多不似其他地域标注文献出处，但在"碑记"提及刘甲作序的《新潼川志》，《舆地碑记目》述及此碑记。《宋史·刘甲传》："明年，罢宣抚司，合利东、西为一帅，治兴元，移甲知潼川府。安丙既同知枢密院事，董居谊为制置使，甲进宝谟阁学士、知兴元府、利路安抚使，节制本路屯驻军马。朝廷计居谊犹在道，命甲权四川制置司事。"[4]《宋史·宁宗本纪》有"（嘉定七年），三月丁卯，以安丙同知枢密院事。"[5]则可知刘甲为《新潼川志》作序应在嘉定七年（1214）之前。由此可知，王象之参考潼川地方志类最近之文献或为《江阳谱》《新潼川志》，只是这二书当下已经无存了。此两种文献既然成书于二人于潼川任职期间，那么其所引宋人潼川作品极可能是来源于潼川墨迹、碑刻或者艺文，加之其距离作者创作年代极其接近，真实性自然更胜一筹。学者杜泽指出："地方志又是我们搜集文学作品，研究文学史的重要资料，许多诗文不见于作家别集，却保存在地方志中。编集宋元明清历朝诗、文总集，地方志是不可或缺的重要来源。"[6]那么，从可靠方志考订诗文作者也具备可行性。

综上，以二诗在苏轼诗文集的收录、二诗的诗意、二苏南行诗的创作规律、《舆地纪胜》文献来源的可靠性，《舆地纪胜》记录"其二"为苏辙作品是确凿无疑的。

至于第二首诗的题目问题，如前所述，南宋旧王本引第一首诗题目作"过安乐山"，明末清初的新王本引第二首诗作"重过安乐山"。无独有偶，乾隆二十四年

1　（宋）王象之：《舆地纪胜》，第1210页。

2　（宋）王象之：《舆地纪胜》，第4148页。

3　（元）脱脱等：《宋史》卷四百一十六，北京：中华书局，1977年，第12481页。

4　（元）脱脱等：《宋史》，第12095页。

5　（元）脱脱等：《宋史》，第760页。

6　杜泽逊：《文献学概要》，北京：中华书局，2008年，第275页。

（1759）《直隶泸州志》[1]、乾隆二十七年《合江县志》[2]收录第二首诗，作者都为苏轼，题目作"重游安乐山"。二者表述比较接近。

　　新王本在乾隆方志之前，其说可能参考前代的合江、泸州抑或四川方志，也可能是不谋而合。方志之书，弊病丛生，多失志书应具备的史学求真之宗旨也是普遍事实，可信度极低，古今学者如颜师古、刘知几、纪昀、钱大昕、章学诚、梁启超多有论述，今人张剑曾概括其中一条是"编纂者对材料疏于考辨，抄撮旧说；有的不认真，'钞撮陈案''奉行故事'，应付了事；有的因水平不够，'曾不考其谬论，莫能寻其根本''因而祖述'。"[3]而且，张氏还对于史料、方志提出过信任等级理念，以其理念研究苏轼诗文，与苏轼生活年代相近的《舆地纪胜》远远优于后出方志，尽管这只是一个文献学的常识，不过张氏文献信任等级分类法对于处理方志类文献以及以方志注释文人诗文集极具有可操作的方法论意义。

　　从旧王本仅有一首《过安乐山》，到新王本的第二首《重过安乐山》，也恰恰说明了这两首诗在早期文献并不在一起的事实，后来苏轼诗文集的编订者、注释者以及方志的编纂者都发现了这一点，只是诗文集编订者们将二首诗合在一起，题目作"二首"。方志的编纂者或许出于苏轼"重游"更加便于夸美乡邦，褒显地方名胜的考虑，题目就作"重过"，二者的心态是不同的。

二、来苏、思坡、苏稽等地名意义与苏轼的关系

　　巴蜀区域有诸多地名，如来苏、思坡、苏稽，古今地方文献多认为其与东坡或者三苏相关，当地往往将其作为地方文化胜迹标榜，部分研究者研究三苏行踪遗迹也时有采信其说的，但真相未必如是。而且此类"殊荣"并非三苏专享，实则古代但凡有些名气的名人可能都有类似状况。因此，这一问题的查考不仅关乎三苏的遗址遗迹地，也涉及三苏传说生成以及古代名人遗址遗迹叙述模式的建构。

1　（清）夏诏新编纂：《（乾隆）直隶泸州志》卷八，清乾隆二十四年本，第23a页。

2　（清）叶体仁修，（清）朱维辟纂：《（乾隆）合江县志》卷七，乾隆二十七年刻本，第94a页。

3　张剑：《方志文献的若干问题与对策浅探——以宋人诗歌为例》，《中国地方志》2022年第1期，第36页。

（一）宜宾"思坡"名称的历史演变与当地东坡经行传说的生成

今宜宾市翠屏区有思坡镇、思坡社区，其地濒临长江。思坡镇为后改名称，数十年前，名作思坡乡。所谓"思坡"，一般解释为苏轼南行曾经过其地，为表达景仰东坡之意，故而其地名此，但是查考民国以前资料却无思坡乡镇之名。

为此，笔者统计了明清两代关于其地的记载，排列如下：

表2

序号	编纂者	名称	成书年代	卷数	文献
1	（明）刘大谟修，（明）杨慎纂，（明）周复俊重编	《（嘉靖）四川总志》	嘉靖二十四年（1545）	卷八	"苏溪，在府城北，有前后潭，瀑布千尺，悬岸而下。涪溪，府城北一十里，黄庭坚谪涪州别驾，沈涪翁后安置戎州，游是溪而乐之，故名。"[1]
2	（明）曹学佺	《大明一统名胜志》	崇祯三年（1630）	卷二十一	"苏溪，亦在府北二里，以苏子瞻常游于此，故名。"[2]
3	（清）何源浚等修	《（康熙）四川叙州府志》	康熙二十五年（1686）至康熙二十六年（1687）	卷一	"苏溪，治北。有前后潭瀑布，千尺悬崖而下。"[3]
4	（清）常明清、杨芳灿等纂修	《（嘉庆）四川通志》	嘉庆二十一年（1816）	卷十三	"苏溪在县北二十里，自县治溯流十里，有前后潭，瀑布千尺，悬崖而下，源出赤崖山，下入大江。一名'苏坡溪'，《名胜志》：'以苏子瞻尝游于此，故名。'"[4]
5	（清）刘元熙修，（清）李世芳纂	《（嘉庆）宜宾县志》	嘉庆十七年（1812）	卷六	"苏波溪，治西北二十里，源出赤崖山，瀑布千尺，其下有潭，祈雨辄应，一名'思坡溪'。"[5]
6	（清）王麟祥修，（清）邱晋成等纂	《（光绪）叙州府志》	光绪二十一年（1895）	卷八	"思坡溪，治北三十里。"[6]

当地最早有溪水，名曰"苏溪"，位于州府之北，还连接着瀑布。《（嘉靖）四川总志》里，苏溪还没有与苏轼建立联系。明末，曹学佺首次记录，因苏轼曾经

---

1 明嘉靖二十四年刻本，第7a页。（为行文简洁，表格部分所涉文献不重复标注编纂者及书名）

2 明崇祯三年刻本，第8a页。

3 清康熙刻本，第15a页。

4 清嘉庆二十一年木刻本，第34b页。

5 民国重印本，第18b页。

6 清光绪二十一年刻本，第27a页。

游览此地，此处便有苏溪之名。清代康熙朝修订州志，似乎并没有采信此说，只是记录苏溪位置等地理特征。《（嘉庆）四川通志》又收录了新的说法，苏溪还有别名，即"苏坡溪"，似乎为了证明"苏坡溪"之说可信，又或者为了广采众说，就把《名胜志》说法照搬引用。

《（嘉庆）宜宾县志》又出现了新的名称，即"苏波溪"（按："坡""波"二字形似，不知是否为印刷之误，或许此处是与《（嘉庆）四川通志》一致的"苏坡溪"），而且从叙述来看，苏波溪已经成了常用名称。在介绍这一溪水时，该县志将其当作了主名，列在条目之首，最后又补充了"思坡溪"之异名。至此，明代的苏溪之名完全不见踪影了。到了光绪时，"思坡溪"已经被固定下来了，之前主名"苏溪"，以及一度出现的"苏坡溪""苏波溪"也都不见了。

"苏"字意义丰富，历来虽然也是三苏或者苏轼较为常见的简称符号，但是其关联效应不具有唯一性和强烈的独特性，从苏溪、苏坡溪、苏波溪演变为思坡溪，与苏轼的关联不断加强，却是不言而喻的。《（嘉靖）四川总志》"苏溪"后一条为得名于黄庭坚的"涪溪"，苏溪衍生出与苏轼关联的路径与"涪溪"之于黄庭坚的逻辑也是一致的。

苏溪名称改换并与苏轼建立联系，原因或许是苏轼过宜宾作《夜泊牛口》《牛口见月》，苏辙有《夜泊牛口》，沈钦韩《苏诗查注补正》卷一引顾祖禹《读史方舆纪要》："牛口水驿，在叙州府西北六十里。"[1]牛口与苏溪皆位于叙州府府治北侧，同样也是长江宜宾段北岸，且苏溪注入长江，这或许就为将三苏经停的牛口坝与苏溪建立联系提供了想象的空间，几经发展转换，原来与苏轼并无联系的苏溪变成了带有强烈仰苏色彩的思坡溪。民国时，思坡溪注入长江的两岸地域又被命名为思坡乡。

将见之于苏轼诗文记载的经行处与偶然同苏轼姓氏重合的溪流名，稍加融合联想，轻而易举就构建了一个完整的苏轼传说。另一方面，这个传说既能够从字面有效解释溪流的名称，又赋予了溪流典雅的寓意，还能增加地方的文化底蕴，地方文化界也有意推动苏轼经行处传说的塑造。这个体系得以建立的根本原因还在于苏轼这个符号经过历史的拣择、传播，其力量越发强大。

（二）嘉州苏溪、苏稽

嘉州（名称时有改换，或作嘉定州、嘉定府）有苏溪、苏稽地名，方志亦言其

---

1 （清）沈钦韩：《苏诗查注补正》（清代稿本），国家图书馆藏，第1页。

得名于苏轼，方志记载如下：

表3

序号	编纂者	名称	成书年代	卷数	文献
1	前述，此处略	《（嘉靖）四川总志》	前述，此处略	卷十五	"苏轼，眉山人，读书于嘉州，有东坡书院，至今以苏稽名，乡人往往拾其遗石砚。"[1]
2	（明）李采修，（明）范醇敬纂	《（万历）嘉定州志》	万历三十九年（1611）	卷一	"苏溪，西二十里苏稽铺，皆以苏名，重东坡也。自峨眉龛石河来，至七孔山下，与符文水合。俗名马跳溪。"[2]
3	（清）黄廷桂等修，（清）张晋生等纂	《（雍正）四川通志》	雍正十一年（1733）	卷四下	"苏稽戍，在嘉定州西南三十里。"[3]
4	前述，此处略	《（雍正）四川通志》	前述，此处略	卷二十五	"苏溪，在州西二十里，自峨眉县龛石溪来，至七孔山下，与符文水合，俗名'马跳溪'。又至尖山，入青衣水。《旧志》云：'溪以苏名重东坡也。'"[4]
5	前述，此处略	《（雍正）四川通志》	前述，此处略	卷二十五	"苏稽山，在州西二十里，过尖山渡，相传因苏东坡稽古于此，故名。"[5]
6	（清）常明清、杨芳灿等纂修	《（嘉庆）四川通志》	前述，此处略	卷二十九	"苏稽戍，亦名苏稽渡，又名苏稽镇。《元和志》：'在龙游县西南三十里。'《旧志》：'今为苏稽乡，有三场。'《范成大集》：'嘉州，在西门，济燕渡水，汹涌甚险，此即雅州江，源自巂州邛部合大渡，穿夷界千山以来，过渡，宿苏稽镇。'《袁子让集》：'苏稽渡，山中有坡老亭。问其乡父老，云是：唐苏颋谪是地，因稽留于此，故地以此得名，实苏氏入蜀之始也。'符文镇。在县西南五十里。《九域志》：'龙游县有符文、苏稽、安国、平羌四镇。'"[6]

相比于宜宾苏溪与苏轼的关联从明代至清代逐步加强，明代嘉靖、万历方志不

1　明嘉靖刻本，第19a页。

2　民国抄本，第20b页。

3　清文渊阁四库全书本，第18a页。

4　清文渊阁四库全书本，第4b页。

5　清文渊阁四库全书本，第2b页。

6　清嘉庆二十一年木刻本，第18b页。

仅明确说明苏溪、苏稽（有苏稽镇、乡、渡、戍、山、铺等多种名称）地名都源于东坡，寓意也是敬重东坡，甚至已经存在苏稽是苏轼读书处，且当地百姓能在当地拾得苏轼读书砚台等丰富的传说内容了。

不过，《（雍正）四川通志》与《（嘉庆）四川通志》的相关记载是矛盾的，甚至某种程度上说，嘉庆通志的编纂者似乎有意修正雍正通志，引用多种文献解释苏稽的来源。如：《吴船录》中范成大过嘉定州的记录提及苏稽，却未曾言及出处与东坡关联。事实上，范成大作为与苏轼同一朝代之人，且《吴船录》内容高度关注本朝文化地理，如果苏稽与苏轼有联系，大概会有所提及。方志引用明人袁子让的文字交代袁氏考察苏稽得名来自唐代苏颋贬谪地，但是袁氏还记录当地还有"坡老亭"，从"坡老亭"名称来看，似乎也是纪念苏轼之意。换言之，苏稽之说，在明代至少有两种并行之说，一说是苏颋，一说是苏轼。

嘉庆通志"苏稽镇"下一条是"符文镇"，就更值得关注了，引北宋《元丰九域志》说龙游县下有四镇，分别是符文、苏稽、安国、平羌四镇。也就是说，在苏轼生活的时代，苏稽镇的名称已经被国家官方地理志记载了，以苏轼当时的声名、资历，倒也不至于以其名命名地名。这条记录完全可以证明苏稽之名与苏轼没有一点联系。至于袁氏所谓"苏颋说"，尽管从苏稽名称出现时代考量其可能性是存在的，但是也未必可信，这一构建路径与苏轼说颇有异曲同工之妙。

相较其他地域，今巴蜀区域乐山市的"东坡遗迹"尤多，除了苏溪、苏稽等，还有明清方志记载的治易洞、化龙池、清音亭等地有苏轼留题，洗墨池、东坡书院等遗迹，除了宋人邵博记录清音亭曾有苏轼嘉祐留题有宋人文献佐证外，很难从宋代文献中找到这些遗址遗迹地的蛛丝马迹，原因应是眉山、乐山在宋元明清四代相当长时间内同属嘉定州（府）管辖，其地之人视东坡为乡党，令这位乡党在本州府"读书""活动"，留下遗迹，更是理所当然了。

（三）巴蜀多地"来苏"地名考论

巴蜀有众多"来苏"地名，有的地方文献解释"苏"为苏轼，有的则未明确说明得名由来，剑州有来苏寨，荣县有来苏乡，方志的记载未提及苏轼。重庆永川的来苏镇、广安州（不对应今广安市）的来苏寨、来苏寺、来苏洞则有记载说与苏轼有关。比对两者文献，更容易明晰"来苏"意义之来源。

1.剑州来苏寨

表4

序号	编纂者	名称	成书年代	卷数	文献
1	前述，此处略	《（雍正）四川通志》	前述，此处略	卷四下	"来苏寨，在剑州东八十里。"[1]
2	前述，此处略	《（嘉庆）四川通志》	前述，此处略	卷二十七	"来苏寨，在州东八十里。宋乾德三年，伐蜀，别将史延德由此克剑门。"[2]

（表头：剑州来苏寨）

　　位于剑州（大致以今剑阁县为主体）东八十里的来苏寨，在苏轼出生之前就曾有与其地相关的事迹，也即乾德三年（965），宋伐后蜀时，别将史延德攻克剑门之地，这一事件《宋史》也有记述，如《王全斌传》："全斌等即欲卷甲赴之。康延泽曰：'来苏细径，不须主帅亲往。且蜀人屡败，并兵退守剑门，莫若诸帅协力进攻，命一偏将趋来苏，若达清强，北击剑关，与大军夹攻，破之必矣。'全斌纳其策，命史延德分兵趋来苏，造浮梁于江上，蜀人见梁成，弃寨而遁。昭远闻延德兵趋来苏，至清强，即引兵退，阵于汉源坡，留其偏将守剑门。全斌等击破之。"[3]

2.荣州来苏乡

表5

序号	编纂者	名称	成书年代	卷数	文献
1	（清）文良、朱庆镛等修，（清）陈尧采等纂	《（同治）嘉定府志》	同治三年（1864）	卷三十二	"李畋，华阳人。淳化进士，初为国子监直讲，除荣州。明道间，入朝仕至尚书郎。其自荣入朝也，力言荣州盐害，得捐岁额三十万斤，还杂役三百一十五家，荣人德之名。其止曰'来苏'今乡名。来苏本此，所著歌诗杂文及《谷子》总百卷，《乖崖录》三卷。见《宋诗纪事》《一统志》。"[4]

（表头：荣州来苏乡）

　　与李畋相关的来苏乡事迹约发生在北宋明道年间（1032—1033），也在苏轼

1　清文渊阁四库全书本，第7b页。

2　清嘉庆二十一年木刻本，第29b页。

3　（元）脱脱等：《宋史》，第8921页。

4　清同治三年刻本，第46a页。

之前，而且这条记载还暗示了来苏名称的出处。李畋曾知荣州，入朝后向朝廷陈述荣州盐业赋税、杂役过重的困境，为荣州百姓争取到减免三十万斤的岁额、返归杂役的家庭三百一十五家，荣州百姓感激他的恩德，他的住所就被命名为"来苏"，以此推测，来苏二字应是来自《尚书·仲虺之诰》："攸徂之民，室家相庆，曰：'徯予后，后来其苏。'"[1]意思是使百姓于困苦中获得苏息，此与李畋事迹相合。这种命名情形也符合我国古代地名多出自儒家经典的传统。

3.永川来苏镇、来苏场

表6

序号	编纂者	名称	成书年代	卷数	文献	备注
1	前述，此处略	《（雍正）四川通志》	前述，此处略	卷四下	"来苏镇，在永川县西南六十里，旧有牛尾、永兴、侯溪、龙归、罗市、欢乐、铁山、咸昌、永祥、永昌，共十一镇。"[2]	《（光绪）永川县志》卷三引宋《元丰九域志》："永川十一镇，曰牛尾，曰永兴，曰来苏，曰侯溪，曰龙归，曰罗市，曰欢乐，曰铁江（当作铁山），曰咸昌，曰永昌，曰永祥。"[3]
2	（清）王诰修，（清）黄钧纂	《（乾隆）永川县志》	乾隆六十年（1795）	卷二	"永川有镇，名曰'来苏'，东坡曾游历至此，因名。"[4]	
3	（清）许曾荫、吴若枚修，（清）马慎修纂	《（光绪）永川县志》	光绪十九年（1893），次年成书	卷三	"来苏场，县西南四十五里，建自先朝，旧传东坡常过宿，由此得名。"[5]	

重庆永川的来苏镇，乾隆县志记录其因苏轼经过，故有"来苏"之名，但是细究之下，此说亦不可信。因为《（雍正）四川通志》引《元丰九域志》表明，永川在苏轼生活年代已经有来苏镇，所以来苏为苏轼经行地盖是传说附会。

---

1 （汉）孔安国传，（唐）孔颖达疏：《十三经注疏·尚书正义》，北京：北京大学出版社，1986年，第197页。

2 清文渊阁四库全书本，第3b页。

3 清光绪二十年刻本，第29a页。

4 清乾隆六十年刻本，卷二。

5 清光绪二十年刻本，第22a页。

4.广安来苏寺

表7

序号	编纂者	名称	成书年代	卷数	文献
1	（明）虞怀忠修，（明）郭棐纂	《（万历）四川总志》	万历九年（1581）	卷十	"苏轼，眉山人，熙宁中寓广安山寺，今名来苏寺，碑刻尚存。"[1]
2	（清）李成林修，（清）罗承顺等纂	《（康熙）顺庆府志》	康熙二十五年（1686）	图考	"苏轼，眉州人，来游郡南朱凤山半载，又寓蓬州山寺。今名来苏寺，碑刻尚存。"[2]
3	（清）陆良瑜修，（清）邓时敏纂	《（乾隆）广安州志》	乾隆三十四年（1769）	卷三	"来苏寨，治北八十里。旧传苏东坡来游于此，有洗墨池，读书台。池与嘉陵江通，江水涨，池水亦涨，消于俱消。来苏寨高嘉陵江，下不数百丈，水之消涨适符，亦奇观也。"[3]
4	（清）顾怀壬等修，（清）周克坤纂	《广安州新志·古迹志》	宣统三年（1911）	卷三十八	"来苏洞，在来苏寨之东，石岩宏敞，深不可测，旧传东坡游憩读书于此，乾隆中举人黎辀贤有诗曰：'来苏古洞。'"[4]
5	前述，此处略	《广安州新志·侨寓志》	前述，此处略	卷四十一	"苏轼，字子瞻。眉州眉山人，熙宁初来游广安独峰寨数载，有洗墨池、八角亭、读书台、晒经石遗迹，因改名来苏寨，又州北苏溪洞亦有石刻。"[5]

从以上文献来看，《（万历）四川总志》有苏轼寓居广安山寺中，寺庙得名来苏寺，且有碑刻存世的记载。《（康熙）顺庆府志》添加苏轼游览郡南朱凤山半载的细节、此后寓居来苏寺的细节，只是方志没有来苏寺方位的介绍，仅在寓居人士"苏轼"条目下有此文字。之后，又衍生出来苏寨、来苏洞、洗墨池、读书台等遗迹。或许是为了凸显苏轼遗迹的神秘与可信，还有一段来苏寨地势高嘉陵江数百丈，来苏寨的洗墨池却能与嘉陵江相通，水涨消一致等明显违背地理常识的文字。宣统《广安州新志》还介绍来苏寨名称系后出，原名为独峰寨，又添八角亭、读书台、晒经石遗迹，而且又丰富了苏轼到达此地的时间等细节。苏轼一生行迹极其清晰，笔者所见宋代文献完全没有苏轼熙宁年间到广安游览来苏寨数载的记载。

1　明万历刻本，第26b页。
2　清嘉庆二十五年刻本，第10b页。
3　清乾隆三十四年刻本，第19b页。
4　见于《中国地方志集成》，清宣统三年刻本，重庆中西书局代印，第16a页。
5　见于《中国地方志集成》，清宣统三年刻本，重庆中西书局代印，第3b页。

由于来苏寺地理方位不明，其究竟与来苏寨是否为一处，还不能完全确定。从引述的方志来看，似乎非常接近，又或者二者就是一地。一条叙事模式隐约可见，可能当地先有来苏寺，就把苏轼拉进了寓居名人行列，并用苏轼游览事迹佐证来苏名称来源。然后又把独峰寨改为来苏寨，模仿来苏寺的故事叙事，逐步平添故事与遗迹。尽管细节越来越多，但是后出的文本却更加漏洞百出。

明人陶履中在《来苏古渡记》中说："海内之以'来苏'名其地者，实不一处。盖以眉山兄弟频罹迁谪，凡僻瘠遐荒之乡足迹几遍也。"[1]这说明不仅清代全国来苏之名甚多，就连明代人早已关注到来苏之名的泛滥。除了二苏兄弟，其父苏洵也被记载是"来苏"之来源。清代王廷献在丰都所写的《秋山拾遗记》："登白鹿山。石磴修萦里许，抵寺，寺东向对二仙楼，山门有石鹿。倪伯鳌题诗犹存，石坊曰来苏，以老泉来此，鹿夜鸣也。"[2]

实则除了本文索引，笔者所见来苏地名盖不下十处，但是陶履中引述时认同来苏确实是苏轼或者苏辙行迹之义是颇为值得商榷的，正如前文荣州来苏乡名称来自《尚书》古典。我国古代诸如乡、镇、里、坊、场、桥乃至于佛家寺庙之类小地名，多来自儒家经典、经义，这是地名命名更为普遍的规律。由此推之，全国各地古今多有来苏地名，究竟是与三苏有关联，还是使用《尚书》典故，需要细致区分，可能后者规律普遍性更强。

三、经行、寓居祠庙：另类的"遗址遗迹地"

对于古代祠庙，学术界曾依据供奉对象与功能分为两类：神祠（保障性祠庙）与纪念性祠庙（教化性祠庙）。[3]三苏的祠庙毫无疑问属于纪念性祠堂，设祠目的是教化地方百姓。纪念性祠庙之下几乎没有相对一致的分类名目，常见的名目有乡贤祠、名宦祠、先贤祠、名贤祠。于此之下，细化的分类还有圣人祠、功臣祠、名士祠、民间

---

1 （清）刘坤一修，（清）刘绎纂：《（光绪）江西通志》卷七十九，清光绪七年刻本，第13a页。
2 （清）徐昌绪等纂，（清）田秀栗等修，（清）蒋履泰等续纂修：《（光绪）鄷都县志》卷四，清光绪十九年刻本，第63页。
3 参考段玉明：《中国祠庙的造像》，《寻根》1997年第4期；皮庆生：《宋代民众祠神信仰研究》，上海：上海古籍出版社，2008年，第1—4页。

豪杰祠庙等等[1]，往往是今人分类。这些名目源于名人与本乡本土的关系，涉及名人、事迹与身份。先贤、名贤二词意义宏阔，名目来自方志，几乎可以用来表述所有纪念性祠庙（教化性祠庙）。唐宋之后，地方文庙、州学的祭祀名贤大儒的祠堂多命名为先贤祠，有时也以奉祀对象数量而称其为三贤祠、五贤祠、群贤祠。[2]

三苏的祠庙或者纪念性建筑，尤其是苏轼的，亦多有研究者整理、汇总，大致有如下分类：一是乡贤祠，如眉山三苏祠。二是名宦祠，如杭州西湖苏公祠、登州苏公祠，与他人合祀的颍州四贤祠（晏殊、欧阳修、吕公著、苏轼）。此类之下，还有学者揭示出除了名宦，苏轼被祭祀的原因还在于他是文化偶像，并提出新的概念"文化偶像型名宦祠"[3]。三是后代建立的追祀祖先的家祠，比如安徽霍山曾有三苏祠[4]，但这一类型的祠堂并不具备广泛意义的公众性。以上无论哪一种，皆大体符合儒家"祀不过望"的既有传统。

其实，方志类还有一些不为人关注的类型，即并非本土乡贤，也并非本地仕宦，而是短暂经行或者寓居的名人，这部分人与本地关联极小，却被设祠供奉，这类祠庙名称在方志往往体现为：寓居祠、寓公祠，还有的类似于先贤祠。

笔者所见巴蜀区域方志，此类祠堂有：

表8

序号	地点	祠庙名称	文献	编纂者	成书年代	备注
1	今四川绵阳	名世堂	《舆地纪胜》卷一百五十四"潼川府路"："名世堂。在府治。画司马相如、王褒、扬雄、严君平、屈原、陈子昂、李白、苏子瞻八人。"[5]	前述，此处略	前述，此处略	《（嘉靖）潼川志》卷二："（缺"名"字）世堂。旧在州治后，旧祀屈原、司马相如、扬雄、严君（缺"平"字）、陈子昂、李白、苏轼诸贤，知州杨谟改建于文庙前。"[6]按：此段或缺"王褒"

1　王茹、贾颖颖、陈林：《文化空间视野下的山东名人祠庙建筑特征研究》，《中国遗产》2018年第5期，第101—102页。

2　魏峰：《从先贤祠到乡贤祠——从先贤祭祀看宋明地方认同》，《浙江社会科学》2008年第9期，第92—96页。

3　成荫：《文化偶像型名宦祠的特质——以杭州西湖苏轼祠为例》，《宜宾学院学报》2011年第11卷第11期，第37—41页。

4　（清）吴坤修等修，（清）何绍基、杨沂孙等纂：《（光绪）重修安徽通志》卷五十六，清光绪四年刻本，第10b页。

5　（宋）王象之：《舆地纪胜》，第4166页。

6　（明）陈讲：《（嘉靖）潼川志》卷二，钞本，第14a页。

续表

序号	地点	祠庙名称	文献	编纂者	成书年代	备注
2	今四川绵阳	思贤祠	《（嘉靖）四川总志》卷三："绵州西，祀杨雄、杜甫、李白、樊绍述、苏易简、欧阳修、司马光、苏轼、唐庚。"[1]	前述，此处略	前述，此处略	《舆地纪胜》卷一百六十三"潼川府路""景物下"条有"思贤堂"，仅有"在锁木垠"[2]，不知与"思贤祠"是否为同一处。
3	今四川乐山	寓公庙	《（雍正）四川通志》卷二十八上"直隶嘉定州"："在州西湖，郡守汪俭建，祠陆通、扬雄、郭璞、李白、邵博、苏轼、黄庭坚、晁公武八人。"[3]	前述，此处略	前述，此处略	
4	今四川雅安	贤范堂	《舆地纪胜》卷一百四十七"成都府路"："贤范堂。在州治，绘雷简夫、苏氏父子像，并刻荐三苏书于壁间。"[4]	前述，此处略	前述，此处略	《（雍正）四川通志》卷二十七"雅州府"："内绘宋雷简夫、苏轼、苏辙像，壁间刻简夫荐三苏书。"[5]
5	今四川雅安	双凤堂	《舆地纪胜》卷一百四十七"成都府路"："双凤堂。在设厅后，为二苏设也。至和中，老泉携二子谒太守雷简夫。"[6]	前述，此处略	前述，此处略	《（雍正）四川通志》卷二十七"雅州府"："郡守樊汝霖为苏轼、苏辙建。"[7]

1　明嘉靖刻本，第26a页。

2　（宋）王象之：《舆地纪胜》，第4407页。

3　清文渊阁四库全书本，第19b页。

4　（宋）王象之：《舆地纪胜》，第3974页。

5　清文渊阁四库全书本，第18a页。

6　（宋）王象之：《舆地纪胜》，第3975页。

7　清文渊阁四库全书本，第18a页。

续表

序号	地点	祠庙名称	文献	编纂者	成书年代	备注
6	今重庆万州	七贤堂	《舆地纪胜》卷一百七十七"夔州路":"七贤堂。太守鲁有开、白云先生张俞、蜀公范镇、老泉苏洵、东坡苏轼、颍滨苏辙、山谷黄廷(按:应为"庭")坚,先后经行,取其诗章翰墨,刻置堂上,仍绘七贤像,右司陈损之记。"[1]	前述,此处略	前述,此处略	《(嘉靖)四川总志》卷十"夔州府":"万县东,取鲁有开、张俞、范镇、苏洵、苏轼、苏辙、黄庭坚,先后经行于此者诗翰刻置堂上,仍绘七贤像,宋陈损(疑缺"之"字)记。"[2]亦见于《(正德)夔州府志》《(万历)四川总志》《(雍正)四川通志》,文字相类。

雅州(大致对应今雅安)的贤范堂、双凤堂见于南宋《舆地纪胜》,其祭祀雷简夫、三苏,祠堂墙壁有雷简夫荐三苏书的记载。《(雍正)四川通志》祭祀对象少了苏洵,似是记载有误。

李良臣《雅州雷苏贤范堂记》:"缙绅士大夫论吾蜀二千石之有能名者,辄以雷公简夫焉称首,公自至和初以殿中丞知雅州抵今九十有五年;而邦人被服其化,子孙传诵之,犹绰绰然如前日事。先是眉山有巨儒苏洵者,以高明博大之学崛起于千百载间;从莫孰何之,以公有知人之鉴,袖其所著《洪范论》及《权书》等文即公府上谒,公屣履迎之,徐阁其文,叹曰:一真王佐才也。"[3]其墙壁上的文字是雷简夫举荐三苏的文章,应是表彰当地太守雷简夫举贤荐能的德行,加之三苏声名显赫,雷简夫美德的典范意义就更为凸显了。不过,贤范堂中,雷简夫与三苏是有主辅之别的,雷简夫是主,三苏是辅。双凤堂名称或许源于梅尧臣《题老人泉寄苏明允》:"日月不知老,家有雏凤皇。百鸟戢羽翼,不敢言文章。"[4]双凤堂也建造于宋代,专祀苏轼、苏辙。苏轼、苏辙与雅州的渊源也仅仅是至和年间,三苏前去雅州拜访雷简夫,短暂寓居而已,与一般的乡贤祠、名宦祠有别。二堂一在州治,一在设厅后,祭祀地点就位于嘉行发生与人物经行寓居的原始位置,而非宋代常见的州学、文庙之类,也表明其祭祀意义有别于其他祠庙。

夔州府万县(今万州区)的七贤堂建造于南宋,其得名一是"先后经行",

1　(宋)王象之:《舆地纪胜》,第4597页。

2　明嘉靖刻本,第16b页。

3　转引自孔凡礼:《三苏年谱》,北京:北京古籍出版社,2004年,第175页。

4　(宋)梅尧臣著,朱东润编年校注:《梅尧臣集编年校注》,上海:上海古籍出版社,1980年,第1051页。

也就是经行过此地的人物，除鲁有开曾在当地任职，其余人仅是途经其地；其二是"取其诗章翰墨"，所谓"诗章翰墨"必然是歌咏其地的作品，诸人文集与《舆地纪胜》中也有相关作品。三苏就曾途经夔州府万县，并留下作品。

名世堂、思贤祠则较为混杂。名世堂建于南宋，所祀人物复杂，屈原似与其地无关联。司马相如，一说巴郡安汉县人，或属其地。陈子昂是射洪人，属其地。至于扬雄、严君平、李白、苏轼，据几人生平，似只是经行其地，苏轼也是如此，各种苏轼诗文集甚至都不载苏轼作于此地的作品。

思贤祠建造时间难以确定，奉祀者出世最晚的是唐庚，去世于北宋宣和年间。那么，思贤祠可能建于南宋，且有可能与思贤堂为同一地方。若非一处，其最晚也应建于明代。

思贤堂人物更为复杂，扬雄、杜甫、李白、苏轼经行其地，樊绍述、唐庚是当地名宦，且唐庚有数十篇作品歌咏其地名胜。苏易简是当地人，欧阳修在当地出生，司马光的父亲司马池在其地做官，幼年司马光曾相随。这份混杂的名单人物知名度的重要性要远远超过其人与当地的关联程度。

寓公庙，郡守汪俭[1]建，建于明代，名称表明所祀之人是寓居其地的人。不过，唐代之前三位行迹并不清晰，是否寓居其地恐难以确证。年代越远者，相关说法越不可信。三苏南行途经嘉州，有数篇诗歌流传。李白、黄庭坚也是如此。邵博、晁公武则是南北宋之交从北方南迁嘉州，并长期寓居于此。

根据以上资料，这些经行类或者寓居类祠堂，大多建于南宋，最晚也在明代，其选择的奉祀对象多是声名显赫的官员、文学大家，并不在意其人与其地是否联系紧密，背离"祭不过望"的传统。知名度、号召力几乎是唯一考量的因素。不过，因为三苏生平行迹资料丰富，奉祀他们的地域大致还是与他们有一定联系的。南宋三苏经行祠的异军突起，尤其是苏轼的，也反映三苏在南宋恢复名誉，广受推崇，是表现三苏在南宋影响力的一个不可忽视的切面。

为苏轼建立经行祠，不唯有巴蜀区域，其他地域也多有。如：南宋九江的"元苏二公祠"《永乐大典方志辑佚·九江志》载："元苏二公祠，在元苏书堂，合次山与东坡并祠，（苏尝经过亭子山留题）宝庆中建。"[2]又如：奉新三贤书院（三贤祠），元代欧阳玄《三贤书院记》："洪之奉新三贤书院者，舂陵周元公、眉山

---

1 《（嘉庆）四川通志》卷一百二《职官志四》："汪俭，澧州举人。"《（隆庆）岳州府志十八卷·卷十六·乡贤传下》有其小传，"汪俭，字崇本。弘治壬子乡贡……历成推官、嘉定知州……"
2 马蓉点校：《永乐大典方志辑佚·九江志》第三册，北京：中华书局，2004年，第1698页。

苏文忠公、修川黄文节公之祠也。邑庠旧祠三贤，以元公尝仕修川，黄文节公实修川人，苏文忠公南行，弟文定公谪官筠州，因省其弟过洪州之筠，奉新为邑，盖有三贤辙迹焉，故邑人慕而思之。"[1]欧阳玄生于元代初年，三贤祠可能建于南宋或者元代。之后，又继续发展出"四贤书院"[2]"九贤书院"[3]。

还有一种情况也值得关注，有的地域苏轼并未经行，也为其建祠纪念。如：《（康熙）永州府志》卷九《祀典》记载："寓贤祠，在朝阳岩上，祀元结、黄庭坚、苏轼、苏辙、邹浩、范纯仁、范祖禹、张浚、胡铨、蔡元定诸贤。嘉靖壬寅知府唐珏建。"[4]

曾承恩《朝阳岩寓贤祠碑》云："城西南有朝阳岩，岩上有祠，祠久就坯。郡守毗陵有怀唐公以地官正郎，出守来永，朞月，教行化洽，民用诚和。于是修废举坠，朝阳寓贤之祠以成。归濂溪周子于郡庠，专祠寓贤。因次山、山谷之旧，增苏氏文忠、文定，邹文忠、范忠宣、范学士、张忠献、胡忠简、蔡西山诸贤，祀于祠。公为文，偕寮佐同知承恩、通判周君子恭，告其成。"[5]此祠与前述奉新一样也是不断增祀，奉祀人物多达十人，而且其名称"寓贤"也表明奉祀对象曾寓居其地。但是，苏轼、苏辙却未曾到达其地，苏轼、苏辙与其地唯一的联系是苏轼晚年遇赦北归，调"授舒州团练副使、永州安置"[6]，苏辙"徽宗即位，徙永州、岳州，已而复太中大夫，提举凤翔上清太平宫"[7]。事实上，二人未到永州，已改任命，所以并未有寓居事实。

明代也与宋代有所不同，宋代对于地方建祠祭祀对象较为宽松，明代则对书

1 （明）范涞修，（明）章潢纂：《（万历）新修南昌府志》卷二十七，明万历十六年刻本，第36页。
2 （明）冯烶：《四贤书院记》："奉新旧有三贤书院，在宝云寺西，实宋李令兼以周濂溪、苏东坡、黄山谷三先生尝过化焉而祠之学宫。至元而邑人邓谦亨始创为书院，嗣是兴圮不常。冯子初下车，则思改之，顾事未易就。逾五年，会改建广仁仓于县仪门内，而旧仓仪门左尚余隙地……遂建厅三楹，翼以耳房，以正三贤之位。既思邑祀三贤，徒以濂溪簿分宁、山谷居分宁、东坡访子由于筠州，皆取道奉新，一时逆旅，非有居官得民之实。而宋之贤令，其以居官得民显者，无如杨诚斋先生，而先生之道德、节义、文章，足以方驾三贤而无愧。"可知，四贤书院在三贤祠基础发展而来，增加了杨万里。此文见于（清）许应鑅修，（清）曾作舟纂：《（同治）南昌府志》卷十七，清同治十二年刻本，第45页。
3 （清）万物育：《九贤书院记》，载（清）许应鑅修，（清）曾作舟纂：《（同治）南昌府志》卷十七，第46页。按：据"九贤书院"条以及《九贤书院记》，书院供奉八贤，有"乃于四贤书院汇祀八贤"之语。
4 （清）刘道著，（清）刘作霖修，（清）钱邦芑纂：《（康熙）永州府志》卷九，清康熙九年刻本，第7b页。
5 （清）刘道著，（清）刘作霖修，（清）钱邦芑纂：《（康熙）永州府志》卷十八，清康熙九年刻本，第57页。
6 （元）脱脱等：《宋史·苏轼传》卷三百三十八，第10817页。
7 （元）脱脱等：《宋史·苏辙传》卷三百三十九，第10835页。

院学校祭祀的贤哲有严格规定，魏峰《从先贤祠到乡贤祠——从先贤祭祀看宋明地方认同》研究明代书院学校："除了祭孔子的正殿外，大多于正殿两侧分设两个祠堂，即乡贤祠和名宦祠。"[1]又引俞汝楫《礼部志稿》卷八十五《严名宦乡贤祀》："仕于其地，而有政绩，惠泽及于民者，谓之名宦；生于其地，而有德业学行著于世者，谓之乡贤……果有遗爱在人，乡评有据，未经表彰，即便及时兴立祠祀，以励风化。"[2]明人祭祀的乡贤必须是本地人，程敏政《篁墩文集》卷十《奏考正祀典》："有功德于一时者，一时祀之，更代则已；有功德于一方者，一方祀之，逾境则已。"[3]魏峰还举多处例子证明其规定执行之严格。

除却官方对于州学书院祭祀的规定之外，地方官方主导建祠并不局限于州学书院，如永州朝阳岩的寓贤祠。朝阳岩是唐代元结所创，其《朝阳岩铭》序云："永泰丙午中，自舂陵诣都使计兵。至零陵，爱其郭中有水石之异，泊舟寻之，得岩与洞，此邦之形胜也。自古荒之，而无名称。以其东向，遂以朝阳命焉。"[4]朝阳岩原来是一处自然岩洞，后来形成了融合自然风景与人文景观的摩崖石刻群，并不属于官方，所以奉祀对象五花八门，或许是因为官方强制性奉祀对象并不足以满足地方士人的文化认同，也不足以表达地方文化脉络。而且明代去宋不远，宋代祠堂依旧存在，或存于地方文献中，明代人依然能继承宋人地方祭祀贤哲的传统，只是疏于查考，以至于把一些本不相干的人物也强行拉来为地方文化"背书"。

四、苏轼同一作品在多种方志的"重出"

本文开头提到苏轼的安乐山诗对象位于泸州合江县，应是毋庸置疑的，但是这首诗却不仅出现在当地方志，还出现在重庆开县县志以及杭州余杭方志中。

《（咸丰）开县志》卷十九"仙释"下"张道陵"条："曾寓邑之安乐山。宋苏轼有诗并序（前述已引，此处略）按：道陵寓开，不见他说。东坡亦不闻至开。如果来开，岂仅安乐山一诗哉？然考《东坡纪年录》，嘉祐四年，公游泸、渝、涪、忠、夔等州，入峡江，安乐山诗即作于此，是时或者闻开山水之盛，便道而访

1　魏峰：《从先贤祠到乡贤祠——从先贤祭祀看宋明地方认同》，《浙江社会科学》2008年第9期，第94页。
2　魏峰：《从先贤祠到乡贤祠——从先贤祭祀看宋明地方认同》，《浙江社会科学》2008年第9期，第95页。
3　魏峰：《从先贤祠到乡贤祠——从先贤祭祀看宋明地方认同》，《浙江社会科学》2008年第9期，第95页。
4　（唐）元结：《元次山集》，民国八年上海商务印书馆四部丛刊景明正德刻本，第9a页。

之耶？故国府志所录始芟之，而仍留之，以备考。第云道陵得道安乐山，则又属杜撰无稽矣。"[1]

查阅《舆地纪胜》《方舆胜览》，均无开县有安乐山记载，开县安乐山最早见于方志是《（正德）夔州府志》[2]，即"安乐山，在县北一百四十里"。其后的《（乾隆）夔州府志》[3]《（乾隆）开县志》[4]也有记载，但是内容只涉及安乐山方位。

咸丰前，明清府志、县志虽有安乐山方位记载，但既未提及张道陵，更无关苏轼与安乐山诗。咸丰县志的编纂者突然就为当地的安乐山加上张道陵、苏轼两位知名人物的人文胜迹。但是从其后按语，编纂者的心态是复杂而微妙的。先是承认张道陵寓居、苏轼到访作诗事并未曾听闻，又推想苏轼创作热情丰富，如果来，又不会仅仅留下安乐山诗，这两点似乎是承认二人到访以及安乐山诗可信度不高。但创作者的重点显然不在此，由抑转扬，从《东坡纪年录》介绍苏轼嘉祐四年游历泸州、渝州、涪州、忠州、夔州，进入三峡的行踪，这些地点离开县尤近，开县长期隶属夔州，那苏轼听闻开县山水名胜，到访安乐山就顺理成章了。其实这个辩护相当无力，实属勉强凑泊。咸丰时，无论是苏轼的诗文还是苏轼生平纪年资料都极其完善，并无苏轼到开县记录，就连编纂者查阅的《东坡纪年录》也无记载。为什么历来方志不载相关内容？编纂者认为此前的府志原本有记载，后来删除了。如果府志原有，后来删除，那应该是府志编纂者已经发现此说不可靠。还有一种可能是，府志本来就没有相关记载，至少目前所见咸丰前府志、县志没有发现开县安乐山与张道陵、苏轼的任何关联，或为编纂者杜撰之言。编纂者最后突然又严谨了起来，以否认张道陵在安乐山得道结束。这条按语混合着真实、虚假，又夹杂着一本正经的考证、似是而非的推想、无可举证的说法、斩钉截铁的否定，却模糊了关键信息，制造出复杂的信息环境，极具迷惑性，极似信息混淆策略。

咸丰县志的编纂者关于这部分文字还有一点学术精神，最后保留了"以备考"文字，后续的《（道光）夔州府志》就完全采信了咸丰县志的表述，其书"山川志"的"安乐山"条下面增加"宋苏轼有诗"[5]"张道陵"[6]，艺文志收录苏轼两首

1　（清）李肇奎修，（清）陈昆纂：《（咸丰）开县志》卷十九，清咸丰三年刊本，第1a页。

2　（明）吴潜、傅汝舟纂修：《（正德）夔州府志》卷三，明正德刻本，第5a页。

3　（清）崔邑俊修，（清）杨崇、焦懋熙纂：《（乾隆）夔州府志》卷一，清乾隆十一年刻本，第31b页。

4　（清）胡邦盛纂修：《（乾隆）开县志·山川卷》，清乾隆十一年刻本，第4a页。

5　（清）恩成修，（清）刘德铨纂：《（道光）夔州府志》卷六，清光绪十七年刻本，第51a页。

6　（清）恩成修，（清）刘德铨纂：《（道光）夔州府志》卷三十五，清光绪十七年刻本，第49b页。

诗¹，可见混淆信息的策略完全胜利了。

类似状况还见于《（嘉靖）余杭县志》。《（乾隆）杭州府志》卷十九"山川七"下"安乐山"条，"在余杭县东三里，相传吴越王之子在此筑庵养疾而愈，故名其麓为桃源山"²，相关记载也见于《（咸淳）临安志》³，二志均未提及苏轼。《（嘉靖）余杭县志》卷七："苏轼《过安乐山，闻山上木叶有文，如道士篆符，云，此山乃张道陵所寓》……，《重过安乐山》诗……。"⁴苏轼的安乐山诗就像一顶帽子，各地的安乐山都可以戴一戴。

像苏轼安乐山诗被安置到开县、余杭安乐山的情形，也不在少数，苏轼作于今江苏省淮安市盱眙县龟山的《龟山》诗歌还被移植到酆都石龟山，《（嘉靖）四川通志》卷九："石龟山，酆都县北五十里。苏轼诗：'我生飘荡志（按：苏轼诗集一般作去）何求，再过龟山岁五周。'"⁵

苏轼同一作品在多种方志的"重出"，与前述地名、寓居祠相似，盖为夸耀治下人文风俗之美。只是苏轼名声太盛，这份"特殊的荣耀"在古代名人中被他占却犹多。

五、结语

巴蜀区域三苏遗址遗迹地，限于所读文献有限，智识不足，仅能在考察文献发现细碎的问题。限于篇幅，还有许多内容未加详述。李贵《文助江山：论苏轼对宋朝各地的文学塑造》言及"苏轼在西蜀书写方面的贡献有三点仍被忽略。一是《初发嘉州》对乐山地理的形塑。二是'玻璃江'诗语对岷江眉山段的描写。三是有关蜀学历史文化评述的复杂性"⁶，并对此三点进行研究。沿着这个思路，三苏于巴蜀区域的塑造，还有多个地方，比如：今重庆丰都名山"白鹿夜鸣"就源于三苏南

---

1 （清）恩成修，（清）刘德铨纂：《（道光）夔州府志》卷三十六，清光绪十七年刻本，第5a页。

2 （清）郑沄修，（清）邵晋涵撰：《（乾隆）杭州府志》卷十九，清乾隆四十九年刻本，第1a页。

3 （宋）潜说友撰：《（咸淳）临安志》卷二十四，清道光十年钱塘汪氏振绮堂刊本，第19b页。

4 （明）王确编纂：《（嘉靖）余杭县志》卷七，民国八年重刊本，第2b页。

5 （明）刘大谟修，（明）杨慎纂，（明）周复俊重〔纂〕《（嘉靖）四川总志》卷九，明嘉靖二十四年刻本，第10a页。

6 李贵：《文助江山：论苏轼对宋朝各地的文学塑造》，《四川大学学报》（哲学社会科学版）2024年第2期，第129—130页。

行诗,也被后人书写反复提及。又如:出自苏轼《送张嘉州》的"载酒凌云游",自苏轼之后,范成大、陆游、王士禛、张问陶、何绍基等人也曾反复吟咏。不唯如此,"载酒凌云游"也成了画家的绘画题材,嘉州画派名家李琼久就曾绘制过《载酒时作凌云游》[1]。又如:苏轼或者三苏并未参与的,而是地方伪造的苏轼遗址遗迹地也成了歌咏对象,如王士禛《凌云杂咏五首·其五·洗墨池》[2]。

还有一种更复杂的状况,如毛澂《平都山》:"东坡居士能撄宁,早知罗绮纷膻腥。自注:东坡过此遇道士,问以丹诀。"[3],提到苏轼在平都山向道士请教丹诀的趣闻,查慎行《苏诗补注》引《百川学海》注释苏轼《留题仙都观》:"治平末,东坡泊舟仙都观下,道士持阴长生石刻《金丹诀》就质真赝。坡曰:'不知也。然士大夫过此,必以请,久之自有知者。'"[4]查氏又加按语:"按:'治平末,先生方在凤翔任,焉得泊舟观下,或误以嘉祐为治平尔。'"[5]查氏所谓《百川学海》语也见于李调元《蜀碑记补》[6],也是引自《百川学海》。查氏按语未必正确,其所谓引自《百川学海》的文字,应该是《百川学海》收录的苏辙《龙川略志》"养生金丹诀"条:"予治平末,溯峡还蜀,泊舟仙都山下,有道士以《阴真君长生金丹诀》石本相示,问之曰:'子知金丹诀否?'道士曰:'不知也。然士大夫过此,必以问之,庶有知之者。'予佳其意。"[7]不仅故事从苏辙转移到了苏轼身上,而且就连故事两个人物的问答角色也完全调转了,查氏所引恐怕未必直接来自《百川学海》,而是方志、地理志转引《百川学海》的内容,转引的原始文献已经发生错误了。亲访其地并观摩碑刻或者阅读方志之类记述,并进行创作的毛氏完全无从得知原初文献的内容,致使以讹传讹,将错典入诗。这并非纯粹是查氏引文不慎与毛澂用错典,而是注释苏轼诗歌的文献和方志文献来源的问题,特别是注重苏轼诗歌地理、山川的注家们,这类问题尤为值得注意。

总之,三苏遗址遗迹地的研究无法回避地方志,需要对相关文献进行多角度的综合考察,才能切近史实。不过,方志类文献各种有意或者无意背离史实,倒也不失为三苏接受研究的一个独特视角。

1　眉山三苏祠博物馆藏。

2　(清)王士禛:《带经堂集》卷二十七,清康熙五十年程哲七略书堂刻本,第8页。

3　(清)毛澂:《毛澂集》,成都:巴蜀书社,2024年,第171页。

4　(宋)苏轼著,(清)冯应榴辑注:《苏轼诗集合注》,第19页。

5　(宋)苏轼著,(清)冯应榴辑注:《苏轼诗集合注》,第19页。

6　见于(清)常明清、杨芳灿等纂修:《(嘉庆)四川通志》卷六十,清嘉靖二十一年木刻本,第27b页。

7　(宋)苏辙:《龙川略志》,民国十六年至十九年武进陶氏景宋咸淳百川学海本,第2b页。

叁

三苏与乡友的交游

苏轼乡友交往与多元文化因素

杨胜宽（乐山师范学院）

摘　要：苏轼一生，处于党派政治斗争日益激烈的北宋中后期，其与乡友的交往进程，以及彼此的交情，必然受到这个时代特殊的政治、文化、社会风气等因素的影响和制约。其与范镇、杨素、文同、吕陶等人的交往，显示了不同文化因素在双方关系形成与发展过程中的促进作用。而苏轼喜好交游的性格，及与人为善的品质，对其广泛结交乡友，发挥了积极效能。

关键词：苏轼　乡友交往　多元文化　党派政治

苏轼天性真诚乐观，喜欢交友，自言上自玉皇大帝，下至卑田院小儿，都可以成为他的交往对象，这恐怕要算古往今来关于人际交往的最绝广告词。他的一生中，无论地位如何，身在何处，境遇多糟，都结交了许多朋友，士大夫文人之外，方外释道、樵夫野老、老妪稚童，皆能论道谈笑，各得欢心。甚至那些曾经排挤、迫害过他的人，他也没有因为仇恨在心而终生不与之往来。这种难能可贵豁达大度的品格，古今罕有其匹。也因此，他千百年来一直给后人留下一个"亲切而温暖"[1]的可爱可亲形象。虽然后世的人们觉得他"快快活活，无忧无虑，像旋风般活过一辈子"[2]，但具体从苏轼人生难以预期的沉浮经历以及北宋时代波谲云诡的政治、文化环境去看，其所体验的真实生活境况和情感世界，却要丰富、复杂得多，即便从其与乡友的交往情况看，也是如此。

1　林语堂著，宋碧云译：《苏东坡传·序》，海口：海南出版社，1993年，第1页。
2　林语堂著，宋碧云译：《苏东坡传·序》，第3页。

一、与人为善是苏氏乡友交往的做人准则

朋友交往是一个双向互动及选择的过程。古人所谓物以类聚、人以群分，概括了为人善恶与交友的基本准则与规律。

苏轼的一生，以与人为善做立身处世准则，这至少可以远溯到其曾祖父苏杲。苏洵在《族谱后录》里说："吾父杲最好善……与朋友笃于信，乡间之人，无亲疏皆敬爱之。"[1]苏轼在《苏廷评行状》里也说："自皇考行义好施，始有闻于乡里，至公而益著，然皆自以为不及其父祖矣。"[2]苏杲以好善诚信交友，赢得了乡间亲疏邻里的普遍尊敬。虽然其因此在朋友、乡间间获得了很好的名声，但还自以为不如父祖辈做得好。可见，与人为善，诚信交友，在苏家是传承数代、一以贯之的优良传统。苏洵记录其祖父"好施与"，赞扬其"施而尤恶使人知之"[3]，不图名利，纯是好善秉性使然。而其父苏序得到了这种家风的真传，苏洵称其"性简易，无威仪，薄于为己，而厚于为人。与人交，无贵贱，皆得其欢心"[4]。苏轼则称赞祖父苏序"谦而好施，急于患难，甚于为己。……人不问知与不知，径与欢笑造极，输发府藏"[5]。笔者曾在20世纪90年代出版的《苏轼人格研究》一书中，专章讨论过"家庭环境对苏轼人生的影响"问题，认为其与人为善的做人品格，与祖父苏序有非常相似之处，并由此积累而成为他的一种"人生智慧"。[6]薄于为己，厚于为人，不问知与不知，都能与之欢笑造极，输发肺腑。这些和善、诚笃的品质在苏轼一生与乡友的交往中，不仅得到了全面继承发扬，而且达到了极致的水准。

苏轼的父亲苏洵虽然性格有些固执，在处理某些亲友关系上显示出偏激执拗的一面，比如众所周知的对于女儿八娘死于夫家之事，苏洵先作《苏氏族谱亭记》以六大恶行讽刺程濬，后又作《自尤诗》发泄对程濬夫妇的不满。尽管爱女之心乃人之常情，但由此而把两家的关系闹到如此紧张对立的程度，让夫人程氏夹在中间

---

1 （宋）苏洵：《族谱后录下篇》，载（宋）苏洵著，曾枣庄、金成礼笺注：《嘉祐集笺注》卷十四，上海：上海古籍出版社，1993年，第385页。

2 （宋）苏轼：《苏廷评行状》，载孔凡礼点校：《苏轼文集》卷十六，北京：中华书局，1986年，第495页。

3 （宋）苏洵：《族谱后录下篇》，载（宋）苏洵著，曾枣庄、金成礼笺注：《嘉祐集笺注》卷十四，第385页。

4 （宋）苏洵：《族谱后录下篇》，载（宋）苏洵著，曾枣庄、金成礼笺注：《嘉祐集笺注》卷十四，第386页。

5 （宋）苏轼：《苏廷评行状》，载孔凡礼点校：《苏轼文集》卷十六，第496页。

6 杨胜宽：《苏轼人格研究》第十一章，成都：四川大学出版社，1994年，第261—265页。

左右为难，处境尴尬，难免有些欠考虑。而苏洵在为人和交友方面，确有谨守苏氏家风传统的过人表现。他曾自言："予生而与物无害。幼居乡间，长适四方，万里所至，与其君子而远其不义。"[1]注重交往君子而远离不义之人，是其奉行的交友准则。故欧阳修称赞苏洵："君与人交，急人患难，死则恤养其孤，乡人多德之。"[2]张方平也称赞他："质直忠信，与人交，共其忧患，死则收恤其子孙。"[3]苏洵"质直"的性格，虽然与祖、父辈可能有所不同，但其对友人的"忠信"，却能够落实到实际行动上，令人钦佩。

最具典型意义的例子，就是苏洵与乡友史经臣（字彦辅）的交往过程。史经臣也是眉山人，其德行才能与苏洵同时闻名于蜀中。据苏洵作于嘉祐二年（1057）的《祭史彦辅文》"念初结交，康定宝元"之语，曾枣庄和金成礼认为二人结交的时间当在仁宗宝元（1038—1039）年间[4]，彼此交情维系了近二十年。文中对史经臣的性格为人，作了生动形象的刻画，并通过对两人交往一个重要细节的描述，深刻揭示出他们结成"契心忘颜"友情的原因：

> 子以气豪，纵横放肆，隼击鹏骞。奇文怪论，卓若无敌，悚怛旁观。忆子大醉，中夜过我，狂歌叫欢。予不喜酒，正襟危坐，终夕无言。他人窃惊，宜若不合，胡为甚欢？嗟人何知，吾与彦辅，契心忘颜。[5]

从史经臣"纵横放肆""奇文怪论"的性格和文风中，我们不难窥见苏洵形象的侧影，这是他们互相认同、欣赏的一面。对方深度醉酒中半夜造访，"狂歌叫欢"，而苏洵不喜饮酒，静坐一旁，整夜不交一言，表现出对友人的异常宽容与耐心，没有彼此的充分理解和信任，就不会出现这种看起来极不和谐的戏剧性场景。只有知心的朋友，才能做到超越行迹之外，难以常理解释。

庆历七年（1047），他们一起结伴进京参加制举考试。破窗孤灯，冷灰冻席，

1　（宋）苏洵：《自尤·叙》，载（宋）苏洵著，曾枣庄、金成礼笺注：《嘉祐集笺注·佚诗》，第511页。

2　（宋）欧阳修：《故霸州文安县主簿苏君墓志铭·并序》，载（宋）苏洵著，曾枣庄、金成礼笺注：《嘉祐集笺注·附录一》，第521页。

3　张方平：《文安先生墓表》，载（宋）苏洵著，曾枣庄、金成礼笺注：《嘉祐集笺注·附录一》，第523页。

4　（宋）苏洵著，曾枣庄、金成礼笺注：《嘉祐集笺注·祭史彦辅文》，第426页。

5　（宋）苏洵：《祭史彦辅文》，载（宋）苏洵著，曾枣庄、金成礼笺注：《嘉祐集笺注》卷十五，第424—425页。

同处逆旅，对床无眠；饮食起居，互相照应，相耐以安。不幸两人都考试失败，苏洵南游庐山、虔州（今江西赣州），史经臣则去临江（今江西清江）与在那里做官的弟弟史沆（字子凝）相会。不料史沆却因事下狱，死于狱中，留下弱女，流落荆楚。苏洵对挚友的侄女很牵挂，一直放心不下，曾有过"收卹之心"。但就在八月苏洵准备北归之际，突然接到家书，父亲苏序病故。他在途中再次与史经臣相遇："中途逢子，握手相慰，曰无自残。旅宿魂惊，中夜起行，长江大山。前呼后应，告我无恐，相从入关。"[1]此时，遭遇失弟之恸的朋友反过来安慰苏洵，颇令人感动。他们同行溯江而上，此时朋友间互相陪伴慰藉，让友谊显得弥足珍贵。

嘉祐元年（1056），苏洵携苏轼、苏辙兄弟进京应试，次年考试结束不久，四月又得到程夫人去世的消息，父子三人又匆匆离京返乡，为程夫人办理丧事并守制。

归来几何，子以病废，手足若挛。……子凝之丧，大临呕血，伤心破肝。我游京师，强起来饯，相顾留连。我还自东，二子丧母，归怀辛酸。子病告革，奔走往问，医云已难。问以后事，口不能语，悲来塞咽。遗文坠稿，为子收拾，以葺以编。[2]

朋友间的深厚感情，就是在这样的不幸遭遇中淬炼凝结而成的。在史经臣去世后，苏洵不仅为其主办了丧事，撰写情真意切的祭悼之文，亲自收集编纂其遗文坠稿，还选其同宗子为后[3]。

史经臣去世之后，苏洵还在嘉祐二年专门致函曾在峨眉任职有过一面之缘的吴中复："曩曾议及故友史沆，骨肉沦落荆楚间，慨然太息，有收卹之心。"[4]希望对方凭借殿中侍御史的资源条件，设法为史沆之女给予帮助。信中言辞恳切地说："追思沆平生孤直不遇，而经臣亦以刚见废，又皆以无后死。……经臣死，家无一

1　（宋）苏洵：《祭史彦辅文》，载（宋）苏洵著，曾枣庄、金成礼笺注：《嘉祐集笺注》卷十五，第425页。

2　（宋）苏洵：《祭史彦辅文》，载（宋）苏洵著，曾枣庄、金成礼笺注：《嘉祐集笺注》卷十五，第425页。

3　（宋）苏轼：《史经臣兄弟》："先君为治丧，立其同宗子为后。"载孔凡礼点校：《苏轼文集》卷七十二，第2294页。

4　（宋）苏洵：《与吴殿院书》，载（宋）苏洵著，曾枣庄、金成礼笺注：《嘉祐集笺注》卷十三，第366页。

人，后事所嘱办于朋友。今其家遗孤骨肉存者，独沅有弱女在襄州耳，君侯尚可以庇之，使无失所否？"[1]本来像苏洵这样孤傲质直的性格，是不愿轻易求人的，但为了朋友，他不惜低声下气地请求一个并无深交的在任朝廷官员，需要很大的勇气克服心理障碍。从苏洵对史经臣一家两代人所做的这些事可知，他用实实在在的行动，践行了与人为善、诚信交友和"急于患难，甚于为己"的苏氏优秀传统家风。

二、政治观念相近是奠定苏轼乡友交游的基础条件

苏轼生活的北宋中后期，先后发生了庆历新政与熙宁变法。两次政治改革虽然时间长短不一，效果有别，对于当时政局及后世影响的大小也大为不同，但有一个前后关联的一致后果，就是从正反两方面催生了党派政治格局的逐步形成，并且愈演愈烈，波及社会的各方面。庆历新政的主要参与者范仲淹、欧阳修等人公开承认"朋党"存在的必要性、合理性，无论是范仲淹与宋仁宗的对话，还是欧阳修专门写作《朋党论》，他们都一致认为必须纠正传统观念对"朋党"的偏颇认知，应区分结党之人的道德高下，以及结党的目的何在才是问题的核心。如果为了国家（朝廷）利益而结党，并且结党之人没有任何谋取私利的动机，这样的"朋党"不仅不可怕、不必防，而且应该受到鼓励，得到支持，壮大其阵营力量，为国家做更多有利的事。他们的这种言论和行为，在当时政坛和士林之中产生了影响深远的正面作用。苏轼称范仲淹："故天下信其诚，争师尊之。"[2]至于欧阳修，苏轼则说："自欧阳子出，天下争自濯磨，以通经学古为高，以救时行道为贤，以犯颜纳谏为忠，长育成就，至嘉祐末，号称多士，欧阳子之功为多。"[3]士人争相仿效范仲淹、欧阳修的忠诚贤德，成为正人君子。故此后在宋代政坛、士林中，君子小人之辨成为一个经久不衰的道德话题。苏轼自幼就受庆历四"人杰"的深刻影响，大至以天下忧乐为心，小至立身处世一言一行，都以他们的人格风范为追求、为标杆。

而熙宁变法却因重点追求富国丰财、与民争利而受到当时部分士大夫的强烈反对，苏轼便是其中之一。他不仅批评王安石推行的变法措施将丧失民心危及国家政

1　（宋）苏洵：《与吴殿院书》，载（宋）苏洵著，曾枣庄、金成礼笺注：《嘉祐集笺注》卷十三，第366页。

2　（宋）苏轼：《范文正公文集叙》，载孔凡礼点校：《苏轼文集》卷十，第312页。

3　（宋）苏轼：《六一居士集叙》，载孔凡礼点校：《苏轼文集》卷十，第316页。

权根基，而且极力反对以对变法态度取舍人才的做法，认为得到重用的，多是重利轻义、投机钻营的势利小人，而敢于直言变法之害的正人君子普遍受到排挤打击。王安石重才轻德的用人导向，加剧了朝廷士大夫的阵营分化，激化了支持与反对变法两股政治力量的对立情绪，为后来元祐更化启用熙宁、元丰的失势君子，打击新法势力埋下隐患，并由此滋生出元祐君子内部的党派利益格局的复杂演变。

苏轼出仕约四十年，与熙宁变法、元祐更化、哲宗绍述等一系列朝政大变局相伴相随，他的仕途沉浮、进退荣辱莫不与这些政治风云变幻息息相关。因此，其在宦海浮沉中，必然以政治立场、行事准则、人生价值观是否相同或相近，作为与人交往，以及维系彼此交情的重要标准。只有在这个基础上，交往双方才会有相似的政治话语、身份认同和情感共鸣，彼此发展深化交往才会有内在动力与外在助力。

苏轼与华阳范氏家族四代人的交往及长期结成的友情，就是这方面的典型例证。范镇（1007—1088），字景仁，比苏轼年长近三十岁，考中进士时（1038），苏轼才两岁，是与其父亲年龄相近的上一代人，故苏轼自言范镇是父亲苏洵的"益友"[1]，我们今天已经难以寻觅二人交友的具体情况。苏轼为范镇写墓志铭，除了因为其与父亲的这层亲近关系，以及范镇与欧阳修都是嘉祐二年同知贡举的官员之一，苏轼算其门生等关联因素之外，更加重要的，还在于他们对待熙宁变法等一系列政治大事件具有相同的观念立场。在对这位令人尊敬的长者作生平叙述时，苏轼突出了其反对熙宁变法的言行表现：

> 王安石为政，始变更法令，改常平为青苗法。公上疏曰："常平之法，始于汉之盛时，视谷贵贱发敛，以便农末，最为近古，不可改。而青苗行于唐之衰乱，不足法。"……疏三上，不报。遂英阁进读，与吕惠卿争论上前。因论旧法预买纳绢，亦青苗之比。公曰："预买亦敝法也。若陛下躬节俭，府库有余，当并预买去之，奈何更以为比乎？"[2]

他不仅屡次上疏指陈青苗法之弊，而且敢于在御前批驳吕惠卿援引太宗时所施行的放贷取息，认为其为弊法，虽担有"非议祖宗"的巨大政治风险，范镇却力劝神宗废弃之，不能将其作为推行青苗法的祖宗所定"规矩"进行附会比拟。前宰相韩琦、谏官李常上疏论青苗法之害，王安石要求条例司反驳、李常"解释"，时

---

1 （宋）苏轼：《范景仁墓志铭》，载孔凡礼点校：《苏轼文集》卷十四，第435页。
2 （宋）苏轼：《范景仁墓志铭》，载孔凡礼点校：《苏轼文集》卷十四，第439页。

任知通进银台司的范镇却封还不办；皇帝五次下诏，他仍然坚持不执行。其反对推行青苗法的理由，来自对农民利益受到伤害及其严重后果的担忧："言青苗有见效者，不过岁得什百万缗钱。缗钱什百万，非出于天，非出于地，非出于建议者之家，盖一出于民耳。民犹鱼也，财犹水也，养民而尽其财，譬犹养鱼而竭其水也。"[1]他认为朝廷这种舍本逐末、竭泽而渔的敛财方法，是断绝农民活路的危险之举，最终必将遭到反噬。枢密副使司马光因批评新法不获采纳提出辞职，皇帝下诏同意，范镇照样封还诏命。神宗实在没辙，直接将诏命给了司马光，范镇以皇帝下诏不经由门下省不符程序为由，愤然提出辞去所领通进银台司之职。神宗、王安石巴不得去掉这样的"拦路虎"，立即批准了他的辞呈。

熙宁三年（1070），恰逢神宗下诏让大臣举荐谏官，范镇便推荐苏轼担任此职。举荐没有得到认可，谢景温还怀疑苏轼扶柩返川途中有私贩嫌疑，要求朝廷调查。据李焘《续资治通鉴长编》引林希《野史》："王安石恨怒苏轼，欲害之，未有以发。会诏近侍举谏官。谢景温建言：'凡被举官，移台考劾。所举非其人，即坐举者。'人固疑其意有所在也。范镇荐轼，景温即劾轼向丁父忧归蜀，往还多乘舟，载物货、卖私盐等事。安石大喜，以三年八月五日奏上，六日事下八路案问水行及陆行所历州县，令具所差借兵夫及柁工，讯问卖盐，卒无其实。"[2]谢景温不仅配合王安石损坏其清廉名声，以阻止苏轼获得此项任命，而且使举荐人范镇也将受到举荐失察的责任追究，这样可以达到一箭双雕的效果。尽管范镇上疏力争，但此时专信王安石的神宗并未改变主意。时年已经六十三岁的范镇失望之余提出"致仕"，在奏疏中仍然坚持批评新法，认为王安石奉行的新法是"残民之术"[3]，因而彻底激怒了王安石，他亲自草拟制词，极口丑诋范镇，导致其以本官致仕。范镇获准退居，苏轼专程上门道贺：

公既得谢，轼往贺之曰："公虽退而名益重矣！"公憱然不乐，曰："君子言听计从，消患于未萌，使天下阴受其赐，无智名，无勇功。吾独不得为此，命也夫。使天下受其害而吾享其名，吾何心哉！"轼以是愧公。[4]

1　（元）脱脱等：《宋史·范镇传》，北京：中华书局，1985年，第10788页。
2　（宋）李焘：《续资治通鉴长编》卷二百一十三，北京：中华书局，2004年，第5175页。
3　（宋）苏轼：《范景仁墓志铭》，载孔凡礼点校：《苏轼文集》卷十四，第440页。
4　（宋）苏轼：《范景仁墓志铭》，载孔凡礼点校：《苏轼文集》卷十四，第443页。

　　范镇不得志于朝而选择致仕，是对熙宁变法最后的无奈之举。可苏轼却前往道贺。这是两个反对新法，政治立场高度一致的同路人观念认同、人生价值认同的内心共鸣，所以不以为悲，反以为喜。

　　熙宁十年（1077），刚结束密州知州任的苏轼回到汴京，被任命知徐州新职。按规定应该入朝陛辞，却有旨不得入国门，他只得借住于城郊外范镇寓所东园。苏辙《寄范丈景仁》言之颇详："及门却遣不得入，回顾欲去行无人。东园桃李正欲发，开门借与停车轮。青天露坐列觞豆，落花飞絮飘衣巾。……交游畏避恐坐累，言词欲吐聊复吞。安得如公百无忌，百间广厦安贫身。"[1]在其他人畏避不及的困难时刻，范镇却欣然接纳了苏轼。逢范镇将出游嵩洛，苏轼作诗送之，其中有云："小人真暗事，闲退岂公难。道大吾何病，言深听者寒。"[2]诗里包含了对范镇当时与新法派观念不合而勇于恬退的赞许与敬意，同时指斥支持新法之人多为无德之小人。几句诗在后来乌台诗案中被列入讥讽朝廷的证据之一，苏轼自供："熙宁十年二月三日，范镇往西京，轼作诗送之。轼昨知密州得替，到关城外，借得范镇园安泊。镇，乡里世旧也。其诗……云'小人真暗事，闲退岂公难'，意以讽今时小人，以小才而享大位，暗于事理，以进为荣，以退为辱。范镇前为侍郎，难进易退，小人不知也。又云'言深听者寒'，轼谓镇旧日多论时事，其言深切，听者为恐。意言镇当时所言，皆不便事也。"[3]苏轼因为"世旧"和"门生"的关系，借住范宅，这是可以明说的理由。其实更重要的，则在于两人自熙宁变法以来都持有坚定的反对态度，以及对因变法而得势的那些"小人"的一致不满。所以在他们的共同价值观中，此时勇于恬退是高洁道德的表现，而投机恋栈则是无耻可鄙的。

　　元丰二年（1079），苏轼因舒亶、李定等人罗织诗文讥讽朝廷的罪名，被逮捕入御史台监狱，台谏官员意在置苏轼于死罪。因为这些诗文，虽然看起来是因新法流弊而发，但台谏们清楚，站在变法操盘手背后的是神宗皇帝，其任何对新法的牢骚或指责，都可以跟皇帝扯上关系，挑动神宗的愤怒情绪，从而治苏轼的死罪。在此背景下，朝廷上下都不敢轻易冒头为苏轼说话求情，害怕引火烧身。而在苏轼生死未卜的关键时刻，范镇毅然站出来，为苏轼仗义执言。"轼得罪，下御史台

1　（宋）苏辙：《寄范丈景仁》，载（宋）苏辙著，曾枣庄、马德富校点：《栾城集》卷八，上海：上海古籍出版社，1987年，第171页。

2　（宋）苏轼：《送范景仁游洛中》，载（清）王文诰辑注，孔凡礼点校：《苏轼诗集》卷十五，北京：中华书局，1986年，第718页。

3　朋九万：《乌台诗案》，载四川大学中文系唐宋文学研究室编：《苏轼资料汇编·上编二》，北京：中华书局，1994年，第606页。

狱，索公与轼往来书疏文字甚急。公犹上书，救轼不已。"[1] 苏轼在为范镇撰写墓志铭时，把这一点郑重显示出来，不仅感叹其不计个人安危而施以援手，而且表明他们的交情经过了血与火的考验，非同一般。彼此虽然具有明显的年龄差距，但这并不妨碍彼此相知相怜，在关键时刻范镇勇敢声援，使二人的交情不断得到加深和升华。

苏轼贬谪黄州期间，与范镇仍然经常保持着通信联系。范镇于元丰六年（1083）专门写信给苏轼，希望他到许昌卜邻，便于相见。苏轼回信说："蒙示谕，欲为卜邻，此平生之至愿也。寄身函丈之侧，旦夕闻道，又况忝姻戚之末。而风物之美，足以终老，幸甚，幸甚！"[2] 虽然因为苏轼没有足够的经费在许昌置办房产而与范镇成为邻居的愿望落空，但范镇的主动邀约，苏轼的真切愿望，都表明他们之间的情谊足够深厚，希望能够朝暮相见。

元祐更化，被新法派排挤的士大夫均被召还朝廷，得到重用。四朝重臣范镇也曾得诏，但他固辞不就。虽中间不得已而短暂复起，数月后他又请求致仕，于元祐二年（1087）七月，获准致仕。苏轼特致信表达敬意："勉强复起，以慰二圣之望；幡然复退，以安无穷之福。出处之间，雍容自得，真可以为后世法矣。官守所縻，不获躬诣，谨奉手书，区区万一。"[3] 苏轼对自己縻于公务而不能亲自前往道贺表示遗憾，且极为赞赏范镇难进易退、淡泊名利的高尚品格，认为他可以作为后来士人立身处世的学习榜样。

自嘉祐二年成为范镇门生算起，到此时范镇致仕归政，他们的交情持续了整三十年。中间经历熙宁变法、乌台诗案、元祐更化等大事件，关键时刻彼此同声相应、同气相求，饱受考验的交情不断深化，惺惺相惜的心声共鸣在往还的诗文中留下了清晰印迹。

苏轼还与范氏家族成员范百禄、族孙范祖禹、范冲保持了密切交往，让幼子苏过与范百嘉之女成婚。这些世旧关系、姻亲关系，都对彼此间的长期交情起到了催化、强化、深化的作用。

1　（宋）苏轼：《范景仁墓志铭》，载孔凡礼点校：《苏轼文集》卷十四，第440页。

2　（宋）苏轼：《与范蜀公尺牍十一首》其三，载孔凡礼点校：《苏轼文集》卷五十，第1446—1447页。

3　（宋）苏轼：《与范蜀公尺牍十一首》其八，载孔凡礼点校：《苏轼文集》卷五十，第1449页。

三、共同的文学艺术爱好是维持苏轼乡友交往的联系纽带

苏轼对文学艺术的爱好，既有家庭渊源及启蒙教育的因素，也与其性分密不可分。苏洵《族谱后录·下篇》及苏轼《苏廷评行状》都强调了苏序为诗的才能，苏洵的叙述是："晚乃为诗，能白（笔者案：疑当作'自'）道，敏捷立成。凡数十年，得数千篇，……观其诗，虽不工，然有以知其表里洞达，豁然伟人也。"[1]苏轼的叙述是："晚好为诗，能自道，敏捷立成。不求甚工，有所欲言，一发于诗。比没，得数千首。"[2]从这些描述中，可以大致还原苏序的诗人形象：他晚年开始写诗，并且很快成为一种爱好；作诗才思敏捷，自道其心声，所以诗品与人品相一致，技巧却不太被看重；到去世时，诗歌数量竟有数千篇之多。我们今天虽然无缘读到这些诗，但其文学兴趣却在苏洵、苏氏兄弟身上开花结果，大放异彩。几次应试失败，庆历八年（1048）四十岁的苏洵遂绝意于仕途而自托于学术，在家悉心培养二子读书写作，希望他们能够弥补其终生的遗憾。在颍州成为苏轼僚佐的赵令畤，在所著《侯鲭录》中记载了苏洵培养苏氏兄弟文学兴趣的一则往事：

> 东坡年十余岁，在乡里，见老苏诵欧公《谢宣召赴学士院仍谢对衣并马表》，老苏令坡拟之。其间有"云匪伊垂之带有余，非敢后也马不进"。老苏喜曰："此子他日当自用之。"至元祐中，再召入院作承旨，仍益之云："枯羸之质，匪伊垂之带有余；敛退之心，非敢后也马不进。"[3]

"表"作为一种文体，是专门上奏皇帝的，讲究很多。明代吴讷《文章辨体序说》引西山云："表中眼目，全在破题，要见尽题意，又忌太露。贴题目处，须字字精确。……若泛滥不切，便不为工矣。大抵表文以简洁精致为先，用事忌深僻，造语忌纤巧，铺叙忌繁冗。"[4]可见这种四六文体在内容、形式、技巧、措辞、用事等方面极其复杂。苏洵将欧阳修的表文诵读之后，立马让苏轼拟作，既有考察其

1　（宋）苏洵：《族谱后录下篇》，载（宋）苏洵著，曾枣庄、金成礼笺注：《嘉祐集笺注》卷十四，第385页。

2　（宋）苏轼：《苏廷评行状》，载孔凡礼点校：《苏轼文集》卷十六，第495页。

3　赵令畤：《侯鲭录》卷一，《四库笔记小说丛书·〈龙川志略〉外十七种》，上海：上海古籍出版社，1991年，第350页。

4　吴讷：《文体明辨叙说·表》，北京：人民文学出版社，1982年，第37—38页。

写作能力的用意，也想借此了解儿子的人生志向。四十三年之后，苏轼于元祐六年（1091）在他所作的《谢赐对衣金带马状》中再次将其用在谢表中[1]，说明父亲当年精心培养其从事文学写作，在苏轼那颗敏锐的艺术心灵中，留下了一辈子都抹不去的深刻印迹。

林语堂评价苏轼说："他写作没有别的理由，只是爱写……他写得好美，好丰富，又发自他天真无邪的心灵。"[2]这话用于概括苏轼的创作天赋及保持一生的文学艺术爱好，无疑是允当的。其与乡友交往，自然会把这作为一条开展交往、加深友情的联系纽带。比如他跟文同因共同的文学艺术爱好而交往密切，情谊深厚，就是比较典型的例子。

文同（1018—1079），字与可，号笑笑居士，人称石室先生，梓州梓潼人。他比苏轼年长近二十岁，考取进士及为仕的时间都比苏轼早。两家先有表亲关系，后来苏辙之女嫁与文同之子，因此有了姻亲关系。而文同与苏家交往，从苏轼的父亲苏洵就开始了。在文同于元丰二年去世时，苏轼和苏辙都作有祭文追悼，苏辙在《祭文与可学士文》中言：

> 与君结交，自我先人。旧好不忘，继以新姻。乡党之欢，亲友之恩。岂无他人，君则兼之。君牧吴兴，我官南京。从君季子，长女实行。[3]

苏洵与文同何时结交，交往具体情况怎样，今天已经难以考索。但两家交往的渊源，可以追溯到苏氏兄弟的父辈，则是可信的。加之亲家关系、"乡党"关系，确实非别人可比。虽然这些因素很重要，但苏轼与文同发展成为真正的"知音"交情，却是由于他们在文学艺术方面的多才多艺，以及对此近乎痴迷的共同爱好。文同在当时都以画家著称，尤其善画墨竹，不仅驰名当世，广受士人推爱，而且因为名满天下的苏轼曾经向文同学习过画竹技法，故在后世更加影响广泛。文同画竹独步当时，自成一派，成功的秘诀在于其对竹的深爱之情及对竹"了然于胸"的把握。他曾自言："夫予之所好者道也，放乎竹矣。始予隐乎崇山之阳，庐乎修竹之林，视听漠然，无概乎予心。朝与竹乎为游，莫与竹乎为朋，饮食乎竹间，偃

1 （宋）苏轼：《谢赐对衣金带马状二首》其一，载孔凡礼点校：《苏轼文集》卷二十四，第689页。
2 林语堂著，宋碧云译：《苏东坡传·序》，第2页。
3 （宋）苏辙：《祭文与可学士文》，载（宋）苏辙著，曾枣庄、马德富校点：《栾城集·栾城后集》卷二十，第1384页。

息乎竹阴，观竹之变也多矣。"[1]对竹的生长变化、姿态品质的了解和感悟，的确已经远远超出了画竹的"形似"技法层面，升华到了对竹"道"（物理规律）的透彻认识境界。对苏辙关于文同画竹悟道的描写，苏轼在元丰二年文同死后作《文与可画筼筜谷偃竹记》，既表示了同意，又提出了自己进一步对文同画竹成功秘诀的理解："子由为《墨竹赋》以遗与可，曰：'庖丁，解牛者也，而养生者取之；轮扁，斫轮者也，而读书者与之。今夫夫子之托于斯竹也，而予以为有道者，则非耶？'子由未尝画也，故得其意而已。若予者，岂独得其意，并得其法。"[2]毕竟苏辙不善绘画，难以对文同画竹的心理体验描述到位，而他自己则不同，不仅精通画理，而且从文同那里学习过画竹方法，所以感受最贴切：

> 竹之始生，一寸之萌耳，而节叶具焉。自蜩腹蛇蚹，以至于剑拔十寻者，生而有之也。今画者乃节节而为之，叶叶而累之，岂复有竹乎！故画竹必先得成竹于胸中，执笔熟视，乃见其所欲画者；急起从之，振笔直遂，以追其所见，如兔起鹘落，少纵则逝矣。与可之教予如此，予不能然也，而心识其所以然。夫既心识其所以然，而不能然者，内外不一，心手不相应，不学之过也。故凡有见于中，而操之不熟者，平居自视了然，而临事忽焉丧之，岂独竹乎？[3]

在苏轼看来，寝卧徜徉于竹间，对竹的成长、形态、习性、品格的了解当然很重要，文同画竹不仅做到了对竹之"形似"的准确把握，而且体悟出竹作为一个表现整体的生存之"道"，画出竹的生命神韵，所以为他人所不能及。但文同所能达到的艺术境界，必须以精熟的绘画技法为前提，没有这个基础，一切便无从谈起。苏轼比苏辙更有资格成为文同墨竹的知音，因为他掌握了绘画的技法原理，并且得到文同亲自面授机宜。

文同承认苏轼得到了其画墨竹的真传，遍告士林，欲得墨竹好画当往徐州（时苏轼任知州）求之。苏轼在文同去世后晾晒所藏书画时，见到文同所赠《筼筜谷偃竹》，睹物伤情，对二人的相知相惜伤感不已："因以所画《筼筜谷偃竹》遗予，曰：'此竹数尺耳，而有万尺之势。'筼筜谷在洋州，与可尝令予作《洋州三十

1　（宋）苏辙：《墨竹赋》，载（宋）苏辙著，曾枣庄、马德富校点：《栾城集》卷十七，第416页。
2　（宋）苏轼：《文与可画筼筜谷偃竹记》，载孔凡礼点校：《苏轼文集》卷十一，第365—366页。
3　（宋）苏轼：《文与可画筼筜谷偃竹记》，载孔凡礼点校：《苏轼文集》卷十一，第365页。

咏》，筼筜谷其一也。予诗云：'汉川修竹贱如蓬，斤斧何曾赦箨龙。料得清贫馋太守，渭滨千亩在胸中。'与可是日与其妻游谷中，烧笋晚食，发函得诗，失笑喷饭满案。元丰二年正月二十日，与可没于陈州。是岁七月七日，予在湖州曝书画，见此竹，废卷而哭失声。昔曹孟德《祭桥公文》有'车过腹痛'之语。而予亦载与可畴昔戏笑之言者，以见与可于予，亲厚无间如此也。"[1]苏轼熙宁九年（1076）在密州作《和文与可洋川园池三十首》，诗以洋川千亩竹笋可充文同之饥为戏谑之语，但当时已有称赞文同"成竹在胸"之语，可知其任洋州知州，渭滨千亩竹林为其观察了解竹提供了十分便利的条件，画墨竹得其神韵、悟其生命之"道"正在此时。故苏轼同年又为文同所建墨君堂作记，赞扬其对墨竹的深爱之情：

> 然与可独能得君之深，而知君之所以贤：雍容谈笑，挥洒奋迅，而尽君之德。稚壮枯老之容，披折偃仰之势。风雪凌厉以观其操，崖石荦确以致其节。得志遂茂而不骄，不得志瘁瘠而不辱。群居不倚，独立不惧。与可之于君，可谓得其情而尽其性矣。[2]

文同赋予竹子君子人格，而苏轼则认为文同的为人颇类之。在宋代士人将梅兰竹菊君子人格化的过程中，文同和苏轼都发挥了重要作用。

虽然文同终生爱竹，画竹在宋代乃至中国绘画史上占有独步一时、沾溉后世的地位，可苏轼却认为，世人对文同的了解是不深入、不全面的。文同是一个文学艺术多面手，要论其造诣高下，应该依次为文章、诗歌、书法、绘画。故其《文与可画墨竹屏风赞》有言：

> 与可之文，其德之糟粕；与可之诗，其文之毫末。诗不能尽，溢而为书，变而为画，皆诗之余。其诗与文，好者益寡。有好其德，如好其画者乎？悲夫！[3]

在主张文学艺术作品品位应该与作者的道德品格相一致的苏轼眼里，文同的全部文学艺术创作，都是其人格的真实外现，而在其诸多创作中，当以文、诗、书、

1　（宋）苏轼：《文与可画筼筜谷偃竹记》，载孔凡礼点校：《苏轼文集》卷十一，第366页。
2　（宋）苏轼：《墨君堂记》，载孔凡礼点校：《苏轼文集》卷十一，第356页。
3　（宋）苏轼：《文与可画墨竹屏风赞》，载孔凡礼点校：《苏轼文集》卷二十一，第614页。

画为次第。

在文同去世七年后的元丰八年（1085），苏轼仍然坚持他对其文学艺术造诣及价值的"盖棺论定"：

> 亡友文与可有四绝：诗一，楚词二，草书三，画四。与可尝云："世无知我者，惟子瞻一见识吾妙处。"既没七年，睹其遗迹，而作是诗。[1]

虽然没有单提文章，而增加了楚辞，但总体上苏轼依然认为，书画乃是道德、诗文之余裔，不应该排在首位。文同对苏轼的这一排序评价高度认可，并且认为世人中没有真正了解他的，只有苏轼堪称唯一的"知音"。关于文同善楚辞，苏辙在《鲜于子骏谏议哀辞叙》中，评价蜀人鲜于侁，与文同是齐名的高手，他们死后，再难有后继之人："子骏于书无所不读，而善属文，晚节为楚词，得古之遗思。其文与蜀郡文与可相上下，与可没将十年而子骏亡，蜀人皆悲思之。"[2]南宋宁宗庆元年间邛州知州家诚之认为，苏轼对文同的评价，独到而中肯。[3]

苏轼一生虽然耽爱文学艺术，但他一贯主张，在才与德、道与技之间，必须以道、德为根本，只有不断提高完善道德修养，文章才能写得好，艺术境界才能提升。在这方面，文同是做得最好的。故其在元丰二年（1079）、三年（1080）所作的两篇祭文里，都特别推崇文同把道德与文章完美地结合了："孰能惇德秉义如与可之和而正乎？孰能养民厚俗如与可之宽而明乎？孰能为诗与楚词如与可之婉而清乎？孰能齐宠辱忘得丧如与可之安而轻乎？"[4]"一别五年，君誉日闻。道德为膏，以自濯薰。艺学之多，蔚如秋蕡。脱口成章，粲莫可耘。驰骋百家，错落纷纭。使我羞叹，笔砚为焚。再见京师，默无所云。杳兮清深，落其华芬。"[5]苏轼哀叹，文同去世，自己以后恐怕再没有这样相知于心的朋友了，他在祭文中满怀悲痛地对文同诉说：

1　（宋）苏轼：《书文与可墨竹叙》，载（清）王文诰辑注，孔凡礼点校：《苏轼诗集》卷二十六，第1392页。

2　（宋）苏辙：《鲜于子骏谏议哀辞·并叙》，载（宋）苏辙著，曾枣庄、马德富校点：《栾城集》卷十八，第427页。

3　参见（宋）家诚之：《丹渊集跋》，载（清）纪昀总纂：《四库全书·集部·别集类》第一千零九十六册，台北：台湾商务印书馆，1986年，第809、556页。

4　（宋）苏轼：《祭文与可文》，载孔凡礼点校：《苏轼文集》卷六十三，第1942页。

5　（宋）苏轼：《黄州再祭文与可文》，载孔凡礼点校：《苏轼文集》卷六十三，第1942页。

气噎悒而填胸，泪疾下而淋衣。忽收泪以自问，非夫人之为恸，而谁为乎？道之不行，哀我无徒。岂无友朋，逝莫告余。惟余与可，匪亲匪徐，招之不来，麾之不去。不可得而亲，其可得而疏之耶？呜呼哀哉！[1]

后来若干年，苏轼只要看到文同的绘画，就会作文追忆他们交往的往事，特别是那些生动而有趣的细节，睹物思人，倍加伤感。两人交情之深厚，确实非寻常可比。

四、党派政治纷争是影响苏轼乡友交往的双刃之剑

宋代错综复杂、愈演愈烈的党派政治纷争，深刻影响了国家的政治、经济、文化、社会风气等众多方面。苏轼生活在党论兴盛、党争剧烈的北宋中后期，深陷朝政大局等社会事务之中，其不仅会直接影响到国家治理的方针变化和历史发展走向，也会广泛制约着士人的仕途起伏乃至人生命运。从苏轼的乡友交往情况看，既有积极的一面，也有消极的一面，其"双刃剑"的作用，十分明显。

在积极方面，党派政治的斗争现实对苏轼的乡友交往选择，具有积极促进作用。虽然在仁宗时范仲淹、欧阳修提出区分君子为义之朋与小人营私之朋而试图为朋党寻找存在的合理性及现实依据，但由于上至皇帝、下至广大士大夫均意识到朋党弊大于利及其对君主专制集权政体的威胁，最终朋党之争在一派质疑声中偃旗息鼓。连当初写作《朋党论》极力为君子之朋正名的欧阳修，在其后来所撰写的《新五代史》里，也悄然修正了原先对朋党问题的看法。他指出：

夫欲空人之国而去其君子者，必进朋党之说；欲孤人主之势而蔽其耳目者，必进朋党之说；欲夺国而与人者，必进朋党之说。夫为君子者，固常寡过，小人欲加之罪，则有可诬者，有不可诬者，不能遍及也。至欲举天下之善，求其类而尽去之，惟指以为朋党耳。故其亲戚故旧，谓之朋党可也；交游执友，谓之朋党可也；宦学相同，谓之朋党可也；门生故吏，

1　（宋）苏轼：《祭文与可文》，载孔凡礼点校：《苏轼文集》卷六十三，第1941页。

谓之朋党可也。是数者，皆其类也，皆善人也。[1]

　　欧阳修之所以不再理直气壮地坚持呼吁存君子之真朋，而去小人之伪朋，是因为在政治现实中，没有人愿意承认自己是小人，所结成的同盟是伪朋，普遍都是自以为君子，其与人结盟出于大公之心，而把与自己敌对的一方指为小人。真正的势利小人，尤其喜欢把这作为污蔑君子、打击正义力量的最好借口。一切"亲戚故旧""交游执友""宦学相同"都可以作为攻击对方是朋党的口实，尽管事实并非如此。

　　在熙宁变法过程中支持新法与反对新法这两股政治力量，因当政者重用支持者，逐渐使两个阵营形成对垒之势，被排挤打击的士大夫，把反对新法作为确立营垒边界、寻找政治共鸣的主要标尺。他们因相同的政治立场、相似的人生遭遇而萌生相怜相惜的声音与情感，因被发配到远离政治中心的偏远地方，彼此接近并加强交往，如果更有"乡闾""乡党"一层地缘亲切关系，那么双方更易产生亲切感，归属感。

　　苏轼与绵竹人杨绘的交往，就是一个比较典型的例证。杨绘比苏轼年长十岁，入仕较早，且曾做过眉州知州，以"吏事强敏，主于爱利及民"著称，为人"表里洞达，一出于诚"[2]，是一个值得信赖的可交朋友。熙宁元年（1068）三月，时任知谏院的杨绘上疏弹劾宰相曾公亮，称其乘天旱之机多买民田，"以其子判登闻鼓院"，任人唯亲。神宗虽"直其言"，但不想因此罢免曾公亮，反而解除了杨绘的谏职，任命其为翰林学士。神宗特作手诏一道，让御史中丞滕元发转达，并传宣皇帝如此安排的口谕："绘迹疏远，立朝寡识，不畏强御，知无不为。朕一见便知其忠直可信，故翌日即擢置言职，知之亦甚笃矣。今日之除，盖难与宰相两立于轻重之间，姑少避之。卿可示朕手札，谕以此意，令早承命。"[3]杨绘婉言拒绝了经筵之职。这表明其为人有原则底线，即便皇帝亲自诏谕也敢于坚持不动摇。熙宁二年初，苏轼为父亲守制期满，回到汴京，此时即将迎来神宗重用王安石推行变法的朝政大变局。苏轼因在当年十二月上奏七千言的《上皇帝书》，激烈批评设置新法

1　（宋）欧阳修：《新五代史·唐六臣传》，上海古籍出版社、上海书店编：《二十五史》第六册，上海：上海古籍出版社，1986年，第41页。

2　（明）李贤等撰：《明一统志》卷七十一，载（清）纪昀总纂：《四库全书·史部·地理类》第四百七十三册，第513页。

3　（宋）范祖禹：《范太史集》卷三十九《天章阁待制杨公墓志铭》，载（清）纪昀总纂：《四库全书·集部·别集类》第一千一百册，第435页。

专门机构及青苗法等，因此惹恼主推新法的王安石，王利用神宗对其的专信而多次诋毁苏轼的为人及学术。杨绘回绝做翰林学士后不久，因丁母忧而回到家乡守制，于熙宁三年（1070）十二月丁忧期满还朝，被擢升为翰林学士、御史中丞。履职之初，杨绘就对免役法提出批评，指陈"十害"，引起王安石强烈不满。《宋史》本传载："免役法行，绘陈十害。安石使曾布疏其说，诏绘分析。固执前议。"[1]杨绘与苏轼反对新法的坚定态度和相近的政治立场，成为两个同在京城任职的蜀郡同乡彼此接近、互相认同并开启交往历程的最好理由和有利条件，由此他们之间开始了长达近二十年的友情交往。[2]

熙宁四年（1071）下半年，苏轼出任杭州通判，于十一月到任。熙宁七年（1074）九月苏轼接到知密州的新任命，在杭州通判任共计两年十个月。其间，熙宁七年七月，杨绘以新任杭州知州的身份来到杭州履新，苏轼成为杨绘的副手，他们在一起共事仅有大约两个月时间。两人合作的时间虽然很短，但临近分别时，却显出少有的朋友间深厚的情谊。苏轼特意选择杨绘所喜欢和擅长的词这种文学形式，前后写作了十来首相赠答，其中多数是表达惜别之情的。在苏轼即将告别杨绘赴密州前，杨绘在杭州西湖上设宴饯之，且有词相赠，苏轼作《南乡子·和杨元素》答之：

> 东武望余杭，云海天涯两杳茫。何日功成名遂了，还乡，醉笑陪公三万场。　　不用诉离觞，痛饮从来别有肠。今夜送归灯火冷，河塘，堕泪羊公却姓杨。[3]

张志烈先生解上片词意云："写面对天涯远别，希望将来还乡退居林下，再相从醉饮，正体现了与故人分别的不堪和对故乡的思念。"[4]苏轼没有料到，有朝一日"何日功成名遂了，还乡，醉笑陪公三万场"的愿望根本没法兑现。杨绘与苏轼同舟，一路相偕而行直至润州（今江苏镇江），苏轼《菩萨蛮·润州和杨元素》表达依依不舍之别情：

1　（元）脱脱等：《宋史·杨绘传》，第10449页。
2　笔者有专文《苏轼与杨绘的交往及其情感密码》对此进行了详细考察，见杨胜宽：《苏轼和他的朋友们》，北京：生活·读书·新知三联书店，2024年，第167—186页。
3　（宋）苏轼：《东坡乐府》卷上，上海：上海古籍出版社，1979年，第36页。
4　张志烈等校注：《苏轼全集校注·苏轼词集校注》卷一，石家庄：河北人民出版社，2010年，第94页。

　　玉笙不受珠唇暖，离声凄咽胸填满。遗恨几千秋，恩留人不留。　他
年京国酒，堕泪攀枯柳。莫唱短因缘，长安远似天。[1]

　　张志烈先生认为此词"抒写深沉的别情而寓含壮志难酬的感喟"[2]，上片诉离
愁，下篇抒失意，"长安远似天"，化用典故以寄寓被排挤无望再回京城的失落情
怀，更显含蓄悲婉。此时杨绘接到还京的诏命，二人将在润州道别，各就征途，苏
轼再作《醉落魄·席上呈杨元素》：

　　分携如昨，人生到此萍漂泊。偶然相聚还离索。多病多愁，须信从来
错。　尊前一笑休辞却，天涯同是伤沦落。故山犹负平生约。西望峨眉，
长美归飞鹤。[3]

　　"天涯同是伤沦落，故山犹负平生约"，似乎苏轼对功成名遂越来越不抱希
望，所以两人的故山相从的平生之约，恐怕只能作罢了。在苏轼遭遇乌台诗案谪居
黄州期间，杨绘主动为自己和苏轼张罗在荆南买田，打算在此一起终老。在苏轼留
存下来的与杨绘的十七封书信中，三封都涉及买田事宜，其中一信说"示谕田事，
方忧见罪，乃蒙留念如此，感幸不可言。……果蒙公见念，令有归老之资，异日公
为苍生复起，当却为公葺治田园，以报今日之赐也"[4]。自己遭难，杨绘不仅没有
疏远责怪，反而主动承担起买田卜居大小事，尤其令他感动。另一封信又言："承
示谕，定襄胡家田，公与唐彦议之，必无遗策。小子坐享成熟，知幸，知幸！……
胡田先佃后买，所谓抱桥澡浴，把缆放船也。呵呵。"[5]先佃后买，是他考虑到苏
轼钱款不足，细致体贴，苏轼为自己坐享其成而深表庆幸。

　　到元祐更化时，那些被新法派打发到地方任职的士大夫都已经回京得到重用
了，杨绘却仍然滞留地方，苏轼特意写信表达安慰同情之意：

　　奉别忽将二载，未尝定居，到阙以来，人事衮衮，……近闻小人辄
黜左右，此何品类也，乃敢如此！信知困中，无种不有。想以道眼观之，

1　（宋）苏轼：《东坡乐府》卷下，第44页。
2　张志烈等校注：《苏轼全集校注·苏轼词集校注》卷一，第70页。
3　（宋）苏轼：《醉落魄·席上呈杨元素》，载（宋）苏轼：《东坡乐府》卷下，第78—79页。
4　（宋）苏轼：《与杨元素尺牍十七首》其四，载孔凡礼点校：《苏轼文集》卷五十五，第1651页。
5　（宋）苏轼：《与杨元素尺牍十七首》其九，载孔凡礼点校：《苏轼文集》卷五十五，第1653页。

何啻蚊虻，一笑可也。知故旧皆已还朝，坐念老兄独在江湖，未免慨叹
也。[1]

杨绘后来再没有被召回京城。元祐二年（1087）十一月，杨绘以天章阁待制
身份由徐州徙知杭州，直至次年（1088）六月卒于任上，杭州成为其仕途及人生的
最后一站。苏轼则在杨绘去世后的第二年即元祐四年（1089）三月知杭州军州事，
再次踏上这片维系着其与杨绘深厚交谊的土地。苏轼当年曾感叹"可恨相逢能几
日，不知重会是何年"[2]，真是一语成谶。其再次仕杭时，杨绘任知州的事迹犹可
风闻，但对方已经作古。这两位同样受到新法派打击的同乡好友，至此结束了他们
历久弥坚的交谊。

在消极方面，政治斗争对手往往寻找各种借口指责苏轼与同乡搞朋党关系，
达到一箭双雕的目的。在元祐更化时，反对新法的一大批士大夫纷纷还朝被启用之
际，由于门阀、宗派、学术、地域等复杂关系，彼此因政治理念分歧和各种利害得
失，以及对废留部分新法的态度不同等因素，他们很快便分裂成不同政治势力，掣
肘攻讦，尤其是拥有"风闻言事"特权的台谏势力，为了扳倒对手，往往诬之以为
朋党。而事实上，他们才是当时名副其实的朋党。邵伯温《闻见录》：

> 哲宗即位，宣仁后垂帘同听政，群贤毕集于朝，专以忠厚不扰为治，
> 和戎偃武，爱民重谷，庶几嘉祐之风矣。然虽贤者不免以类相从，故当时
> 有洛党、川党、朔党之语。洛党者以程正叔侍讲为领袖，朱光庭、贾易等
> 为羽翼；川党者以苏子瞻为领袖，吕陶等为羽翼；朔党者以刘挚、梁焘、
> 王岩叟、刘安世为领袖，羽翼尤众，诸党相攻击不已。正叔多用古礼，子
> 瞻谓其不近人情如王介甫，深疾之，或加抗侮。故朱光庭、贾易不平，皆
> 以谤讪诬子瞻。执政两平之。[3]

说苏轼是所谓"川党"领袖，吕陶为其羽翼，是没有确凿事实根据的。但司

1　（宋）苏轼：《与杨元素尺牍十七首》其十三，载孔凡礼点校：《苏轼文集》卷五十五，第1654—1655页。

2　（宋）苏轼：《浣溪沙》（白雪清词出坐间），载（宋）苏轼：《东坡乐府》卷下，第52页。原未注明
为谁而作。张志烈先生据龙榆生《东坡乐府笺》引朱注："案韵同前者（笔者案：指苏轼《浣溪沙·自杭
移密守，席上别杨元素，时重九前一日》），疑同时答杨元素作也。"确认此词乃熙宁七年九月九日为杨
绘作。

3　（宋）邵伯温：《邵氏闻见录》卷十三，北京：中华书局，2008年，第146页。

马光、吕公著等人，并不愿意区分这些政治势力的对错与曲直，只图抹平稀泥，维
持表面上的一团和气。正是在这种是非莫辨、君子小人混杂的时代背景下，洛学程
颐弟子朱光庭在元祐元年（1086）率先以左正言身份弹劾苏轼所出试馆职策题含有
"议论"祖宗的内容，要求朝廷治其人臣"不忠"之罪。[1]朱光庭弹劾苏轼，比较
流行的说法是苏轼曾在司马光丧事上戏谑程颐，朱光庭意不能平而为师报仇。苏轼
在元祐二年（1087）写给杨绘的信中，道出了这背后的秘密所在：

> 某近数章请郡，未允。数日来，期于必得耳。公必闻其略，盖为台谏
> 所不容也。昔之君子，惟荆是师；今之君子，惟温是随。所随不同，其为
> 随一也。老弟与温相知至深，始终无间，然多不随耳。致此烦言，盖始于
> 此。[2]

那些紧紧追随司马光的所谓元祐君子，跟熙宁时期师事王安石的投机钻营者
没有本质区别。苏轼自己跟司马光交情很深，但并不一味附和，在存废如免役法等
部分新法问题上，保持了自己的独立判断，反复与司马光激烈争论，由此惹恼了那
些一边倒支持司马光的台谏官员。他们攻讦苏轼的"烦言"所起的真正原因，乃在
于此。

对于台谏指称吕陶和苏轼是同党，苏轼在元祐三年（1088）上奏的《乞郡札
子》中作出正面回应：

> 以光所建差役一事，臣实以为未便，不免力争。而台谏诸人，皆希合
> 光意以求进用。及光既殁，则又妄意陛下，以为主光之言，结党横身，以
> 排异议，有言不便，约共攻之。……其后又因刑部侍郎范百禄与门下侍郎
> 韩维争议刑名，欲守祖宗故事，不敢以疑法杀人。而谏官吕陶又论维专权
> 用事。臣本蜀人，与此两人实是知旧。因此韩氏之党，一例疾臣，指为川
> 党。[3]

苏轼说得很清楚，台谏众人结党围攻，就是因为他没有"希合光意"，所以相

1　参见（宋）李焘：《续资治通鉴长编》卷三百九十三，第9564—9565页。

2　（宋）苏轼：《与杨元素尺牍十七首》其十七，载孔凡礼点校：《苏轼文集》卷五十五，第1655—1656页。

3　（宋）苏轼：《乞郡札子》，载孔凡礼点校：《苏轼文集》卷二十九，第827页。

约攻之。而刑部侍郎范百禄、谏官吕陶都因为是蜀人，所以苏轼与他们早就相识。韩维一系的朔党势力，又因在是否可以"疑法杀人"争议上与苏氏兄弟结怨，诬称他们有朋党关系。

吕陶（1027—1103），仁宗皇祐四年（1052）考中进士，任铜梁县令。其后一直在地方辗转任职。神宗熙宁三年（1070），他与孔文仲、钱顗等应制科考试，有史料称他们三人贤良方正能直言极谏，但孔文仲、吕陶皆因极言新法之弊而引起王安石愤怒。《宋史·吕陶传》："时王安石从政，用新法。陶对策，枚数其过，大略谓：'贤良之旨，贵犯不贵隐，臣愚敢忘斯义。陛下初即位，愿不惑理财之说，不间老成之谋，不兴疆场之事。陛下措意立法，自谓庶几尧舜。顾陛下之心如此，天下之论如彼，独不反而思之乎？'及奏第，神宗顾安石取卷读，读未半，神色丧阻。……安石既怒孔文仲，科亦随罢；陶虽入等，才通判蜀州。"[1]吕陶直言极谏的犀利，与孔文仲不相上下。他因此得罪王安石而只能长期滞留地方，直至神宗死后的元丰八年（1085）哲宗继位，太皇太后权同听政，才被以司门郎中之职召还入京。

苏轼与吕陶结识的时间，至迟可以追溯到熙宁九年（1076）。当时苏轼知密州，作《寄黎眉州》诗，有"且待渊明赋归去，共将诗酒趁华年"[2]之句，表达了对故乡的思念及归去的乡愁。吕陶《净德集》保留了《和子瞻寄希声二首》，其二赠苏轼：

> 海势茫茫会百川，一鏖正在海西边。鸿收迅翮方栖渚，鹤吐清音自彻天。落笔尽降诗里将，放怀常对酒中贤。及锋急用应非晚，留带红尘已数年。[3]

而吕陶作于熙宁八年（1075）的《文与可画墨竹枯木记》又云："君子之智，思能过于人，则事无巨细，皆足以取高。此众人所以尊爱、钦重之不已也。画者，中有拟象，而发于笔墨之间，苟臻其极，则近见群物之情状，远参造化之功力。自古贤俊，往往能之。盖取其如此欤？与可之于墨竹、枯木，世之好事者皆知而贵。

1　（元）脱脱等：《宋史》卷三百四十六，第10449页。

2　（宋）苏轼：《寄黎眉州》，载（清）王文诰辑注，孔凡礼点校：《苏轼诗集》卷十四，第685页。

3　（宋）吕陶：《净德集》卷三十六，载（清）纪昀总纂：《四库全书·集部·别集类》第一千零九十八册，第273页。

子瞻尝谓'尽得其理'，固不妄也。顷年来成都，画此两物于嘉祐长老纪师之方丈，纪师宝之以夸识者。"[1]看来此时他们已经彼此熟悉，故吕陶对苏轼评价文同画竹之语，引以为知言。

熙宁十年（1077），吕陶知彭州时多次上奏，称执行新法之人李杞、蒲宗闵、刘佐等在蜀榷茶取利、坑害茶农："臣先于熙宁十年知彭州日，为见朝廷依等起请，尽数榷买川茶，收息出卖，大于远方，不便。并据本州茶园户屡有陈诉，及为堋口茶场减价买茶，亏损园户，致有喧闹。遂于当年三月八日、又本月十八日、四月二十四日，凡三次具状论奏，虽蒙朝廷施行，后来续见李稷、蒲宗闵、陆师闵等，贪功急利，侵刻远民，阻节商旅，增添岁课，欺罔朝廷，希窃恩赏，借置乖谬。遐方之人，不胜其苦。"[2]蒲宗闵弹劾吕陶"沮败新法"，被责监怀安商税。有人为之不平，吕陶说："吾欲假外郡之虚名，救蜀民百万之实祸，幸而言行，所济多矣，敢有荣辱进退之忿哉！"[3]展现出其为民除害而不计个人荣辱进退的循吏风采。

其实，吕陶与苏氏兄弟交集比较频密，仅在元祐初的三四年间。他们的交往关联文字，都是朝廷上下完全公开的，没有任何与一己私利牵连的行为。元祐元年，右司谏苏辙奏《论蜀茶五害状》声援吕陶之议："近岁李杞初立茶法，一切禁止民间私买。然犹所收之息，止以四十万贯为额，供亿熙河。至刘佐、蒲宗闵提举茶事，取息太重，立法太严，远人始病。是时，知彭州吕陶奏乞改法，只行长引，令民自贩茶。每茶一贯，出长引钱一百，更不得取息，得旨依奏。民间闻之，方有息肩之望。却差孙迥、李稷入川相度，始议极力掊取。因建言乞许茶价随时增减。茶法既有增减之文，则取利息依旧。由是息钱、长引二税并行，而民间转不易矣。"[4]虽然所论是同乡吕陶之议，但所涉及的是百万川民的切身利益。

元祐元年九月，苏轼为翰林学士、知制诰，吕陶贺之：

　　恭惟某官道造本元，才周贯变。语默系时之休戚，出处为国之重轻。

1　（宋）吕陶：《净德集》卷十四《文与可画墨竹枯木记》，载（清）纪昀总纂：《四库全书·集部·别集类》第一千零九十八册，第109页。

2　（宋）吕陶：《净德集》卷三《奏为缴连先知彭州日三次论奏榷买川茶不便并条述今来利害事状》，载（清）纪昀总纂：《四库全书·集部·别集类》第一千零九十八册，第24页。

3　（元）脱脱等：《宋史·吕陶传》，第10979页。

4　（宋）苏辙：《论蜀茶五害状》，载（宋）苏辙著，曾枣庄、马德富校点：《栾城集》卷三十六，第785页。

密告嘉猷，务引君而当道；总司大计，期节用以裕民。远业寖施，贵名增重。深被中宸之遇，延登内相之崇。惟仁经义纬之成文，庶几同于三代。况前兄后弟之接武，盛事萃于一门。将倚全谟，共敷元化。某远从吏役，恭听恩俞，趋庆莫缘，瞻风载拃。[1]

他为苏氏兄弟同时在朝廷得到重用而由衷地高兴，因为他们的才能与"裕民"的政治理念，有利于朝廷施行仁政，而不再唯利是图。

同年十二月，朱光庭以苏轼试馆职策题有"议论"祖宗的不当内容而奏章弹劾，朝廷先下诏放罪，明确苏轼策题没有讥议祖宗之意。苏轼也抗章自辩，叙述了拟定策题的经过。但这无意间触及了皇帝应该为此担责的忌讳，随即朝廷收回了放罪诏旨。言官王岩叟、傅尧俞等抓住时机，以诏令前后矛盾为由，要求治苏轼之罪，而其真实目的在于挽救朱光庭。时为殿中侍御史的吕陶奏言：

> 今苏轼所撰策题，盖设此问以观其答，非谓仁宗不如汉文、神考不如汉宣也。朱光庭指以为非，亦太甚矣。假使光庭直徇己见，不为爱憎而言，则虽不中理，义犹可恕。或为爱憎而发，则于朝廷事体，所损不细。今士大夫皆曰：程颐与朱光庭有亲，而苏轼尝戏薄程颐，所以光庭为程颐报怨，而屡攻苏轼。审如所闻，则光庭固已失之，轼亦未为得也。……今日光庭中伤苏轼之心，颇类前事，欲使朝廷为之报怨，不可不察也。臣与苏轼皆蜀人，而不避乡曲之嫌，极论本末。既备位台职，而辄纠谏官之失当。二罪皆不胜诛，然喋喋不敢自默者，非独为一苏轼，盖为朝廷救朋党之弊也。[2]

吕陶并不回避与苏轼是同乡，但所论不是为了苏轼一人的是非进退，而是担心台谏官员公报私仇，如果任由此风盛行，则朋党之祸将愈演愈烈。应该说，苏氏兄弟和吕陶，基本没有什么私交，他们之间产生交集的事件与相关文字，都是可以公之于世的，没有任何不可告人的秘密可言，也不带有结党营私的个人利害色彩。邵伯温指责吕陶是以苏轼为首的川党"羽翼"，缺乏强有力的事实依据和说服力。

1　（宋）吕陶：《净德集》卷十二《贺苏内翰启》，载（清）纪昀总纂：《四库全书·集部·别集类》第一千零九十八册，第91页。
2　（宋）李焘：《续资治通鉴长编》卷三百九十三，第9568—9569页。

《四库全书总目·净德集提要》评价吕陶"大抵于邪正是非之介，剖析最明。而据理直陈，绝无洛、蜀（笔者案：据上下文意，'蜀'当为'朔'字之误）诸人党同伐异之习。"[1]甚为平允，也算是为苏轼跟吕陶的乡友交往做了公正定性。

1　（清）永瑢等撰：《四库全书总目》卷一百五十三，北京：中华书局，1981年，第1319页。

北宋诗人、画家文同与眉山"三苏"的交往

刘　永（国家税务总局四川省绵阳市游仙区税务局）

摘　要：北宋著名诗人、画家文同与眉山"三苏"的交往始于苏轼、苏辙的父亲苏洵，"三苏"俱为文同的艺术知音。文同以墨竹绘画闻名于世，开创了中国文人画流派"湖州竹派"，而苏轼是"湖州竹派"的大弟子，继承和发扬了"湖州竹派"的绘画理论，推动了文人画派的发展。文同与眉山"三苏"并无亲戚关系。文同之子文务光娶苏辙长女为妻，文同、苏辙二人结为亲家。苏轼于是称文同为"亲家翁"，自称为"从表弟"。二人的表兄弟关系是现当代研究者根据苏轼为文同写的祭文中的自称而推断出来的。苏轼、苏辙为文同画竹撰写了大量诗文，奠定了以文同"湖州竹派"为开端的中国文人画发展的理论基础。

关键词：文同　三苏　文人画　交往史

文同（1017—1079），字与可，北宋梓州永泰（四川盐亭东）人，号笑笑先生，又号丹渊客、锦江道人，人称石室先生。宋仁宗皇祐元年（1049）中进士，终官湖州（浙江湖州）知州，故又被人称作"文湖州"。他是我国北宋时期著名的诗人、书法家、大画家，著有《丹渊集》。

宋真宗天禧元年（1017）五月二十日，文同生于梓州永泰县新兴乡新兴里（今盐亭县永泰镇文同村）一个三代"儒服不仕"以农为业的书香之家。其先祖乃西汉庐江舒县（今安徽庐江西）人文翁。文翁为蜀郡太守，治绩卓著，子孙"因家于蜀"；传至西晋名贤文立，文氏族人迁居巴之临江（今重庆忠县），后人再迁至梓州永泰。

宋仁宗皇祐元年（1049），时年三十三岁的文同上京城考中进士，他"振缨效王官，释耒去乡县"。入仕之后，他先后任邛州（今四川邛崃）军事判官，静难军节度判官，通判邛州、汉州（今四川广汉），知普州（今四川安岳）、陵州（今四川仁寿）、兴元府（今陕西汉中）、洋州（今陕西洋县）等府州。朝官至尚书司封员外郎、集贤院校理。宦途奔走三十余年，至宋神宗元丰二年（1079）正月二十一日出知湖州（今浙江省湖州市），上任途中，卒于陈州（今河南省淮阳市）宾馆，享年六十三岁。

关于文同与苏轼之间的关系，许多现当代学者以为二人是亲戚，但事实上，文同与苏轼并无亲戚关系。苏轼一家与文同的交游，始于苏轼、苏辙的父亲苏洵。

嘉祐五年（1060），苏洵在京城任职，曾与文同共事，且文同曾答应赠送苏洵自己创作的墨竹画，此事见苏洵所作诗《与可许惠所画舒景以诗督之》。

熙宁十年（1077），自文同之子文务光娶苏辙长女为妻之后，苏辙与文同结为亲家，苏轼得知此事后，在与文同的信札中便开始称文同为"与可学士老兄阁下""与可学士亲家翁阁下"。

在文同去世后的《祭文与可文》和《黄州再祭文与可文》两文中，苏轼始自称"从表弟"。因此现当代学者认为文同与苏轼二人是表兄弟关系，可能就是从苏轼在祭文中的这个自称加以推断出来的。

一、文同与苏洵

苏辙（1039—1112），字子由，号颍滨遗老。他在《祭文与学士文》中写道："与君相交，自我先人。"句中的"先人"即苏轼、苏辙兄弟俩的父亲苏洵（1009—1066），字明允，号老泉。《三字经》有云："苏老泉，二十七，始发奋，读书籍。"相传，苏洵大器晚成，少年时不好好学习，到了二十七岁才幡然醒悟，发愤读书，最终功成名就。苏洵四十八岁带领两个儿子进京应考，以文章名震天下，人称"老苏"。

嘉祐五年（1060），文同在朝廷任职，担任秘阁校理。当时，整日奔走权门的苏洵终于被朝廷任命为秘书省试校书郎，与文同同朝共事。"试校书郎"实际上只是一个"趋走拜赴小吏"。整日"劳筋苦骨，摧折精神，为他人所役使，去仆隶无几也"。（苏洵《上韩丞相书》）但为了这京官的名分和微薄的酬劳，苏洵不得不忍气吞声，埋头苦干。

苏洵酷爱收藏书画，对大画家文同的书画、人品十分倾慕。文同对官职卑微、一副衰老模样的苏洵十分尊重，并与之交往，令苏洵内心非常感动。面对接踵而至向自己索取书画的权贵，文同毫不理睬，却主动答应送给苏洵一幅墨竹图。

或许是事务太繁忙，创作墨竹画也需要时间，文同竟然迟迟未能兑现自己的承诺。酷爱收藏书画的苏洵有点等不及了。他忍不住写诗《与可许惠所画舒景以诗督之》寄给文同，提醒他不要忘了答应送给自己的绘画作品：

> 枯松怪石霜竹枝，中有可爱知者谁。
> 我能知之不能说，欲说常恐天真非。
> 美君笔端有新意，倏忽万状成一挥。
> 使我忘言惟独笑，意所欲说辄见之。
> 问胡为然笑不答，无乃君亦难为辞。
> 昼行书空夜画被，方其得意尤若痴。
> 纷纭落纸不自惜，坐客争夺相谩欺。
> 贵豪满前谢不与，独许见赠怜我衰。
> 我当枕簟卧其下，暮续膏火朝忘炊。
> 门前剥啄不须应，老病人谁称我为。

我们可以想象，文同看了苏洵的来信，很快，就给苏洵送去了自己的画作。苏洵如获至宝，把这幅墨竹图挂在床前，时时观赏。他以文同的书画知己自居，并把文同藐视权贵、绝不趋炎附势的高尚品格讲述给两个儿子，要他们好好学习文同做"端人正士"的高风亮节。由此，兄弟二人的心中埋下了钦佩文同的种子。

三苏的家乡眉山城所在的眉州，自古就是钟灵毓秀、文教兴盛、人才辈出之地。北宋开国以来，眉州考中进士外出为官的人接二连三，层出不穷，苏氏的亲戚石家也有人考中进士。

苏洵在《送石昌言使北引》中云："昌言举进士时，吾始数岁，未学也。忆与群儿戏先府君侧，昌言从旁取枣栗啖我。家居相近，又以亲戚故，甚狎。昌言举进士，日有名。吾后渐长，亦稍知读书，学句读、属对、声律，未成而废。昌言闻吾废学，虽不言，察其意，甚恨。"

石昌言在宋仁宗宝元元年（1038）进士及第，在朝廷为官，后曾出使契丹。苏洵的姐姐嫁给了石昌言的弟弟石扬言，故两家过从甚密。石昌言得知聪慧的苏洵才十来岁就荒废学业，不思进取，石昌言遗憾不已，甚至有点"恨铁不成钢"了。

殊不知，胸怀大志的苏洵只不过是有点任性，对那些声律句读、应付考试的官样文章不感兴趣罢了。

后来，苏洵二十七岁始发奋，终成一代文章大家。他见自己难以走科举考试这条路径，就把希望寄托在自己的两个儿子身上，带他们进京考试。他们到京城，投靠的亲戚正是石昌言。

石昌言之子石幼安是苏轼的好友。他隐居在京城，朝廷让他当官，他也不去。石幼安整天读书作诗，酷爱收藏、古董书画。苏轼在《石氏画苑记》中说："幼安与文与可（文同）游，如兄弟，故得画为多。""今幼安好画，乃其一病。"《石氏画苑记》写于苏轼在被贬官黄州期间，他认为石幼安酷爱收藏书画是得了"病"，有玩物丧志的意思。

苏洵的二哥苏涣是让眉山苏家最先扬眉吐气、荣耀乡里的功臣。苏涣，字公群，晚字文甫。天圣二年（1024）登进士第，为宝鸡主簿，官至提点利州路刑狱。嘉祐七年（1062）卒，享年六十二岁。庆历七年（1047），苏涣丁父忧，回到眉山老家为父亲守孝。其时苏轼十岁，苏辙七岁。苏涣非常喜欢这两个侄儿，为他们讲述自己少年时发奋读书的经历，勉励他们努力学习，将来成为国家的栋梁之材。而苏涣无疑是苏轼、苏辙兄弟小时候心目中崇敬的偶像。

苏洵是文同的同龄人，年长文同八岁。苏辙在《祭文与可学士文》中说："与君相交，自我先人。"苏洵的二哥苏涣曾经长期担任阆中通判，而文同的家乡永泰和阆中邻近，是由梓州方向通往阆中的必经之地。苏洵曾经到阆中去探望兄长，他路过永泰，以文会友，从而结识当地的知名文人文同也是很有可能的。

文同的后辈文氏族人在多年之后搬离了永泰，每到清明节或文同生日（五月二十日），文同的后世子孙都要回乡扫墓。他们将文同旧居捐出，舍宅为寺，改名为"高院寺"，内塑文同遗像，供世代子孙和乡民焚香祭奠。

相传，在高院寺的大门上，曾经留有半边对联，内容为："梓州一老，眉州一老，二老相对换文章。"这里须要说明的是："梓州一老"指文同，"眉州一老"指苏轼、苏辙的父亲苏洵。这半联应是当地一位乡间文士为了纪念文同、苏洵的交往而特意撰写的。根据民间传说，文同在三十岁那年，苏洵（老泉）从眉山经盐亭永泰到阆中，探望二哥苏涣时，曾经专门到文同家中拜访。两人交流学问，互换诗文。可惜这句上联至今无人能够对出下联来。

二、文同与苏轼

文同曾经说过："世无知我者，惟子瞻一见，识吾妙处。"子瞻即苏轼（1037—1101），也就是北宋大才子苏东坡（四川眉山人）。苏轼在《黄州再祭文与可文》中说："我官于岐（陕西凤翔），实始识君。甚口秀眉，忠信而文。志气方刚，谈词如云。"文同、苏轼都是我国北宋时期著名的诗书画大师，两人相识的过程本身就是一桩有趣的事件。

治平元年（1064），苏轼正在凤翔府（陕西凤翔）担任签书判官，文同路经此地，与苏轼相遇。两人言谈甚欢，从此结为知己。文同生于天禧元年（1017），苏轼生于景祐三年（1036），文同整整大了苏轼十九岁。当时，文同已年近五旬，两鬓斑白，面目清峻，温文尔雅，不苟言笑。而时年29岁的苏轼，风华正茂，身材颀长，诙谐幽默，指点江山，才华横溢。一个是久历宦场、人情练达的庄重老者；一个是初踏仕途、少年得志的青年才俊。一个冷静如冰，一个热情似火。两个性格截然不同的人就这样一见如故，"谈词如云"，结成了忘年之交。

两人自凤翔分别后不久，苏轼观赏文同留下的墨竹画，写下了《石室先生画竹赞并序》：

> 与可，文翁之后也，蜀人犹以"石室"名其家。而与可自谓笑笑先生，盖可谓与道皆逝、不留于物者也。顾尝好画竹，客有赞之者曰：
> 先生闲居，独笑不已。问安所笑？笑我非尔，物之相物，我尔一也。
> 先生又笑，笑所笑者。笑笑之余，以竹发妙。竹亦得风，天然而笑。

这是现存文献中，苏轼对文同书画艺术的最早评述，记述了文同自号"笑笑先生"的原因，抒发了文同爱竹、画竹的潇洒情怀。

苏轼在为文同作《石室先生画竹赞并叙》之后，经常与文同通信，以诗文酬答相和，并开始向文同请教、学习墨竹画法。因而，苏轼早年的墨竹画，其表现技法、风格面貌与文同相近，其绘画思想也深受文同的影响，如观物之理、重视物形与物理表现的"形理两全"、胸有成竹等绘画理论也直接来源于文同。

熙宁元年（1068）七月，苏轼、苏辙兄弟在家乡眉山为父亲苏洵服丧期满。冬天，他们取道成都—梓州—阆州—长安返回京城汴梁。

阆州（今四川阆中）是兄弟二人的伯父苏涣长期为官、生活之地。庆历元年至七年（1041—1047），苏涣在阆州担任通判，他在当地施行仁政，公正廉明，受到群众的交口称誉。虽然苏涣后来转官，担任利州（今四川广元）路提点刑狱，并于嘉祐七年（1062）在任所去世，但他的亲属、后人很多都还留在阆州。苏轼、苏辙兄弟二人在阆州有很多亲戚，他们此行正有顺道探访亲友的目的。

由梓州至阆州，盐亭、永泰都是必经之地。熙宁元年（1068）文同正在家乡盐亭永泰故居为母亲守丧。苏轼、苏辙兄弟二人路过盐亭、永泰，前去拜访文同。文同热烈欢迎他们的到来，并邀请他们为自己刚刚修建落成的墨君堂作文赋诗。

才思敏捷的苏轼为之作《墨君堂记》，苏辙写了五言律诗《文与可学士墨君堂》。苏东坡的《墨君堂记》满纸议论，而寡于记事。苏辙的《文与可学士墨君堂》则对墨君堂内外景物都进行了具体描述。苏氏兄弟二人的一文一诗，文采飞扬，珠联璧合，在中国文艺史上留下了不朽的篇章。

文同和苏氏兄弟聚在一起，谈诗论文，把酒言欢，相互交流创作心得、人生体验。文同还现场为他们作画，那高超的墨竹技艺让苏氏兄弟敬佩不已，苏轼当即表达了自己向文同学习画竹的迫切意愿。三人相聚一起，时光虽然短暂，却成为一段千古佳话。

当然，苏氏兄弟二人描写"墨君堂"的这一文一诗也不一定是当场创作，事后他们应文同的邀请，再进行创作也是有可能的。于是就有人质疑，认为苏轼兄弟对文同家乡盐亭墨君堂的描述仅仅是凭空想象，进而认为苏轼、苏辙的文字并不能证明他们曾经到过盐亭。

其实，关于这场文、苏二人的盐亭相会，我们还可以从苏轼的《黄州再祭文与可文》进行考量，这是苏轼在贬至黄州时为纪念文同而撰写的祭文。《黄州再祭文与可文》称："我官于岐，实始识君……一别五年，君誉日闻……再见京师，默无所云"。治平元年（1064），苏东坡正在凤翔府（今陕西凤翔）担任签书判官，文同路经此地，与苏东坡相遇。两人言谈甚欢，从此结为知己。

"一别五年"，就是说他们自从在凤翔相识，五年之后才再次见面。从1064年算起，五年之后正好是1068年。

当年，文同已经辞官丁忧，在盐亭家乡为母亲守丧；七月，苏东坡、苏辙为父亲苏洵服丧期满，到了冬天，他们一大家人才从眉山出发，动身回京。在此期间，文、苏二人在盐亭见面，是非常合理的推断。

熙宁三年（1070）四月，文同服丧期满，回到了京城汴梁。朝廷任命他知太常礼院，兼编修《大宗正司条贯》，负责讨论拟定朝廷、宗室礼仪制度的事务。文同、苏轼二人"再见京师"，这时距离他们在凤翔府初次见面之时，已经是第七个年头了。

　　当时，文同、苏轼都居住在京城西冈。知己久别重逢，更加亲密无间。他们时常往来，如胶似漆，隔三岔五就要相会。文同后来在《往年寄子平》诗中回忆他们这一时期交往的美好时光："往年记得归在京，日日访子来西城。虽然对坐两寂寞，亦有大笑时相轰。"两人经常聚在一起，品茗闲话，有时也会寂寞对坐。这个时候，苏轼总能找到玩笑话题，一阵侃大山之后，两人又会大笑起来。

　　一天，苏轼在与文同共游开封净因院，在拜访长老道臻法师之后，苏轼写下影响千古的画论名篇《净因院画记》。在这篇文章中，苏轼以文同墨竹为例，在绘画史上首次提出有关"常形""无常形""常理"的绘画思想，大力提倡其独树一帜的绘画形神观。

　　京城汴梁西郊，缓缓流淌着一条名为"二里"的小溪，沿岸林木茂密，景色优美。文同、苏轼二人常常相约在溪边漫步，或者骑着骏马，顺着溪流前行。他们信马漫游，兴致勃勃，乐此不疲，往往流连忘返。文同在《初入二里》诗中写道：

> 树色交山色，蝉声杂水声。
> 客怀殊不倦，信马此间行。

　　文同、苏轼二人在京城交往频繁，充满情调，然而他们身边的政治形势却是风起云涌，矛盾日益尖锐复杂。就在当年，王安石在宋神宗的支持下，开始实行"熙宁新政"。伴随王安石变法而来的是朝廷新党势力与旧党势力的激烈斗争。苏轼、苏辙兄弟因为反对新法，沦为旧党成员。当时，文同已年过五十，历经宦海沉浮，人情练达，不露锋芒。然而同样在朝为官、时年三十五岁的苏轼却是年轻气盛，往往不平则鸣，时时按捺不住内心对新法政策的不满。

　　文同虽然采取了"君子不党"的超然态度，仍然感受到了身边政治风暴的咄咄逼人。他决定离开汴梁这个政治斗争的是非中心，到地方州郡去工作。于是他向朝廷请求到故乡蜀地任职。不久，朝廷批准文同的请求，任命他以太常博士出知陵州（今四川仁寿）。朝廷的同事亲友都在为他的仓促离去而惋惜，纷纷前来送行。苏轼作送别诗一首《送文与可出守陵州》：

> 壁上墨君不解语，见之尚可消百忧。
> 而况我友似君者，素节凛凛欺霜秋。
> 清诗健笔何足数，逍遥齐物追庄周。
> 夺官遣去不自沉，晓梳脱发谁能收。

> 江边乱山赤如赭，陵阳正在千山头。
>
> 君知远别怀抱恶，时遣墨君消我愁。

苏轼希望文同多多保重，时常来信，不要忘了像自己这样的朋友。面对复杂纷乱的政治斗争形势，文同常常苦口婆心告诫苏轼要谨言慎行，明哲保身。苏轼却不以为然，继续对新法提出异议。没过多久，苏轼就被新党排挤，被迫外调，出任杭州通判。

得知这个消息，文同又写诗告诫苏轼："北客若来休问事，西湖虽好莫吟诗。"（叶梦得《石林诗话》）然而，苏轼却并未在意文同的深谋远虑、苦口婆心，照样写诗作赋，张嘴即来，时时讽刺、挖苦新法。这也为他后来的"乌台诗案"埋下了祸根。

苏轼在通判杭州期间，建筑修缮了凤咮堂、溅玉斋、方庵、月岩斋，并逐一歌咏一同寄给文同。文同在唱和诗咏《方庵》中写道："愿君见听便如此，鼠蝎四面人恐伤"，告诫提醒苏轼，官场险恶，不要过分标新立异，这样容易遭人暗算。

熙宁八年（1075），苏轼转知密州。第二年，筑超然台，他自己作文《超然台记》，又邀请时知洋州的文同作《超然台赋》。文同应邀作赋，多奖掖之词，鼓励情绪低落、郁闷不得志的苏轼。后苏轼又请文同草书《超然台诗》，刻石于台上。

元丰元年（1078），文同回到京城待阙，苏轼转知徐州。八月，苏轼在州城东门之上，筑成一座黄楼，以纪念去年军民抗击洪灾之事。他特地邀请文同作《黄楼赋》，并寄去绢四幅，请文同绘画，置于屏风之上。

文同是一位全能型的画家，尤其以善画墨竹名重当世。他在画墨竹之时，先将竹子的概图布局了然于胸，随即"振笔直书，追其所见"，栩栩如生的竹子，弹指间就浮现在眼前了。当时的诗人晁补之赞叹说："与可画竹，胸中有成竹。"胸有成竹是文同的绘画经验和创举，苏轼曾经在《文与可画筼筜谷偃竹记》中回忆文同给自己传授书画技巧的过程，并加以总结。后来，人们经常运用"胸有成竹"这一成语，来表达充满自信和心胸坦荡，而"文同""与可"也几乎成为墨竹的化身、代名词。

苏轼在这篇《文与可画筼筜谷偃竹记》中写道：文同从洋州回到京城后，向他求画的人纷至沓来。有的达官贵人附庸风雅，故意在文同面前显摆他们的阔绰，文同十分厌恶，将他们送来的绢素抛于地上，发狠说道："我要拿这些东西来做袜子穿！"

这时，文同想起以他为师、同样善画竹石的苏轼，此时他正在徐州为官。苏轼为人豁达开朗，要是有他在自己身边就好了，他就能巧妙为自己应付这些令人讨厌的人了。于是文同就给苏轼去信说："我告诉那些前来要画的人：'吾墨竹一派，近在彭城（徐州），可往求之。'你们要墨竹画就到徐州，找我的学生苏轼给你们画去。老弟对不起了，以后做袜子的材料都要堆积到你那里去了。"文同在信中称自己的墨竹画风为"墨竹一派"，可见他认为自己的墨竹绘画风格已经臻于完美成熟，足以开宗立派。

文同晚年被朝廷任命为湖州知州，故而时人称他为"文湖州"。可惜文同还未到任，就病逝于赴任湖州的途中。接替他出任湖州知州的人恰恰正是苏东坡，真可谓是前赴后继、传承有序了。后来，苏轼公开宣称自己属于"湖州竹派"，是文同的弟子，而且得其真传。"东坡本是湖州派，竹石风流各一时。"（苏轼《题〈憩寂图〉诗》）。"湖州竹派"开创了中国文人画的先河，为中国绘画史打开了一片崭新的天地。

苏轼最佩服文同的，是他的道德、诗歌、文章。苏轼在《与可画墨竹屏风赞》中说："与可之文，其德之糟粕；与可之诗，其文之毫末；诗不能尽，溢而为书，变而为画，皆诗之余。其诗与文，好者益寡。有好其德如好其画者乎？悲夫！"

元丰二年（1079），文同离京赴知湖州，途中在陈州（今河南淮阳）宛丘驿"沐浴衣冠，正坐而卒"，终年六十三岁。苏轼得知噩耗，悲痛万分。他在《祭与可文》中写道："孰能敦德秉义，如与可之和而正乎？孰能养民厚俗，如与可之宽而明乎？孰能为诗与楚辞，如与可之婉而清乎？孰能齐宠辱忘得丧，如与可之安而轻乎？呜乎哀哉！"

苏轼在悲痛中自问："为什么我止不住我的泪水？自己身边朋友如云，为什么独有文与可就像我的影子，召之不来、挥之不去？他的辞世让我如丧自身，我是在哭我自己呀！"

紧接着，苏轼又在《黄州再祭文与可文》中赞美文同："道德为膏，以自濯薰。艺学之多，蔚如秋菜。脱口成章，粲莫可耘。驰骋百家，错落纷纭。使我羞叹，笔砚为焚。"意思是文同的诗文写得太好了，以致自己看了都不敢再动笔墨，恨不得把自己的笔砚一把火烧了。苏轼对文同的道德文章心悦诚服，佩服得简直是五体投地。

三、文同与苏辙

文同是享誉北宋画坛的绘画大师，而"三苏"父子无疑都是他的铁杆粉丝。苏洵非常欣赏、珍视文同的墨竹画，并且以文同的书画知己自居，经常把文同藐视权贵、绝不趋炎附势的高尚品格讲述给两个儿子，要他们好好向文同学习。苏轼更是以文同为师，学习文同的诗文，学习文同的绘画，并且身体力行，成为文同开创的文人画派"湖州竹派"的大弟子，进而大力宣扬文人画派的绘画理论，师徒二人珠联璧合，为中国美术的发展做出了不可磨灭的巨大贡献。

相对父兄来说，苏辙似乎显得没有多少艺术细胞，对绘画作品也缺乏兴趣。苏轼在文章《杂记·子由幼达》里说："方先君与吾笃好书画，每有所获，真以为乐。惟子由观之，漠然不甚经意。"而实际上，苏辙对书画的鉴赏能力一点也不逊色于他的父兄。特别是对文同画竹，苏辙同样独具慧眼，倾尽笔力，加以赞美、评述。

苏辙在《墨竹赋》中记叙文同："朝与竹乎为游，暮与竹乎为朋，饮食乎竹间，偃息乎竹阴，观竹之变也多矣。"竹成为文同的知己、好朋友，甚至成为他"不可一日无此君"的恋人。苏辙将文同画竹比喻为"庖丁解牛"，游刃有余，而且认为文同从绘画实践中体会到了自然法则、天地之道，画以载道，达到了人生的完美境界。苏辙对文同画竹的意义给予了理论提升，高度赞美。可见，苏辙同样是文同艺术道路上的知己。

其实，在为人处世和性格特征方面，文同与苏辙更为接近一些。两人之间也相互欣赏，常有书信往来。文同和苏氏父子志同道合，亲密无间，具有亲如骨肉般的特殊缘分。就在文同与苏轼、苏辙结识十多年之后，文同的儿子文务光和苏辙的长女喜结良缘。文同和苏辙成为儿女亲家，所以苏轼在后来的诗文中，就对文同自称"从表弟"、亲家翁。

嘉祐六年（1061）苏轼、苏辙在参加制科考试之后，苏轼名列第三等，授大理评事，凤翔府（今陕西凤翔）签判。苏辙被朝廷任命为商州军事推官。他以父亲在京修《礼书》，兄长出仕凤翔，傍无侍子为由，奏乞留京养亲，辞不赴任。这期间，苏辙一直逗留在京城，陪伴在父亲苏洵身边。

熙宁元年（1068）七月，苏轼和苏辙在为父亲苏洵服丧三年期满之后，从家乡四川眉山返回京城汴梁。

熙宁三年（1070）三月，文同再次回朝任职。文同、苏轼、苏辙三位好朋友终于相会于京城。当时，朝廷上下正在大力推行熙宁变法，政治形势错综复杂，斗争激烈。苏辙起初极力拥护王安石变法，被选入制置三司条例司，参与制定新法。在颁布《青苗法》之时，因王安石没有采纳自己的建议，苏辙就直接上书神宗，表示反对。王安石大为恼怒，将加罪苏辙。幸好神宗并未同意，准予苏辙离开朝廷。秋末，苏辙因为反对新法，被迫离开朝廷，时张方平知陈州，聘任他为州学教授。苏辙从当时的最高权力中心一下子被贬官、下放，出任地位低微的州学教授，其内心的愁苦、愤懑是可想而知的。

当时，文同已经在陵州担任太守，他作《子瞻〈戏子由〉依韵奉和》诗寄给苏辙，安慰他。诗中写道："子由（苏辙）在陈穷于丘，正若浅港横巨舟。每朝升堂讲书罢，紧合两眼深埋头。""陵阳谬守卑且劳，马前空愧持旌旄。""贫且贱焉真可耻，欲挞群邪无尺棰。"对那些欺负苏辙的小人，他恨不得拿起鞭子（尺棰）加以痛打！"安得来亲绛帐旁，日与诸生共唯唯。"虽然苏辙的年龄比自己小得多（二十岁），但自己也愿意当他的学生。"君子道远不计程，死而后已方成名。千钧一羽不须校，女子小人知重轻。"文同认为苏辙为道义而献身的精神非常可贵，这个道理就连妇女、儿童都是明白的。文同的鼓励无疑是对苏辙的最佳抚慰。苏辙一直感佩文同，这也为二人后来结为儿女亲家埋下了伏笔。

熙宁八年（1075）秋末，文同离开故乡四川盐亭前往陕西洋州（今陕西洋县）赴任。文同在洋州勤政为民，政绩显著。他流连、赞美洋州的郡圃园林、亭台楼阁，因此作五绝《守居园池杂题三十首》。这些景致有横湖、冰池、荻浦、二乐榭、待月台、吏隐亭、露香亭、霜筠亭、此君庵等。文同把这些诗歌抄寄苏轼、苏辙和鲜于侁，他们三人都和诗酬答。一时间洋州及筼筜谷园林，美名四扬，传为盛事。苏辙作《和文与可洋州园亭三十咏》回寄文同。其中《筼筜谷》云："谁言使君贫？已用谷量竹。盈谷万万竿，何曾一竿曲。"赞扬文同不屈不挠的高尚情操。他还在酬答唱和文同的《答文与可十首》写道："故人远在江汉，万里时寄声音。闻道禅心寂寞，未废诗人苦吟。"可见文同、苏辙之间交往的默契、亲密。

熙宁十年（1077），苏轼奉命出知徐州。他在赴任途中，给文同去信祝贺、问候，写道："今日沿汴赴任，与舍弟（苏辙）同行。闻与可与之议姻，极为喜幸。从来交契如此，又复结此无穷之欢，美事！美事！但寒门不称，计与可不见鄙也。"对弟弟苏辙与文同结为亲家的好消息，苏轼满怀欣喜，真的是亲上加亲，美满姻缘。从此，苏轼、苏辙、文同相互之间，即以"亲家翁"相称了。

元丰二年（1079年）正月，文同在赴知湖州任途中，于陈州宛丘驿（今河南淮阳）猝然病逝。苏轼听闻噩耗，万分悲痛，"余闻赴之三日，夜不眠而坐喟；梦相从而惊觉，满茵席之濡泪"，因痛失挚友而极度悲伤，一再哀悼，他先后写有《祭文与可文》《文与可画筼筜谷偃竹记》《再祭文与可文》，来纪念俩人真挚深笃的友谊。

相对于哥哥苏轼的悲痛欲绝，作为文同的亲家翁苏辙此时也是涕泗横流，但态度要沉稳一些。他在《祭文与可学士文》中写道："昔我爱君，忠信笃实，廉而不刿，柔而不屈。发为文章，实似其德。风雅之深，追配古人；翰墨之工，世无拟伦。人得其一，足以自珍。纵横放肆，久而疑神。"其中表达了对文同的怀念、敬慕，高度评价了文同的书画人生。

文同病死在赴任途中，令人猝不及防。因他为官清廉，一生清贫，没有积蓄，家人一时之间竟然无力为他办理丧事，更难以及时将他的灵柩送回故乡安葬，只得等待苏轼、苏辙兄弟前来帮助。然而苏氏兄弟其时正身处逆境，非但不能前来奔丧，苏轼还于三月间受命自徐州移湖州，以代文同之阙。七月末，苏轼因"乌台诗案"下狱，到十二月二十九日出狱，授黄州团练副使。苏辙被贬为监筠州盐酒税务。

次年，正月四日，苏轼、苏辙一同到达陈州悼祭文同，又筹措资金给文同的季子，即苏辙之长女婿文逸民（务光），起运文同灵柩经黄州溯长江西归。直至文同死后十五年的宋哲宗元祐九年（1094）二月五日，文同的儿子文朝光、文葆光终于才将乃父灵柩安葬在故乡永泰县新兴乡新兴里的北桥山下。

李超琼对四川同乡苏东坡的接受

陈景周（江苏省苏州市相城区人力资源和社会保障局）

摘　要： 李超琼是苏东坡的四川同乡，李超琼对苏东坡这位异代同乡、文人典范，不仅崇敬其为人，赞赏其才能，还学习其诗风，作次韵诗。青少年时期，李超琼经常往来苏东坡故里，对三苏父子充满景仰、敬佩之情。在地方官任上，李超琼不仅赞赏苏轼的才名，还效法其为人。李超琼不仅熟读苏东坡诗，还进行次韵诗创作。次苏东坡诗韵创作，主要有题材相似、时间一致等动因。地方官任上，李超琼寻访苏文忠公祠、苏文忠公石刻像、苏轼行书《归去来兮辞》碑、临终寓居之孙氏馆等苏东坡遗迹。两任元和知县任上，李超琼每逢春秋两祭和东坡生日，都到苏文忠公祠进行祭祀。阳湖知县、江阴知县任上，李超琼仍在东坡生日设立神位进行祭祀。由祭祀的用心用情，可见其对异代同乡苏东坡的敬重和礼遇。

关键词： 苏东坡　李超琼　四川

李超琼（1847—1909）与苏东坡（1037—1101）是四川同乡，一个是晚清泸州合江县人，一个是北宋眉州眉山人。两人相隔四个朝代800余年，对这位异代同乡、文人典范，李超琼不仅崇敬其为人，赞赏其才能，还学习其诗风，次其诗韵作诗。吴企明《我读李超琼》评价其人其诗："敬仰苏轼的文章气节，效学东坡雄奇的诗风……称赞苏轼的才能……熟读苏诗，常用苏轼诗韵写诗……全面效学东坡诗歌的艺术风格，形成自己的'清逸'诗风。"[1]不唯如此，李超琼还在地方官任上

1　苏州工业园区档案管理中心编：《李超琼古今体诗笺注》，上海：文汇出版社，2022年，第382—283页。

寻访苏东坡遗迹，修缮苏东坡祠堂、勒石纪事，举办祭祀纪念活动等。

一、李超琼对苏东坡其人的评价

李超琼青少年时期，经常往来苏东坡故里，对三苏父子充满景仰、敬佩之情。《眉州舟中望三苏祠》："此州灵秀冠全蜀，老泉父子名彰彰。文章照耀震今古，颉颃李杜韩欧阳。"[1]说眉州钟灵毓秀、地灵人杰，孕育三苏父子这样杰出的人物，其文章犹如日月星辰照耀古今，可与李白、杜甫、韩愈、欧阳修等抗衡。《苏文忠公祠在定慧寺后，即守钦长老住持所也，壬辰秋祭诣焉，芜秽不治，顾之怆然，因有修复之思，率成长句，以束同志》："公之井里我乡关，绮岁眉山往还熟……惟公浩气没犹存，风马云车肯崦嵫。"[2]该诗说自己与苏东坡是蜀地同乡，青少年时期经常往来三苏故里，苏东坡虽早已不在人世，但其浩然之气长存天地之间，丝毫没有减弱。

李超琼在地方官任上，不仅赞赏苏轼的才名，还效法其为人。《东坡生日，命儿辈邀林生静庵之祺、潘生卤笙集苏祠为寿，用林文忠公伊犁双砚斋是日诗韵，作长句示之》："长公诗文无不奇，千年上下谁等夷……公生吾蜀跨八表，有似天衢神骏蟞络黄金羁。当时父子兄弟并千古，眉山遂重天西陲……何况生长共乡里，玻璃江接流杯池。愿为范滂我亦许，瓣香在是不须疑。"[3]该诗说苏东坡诗文雄奇，前无古人后无来者；说苏东坡生在蜀地，一生行迹遍布大江南北；三苏名垂千古，地因人重，眉山随之出名；接着说自己与苏东坡同生于蜀地，同饮一江水；最后说自己向前贤看齐，也要成为范滂那样的人。《秋间，以坡公画像寄临恭，临恭有诗见谢，久未答之，公生日展祀礼成，始依韵为一篇，临恭先以变征规我，自视犹故态也，故亦不复写寄》："眉山山脉通嘉州，早岁凌云恣高望。奇气勃郁纱縠行，才名千古谁能抗。"[4]该诗说眉山与嘉州山脉相通，自己年轻时曾经仰望，立下凌云之志，说苏东坡出生之地纱縠行有雄奇之气，其千古才名无人能及。《东坡诞辰，集同人于衙斋为寿，即用公生日次王郎见庆诗韵》："眉山乡里岂漫附，文章

1　苏州工业园区档案管理中心编：《李超琼古今体诗笺注》，第17页。
2　苏州工业园区档案管理中心编：《李超琼古今体诗笺注》，第155—156页。
3　苏州工业园区档案管理中心编：《李超琼古今体诗笺注》，第209—210页。
4　苏州工业园区档案管理中心编：《李超琼古今体诗笺注》，第289—290页。

气节钦纯儒……归神况指孙氏馆，相隔一水中横桴。白云尖头箕尾近，夜光疑有千明珠。"[1]该诗说自己不仅因为与苏东坡同乡而赞赏其人，更在于其文章气节让人钦佩；说苏东坡魂归之地，时隔800年仍有英灵所在，像夜明珠照亮夜空一般。

二、李超琼对苏东坡其诗的接受

李超琼不仅熟读苏东坡诗，还次其诗韵创作。《李超琼日记》光绪二十三年（1897）十二月十四日："近颇以诗名为累，益念东坡'守骏莫如跛'之语为可味也。"[2]"守骏莫如跛"，出自苏轼《次韵子由论书》："吾闻古书法，守骏莫如跛"[3]，意谓要善于藏巧于拙。正因为熟读，他才能深谙其中滋味。

李超琼次苏东坡诗韵作诗，主要有题材相似、时间一致等动因。题材相似，如溧阳知县任上，次《雪后书北台壁》诗韵作《除日大雪，用东坡北台韵》。元和知县任上，次《法惠寺横翠阁》诗韵作《登浸浦寺楼，用东坡横翠阁诗韵》；次《和子由记园中草木》诗韵作《衙斋紫藤一株，入夏苍翠浓深，炎威不到，而其钱竹篱蔽翳，时阻清风，壬辰六月始撤去之，花木亦别以去留，剪剔芜蔓，绿阴不改，而旷如豁如之致，即事述怀，用东坡〈和子由记园中草木〉诗韵十首》；次《聚星堂雪》诗韵作《十月二十八日，枕上闻飞雪有声，移时遂止，怅然感赋，仿欧阳公禁体，用东坡聚星堂韵》《喜雪，仍仿禁体，叠聚星堂韵，答宋松存》；次《祈雪雾猪泉，出城马上作，赠舒尧文》诗韵作《祷雪郡庙，用东坡雾猪泉祈雪韵，柬鹿邑王笃庄树芬、凌镜之两大令》；次《秋怀》诗韵作《秋怀二首，用东坡韵》。阳湖知县任上，次《次韵仲殊雪中游西湖》诗韵作《雪夜，用东坡〈次仲殊雪中游西湖〉诗韵》；次《喜刘景文至》诗韵作《凌镜之兄过访，用坡公〈喜刘景文至〉诗韵赠之》。无锡知县任上，次《与秦太虚、参寥会于松江，而关彦长、徐安中适至，分韵得风字》诗韵作《孙展云太守毓骧于役震泽，以和赖葆臣大令用东坡垂虹亭诗韵二律见示，步答一首》。

时间一致，如元和知县任上，次《正月二十日，往岐亭，郡人潘、古、郭三人送余于女王城东禅庄院》诗韵作《正月二十日由枫桥至五㲼泾，用东坡是日女王

1　苏州工业园区档案管理中心编：《李超琼古今体诗笺注》，第349—350页。

2　苏州工业园区档案管理中心编：《李超琼日记》，南京：江苏人民出版社，2012年，第389页。

3　（清）王文诰辑注，孔凡礼点校：《苏轼诗集》，北京：中华书局，1982年，第211页。

城诗韵》《正月二十日，招同镜之、松存、姚次梧桐生、陈榕庵焆、张昕园晟、魏尔宾士鸿、刘润生德澍诸乡人会饮，仍用东坡是日女王城诗韵》；次《九日黄楼作》诗韵作《华阳王樵也增祺韩城书来，并寄近作，次其〈重阳无菊〉，用东坡〈九日黄楼〉诗韵一首答之》。阳湖知县任上，用《生日王郎以诗见庆，次其韵并寄茶二十一片》诗韵作《东坡诞辰，集同人于衙斋为寿，即用公生日次王郎见庆诗韵》。

三、李超琼寻访苏东坡遗迹

（一）苏文忠公祠

　　光绪十八年（1892）八月十三日，元和知县李超琼到苏州定慧寺苏文忠公祠秋祭，发现因年久失修，苏文忠公祠破败不堪。八月十九日，作《苏文忠公祠在定慧寺后，即守钦长老住持所也，壬辰秋祭诣焉，芜秽不治，顾之怃然，因有修复之思，率成长句，以柬同志》，寄长洲知县王树棻（字仲馨，号筠庄，鹿邑人）、吴县知县凌焯（字镜之，号西圃，中江人），倡议捐资修缮。两位知县各捐俸禄十万钱，李超琼亦捐十万钱。九月十八日，李超琼到现场察看修缮工程进展情况。十月十二日，为苏文忠公祠神龛撰写两副楹联。十一月，苏文忠公祠修缮工程竣工。

　　《李超琼日记》光绪十八年（1892）八月十三日：

　　　　诣祭苏文忠公祠，祠在定慧寺后，屋仅三楹。后有小圃，有池，有石，啸轩在其上，西廊有文忠石画像，而皆荒凉芜秽，不堪入目，与芸庄、镜之谋所以新之。[1]

　　八月十九日：

　　　　于治薄书之暇写谒苏长公祠七古一章，柬镜之、芸庄，拟约共修复也。[2]

1　苏州工业园区档案管理中心编：《李超琼日记》，第125页。
2　苏州工业园区档案管理中心编：《李超琼日记》，第125页。

"谒苏长公祠七古"，题为《苏文忠公祠在定慧寺后，即守钦长老住持所也，壬辰秋祭诣焉，芜秽不治，顾之怃然，因有修复之思，率成长句，以柬同志》。全诗如下：

玉局仙人本奎宿，九州内外争尸祝。

中吴祠宇半荒凉，来酹寒泉荐秋菊。

公之井里我乡关，绮岁眉山往还熟。

秋风倚棹荡玻璃，春日循街问纱縠。

一从东下踏尘土，梦绕凌云如转毂。

宦游况送江入海，似与遗迹相追逐。

繄昔公当乞郡时，钱塘吴兴频典牧。

姑苏台畔屡经过，山水流连等三竺。

虎丘岩壁铁花秀，高会欣逢刘孝叔。

三贤画像快留题，苦羡鲈鱼叹麋鹿。

镰衣杷菌眼枯泪，尤为吴农重蒿目。

公乎虽去八百载，疑有英灵时往复。

西风摵摵吹疏木，神之来兮气萧肃。

艾烟纷缭魀魖逃，想像灵旗天半簇。

昔闻定慧钦长老，一面缘悭互倾服。

惠州谪去八千里，翟公门无客不速。

独教契顺远投诗，寒山十颂清可读。

（公初谪惠州，长老使其徒卓契顺往视，且致诗并寒山十颂寄焉。）

当时行脚苦招邀，应迓吟魂返僧屋。

岂知劫火到毗耶，铁柱石楼有翻覆。

啸轩可啸似黄州，至今竟无风扫竹。

写真图或倩龙眠，笠屐不堪尘满掬。

自来三吴盛文史，何时淫祀滋繁黩。

铲除空忆睢州汤，起化更少平湖陆。

竟令胜迹莽榛菅，坐使明禋失清穆。

惟公浩气没犹存，风马云车肯频蹙。

尚循典礼洁牲牷，不似琼儋烧蝙蝠。

群蒿一奏鹤南飞，城郭依然应降福。

骖龙翳凤公去来，定念旧游惊闪倏。

太息当时箕口张，乌台诗案千秋独。

买田阳羡归未能，万里桄榔甘黜伏。

公之名德尚若此，我辈何功幸持禄。

愿将举废告同心，半亩溪堂更新筑。

紫袍腰笛寿公时，还献梅花挹清馥。[1]

其中，"虎丘岩壁铁花秀，高会欣逢刘孝叔"，指熙宁七年（1074）五月，苏轼结束赈济饥民公务，从常州返回杭州途经苏州，游虎丘作《虎丘寺》。虎丘山第三泉侧"铁华岩"，名字取自其中"铁花绣岩壁，杀气噤蛙黾"句。又作《刘孝叔会虎丘，时王规父斋素祈雨不至》。刘孝叔，字刘述，湖州人。王规父，苏州知州王诲，字规父。"三贤画像快留题，苦羡鲈鱼叹麋鹿"，指苏轼返回杭州途经吴江时，谒三高祠，作《戏书吴江三贤画像》。三贤，为春秋末范蠡、西晋张翰、唐陆龟蒙三位隐士。"当时行脚苦招邀，应迓吟魂返僧屋"，指苏轼作陶渊明《归去来兮辞》行书赠定慧寺僧卓契顺之事。"写真图或倩龙眠，笠屐不堪尘满掬"，指东坡像石刻。罗汉院双塔及正殿遗址碑廊内有此诗并跋书条石，诗跋云：

诗既成，录奉长洲令鹿邑王筠庄树荣、吴令中江凌镜之焯。两君各出俸钱十万见助，余亦如其数，以为工料资，去朽易新，恶治如式，中冬乃落成。嘉平十九，遂举诞祭，退而志其缘起于石。知元和县事合江李超琼紫璈谨识。

九月十八日：

入定慧寺苏文忠公祠，察看补葺工程。[2]

十月十二日：

苏文忠公祠得芸庄、镜之各捐百元，可落成矣。拟一联，匄师乔书，

1　苏州工业园区档案管理中心编：《李超琼古今体诗笺注》，第155—156页。
2　苏州工业园区档案管理中心编：《李超琼日记》，第128页。

以悬之龛前，云："颂语复寒山，妙谛应教龙下听；瓣香怀故里，新祠
重奏鹤南飞。"然意犹未尽也，代镜之作一联以达之，曰："公多方外
缘，心境两奇，象地合依钦长老；我亦蜀中产，祠堂重葺，鹤山还念魏尚
书。"以文靖公之翁鹤山书院亦在苏城，久废故也。[1]

"心境两奇"，出自苏轼《次韵定慧钦长老见寄八首》其四"根尘各清净，心
境两奇绝"[2]。"颂语复寒山"，是指苏轼次定慧寺僧守钦《拟寒山十颂》诗韵所
作《次韵定慧钦长老见寄八首》。

十月二十九日：

> 巳刻，至苏文忠公祠阅工。补葺粗完，尚待洒扫。[3]

离任元和知县时，李超琼在留别诗中特地提及修缮苏文忠公祠之事。《初去
元和，未忘陈迹，扁舟西驶，怅集于怀，拉杂书之，述事怀人，并溢豪素，非以
自襮，用志泥爪而已》："犹剩苏祠须手葺，用情不是为乡关。"[4]到任阳湖知县
后，李超琼写诗回忆元和知县任上修缮苏文忠公祠、勒石纪事和祭祀祝寿等事。
《东坡诞辰，集同人于衙斋为寿，即用公生日次王郎见庆诗韵》："往年寿公在吴
趋，一时耆宿来于于。荒祠半亩经手葺，至今诗石犹可摹。"[5]

（二）苏文忠公石刻像

《李超琼日记》光绪十八年（1892）八月十三日："诣苏文忠公祠……西廊有
文忠石画像。"[6]李超琼《东坡生日，命儿辈邀林生静庵之祺、潘生卤笙集苏祠为
寿，用林文忠公伊犁双砚斋是日诗韵，作长短句示之》"龙眠画像石刻有二本，笠
屐貌出天人师"句自注："祠有石像二"。[7]可见，李超琼在苏文忠公祠内寻访到
苏东坡像石刻二方。

---

1 苏州工业园区档案管理中心编：《李超琼日记》，第131页。
2 （清）王文诰辑注，孔凡礼点校：《苏轼诗集》，第2116页。
3 苏州工业园区档案管理中心编：《李超琼日记》，第125页。
4 苏州工业园区档案管理中心编：《李超琼古今体诗笺注》，第247页。
5 苏州工业园区档案管理中心编：《李超琼古今体诗笺注》，第349—350页。
6 苏州工业园区档案管理中心编：《李超琼日记》，第125页。
7 苏州工业园区档案管理中心编：《李超琼古今体诗笺注》，第210页。

此二方石刻，民国时期尚存。民国《吴县志》卷六十一《金石考》："苏文忠公像，第一石有翁方纲题记，系嘉庆丙子十二月，第二石像略小，无题记年月，在苏公祠。"[1]目前，苏文忠公宋本真像在罗汉院双塔及正殿遗址碑廊东侧，与李超琼诗书条石相邻。

苏文忠公宋本真像，为清翁方纲（1733—1818）旧藏。碑上端最右侧，题"苏文忠公宋本真像"八字。其左，为嘉庆六年（1801）二月翁方纲临元末明初诗僧释妙声《东坡先生像赞》。碑中部右侧，为翁方纲题跋三则。碑中部左侧，为嘉庆二十一年（1816）十二月十九日翁方纲题跋。碑下端中部，为道光十四年（1834）三月李彦章跋。由题跋可知，嘉庆二十一年（1816）十二月十九日苏东坡生日，翁方纲将苏文忠公宋本真像赠予门生李彦章，让其在东坡生日时供奉祭祀。道光十四年（1834）三月，定慧寺苏文忠公祠建成后，李彦章将此真像及翁方纲题跋摹勒于石，立于苏文忠公祠内。

（三）《归去来兮辞》碑

光绪十八年（1892），李超琼《东坡生日，集同人于苏祠为寿，强成一律》"碑余手迹归来未"句自注："祠有公书《归去来辞》碑。"[2]十九年（1893），李超琼《东坡生日，命儿辈邀林生静庵之祺、潘生卤笙集苏祠为寿，用林文忠公伊犁双砚斋是日诗韵，作长短句示之》"升阶往酹琉璃厄，壁间更诵归来词"句自注："祠有石像二，及公为卓契顺手书《归去来辞》。"[3]可见，李超琼还寻访过苏东坡手书《归去来兮辞》碑。

此碑，民国时期尚存。民国《吴县志》卷六十一《金石考》："苏东坡书《归去来辞》石刻……在苏公祠。"[4]现已不知所终，国家图书馆藏有拓片，碑额篆书"东坡先生遗墨"，正文行书。

《归去来兮辞》碑，明正统五年（1440）江南巡抚周忱命人摹刻，并作《刻归去来辞跋》，立于定慧寺。此《归去来兮辞》，为苏轼于绍圣二年（1095）三月二日书赠定慧寺僧卓契顺，墨迹保留在定慧寺340余年。此碑在明清两代经历颇为曲折，曾一度"消失"在人们的视野中，乾隆二十四年（1759）又重见天日。金祖静

1　民国《吴县志》卷六十一《金石考》，叶二十八。

2　苏州工业园区档案管理中心编：《李超琼古今体诗笺注》，第176页。

3　苏州工业园区档案管理中心编：《李超琼古今体诗笺注》，第210页。

4　民国《吴县志》卷六十一《金石考》，叶十一。

作《重立苏碑序》，沈德潜作《定慧寺苏文忠公书〈归去来辞〉碑记》。《定慧寺苏文忠公书〈归去来辞〉碑记》碑，现存苏州碑刻博物馆（文庙）大成殿外东侧，其拓片收录于《镌石印痕——环太湖历史碑刻拓片精萃》。

《归去来兮辞》碑阴，刻有苏轼《寓居定惠院之东，杂花满山，有海棠一株，土人不知贵也》。许初《春日集城东定慧寺》："说法僧开白莲社，打碑人卖海棠诗。"[1]顾梦麟《次韵子晋同介平月在由王府基历竹堂寺至定慧寺，纪事题壁》诗序："旧刻坡书《归去来辞》尚存，子晋拓得之，碑阴有坡公海棠诗。"[2]

（四）孙氏馆

阳湖知县任上，李超琼寻访东坡寓居之孙氏馆遗迹。《东坡诞辰，集同人于衙斋为寿，即用公生日次王郎见庆诗韵》："归神况指孙氏馆，相隔一水中横桴。白云尖头箕尾近，夜光疑有千明珠。"自注："署外水南地名'白云尖'，旧有孙氏馆，实公骑箕尾之地。"[3]何薳《春渚纪闻》卷六："迁寓孙氏馆，日往造见，见必移时，慨然追论往事，且及人间，出岭海诗文相示，时发一笑，觉眉宇间秀爽之气照映坐人。"[4]

四、李超琼对苏东坡的祭祀

两任元和知县任上，李超琼每逢春秋两祭和东坡生日，都到苏文忠公祠进行祭祀。

《李超琼日记》光绪十八年（1892）十二月十九日：

> 至定慧寺后苏文忠公祠……共十一人，为东坡先生祝寿。公以是日生，自宋嘉祐丙子至今壬辰，为八百五十七岁。衣冠聚集，以伸瞻拜，亦瓣香敬奉之意而已。[5]

1　李彦章辑：《苏亭小志》，上海：上海古籍出版社，2013年，第135页。

2　李彦章辑：《苏亭小志》，第136页。

3　苏州工业园区档案管理中心编：《李超琼古今体诗笺注》，第350页。

4　何薳撰：《春渚纪闻》，北京：中华书局，1983年，第85页。

5　苏州工业园区档案管理中心编：《李超琼日记》，第139页。

此日，李超琼作《东坡生日，集同人于苏祠为寿，强成一律》。

光绪十九年（1893）十二月十九日：

> 诣苏祠致祭，以东坡生日也。命儿辈约林、潘二生饮于祠，用林文忠
> 公伊犁双砚斋寿苏诗韵，作长句示之。[1]

"林文忠公伊犁双砚斋寿苏诗"，为林则徐《壬寅腊月十九日，嶰筼前辈招诸同人集双砚斋作坡公生日，此会在伊江，得未曾有，诗以纪之》。李超琼次韵诗，为《东坡生日，命儿辈邀同林生静庵之祺、潘生卤笙集苏祠为寿，用林文忠公伊犁双砚斋是日诗韵，作长短句示之》。

光绪二十三年（1897）二月初三日："诣定慧寺，祭苏文忠公祠。"[2]光绪二十三年（1897）八月初六日："诣定慧寺之苏文忠公祠行礼，则余承祭者矣。"[3]光绪二十四年（1898）二月初三日："及至苏文忠公祠主祭毕，遂出胥门。"[4]如因特殊情况不能亲自到苏文忠公祠祭祀，他便在家中设立神位进行祭祀。光绪二十二年（1896）十二月十九日："东坡先生生日也，先欲为寿于定慧寺，以心绪甚恶，未及举祭，仅命昂儿于书室设位祀之。"[5]

阳湖知县、江阴知县任上，李超琼仍在东坡生日设立神位进行祭祀。光绪二十一年（1895）十二月十九日："招胡生济云来，与潘生辈共作东坡生日，得七古一章，属二生同作也。"[6]"七古一章"，指《秋间，以坡公画像寄临恭，临恭有诗见谢，久未答之，公生日展祀礼成，始依韵为一篇，临恭先以变征规我，自视犹故态也，故亦不复写寄》。光绪二十四年（1898）十二月十九日："是日为东坡先生寿辰，既设祭书室，作示侃儿辈一诗。"[7]所作诗为《东坡生日，命卢生及侃儿于书室悬画像为寿，礼成，示以一律》。由祭祀的用心用情，可见其对苏东坡这位异代同乡的敬重和礼遇。

1　苏州工业园区档案管理中心编：《李超琼日记》，第182页。

2　苏州工业园区档案管理中心编：《李超琼日记》，第341页。

3　苏州工业园区档案管理中心编：《李超琼日记》，第369页。

4　苏州工业园区档案管理中心编：《李超琼日记》，第399页。

5　苏州工业园区档案管理中心编：《李超琼日记》，第331页。

6　苏州工业园区档案管理中心编：《李超琼日记》，第278—279页。

7　苏州工业园区档案管理中心编：《李超琼日记》，苏州：古吴轩出版社，2012年，第50页。

眉山三苏与眉山石氏交游考述

摘　要： 苏氏与石氏是眉山典型的文化家族。眉山三苏与眉山石氏之石扬休一支交游甚密，他们相互唱酬、文艺切磋，甚至世代联姻，文艺姻缘网络共融，推动了学术文化的发展。

关键词： 三苏　石氏　交游

"炯炯明珠照双璧，当年三老苏、程、石。"[1]唐末五代时，中原地区战争频仍，素号"天府之国"的西蜀成为北方"衣冠之族"（即知识分子官宦世家）避乱的一方乐土，而眉州成为接纳北方移民最多的州郡[2]。这些北方世家拥有典籍文化和仕宦文化的显著优势，有"承家从仕"的"家法"，至北宋承平，通过科举，形成文化家族。眉山苏氏、程氏、石氏三大家族乃其典型代表。这些文化家族成员相互唱酬、文艺切磋，甚至通婚联谊，文艺姻缘网络共融，推动了学术文化的发展。本文以北宋眉山文化家族苏氏与石氏的交游为案例，通过对眉山三苏与眉山石氏的交游考述，以期理清事实，还其本来面目，对宋代文化中"眉山现

1　（宋）苏轼：《送表弟程六知楚州》，载张志烈等校注：《苏轼全集校注·苏轼诗集校注》卷二十七，石家庄：河北人民出版社，2010年，第2992页。

2　参见刘琳：《唐宋之际北人迁蜀与四川文化发展》，载四川联合大学古籍整理研究所、四川联合大学宋代文化研究资料中心编：《宋代文化研究》第二辑，成都：四川大学出版社，1992年。

象"[1]再作一注脚。

一、眉山石氏述略

据范镇《石工部扬休墓志铭》、吕陶《中大夫致仕石（洵直）公墓志铭》载，石氏乃西汉万石君石奋之后，眉山石氏的始迁祖石藏用，担心时局紊乱，在大历十一年（776）举家迁入眉州。有宋之初，"蜀人去五代乱，俗未向儒"，石氏"即其居构层台以储书，以经术教子弟，里人化之，弦诵日闻，号'书台石家'"[2]。石氏藏书丰富，重视子弟教育，遂以科举起家，有闻于世，其中以石待问、石洵直与石扬休为代表影响尤大。

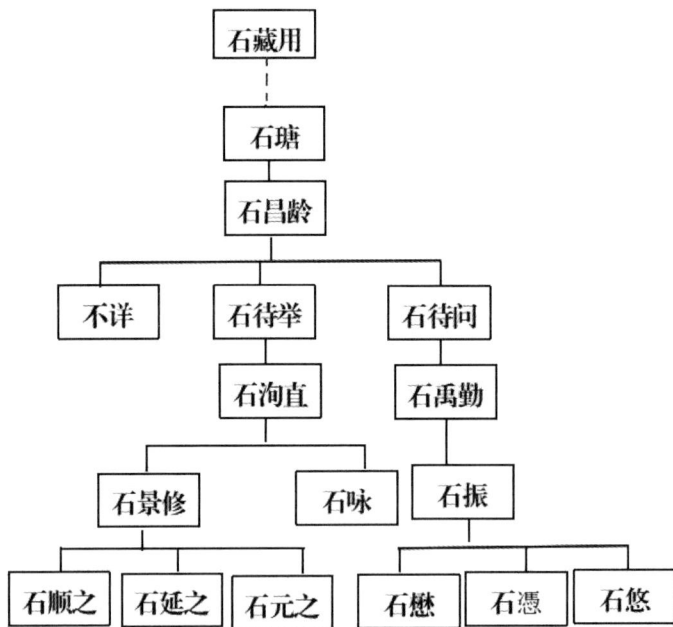

图1　石洵直支世系简表
（据吕陶《中大夫致仕石（洵直）公墓志铭》及相关资料整理）

1　祝尚书先生提出，宋代文化发达，而西南小州的眉山又是最发达的地区之一，尤其是文学、史学长期处于全国领先地位的现象，称为"眉山现象"。参见祝尚书：《论宋代文化中"眉山现象"》，《四川大学学报（哲学社会科学版）》2004年第3期。

2　（宋）吕陶：《中大夫致仕石（洵直）公墓志铭》，载曾枣庄、刘琳主编：《全宋文》第七十四册，上海：上海辞书出版社，2006年，第79页。

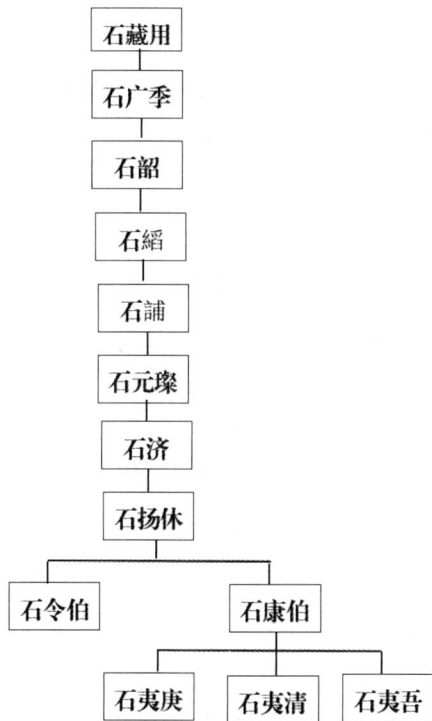

图2　石扬休支世系简表
（据范镇《石工部扬休墓志铭》及相关资料整理）

石洵直与石扬休当为同辈，墓志铭中皆谓石藏用为其七世祖。眉山石氏在北宋时期最早以科举入仕的是石待问。石待问（？—1051），字则善，宋真宗咸平三年（1000）进士，景德三年（1006），试贤良方正直言极谏科，入第四等，有《谏史》一百卷（今佚），《四川通志》有传；其子石禹勤，字力臣，皇祐元年（1049）进士，有《石力臣文集》（今佚），《太平府志》有传；其侄石洵直（998—1091），字居正，景祐元年（1034）登进士甲科第六人，致仕后归故里，与程濬、史瑜被乡人敬称为"三卿"；其曾孙石懋，字敏若，自号橘林，元符三年（1100）进士，崇宁元年（1102）中博学宏词科，有《橘林集》（今佚），宋人魏齐贤辑《宋贤五百家文粹》列石懋一家。

石扬休（995—1057），在宋仁宗宝元元年（1038）（或谓景祐五年）进士及第，有名于时，其详情在与三苏的交游中叙及。

二、三苏与眉山石氏交游考述

三苏与眉山石氏的石待问、石洵直一支的交游不见于史料，与石扬休一支关系密切，本文重点考述三苏与石扬休一支的交游。

（一）与石扬休

石扬休（995—1057），字昌言，宋仁宗宝元元年（1038）进士第四人及第；后知中牟县，担任过开封府推官、三司度支判官等，官止于工部侍郎。其事迹详见范镇《石工部扬休墓志铭》、《宋史》卷二九九本传。司马光《石昌言哀辞》概述其一生道："眉山石昌言，年十八，州举进士，伦辈数百人，昌言为之首，声振西蜀。四十三乃及第，十八年知制诰，又三年以疾终。"[1]

据墓志铭载，石扬休著有《南郊野录》六卷、《燕申编》二卷、《角上丛编》五卷、《西斋文集》十卷以及诗、杂文、制诰千余篇，皆佚。《东都事略》卷六四《石扬休传》称其"工于诗什，世称其才"[2]。释文莹《湘山野录》称："皇祐间，馆中诗笔石昌言扬休最得唐人风格。"[3]

石扬休喜收藏，是当时有名的收藏鉴赏家。米芾《画史》云："嘉祐中，三人收画，杨褒、邵必、石扬休，皆酷好，竭力收。后余阅三家画，石氏差（稍微、大略之意）优。"[4]在仁宗嘉祐时期（1056—1064）喜收藏书画的三家中，石家的收藏质量是最高的。陈师道《石氏画苑》诗赞曰："君家画苑倾东都，锦囊玉轴行盈车。"米芾曾用唐代张萱六横幅韦侯故事图和徐熙两幅牡丹海棠图从石氏处换得唐代李邕《多热要葛粉帖》和《光八郎谢惠鹿帖》。石氏还藏有怀素《自叙帖》之一种。黄庭坚自谓得"长沙三昧"（怀素长沙人，自言得草书三昧），颇得益于借观石氏家藏之怀素《自叙帖》。

苏洵与石扬休的交往在《送石昌言使北引》一文中可观其大概：

> 昌言举进士时，吾始数岁，未学也。忆与群儿戏先府君侧，昌言从旁取枣栗啖我。家居相近，又以亲戚故，甚狎。昌言举进士，日有名。吾

1　（宋）司马光：《石昌言哀辞》，载曾枣庄、刘琳主编：《全宋文》第五十六册，第321页。

2　王称：《东都事略》卷六十四列传四十七，清嘉庆三年席氏扫叶山房刻本。

3　释文莹：《湘山野录》，载朱易安、傅璇琮等主编：《全宋笔记》第一编第六册，郑州：大象出版社，2003年，第47页。

4　（宋）米芾《画史》，民国二十五年上海神州国光社排印美术丛书本。

后渐长，亦稍知读书，学句读、属对、声律，未成而废。昌言闻吾废学，虽不言，察其意，甚恨。后十余年，昌言及第第四人，守官四方，不相闻。……又数年，游京师，见昌言长安，相与劳问，如平生欢，出文十数首，昌言甚喜称善。吾晚学无师，虽日为文，中甚自惭，及闻昌言说，乃颇自喜。今十余年，又来京师，而昌言官两制，乃为天子出使万里外强悍不屈之虏庭……[1]

文章历述苏洵与石扬休的交往以及两人的亲密关系。苏轼《苏廷评行状》中载祖父苏序幼女适石扬言。石扬言与石扬休当为兄弟或堂兄弟，苏洵与石扬休亦为同辈，石扬休长苏洵十五岁，两家家居相近，又是亲戚，两人关系亲昵。

石扬休十八岁举进士时，苏洵年仅三岁，故"未学也"。稍年长，苏洵也为参加科举考试学习声律、句读，天圣四年（1026），十八岁时初次参加科考，不中，开始"游荡不学"，此谓"未成而废"，石扬休对苏洵"废学"之举，口虽不言，但恨其不争。十二年后，景祐五年（1038），石扬休中进士甲等，宦游四方，两人遂不相闻。

苏洵"年二十七，始大发愤，谢其素所往来少年，闭户读书，为文辞"[2]。庆历五年（1045），三十七岁的苏洵因举制策入京，自京返蜀途经长安，"见昌言长安"，多年未见的两人，此番相见，"相与劳问，如平生欢"。苏洵将所作的文章呈以石扬休，扬休"甚喜"，对其文章极力"称善"。"甚狎""甚恨""甚喜"，形象地勾勒出苏洵与石扬休间亲昵互勉的关系。

"今十余年，又来京师"，当指嘉祐元年（1056），苏洵送苏轼、苏辙兄弟赴京应试。五六月间，三苏父子抵达京师。八月十七日，石扬休为庆贺契丹国母生辰使，出使辽国。九月十九日，苏洵作《送石昌言使北引》。宋辽两国虽有澶渊之盟，但暗中较劲，就两国军事实力而言，辽强宋弱，出使不辱君命，本是一桩大难事。苏洵作文，以感佩石扬休出使辽国的勇气与气概。嘉祐二年（1057）四月，苏轼苏辙母亲程夫人卒于乡，三苏父子仓皇返蜀。石扬休使辽途中染疾，恐自己不久于人世，回朝后申请回蜀祭扫，嘉祐二年十一月，病逝于京师。

1　（宋）苏洵：《送石昌言使北引》，载曾枣庄、舒大刚主编：《三苏全书》第六册，北京：语文出版社，2001年，第112页。

2　（宋）欧阳修：《故霸州文安县主簿苏君墓志铭》，载曾枣庄、刘琳主编：《全宋文》第三十五册，第370页。

《送石昌言使北引》一文婉转曲尽，感情真切，是苏洵古文的代表作之一。《送石昌言使北引》为此还引发了一场误会。

陈师道《后山谈丛》云：

> 余于石舍人扬休家得苏明允送石北使引，石氏子谓明允书也。以示秦少游，少游好之，曰："学不迨其子，而资过之。"乃东坡少所书也。[1]

陈师道在石家见到此《送石昌言使北引》书帖，石氏子（或为石幼安）认为这是苏洵所书，并向秦观展示。秦观亦未查辨，称赞苏洵资质高过其子。殊不知，《送石昌言使北引》书帖，文是苏洵的，字却是苏轼的。这幅难得的书法作品后来归了陈师道。元祐三年（1088）九月一日，苏轼在为陈师道所得的这件书法作品作跋时澄清了误会：

> 右嘉祐元年九月十九日先君《送石昌言北使》文一首，其字则轼年二十一时所书与昌言本也。今蓄于陈履常氏。[2]

斯人已逝，可以想见的是，当年二十一岁的苏轼在书写《送石昌言使北引》时，对这位同乡前辈所怀的崇敬心情。想必当年苏轼、苏辙兄弟是在京师拜见过石扬休的。

苏轼文集中有《书石昌言爱墨》，对石扬休喜蓄名墨，但不许人磨之事，发表了自己的评述：

> 石昌言蓄廷珪墨，不许人磨。或戏之云："子不磨墨，墨当磨子。"今昌言墓木拱矣，而墨故无恙，可以为好事者之戒。[3]

苏轼在对待外物的态度上提倡"君子可以寓意于物，而不可留意于物"[4]，

1　（宋）陈师道：《后山谈丛》，载朱易安、傅璇琮等主编：《全宋笔记》第二编第六册，第90页。
2　（宋）苏轼：《跋送石昌言引》，载张志烈等校注：《苏轼全集校注·苏轼文集校注》卷六十六，第7418页。
3　（宋）苏轼：《书石昌言爱墨》，载张志烈等校注：《苏轼全集校注·苏轼文集校注》卷七十，第7955页。
4　（宋）苏轼：《宝绘堂记》，载张志烈等校注：《苏轼全集校注·苏轼文集校注》卷十一，第1123页。

"寓意于物"，是一种审美态度；"留意于物"，是一种功利态度，则"人为物累，心为形役"。这一观点在苏轼为石氏所作《石氏画苑记》中亦一以贯之。

（二）与石康伯

石扬休有二子，长子石令伯，次子石康伯（1019—1085）（按：据苏轼《石氏画苑记》，记作于元丰三年，而云幼安"今年六十二"，可知康伯实生于天禧三年。又，苏轼《祭石幼安文》，作于元丰八年四月初，康伯即卒于其年春。）石家收藏书画数百轴，石康伯、石夷庚父子将家藏的小品杂件书画，编次成册，名曰《石氏画苑》，请苏轼为之作记，是为《石氏画苑记》，作于元丰三年（1080）十二月二十日。此记中，苏轼未提《石氏画苑》中的藏品或石氏父子编次情况，而是对石康伯进行了详细的描述：

> 石康伯，字幼安，蜀之眉山人，故紫微舍人昌言之幼子也。举进士不第，即弃去；当以荫得官，亦不就。读书作诗以自娱而已，不求人知。独好法书、名画、古器、异物，遇有所见，脱衣辍食求之，不问有无。居京师四十年，出入闾巷，未尝骑马。在稠人中，耳目谡谡然，专求其所好。长七尺，黑而髯，如世所画道人剑客。而徒步尘埃中，若有所营，不知者以为异人也。又善滑稽，巧发微中，旁人抵掌绝倒，而幼安淡然不变色。与人游，知其急难，甚于为己。有客于京师而病者，辄异置其家，亲饮食之，死则棺敛之，无难色。[1]

石康伯，字幼安，未出仕，喜收藏书画、古器、异物。为人幽默，行侠仗义，居京师四十年，后迁居宿州。苏轼《石氏画苑记》将石康伯的形象、性格以及爱好刻画得细致逼真，如见其人，可谓是人物传记的上乘之作，亦可见苏轼对石康伯的深刻了解。

苏轼在文末引苏辙之语表达了自己的观点，"所贵于画者，为其似也。似犹可贵，况其真者？吾行都邑田野所见人物，皆吾画笥也。所不见者，独鬼神耳，当赖画而识，然人亦何用见鬼？"[2]画所贵者，莫过于"真"，而最为"真"者，莫过于实物。所见之山川人物，都可以看作自家的画匣子。只能见之于画的只有鬼神，

---

1 （宋）苏轼：《石氏画苑记》，载张志烈等校注：《苏轼全集校注·苏轼文集校注》卷十一，第1151页。
2 （宋）苏轼：《石氏画苑记》，载张志烈等校注：《苏轼全集校注·苏轼文集校注》卷十一，第1151页。

但见之鬼神又有何用？那又何必"脱衣辍食"极力收罗逼真的画作呢？苏轼认为"此言真有理"，认为"幼安好画，乃其一病"，要"庶几全其乐而远其病"（苏轼在《宝绘堂记》中劝告王诜之语），故"无足录者，独著其为人之大略云尔"，说明了自己为何将《石氏画苑记》写成"石康伯传"。

苏轼与石康伯有三封信札存世。一封作于熙宁四年（1071）八月十一日，当时苏轼任杭州通判尚未动身，在汴京待发。此信见于《西楼书帖》，书法界将其定名为《令子九月帖》和《洋州令子帖》。[1]一封作于熙宁八年（1075），当时苏轼知密州。最后一封作于元丰六年（1083）闰六月，苏轼在黄州大病初愈，谈及养生。从书信的时间跨度来看，苏轼与石康伯长期保持着联系，从书信的内容看，信中苏轼称石康伯为表兄，实属闲聊家常类，正是在这种长期的日常的闲聊中，才可洞见两人那种亲密无间之关系。

苏轼、石康伯、文同三人关系极好。苏轼在与文同的书信中，每每提及石康伯。"蒙寄惠偃竹……闻幼安父子共得卅余轴。谨援此例，不可过望。"[2]

苏轼请文同作《黄楼赋》："其临观境物，可令幼安道其详，告为多纪江山之胜，仍不用过有褒誉"[3]"石幼安言，亦可呼水精宫使。此语可记"[4]。

在给文同的书信中，苏轼总絮絮叨叨提及石康伯，可以想见，三人间亲密之关系。陈师道为《石氏画苑》作诗亦谓："苑中最爱文与苏，情亲不独生同间。"[5]元丰二年（1079）正月文同病逝。元丰八年（1085）正月，苏轼自黄州量移汝州，十五日到宿州，探望了定居在此的石康伯。此时的石康伯已在病中，不久，康伯病逝。苏轼在《祭石幼安文》中云："我行过宿，子病已缠。顾我而笑，自云少瘥。念子仁人，寿骨隐颧。携手同归，相视华颠。孰云此来，拊膺号天。"[6]悲痛之情，溢于文字之间。

1　刘正成主编：《中国书法全集·作品考释》，北京：荣宝斋出版社，2004年，第442页。

2　（宋）苏轼：《与文与可十一首》（六），载张志烈等校注：《苏轼全集校注·苏轼佚文汇编》卷二，第8538页。

3　（宋）苏轼：《与文与可十一首》（七），载张志烈等校注：《苏轼全集校注·苏轼佚文汇编》卷二，第8539页。

4　（宋）苏轼：《与文与可十一首》（十一），载张志烈等校注：《苏轼全集校注·苏轼佚文汇编》卷二，第8542页。

5　（宋）陈师道：《石氏画苑》，载北京大学古文献研究所编：《全宋诗》卷一千一百一十五，北京：北京大学出版社，1995年，第12667页。

6　（宋）苏轼：苏轼《祭石幼安文》，载张志烈等校注：《苏轼全集校注·苏轼文集校注卷》六十三，第7017页。

（三）与石夷庚

石夷庚，字坦夫，石扬休孙，石康伯长子。范镇《石工部扬休墓志铭》载其因荫补入仕，其仕宦履历，在《续资治通鉴长编》卷二二四有段记载：熙宁四年（1071）六月，"通判亳州、职方郎中唐谊……支使石夷庚，永城等七县令佐等十八人皆冲替，坐不行新法，置狱劾治，而有是命。"[1]熙宁二年（1069）八月，富弼因反对新法，议论与王安石多不和，被授为武宁军节度使、同中书门下平章事，判亳州。在亳州，富弼拒不执行青苗法。熙宁四年六月，富弼以及一干僚属以"不行新法"的罪名皆受惩处。富弼以左仆射改知汝州，亳州通判唐谊、签判萧传以及观察支使石夷庚等十八人入狱被审查治罪，被贬官降职。苏轼在《石氏画苑记》中亦提及此事，"为亳州职官与富郑公俱得罪者，其子夷庚也"[2]，对此引以为荣。观察支使，掌表笺书翰，与掌书记职责类似，由明经及诸色入仕无出身者充任（进士出身者则为掌书记）。

石夷庚乃苏轼晚辈。现存史料对两人的交往记述不多。苏轼有诗《留别叔通元弼坦夫》，乃其元丰二年（1079）三月，罢徐州任，与田叔通、寇昌期（字元弼）、石夷庚告别时作。诗中有"迎我淮水北，送我睢阳道"，熙宁十年（1077）四月二十一日，苏轼从密州到达徐州，石夷庚与田叔通、寇昌期相迎。时田叔通为徐州通判，寇元弼为徐州布衣，后曾仕为许州司户参军，石夷庚不知为何职，当为徐州属官。元丰二年（1079）苏轼离徐州赴湖州时，三人又来送别。在徐州，石坦夫相从苏轼近二年。苏轼称赞石夷庚："石生吾邑子，劲立风中草。宦游甑生尘，菽水媚翁媪。"[3]米芾著作多次提及石家的藏品以及与石夷庚交换书画事。据米芾《书史》载，石扬休曾花两万钱购得王羲之曾使用过的"风字砚"，苏轼从石夷庚处以"四十千置往矣"。

三、眉山苏氏与眉山石氏姻亲关系考辨

苏轼在《眉山远景楼记》中讲到眉山"士大夫贵经术而重氏族，……大家显

1　（宋）李焘撰：《续资治通鉴长编》卷二百二十四，北京：中华书局，1995年，第5454页。
2　（宋）苏轼：《石氏画苑记》，载张志烈等校注：《苏轼全集校注·苏轼文集校注》卷十一，第1151页。
3　（宋）苏轼：《留别叔通元弼坦夫》，载张志烈等校注：《苏轼全集校注·苏轼诗集校注》卷十八，第1948页。

人，以门族相上，推次甲乙，皆有定品。"[1]虞集进一步解释道："所谓贵重氏族，推次甲乙，皆有定品。虽贵且富，非比族氏，不通婚姻。"[2]眉山苏氏、眉山石氏均是唐人蜀的北方官宦世家，门第相当，世代联姻。

苏轼《苏廷评行状》载：苏序有女二，"长适杜垂裕，幼适石扬言"[3]。石扬言与石扬休应为兄弟或堂兄弟。石洵直亦"娶苏氏，累封仁寿郡君"[4]。

苏山《苏符行状》："先公姓苏氏，字仲虎，讳符，世居眉山。曾王父讳洵，王父讳轼，父讳迈，母石氏，故中书舍人昌言之孙。"[5]苏轼长子苏迈娶石扬休孙女，石氏生苏符。

石扬休有二子，长子石令伯，幼子石康伯。苏迈乃石扬休孙女婿。

苏轼《祭石幼安文》云："闻人蜀音，回首粲然。矧如夫子，又戚且贤。"[6]"戚"字表明，苏迈所娶当为石康伯之女。

熙宁十年（1077）二月，原知河中府的苏轼改知徐州，已至陈桥驿的他却不得入国门，于是寓居城外范镇之东园。四月才乘舟沿汴赴徐州。苏轼在与黎錞的书信中说："向自密将赴河中，至陈桥，受命改差彭城。便欲赴任，以儿子娶妇，暂留城东景仁园中。"[7]"儿子娶妇"，当是为长子苏迈娶妻，此为熙宁十年二月至四月间事。次年，即元丰元年（1078）八月十二日，苏迈长子苏箪生于徐州，苏轼命名曰楚老。

关于熙宁十年，苏轼在范镇（字景仁）东园为苏迈所娶之妇是否为石氏？学界和苏氏族谱的观点截然不同。

关于苏迈的婚事，在苏轼文集中有《与迈求婚启》："里闬之游，笃于早岁。交朋之分，重以世姻。某长子迈，天资朴鲁，近凭一艺于师传；贤小娘子，姆训凤成，远有万石之家法。聊伸不腆之币，愿结无穷之欢。"[8]

《下财启》："凤缘契好，获讲婚姻。顾门阀之虽微，恃臭味之不远。敬陈纳

1　（宋）苏轼：《眉州远景楼记》，载张志烈等校注：《苏轼全集校注·苏轼文集校注》卷十一，第1112页。

2　（明）虞集：《题晋阳罗氏族谱图》，载（明）虞集：《道园学古录》卷十一，四库全书本。

3　（宋）苏轼：《苏廷评行状》，载张志烈等校注：《苏轼全集校注·苏轼文集校注》卷十六，第1787页。

4　（宋）吕陶：《中大夫致仕石（洵直）公墓志铭》，载曾枣庄、刘琳主编：《全宋文》第七十四册，第79页。

5　见眉山三苏祠博物馆馆藏《苏符行状碑》。

6　（宋）苏轼：《祭石幼安文》，载张志烈等校注：《苏轼全集校注·苏轼文集校注》卷六十三，第7017页。

7　（宋）苏轼：《与眉守黎希声三首》（三），载张志烈等校注：《苏轼全集校注·苏轼文集校注》卷五十三，第5861页。

8　（宋）苏轼：《与迈求婚启》，载张志烈等校注：《苏轼全集校注·苏轼文集校注》卷四十七，第5179页。

币之礼，以行奠雁之仪。庶徼福于前人，永交欢于二姓。"[1]

苏轼在《与迈求婚启》《下财启》中并未说明为苏迈所求的是谁家小娘子。学界从《与迈求婚启》的内容分析，所谓"里闬之游，笃于早岁"当指苏、石两姓同为眉山大家；"交朋之分，重以世姻"，指石扬言娶苏洵姊；"远有万石之家法"，万石指西汉石奋，石奋及其四子皆官至二千石，景帝称石奋为"万石君"。《史记》卷一百三十有传，"万石君家以孝谨闻于郡国"。根据《苏符行状》《与眉守黎希声三首（三）》，可推断《与迈求婚启》《下财启》写作时间为熙宁十年（1077）二三月间，所求对象乃石氏，可得出结论：熙宁十年苏轼在范镇东园为长子苏迈娶石氏。

苏迈四世孙苏澄隐统五世孙苏师胆、苏师旦所撰《苏氏族谱世表》载，苏迈"熙宁十年晋卿执柯娶吕氏，彭州知州陶公女。元丰元年八月十二日，吕氏于徐州生子箪。……元丰五年吕氏病卒黄州。……（八年）随父经宿州继娶石氏康伯女"[2]。晋卿，即驸马都尉王诜；执柯，即做媒之意。熙宁十年，由王诜做媒，苏迈在范镇东园娶吕陶之女，元丰元年（1078）吕氏在徐州生长子苏箪。元丰五年（1082），吕氏犯昏厥病，病逝于黄州。元丰八年（1085），苏迈在宿州续娶石康伯之女。元祐元年（1086），石氏生苏迈次子苏符。

此记载目前仅见于《眉山堂苏氏族谱》，族谱的编写关系宗族的继承性，其作伪的可能性不大，有一定的可信度。族谱记述的细节也是合乎情理的。该族谱还记载了苏迈除先后有妻吕氏、石氏外，还有李氏、高氏两名侧室，共生六子一女，卒于宣和元年（1119）三月十五日，"葬徐州城南无艳泉小龙岗主穴"，现属安徽省萧县。目前苏迈墓被萧县政府列为重点文物保护单位。《云桥诗话》、周亮工《书影》记载苏迈葬于郏城苏坟，或其为衣冠冢。

苏轼文集中有苏轼与蹇序辰的一封书信，提及苏迈妻生病之事。信中云："昨日食后，垂欲上马赴约，忽儿妇眩倒，不省人者久之，救疗至今，虽稍愈，尚昏昏也。"[3]吴雪涛《苏文系年考略》将此信写作时间定于元丰四年春二月[4]；《苏轼全集校注》定为元丰七年（1084）三月[5]。蹇序辰，字授之，双流人。时蹇授之过黄

1　（宋）苏轼：《下财启》，载张志烈等校注：《苏轼全集校注·苏轼文集校注》卷四十七，第5188页。

2　见苏邦权、苏邦芬主编：《眉山堂苏氏族谱苏家湖卷》。

3　（宋）苏轼：《与蹇授之六首》（四），载张志烈等校注：《苏轼全集校注·苏轼文集校注》卷五十五，第6120页。

4　吴雪涛：《苏文系年考略》，呼和浩特：内蒙古教育出版社，1990年，第132—133页。

5　张志烈等校注：《苏轼全集校注·苏轼文集校注》卷五十五，第6120页。

州，苏轼欲往见之，但因儿妇，即苏迈妻突发疾病而未赴约。见此苏迈妻于黄州发病，或丧妻。

苏迈长子苏箪出生于元丰元年（1078）八月，苏符出生于元祐二年（1087）（《苏氏族谱世表》谓元祐元年），二子相差十岁，苏符之出生年月亦符合苏迈元丰八年再婚的事实。

若真如苏氏族谱所记载，苏轼与吕陶有姻亲关系，有无史料所佐证？

吕陶（1028—1104），字元均，号净德，眉州彭山人（见《全蜀艺文志》卷五三《吕氏族谱》），后徙居成都，仁宗皇祐五年（1053）进士。苏轼与吕陶的关联可追溯至熙宁三年。吕陶应制举，对策枚数新法之过，虽入等，仅通判蜀州，苏辙有《代张方平答陶启》，此时虽未见具体材料佐证吕陶与苏轼的交往，但作为同乡，又皆与张方平相交，并由苏辙撰文相贺，即使二人未结交，但必也有所耳闻。苏轼与吕陶有史可稽的交往集中于元祐时期，苏轼有《答吕元均三首》。元祐初，吕陶擢殿中侍御史，九月，苏轼为翰林学士，吕陶有《贺苏内翰启》以贺之。十二月，因策题风波，吕陶为苏轼辩护。元祐五年六月，苏辙荐陶为谏官。元祐七年，陶任起居舍人。十二月，苏轼在吕陶家中见文同画，作《文与可画赞》。元祐八年后，因党争，元祐党人纷纷离朝，苏轼与吕陶的交往断绝于此。

吕陶与苏轼、苏辙兄弟关系亲密，有乡曲之谊，政治观点、学术思想相近，故《宋元学案》列为“苏氏同调”。吕陶自言：“臣与苏轼皆蜀人，而不避乡曲之嫌。”[1]苏吕两家亦有通婚的可能，但从两人往来文字以及政敌攻击言语中并未发现两家通婚的材料。

假设苏吕两家通婚事实存在，那如何解释《与迈求婚启》？从内容上分析，“远有万石之家法”之“万石”可以泛指爵禄之家，如苏轼《次前韵送程六表弟》诗即有“君家兄弟真连璧，门十朱轮家万石”之句，故以“万石”指吕氏家族亦无不可；“里闬之游，笃于早岁；交朋之分，重以世姻”不太符合苏吕两家的交往实际。如此看来《与迈求婚启》作与石氏，更为合理。从时间上分析，若把作书时间认定为元丰八年苏迈求娶石氏之时，亦能解释得通。

关于苏石、苏吕的姻亲关系问题，在此仅是提出了问题，就教于大家。

1　（宋）李焘撰：《续资治通鉴长编》卷三百九十三，第9569页。

三苏与古蜀道

苏轼的蜀道情结与历史记忆
——兼及苏洵、苏辙的考察[1]

金生杨（西华师范大学中华档案文献研究院）

摘　要： 苏轼一生五次出入蜀，并一度在蜀道线上签书凤翔府判官厅公事，多次往返凤翔、长安等地，与蜀道结下不解情缘。他行走于蜀道，或忐忑憧憬，或忧伤赶路，或意气风发，或闲适自如，或关心民瘼、访古吊今。他的蜀道行迹、蜀道诗文及有关作为，成为后世行走、考据蜀道之资，资益后人。他亲历蜀道艰险，饱览蜀道山水之奇丽险峻雄伟，并建言改善蜀道交通，更是在深深的对家乡的眷念中，数度梦回蜀道。苏轼之成就，有得于蜀道山水之助，又滋补蜀道文化的深厚内涵，成为蜀道游历与考察研究不可回避的话题。

关键词： 苏轼　蜀道　巴蜀　交通

狭义的蜀道是指翻越秦岭、巴山，沟通关中平原、四川盆地的古代官方交通要道。苏轼一生五次出入蜀，其中有三次由蜀道进出。他还曾签书凤翔府判官厅公事，多次往返凤翔、长安。因此，苏轼与蜀道结下了不解情缘。尧军先生作《苏轼陆路出蜀路线考探》，对此问题有了较深的研究，但仍有细节和疑义，特别是苏轼判凤翔、三苏在出入蜀前后对蜀道的回顾，未能得到很好的梳理。今以孔凡礼先生《苏轼年谱》的考证为基础，广考史籍，再加以梳理，以期对苏轼与蜀道的问题有更深入的认识。

1　本文系国家社科基金项目"心学巴蜀地域化发展研究"（23XZX005）的阶段性成果。

一、苏轼出入蜀的道路行程

苏轼一生五次出入蜀。其中两次由栈道出蜀，一次由栈道返蜀。此外还有一次由峡路出蜀，一次由峡路返蜀。

（一）嘉祐元年（1056）三月首次由栈道出蜀

嘉祐元年（1056）三月，苏轼与弟辙随父赴京师赶考，首次由栈道出蜀。

至成都，苏轼拜谒益州知州张方平，游大慈寺极乐院，晤蓬州狂士李士宁。

苏轼谒张方平，"方平一见，待以国士"[1]。张方平见轼、辙文卷，认为二人"从乡举，乘骐骥而驰间巷"，擢六科之选尚且"不足驰其逸力"[2]，又为苏洵"作书办装，使人送之京师"[3]谒欧阳修。三月二十八日，苏轼在成都与弟辙一道游大慈寺极乐院，观卢楞伽笔迹，并题名。又晤蓬州狂士李士宁，士宁以为轼"甚贵，当策举首"[4]。

过剑门，行走于两车可以并行的剑关大道上，苏轼一路"狂兴"，对嘉陵江水绕剑关记忆深刻。出剑门东，苏轼望见山巅梁山寺楼阁飞檐，观摩一二唐碑，而字皆磨灭。剑阁后来也有苏轼三碑于悬崖绝壁上，难于摹拓。

苏轼《和子由与颜长道同游百步洪相地筑亭种柳平明坐衙不暖席》："少年狂兴久已谢，但忆嘉陵绕剑关。剑关大道车方轨，君自不去归何难。"王十朋注引李厚云："嘉陵江水出大散关下嘉陵谷，南行迳凤、兴、利至剑门关丁木瓜园，转东向阆中，西与涪水会。"

苏轼《过木枥观》"飞檐如剑寺"自注："出时剑门东，望上，寺宇仿佛可见。"《舆地纪胜》卷一百九十二《利州路·剑门关·碑记·唐碑》称"在剑门山巅有一寺曰梁山寺，产茶，亦为蜀中奇品"，引《南行录·题木枥观》注："出剑门东望，有一寺，山巅楼阁，隐隐可见，有一二碑皆磨灭，此唐碑也。"

苏轼与苏辙骑马并行，经凤翔府眉县横渠镇，游崇寿院。

苏轼《诗集》卷三《太白山下早行，至横渠镇，书崇寿院壁》："再游应眷眷，聊亦记吾曾。"苏辙《栾城集》卷一次韵："据鞍应梦我，联骑昔尝曾。"

1　（宋）孙汝听：《苏颍滨年表》。

2　（宋）张方平：《乐全集》卷三十九《文安先生墓表》。

3　（宋）叶梦得：《避暑录话》卷下。

4　（宋）欧阳修：《欧阳文忠公集·居士集》卷九《赠李士宁》。

过扶风（实凤翔府城），苏轼求舍于驿馆，不可居，遂出次于逆旅之中；在凤翔，得见吴道子画。

苏轼《文集》卷十一《凤鸣驿记》："始余丙申岁举进士，过扶风，求舍于馆人。既入，不可居而出，次于逆旅。"苏辙《栾城后集》卷二十《汝州龙兴寺修吴画殿记》："东游至岐下，始见吴道子画，乃惊曰：'信矣，画必以此为极极也。'"

过长安，苏轼与傅谏议相逢，见关右壁间诗，游华清宫，梦明皇令赋太真妃裙带词，觉而记之。

《嘉祐集》卷十五《途次长安上都漕傅谏议》。《文集》卷六十八《记关右壁间诗》称："旧见此诗于关右壁间。"《东坡志林》卷一《诗梦赋诗》："轼初自蜀应举京师，道过华清宫，梦明皇令赋太真妃裙带词，觉而记之。"

其后过宿渑池县中寺舍，苏轼于五六月间抵达京师，馆于兴国寺浴室老僧德香之院。

（二）嘉祐三年（1058）十二月第二次由栈道返蜀

嘉祐二年（1057），苏氏兄弟中举。四月七日，母程氏卒，讣闻，父子仓皇返蜀，时为嘉祐三年（1058）十二月，嘉祐四年（1059）三月，至成都。

《嘉祐集》卷十一《上欧阳内翰第三书》、卷十二《与吴殿院书》皆叙返蜀仓皇，未及告别欧阳修、吴中复。

三月至成都，苏轼与宗兄惟简（宝月）过往颇多，离开成都时，惟简远出相送。

（三）嘉祐四年（1059）十月第三次由峡路出蜀

嘉祐四年十月四日或五日，苏氏兄弟侍父洵离开眉州，经峡路赴京师。

苏轼经嘉州，访嘉树，游龙岩、凌云寺、九顶山治易洞，访逸民程公望，有题诗、命名、书额等事。

苏轼过犍为、宜宾、戎州、湣井监；过南井监南井口，苏洵老友任孜来会；过合江县安乐山，作诗；过渝州、涪州，经明月峡，至忠州丰都县，悟知县李长官，游仙都观；在忠州境内题屈原塔、严颜碑、望夫台，作竹枝歌。

苏轼过万州武宁县木枥观，题诗；至夔州，题八阵碛、诸葛盐井、白帝庙、永安宫；发瞿塘，作《滟滪堆赋》；入峡，过巫山，经神女庙，过巴东；过秭归，作《屈原庙赋》，题昭君村，阻风雪新滩；江上值雪，与弟辙倡酬。过黄牛峡，题黄牛庙，游虾蟆背，出峡游三游洞；至峡州，题清溪寺、甘泉寺、欧阳修至喜堂。

经行六十天，抵江陵，父子三人汇江行诗文100篇为《南行前集》。十二月八日，苏轼于驿中书《南行前集叙》："时十二月八日，江陵驿书。"[1]《文集》卷四十八《上王兵部书》："自蜀至于楚，舟行六七十日。"

嘉祐五年（1060）正月五日，苏轼发江陵，陆行赴京师；二月十五日抵京，赁居西冈一宅子。三月，弟辙以选人至流内铨；五月，授河南府福昌县主簿，不赴。

苏轼与弟辙寓居怀远驿。《诗集》卷三十三《感旧诗·叙》："嘉祐中，予与子由同举制科，寓居怀远驿，时年二十六，而子由二十三耳。"

至京后，父子三人将江陵至京师途中所作诗赋52篇，汇编为《南行后集》，由苏辙作引。原书已佚，今存苏洵《答张子立见寄》《荆门惠泉》《和杨节推赠》《襄阳怀古》《万山》《昆阳城》6首，苏轼《诗集》卷二诗37首，《文集》卷一赋1首，苏辙《栾城集》卷一诗7首，《渚宫》残句1首。

（四）治平三年（1066）六月第四次由峡路返蜀

治平三年（1066）四月二十五日，苏洵疾卒。六月，英宗诏赠洵光禄寺丞，并敕有司具舟载其归蜀。于是，苏轼与弟辙载父洵灵柩由水道"自汴入淮，泝于江"[2]，经泗州、洪泽、樊口、石首、江陵，溯长江而上。十二月入峡，二十日经险路过云安（云阳），泊舟仙都山下，至四月返回故里。

（五）熙宁元年（1068）十月第五次由栈道出蜀

熙宁元年（1068）十月，苏轼免丧赴京，将离眉山，与堂兄不疑（子明）别，嘱托不危（子安）及杨济甫照管坟墓。蔡褒（子华）前来送行，手种荔枝树以待其回蜀。苏轼《诗集》卷三十一《寄蔡子华》："故人送我东来时，手栽荔子待我归。"

过成都，以凤翔所得吴道玄所画四菩萨施舍僧人惟简，惟简建大阁以藏之，且画苏洵像于其上。苏轼助钱，并作《四菩萨记》。

过益昌（昭化），苏轼晤利州路转运判官鲜于侁（子骏）。苏轼《文集》卷六十八《题鲜于子骏八咏后》。苏辙《栾城集》卷六《和鲜于子骏益昌官舍八咏·宝峰亭》："昔过益昌城，暮登君子堂。驾言念长道，未暇升崇冈。"

1　（宋）苏轼：《苏轼文集》卷十《南行前集叙》。
2　（宋）苏轼：《四菩萨阁记》。

苏氏兄弟骑马东行至凤翔，晤张舜民，盘桓数日，赏画听泉。张舜民《画墁录（集）·祭子由门下文》："我掾岐府，熙宁初年。公与伯氏，免丧山川。连镳而东，道出岐山。盘留累日，赏画听泉。人望入馆，雅如登仙。"

至长安，苏轼与范纯仁（尧夫）、王颐（正甫）及弟辙会于毋清臣家，再跋《醉道士图》，因官程赶路，满心在道，故车马奔迫，未多停留。苏辙《栾城集》卷三《京师送王颐殿丞》："忆游长安城，皆饮毋卿家。身虽座上宾，心是道路客。笑言安能久，车马就奔迫。"

二、苏轼签书凤翔府判官厅公事任上的蜀道行

嘉祐六年（1061）八月，苏轼签书凤翔府判官厅公事告下，苏轼遂辞父离京赴任，经渑池至长安，于十二月十四日到任。至治平元年（1064）十二月十七日罢任，苏轼遂解官归京。在该任上，苏轼多次往返凤翔、长安，行走、考察蜀道，赋诗为文，记录见闻，在这一段蜀道上留下了许多的印迹。他在凤翔任上的事迹又成为后世蜀道行的重要考察对象。清王士禛入蜀经行凤翔，记道：

> 抵扶风县凤翔府境，城南濒沣水，水南飞凤山上有天和寺，东坡先生诗所谓"远望若可爱，朱阑碧瓦沟。聊为一驻足，且慰百回头"是也。骑而渡河，拾级上径颇险仄，寺废。嘉靖中，移马伏波祠，于寺址稍北为三班祠，又北为文昌祠，栋宇倾圮，檐下有仆碑，拂视之，即坡诗也。自署"癸卯九月十六日，挈家来游"，后有跋云："天和寺的扶风之南山，东坡苏公留诗于壁，迄今二十年矣。予承乏斯邑，暇日与绛台田愿子立洛阳，赵印胜翁同观，爱其真墨之妙，虑久而漫灭，乃就橅于石，元丰癸亥六月廿三日，终南陈雄武仲。"碑石坚致，首尾完好，巫语孔令（元祚）移植伏波祠山上，故有远爱亭，取坡诗为名。陈文冈（柴）易名爱苏，今亦废。[1]

苏轼的诗成为王氏描述凤翔天和寺的重要借资，而题诗石刻又成为蜀道一景，为后人为缅怀。在凤翔，王士禛还见到苏轼所咏千年白杨、重刻苏轼《喜雨亭记》

---

[1]　（清）王士禛：《秦蜀驿程后记》卷上。

碑，又过东湖，谒苏公祠，于东坡祠外见明太宰滁州胡松、光禄卿临朐冯惟讷官监司时所刻东坡诗碑，并自西堤步至水南来苏亭，获东坡《开元寺忆子由》诗拓本，见通判廨东坡梅竹俗笔伪作等。

（一）任上的蜀道重要节点考察

在长安，苏轼晤刘敞（原父），游石林亭，观刘敞所蓄唐苑中石，作诗。苏轼之好古器，受到刘敞的影响。苏轼作《凤翔八观》诗，记其至孔子庙，观石鼓；过府厅，读诅楚文；游开元寺，观王维、吴道子画；游天柱寺，观杨惠之塑维摩像。清王士禛第二次入蜀过凤翔，称："暮抵凤翔府治凤翔县，东坡先生签判凤翔日，作《八观》诗。石鼓今在太学。诅楚文、王右丞、吴道子画皆已不存，惟东湖无恙。岐州水苦咸浊，独此水味绝甘美，多荷芰修竹，为郡中游观之最。府署有东坡《九日独游开元寺怀子由》诗石刻完好，和之。石鼓山在城东，即周宣王所凿猎碣处也。"[1]

在凤翔任上，苏轼往见凤翔骆谷汤泉。"骆谷水，在（盩厔）县西南，出骆谷，北流径长城戍西，又北注于渭"[2]，实为傥骆道上一景。元丰元年（1078）十月，苏轼称乌江惠济泉、江西匡庐、河南汝水、河南尉氏、陕西临潼骊山、凤翔骆谷、渝州陈氏山居为所闻七汤泉。其中凤翔骆谷、渝州陈氏山居为其所见。苏轼称七泉多"弃于穷山之中"，惟骊山"独为胜绝"，而"坐明皇之累，为杨、李、禄山所污"，"可以抱器适用而不择所处者之戒"[3]。清陶澍入蜀、董醇度陇，于临潼记骊山温泉，皆引苏轼之言[4]。

苏轼题诗于招隐亭，苏辙有次韵诗。他挈家扶风县游天和寺，题诗于厅壁："癸卯九月十六日，挈家来游，眉山苏轼题。"陈雄、田愿子立、赵印胜翁乃刻石于此道："天和寺在扶风县之南山。东坡苏公留诗于厅壁，迄今二十年矣。予承乏斯邑，因暇日与绛台田愿子立、洛阳赵印胜翁同观，爱其真墨之妙，虑久而浸灭，乃召方渠阎圭公仪就摹于石。时元丰癸亥六月二十三日，终南陈雄武仲题。"[5]苏轼于任上赴盩厔上清宫溪堂读道藏，观唐太宗《急就章》，并题二诗于南溪竹上；又谒上清宫，作《上清词》，其弟辙应邀作赋。

1　（清）王士禛：《秦蜀驿程后记》卷上。

2　（清）顾祖禹：《读史方舆纪要》卷五十三《陕西二·盩厔县》。

3　（宋）苏轼：《书游汤泉诗后》。

4　（清）陶澍：《蜀輶日记》卷一；（清）董醇：《度陇记》。

5　（清）陆耀遹：《金石续编》卷十六《天和寺诗刻并记》。

（二）凤翔与长安间的蜀道往返

嘉祐七年（1062）正月十三日，苏轼遵诏令出府城，赴宝鸡、虢、郿、盩厔四属县减决办禁。自宝鸡至虢，经郿县至盩厔，循终南山而西，游崇圣观、大秦寺、延生观、仙游潭，宿中兴寺。事毕，复经郿回府。其诗作有题云《壬寅二月，有诏令郡吏分往属县减决囚禁。十三日受命出府，至宝鸡、虢、郿、盩厔屋四县。既毕事，因朝谒太平宫，而宿于南溪溪堂，遂并南山而西至楼观、大秦寺、延生观、仙游潭。十九日乃归，作诗五百言，以记凡所经历者寄子由》。其中自注有："十三日宿武城镇，即俗所谓石鼻寨也，云孔明所筑。是夜二鼓，宝鸡火作，相去三十里，而见于武城。""十四日，自宝鸡行至虢。闻太公磻溪石在县东南十八里，犹有投竿跪饵两膝所著之处。""十五日至郿县，县有董卓城，其城象长安，俗谓之小长安。""是日晚，自郿起至清秋镇宿。道过太白山，相传云，军行鸣鼓角过山下，辄致雷雨。山上有湫甚灵，以今岁旱，方议取之。""十六日至盩厔，以近山地美，气候殊早。县有官竹园，十数里不绝。""十七日，寒食。自盩厔东南行二十余里，朝谒太平宫二圣御容。此宫乃太宗皇帝时有神降于道士张守真以告受命之符，所为立也。神封翊圣将军，有殿。""是日与监宫张杲之泛舟南溪，遂留宿于溪堂。""十八日，循终南而西，县尉以甲卒见送。或云近官竹园往往有虎。""是日游崇圣观，俗所谓楼观也，乃尹喜旧宅，山脚有授经台尚在。遂与张杲之同至大秦寺蚤食而别。有太平宫道士赵宗有，抱琴见送至寺，作《鹿鸣》之引乃去。又西至延生观，观后上小山，有唐玉真公主修道之遗迹。下山而西行十数里，南入黑水谷，谷中有潭名仙游潭。潭上有寺三，倚峻峰，面清溪，树林深翠，怪石不可胜数。潭水以绳缒石数百尺，不得其底，以瓦砾投之，翔扬徐下，食顷乃不见，其清澈如此。遂宿于中兴寺，寺中有玉女洞，洞中有飞泉甚甘。明日以泉二瓶归至郿，又明日乃至府。"这些记述汇集起来，与诗一道，就是以日记体形式记述其行程及见闻的蜀道行记诗文，对蜀道行纪诗文的繁荣发展起到了促进作用。较之唐李白《蜀道难》之长诗，宋陆游《入蜀记》、范成大《吴船录》，乃至明王士性《蜀游草》《入蜀稿》，清王士禛《蜀道驿程记》《秦蜀驿程后记》等，诗注一体、纪行诗文一体，别具特色，是十分重要的蜀道行记诗文，也成为后世学者考论蜀道的重要文献。

因天旱，苏轼赴郿县祷于太白山，又早行至横渠镇，书崇寿院壁；复游延生观玉真堂，题仙游潭中兴寺，至玉女洞、马融石室，过楼观、郿坞，入磻溪，观太公钓石，至石鼻城，作《石鼻城》诗，称石鼻为入山区之始，故有"新险"：

平时战国今无在，陌上征夫自不闲。北客初来试新险，蜀人从此送
残山。独穿暗月朦胧里，愁渡奔河苍茫间。渐入西南风景变，道边修竹水
潺潺。

石鼻城即宝鸡东北三十里的武城镇，相传为诸葛亮所筑，是蜀道上一个重要的
军事要隘。《大明一统志》记载："石鼻寨：在宝鸡县东四十里，诸葛亮所筑以拒
郝昭。一名石鼻城。宋苏轼诗：'北客初来试新险，蜀人从此送残山。独穿暗月朦
胧里，愁渡奔河莽苍间。'盖行人自北入蜀者，至此渐入山；自蜀趋洛者，至此已
出山，奔河于此，见渭河故也。"[1]苏轼首提"送险"，成为后世经行蜀道者出险
时的最好心情表述，故"送险之名，或原于此"[2]。

苏轼过宝鸡，题斯飞阁，为《题宝鸡县斯飞阁》诗道："西南归路远萧条，倚
槛魂飞不可招。野阔牛羊同雁鹜，天长草树接云霄。昏昏水气浮山麓，泛泛春风弄
麦苗。谁使爱官轻去国，此身无计老渔樵。"这是苏轼的一首思归之作。学者或以
为作于嘉祐七年春，或以为作于嘉祐八年春。苏轼向西南望去，看到回乡的蜀道远
无际涯，而且满目萧条，将经蜀道之感慨与从政之心的矛盾心理勾勒无遗。据《凤
翔府志》卷一记载，斯飞阁在宝鸡县治西南，今宝鸡市南，秦岭大散关附近，正是
蜀道的重要端口。

嘉祐八年（1063）七月大旱，苏轼经虢县渡渭，至磻溪祷雨，往阳平，至斜
谷，宿于南山蟠龙寺；至下马碛，憩于北山僧舍，登怀贤阁，题诗怀诸葛亮。苏轼
《是日至下马碛，憩于北山僧舍，有阁曰怀贤，南直斜谷，西临五丈原，诸葛孔明
所从出师也》："南望斜谷口，三山如犬牙。西观五丈原，郁屈如长蛇。有怀诸葛
公，万骑出汉巴。吏士寂如水，萧萧闻马挝。公才与曹丕，岂止十倍加。顾瞻三辅
间，势若风卷沙。一朝长星坠，竟使蜀妇髽。山僧岂知此，一室老烟霞。往事逐云
散，故山依渭斜。客来空吊古，清泪落悲笳。"[3]怀贤阁位于岐山县终南山斜谷口
中，为纪念诸葛亮而建。斜谷为褒斜道的要隘之一，诸葛亮驻兵汉中，多次北出斜
谷，以伐魏军。特别是建兴十二年（234）春，"亮悉大众由斜谷出，以流马运，
据武功五太原，与司马懿对于渭南，分兵屯田，为久住之基。耕者杂于渭滨之间，
而百姓安堵，军无私焉"。苏轼以生动的笔墨记述了蜀道上诸葛亮北伐的故事，又

---

1 （明）李贤、彭时等：《大明一统志》卷三十四《凤翔府·关梁》。

2 ［日］竹添进一郎：《栈云峡雨日记》卷上。

3 （宋）苏轼：《苏轼诗集》卷四《怀贤阁》。

直抒其对历史的慨叹。苏轼赞同刘备"君才十倍曹丕，必能安国家，定大事"的评说，认为他"顾瞻三辅间，势若风卷沙"，可以轻松取得伐魏之胜，而叹惜于他早早坠落。他感慨于山僧不知典故，而往事如烟，山势如故，凭吊古贤，不免怆然泪下。

（三）蜀道治理与行役官员交接情谊

在凤翔任上，苏轼写记赞驿馆的修建，交接途经蜀道的官员，留下特殊的蜀道行役官员交接情谊和佳话。

嘉祐七年，苏轼应县令胡允文请，作《凤鸣驿记》。首先，他记述了自己嘉祐元年（1056）初入栈道，到扶风驿馆而不能住，而嘉祐六年（1061）任府从事时，客于馆如归其家的巨大变化。"始余丙申岁举进士，过扶风，求舍于馆人。既入，不可居而出，次于逆旅。其后六年，为府从事，至数日，谒客于馆。视客之所居，与其凡所资用，如官府，如庙观，如数世富人之宅。四方之至者，如归其家，皆乐而忘去。将去，既驾，虽马亦顾其皂而嘶。"其次，记凤翔府知府宋选新建驿馆事。然后再记县令胡允文请为记，因有感发而赞誉宋选治绩。他说："夫修传舍，诚无足书者。以传舍之修，而见公之不择居而安，安而乐，乐而喜从事者，则是真足书也。"苏轼将馆驿之修筑当作"无足书"的小事，重点借此来赞扬知府宋选能不择官地而任事，善于治理。可以看出，苏轼将蜀道驿路、驿馆的修治认作是地方官理所应当做好的事，而其修治如何，又直接体现了地方官员治理态度和能力水平。

在凤翔任上，苏轼接待了由蜀道途经凤翔的乡人文同。文同为梓州梓潼永泰县（今绵阳盐亭县）人，故乡就在蜀道线上。嘉祐五年（1060），苏洵在京任试校书郎，与文同共事。治平元年（1064），文同服父丧除，回京师经过凤翔，苏轼初与之会："我官于岐，实始识君。"[1]苏轼为与可画竹作赞，其《石室先生画竹赞》之叙"首推所自，次叙其道号"，称"与可，文翁之后也。蜀人犹以石室名其家，而与可自谓笑笑先生""信为岐下初遇时作"[2]。熙宁三年（1070），苏轼与文同方再会于京师西城。文同数次往返蜀道，留下《过青泥》《过大散寄子骏》《鸣玉亭筹笔之南》《筹笔诸峰》《梓州永泰县重建北桥记》等有关蜀道的珍贵文献。

熙宁十年（1077），文同在洋州任上回忆与苏轼相见旧事，作《往年寄子平》

1　（宋）苏轼：《苏轼文集》卷六十三《黄州再祭文与可文》。

2　（宋）苏轼：《苏轼文集》卷二十一《石室先生画竹赞》总案。

一诗寄苏轼道："往年记得归在京，日日访子来西城。虽然对坐两寂寞，亦有大笑
时相轰。顾子心力苦未老，犹弄故态如狂生。书窗画壁恣掀倒，脱帽褫带随纵横。
喧呶歌诗叫文字，荡突不管邻人惊。更呼老卒立台下，使抱短箫吹月明。清欢居此
仅数月，夜夜放去常三更。别来七年在乡里，已忝三度移双旌。今兹悁悁意思倦，
加以跕跕疾病婴。每思此乐一绝后，更不逢人如夜行。"诗题中的"子平"即指苏
轼。由于当时党祸激烈，文同后人怕遭株连，故删除或窜改与苏轼有关诗文，"诗
中凡及子瞻者，率以子平易之"[1]。

三、苏轼经行阆中的可能性

苏轼经栈道出入蜀是否经过阆中，史料阙如，难以断定。据有限线索，虽不能
断然否定苏轼未经过阆中，但可能性并不大。

首先，苏轼伯父苏涣曾两宦于阆中。苏涣于庆历元年（1041）通判阆中，祖父
苏序往视之。《苏轼文集》卷十六《苏廷评行状》："涣尝为阆州，公往视其规划
措置良善，为留数日，见其父老贤士大夫，阆人亦喜之。"嘉祐六年（1061）秋，
苏涣于二十年后再以都官郎中为利州路提点刑狱而行部至阆中，苏轼于京郊送伯父
涣赴任。《苏轼文集》卷六十三《祭伯父提刑文》："辛丑之秋，送伯西郊。"
《苏轼诗集》卷五《亡伯提刑郎中挽诗》其二："挥手都门别，朱颜鬓未霜。"
苏辙《栾城集》卷二十五《伯父墓表》："尝行部至阆中，民观者如堵墙，其童子
皆相率环公，挥之不去。公谓之曰：'吾去此二十年矣，尔何自识予？'皆对曰：
'闻父祖道公为政，家有公像，祝公复来故尔。'公笑曰：'何至是！'"苏涣在
阆中任职时，与苏轼出入蜀的时间没有重合。因此，苏轼即便过往阆中，也只能是
拜访遗踪，凭吊遗迹。作为晚辈，顺道过访其遗踪，感念学习其政绩，也确实是人
之常情。

其次，熙宁元年（1068）十月，苏轼在益昌（昭化）与利州路转运判官鲜于侁
相晤。鲜于侁是阆中人，利州路治虽非阆中，但正如尧军先生所言，借道往访也合
乎情理。更何况文同《阆州东园十景》诗注："古时入蜀到成都，避剑阁之险者，
往往自朝天驿舍陆觅舟至阆中，复舍舟而陆，西行通达，谓南路。"如果苏轼要避
险就易，选择经阆中北上的蜀道，也是合理的。

---

1 （宋）文同：《〈丹渊集〉拾遗卷跋》。

至于苏辙《寄题蒲传正学士阆中藏书阁》，既然是"寄题"，就不是在现场了。而《舆地纪胜》所载苏轼题阆中雍子仪会经楼阁额，时在元祐中，苏轼从熙宁元年以后便未曾回蜀，自然不可能是现场题额。而所谓苏轼署刻的将相堂，从字迹看，也非苏轼书法。

尽管有苏轼过阆中的可能性，但真正落实到他三次栈道之行，又使这种可能性变得比较小。第一次，嘉祐元年（1056）的栈道行，苏轼以应试的心态赶考，虽然"少年狂兴"，甚至还在华清宫梦见唐玄宗令其作词。但既然明确其经过剑关而行，大体上没有闲情逸致再绕道阆中过访。第二次，嘉祐三年（1058）苏轼由栈道返蜀是奔母丧，仓皇行事，剑阁路近，大体也不会枉道阆中。第三次，熙宁元年（1068）苏轼经栈道出蜀，苏辙《栾城集》卷六《和鲜于子骏益昌官舍八咏·宝峰亭》更明言"驾言念长道，未暇升崇冈"，苏辙《栾城集》卷三《京师送王颐殿丞》又说"身虽座上宾，心是道路客。笑言安能久，车马就奔迫"，以官员身份行走驿道，有程途之限，更不能枉道而行。尧军先生说熙宁元年的北上"为避剑门之险，携眷从容返京游阆的可能性较大"是不可靠的。

四、苏轼其他有关蜀道的论说

苏轼除了行走蜀道、任职于蜀道线上的凤翔府外，还有不少诗文涉及蜀道。他时时回忆蜀道行役，建言改善蜀道交通，还记述了不少有关蜀道交通的事。在这一点上，可以说苏洵带了头，苏辙和了韵，苏轼对故乡心心念念，蜀道成了梦回故乡的一丝红线。

（一）梦回蜀道

苏洵《忆山送人》长诗忆历次登临山水，抒发喜爱游山的心情，其中就包含了多次的蜀道上的经历，这些经历对于苏轼、苏辙不无影响。景祐四年（1037），苏洵应进士试东出三峡，由江陵北上入汴京，落第后又经长安华山、终南山，越秦岭，由剑阁一路回眉山。他在诗中描述栈道之险道："渐渐大道尽，倚山栈夤缘。下瞰不测溪，石齿交戈铤。虚阁怖马足，险崖摩吾肩。左山右绝涧，中如一线悭。傲睨驻鞍辔，不忍驱以鞭。累累斩绝峰，兀不相属联。背出或逾峻，远鹜如争先。或时度冈岭，下马步险艰。怪事看愈好，勤劬变清欢。行行上剑阁，勉强踵不前。矫首望故国，漫漫但青烟。及下鹿头坡，始见平沙田。"在南北栈道上，悬崖绝壁，犬牙交错，戈铤交织，沟壑深涧，深不可测，肩摩险崖，踮足勉行，人马皆惊怖于行役，劳累不已。但无限风光在险峰，苏洵又留恋逡巡，将"勤劬变清欢"，显露其爱好游历山川的本性。

在出蜀后的仕宦生涯中，苏氏兄弟一直念叨着蜀道，多次梦回蜀道，对当年往还蜀道的情景记忆犹新，而不时感慨，赋诗为文。苏轼《送运判朱朝奉入蜀》有句云："梦寻西南路，默数长短亭。似闻嘉陵江，跳波吹锦屏。"他因送人入蜀，而叙及自己常在梦中踏上"西南路"归蜀，默数长亭短驿，仿佛听到嘉陵江上，风吹起江水浪花，拍打着锦屏的声音。

苏轼《送范景仁游洛中》称："去年行万里，蜀路走千盘。"记述了范镇去年走蜀道，形容蜀道路程有万里，有千盘之曲折。其《送范中济经略侍郎分韵赋诗以元戎十乘以先启行为韵轼得先字且赠以鱼枕杯四马棰一》又称："我家天一方，去路城西偏。投竿困障日，卖剑行归田。赠君荆鱼杯，副以蜀马鞭。一醉可以起，毋令祖生先。"此诗感慨家乡遥远，但离汴京返蜀之路就在京城西边。世道不畅，大可卖剑买牛，辞官还乡躬耕。故赠以家乡边上荆州鱼枕所制之酒杯，蜀地所产之马鞭，正可由蜀道赶路，回乡饮酒。

苏轼被贬黄州，苏辙从黄石沿胜阳港入磁湖，前来看他。苏辙《舟次磁湖以风浪留二日不得进子瞻以诗见寄作二篇答》，《大冶县志》题为《答子瞻二首》："西归犹未有菟裘，拟就南迁买一邱。舟楫自能通蜀道，林泉真欲老黄州。"其因磁湖而想到由峡路回蜀。苏轼《与参寥子》二十："惠州近城数小山，类蜀道。"其因见惠州小山而联想到蜀道。苏轼《荐何宗元十议状》："臣伏见朝廷近制，川峡四路员缺，并归吏部注拟。臣窃原圣意，盖为蜀道险远，人材众多。若就本路差除，则士皆怀土重迁，老死乡邑，可用之，翰廷莫得而器使也。"其因人而联想到蜀道。元祐四年（1089），苏辙出使契丹，行经古北口，见环境颇类蜀道，遂赋诗云："乱山环合疑无路，小径萦回长傍溪。仿佛梦中寻蜀道，兴州东谷凤州西。"兴州在今陕西略阳，凤州在今陕西凤县东北，正是蜀道所经之地。可以看出，苏辙在梦中追忆了自己行走蜀道，从兴州至凤州。这是苏辙时隔二十多年，再忆蜀道。

苏轼于宋哲宗绍圣元年（1094）出知定州，改知英州，复贬宁远军节度副使，最后至惠州安置。八月初七日，苏轼乘船至今江西南部赣江，由万安至赣州，有十八滩，惶恐其乃最险恶的一个。《初入赣过惶恐滩》："山忆喜欢劳运梦。"自注称："蜀道有错喜欢铺，在大散关上。"嘉祐元年（1056），苏轼21岁时，取道陕西去汴京应考，经过此地。如今的"惶恐"，较之于蜀道之"喜欢"，表面上他在描述道路之险，实际表明了心境间的反差。

苏轼感慨一生浮寄飘泊，向往司马相如衣锦还蜀。他作《次韵王定国倅杨州》："此身江海寄天游，一落红尘不易收。未许相如还蜀道，空教何逊在扬州。又惊白酒催黄菊，尚喜朱颜映黑头。火急著书千古事，虞卿应未厌穷愁。"王定国于政和二年（1112）为苏辙作《挽词》云："徒泣巴山路，空悲蜀道程。"自注云："公与东坡尝泊巴江，夜雨，相约伴还蜀，竟不果归。"这里"巴山""巴江"，当指二苏经历过的巴阆一带。他们曾相约"还蜀"，可惜这一愿望未能实现。

苏辙从济南到泰山游览，途中见闻，特别是"川路"之称，让他思念起蜀道，并尽情地讲述了蜀道的艰险，又借"川路"的误会，而反思人生之路。其《游泰山四首》之《初入南山》道："兹人谓川路，此意属行客。久游自多念，忽误向所历。嘉陵万壑底，栈道百回屈。崖巘递峥嵘，征夫时出没。行李虽云艰，幽邃亦已剧。坐缘斗升米，被此尘土厄。何年道褒斜，长啸理轻策。"当地人将那里的路称为"川路"，本来是"大路"的意思，苏辙却误会为四川的山路，以为是用此嘱咐行客要多加小心。自己长久游历在外，本来就经常怀念故乡。经过当地人的提醒，他忽然错误地觉得自己走在蜀道之上。蜀道之上，嘉陵江边山高壑深，道路险阻，南北栈道千盘百回，曲折不已。蜀道上山崖险峰，步步峥嵘，时有征夫劳禄出入，道路涧壑极其幽邃。他突然反思，自己为了升斗禄米，才受此尘土之困厄，将"川路"之误上升到了人生道路之误，而感慨于什么时候才能脱离尘世，经过褒斜蜀道重回故乡，痛痛快快，轻策快马，长啸而回。

（二）建言改善蜀道交通

苏轼认为修缮蜀道交通设施是地方官员应有之责。他对凤翔府知府宋选动工兴建凤鸣驿，惊叹于自己首次所见驿馆简陋不可以居处。六年后来临此处，经宋选建设后，行役至此，居处用度"如数世富人之宅"，四方至者"如归其家，乐而忘去"，以至于"虽马亦顾其皂而嘶"。但他表彰的却是宋选不择为官之地，用心为政。

苏轼上言皇帝，主张保持乃至提高官员待遇，认为这既符合出仕人的本心，又是太平之世所应当的作为。其《上神宗皇帝书》："士大夫捐亲戚，弃坟墓，以从宦于四方者，宣力之余，亦欲取乐，此人之至情也。若凋弊太甚，厨传萧然，则似危邦之陋风，恐非太平之盛观。"[1]苏轼强调的"厨传"，就是指宋代在驿馆传舍

---

1 （宋）苏轼：《苏轼文集》卷二十五。

上应保持适度的供馈和安适的驿递、住宿。事实上，宋代设有公使库，专门负责招待往来使臣。王明清《挥麈录》后录卷一："太祖既废藩镇，命士人典州，天下忻便。于是置公使库，使遇过客，必馆置供馈，欲使人无旅寓之叹。此盖古人传食诸侯之义……近人或以州郡饰厨传为非者，不解祖宗之所以命意矣。"可以看出，苏轼的奏疏也迎合宋代的祖宗法度。宋代为接待驿道上往来官员，专设公使库，苏轼也直接受到恩惠，他们的著作就有多种公使库刻本。

苏轼的主张，偏向于保持官员在驿道上的优渥条件。但这难免有违节俭适度的美德，故王安石主张适度，而当时也有官员建言计量而定节度。《却扫编》卷下记王安石题淮西驿诗道："邮亭桥梁不修，非政之善；饰厨传以称过使客，又于义有不足。"哲宗时，监察御史上官均就奏言，"定远近多少之节"，以绝"郡县之厨传侈费"[1]，才是可取之道。

事实上，苏轼也并非主张奢侈，而在于给予官员和朝廷体面。面对朝贡使节在驿道上的过分用度，他们就不赞同皇帝的主张，奏言裁减。宋真宗诏称："国家比念远人，丰给厨传。苟不接以礼，必生其慢心，可遍戒谕之。"[2]苏辙则奏称："馆饩之数，出入之节，或皆如一，或更过厚。"[3]苏轼也对贡使的骄纵持批判态度，而对惩治他们加以表扬。他在《陈公弼传》中就记载了这样一件事：陈希亮知凤翔府时，于阗使者入朝，骄甚，过秦州，留居驿中月余，"坏传舍什物无数"，闻陈希亮而有所收敛[4]。元丰八年（1085），宋廷听取杭州知州苏轼、御史中丞苏辙的意见，裁省高丽来使的沿路扰费，十去六七。不过，到了大中祥符七年（1014）秋七月，朝廷仍"诏交陟、占城、大食、阇婆、三佛齐、丹流眉、宾同胧、蒲端诸国使入贡者，所在遣使臣伴送赴京，邮传供亿，务从丰备"[5]，又回到了之前的样子。

此外，苏轼上书乞放欠凤翔府225家，陈衙前之役害，议以官榷与民[6]，苏辙论

1　（宋）李焘：《续资治通鉴长编》卷三百九十五。

2　（宋）李焘：《续资治通鉴长编》卷八十一。

3　（宋）苏辙：《苏辙集》卷四十六《高丽使条约》。

4　（宋）苏轼：《苏轼文集》卷十三《陈公弼传》。

5　（宋）李焘：《续资治通鉴长编》卷八十三。

6　苏轼《上神宗皇帝书》论免役法之害，郎晔注："熙宁四年五月壬辰，司农寺以免役法颁天下。初，旧法应三等以上税户差役充衙前胥吏等，而州郡以衙前掌宾厨驿传之类多破家，故役法弊。至是五等户皆输钱入官以募役，又以其赢入常平司。自是衙前抵当，轻主挽重，多失陷官物，而民间输钱颇苦其扰，故公与杨绘、刘挚等皆论列之。然王安石、曾布主之甚力，故法卒行。"故"宾厨驿传"之害，在州郡固多有之。苏轼论役法，实有为之呼吁而轻其害之意。

蜀茶五害，屡屡呼吁朝野注意蜀茶运销已经严重危害到民生，以为"蜀道行于溪山之间，……稍遇泥潦，人力不支，逃匿求死，嗟怨满道，至去年八九月间，剑州剑阳一铺人全然走尽，沿路号茶铺为纳命场"，皆是为民请命，希望减少蜀道生民之苦。

（三）有助于考察蜀道交通的记述论

苏轼将杜甫的蜀道行纪诗与吴道子的嘉陵江画相比拟，称赞不已，"东坡云：老杜自秦中越成都，所历辄作一诗，数千里山川，在人目中。古今诗人，殆无可拟者。独唐明皇遣吴道子乘传画蜀道山川，归对大同殿，索其画，无有，曰：'在臣腹中。'请匹素写之，半日而毕。明皇后幸蜀，皆默识其处，惟此可比耳。"[1]杜甫以诗纪秦蜀古道，吴道子以画写蜀道山川，其皆为蜀道的重要文献记录，又实实在在地指导了后人的蜀道旅行，成为蜀道研究可以凭资的重要史料。

苏轼《乞增修弓箭社条约状二首》谈到了急脚递，有助于驿道交通的考察：元祐八年（1093）"十一月十一日，知定州苏轼奏：'臣窃谓陕西河东弓箭手，官给良田，以备甲马。今河朔沿边弓箭社，器甲鞍马，与陕西河东无异，每社及百人以上，选少壮者三人，不满百人者，选二人，不满五十人者，选一人，充急脚子"。苏辙《龙川别志》卷上载周武帝郭威微时，尝为马铺卒吏，又成为考察马递开始的重要记载。苏轼有诗称"青螺蜀栈两超忽"，而自注称"明皇乘骡入蜀"。这也有助于考察唐玄宗的蜀道之行。

苏轼一生五次出入巴蜀，在签书凤翔府判官厅公事时，多次往返凤翔、长安等地，与蜀道结下不解情缘。苏轼及其父与弟数次行走于蜀道，心境各有不同，有赶考中的忐忑与憧憬，有奔丧中的忧伤急迫，有入仕追梦的意气风发，也有为官一方，在蜀道线上致力于社会治理，关心民瘼，访古吊今。后世行走或考察蜀道，多关心苏轼的蜀道行迹、蜀道诗文及其在蜀道线上的有关作为，既成为谈资，也融入蜀道文化历史中。苏轼亲历蜀道艰险，饱览了蜀道山水的奇丽险峻、雄伟壮观。他建言改善蜀道交通，更是在对家乡的深深眷念中，数度梦回蜀道。苏轼之成就，有得于蜀道山水之助，又滋补蜀道文化的深厚内涵，成为蜀道游历与考察研究不可回避的话题。

1　（宋）朱弁：《风月堂诗话》卷上。

蜀道的山水角色
——从苏轼画跋论及"蜀道图像"的再现与转向

蒋超凡（西南大学美术学院）

摘　要： 本文以苏轼对《摘瓜图》的画跋引出李思训、李昭道《明皇幸蜀图》的迷局，经考其当为"摘瓜"出游、《明皇幸蜀图》《摘瓜图》"三题三画"，且均绘有蜀道山水图像；又从二李与吴道子山水之变中再现蜀道山水参与到山水画史建构中的事实；最后在青绿对水墨的转向关系下，以王维、孙位与蜀道为链接，推测孙位"龙水"之法是从蜀道入川所悟，其所具足的"逸品"方是山水精神转向的根本原因。

关键词： 蜀道　苏轼　青绿　水墨

一、弁言

蜀道，这一承载着千年文化累积的线性地域，早已超越地理意义的范畴而参与到历史进程中。蜀道不仅保存着大量实地文化遗迹，流传于世的文化资源亦是相当丰富。20世纪80年代以来，对于蜀道的学术研究逐渐兴起，学者们从地理特征、路线分布、自然气候、生物形态、诗词歌赋、文化传播等多角度进行考察。随着近年来研究的不断丰富，蜀道所展现的历史身份不断多样化，其中，从艺术的角度观看，蜀道必然是中国古代绘画中具有重要研究价值的方面，不论是从地理空间传递出的艺术脉络，还是文化史中的意象生成。而目前将蜀道置于艺术范畴的研究尚有探讨空间，更具体而言，蜀道的自然属性与文化属性在山水画史中的定位是被长期忽视的。那么蜀道与山水画有何联系？其如何参与到山水画史的建构之中？又扮演着怎样的角色？苏轼与蜀道的密切关联又能引出何种新的线索？

二、苏轼《书李将军三鬃马图》与《跋摘瓜图》

较为出名的蜀道画作当属台北故宫博物院藏李昭道《明皇幸蜀图》，此图在1957年前被定名为"宋人关山行旅图"，李霖灿根据苏轼的题跋重定为"明皇幸蜀图"。历史上关于《明皇幸蜀图》的作者、时代、画题多有不同，最早对此的记载便是苏轼《书李将军三鬃马图》：

> 唐李将军思训作《明皇摘瓜图》。嘉陵山川，帝乘赤骠，起三鬃，与诸王及嫔御十数骑，出飞仙岭下，初见平陆，马皆若惊，而帝马见小桥作徘徊不进状，不知三鬃谓何？后见岑嘉州诗，有《卫节度赤骠歌》云："赤髯胡雏金剪刀，平明剪出三骏高。"乃知唐御马多剪治，而三鬃其饰也。[1]

苏轼的这则题跋提及李思训《明皇摘瓜图》，引岑参诗说明何为"三鬃"，并描绘嘉陵山川，由此将"李思训""蜀道""明皇"相关联，虽并未直接点名为《明皇幸蜀图》，但常人便会首先想到此图。另一则苏轼的《跋摘瓜图》：

> 元稹《望云骓歌》云："明皇当时无此马，不免骑驴来幸蜀。"信如稹言，岂有此权奇蹀躞与嫔御摘瓜山谷间如思训之图乎？然禄山之乱，崔图在蜀，储设甚备，骑驴当时虚语耳。[2]

元稹的《望云骓歌》叙述的是"明皇幸蜀"的场景与事由，而苏轼将"权奇蹀躞"与"嫔御摘瓜"作为"明皇幸蜀"的发生场景与李思训《摘瓜图》相联系。

1 张志烈等校注：《苏轼全集校注·文集校注》卷七十，石家庄：河北人民出版社，2010年，第7907页。
2 张志烈等校注：《苏轼全集校注·文集校注》卷七十，第7934页。

两则题跋，不免让人将《明皇幸蜀图》与之比对，疑惑二者是否为同一图。[1]只言片语中并未确指。但由此可以推断，苏轼所见李思训《摘瓜图》当是具有"明皇幸蜀"场景的作品。

在引出苏轼二则题跋后，我们再来考察二则题跋的真实性与传播程度。苏轼《书李将军三鬃马图》除明毛晋《东坡题跋》有所收录外，早在宋胡仔《苕溪渔隐丛话后集》便有"《复斋漫录》云：《东坡笔记》谓"[2]，文字稍有几字差异但文意相同。又宋叶梦得《避暑录话》称：

> 明皇幸蜀图，李思训画，藏宗室汝南郡王仲忽家，余尝见其摹本，方广不满二尺，而山川、云物、车辇、人畜、草木、禽鸟，无一不具，峰岭重复，径路隐显，渺然有数百里之势，想见为天下名笔。宣和间，内府求画甚急，以其名不佳，独不敢进。明皇作骑马像，前后宦官、宫女，导从略备。道旁瓜圃，宫女有即圃采瓜者，或讳之为"摘瓜图"。[3]

叶梦得认为李思训《明皇幸蜀图》是因避讳改为《摘瓜图》，才终得进内府，其所描述的画面内容确实为明皇出游的场景无疑。这也解释了为何《宣和画谱》中未录《明皇幸蜀图》画题之故，与《西园雅集图》相似，二者皆是北宋末南宋初才逐渐被人提及。另一则佐证来自宋米芾《画史》："苏澥浩然处见寿州人摹明皇幸蜀道图，人物甚小，云是李思训本，与宗室仲忽本不同。"[4]米芾的文字有两处信息，一是寿州人摹本，与王仲忽藏本不同；二是此本也说摹自李思训本。那么至少，在北宋已经有李思训《明皇幸蜀图》流传于世并被时人所接受的观念。

从《历代名画记》中称李思训"开元六年赠秦州都督"[5]可知，他此年（718）去世，断不可能经历"安史之乱"而随明皇入蜀。因此不应将《明皇幸蜀图》归于李思训名下。与此同时出现的材料中，便将《明皇幸蜀图》归于李昭道名下。宋

1　持"一图二名"观点为杨新：《胡廷晖作品的发现与〈明皇幸蜀图〉的时代探讨》，《文物》1999年第10期，第94—101页。持"二图二名"观点为庄申：《中国画史研究》，台北：台湾正中书局，1959年，第224页；张建恩、姜思琪：《关于〈明皇幸蜀图〉研究的几个问题》，《中国美术》2021年第8期，第114—120页。

2　（宋）胡仔纂集，廖德明校点：《苕溪渔隐丛话后集》，北京：人民文学出版社，1962年，第194页。

3　（宋）叶梦得：《避暑录话》卷下，《景印文渊阁四库全书》第八百六十三册，台北：台湾商务印书馆，1986年，第695—696页。

4　（宋）米芾：《画史》，《景印文渊阁四库全书》第八百一十三册，第14页。

5　（唐）张彦远：《历代名画记》卷九，杭州：浙江人民美术出版社，2013年，第147页。

蔡绦记录徽宗曾赏赐其父蔡京"李昭道《明皇幸蜀图》",自觉有不祥之征兆:"时因又赐阁下以小李将军《唐明皇幸蜀图》一横轴。吾立侍在班底睹之,胸中窃谓:御府名丹青,若顾陆曹展而下不翅数十百,今忽出此,何不祥耶。"[1]徽宗将李昭道《明皇幸蜀图》赐予蔡京,显然并未避讳画题之名。李昭道名下还有《摘瓜图》,宋邵博在《邵氏闻见后录》中记载:"《山行摘瓜图》一。注云:小李将军。又今人注云:在刘忠谏家。"[2]宋周密在《云烟过眼录》中记载"张受益谦号古斋所藏:徽宗临李昭道摘瓜图小轴。"[3]在周密处又出现李昭道《摘瓜图》,元汤垕有可能也引用此处:

> 徽宗自画梦游化城图……今在嘉兴陈氏,又见临李昭道《摘瓜图》,旧在张受益家。今闻在京师某人处。画明皇骑三鬃照夜白马出栈道飞仙岭下,乍见小桥,马惊不进。远地二人摘瓜,后有数骑渐至,奇迹也。[4]

汤垕见此图描述的画面内容与苏轼《书李将军三鬃马图》有相似之处,并与"明皇幸蜀"的场景是相符合的。

至此进一步梳理《摘瓜图》和《明皇幸蜀图》之间的关系,《摘瓜图》和《明皇幸蜀图》到底是一画两题还是各自独立的?在《宣和画谱》中,"明皇幸蜀"画题并未出现,《摘瓜图》则有三条信息,展子虔:《摘瓜图》一;李公麟:摹李昭道《摘瓜图》一;李昭道:"武后时残虐宗支,为宗子者亦皆惴恐,不获安处。故雍王贤作《黄台瓜辞》以自况,冀其感悟,而昭道有《摘瓜图》著戒,不为无补尔。《摘瓜图》一。"[5]《宣和画谱》对李昭道《摘瓜图》做出的解释是,武后对李氏宗族的迫害,"永淳二年,迁于巴州。文明元年,则天临朝,令左金吾将军丘神勣往巴州检校贤宅,以备外虞。神勣遂闭于别室,逼令自杀,年三十二"[6]。章怀太子李贤过蜀道到巴州作《黄台瓜辞》后,李昭道有感而作《摘瓜图》,此《摘瓜图》或有蜀道场景,元张昱《题唐李昭道画摘瓜图》:"章怀恭顺子,尽室赴忧

1 (宋)蔡绦:《铁围山丛谈》卷一,清知不足斋丛书本。
2 (宋)邵博撰,王根林校点:《邵氏闻见后录》,上海:上海古籍出版社,2012年,第254页。
3 (宋)周密:《云烟过眼录》,载卢辅圣编:《中国书画全书》第二册,上海:上海书画出版社,2004年,第140页。
4 (元)汤垕:《古今画鉴》,载卢辅圣编:《中国书画全书》第二册,第900页。
5 《宣和画谱》卷十,《景印文渊阁四库全书》第八百一十三册,第122—123页。
6 (后晋)刘昫等撰:《旧唐书》卷八十六,《景印文渊阁四库全书》第二百七十册,第29页。

患。回首横门道，苦泪落余栈。路见摘瓜者，恶然兴永叹。"[1]以《宣和画谱》为线索可知晓两点：第一，早在隋展子虔便有《摘瓜图》，且有独立的画题来源，与后世所牵涉"明皇幸蜀"题材无关；第二，李昭道《摘瓜图》与展子虔《摘瓜图》和"明皇幸蜀"题材均无关，而是暗喻武后迫害李氏宗室，感怀李贤遭贬谪并死于巴州，将蜀道山水与摘瓜场景共绘于一图。

综上，目前已出现的李思训《明皇摘瓜图》和《摘瓜图》当是一幅作品，内容均为"明皇幸蜀"题材，只是画题省略"明皇"二字。至于李昭道以"摘瓜"暗喻李氏宗亲之举，李思训恐不会如此。在《唐李思训碑》中有"及履霜坚冰，终风折木……诟俟时变名求活。所恨南阳宗子，未举勤王；西京宰臣，不闻复辟者。"[2]这便是他在武后时期的态度，欲变名求活，生命攸关之际，实恐难作"摘瓜"暗指朝堂局势。其后，"中宗复位以耆旧擢宗正卿"[3]，宗正卿便是掌管皇室宗亲之职位，李思训在其位又何故让"摘瓜"为其痛脚。再看，李昭道《明皇幸蜀图》和《山行摘瓜图》当有可能同为"明皇幸蜀"题材，另《摘瓜图》为李贤感怀宗族暗喻之题材，却有经蜀道而摘瓜场景。在李思训未参与明皇避蜀的情况下，为何苏轼在《摘瓜图》中有此描述？第一种可能便是后人托名作伪于苏轼之名[4]。第二种可能是确有其事，认定为真的情况下又判断有二：其一，《唐李思训碑》为李邕所书，苏轼对于李邕的态度是明显的，"昨日见欧阳叔弼。云：'子书大似李北海。'予亦自觉其如此"[5]。如若苏轼见过《唐李思训碑》，从碑中卒年当不会将李思训与"明皇幸蜀"相联系起来。而若并未见过，不甚了解李思训卒年，仅从画作中看出有"嘉陵山川与出飞仙岭下"的蜀地特征，那李思训为何又有蜀地特征的画作呢？这便是第二则判断，李思训在唐中宗神龙年间（705—707）"历益州都督府长史"[6]，说明李思训是曾经过蜀道到达成都的，所以对蜀道的山川风貌是有所了解的，《宣和画谱》中载李思训：《春山图》一、《踏锦图》三、《明皇御苑出游图》一[7]。由此推测，李思训便有可能将自己游历过的蜀道作为山水场景，明皇出游、嫔御摘瓜作为人物场景共绘制于一图之中，画题也极有可能是类如"明皇出

1　（元）张昱：《可闲老人集》卷一，《景印文渊阁四库全书》第一千二百二十二册，第507页。

2　（唐）李邕：《唐李思训碑》，故宫博物院藏宋拓本。

3　（宋）欧阳修、宋祁等撰：《新唐书》卷七十八列传第三，《景印文渊阁四库全书》第二百七十四册，第33页。

4　衣若芬：《艺林探微：绘画、古物、文学》，上海：华东师范大学出版社，2012年，第21页。

5　张志烈等校注：《苏轼全集校注·文集校注》卷六十九，第7858页。

6　（宋）欧阳修、宋祁等撰：《新唐书》卷七十八列传第三，第33页。

7　《宣和画谱》卷十，第122页。

游"之名,宋人以"明皇""蜀道"之场景误将《明皇幸蜀图》归于其下,以至于宋人将"摘瓜"作为画题,又将"幸蜀"作为画题之故。

关于苏轼二则题跋,北宋便已有对于《明皇幸蜀图》的疑问。经由《复斋漫录》引出《摘瓜图》有"蜀道""皇帝"场景,米芾与叶梦得明确指出李思训作有《明皇幸蜀图》。蔡绦将《明皇幸蜀图》归于李昭道名下,周密、汤垕将"明皇幸蜀"事件归在李昭道《摘瓜图》中。对李思训、李昭道、《摘瓜图》、《明皇幸蜀图》加以梳理,可最终得出"三题三画"的结论。第一,李思训、李昭道作《摘瓜图》为皇室出游的场景,"摘瓜"有可能是延续展子虔所作,展子虔的画风与二李青绿实为一脉,亦有可能亲临"摘瓜"实景,以工细写生设色绘之,且李思训绘有蜀道山水场景;第二,李昭道作《明皇幸蜀图》,为明皇过蜀道之山水,这也是为何传世《明皇幸蜀图》中无"摘瓜"场景;第三,李昭道感怀李贤作具有"摘瓜"场景的蜀道山水。后世则将《摘瓜图》《明皇幸蜀图》混为一谈,明李日华从汤垕处误载为"(徽宗)临李琚道图,旧在张受益家"[1]。历史中真实的《明皇幸蜀图》无论是否为李昭道所作,不可否认的是,"摘瓜"与"明皇幸蜀"题材均带有"蜀道"的痕迹,成为不断衍生的主题性绘画作品,可见在唐时,蜀道山水在皇室宫廷便已流行,并非不受待见,反而在唐代宫廷绘画中占据着重要地位。

三、被忽略的身份:蜀道的山水角色

(一)"山水之变"中的蜀道图像

蜀道,具有独特地域性特征的文化景观,在历代绘画作品中成为不断表现的对象,尤以山水画最为突出。远山高窄耸入云中,山势险峻嵯峨,栈道从中景蔓延至近景,遮挡隐现,行人旅客三三两两,直观地展现出以"山形、栈道、行旅"为符号的蜀道特征。而"蜀道图"以独特的主题性,在后世成为经久不衰的画题,见表1。早期蜀道山水画中,画家多有过蜀道入蜀地的个人经历。《林泉高致》中所提"真山水"亦是需要山形步步移,山形面面看,四时之景不同,方为得其妙也。穷观极照下,将蜀道山水存列于胸中,非亲历其间有所感悟而不得。"蜀道山川心易惊",复杂的山形结构,道路曲折,经古人搬山卸岭开山凿石,修阁架桥终有岐山道、陈仓道、褒斜道、傥骆道、子午道、金牛道、米仓道、荔枝道。蜀道的险峻、

---

1 (明)李日华:《六研斋二笔》卷四,《景印文渊阁四库全书》第八百六十七册,第649页。

连云、驿栈、鸟道、猿猱、五丁、剑阁、崔嵬、滟滪等组合幻化出与中原地区迥异的奇异地理空间意象。唐孔德绍有"灵关九折险，蜀道二星遥"[1]，而"千里嘉陵江水色，含烟带月碧于蓝"[2]或可指出巴蜀地貌与青绿山水实为相符，此地常年植被丰茂，气候湿润，近山如翠远山如黛。

表1 唐宋"蜀道"山水图

著录作品			
时代	作者	名称	出处
唐	李思训	《明皇摘瓜图》	宋苏轼《书李将军三鬃马图》
唐	李思训	《摘瓜图》	宋苏轼《跋摘瓜图》
唐	李思训	《明皇幸蜀图》	宋赵仲忽藏本，宋叶梦得《避暑录话》，米芾《画史》
唐	李昭道	《山行摘瓜图》	宋刘忠谏藏本，宋邵博《邵氏闻见后录》
唐	李昭道	《摘瓜图》	宋宣和画谱卷十
唐	李昭道	《摘瓜图》	宋张受益旧藏，宋周密《云烟过眼录》
唐	李昭道	《明皇幸蜀图》	徽宗内府藏，宋蔡绦《铁围山丛谈》
唐	李昭道	《摘瓜图》	元张昱《题唐李昭道画摘瓜图》
唐	王维	《蜀道图》四	宋《宣和画谱》卷十
唐	王维	《剑阁图》三	宋《宣和画谱》卷十
唐	佚名	《蜀道图》	唐杜甫《严公厅宴同泳蜀道画图》
五代	卫贤	《蜀道图》二	宋《宣和画谱》卷八
宋	李公麟	摹李昭道《摘瓜图》	宋《宣和画谱》卷七
宋	李公麟	《伯时明皇蜀道图》	宋李纲《题伯时明皇蜀道图》
宋	赵伯驹	《明皇幸蜀图》	明张丑《清河书画舫》
宋	王诜	《蜀道寒云图》	明张泰阶《宝绘录》卷十
宋	蒋永仲	《蜀道图》	宋程俱《题蒋永仲蜀道图》
宋	郑天觉	《明皇幸蜀图》	宋苏迈《书郑天觉画跋》
宋	杨如晦	《蜀道图》	宋晁说之《题杨如晦二画·蜀道图》
	佚名	《蜀道图》	宋黄伯思《跋蜀道图摹本》
	寿州人摹	《明皇幸蜀道图》	宋米芾《画史》
	佚名	《明皇幸蜀图》摹本	宋叶梦得《避暑录话》
	佚名	《明皇幸蜀图》	宋陆游《题明皇幸蜀图》
	佚名	《明皇幸蜀图》	宋刘克庄《明皇幸蜀图》
传世作品			
时代	作者	名称	藏地
唐	李昭道（传）	《明皇幸蜀图》	台北故宫博物院

---

1 （清）彭定求等编校：《御定全唐诗》，《景印文渊阁四库全书》第一千四百三十册，第313页。

2 （清）彭定求等编校：《御定全唐诗》，《景印文渊阁四库全书》第一千四百二十八册，第364页。

续表

时代	作者	名称	藏地
五代	关仝（传）	《蜀山栈道图》	台北故宫博物院
宋	佚名	《明皇幸蜀图》	美国大都会美术馆
宋	李迪（传）	《明皇幸蜀图》	日本大和文华馆
宋	李唐	《蜀栈图》	日本小川睦之旧藏
宋	郭熙（传）	《蜀山栈道图》	美国弗利尔美术馆
宋	范宽（传）	《蜀栈行旅图》	美国弗利尔美术馆
宋	刘松年（传）	《蜀道图》	日本山本悌二郎旧藏
宋	郭熙	《寒林蜀道图》	台北故宫博物院

蜀道在山水画史中的重要作用，长久以来便是被忽略的。三山五岳各有意趣，而蜀道在地域特征之外，于山水画史中的地位几乎无人提及。张彦远提出"由是山水之变，始于吴，成于二李"[1]，山水在魏晋玄学思想的影响下逐渐兴起，其内核的精神实质经宗炳、王微已有所发微。至展子虔，已然脱去"人大于山，水不容泛"，山水不再是人物画的背景而独成一科。吴道子人物画成就无需赘述，山水之变赖于写貌，"好酒使气，每欲挥毫，必须酣饮。……因写蜀道山水，始创山水之体，自为一家"[2]。山水乃大物，以豪放之气写山水，从势的角度把握是开风气之先。

而蜀道便是其山水的主要表现对象，如若未对蜀道有"常理"之认识，对"质"穷奇要妙，何来得造化之功？唐朱景玄有一则笔记：

> 又明皇天宝中忽思蜀道嘉陵江水，遂假吴生驿驷，令往写貌。及回日，帝问其状。奏曰："臣无粉本，并记在心。"后宣令于大同殿图之，嘉陵江三百余里山水，一日而毕。时有李思训将军，山水擅名，帝亦宣于大同殿图，累月方毕。明皇云："李思训数月之功，吴道子一日之迹，皆极其妙也。"[3]

此则内容实为杜撰，李思训卒于开元六年（718），不可能生活在天宝年间

---

1 （唐）张彦远：《历代名画记》卷一，第18页。
2 （唐）张彦远：《历代名画记》卷九，第144页。
3 （唐）朱景玄：《唐朝名画录》，载卢辅圣编：《中国书画全书》第一册，第164页。

（742—756），但从大同殿空间角度又有新的观点出现[1]。不可否认的是朱景玄在此指出山水之变的又一成因。吴道子以豪放之势写山水，重在气象精神，却有失其形。荆浩谓其"李将军理深思远，笔迹甚精，虽巧而华，大亏墨彩。吴道子笔胜于象，骨气自高，树不言图，亦恨无墨"[2]。吴道子早岁笔法师于张旭、贺知章，如"莼菜条"可见其笔力甚深，无墨则难以表现蜀道山水险峻嵯峨、阴阳向背的丰富山形地貌。李思训则耗费数月，穷究其理，对山石形态观察深远，"其画山水树石，笔格遒劲，湍濑潺湲，云霞缥缈，时睹神仙之事，窅然岩岭之幽"[3]。他能够将山水与地理形势相统一，终确立山水画之体。山水之体在吴与二李间所成，有两层含义。其一，并不以时间为顺序，李昭道与吴道子生活在同一代，李思训长一辈，论青绿山水技法李昭道属实继承李思训衣钵并有所发展，创海图之妙，技法上以李昭道为重；其二，从山水画之体式而言，则吴道子稍疏简，尚不完备，李思训终将山水画体式臻至完成态。能够清晰地看到，吴道子、李思训、李昭道三人的山水画都与蜀道有关，从吴道子写貌蜀道山水，至李思训《摘瓜图》的蜀道山水，终有李昭道《明皇幸蜀图》的完备技艺，完全可以认定蜀道在唐代山水画发展中所起到的重要作用。

（二）蜀道山水在青绿对水墨转向中的角色

与吴道子、李昭道同时代的王维在《宣和画谱》中也有"《剑阁图》三，《蜀道图》四"的记载，说明王维亦写蜀道山水。若说吴与二李完成山水之变，那么王维与李思训则成为后世南北宗山水之祖。"其画山水松石，踪似吴生，而风致标格特出。"[4]王维的水墨山水被南宗奉为圭臬，彼时学于吴道子的"轻成色"，突出线条刻画，设色浅绛，吴道子山水"尝观所画墙壁卷轴，落笔雄劲，而傅彩简淡，或有墙壁间设色重处，多是后人装饰。至今画家有轻拂丹青者，谓之吴装"[5]，王维则有"周敏仲新装《王维雪霁捕鱼图》一卷，绢本，浅绛色"[6]。以此可以看

1　阮璞从大同殿建成时间认为朱景玄杜撰李思训吴道子会面，见阮璞：《李思训与吴道子能否同画大同殿》，载阮璞：《画学丛证》，上海：上海书画出版社，1998年，第65页；徐涛认为李思训山水以"掩障"载体或可留存陈列至天宝中大同殿内，故明皇有可能将二者并置而论，见徐涛：《"大同殿"及相关绘画考》，《美术研究》2009年第3期，第50页。

2　（五代）荆浩：《笔法记》，载卢辅圣编：《中国书画全书》第一册，第7页。

3　（唐）张彦远：《历代名画记》卷九，第147页。

4　（唐）朱景玄：《唐朝名画录》，载卢辅圣编：《中国书画全书》第一册，第166页。

5　（宋）郭若虚：《图画见闻志》卷一，载卢辅圣编：《中国书画全书》第一册，第469页。

6　（明）张丑：《清河书画舫》卷三下，《景印文渊阁四库全书》第八百一十七册，第114页。

出，吴道子的山水为浅绛，与李思训的青绿金碧大有不同，王维有浅绛、水墨山水，其自撰《山水诀》中亦称画道当以"水墨最为上"。由此，在青绿与水墨之分、李思训与王维之别中，蜀道作为一独特主题，再一次参与到青绿对水墨的转向之中，在南北宗山水中不可忽视。[1]

蜀道作为地域交通要道，在文化信息交流上的融汇性非名山大川可比。唐郭若虚《图画见闻志》载唐末画家二十七，有二十一人均曾在成都活动。唐僖宗年间，孙位入蜀，后为蜀文成殿下道院将军，是从蜀道将中原画风带入蜀地的重要人物。"蜀人画山水、人物，皆以孙位为师。"[2]

表2 唐末五代活跃于蜀地画家

居蜀地事由	人物
蜀籍	左全、麻居礼、张素卿、陈若愚、李洪度、高道兴、李昇、张玄、蒲师训、李文才、阮知诲、张玫、周行通、赵才、程承辩、丘文播、阮惟德、张景思、宋艺、李寿仪、僧令宗、丘文晓、房从真、杜措、杜子环、杜弘义、高从遇、黄居寀、黄居宝、蒲延昌、徐德昌、孔嵩、姜道隐、董从晦、僧楚安
随僖宗入蜀	吕嶢、竹虔、张询、滕昌祐
外籍避乱	赵公祐、赵温奇、赵德齐、卢楞伽、范琼、陈皓、彭坚、孙位、张南本、刁光胤、辛澄、张腾、常粲、常重胤、赵德玄、杜觐龟、杜敬安、赵元德、赵忠义

孙位宗顾恺之、曹不兴，亦远师张僧繇、吴道子。欧阳炯《题景焕画应天寺壁天王歌》："张僧繇是有神人，吴道子称无敌者。奇哉妙手传孙公，能如此地留神踪。"[3]其画笔力雄强，亦不以设色为主，奇纵狂怪简练随性。孙位入蜀前当未有功名，并非宫廷画家，人称孙处士，恐与其性情大有关系。入蜀也是避地，而非"扈从""随驾"等具有官方性质的词语，入蜀后黄荃、孔嵩、黄居寀都向其学画。其尤以画"龙水"为最，苏轼所得雪浪石便以孙位水法相拟，又在《画山水记》中称：

> 古今画水，多作平远细皱，其善者不过能为波头起伏。使人至以手扪之，谓有洼隆，以为至妙矣。然其品格，特与印板水纸争工拙于毫厘间

---

1 陶喻之认为历代栈道图倾向于北宗写实工整、精微细密样式，同时也融入南宗写意情味，在唐末五代之后尤其明显，见陶喻之：《历代栈道图考述》，载《上海博物馆集刊》编辑委员会编：《上海博物馆集刊》第八期，上海：上海书画出版社，2000年，第453—486页。

2 （元）汤垕：《古今画鉴》，载卢辅圣编：《中国书画全书》第二册，第896页。

3 （清）彭定求等编校：《御定全唐诗》，《景印文渊阁四库全书》第一千四百三十册，第482页。

耳。唐广明中，处逸士孙位始出新意，画奔湍巨浪，与山石曲折，随物赋
形，尽水之变，号称神逸。其后蜀人黄筌、孙知微，皆得其笔法。[1]

那是否有可能孙位在过蜀道之时，有感于嘉陵川江水势汹涌，悟得其龙腾水
奔、惊涛拍岸之绝。《春龙出蛰图》或可为一证：

> 山临大江，有二龙自山下出，龙蜿蜒骧首云间，水随云气布上，……
> 草木尽靡，波涛震骇，涧谷弥漫，山下桥路皆没……笔势超轶，气象雄
> 放，非其胸中磊落不凡，能窥神物变化，穷究百物情状，未易能也。[2]

山临大江……山下桥路皆没，龙出于蜿蜒险峻山水间亦是蜀道江水波涛奔涌
之状。另一证则是"光启年，应天寺无智禅师请画山石两堵、龙水两堵"[3]，这是
最早关于"龙水"的记载，系于孙位入蜀后光启年间（885—888）所作。应天寺
为唐僖宗避乱入蜀途中驻跸之地，在现成都双流境内。"龙水"在《益州名画录》
《图画见闻志》中均有记载，孙位、黄筌、黄居寀、刁光胤、僧传古均为唐末五代
时人，除僧传古外，其余四人均在四川活动。值得注意的是宋代"龙水"画家来源
多出自江南，活跃于开封，宋之后"龙水"画题骤减。[4]由此判定最早的"龙水"
便是自蜀地创制而出，孙位蜀中活动最早便是自蜀道而始。孙位本东越人，世居会
稽，张僧繇、顾恺之、曹不兴皆江南人，学其笔法尚近，后入京城学吴道子山水，
道子以蜀道山水为名。因此便可推断孙位入蜀前籍籍无名，学吴道子蜀道山水后经
蜀道，观其川江之水有所悟而龙水画法精进大成，气势雄放，变化万千，与众不
同。从孙位仅存传世的作品《高逸图》可窥得水墨山水与皴法之状，其山石阴阳向
背由皴法而成，再略施淡墨在皴法处晕染，以彰转折结构处，不施色，纯以墨色为
之。其与青绿已然泾渭分明，已可见两宋皴法之肇始。树干皴法与山石同，树叶有
夹叶，仍保留青绿中填色的空间，偶有施淡石绿色。其画提按明显，用笔较唐画风
确有疏野之气，与后世相较则仍为工稳细致一路。由此便能看出由青绿向水墨的转
变过程中，是相对于时代风格而言的，是徐徐缓慢且因画家风格有所取舍保留的。

1　张志烈等校注：《苏轼全集校注·文集校注》卷十二，第1302页。
2　（宋）李廌：《德隅斋画品》，《景印文渊阁四库全书》第八百一十二册，第942页。
3　（宋）黄休复：《益州名画录》，载卢辅圣编：《中国书画全书》第一册，第189页。
4　孙天怡：《何为"龙水"：宋代画史中的"龙水"题材研究》，2024年"第六届全国画学文献学术研讨
　　会"，未刊。

山石树木人物整体的用笔与设色能有高度的完整性是极高水准，牵一发而动全身，改一笔而无韵质，这也正是置于画史中来考察的重要阶段与证据。

由青绿转向水墨，是画家对于自然本质的追求，青绿以山水的形似与早期色彩观念，同样在客观物象与主观精神之间游走。而唐宋之际，承续魏晋玄学之下，对于自然之观照已超然于主客观之外，成为更深层次的山水精神。"水墨的出现，是由艺术家向自然的本质追求。但本质与现象在中国思想中并非对立的，所以水墨与着色，也非对立的。"[1]孙位得"逸品"第一人，"逸"本有隐逸、放逸之行径。在五代北宋山水第一个高峰中，山水典范多出自隐逸之士笔下，这便是从张彦远论古画人物之"成人论，助教化"中解放出来，在山水的自然滋养下得到"逸"。很显然，吴道子、孙位皆有放逸之性情。苏轼在《王维吴道子画》中评"道子实雄放，浩如海波翻。当其下手风雨快，笔所未到气已吞"[2]。而有载孙位谓："性情疏野，襟抱超然，虽好饮酒，未尝沉酗。禅僧道士，常与往还……非天纵其能，情高格逸，其孰能与于此邪？"[3]孙位以其疏野性情，奇姿比吴道子有过之而无不及。苏辙曾将吴道子与孙位相比较："而孙氏纵横放肆，出于法度之外，循法者不逮其精，有从心不逾矩之妙。……始见吴道子画，乃惊曰：'信矣，画必以此为极也。'盖道子之迹，比范、赵为奇，而比孙遇为正。"[4]宋黄休复云："拙规矩于方圆，鄙精研于彩绘，笔简形具，得之自然，莫可楷模，出于意表。"[5]其拙于规矩方圆，在常法之外，鄙精研彩绘，从色相回归玄色水墨之中。笔简形具意足，这已然是对规矩熟稔于心，精熟至极，欲得之自然，其过程如苏轼言"出新意于法度之内，寄妙理于豪放之外，盖所谓游刃余地，运斤成风者耶"[6]。蜀道在二李的参与下以青绿之姿完备山水之体，孙位过蜀道入蜀，既可以说是以蜀道为信息之路将画风引入蜀地，互通有无，更可以认为是入蜀偏安一隅，润泽了孙处士隐逸与放逸的心性，恐怕这才是青绿向水墨转变的最主要的精神实质。

1　徐复观：《中国艺术的精神》，北京：商务印书馆，2010年，第239页。

2　张志烈等校注：《苏轼全集校注·诗集校注》卷四，第317页。

3　（宋）黄休复：《益州名画录》，载卢辅圣编：《中国书画全书》第一册，第189页。

4　（宋）苏辙：《栾城后集卷》第二十一，《四部丛刊》景明嘉靖蜀藩活字本。

5　（宋）黄休复：《益州名画录》，载卢辅圣编：《中国书画全书》第一册，第188页。

6　张志烈等校注：《苏轼全集校注·文集校注》卷七十，第7916页。

四、结语

蜀道在中唐以后，从文学影响中化出实质的山水表现。其既是对文化属性的彰显，更是有自然属性的抒发，二者融于山水画中。后世对蜀道在山水画史中的角色与地位是忽视的，不论是技法表达蜀道山水的青绿与水墨之变，还是林泉之心下的精神观照。蜀道所具有的地域性、主题性、精神性都是山水精神转向中的重要特征。苏轼画跋所引出的迷局成为人们不断解读的话题。因此可以说山水之变中的蜀道是山水画史中的角色，青绿与水墨下的蜀道山水则是文人建构下的话语呈现与精神寄托。

三苏与古蜀道

蒲玉春（绵阳市人大常委会教科文卫工委）

摘　要： 三苏作为从蜀地走出来的文学家、思想家、政治家和艺术家，与蜀道有着深厚的历史文化渊源。本文在对"古蜀道"的内涵、外延进行创新性界说的基础上，提出了古蜀道之于三苏的四重关系：血缘纽带、文化脐带、精神资粮和灵感源泉；指出三苏通过蜀道行吟和对蜀道的研究与书写，对蜀道经济文化的发展作出了突出贡献，延续了蜀道文化与辉煌。在三苏陆路出川的路线问题上，本文通过深入考察和辨析，得出了令人信服的结论。

关键词： 三苏出川路线　蜀道文化　贡献

传统意义上的蜀道，是指由长安穿越秦巴山地到成都的陆上交通体系。包括"北四"陈仓道（故道）、褒斜道、傥骆道、子午道和"南三"金牛道、米仓道、荔枝道。因元朝之前，自秦岭以南皆属广义的蜀地，故曰"蜀道"。本文所称之"古蜀道"，是古代出川入蜀水陆通道的总称。除了"北四""南三"，陆上通道还包括阆成道（东川道）、阆剑道、利阆道、阴平道，以及岷江、涪江、嘉陵江和长江构成的水上通道，是中国西部经济文化大动脉，它们与三苏的关系十分密切。本文拟就此进行探讨。

一、千年蜀道证兴亡——古蜀道对三苏的影响

作为从蜀地走出来的文学家、思想家、政治家和艺术家，三苏父子与蜀道有着

深厚的历史文化渊源。主要体现在以下四个方面：

首先，古蜀道是三苏血缘纽带。

从古至今，四川的历史就是一部移民史。据史料记载，四川历史上曾经历了八次移民大潮，最初就是从秦灭巴蜀开始的。蜀道的开通，使移民和氏族迁徙成为可能，而三苏即是"移民"后裔。苏洵《苏氏族谱》载："苏氏出于高阳，而蔓延于天下。唐神龙初（705），长史味道刺眉州，卒于官。一子留于眉。眉之有苏氏自是始。"换言之，苏氏眉山堂始祖是苏味道，武则天时曾三次拜相，原籍为赵郡或者说赵州栾城（今河北石家庄市栾城区）；而苏杲的母亲李氏夫人，系唐太宗之子曹王李明后裔。

不仅如此，苏轼在《送表弟程六知楚州》诗中提到的"当年三老苏程石"，即指与苏家联姻的眉山程氏、石氏。史氏，以及眉山有名的家氏（如苏轼同门友家安国、家定国、家勤国家族）、孙氏（建藏书楼的孙长孺家族）和青神陈氏（陈希亮家族），都不是四川原住居民——正是在这个意义上，我们说古蜀道是包括三苏在内的众多外来移民的"血缘纽带"。

其次，古蜀道是三苏文化脐带。

与移民潮相伴随的，是文化输入。四川盆地远离中原，自古少兵灾，地理环境得天独厚。战国时，李冰父子修建都江堰，使得成都平原沃野千里，水旱从人，民无饥馑之忧，赢得"天府之国"的美誉。汉景帝时，文翁入蜀，兴教化、举贤能，从此蜀人尚文、兴学、好雅，蔚成风气，涌现出了司马相如、王褒、扬雄等一批辞赋家和学问大家。

四川独特的自然地理和人文环境，不仅成为文化巨人的成长摇篮，也成为帝王将相的避难天堂——仅唐代，先后就有唐玄宗、唐德宗、唐僖宗三位大唐天子入蜀地和梁州（今陕西汉中）避难，带动大批文臣武将和诗人、画家、音乐家等文化艺术人才入蜀或者流落蜀道沿线，使蜀地成为大唐的"外府"和"宰相回翔之地"，成就了"扬一益二"的美名。

有论者指出，蜀道是"唐代最有山水吸引力和文化魅力的诗歌之路"[1]。据统计，"光唐代就有180多位诗人入蜀"[2]，是故清代诗人、学者李调元称"自古诗人例到蜀，好将新句贮行囊"[3]……古蜀道不仅见证了古代王朝兴衰，也见证了千年

1　梁中效：《古蜀道：千年文化交流的见证者》，《方志四川》2024年9月11日。

2　成都市金牛区地方志办公室：《蜀道诗心曾淹留》，《方志四川》2023年11月29日。

3　（清）李调元：《送朱子颖孝纯之蜀作宰》。

文化交流与文脉传承。三苏父子之所以成为文化巨人，并且与成都大圣慈寺结下殊胜因缘，就直接与此有关。

再次，古蜀道是三苏精神资粮。

古人治学，往往是读书与游学并重。古人不仅要读万卷书，还要行万里路，人们称之为"壮游"，即是以游山玩水、陶情冶性、增长见识、开阔胸襟为目的。凡成就功名者，概莫能外；李白和苏洵年轻的时候，就是这样。

苏洵之所谓"游荡不学"，并不是说他不喜欢读书学习，只是说他对书本上的那些死知识，比如声律、记问、章句之学不感兴趣。事实上，苏洵年轻时"游荡"，学到了很多东西，这从他的长诗《忆山送人》中就可以看出来；而蜀道盛衰所蕴含的历史变迁规律，则带给苏洵以深刻的思想启迪，以至于他在《权书》中通过总结秦汉间蜀道的攻守得失，对诸葛亮北伐的失败与蜀汉灭亡提出了独到见解。

蜀道之旅，对于苏轼、苏辙兄弟的影响，同样十分重大。苏辙在《上枢密韩太尉书》中自陈："辙生十有九年矣，其居家所与游者，不过邻里乡党之人，所见不过数百里之间，无高山大野可登览以自广。百氏之书虽无所不读，然皆古人之陈迹，不足以激发其志气。恐遂汩没，故决然舍去，求天下奇闻壮观，以知天地之广大。过秦、汉之故都，恣观终南、嵩、华之高，北顾黄河之奔流，慨然想见古之豪杰。"梁中效先生在《三苏父子的蜀道之旅及其影响》一文中指出："三苏父子弘放博大的胸襟、深邃睿智的思想、开阔通达的视野，都与蜀道提供给他们的历史经验与文化滋养有着密切关系。"[1]

最后，古蜀道是三苏灵感源泉。

如前所述，本文所称"古蜀道"，是指古代出川入蜀的水陆通道——其中就包括三苏父子嘉祐四年（1059）舟行赴楚的岷江—长江黄金水道，即从眉山启程，乘船走岷江，南下嘉州、戎州、泸州、渝州、涪州、忠州、万州、夔州，过长江三峡，至湖北荆州弃舟登岸，再陆行至京师开封。"自蜀至于楚，舟行六十日，过郡十一，县三十有六"[2]，父子三人诗兴大发，走一路写一路，到荆州即作诗百首，汇为《南行集》；苏轼为此专门写了一篇叙，谈了创作体会。

苏轼在叙中说，他们两兄弟早岁"为文至多，而未尝敢有作文之意"，但少有名篇佳作，尤其磊落壮奇之作；而一经水路出川，辄文思泉涌，佳作联翩……何以故？只因沿途之山川风物，是其灵感源泉！用苏轼的原话说就是："夫昔之为文

1 梁中效：《三苏父子的蜀道之旅及其影响》，《成都大学学报（社会科学版）》2017年第1期。
2 （宋）苏轼：《上王兵部书》。

者，非能为之为工，乃不能不为之为工也。山川之有云雾，草木之有华实，充满勃郁，而见于外，夫虽欲无有，其可得耶……而山川之秀美，风俗之朴陋，贤人君子之遗迹，与凡耳目之所接者，杂然有触于中，而发为咏叹。"[1]

二、往日崎岖还记否——三苏陆路出川路线辨析

众所周知，苏洵一生曾四度出川、三次返蜀，共七次往返京师与蜀中；苏轼、苏辙兄弟一生三次出川，两次返蜀，共五次往返眉山与开封，其中两次走陆路出川，一次水路出川；而三苏父子同行走陆路出川，则仅有一次，即嘉祐元年（1056）苏洵携二子赴京赶考——目前学界对此普遍认可，没有争议；但对于他们父子的具体行踪和路线，究竟是"经阆中出褒斜"，还是"过剑门至凤翔"，却存在较大分歧。

清王文诰撰《苏文忠公诗编注集成总案》卷一载其"自阆中出褒斜，发横渠镇，入凤翔，过长安，五月抵京师"；孔凡礼著《三苏年谱》则认为"洵父子发成都，过剑门，经凤翔府眉县横渠镇，游崇寿院，经扶风"；曾枣庄著《苏轼评传》和李一冰著《苏东坡大传》认同前者，尧军《苏轼陆路出蜀路线考探》[2]和梁中效《三苏父子的蜀道之旅及其影响》支持后说，且考辨甚详……究竟孰是孰非？很有进一步辨析之必要。

笔者综合各家观点，深入考察其立论依据和论证过程后，倾向于"经阆中出褒斜"说。主要论据和理由有三：

其一，三苏到阆中的理由足够充分。

阆州是苏轼二伯父苏涣为官之地。苏涣是眉山苏氏的骄傲，也是苏轼、苏辙兄弟崇拜的偶像和学习的榜样。苏涣曾通判阆州、领州事，时间长达七年（1041—1047），不仅有政声，而且与当地名门望族蒲宗孟家族联姻。苏涣倅阆期间，其父苏序曾亲临视察，并住了数月。鉴于苏序当时年事已高（已七十开外），苏洵极有可能侍父同行，因此对阆中情况比较熟悉。

阆中不仅是风水宝地，更是科甲重镇——早在眉山三苏"横空出世"之前，阆中就出了著名的"三陈"兄弟：陈尧叟、陈尧佐、陈尧咨，"一门二相两状元"，

---

1 （宋）苏轼：《南行集叙》。
2 尧军：《苏轼陆路出蜀路线考探》，《苏轼研究》2016年第3期。

阆中也因此被称为"状元故里"……赶考之路选择走阆中的理由足够充分，只因为"榜样的力量是无穷的"！

此说的不利因素，在于缺乏最直接的史料印证。并且1056年老苏带着苏轼、苏辙兄弟走陆路出川赶考时，苏涣和蒲宗孟都不在阆中；而1068年轼、辙居父丧期满走陆路返京时，苏涣已去世六年，归葬眉山永寿乡高迁里……其子苏不欺，太子中舍，监成都粮料；苏不疑，承议郎，通判嘉州；苏不危，不求禄仕，家居眉山。

其二，有证据表明苏轼到过梓州和太白山。

宋哲宗元祐三年（1088），苏轼在《送周正孺知东川》《次前韵再送周正孺》诗中，先后提到了梓州（今绵阳市三台县）境内的多处风景名胜和人文古迹，如句溪路上的古丛祠（今四川中江县句溪庙）、牛头山与兜率寺、棠阴馆和文冢，不仅表明苏轼对梓州风物十分熟悉——非亲历者，其情形断不可知，同时也为我们描绘出了一条清晰的旅行线路：经成都，过中江，再到三台……这条道路是古已有之的"古郪道"，也是阆（中）成（都）古驿道中的一段，是从成都到阆中的必经之地。

由于熟悉梓州情况和留恋梓州风物，苏轼后来就想调梓州为官，再致仕回眉山老家。元祐六年（1091），苏轼在《书诸公送周梓州诗后》称："正孺已及瓜矣，盍往代之，遂归老眉山乎？"绍圣元年（1094），身为定州知州的苏轼作诗《三月二十日多叶杏盛开》，末句云："明年花开时，举酒望三巴。"公自注："盖欲请梓州而归也。"《东坡志林·请广陵》称："今年吾当请广陵，暂与子由相别。至广陵逾月，遂往南郡（今湖北荆州），自南郡诣梓州，溯流归乡，尽载家书而行，迤逦致仕，筑室种果于眉，以须子由之归而老焉：不知此愿遂否？言之怅然也。"也许正因为如此，绵阳人民才视苏轼为乡贤——绵州思贤堂和梓州名世堂都有他的名字。

最能证明三苏走褒斜道的诗，是苏轼《太白山下早行，至横渠镇，书崇寿院壁》。诗中提到的太白山、横渠镇、崇寿院，地处陕西宝鸡郿县境内，位于褒斜道上……苏轼诗"聊以记吾曾"，表示自己曾经到过太白山；而苏辙的和诗《次韵子瞻太白山下早行题崇寿院》亦云"联骑昔尝曾"，则明确无误地告诉人们他们兄弟二人是同行过太白山。由苏轼"再游"太白山的时间是嘉祐七年（1062）二月，可知其第一次经过太白山的时间是赴京赶考的嘉祐元年（1056）。

其三，三苏由陆路出川走的是途经阆中的绕行线路。

这从三苏此行自蜀至京所耗费的时间，就可以看出来。

唐宋时期，从眉山经成都赴京，最便捷的通道就是金牛道，约四千里，走完全程需耗时两个月。苏洵在《上欧阳内翰第三书》中说："忽惊相去已四千里，思欲跂首望见君子之门庭不可得也……自蜀至秦，山行一月；自秦至京师，又沙行数千里。非有名利之所驱与凡事之不得已者，孰为来哉？"该信写在嘉祐二年（1057），苏轼、苏辙奔母丧，自京返蜀后不久。

从具体路程来看，走金牛道，即从成都出发，途经剑门关至汉中，全长一千二百里，有驿站三十多处；再从汉中出发，走褒斜道，经太白山出斜口，全长五百里，有驿站十余处，最后抵达凤翔，走完全程需耗时一个月。这段以山路为主——从成都府汉州德阳县鹿头关起入山，至凤翔府宝鸡县武城镇石鼻寨方才出山。而从凤翔到京师开封府，相距一千二百里，这段路苏轼一生来来回回走过五趟！分别是宋仁宗嘉祐元年（1056）赴京赶考、嘉祐二年（1057）奔母丧还蜀、嘉祐六年（1061）自京赴凤翔签判任、宋英宗治平元年（1064）凤翔任满还朝和宋神宗熙宁元年（1068）丁父忧期满还朝，大致也要走差不多一个月。

那么，三苏父子同行由陆路出川，也即苏轼、苏辙兄弟首次出川，用了多长时间呢？已知至和三年（亦即嘉祐元年）三月末，轼、辙兄弟游大圣慈寺，观壁画，苏轼留下"至和丙申季春二十八日，眉阳苏轼与弟辙来观卢楞伽笔迹"题名和"精妙冠世"四字评语；闰三月初从成都出发，五月底抵京师，足足走了三个月！一说"五、六月间"抵京师，可以理解为三苏父子五月下旬进入开封府地界，六月初才到达汴京城，并"馆于兴国浴室老僧德香之院"[1]。而熙宁元年（1068），轼、辙兄弟守父丧期满还朝，举家迁徙，则耗时四个月，其中从眉山至长安就用时两月——这与走绕行线路东川道的情况相符！

东川道亦称"东道"[2]，其名源自巴西郡在巴蜀地区的地理方位，更与唐初在巴蜀设立的剑南西川道、剑南东川道有着密不可分的关系；文同《阆州东园十景》诗注中谓之"南路"："古时入蜀到成都，避剑阁之险者，往往自朝天驿（今广元朝天镇）舍陆觅舟至阆中，复舍舟而陆，西行通达，谓南路。"宋时吏部尚书宋琪上书言："利州最是咽喉之地，西过桔柏江（昭化），去剑门百里，东南去阆州水陆二百余里。"[3]表明利阆间早已水、陆两通。

苏轼、苏辙于熙宁元年（1068）第二次由陆路出川，时值冬月，拖家带口十余人，老的老、小的小——其中，苏轼保姆任采莲年纪最大（六十岁），苏轼长子迈

1　（宋）苏轼：《兴国寺浴室院六祖画赞》。

2　《太平御览》引《地形志》："阆中，居蜀、汉之半，又当东道冲要。"

3　参见《续资治通鉴》卷十七。

九岁半，苏辙长女七岁、次女五岁、三女三岁、长子迟两岁、次子适还不满周岁，为避剑门之险而绕行阆中至益昌北上，合乎情理。笔者由此得出"轼、辙兄弟两次陆路出川皆绕行阆中"的结论。

上述结论，与"三苏过剑门关"并不矛盾。即使走东川道至阆中，因为有阆（中）剑（阁）古驿道，仍然可以到剑门关，"出剑门东"，望见梁山寺。[1]不仅如此，上述结论也与"三苏过兴州和大散关"不冲突。轼、辙于嘉祐二年（1057）奔母丧自京返蜀，特别是熙宁元年（1068）举家出川，走故道（或者说大驿路陈仓道）的可能性比较大！至于苏轼诗称"出剑门东"和苏辙《奉使契丹二十八首》"仿佛梦中寻蜀道，兴州东谷凤州西"所言方位，可理解为是两人观察角度和表达方式的问题，不能以此作为选择道路、判断其走向的决定性因素。

因此，"经阆中出褒斜"与"过剑门至凤翔"二者并非截然对立，完全可以统一起来！三苏由陆路出川的路线图为："自成都，经阆中，过剑门，出褒斜，至凤翔。"其还蜀路线图为："自凤翔，走故道，经兴州，过剑门，至成都。"轼、辙兄弟赴京赶考，时间比较充裕；深知游学重要性的苏洵，利用这次机会，带他们出去多走一走、看一看，见见世面，亦在情理之中。

三、文采风流仰三苏——三苏对古蜀道的贡献

一部古蜀道史，既是中国古代交通史、战争史，也是古代王朝盛衰兴亡史，同时更是一部文学史、诗歌史。中国古代与蜀道有关的文物古迹、文化遗存和文学作品有很多，包括神话传说故事、历史掌故、民风民俗，著名军事行动和战争遗址遗迹，山川地理形胜和风景区题刻、诗词楹联和笔记、游记，如此等等，不一而足。其中就包括了三苏的贡献，他们在蜀道上的行走、歌吟和咏叹，对蜀道山川风物的描述、探究和书写，创造了宝贵的精神文化财富，延续了蜀道文化与辉煌。

三苏对于蜀道的贡献，大致可概括为"书写蜀道传奇""繁荣蜀道文化"和"揭示蜀道奥秘"三个方面。

一是留下经历故事，书写蜀道传奇。

三苏在行经蜀道和赴京的过程中，发生或者说遭遇过一些趣事、奇事和难事，或喜或悲，耐人寻味。比较有趣和奇特的事情，如"子由梦塔"，"发生"在利州

1　（宋）苏轼：《过木枋观》诗自注"飞檐如剑寺"："出剑门东，望上，寺宇仿佛可见。"

之明月峡，或者说"利州峡"。苏轼在《东坡志林》中有比较详尽的记述："明日兄之生日。昨夜梦与弟同自眉入京，行利州峡，路见二僧，其一僧须发皆深青，与同行。问其向去灾福，答云：'向去甚好，无灾。'问其京师所需，'要好朱砂五六钱。'又手擎一小卵塔，云：'中有舍利。'兄接得，卵塔自开，其中舍利灿然如花，兄与弟请吞之。僧遂分为三分，僧先吞，兄弟继吞之，各一两，细大不等，皆明莹而白，亦有飞进空中者。僧言：'本欲起塔，却吃了！'弟云：'吾三人肩上各置一小塔便了。'兄言：'吾等三人，便是三所无缝塔。'僧笑，遂觉。觉后胸中噎噎然，微似含物。梦中甚明，故闲报为笑耳。"

三苏一行经过扶风县凤鸣驿（今凤翔县城）时，本打算在驿馆中住下，可是走进去一看，馆舍简陋破败，脏乱不堪，无法住人！只好出来住旅店……六年后，苏轼任职凤翔没几天，就到驿馆去拜访客人，却发现凤鸣驿内外焕然一新——客房和用具都非常精美，仿佛官府、庙观，"如数世富人宅"，四方客人宾至如归，"皆乐而忘去"。苏轼有感而发，写了一篇文章叫作《凤鸣驿记》，与《喜雨亭记》《凌虚台记》并称三记。

另外一件事情，发生在当时的陕县崤山，过二陵道的时候。因大雪漫山，路径难辨，他们的坐骑被埋在雪下的乱石堆绊倒在地，蹄脖折断，痛极而亡。父子三人只好在雪地上艰难地步行前进，傍晚时分投宿于渑池县一座山间寺院。老和尚奉闲捧出茶水、食物，热情款待了他们，并打扫禅房，安排他们就宿。第二天走的时候，还将寺院里的一头毛驴赠予苏氏父子。轼、辙很是感动，于是便在僧房的墙壁上题了诗，作为纪念，亦为报答。这就是苏辙《怀渑池寄子瞻兄》诗中所谓"旧宿僧房壁共题"。苏辙在该诗自注中写道："昔与子瞻应举，过宿县中寺舍，题其老僧奉闲之壁。"苏轼的和诗《和子由渑池怀旧》，后来成为人人传颂的千古名篇，并由此诞生了一个成语，叫作"雪泥鸿爪"。时间仅仅过去五年（1056年春至1061年冬），已物非人亦非了："老僧已死成新塔，坏壁无由见旧题。往日崎岖还记否，路长人困蹇驴嘶。"

二是歌咏山川风物，繁荣蜀道文化。

如前所述，古蜀道不仅是山水图卷，更是诗画长廊。古往今来，无数的文人墨客往返蜀道，寄情于山水，泼墨挥毫，留下大量文学艺术作品，三苏自不例外，最典型的就是《南行集》。《南行集》是三苏父子嘉祐四年（1059）一同出川时纪行唱和的雅集，也是由他们亲手编辑的唯一一部父子三人诗文合集。它真实地记录了沿途"山川之秀美，风俗之朴陋，贤人君子之遗迹"，对了解北宋中叶三苏父子南行所经之地的民间疾苦、民族关系、风土人情、名胜古迹和三苏当时的思想状况，具有重要意义。从思想角度来看，《南行集》让我们看到苏轼、苏辙兄弟诸多重要人生观点和态度；从文化角度来看，我们从三苏父子这一段少有的欢聚时光中，可以管窥中国文化史上堪称美谈的一代文豪和而不同的理想追求以及他们风雅的生活志趣；从文学角度看，《南行集》诸多的同题唱和诗歌，又为我们展示了三人不同的诗文风格和艺术追求，对比较三苏父子的不同文学主张，具有独特的研究价值。[1]

此外，苏洵还写有全景展示蜀道山水奇观，描写蜀道险峻与壮美的诗歌《忆山送人》；描写蜀道北端关中平原博大雄浑气象与强悍尚武民风的《上田待制》；体现其忧国忧民、有志于当世，"何策安西边"的《途次长安上都漕傅谏议》，皆"语不徒发，正类其文"。[2]苏辙吟咏古蜀道的诗，主要有《兴州新开古东池》《和鲜于子骏益昌官舍八咏》。兴州，今陕西略阳；益昌，今四川广元。蜀道经历给苏辙留下了难以磨灭的印象，以至于二十多年后他出使辽国时，仍对此念念不忘。[3]

苏轼在后来写的诗中，也多次提到蜀道人物、风光和一些地名。比如《次韵李修孺留别二首》："好去江鱼煮江水，剑南归路有姜诗。"姜诗是二十四孝"涌泉跃鲤"故事的主人公，其故里即今德阳市旌阳区孝泉镇；《送贾讷倅眉二首》："鹿头北望应逢雁，人日东郊尚有梅。"此"鹿头"指鹿头关，坐落在四川省德阳市鹿头山上，为西川防守要地；《留题仙游潭、中兴寺。寺东有玉女洞，洞南有马融读书石室。过潭而南，山石益奇。潭上有桥，畏其险，不敢渡》："蜀客曾游明月峡，秦人今在武陵溪。"明月峡原名朝天峡，位于今四川广元市北八十里朝天镇南，为嘉陵江所经之地。苏轼《送运判朱朝奉入蜀七首》其四亦云："梦寻西南路，默数长短亭。似闻嘉陵江，跳波吹枕屏。"《寄题兴州晁太守新开古东池》："百亩清池傍郭斜，居人行乐路人夸。"《石鼻城》："北客初来识新险，蜀人从此送残山。"《方舆胜览》载，"宝鸡（凤翔府宝鸡县武城镇）有石鼻寨，入蜀者至此渐入山，出蜀越谷者至此渐出山。"《八月七日初入赣过惶恐滩》："山忆喜欢劳远梦，地名惶恐泣孤臣。"苏轼自注："蜀道中有错喜欢铺，在大散关上。"《次韵正辅同游白水山》："误抛山林入朝市，平地咫尺千褒斜。"如此等等。

三是深究治乱兴亡，揭示蜀道奥秘。

---

1 参见刘亚文：《三苏〈南行集〉研究》，硕士学位论文，西藏民族大学，2016年。

2 叶梦得：《避暑录话》。

3 （宋）苏辙：《奉使契丹二十八首》中有"仿佛梦中寻蜀道，兴州东谷凤州西"句。

三苏父子不仅是出名的文学家，在文艺创作方面成就卓著，入"唐宋八大家"之列，而且是著名的思想家、谋略家、政治理论家和实干家，有着深厚的学术造诣和实践功夫，在探究蜀道历史和规律，揭示蜀道奥秘，推动蜀道经济文化发展方面，贡献突出。

苏洵在《权书》中，以秦并六国、楚汉相争和蜀汉兴亡为例，深刻揭示了"强弱"与"攻守"之道，凸显了蜀道在王朝兴衰成败中的战略地位。他指出，秦灭巴蜀而后一统天下，汉高祖据汉中、巴蜀之后"还定三秦"，都是先取弱、后攻强："秦之忧在六国，蜀最僻、最小，最先取；楚最强，最后取，非其忧在蜀也。诸葛孔明一出其兵，乃与魏氏角，其亡宜也。取天下，取一国，取一阵，皆如是也。"[1] 而项羽失败的主要原因，就在于没有控制蜀道线上的国都咸阳——钜鹿之战前未争咸阳，入关后未都咸阳，以致"天下之势在汉不在楚"。[2]

诸葛亮以为凭借剑门关之险，可保蜀汉不亡，因而放弃荆州到了成都。苏洵据此认定他不可能统一天下。因"吾尝观蜀之险，其守不可出，其出不可继，兢兢而自完，犹且不给，而何足以制中原哉"。[3] 事实也是如此："邓艾攻蜀，自阴平由景谷攀木缘磴，鱼贯而进，至江油而降马邈，至绵竹而斩诸葛瞻，遂降刘禅……此用伏道也。"[4] 就北宋而言，苏洵认为："国家分十八路，河朔、陕右、广南、川峡实为要区。河朔、陕右，二虏之防，而中国之所恃以安。广南、川峡，货财之源，而河朔、陕右之所恃以全，其势之轻重如何哉？"[5] 北宋以四川之财养陕西之兵，使千里蜀道成为北宋防御西夏的生命线，即是证明。

苏轼、苏辙一生三次出川，五次往返于蜀中和京师开封，陆路、水路都走过，由此对蜀道十分了解，这对于他们后来为官、为政乃至于为文，影响深远！比如苏轼，之所以能在《进策》中提出移民于"荆、襄、唐、邓、许、汝、陈、蔡"等人口稀少地区的建议和主张，[6] 就跟他的"出川行走"有关！他后来又在蜀道北线重镇凤翔为官三年，对于蜀道及其沿线经济文化的熟悉程度，自是非同一般！

苏轼行走蜀道，留下了大量的诗文作品。在笔者看来，其《南行集叙》《题鲜于子骏八咏后》和《凤鸣驿记》，分别揭示了为文之道、为官之道和为政之道，给

1　（宋）苏洵：《权书·强弱》。

2　（宋）苏洵：《权书·项籍》。

3　（宋）苏洵：《权书·项籍》。

4　（宋）苏洵：《权书·攻守》。

5　（宋）苏洵：《衡论·重远》。

6　（宋）苏轼：《策论·策别九》。

我们留下了极为宝贵的精神财富。

苏轼在《南行集叙》中总结南行收获时，提出了文艺创作的一个重要论断：文艺创作，有赖于丰富的、生活感受的触发。当这种感受为"耳目之所接"，而"杂然有触于中（心）"时，便是艺术家创造之"气"勃郁而兴的重要契机。此时，优秀作品的诞生，便不以艺术家的主观意志为转移，正如"山川之有云雾，草木之有华实"，当其"充满勃郁，而见于外，夫虽欲无有，其可得耶"！而苏辙也有同样的感受和体会。他在赴京途中"恣观终南、嵩、华之高，北顾黄河之奔流"，及至京师，"而后知天下之巨丽"，终于领悟了孟子、太史公何以能有瑰玮之文，惊天动地的道理："此二子者，岂尝执笔学为如此之文哉？其气充乎其中，而溢乎其貌，动乎其言，而见乎其文，而不自知也。"[1]

苏轼熙宁元年（1068）举家由陆路出川过程中，受到了阆中人、时任利州路转运判官鲜于侁的热情接待。八年后即熙宁九年（1076），苏轼收到鲜于侁咏益昌（广元旧称益昌郡）"自治园囿亭榭"的八首诗，自谓"甚爱其诗，欲作而不可及"，于是在诗后写了一篇短文《题鲜于子骏八咏后》，对鲜于侁任利州路使以来九年的政声贤德作了精当的评价，揭示了为官之道。苏轼指出，鲜于侁居任利州路，治所距阆中很近，亲戚宗族都散居在此，鲜于侁均以公心待之，从不偏护，大家相处得十分融洽开心。苏轼赞其"上不害法，中不废亲，下不伤民"，是一个难得的贤才。

如前所述，苏轼的《凤鸣驿记》，写在凤翔为官期间。通过对凤鸣驿馆舍修缮改造之事的记叙，以小见大，纵论古今，阐明了自己的为政观点。苏轼指出，古之贤能之士能够随遇而安，且勤于干实事，勇于解难事，乐于做好事，哪怕是身边的小事——如果人人都这样，天下何愁治理不好呢？！后世之人却不屑于此，常常认为身边的小事不值得去做，如果命令他们去做，他们要么焦躁，要么怠惰；焦躁就胡作非为，怠惰就因循苟且，如此一来，天下难以治理好就不足为怪了。老子《道德经》云："天下难事，必作于易；天下大事，必作于细。是以圣人终不为大，故能成其大。"躁与惰乃为政之大忌，"躁则妄，惰则废"，诚千古警句格言，至今振聋发聩。

相比较而言，苏辙对蜀道线上的经济发展和百姓生活情况十分关心，尤其是对蜀道线上的茶马贸易极为关注。他元祐元年官右司谏，是年七月二十四日即上疏《论蜀茶五害状》，回顾川陕四路（益、利、秦、凤）榷茶的历史，历数官府垄断

---

1 （宋）苏辙：《上枢密韩太尉书》。

茶叶贸易的危害，指出：宋初允许蜀道沿线民众与商贾自由贩茶，"商贾流行，为利自广"；淳化年间横征暴敛，造成茶贩王小波、李顺"因贩茶失职，穷为剽劫，凶焰一扇，两蜀之民，肝脑涂地，久而后定"，给朝廷带来无穷之灾……熙宁、元丰年间禁止民间私买，由官府垄断茶叶贸易，给蜀道经济造成重大损失，伤及国本与民心。

为改变益、利路榷茶之法，与民生息，苏辙不惜连续上疏《乞责降成都提刑郭概状》《乞差官与黄廉同体量蜀茶状》《再乞差官同黄廉体量茶法状》，弹劾郭概、韩玠、陆师闵等茶官及有关官员，要求贬窜他们，又在《申本省论处置川茶未当状》中陈说利害，可谓不遗余力。

三苏与三国文化

论三苏的三国史观及其思想特征

马　强（西南大学历史文化学院）

摘　要： 三苏的历史文化知识结构中，三国历史与人物占有重要地位。三苏的三国史观广泛地反映于政论、策论、史论、诗词、经解之中，三国人物与史事是三苏政论、策论中的重要史据与用典。三国文化在巴蜀地区有深远的影响，三苏对三国历史文化的关注与熟悉程度超乎常人。苏洵长于对三国军事地理的评论，尤其看重三国蜀道地理军事史事；苏轼对三国人物的评论带有鲜明的反思性与批判性，其三国史观独步当代，卓然不群；苏辙的三国论述相较父兄最为丰富，在奏议、策论、史论中引用频率较高，注重总结三国政治、军事与历史人物成败的经验与教训，尤其善于古为今用，常常在奏议中将其作为解决现实社会矛盾的例证，构成苏辙三国史观的最大特色。

关键词： 三苏　三国史观　思想特征

一、北宋的三国文化思潮概说

处于汉晋之间的三国时期历史虽然并不算长，却在中国历史上留下了浓墨重彩的一章。魏、蜀、吴的出现与灭亡，三国军事战争的恢宏与成败，诸多叱咤风云的三国人物风貌与命运，三国政权的正统孰是孰非，以及曹魏屯田、九品中正制等，都在后世一度成为历史研究、士大夫评论及文学创作关注的重点，甚至长期为社会大众所津津乐道。对三国政权的正统地位及历史人物孰是孰非的评论早在东晋南北朝时即已流行。东晋南朝时期的《襄阳耆旧记》《世说新语》《三国志》裴注中就有不少三国史事与人物评论，特别是裴松之《三国志注》更是三国人物与史事轶闻笔记的集大成者。唐代，三国政治曾是王朝君臣讨论的热点话题，吴兢《贞观政要》中就记录有不少唐太宗与臣下讨论魏、蜀政治得失的对话。北宋是结束唐末五代藩镇割据以后建立的统一王朝国家，从庆历初年开始，在范仲淹、石介等一批士大夫积极的推动下，意识形态领域开始兴起重振纲纪、重建国家政治正统秩序等思想运动。在这一逐渐兴盛的思潮中，三国政治的正统与否与人物的品行优劣成为经常讨论的话题，苏洵、苏轼、苏辙父子，张方平、欧阳修、司马光、宋祁、范祖禹、王安石、曾巩、秦观等人都曾发表对三国史事、人物的见解，甚至围绕魏、蜀孰为正统展开激烈的争论。三国正统论之争所呈现的并非仅仅是尊刘贬曹的价值取向，实则关涉魏蜀吴三家的政权合法性，进而上升到历史上封邦建国与帝统传承是否符合儒家政治伦理及其从分裂重新走向统一时期的人心向背诸问题。欧阳修有正统论专文，其《明正统论》中说"魏与吴、蜀为三国，陈寿不以魏统二方，而并为三志，今乃黜二国进魏而统之，作魏论"[1]，同时认为三国是汉代以来的"乱极"时代，"汉之弊也，乱极于三国；魏晋之弊也，乱极于永嘉以来"[2]。表明其对三国历史地位的重视及社会历史盛衰兴亡的规律性认知。苏洵的《攻守》《强弱》篇，苏轼的《魏武帝论》《诸葛亮论》，宣和五年礼部颁布"武成王庙从祀"，配享祭祀的前代武将中，蜀汉的诸葛亮、张飞、关羽，曹魏的邓艾、张辽，东吴的吕蒙、陆抗、周瑜和陆逊均在其中，而项羽崇拜则在北宋走向更高地位，宋徽宗先后赐封关羽为"忠惠公""崇宁真君""武安王""义勇武安王"等，关羽崇拜不断升级与神化，表明北宋对三国政治历史与不同集团人物的推崇与包容。北宋对三国政治集团孰为正统并无定论，宋太祖开宝三年（970）曾下诏奉蜀汉为正统，将诸葛亮、刘备、关羽、张飞列入祭祀对象；宋真宗咸平二年（999）祭祀的五岳四渎等名山大川以及载于祀典的历代圣帝、明王、忠臣的诏令中，刘备、诸葛亮皆位列其中，成都的武侯祠、惠陵、汉昭烈庙历经多次调整修缮，而司马光编纂《资治通鉴》则依然以陈寿著《三国志》的政治取向尊奉曹魏为正统，奉正朔，尊帝号。靖康之难后随着宋室南迁，其地位与东晋相仿。蜀汉的正统地位再次得以确立，但刘备、诸葛亮等蜀汉君臣在北宋仍然受到尊奉。对三国历史的反思与评论从一定意义上说也是北宋政治思想史在三国评论这一节点上的折射，带有鲜明的时代特点。在北宋相对自由的评论三国的文化语境中，苏洵、苏轼、苏辙的三国文化史观也就带有鲜明的时代特点，同时又有鲜明的自我价值取向。

1　（宋）欧阳修：《欧阳文忠公集》卷五十九《明正统论》。
2　（宋）欧阳修：《欧阳文忠公集》卷一百二十四《伪史类》。

二、三苏的三国史论

北宋苏洵、苏轼、苏辙父子对三国政治、军事包括人物的评论散见于他们的策论、奏折、史论、信札、题记、诗词等文献中，从多个方面反映了三苏对三国历史的评论及其三国文化史观。三苏的三国评论各有偏重，苏洵在蜀地深耕经史古文，一入京师即深受文坛领袖欧阳修赞赏，很快名动天下。苏洵擅长史论、政论，议论明畅，笔势雄健，纵横捭阖，对三国历史的评论主要集中在三国军事地理评论方面，其史论《攻守》《强弱》《项籍》是评论三国军事地理的名篇，对清代魏禧、顾祖禹等有重要影响，如清初与侯方域、汪琬并称"三大家"的魏禧就"喜读史，尤好《左氏传》及苏洵文。其为文主识议，凌厉雄健，不屑屑抚拟如世之貌似大家者"[1]；清初著名史学家顾祖禹《读史方舆纪要》的写作风格与历史地理评论也明显有苏洵史论的印痕。苏洵善于总结战国秦汉与三国军事的成败，多从宏观角度评论三国蜀汉的兴亡，"秦之忧在六国。蜀最僻最小，最先取楚最强，最后取非，其忧在蜀也。诸葛孔明一出其兵，乃与魏氏角，其亡宜也。取天下取一国，取一阵皆如是也"[2]，认为诸葛亮对魏国与蜀汉的强弱形势认识不足，贸然出兵伐魏，最终导致蜀汉的衰亡。在评论三国赤壁之战与钟会入蜀之战时又说，"所谓正道者，若秦之函谷，吴之长江，蜀之剑阁是也。昔者六国尝攻函谷矣，而秦将败之；曹操尝攻长江矣，而周瑜走之。钟会尝攻剑阁矣，而姜维拒之，何则其为之守备者素也"[3]。军事战争中"天险"固然重要，但毕竟并非决定性因素，决定战争成败者是人而非物（地势），苏洵的三国军事评论在客观上是符合唯物主义史观的卓越见解。此外，军事战争尽管多种多样，但基本形式无非"攻守"二字，三国时期的战争同样如此。苏洵在对三国战争的评论中对"守"的重要性格外看重，认为如果仅仅一味进攻而不注意防守，失败则是必然的："古之取天下者，常先图所守。诸葛孔明弃荆州而就西蜀，吾知其无能为也，且彼未尝见大险也，彼以为剑门者可以不亡也。吾尝观蜀之险，其守不可出，其出不可继，兢兢而自完，犹且不给，而何足以制中原哉！若夫秦汉之故都，沃土千里，洪河大山，真可以控天下，又乌事夫不可措足如剑门者，而后曰险哉！"[4]苏洵认为诸葛亮、刘备放弃荆州西进入蜀，

1　（清）葛虚存：《清代名人轶事·学行类》卷五，太原：山西古籍出版社，1997年，第386页。

2　（宋）苏洵：《嘉祐集》卷二《强弱》。

3　（宋）苏洵：《嘉祐集》卷二《攻守》。

4　（宋）苏洵：《嘉祐集》卷三《项籍》。

本身就意味着恢复汉室、还于旧都的战略构想难以实现。这是因为历史上大凡过于依赖蜀地"天险"者，最终皆以大业难遂告终，即便有剑阁之险也无法挽回蜀汉的最终灭亡。三国以后的三国政治军事评论中，学者多以刘备、诸葛亮自荆州西进取蜀为一重大战略举措，对此予以肯定性评价，但苏洵则从军事历史地理角度反其道而论之，指出蜀汉难成统一大业乃作为军事家的诸葛亮只注重"攻"而忽略"守"所致，这一史论显得卓然不群而颇有见的。需要特别指出的是，饱读经史的老苏对三国蜀道的历史地理了如指掌，对蜀道用兵历史十分熟悉并有深刻洞察，其在史论《攻守》篇中即推崇邓艾走阴平道灭蜀之举："邓艾攻蜀，自阴平由景谷，攀木缘磴，鱼贯而进，至油江而降马邈，至绵竹而斩诸葛瞻，遂降刘禅。"[1]对蜀道的历史战略地位，苏洵也有精辟的评论："古之取天下者，常先图所守。诸葛孔明弃荆州而就西蜀，吾知其无能为也，且彼未尝见大险也，彼以为剑门者可以不亡也。吾尝观蜀之险，其守不可出，其出不可继，兢兢而自完，犹且不给，而何足以制中原哉！若夫秦汉之故都，沃土千里，洪河大山，真可以控天下，又乌事夫不可以措足如剑门者，而后曰险哉。"[2]苏洵的策论、史论多次涉及三国时期蜀道的区位优势与攻守之要，反映了老苏独到的三国史论眼光。

苏轼一生仕历北宋仁、英、神、哲、徽五朝，亲身经历北宋政治由盛而衰的转折，自身仕宦生涯坎坷曲折，命运大起大落，其丰富的政治体验与善于对历史的熟谙与反思，形成了他独到的人生观与历史观。坎坷的命运，多忧的心灵，使得他揽读经史、游历先贤人物遗迹时每每抒发对历史的思考，宣泄其爱恨忠愤情感，这使得虽非史家的苏轼不仅具备"察盛观衰""见微知著"的史家眼光，而且能够以文学的生动笔触抒发其对历史人物的感慨。苏轼史论的一大特点是擅长对人物的评论，说古论今，纵横捭阖，左右逢源，雄健豪放，充满史识与哲理。所论历史人物远至虞夏商周，中涉春秋战国、秦汉三国，近至隋唐五代，构成了其史论的一大特色。相对而言，其史论对三国人物格外看重。除了《魏武帝论》《诸葛亮论》两篇专论外，他还在其策论、奏疏、题记、诗词、信札中多次发表对三国史事与人物的评论，无论是思想深度还是表现手法都是苏轼史论中的精品，有不少脍炙人口，堪称精湛，颇有影响。

封建帝制时代，帝王是封建国家权力的绝对核心，皇帝君临天下，建章立制，

1　（宋）苏洵著，曾枣庄、金成礼笺注：《嘉祐集笺注》卷二《攻守》，上海：上海古籍出版社，1993年，第44页。

2　（宋）苏洵著，曾枣庄、金成礼笺注：《嘉祐集笺注》卷三《项籍》，第66页。

统驭臣民，其帝德、才干、决策甚至心胸度量，都关涉国家政治的长治久安、天下百姓的安居乐业。三国时期的魏武帝曹操，无疑是一个在历史上颇有争议的历史人物，苏轼对曹操的评论是从"智"与"利"两个角度展开的，首先进行哲理铺陈，然后切入人物评论。曹操的身份及其争霸天下的实力包括其所处的历史环境较之秦皇、汉高祖，可谓更加复杂、险恶。东汉末年，天下大乱，群雄并起，诸侯林立，要想力锉群英、一统江山谈何容易。但曹操以其超人的智慧在数年内灭袁绍、擒吕布、亡刘表、马超、韩遂等割据势力，对外降服南匈奴、乌桓、鲜卑等，统一北方，可谓雄才大略，无愧于乱世枭雄。但传统观点认为曹操又存在鲜明的"恶"的一面，即嗜杀、奸诈、好色，特别是其挟天子以令诸侯，架空汉室，凌驾汉献，有篡汉野心，是屡受后世诟病的"软肋"。

苏轼对曹操有肯定，也有否定，并非一边倒地道德评价。曹操是三国曹魏政权的奠基者，是著名军事战略家，又是杰出诗人文豪，作为建安文学的领军人物，其五言诗《观沧海》《短歌行》《龟虽寿》《蒿里行》《陌上桑》等皆为经典名篇，这是其区别于其他帝王的显著特点。苏轼欣赏其将军诗人的风采，《前赤壁赋》中所刻画的曹孟德"横槊赋诗"的英雄伟岸形象跃然纸上，令人难忘。对曹操的气度，苏轼也是颇为欣赏的，他曾经以官渡之战为例从"气度"角度分析曹操与袁绍二人的不同点："魏武帝既胜乌桓，曰，吾所以胜者，幸也。前谏我者，万全之计也。乃赏谏者曰，后勿难言。袁绍既败于官渡，曰，诸人闻吾败，必相哀，惟田别驾不然，幸其言之中也，乃杀丰。为明主谋而不忠，不惟无罪，乃有赏。为庸主谋而忠，赏固不可得，而祸随之。今吾知孟德本、初所以兴亡者。"[1]作为政治家，必须具备宽阔的胸怀与必要的宽容，曹操虽然奸诈，但气量超人，善于纳谏，此乃其长；袁出身"四世三公"贵胄之家，势力显赫，但刚愎自用，不能容人，此其失败的重要原因。

苏轼《魏武帝论》的特点之一是将曹操与孙权、刘备的政治长短做了对比分析，并对曹操军事生涯几次关键性的战略失误做出精辟评论。苏轼认为，曹操无疑是智者，东汉末年中央王朝分崩离析，国运何去？采取何种策略以应时变？并非每一个集团首领都看得很清楚。"世之所谓知者，知天下之利害，而审乎计之得失，如斯而已矣。"[2]对于一个政治家而言，当天下大乱、沧海横流之际，保持清醒的头脑，审时度势，扬长避短，获取取胜之资至关重要。但曹操尽管雄才大略，也一

---

1 孔凡礼点校：《苏轼文集》卷六十五《曹袁兴亡》，北京：中华书局，1986年，第2018页。
2 孔凡礼点校：《苏轼文集》卷三《魏武帝论》，第83页。

度统一北方，饮马长江，然而挥师江夏而遭赤壁之败，西征汉中而黯然退兵，最终未能完成一统帝业。失败原因何在？苏轼别具慧眼，敏锐指出其短板："魏武长于料事而不长于料人，是故有所重发而丧其功，有所轻为而至于败……故夫魏武重发于刘备而丧其功，轻为于孙权而至于败，此不亦长于料事而不长于料人之过欤"！《魏武帝论》全篇围绕"天下利害"这一主题展开评论，高屋建瓴，气势雄劲，将一代枭雄曹操的功过与命运放在一个充满得失利害变数的历史环境中评论，因而对曹的评论也就没有落入一般的"抑曹扬刘"的单向思维窠臼，显得立意高远，不同凡响。

　　《诸葛亮论》也是苏轼重要的史论之一，集中体现了苏轼对这位在宋代声誉已经如日中天的三国第一人物的独到评论。蜀汉丞相诸葛亮出将入相，一生为恢复汉室南征北战，鞠躬尽瘁，是中国古代享有崇高名望的一代政治家、军事家，在宋代其名声更是如日月经天，深受景仰，苏轼对诸葛亮无疑是持肯定态度的，曾将诸葛亮上升到与三代圣贤比肩的高度，与殷商贤相伊尹并举，"古之君臣，有如二君而不相疑者，汤之于伊尹，刘玄德之于诸葛孔明是也"[1]"而孔明巍然三代，王者之佐，未易以世论"[2]。并且他在诗中也高度评价诸葛亮："有怀诸葛公，万骑出汉巴。吏士寂如水，萧萧闻马挝。公才与曹丕，岂止十倍加。顾瞻三辅间，势若风卷沙。一朝长星坠，竟使蜀妇髽。"[3]但在专论诸葛亮的《诸葛亮论》史论中，却对诸葛亮有褒有贬，并非一味颂扬。《诸葛亮论》从"仁义"理论出发，开门见山地说："取之以仁义，守之以仁义者，周也；取之以诈力，守之以诈力者，秦也；以秦之所以取取之，以周之所以守守之者，汉也。仁义诈力杂用以取天下者，此孔明之所以失也。"[4]苏轼认为，以诸葛亮之贤智，其文治武功中不应夹杂"仁义"与"诈力"，但在计取荆州、兼并西蜀之役中，诸葛亮均采用了"诈力"，为时人所诟病："刘表之丧，先主在荆州，孔明欲袭杀其孤，先主不忍也。其后刘璋以好逆之至蜀，不数月，扼其吭、拊其背而夺之国，此其与曹操异者几希矣！"[5]可见苏轼对诸葛亮的评价，并非以事功，更多的是以政治道德作为批评基准的，反映了在儒家纲常伦理观念日益强化的北宋时代，士大夫对有"丞相第一"美誉的诸葛亮评

1　（宋）苏轼：《书传》卷七《商书、伊尹相汤伐桀》，《四库全书》文渊阁本。
2　孔凡礼点校：《苏轼文集》卷六十六《题三国名臣赞》，第2042页。
3　《东坡全集》卷一《是日至下马碛憩于北山僧舍有阁曰怀贤南直斜谷西临五丈原诸葛孔明所从出师也》。
4　《诸葛亮论》，载孔凡礼点校：《苏轼文集》卷一，第112页。
5　《诸葛亮论》，载孔凡礼点校：《苏轼文集》卷一，第112页。

价的时代特色。诸葛亮并非没有缺点，早在陈寿著《三国志》之《诸葛亮传》时，就委婉地指出诸葛亮政治、军事具有"治戎为长，奇谋为短""理民之干，优于将略"[1]的短板，可谓中肯之论。但比起陈寿对诸葛亮的批评，苏轼把对诸葛亮的评价提高到了政治伦理高度，无疑超越了陈寿。但苏轼认为诸葛亮辅佐刘备征打天下使用了"诈力"与曹操无异的论断，历史上罕见同论，是否正确可以商榷，诸葛亮作为一代兵家以智谋取胜实则无可厚非，更何况古代兵法有"兵不厌诈"之说，把诸葛亮用兵中的"诈力"夸大成政治伦理上的污点也不无偏激之处，但敢于对声望日隆的神坛人物"反弹琵琶"，对圣贤人物直道其非，表现了苏轼评价历史人物中可贵的批判精神。

　　三苏中，苏辙有关三国的历史与人物论述最多，三国史观也最为丰富，当然一些论点也曾引起后世的异议。苏辙不仅有著名的三国总论《三国论》及其多篇三国人物史论，如《历代论三》之《荀彧》《贾诩上》《贾诩下》《刘玄德》《孙仲谋》《晋宣帝》《晋武帝》《羊祜》，另外还有独具特色的《管幼安宁画赞并引》。苏辙的三国史论善于从三国人物具体思想特征切入议论，如《三国论》讨论的重点就是"勇"这一概念，并从这一概念出发对曹操、刘备、孙公三国政治家、军事家的"智"与"勇"进行品评："今夫曹公、孙权、刘备，此三人皆知以其才相取，而未知以不才取人也。世之言者曰：孙不如曹，而刘不如孙。刘备惟智短而勇不足，故有所不若于二人者。而不知因其所不足以求胜，则亦已惑矣。盖刘备之才近似于高祖，而不知所以用之术。"[2]苏辙并不同意当时流行的"孙不如曹，而刘不如孙。刘备惟智短而勇不足"的坊间说法，对刘备的德才予以高度评价，认为"盖刘备之才近似于高祖，而不知所以用之术""三国之君其才皆无有能行之者，独一刘备近之"。实则是他继承陈寿评价刘备"信义著于天下"，故能招徕天下英才于麾下，干出一番轰轰烈烈的霸业。当然，苏辙认为刘备虽然类似汉高祖刘邦，但时过境迁，"用诸葛孔明治国之才，而当纷纭征伐之冲，则非将也。不忍忿忿之心，犯其所短，而自将以攻人，则是其气不足尚也。方其奔走于二袁之间，困于吕布而狼狈于荆州，百败而其志不折，不可谓无高祖之风矣，而终不知所以自用之方。夫古之英雄，唯汉高帝为不可及也夫"，这也是刘备最终功业未成、含恨以殁的重要原因，他强调作为政治家、军事家，在相互之间的博弈中不仅要"勇"，更

1　《三国志·蜀志》卷五《诸葛亮传》。

2　（宋）苏辙著，曾枣庄、马德富校点：《栾城集·应诏集》卷二《三国论》，上海：上海古籍出版社，2009年，第1585页。

要有"智",这是无可争议之确论。

苏辙史论的另一特点是在奏议与策论中善于引用三国故事与人物典故为自己的政治见解提供历史依据并增强说服力,对解决朝廷弊政有所裨益。苏辙上皇帝书中有"三论正邪札子",其第二论中引用诸葛亮《出师表》中对后主"亲贤臣、远小人"的告诫,认为,以保证朝政的严肃性与纯正性:"孔子论为邦,则曰放郑声,远佞人;子夏论舜之德,则曰举皋陶,不仁者远;论汤之德,则曰举伊尹,不仁者远。诸葛亮戒其君,则曰'亲贤臣,远小人,此前汉所以兴隆也;亲小人,远贤臣,此后汉所以倾颓也'。凡典册所载如此之类不可胜纪"[1]。苏辙善于引用三国史实评论当代朝政之得失,认为国家独当一面的将帅应该是"执法廉平"之人,即自身廉洁,并赏罚分明,以得军心。在《再论分别邪正札子》中皆慷慨直言:"臣闻管仲治齐,夺伯氏骈邑三百,饭疏食,没齿无怨言。诸葛亮治蜀,废廖立、李严为民,徙之边远,久而不召。及亮死,二人皆垂泣思亮。夫骈、立、严三人者皆,齐、蜀之贵臣也。管葛之所以能戮其贵臣,而使之无怨者,非有他也,赏罚必公,举措必当,国人皆知其所与之非私,而所夺之非怨。故虽仇雠,莫不归心耳。今臣窃观朝廷用舍施设之间其不合人心者,尚不为少。彼既中怀不悦,则其不服,固宜今乃直欲招而纳之,以平其隙,臣未见其可也。"[2]宋仁宗时期,用兵西夏乃国家大事,虽有韩琦、范仲淹等良将名臣帅镇西北,但对西夏防御仍然举步维艰,苏辙强调要重视借鉴蜀汉因经济因素而失败的历史教训,认为粮草问题乃用兵作战之大事,此问题解决不好,则再高明的统帅也难以取胜:"诸葛亮用兵如神而以粮道不继,屡出无功,由是观之。苟无其财,虽有圣贤不能自致于跬步;苟有其财,虽庸人可以一日而千里。"[3]

苏辙三国史论并非就史论史,而是具有强烈的现实关怀取向,尤其常常为上层政治与朝廷择帅用兵提供历史借鉴。他认为,朝臣乃国之栋梁,是国家最高政治集团的构成,不可混入奸邪之人,否则将会带来朝政混乱。因此诸葛亮"亲贤臣,远小人"的告诫是至理名言,帝王不可不借鉴牢记。在《论西事状》中,苏辙针对用兵西夏中授将非人、赏罚不明、军心松散而常遭败绩的现状,向仁宗皇帝大声疾

1　(宋)苏辙著,曾枣庄、马德富校点:《栾城集》卷四十三《再论分别邪正札子》,第953页。

2　(宋)苏辙著,曾枣庄、马德富校点:《栾城集》卷四十三《再论分别邪正札子》,第953页。其在自撰之《颍滨遗老传》又言:"诸葛亮治蜀,行法廉平,则廖立、李严虽流徙边远,终身无怨,此则保国宁人之要术,自古圣贤之所共由者也。"见(宋)苏辙著,曾枣庄、马德富校点:《栾城集·后集》卷十三,第1279页。

3　(宋)苏辙著,曾枣庄、马德富校点:《栾城集》卷二十一《上皇帝书》,第461页。

呼择将用人要用像诸葛亮那样严于律己有良好将风之人："诸葛亮为相，任马谡不当，请自贬三等，以右将军领事。盖大臣体国不惜身，自降黜为众行法。今陛下何不取去岁册命阿里骨与议，大臣不论去位在位，皆夺一官。至于两路将帅，虽寄任不改，而法不可废。皆使随罪行罚，以此号令四方，庶几知所畏悮。政修于朝廷之上，而敌人恐惧于千里之外，势之所至，不足怪也。今陛下未能正群臣而望西羌之畏，威不可得矣。闻范仲淹守庆州，困葛怀敏之败，请以任将非人，因两府逊谢，损其勋爵，而复其位以激励诸将感慰边兵，时虽不用而仲淹之言至今惜之。"[1]军事征战，用兵贵乎神速，一旦优柔寡断，踌躇不前，则往往丧失良机，悔之不及。北宋熙宁元年（1068），在宰相王安石的支持下，由抗击西夏前线王韶总指挥，宋朝先后收复了宕、叠、洮、岷、河、临（熙）六州的战役。苏辙在《再论熙河边事札子》中，借三国初期曹操西征张鲁拿下汉中后未能一鼓作气占领蜀地的教训告诫朝廷对西夏用兵要抓住战机："昔曹公既克张鲁，刘晔言于公曰：'公既举汉中，蜀人望风破胆，刘备得蜀日浅，蜀人未恃也。诚因其倾而压之，蜀可传檄而定。若小绥之，蜀人既定，据险守要，不可犯矣。'公不从。居七日，闻蜀中震动。公以问晔，晔曰：'今已小定，未可击也。'夫机会一失，七日之间遂不可为。"[2]建安二十年曹操西征汉中，一举收降张鲁，本可趁热打铁西进征蜀，却没有采纳臣下意见，撤兵北还，一统天下大业终告未遂。虽然事出有因，但苏辙强调此事却有现实意义。用兵征战，如不能当机立断，则戎机稍纵即逝。苏辙总结终三国一世，曹操兵败赤壁、不得江南，而孙权也始终未跨江向北，"莫肯求逞于中国"，主要原因还在于曹操实力不逮，无力一统天下，而孙吴集团将士则志在偏安，保一方平安，并无吞并曹魏大志。因此，三国鼎立，难决胜负，形成三方对峙状态。

三、三苏三国史论的差异

三苏的历史文化知识结构中，三国历史与人物占有重要地位。三苏皆熟谙三国文化，并且善于从三国史事中汲取历史智慧与经验。尤其是在苏轼与苏辙的奏议、诗词、政论、史论中，三国人物与史事占有一定比例，而且是重要的史据与典故。三国文化在宋代有广泛的影响，对巴蜀的影响尤其深远。而三苏作为诞生于

[1] （宋）苏辙著，曾枣庄、马德富校点：《栾城集》卷四十一《论西事状》，第904页。
[2] （宋）苏辙著，曾枣庄、马德富校点：《栾城集》卷四十三《再论熙河边事札子》，第956页。

蜀地的文化家族，其政治、文学生涯与三国历史文化有密切关系。苏洵长于对三国军地理的评论与政治与人物的臧否，苏洵在策论中常用三国史事与政治地理，特别是对发生在蜀道沿线的三国史事十分谙熟，当与其早年赴京应试往返蜀道有关。苏轼文献所涉三国史事人物较多，其三国文化观、历史观广泛地穿插于其政论、策论、史论、诗词之中，而且不乏对三国人物、史事独到的评论。苏轼谙熟三国人物与史事，曾举三国故事调解同僚矛盾。哲宗元祐年间，苏轼、司马光、章惇同朝为官，知枢密院章惇与门下侍郎司马光"二人不相合，惇每以谑侮困光，光苦之"。苏轼以三国法正、许靖故事调解，劝告章惇，"司马君实时望甚重。昔许靖以虚名无实，见鄙于蜀先主。法正曰，靖之浮誉，播流四海，若不加礼，必以贱贤为累，先主纳之，乃以靖为司徒。许靖且不可慢，况君实乎？惇以为然，光赖以少安"[1]，使章惇与司马光的对立得以缓解。在对三国人物评价方面，苏轼除了对诸葛亮持有褒有贬的态度外，对刘备也同样有所批评，其《严颜碑》诗就旗帜鲜明地借观瞻断头将军的碑碣提出刘备出攻灭刘璋为"不义"行为："先主反刘璋，兵意颇不义。孔明古豪杰，何乃为此事？刘璋固庸主，谁为死不二。严子独何贤，谈笑傲砧几。国亡君已执，嗟子死谁为。何人刻山石，使我空涕泪。吁嗟断头将，千古为病悸。"[2]刘备在陈寿《三国志》中是一个弘毅宽厚、知人待士的君主，被誉为"信义著天下"、唯一没有贬词的"完人"，后世对刘备的评价也是褒多贬少，而苏轼则从儒家政治伦理出发，批评刘备用"诈力"夺取刘璋治下的成都。实际上这与司马懿"刘备以诈力虏刘璋，蜀人未附而远"[3]的说法颇为类同。当然，苏轼也毫不掩饰表达对三国时期一些有气节、有直率个性的人物的喜爱，对孔融就是如此。钦慕名士风骨气度，推崇卓荦不凡精神。汉末名士孔融少有异才，勤奋好学，曾任北海相，时称"孔北海"。孔融性好宾客，喜抨击时政，言辞激烈，后因触怒曹操而被杀。苏轼对孔融风骨气度情有独钟，曾说"孔北海以忠义气节冠天下，其势足与曹操相轩轾，决非两立者。北海以一死捍汉，岂所谓轻于鸿毛者？何名为蠢哉"[4]，意为孔融虽然政治势力上无法与曹操相比，但忠义干云，又岂是曹操可比！在为张方平文集所作序言中又说"孔北海志大而论高，功烈不见于世，然英伟

1　（元）脱脱等：《宋史》卷三百三十八《苏轼传》。

2　（宋）苏轼：《东坡全集》卷二十《严颜碑》。

3　（唐）房玄龄等：《晋书》卷一《宣帝纪》。

4　（宋）苏轼：《仇池笔记》卷下《孔北海》。

豪杰之气，自为一时所宗"[1]。苏轼甚至直言不讳地承认自己与孔融最为相似[2]，苏轼在诗中也对孔融也赞美有加："堂堂孔北海，直气凛群儿。"[3]足见他对这位汉末三国初一代名士风骨的欣赏与推崇。究其原因，主要是苏、孔二人在性情、心理、气质上有不少共同之处，可谓异代知己。从苏轼对孔融、诸葛亮的史论中可以发现，较之其父其弟，苏轼的三国史论显得更加汪洋恣肆，个性突出。

苏辙的三国论述在三苏中最为丰富，在奏议、策论中引用最多，尤其注重总结三国历史人物的经验与教训，并用来作为解决北宋社会现实问题的例证。苏辙的三国史事知识可谓信手拈来，常常通过对三国史事的分析增强文章的说服力，在与丞相富弼的通信中，就借用贾诩称赞曹操以少胜多、力克袁绍来表达对富氏的尊崇："辙读《三国志》尝见曹公与袁绍相持，久而不决，以问贾诩。诩曰：公明胜绍，勇胜绍，用人胜绍，决机胜绍。绍兵百倍于公，公画地而与之，相守半年而绍不得战，则公之胜形已可见矣。而久不决意者，顾万全之过耳。夫事有不同而其意相似。今天下之所以仰首而望明公者，岂亦此之故欤！明公其略思其说，当有以解天下之望者。"[4]苏辙晚年退隐河南颍川，落寞苦闷中在史书典籍中寻求精神慰藉，对《三国志》中管宁这一人物的生平与处世颇有共鸣，《在管幼安画赞并引》中说："予自龙川归居颍川十有三年，杜门幽居，无以自适，稍取旧书阅之，将求古人而与之友。盖于《三国》得一人焉，曰管幼安宁。幼安少而遭乱，渡海居辽东三十七年而归。归于田庐，不应朝命，年八十有四而没。功业不加于人，而予独何取焉？取其明于知时而审于处已云尔。"[5]管宁是三国历史人物中较特殊的另类，博学多才，早年因黄巾起义避乱于辽东，黄初四年（223），司徒华歆举荐管宁。魏文帝、明帝多次征辟管宁，皆固辞不受。管宁在外避乱垂三十年，晚年回归，终老故里。三国人物多矣，苏辙独对管宁青睐有加，表明了苏辙对三国人物独到的价值取向与审美趣味。

概略言之，三国人物与历史文化既是三苏常常涉及的话题，也是三国文化对后世影响的重要现象之一。三苏家族崛起于西蜀眉州，蜀地又是三国蜀汉政权的政治中心与三国文化的主要发源地，遗存有大量的三国遗迹，蜀地是三国人物刘备、诸

1　（宋）苏轼：《东坡全集》卷三十四《乐全先生文集叙》。

2　（宋）苏轼：《仇池笔记》卷下《孔北海》："王巩云：张安道说苏子瞻比予孔北海、诸葛孔明。孔明吾岂敢望，北海或似之。"

3　（宋）苏轼：《东坡全集》卷八《和孔郎中荆林马上见寄》。

4　（宋）苏辙著，曾枣庄、马德富校点：《栾城集》卷二十二《上昭文富丞相书》，第479页。

5　（宋）苏辙著，曾枣庄、马德富校点：《栾城集·三集》卷五《管幼安赞并引》，第1525页。

葛亮、法正、庞统、赵云、蒋琬、谯周的主要活动舞台，他们在巴蜀大地有深远的
历史影响。到了宋代，四川可谓深受三国文化的影响。三苏熟谙三国文化，在他们
的奏议、诗词、政论、史论中，三国人物与史事众多。三国文化在中国历史上有广
泛的影响，对巴蜀的影响尤其深远。而三苏作为诞生于蜀地的文化家族，其成长与
政治、文学生涯与三国文化有密切关系。苏洵长于对三国军事地理的评论与政治与
人物的臧否，这也是苏洵在策论中常用的史例。三苏对三国人物的评论不尽相同，
苏轼的三国历史观主要体现其政论之中，常常与众不同，对传统意义上评价颇佳的
诸葛亮、刘备等蜀汉人物多持批评态度。而苏辙三国史论则更有特点，常常以三国
史论与现实关怀相结合，以三国史事与人物劝谏帝王与上司，充分借鉴三国历史经
验与智慧，力求探赜于史而有裨益于时。三苏的三国史论不仅是三国历史文化在宋
代士大夫阶层的遥远回响，也构成了三苏历史评论的一大特色。

试论苏轼笔下的诸葛亮

刘咏涛（成都大学文新学院）

摘　要： 南行出川的诗文是苏轼入仕前的早期"诸葛亮论"，对诸葛亮的军事才能有所微词，但未否定其他能力。《诸葛亮论》是较为集中的评价，认为诸葛亮以仁义诈力杂用以取天下，是其失败原因。《策略》（三）对其以法治蜀、法制严明及治蜀成效予以肯定。凤翔时期的评价又有提高，苏轼肯定了其军事才能及用人眼光。元丰末元祐初，诸葛亮依法治蜀颇有成效成为苏轼条状的成功案例，对诸葛亮其人其文的赞誉也进入书序。绍圣后，多智谋、薄名义、尚风节的诸葛亮成了苏轼的理想楷模。他的军事才能，得到夸张式的高评。苏轼评价诸葛亮的变化和提高，与其家庭背景影响、自身的思想认识、身份地位及国家对外形势变化相关。

关键词： 苏轼　诗文　诸葛亮　评价

苏轼自小喜爱读史，一生撰写了不少涉史作品，尤其对三国历史人物有所偏爱，如诸葛亮、曹操、孔融、周瑜、孙权、刘备、张飞等。他并非对魏蜀吴三国人物事件都持平等亲近态度。王水照、朱刚说："他对三国史事所持的态度，大致是贬斥曹操，而对反曹、抗曹的人物如诸葛亮、周瑜、孔融等多加赞赏。"[1]诸葛亮为三国汉末最著名人物，也是苏轼作品的重点关注对象。据研究，苏轼现存诗文中共有二十八篇涉及诸葛亮。[2]

1　王水照、朱刚：《苏轼评传》，南京：南京大学出版社，2011年，第270页。

2　张钊：《苏轼的"诸葛亮论"研究》，载《第23届苏轼学术研讨会论文集》，2019年。

本文拟对苏轼有关诸葛亮的作品按时间先后顺序进行梳理，以期还原一个真实全面的苏轼笔下的诸葛亮，再进而简单分析苏轼何以写出了"这样一个"诸葛亮。

一、入仕前的诸葛亮论

苏轼在步入仕途前，有多篇作品写到三国人物诸葛亮，表达了不同情感和态度。

苏轼诗集中最早出现的关涉诸葛亮的作品是《犍为王氏书楼》。此诗写于嘉祐四年（1059）。十月，苏轼服母亲丧期满，同父亲、弟弟一同乘船赶赴京城。首先经过的地方就是犍为。[1]此诗描写了诸葛亮以一介书生指挥若定的英雄形象："书生古亦有战阵，葛巾羽扇挥三军。"对诸葛亮的钦佩溢于言表。

经过夔州（今重庆奉节）时，三苏寻访三国遗迹。苏轼写下了《永安宫》一诗，为刘备夷陵兵败深感惋惜："吁嗟蜀先主，兵败此亡魂。只应法正死，使公去遭燔。"虽未正面言及诸葛亮，但是从侧面展现诸葛亮的识人眼光。《三国志·法正传》："章武二年，大军败绩，还住白帝。亮叹曰：'法孝直若在，则能制主上，令不东行；就复东行，必不倾危矣。'"[2]诸葛亮眼见大军败绩，无比伤心。刘备东征孙权前，群臣多谏，刘备一概不听，致有此败。苏轼通过咏叹史事，间接表达了对诸葛亮识人的赞誉。

夔州有诸葛亮的八阵图遗迹。苏轼《八阵碛》专咏此事。

> 平沙何茫茫，仿佛见石蕝。纵横满江上，岁岁沙水啮。孔明死已久，谁复辨行列。神兵非学到，自古不留诀。至人已心悟，后世徒妄说。自从汉道衰，蜂起尽奸杰。英雄不相下，祸难久连结。驱民市无烟，战野江流血。万人赌一掷，杀尽如沃雪。不为久远计，草草常无法。孔明最后起，意欲扫群孽。崎岖事节制，隐忍久不决。志大遂成迂，岁月去如瞥。六师纷未整，一旦英气折。惟余八阵图，千古壮夔峡。[3]

1　孔凡礼撰：《三苏年谱》，北京：中华书局，2023年，第279、280页。

2　（晋）陈寿撰：《三国志》，北京：中华书局，1982年，第962页。

3　（清）王文诰辑注，孔凡礼点校：《苏轼诗集》卷一，北京：中华书局，1982年，第27页。

此诗对诸葛亮创设的八阵图大加称赞，对其在"自从汉道衰，蜂起尽奸杰"的不利环境下，"孔明最后起，意欲扫群孽"的精神和义举称颂不已，而对他"隐忍久不决，志大遂成迂"的过于谨慎持否定态度，从而表达对他军事能力的怀疑。可见，本诗与《诸葛亮论》可谓异曲同工。

奉节的《严颜碑》与《诸葛亮论》有同样的道德批判：

> 先主反刘璋，兵意颇不义。孔明古豪杰，何乃为此事？刘璋固庸主，谁为死不二。严子独何贤，谈笑傲砧几。国亡君已执，嗟子死谁为。何人刻山石，使我空涕泪。吁嗟断头将，千古为病悸。[1]

开篇即表明态度：刘备反刘璋是不义行为，诸葛亮作为一世之杰，为什么要这样做！这里苏轼仍然把刘备与刘璋反目并攻打刘璋的罪责，挂在诸葛亮身上！其中可能有苏轼行走于路途之上，不及翻检史料造成记忆有误的原因，同时也显示他对诸葛亮在刘备集团无可替代作用的高度认可！

途经襄阳时，苏轼瞻仰了诸葛亮耕读的故居隆中。有《隆中》诗。

> 诸葛来西国，千年爱未衰。今朝游故里，蜀客不胜悲。谁言襄阳野，生此万乘师。山中有遗貌，矫矫龙之姿。龙蟠山水秀，龙去渊潭移。空余蜿蜒迹，使我寒涕垂。

本诗不同于前面几篇，没有正面表述对诸葛亮水平能力的评价，却表达了对诸葛亮的喜爱崇敬之情。想不到襄阳郊野的山水，造就了这位"万乘（帝王）师"；四望隆中山水，还能仿佛见到当年孔明耕读的"遗貌"，不禁潸然涕下；一路行来，已是屡次遇见孔明遗址遗迹，他对诸葛亮的看法，也许正在开始变化。

诸葛亮虽有不"义"之事，但总的来看不失为一位有志于"扫群孽"的"豪杰"。除了军事能力外，诸葛亮其他才能基本得到苏轼的肯定和赞许。

嘉祐五年（1060），苏轼应"贤良方正能直言极谏"制科试，试前上《进策》25篇。其中《策略》5篇，"之三"对诸葛亮的以法治蜀、法制严明及治蜀成效予以肯定："臣以为宜如诸葛亮之治蜀，王猛之治秦，使天下悚然，人人不敢饰非，务尽其心。凡此者，皆庸人之所大恶，而谗人之所由兴也。是故先主拒关、张之

1 张志烈等校注：《苏轼全集校注》，石家庄：河北人民出版社，2010年，第40页。

间，而后孔明得以尽其才。"同时指出，孔明所以能"尽其才"，是因为刘备拒绝了关羽、张飞的"不悦"言论，对诸葛亮表达了充分信任。

这一年，苏轼的应试文《进论》还有一篇《诸葛亮论》，对诸葛亮进行了较为集中的评价，被认为是苏轼诸葛亮论的早期代表性史论。

文章开篇就指出：

> 取之以仁义，守之以仁义者，周也。取之以诈力，守之以诈力者，秦也。以秦之所以取取之，以周之所以守守之者汉也。仁义诈力杂用以取天下者，此孔明之所以失也。

他认为诸葛亮之所以失败，是在于"仁义诈力杂用"。

之后，他先举曹操说明。曹操"因衰乘危"，用"奸"的手段占领了许兖荆豫等广大地方，但是这些地方的百姓并非"心服曹氏，特以威劫而强臣之"，所以他们"闻孔明之风，宜其千里之外有响应者，如此则虽无措足之地而天下固为之用矣"。苏轼认为诸葛亮所以能做到这一点，不仅是因为他"忠信"，而且是因为他讲求"仁义"，不像曹操那样滥杀无辜，诸葛亮"杀一不辜而得天下，有所不为"，因而"忠臣义士乐为之死"。

这两个事例，说明诸葛亮使用了"诈力"手段。一是诸葛亮劝说刘备"袭杀"刘表之子刘琮。用"袭杀"，似有些不确。《三国志》原文是："过襄阳，诸葛亮说先主攻琮，荆州可有。"（《三国志·先主传》）"攻"是攻取、攻占之意，不等于"袭"而"杀"之。二是刘璋好意邀请刘备入蜀，结果"不数月，扼其吭，拊其背，而夺之国"。此事苏轼未明确指出是诸葛亮所为，但是在文章具体语境之下，所指应该是包含了诸葛亮的。他指出这样行事"与曹操异者几希矣"。其实，赶走刘璋，主谋或最先谋划者都不是诸葛亮。刘备如何与刘璋由好到恶，反目成仇转而刀兵相向，都与诸葛亮无关。诸葛亮当时还在荆州留守，并未入蜀。《三国志》相关人物传记也未记载诸葛亮为刘备夺取益州出过什么计谋。出谋划策的是张松、法正，拍板者是刘备。此外，从刘备入蜀到其领益州牧，不是"不数月"，而是三年。

文章继续说，刘备不敌曹操是大家都知道的，刘备兵力、地盘、打仗都不如曹操，如果说此前刘备诸葛亮还对曹操保持一些胜算的话，也就是在"忠信"上。苏轼认为，诸葛亮赶走刘璋夺取益州，是用"诈力"，已失去"天下义士之望"，后来进行北伐，还想让"天下响应"，也就难了。

苏文又说，曹操死曹丕立时，可以用计破曹魏。曹氏兄弟不和，后来还为寇仇，这就是"可间之势"；进而献计：可用金钱令曹魏大臣相残，然后伐之。

最后，他得出结论：诸葛亮既丢失了"信义"，又不能使出智谋，断绝曹魏的手足，因而屡战屡败。蜀汉力量不如曹魏，在此情况下，只凭几句空话，天下人不可能随便可以号召。

《诸葛亮论》全文七百多字，使用"义""大义""仁义""忠信""信义"这类字眼十次以上。可见文章旨在强调"义"这一儒家核心精神。"苏轼一生都注重研究儒家经典""苏轼的儒学思想渊源于《论语》中的'仁'、《孟子》的'仁政'""儒家所提倡的仁政爱民思想，积极入世的精神，是贯穿苏轼一生的一条主线"[1]，这样把握苏轼是正确的。

苏轼认为诸葛亮应该一以贯之使用"仁义"，而他却仁义诈力兼用，故而失败了。曹操则相反，他只使用"奸"，即"诈力"，虽可一时取胜，但也终非长久之计，仅仅到了儿子一代，便手足相残。然而，苏轼后文又指出：曹操死曹丕立之际，正是可乘之机，可以捐金使其内部自相残杀，然后可伐而"破之"；而诸葛亮却未能抓住机会"奋其智谋"，所以才在后来的蜀汉相争中屡战屡败。

显而易见，苏轼是主张对曹魏使用"诈力"的，即使这不算"诈力"，也至少不能算"仁义"。这样看来，文章还稍欠周到严谨。苏轼可能认为，讨伐曹魏无论使用何种手段，都是"义"，都不算"诈力"。

苏轼自小好历史，好做史论。这是受到父亲苏洵母亲程氏的影响与教育。张方平作苏洵墓表评价道："贯穿古今，又是著述根柢深矣。"（《文安先生墓表》）程夫人也是"喜读书，皆识其大义，轼、辙之幼也，夫人亲教之"（司马光《苏主簿夫人墓志铭》）。苏母以范滂事迹教育激励苏轼的故事，就是典型例子。苏氏兄弟都很好继承了这个家学传统。

既然自小熟读史书，好做史论，又生活在士大夫阶层普遍关注国家并好论国事的社会，苏轼便讲究经世致用。王水照、朱刚就认为："三苏强调'术''机'，强调'智谋''权略''才智'，与一般'醇儒'颇为异趣，但在苏轼看来……这是真正值得学习的有用的东西。"[2]

有学者认为："苏轼不仅在为官中事功卓著，而且其文章也多经世务实之说。

1 文师华：《人生交响曲中的双重旋律——论苏轼仁政爱民的政治思想和随缘放旷的人生态度》，《南昌大学学报》（哲学社会科学版）1998年第2期。

2 王水照、朱刚：《苏轼评传》，第258页。

然而苏轼认为工具性的"术"要服从价值性的"道"才有意义，道术结合才能成功。这集中体现在《诸葛亮论》。"[1]

《诸葛亮论》是推崇肯定诸葛亮的，而并非一味贬斥否定诸葛亮。就称谓看，全文对诸葛亮均称"孔明"，共8次，没有一处直呼"诸葛亮"的。而对曹操，除了一处称"曹公"外，几乎都用"曹操"，共6次，没有一次用"孟德"称呼的。表述曹操去世时，其文用"曹操既死""操之临终"，称呼刘备两次，均用"先主"，称呼刘璋两次，均直呼其名。

文章对诸葛亮最后没有成功表达了惋惜之情。"故夫敌有可间之势，而不间者……此仁人君子大患也"。对待曹操和曹魏，苏轼则持否定或不支持的态度，"曹操因衰乘危，得逞其奸，孔明耻之，欲信大义于天下"，将两人相比较，爱憎之情溢于言表。

文章并没有简单贬低曹操和曹魏而随意抬高诸葛亮和刘备，相反，苏轼对曹操的丰功伟业直言不讳，赞许之情浮于纸上，甚至称呼了一次"曹公"；而对诸葛亮没有抓住灭曹机会除了表达惋惜，对诸葛亮两次"诈力"的使用"与曹操异者几希矣"的微言否定之外，也表达了对其水平能力的微词。因为苏轼对曹操、诸葛亮了然于心，又尊重史实，重视事功，强调"术""机"和"权略""才智"，才有这样的表述。

写作本文时，苏轼不过二十五岁小青年，对历史人物的认识还不是那么全面准确深刻。随着年龄的增长，阅历的丰富，苏轼对诸葛亮的认识有了变化。王文诰曰："公少作《孔明论》，主老苏之说。其南行之《严颜碑》《永安宫》诗皆同，故持论多未当。其后即无复此等语矣。"[2]

二、入仕前期的诸葛亮论

嘉祐六年（1061），苏轼授大理评事，签判凤翔，正式开始仕宦生涯。

签判凤翔期间，苏轼游览了蜀魏古战场。其《壬寅二月，有诏令郡吏分往属县减决囚禁。自十三日受命出府，至宝鸡、虢、郿、盩四县。既毕事，因朝谒太平宫，而宿于南溪溪堂，遂并南山而西，至楼观、大秦寺、延生观、仙游潭。十九日

1 邢哲夫：《苏轼妙评历代人物》，《文史天地》2024年第1期。
2 见《苏海拾余》（卷一）。转引自张志烈等校注：《苏轼全集校注》，第40、41页。

乃归。作诗五百言，以记凡所经历者寄子由》就写到了诸葛亮所筑武城镇："薄暮来孤镇，登临忆武侯。"[1]诸葛亮第二次北伐，围攻陈仓（今陕西宝鸡），修筑武城以防备曹魏援军。[2]城在陈仓东。

《石鼻城》一诗也写于这一时期，石鼻城就是武城镇。[3]

这两首诗都写到了陈仓之战。诸葛亮与曹魏守将郝昭展开二十天的激烈攻防战。因曹真半年前的提醒，郝昭已将陈仓城大为加固。诸葛亮终因城池太过坚固，郝昭防守有方，加上曹魏援军正陆续赶到，蜀军粮草不济而只好撤军。值得注意的是，两首诗都没有对诸葛亮这一"败仗"有所微词，体现了苏轼在步入仕途之后，对社会人事的认识变得深刻全面了。当年的书生意气已然收敛不少。其实，陈仓之战蜀军展现出了灵活多变、勇敢善战的优秀素养。在冷兵器时代，在短时间里（曹魏援军将至）要攻下一座准备充分、防守有方的坚固城池，谈何容易！

《是日至下马碛，憩于北山僧舍。有阁曰怀贤，南直斜谷，西临五丈原，诸葛孔明所从出师也》这首长诗，值得重视。

南望斜谷口，三山如犬牙。西观五丈原，郁屈如长蛇。有怀诸葛公，万骑出汉巴。吏士寂如水，萧萧闻马檛。公才与曹丕，岂止十倍加。顾瞻三辅间，势若风卷沙。一朝长星坠，竟使蜀妇髽。山僧岂知次，一室老烟霞。往事逐云散，故山依渭斜。客来空吊古，清泪落悲笳。"[4]

苏轼通过比较、引用及直接描写对诸葛亮的军事才能加以赞赏，对其"出师未捷身先死"的悲壮结局大为惋惜。"清泪落悲笳"的"悲笳"应该是化用杜甫《后出塞》（其二）的"悲笳数声动"，杜甫此诗前面主要描写"东门营"军容严整军纪严明，后面是以霍去病写张守珪。霍、张均以善战不败著名。苏轼未直言诸葛亮有如霍、张，但是暗用杜诗以说明擅长治军纪律严明的蜀军统帅诸葛亮是没有问题的，而且这也与"顾瞻三辅间，势若风卷沙"对诸葛亮的描写相合。

《次韵和子由闻予善射》是唱和苏辙的诗："观汝长身最堪学，定如髯羽便超群。"此诗引用诸葛亮修书劝关羽勿与马超比武的典故，虽然语含诙谐，但也间接表现出苏轼对蜀汉英雄的喜爱，对诸葛亮善于调和矛盾处理人事水平的认同。

如果苏轼仕宦之地或所经之处，就有诸葛亮遗址遗迹，他不过顺便到访心生感

1　（清）王文诰辑注，孔凡礼点校：《苏轼诗集》卷一，第122页。
2　（晋）陈寿撰：《三国志·魏书·明帝纪》裴注引《魏略》，第95页。
3　（清）王文诰辑注，孔凡礼点校：《苏轼诗集》卷一，第133页。
4　（清）王文诰辑注，孔凡礼点校：《苏轼诗集》卷一，第176页。

叹，这也是人之常情；那么苏轼在诸葛亮未曾莅临之地，也有书写他的诗作，这就只能看作他对诸葛亮怀着特殊感情了。

投身仕途的苏轼由于工作之需和对诸葛亮的喜爱，常借诸葛亮治国理政事例来阐明自己的观点。熙宁二年（1069），苏轼呈《上神宗皇帝书》借诸葛亮的用人谨慎严格表达了对变法所用之人的担忧：

> 自古用人，必须历试。虽有卓异之器，必有已成之功，一则使其更变而知难，事不轻作，一则待其功高而望重，人自无辞。昔先主以黄忠为后将军，而诸葛亮忧其不可，以为忠之名望，素非关张之伦，若班爵遽同，则必不悦。其后关羽果以为言。以黄忠豪勇之资，以先主君臣之契，尚复虑此，况其他乎？

以关羽的例子说明诸葛亮的担心有先见之明，又以刘备孔明君臣契合，孔明尚且有此担心，说明变法之人一定要慎选。

熙宁三年（1070），苏轼作《拟进士对御试策》进呈，阐述知人用人的重要性：

> 古之欲立非常之功者，必有知人之明……以诸葛孔明之贤，而知人之明则其所短，是以失之于马谡。而孔明亦审于自知，是以终身不敢用魏延。

以诸葛亮用马谡不用魏延的两个"反例"论证诸葛亮的知人不明与（不）用人的成功之处。不过，苏轼说诸葛亮"终身不敢用魏延"，不符合史实。诸葛亮不仅在刘备死后继续使用魏延，而且加以重用，魏延没有出事，实有赖孔明之力。魏延后来出事主要是其性格为人缺陷使然，怪不得诸葛亮。[1]

熙宁四年（1071）起，通判杭州期间，苏轼游览名胜甘露寺，想起了三国英雄豪杰："缅怀卧龙公，扶策事雕钻。一谈收狮子，再说走老瞒。名高有余想，事往无留观。"（《甘露寺》）对诸葛亮游说孙权联刘抗曹的说客水平极尽夸赞。由于赤壁之战时并无甘露寺，"甘露寺"实为孙皓所建佛寺，唐李德裕再建，取名甘

1　参看《三国志·蜀书·魏延传》及裴注。

露寺。但有关刘备至甘露寺的故事，唐宋时期已有传说。苏轼当也有所听闻。[1]不过，苏轼也说"名高有余想，事往无留观"，亮、备名气太高不免使人浮想联翩，而此事已然往去，无复留观。

"孔明不自爱，临老起三顾。"（《与周长官、李秀才游泾山，二者先以诗见寄，次其韵二首》）苏轼赞叹诸葛亮老年犹不爱惜身体，总想起当年先主三顾之情，依然为之"鞠躬尽瘁"。

元丰元年（1078），苏轼时任徐州知州。有《和子由送将官梁左藏仲通》诗曰："芳草不锄当户长，珍禽独下无人见。"隐晦地用到一个典故，出自《三国志·蜀书·周群传》："先主将诛张裕，诸葛亮表请其罪，答曰：'芳兰生门，不得不锄。'"[2]周群精数术，擅望气，张裕水平又超过周群。刘备欲与曹操争汉中，张裕曾以"不利"劝止。当初刘备与刘璋会晤时，张裕为刘璋从事，侍坐，当众嘲弄刘备无须犹如猪嘴。刘备怀恨在心，后以"谏争汉中不验"为由，将其下狱，欲杀之。诸葛亮上表请求刘备宽恕张裕，刘备却以"芳兰生门，不得不锄"拒绝了诸葛亮。

早期苏轼，由于未经政治实践，更多是抒发"书生之论"，其论有不少诸葛亮的微词；经过十余年的仕宦历练，苏轼的诸葛亮观逐渐走向成熟，对诸葛亮的赞许有所增加。

三、仕途后期的诸葛亮论

元丰三年（1080）正月，苏轼遭遇乌台诗案，差点死去。羁押百余天后，贬谪黄州。谪黄期间，其诗文中并未出现诸葛亮。因为，"耕种自济、文学自适、养生自保、著书自见、韬晦自存是苏轼在黄州四年的生活内容"[3]。乌台诗案及其后续影响，深深地左右了苏轼的生活和创作，时事政治题材少见了，诸葛亮也暂时隐伏起来。

元丰七年（1084），苏轼离开黄州移汝州。随着这段至暗时刻的结束，诸葛亮

1　参看（元末明初）罗贯中著，盛巽昌补证：《三国演义补正本》，上海：上海书店出版社，2019年，第319页。

2　（晋）陈寿撰：《三国志·蜀书·周群传》，第1020、1021页。

3　王水照、朱刚：《苏轼评传》，第97页。

也重出江湖。有《次韵答贾耘老》道："今年太守真卧龙，笑语炎天出冰雹。"以卧龙来称赞湖州知州滕元发，间接表达了对诸葛亮的喜爱和赞赏之情。

元丰八年（1085），苏轼仕途迎来重大转折。其先以礼部郎中之职入京，后升起居舍人，次年升翰林学士，知制诰。官居高位的苏轼因为政之需，用诸葛亮事来论证治法严格的重要性：

> 昔诸葛亮与法正论治道，其略曰："刑政不肃，君臣之道，渐以陵替。宠之以位，位极则贱。顺之以恩，恩竭则慢。吾今威之以法，法行则知恩。限之以爵，爵加则知荣。恩荣并济，上下有节，为治之要也。"……今天下晏然，朝廷清明，何所畏避，而行姑息之政；故臣愿陛下常以诸葛亮、陆贽之言为法，则天下幸甚。[1]（《转对条上三事状》）

建安十九年（214），刘备领益州牧，诸葛亮为军师将军，署左将军府事。鉴于刘璋父子时期益州"德政不举，威刑不肃"而施行"峻急"刑法，法正谏曰"愿缓刑弛禁"。诸葛亮为之作答，阐明用"刑法峻急"的缘故。[2]事实上，经过诸葛亮等人制定《蜀科》并进行一系列治理，蜀汉人心稳定、经济繁荣、国力增强。诸葛亮治蜀得到历代有识之士的普遍好评。苏轼对诸葛亮依法治国高度认同，建议朝廷向他学习。

元祐二年（1087），苏轼为张方平的文集作《乐全先生文集叙》，有言：

> 孔北海志大而论高，功烈不见于世……诸葛孔明不以文章自名，而开物成务之姿，综练名实之意，自见于言语。至《出师表》简而尽，直而不肆，大哉言乎！与《伊训》《说命》相表里，非秦汉以来以事君为悦者所能至也……信乎其有似于孔北海、诸葛孔明也。

苏轼先将孔融、诸葛亮并提，对诸葛亮及其《出师表》盛加褒扬，又将其与《伊训》《说命》并论，对诸葛亮的赞誉达到了前所未有的高度。

元祐四年（1089），苏轼作《范文正公文集叙》，通过诸葛亮等三国豪杰事例表达对范仲淹的赞誉："诸葛孔明卧草庐中，与先主策曹操、孙权，规取刘璋，

---

1 张志烈等校注：《苏轼全集校注·文集》第二卷《转对条上三事状》，第819页。
2 参看（晋）陈寿撰：《三国志·蜀书·诸葛亮传》及裴注，第917页。

因蜀之资以争天下，终身不易其言。此岂口传耳受尝试为之而侥幸其或成者哉。"
苏轼讲述了当年诸葛亮与刘备隆中对策的美谈，强调诸葛亮有所承诺便终身践行不
渝。这是对其重然诺、讲忠诚的品格的高度赞美。

出仕后的苏轼对诸葛亮的赞誉有增无减。元祐年间，苏轼的仕途达到了顶点，
诸葛亮被塑造成了高大完美的政治人物。

天有不测风云。绍圣元年（1094）四月，知定州的苏轼被贬知英州，再贬惠
州，开始其仕宦及人生的低潮时期。当月写了史评《三国名臣》：

> 西汉之士多智谋，薄于名义。东京之士尚风节，短于权略。兼之者，
> 三国名臣也。而孔明巍然三代王者之佐，未易以世论也。[1]

他认为三国名臣兼有西汉、东汉士之长，而诸葛亮则远非其他名臣可比！对诸
葛亮的评价达到了一个新高峰！

这段时期，苏轼还有《诸葛武侯画像赞》：

> 密如神鬼，疾若风雷。进不可当，退不可追；昼不可攻，夜不可袭。
> 多不可敌，少不可欺。前后应会，左右指挥。移五行之性，变四时之令。
> 人也？神也？吾不知之，真卧龙也。[2]

这是苏轼对诸葛亮军事才能评价最为完整，也最有高度的一篇赞论。这里的
诸葛亮，已经被苏轼说得是人是神都分不清了！其实，苏轼此处所言诸葛亮，也能
在史籍里找到根据。如《三国志·诸葛亮传》裴注引《袁子》："其用兵也，止如
山，进退如风；兵出之日，天下震动。"[3]再如，《诸葛亮传》写到诸葛亮死后，
"及军退，宣王（指司马懿）案行其营垒处所，曰：'天下奇才也。'"[4]可见诸
葛亮高超的军事才能！只是，苏轼"拔高"了这个才能。

《三国名臣》与《诸葛武侯画像赞》中的诸葛亮已经被苏轼夸大拔高到了新的
高度，有些超现实而达到了理想化的境界。

1　张志烈等校注：《苏轼全集校注·文集》第二卷，第2042页。
2　孔凡礼点校：《苏轼文集》第六册，第2641页。
3　（晋）陈寿撰：《三国志·蜀书·诸葛亮传》，第934、925页。
4　（晋）陈寿撰：《三国志·蜀书·诸葛亮传》，第934、925页。

绍圣元年四月，苏轼"得罪以来，三改谪命"，茕茕南行，处境悲凉。"岭海时期的东坡居士，无论就其身份与生活状况，或就其精神依托、思想倾向与情感认同来说，都已从庙堂走向民间。"[1]所以，三国名臣诸葛亮在苏轼文章中，已经不仅仅是可以指导国家治理的成功政治家，而是一个在他心目中被夸张到近乎神一样的理想人物。毕竟，与诸葛亮的仁义、忠诚、敬业及政治、行政、外交才能等相比，诸葛亮的军事智慧是最被后人追捧，也最符合此时此刻苏轼心理需要的。

四、简单的议论

苏轼笔下的诸葛亮，在入仕前后，入仕的前期与后期都有所不同。

入仕前的作品对诸葛亮的评价，主要表现在"义"上，虽然也有对其军事水平与成就的某种怀疑，但是《诸葛亮论》对其治国理政外交的水平成就未置一评，而《策略》"之三"对其以法治蜀、法制严明及治蜀成效予以充分肯定。苏轼《八阵碛》对八阵图做了赞颂，而"书生古亦有战阵，葛巾羽扇挥三军"更不能看成对诸葛亮军事才能的否定。

苏轼对诸葛亮军事指挥水平的微词，是受到了苏洵的影响。苏洵认为："诸葛孔明一出其兵，乃与魏氏角，其亡宜也。"[2]又说："诸葛孔明弃荆州而就西蜀，吾知其无能为也。且彼未尝见大险也。彼以为剑门者可以不亡也。"[3]老实说，笔者并不认可苏洵的论断。茅坤就指出："苏氏父子往往按事后成败立说，而非其至。"[4]

苏轼入仕前论诸葛亮多就道德而论。这与苏轼从小接受儒家思想教育，深受其影响有关。儒家重视的"仁义礼智信"不能不大大左右还涉世未深的苏轼。此时苏轼未经政治实践，多抒发"书生之论"，经过仕宦历练后，苏轼的诸葛亮观逐渐脱离了书生意气，开始走向成熟。凤翔时期的两首诗都没有对诸葛亮陈仓之战未能取胜有所微词。体现了苏轼在经过历练之后，对社会人事的认识变得深刻全面了。

乌台诗案后，是苏轼人生至暗时刻，数年时间投闲置散，诸葛亮没有进入其作

1 王水照、朱刚：《苏轼评传》，第117页。
2 曾枣庄、金成礼笺注：《嘉祐集笺注》，上海：上海古籍出版社，1993年，第40、68页。
3 曾枣庄、金成礼笺注：《嘉祐集笺注》，第40、68页。
4 高步赢选注：《唐宋文举要》，上海：上海古籍出版社，1982年，第975页。

品之中，直到他离开黄州。

元丰末元祐初的苏轼突然来了个华丽转身，快速步入他人生和仕途的顶尖状态。这个时期，诸葛亮成为苏轼治国理政的良师和榜样。苏轼依法治蜀且颇有成效成了苏轼向朝廷所写条状中所引用的成功案例。"不以文章自名，而开物成务之姿，综练名实之意"，对于从不"事君为悦"的诸葛亮及其《出师表》，苏轼将其与《伊训》《说命》相提并论！

绍圣开始，苏轼仕宦人生又进入低潮时期，"兼济天下""致君尧舜"（《沁园春·孤馆灯青》）的宏大愿望彻底破灭，不会再有什么"政绩"和"名义"。于是，"多智谋，薄名义""尚风节""兼之"的诸葛亮成了苏轼当下的理想楷模。不止"风节"，就连当年不被苏轼这位小青年看好的诸葛孔明的军事才能，在现在的东坡笔下也成了"人也？神也？"的"真卧龙"！

杨胜宽认为：苏轼评价诸葛亮"呈现出前后明显矛盾的评价特征。这一现象的形成，既跟苏轼自身的思想认识、身世变化相关，也与其家庭思想背景影响、时代风潮变幻存在必然联系。"[1] 这个说法算是找到了苏轼"诸葛亮论"及其变化的原因。

北宋面临契丹、西夏的侵扰，束手无策，只能节节败退、输绢输银。蜀汉相较曹魏，国力大为不如；经过诸葛亮的治理取得积极进步，还是有较大差距。然而在与强大得多的曹魏的争斗中，蜀汉基本处于进攻态势，还不时有所斩获，从未出现败象。

晚年苏轼历经沧桑，已然洞若观火，对诸葛亮的军事才能作出与其书生时期截然不同的高度评价，是正确的值得肯定的！

1　杨胜宽：《苏轼评价诸葛亮的矛盾现象辨析》，《乐山师范学院学报》2021年第9期。

论三苏对诸葛亮的书写

吴嘉璐（西华大学文学与新闻传播学院）

摘　要：三苏对诸葛亮的评价，前人有"皆不取"之论。细考三人诗文中对诸葛亮的书写，苏洵的批评最为严格，苏轼褒贬不一，多有矛盾的观点，苏辙则颇具推崇之意。苏轼与苏辙对诸葛亮的同题书写有"八阵碛""甘露寺""真兴寺"三题，轼作以情感为胜，辙作则透露出理性的光芒。三人对诸葛亮态度的差异主要在于，北宋早期诸葛亮地位呈上升趋势，几乎以布衣终身的苏洵，因其好奇尚异的性格，且喜作纵横家之论，故多"不取"诸葛之策；而苏轼、苏辙兄弟以儒家思想为底色，在仕途上历经坎坷，故更能与诸葛亮共情。

关键词：三苏　诸葛亮　诗文

一、引　言

诸葛亮治蜀多年，深受蜀地百姓的景仰，乃至流芳后世。唐代最伟大的诗人杜甫入蜀后有《蜀相》一诗称赞诸葛亮。出身眉州的三苏父子，自然留下了许多与诸葛亮相关的诗文，这些诗文所流露出的对诸葛亮的态度则相当复杂，并非纯然是褒扬。宋代的周密曾有"三苏皆不取孔明"（《三苏不取孔明》）[1]的评论。明代王世贞《书苏子瞻〈诸葛亮论〉后》提出苏轼对诸葛亮"仁义、诈力杂用而取天下"

1　（宋末元初）周密著，杨瑞点校：《周密集》，杭州：浙江古籍出版社，2015年，第7—8页。

故而失败的批评是不读书、不考时事的书生之论¹。元代陈秀民编《东坡文谈录》
以周密之论为非，陈氏认为苏轼与苏辙多有对诸葛亮肯认之处："余按东坡谓《出
师》二表，与《伊训》《说命》相表里；颍滨《上皇帝书》云：'孔明用兵如神，
而以粮道不继，屡出无功。由是言之，苟无其财，虽圣贤不能以自致于跬步。'
二公以伊、傅圣贤为比，许之亦至矣。"至于其他论者提出苏洵所诟病的诸葛亮据
蜀而不取荆州的情形，陈氏则认为苏洵否定的是刘备的战略措施，与诸葛亮无关：
"老泉谓'孔明弃荆州而就巴蜀，吾知其无能为也'，止谓弃荆一事，然不考孔明
草庐见先主之言，已云荆州用武之地，弃而不取，乃先主之失，以此病孔明，不亦
误乎。"²

　　如果说古典时代的学者只是以印象式、点评式的批评来探讨三苏对诸葛亮的
认识这一学术议题的话，现代学者则从更综合、更深入、更细致的方向来探讨。伊
藤晋太郎《三苏与诸葛亮》从三苏以前文人的看法介绍起，再以同样的四个角度来
分析三苏诗文中与诸葛亮有关的部分：其一，诸葛亮的出仕；其二，诸葛亮的战略
和战术；其三，诸葛亮的治蜀；其四，对诸葛亮的综合性评价。³马斗成《三苏与
诸葛亮》提出"三苏诗文中亦偶见对诸葛亮军事才能的微词，却非一味'不取诸
葛'。其非议诸葛亮处虽有'书生之论'"之嫌，却是有着特定的时代背景，寄托
着三苏强烈的爱国情怀。"⁴杨胜宽《苏轼评价诸葛亮的矛盾现象辨析》则聚焦在
苏轼对诸葛亮的评价上，旁及苏洵、苏辙之态度以及二者同苏轼观点的互动，杨先
生认为苏轼一生对诸葛亮的评价体现出前贬后褒截然不同的两种态度，并且分析造
成其早年批评诸葛亮的原因是：受父亲苏洵的影响、受"制科人习气"的影响、受
"正统"观念的影响；入仕以后其对诸葛亮的评价转向正面的原因则是：身份转变
为官员、因反对熙宁变法而政治立场转变、官方对诸葛亮态度的赞许、开始更留意
苏轼的法治思想等。⁵前贤针对这一论题实际已有较为详尽与深入的分析，本文意
在从三苏对诸葛亮认识的差异以及产生诸种差异的原因这一新的角度分析此议题，

1　（明）王世贞：《读书后》，转引自王瑞功主编：《诸葛亮研究集成》，济南：齐鲁书社，1997年，第
530—531页。
2　曾枣庄、舒大刚主编：《三苏全书》第十七册，北京：语文出版社，2001年，第226页，本文所引三苏作
品及相关评论大多引自此书。
3　［日］伊藤晋太郎：《三苏与诸葛亮》，载四川大学古籍整理研究所、四川大学宋代文化研究中心编：
《宋代文化研究（第十辑）》，北京：线装书局，2001年，第29—43页。
4　马斗成：《三苏与诸葛亮》，《历史教学》2004年第4期。
5　杨胜宽：《苏轼评价诸葛亮的矛盾现象辨析》，《乐山师范学院学报》2021年第9期。

并关注苏轼苏辙"同中有异"的以诸葛亮为书写主题的同题作品，比较其思想内涵、艺术表现的微妙不同。

二、三苏对诸葛亮的态度之异同

周密所言"三苏皆不取孔明"虽非确论，但可以推定的是，三苏诚然对诸葛亮有过类似的负评，程度上却有较大的差异。苏洵否定诸葛亮的声量最大，他的诗文中，仅有两首怀古诗《襄阳怀古》《题白帝庙》没有显而易见的批判之语，其余诗文均有对其能力与策略言之凿凿的否定。细索苏洵诗文之句，"自从三子亡，草中无豪英"以怀古之想夸赞了诸葛亮与羊祜、杜预同属"豪英"，甚为稀缺，是数百年难得一见的人才，早已半百的自己弗如远届外；"永安就死悲玄德，八阵劳神叹孔明"仍对诸葛亮呕心沥血的复兴事业颇不以为然，虽未直接否定，但"劳神"乃至后文的"诸公皆败"侧面反映了苏公对蜀汉政治嗤之以鼻的态度。苏洵从根本上不认同诸葛亮"弃荆州而就西蜀"的战略，许多评论者都认为苏洵否定的是诸葛亮战略过分谨慎、保守的一面。苏洵此论出其《项籍》一文，意在评价项羽在巨鹿之战中"虑之不长，量之不大"，走的不是"据咸阳，制天下"的路子，不符合"夫不有所弃，不可以得天下之势；不有所忍，不可以尽天下之利"[1]的兵家胜利之法。由此推论，可知苏洵批评的是诸葛亮据蜀并非长远之计，短时间虽有所得，却无法尽得天下之势与利，而非批评其以蜀为守的过分谨慎。此外，苏洵《强弱》论"诸葛孔明一出其兵，乃与魏氏角，其亡宜也"[2]，视蜀为弱，且无法"弃己之弱而使敌轻用其强"，故而必遭失败。

与苏洵对诸葛亮直言不讳的批评形成鲜明对比的，是苏辙对其由衷的肯认。一个典例是，苏辙曾多次夸赞诸葛亮治国、治军"赏罚必公，举措必当"，《再论分别邪正札子》《三论分别邪正札子》《晋宣帝》《臣事策上·第二道》等多篇策论都提及"诸葛亮治蜀，废廖立、李严为民，徙之边远，久而不召。及亮死，二人皆垂泣想亮"这一故实。诸葛亮严厉对待下属，下属却仍感铭在心，苏辙认为严明的军纪和治国方略并不会引起官民的反感，诸葛亮的例子是值得当时的北宋政府借鉴的。另一个突出的例子，是诸葛亮"刑罚不避自身"：

1　曾枣庄、舒大刚主编：《三苏全书》第六册，第142页。
2　曾枣庄、舒大刚主编：《三苏全书》第六册，第131页。

至于将佐有败，元帅必任其责。诸葛亮为大将军，马谡之败，降右将军，此古今通义也。（苏辙《龙川别志》）[1]

诸葛亮为相，任马谡不当，请自贬三等，以右将军领事。盖大臣体国，不惜身自降黜，为众行法。（苏辙《论西事状》）[2]

此外，苏辙还曾在其文章中提及"诸葛亮善治国而为相"（《贾诩》）[3]"诸葛亮用兵如神"（《上神宗皇帝书》）[4]，"诸葛孔明致蜀富强"（《新论》）"[5]"虽后主之不明，而孔明守国三十余年。君臣相安，蜀人免于涂炭之患，过于魏、吴远甚"（《孙仲谋》）[6]。苏辙多次将诸葛亮同司马懿的才能进行对比。《殿试武举策问》："仲达之却蜀，非其功也，使孔明而不死，则胜将孰在?"[7]他明确地指出司马氏成为最终赢家，并非司马懿能力强过诸葛亮，不过是因为诸葛亮操劳过度、过早离世，司马懿不战而胜罢了，其诗《久旱府中取虎头骨投邢山潭水得雨戏作》亦云"君不见岐山死诸葛，真能奔走生仲达"[8]，虽似戏谑之语，却也从侧面肯定了诸葛亮能力远胜司马懿，苏洵、苏轼则从未在这一方面赞许或肯定诸葛亮。苏洵甚至认为，以诸葛亮为首的蜀汉，与魏交战，难以达成以弱胜强的结果。由此可知，苏辙策论中的诸葛亮形象无一负面，且涉及治国、用兵、经济、君臣关系等诸多方面，可见苏辙认同诸葛亮乃乱世中全能的贤相良将。苏辙对"六边形战士"诸葛亮的才能并非平衡地称扬，他偶尔会流露出诸葛亮更适合为相，而于为将一道有所不足的观点：

至于将佐有败，元帅必任其责。诸葛亮为大将军，马谡之败，降右将军，此古今通义也。（苏辙《龙川别志》）[9]

其后子产用之于郑，大夫种用之于越，商鞅用之于秦，诸葛孔明用之

1　曾枣庄、舒大刚主编：《三苏全书》第五册，第28页。
2　曾枣庄、舒大刚主编：《三苏全书》第十七册，第348页。
3　曾枣庄、舒大刚主编：《三苏全书》第十八册，第160页。
4　曾枣庄、舒大刚主编：《三苏全书》第十七册，第214页。
5　曾枣庄、舒大刚主编：《三苏全书》第十八册，第110页。
6　曾枣庄、舒大刚主编：《三苏全书》第十八册，第163页。
7　曾枣庄、舒大刚主编：《三苏全书》第十七册，第59页。
8　曾枣庄、舒大刚主编：《三苏全书》第十六册，第513页。
9　曾枣庄、舒大刚主编：《三苏全书》第五册，第28页。

于蜀，王猛用之于符坚，而其国皆以富强。（苏辙《新论上》）[1]

有意思的是，在策论史论中盛赞诸葛亮的苏辙，在以抒情、述怀为主的诗歌这一文学体裁中，却并未热烈地怀念或赞扬诸葛亮，态度有所保留，比如《读史六首·其四》即言"桓文服荆楚，安取破国都?孔明不料敌，一世空驰驱"[2]，将齐桓、晋文作为诸葛亮的对照组，认为他们制定的"平天下"方略都是无用的，虽然付出了十万分的努力，却终究成空。这个观点，与其在《殿试武举策问》中提出的"仲达之却蜀，非其功也，使孔明而不死，则胜将孰在?"[3]截然不同。此外，《次韵子瞻题张公诗卷后》"晚岁卧草庐，谁听《梁甫吟》?它年楚倚相，傥能记惜惜"[4]，似在突出诸葛亮的隐士身份，且其不以"隐于草庐"为高，而以不忘先王之业的倚氏为榜样。《题郿城彼岸寺二首·文殊院古柏》"曾看大柏孔明祠，行尽天涯未见之。此树便当称子行，他山只可作孙枝。栋梁知是谁家用?舟楫唯应海水宜:日莫飞鸦集无数，青田老鹤未曾知"[5]，此又不过是咏孔明祠中的古柏之作，隐约有对诸葛亮的怀念之意。这些诗作虽未对诸葛亮有任何贬低，但也谈不上有何称许之处。

苏轼对诸葛亮的态度则体现出相当复杂的态势，部分学者甚至以"矛盾"视之，王文诰便曾指出"公少作孔明《论》，主老苏之说，其南行之《严颜碑》《永安宫》诗皆同，故持论多未当，其后即无此等语矣"[6]，认为苏轼论诸葛，存在前后不一致的情形。不可否认，在诸葛亮从南阳躬耕起而为刘备谋划天下一事上，苏轼一边肯认，言"意欲扫群孽"，一边又否定，言"孔明不自爱，临老起三顾"。究其根本，在于此二处论调均用诗歌文体来呈现，前者所咏的对象是诸葛亮，后者则为苏轼用典以自比之语，故而出现了上述矛盾。细考苏轼对诸葛亮的全部评价，用"矛盾"二字来概括，显然是不准确的。或许我们可以从苏轼青年时期和晚年时期对诸葛亮的评价中找出其中具有共通性的线索:

　　　　取之以仁义，守之以仁义者，周也。取之以诈力，守之以诈力者，秦

1　曾枣庄、舒大刚主编:《三苏全书》第十八册，第页110页。

2　曾枣庄、舒大刚主编:《三苏全书》第十六册，第434页。

3　曾枣庄、舒大刚主编:《三苏全书》第十七册，第59页。

4　曾枣庄、舒大刚主编:《三苏全书》第十六册，第228页。

5　曾枣庄、舒大刚主编:《三苏全书》第十七册，第473页。

6　曾枣庄、舒大刚主编:《三苏全书》第六册，第352页。

也。以秦之所以取取之，以周之所以守守之者，汉也。仁义诈力杂用以取
天下者，此孔明之所以失也。（《诸葛亮论》）[1]

西汉之士多智谋，薄于名义；东汉之士尚风节，短于权略。兼之
者，三国名臣也。而孔明巍然三代王者之佐，未易以世论也。（《三国名
臣》）[2]

这两段议论，都提到了诸葛亮实践之道"杂"的特点。《诸葛亮论》言"仁
义诈力杂用以取天下者"，《三国名臣》谈"名义""权略"兼之，仁义与名义
意近，诈力与权略类同，可见，诸葛亮思想之兼用复杂，既是其难以替蜀汉"取
天下"的原因，又是其成为刘备"王佐之臣"的因由。《三国名臣》特别声明，孔
明可作"三代王者之佐"，且"未易以世论也"，实际体现了苏轼"不以成败论诸
葛"的思想，虽然从时世的角度，孔明之主未取天下，但他综合儒、法、纵横之
道，忠心爱民，发展经济，宽严相济、用兵如神，不愧"贤臣蜀相"之名。详考苏
轼集中论诸葛的所有文章，均围绕着孔明的"杂用"思想：

其一，从儒家强调"仁""义"的观点来看，诸葛亮"仁义诈力杂用"，并
非纯儒，确有可批评之处，故苏轼有诗"先主反刘璋，兵意颇不义。孔明古豪杰，
何乃为此事"（《严颜碑》）[3]，斥责刘备篡刘璋之位，孔明却支持此策的不宜；
又假借杜甫之口放言"晋之所以能取蜀者，以蜀有吞吴之意"（《记子美八阵图
诗》）[4]，直指诸葛亮联吴又欲吞吴，此为不义之失。

其二，从儒家强调的"仁""义"，乃至与"义"息息相关的"忠"这一角度
来看，苏轼则认为诸葛亮于此有终身不懈的实践，故而具有模范意义，如：

诸葛孔明不以文章自名，而开物成务之姿，综练名实之意，自见于言
语。至《出师表》简而尽，直而不肆，大哉言乎，与《伊训》《说命》相
表里，非秦汉以来以事君为悦者所能至也。（《乐全先生文集叙》）[5]

《伊训》乃伊尹劝谏太甲之言，《说命》乃傅说对殷商高宗武丁的诤言，苏

1　曾枣庄、舒大刚主编：《三苏全书》第十四册，第22页。
2　曾枣庄、舒大刚主编：《三苏全书》第十四册，第470页。
3　曾枣庄、舒大刚主编：《三苏全书》第六册，第352页。
4　曾枣庄、舒大刚主编：《三苏全书》第五册，第187页。
5　曾枣庄、舒大刚主编：《三苏全书》第十三册，第462页。

轼将诸葛亮与伊尹、傅说类比，本质上是将以《出师表》为代表的文章视作圣贤之言，视作表现儒家"忠义"之道的不刊之论。再如：

> 诸葛孔明卧草庐中，与先主策曹操、孙权，规取刘璋，因蜀之资，以争天下，终身不易其言。（《范文正公文集叙》）[1]

诸葛亮最宝贵的品质，在苏轼看来，是为其先主出谋划策，并坚持将策略贯彻到底，即所谓"终身不易其言"，如此"忠义"之道的纯粹性、永恒性便被突出了。又如：

> 自以为遭遇圣明，言听计从，欲以身徇天下，躬亲庶务，不舍昼夜。宾客见其体羸，曰："诸葛孔明二十罚以上皆亲之，以此致疾，公不可以不戒。"（《司马温公行状》）[2]

如果说为效力之主奉献一生的智谋与忠诚不难想见的话，为其主奉献生命，且让自己的身体不断耗损，除了极度推崇儒家价值观念到了迂腐程度的读书人外，一般人自难感同身受。苏轼并非迂腐的读书人，但也并非盲流，在上述夸赞司马光的文字中，他把万事亲力亲为地实行"忠义"之道乃至"致疾"的诸葛亮与司马光相比，诸葛亮的"忠义"之道由此有了现实意义。

其三，诸葛亮治军为政颇具法家之风，以严为主，宽严相济。苏轼多次夸赞他儒法相得的治理之道：

> 以宽得爱，爱止于一时；以严得畏，畏至于力之所及。故宽而见畏，严而见爱，皆圣贤之难事，而所及者远矣。张忠定公治蜀，用法之严似诸葛孔明。诸葛孔明与公遗爱皆至今，盖尸而祝之，社而稷之。（《题张乖崖书后》）[3]
>
> 臣以为宜如诸葛亮之治蜀，王猛之治秦，使天下悚然，人人不敢饰非，务尽其心。凡此者，皆庸人之所大恶，而谗人之所由兴也。（《策

1　曾枣庄、舒大刚主编：《三苏全书》第十三册，第460—461页。
2　曾枣庄、舒大刚主编：《三苏全书》第十五册，第318页。
3　曾枣庄、舒大刚主编：《三苏全书》第十四册，第55页。

略三》）[1]

不过相较于苏辙，苏轼对诸葛亮的法家思想并未大书特书，而是强调其思想以法入儒、严以律宽的一面，令人畏惧不是诸葛亮的本意，获得民心才是。

其四，苏轼认为诸葛亮乃天降"奇才"，此间"奇计"与纵横家乃至兵家亦有紧密关联。苏轼《诸葛武侯画像赞》曾言：

> 密如神鬼，疾若风雷。进不可当，退不可追。昼不可攻，夜不可袭。多不可敌，少不可欺。前后应会，左右指挥。移五行之性，变四时之令。人也?神也?仙也?吾不知之，真卧龙也。[2]

苏轼甚少夸赞诸葛亮的军事才能，或者说对其是否为良将是有所质疑的，但未载入《苏轼全集》的《诸葛武侯画像赞》一文，对诸葛亮的指挥兵将、运用兵法的才能却不乏溢美之词，惊叹于其不可思议的"非人"状态，鬼、神、仙轮番上阵，多有虚构、夸饰，与其他策论文字已然不可等量齐观。

最后，苏轼不仅将诸葛亮视作实践王霸之道的贤臣、奇计迭出的军事家，还将其视作一个能够为自己提供文学创作灵感的对象，《东坡志林》中的《广武叹》《张安道比孔北海》《记子美八阵图诗》便体现了这一特点。以《记子美八阵图诗》为例：

> 仆尝梦见一人，云是杜子美，谓仆曰："世多误解吾诗。《八阵图》诗云：'江流石不转，遗恨失吞吴。'人皆以为先主、武侯皆欲与关羽复雠，故恨其不能灭吴，非也。我本意谓吴、蜀唇齿之国，不当相图。晋之所以能取蜀者，以蜀有吞吴之意，此为恨耳。"此理甚长。然子美死凡四百年，而犹不忘诗，区区自别其意，此真书生习气耶![3]

这则笔记看似是对杜甫"四百年不忘己诗"的"书生习气"的嘲戏，实则乃借杜甫之口表达对吴蜀联盟之见解，而刘备因关羽之死同吴国结仇，自难有"以蜀

1　曾枣庄、舒大刚主编：《三苏全书》第十四册，第328页。

2　曾枣庄、舒大刚主编：《三苏全书》第十四册，第278页。

3　曾枣庄、舒大刚主编：《三苏全书》第五册，第187页。

有吞吴之意，此为恨"的想法，能有此不凡之见的，只可能是诸葛亮。结合杜甫对诸葛亮之崇拜、苏轼与杜甫的同声相应及同气相和、苏轼自身好奇尚异的性格等多方面因素，书写方式的文学虚构与历史真实共存，让后世学者对其中的观点争论不休，或许就是这则笔记所体现的诸葛亮的形象的魅力之所在。

综上，三苏对诸葛亮均有褒贬，但苏轼、苏辙均以褒为主，苏洵则以贬为主，三苏都相对更侧重诸葛亮为相之贤能，且认同其对刘备政权的忠诚，但对其于汉室之义、据蜀之策则有微词。苏轼与苏辙不同文体的作品对诸葛亮的观点与态度有所差异，苏轼的诗情感浓度大于文，苏辙却相反；苏轼诗文中诸葛亮的形象的复杂程度，特别是文学性，亦远远大于苏辙。

三、苏轼苏辙同题之作诸葛亮书写的异同

苏轼与苏辙诗文中诸葛亮形象的异同，似或可从二人的同题之作，以更细致的角度来进一步讨论。二人对诸葛亮的同题书写，大致集中在"八阵碛""甘露寺"两大主题上。首先是"八阵图"主题的同题诗作：

> 平沙何茫茫，仿佛见石蕝。纵横满江上，岁岁沙水啮。孔明死已久，谁复辨行列。神兵非学到，自古不留诀。至人已心悟，后世徒妄说。自从汉道衰，蜂起尽奸杰。英雄不相下，祸难久连结。驱民市无烟，战野江流血。万人赌一掷，杀尽如沃雪。不为久远计，草草常无法。孔明最后起，意欲扫群孽。畸岖事节制，隐忍久不决。志大遂成迂，岁月去如瞥。六师纷未整，一旦英气折。惟余八阵图，千古壮夔峡。（苏轼《八阵碛》）[1]

> 涨江吹八阵，江落阵如故。我来苦寒后，平沙如匹素。乘高望遗迹，磊磊六十四。遥指如布棋，就视不知处。世称诸葛公，用众有法度。区区落褒斜，军旅无阔步。中原竟不到，置阵狭无所。茫茫平沙中，积石排队伍。独使后世人，知我非莽卤。奈何长蛇形，千古竟不悟？惟余桓元子，久视不能去。（苏辙《八阵碛》）[2]

1　曾枣庄、舒大刚主编：《三苏全书》第六册，第355—356页。
2　曾枣庄、舒大刚主编：《三苏全书》第十六册，第82页。

首先，二苏之八阵图主题书写的是今重庆市奉节县（古称夔州）长江边，以石磧布于水中的"水八阵"。二苏对八阵均有详细的描写，苏辙还特别描绘八阵图的"如布棋"的齐整法度，说明诸葛亮治军有"用众有法度"的优点，故而得"独使后世人，知我非莽卤"的议论。二苏还着力表现八阵之奇：如苏轼"神兵非学到，自古不留诀。至人已心悟，后世徒妄说"、苏辙"奈何长蛇形，千古竟不悟？惟余桓元子，久视不能去"均强调后人未能领悟其中的奥妙，苏轼未点出"至人"为谁，苏辙则直言只有桓温领悟一二。

其次，二苏《八阵磧》诗皆借八阵之奇表现对诸葛亮的惋惜。不同的是，苏辙认为八阵图没能帮助诸葛亮取得北伐的胜利，它的实际作用是值得质疑的，在夔州放置八阵，还有施展不开的缺点："区区落褒斜，军旅无阔步。中原竟不到，置阵狭无所"。苏轼却认为诸葛亮的失败并非因为八阵图的"无用"，而在于"畸岖事节制，隐忍久不决。志大遂成迂，岁月去如瞥。六师纷未整，一旦英气折"，总结来说，一是对进攻之事犹豫不决，错过战机；二是在犹豫不决的态度之下，军队难以保持齐整。不过，苏轼其他与八阵图相关的作品，却对八阵之"用"有所质疑：

> 其后，诸葛孔明独识其遗制，以为可用以取天下，然相持数岁，魏人不敢决战，而孔明亦卒无尺寸之功。岂八阵者，先王所以为不可败，而非以逐利争胜者耶！（《管仲论》）[1]

此论中苏轼认为八阵更适合"守成"，不太适合"争胜"，但在三国风云变幻，不取天下即为他人所取灭的状况下，诸葛亮的独门绝技"八阵"是不能助他走到最后的，如此便能够理解在《八阵磧》中苏轼所言"隐忍久不决"为何，"隐忍"即过分守成，如此则难争胜，八阵图是实施此策的具象表现，并非根本原因。

最后，两诗的表现手法略有不同。苏轼诗"夹叙夹议，先扬后抑"，万丈豪情中埋藏着叹惋之意；苏辙诗"先叙后议，先抑后扬"，先叙来时之苦寒，江涨江落不知其处的茫然、萧条，后言诸葛亮因八阵而不被非议为"莽卤"，不过整体而言，豪情与叹惋均不甚显豁，苏辙的褒贬置于平铺直叙的诗语之后，亦不甚分明。

其二是"甘露寺"主题的诗作，鉴于二苏此题诗作较长，以下只摘录此主题中与诸葛亮书写相关的诗句。

---

[1] 曾枣庄、舒大刚主编：《三苏全书》第十四册，第168页。

缅怀卧龙公，挟策事雕钻。一谈收狙子，再说走老瞒。名高有余想，事往无留观。（自注：欲游甘露寺，有二客相过，遂与偕行。寺有石如羊，相传谓之很（狠）石，云诸葛亮孔明坐其上，与孙仲谋论曹公也。）（苏轼《甘露寺》）[1]

此寺历今古，遗迹皆龙鸾。孔明所坐石，羴羵非人刊。经霜众草短，积雨青苔寒。（苏辙《次韵子瞻游甘露寺》）[2]

苏辙诗题中的"次韵"透露出，苏轼诗作于前，而苏辙诗作于后。苏轼原诗对诸葛亮多有夸赞，述其挟锦囊之策破甘露寺的阴谋，由此收孙吴、走曹魏。《东坡志林》还记载了苏轼此次游览甘露寺的经历：孔明、孙权、梁武、李德裕之遗迹，余感之赋诗，其略曰："四雄皆龙虎，遗迹俨未刊。方其盛壮时，争夺肯少安。废兴属造化，迁逝谁控抟。况彼安庸子，而欲事所难。聊兴广武叹，不得雍门弹。"[3]苏轼此条笔记将其与孙权、梁武、李德裕并称为"四雄"，以"龙虎"极言四人以壮志勇力搅动世事风云，凸显出诸葛亮的豪杰气质。

与苏轼原诗生新奇险的风格相比，苏辙的和诗显示出平和静深的特质，素朴地表现对诸葛亮的怀念。苏辙和诗全然承袭苏轼诗序的"孔明所坐石"之典，被"草短苔寒"的景色点染出些许凄凉，又以"羴羵非人刊"暗指天命不可违，孔明之败恐为天之罪。辙作刻意规避了苏轼对诸葛亮智计、功业、名望的推崇，从新的角度来叙写怀古之情，表现出与其策论奏议文章截然不同的文学风貌。

最后，除了"八阵图"与"甘露寺"同题之作以外，苏辙在《登真兴寺楼赋叙》[4]中提及苏轼与友人张户、曹琥在游真兴寺以至登寺后重阁时，向东南方望见了五丈原，因此"慨然思孔明之遗迹"，甚至作书向苏辙建议"可以赋此"，而苏辙竟果以此为题作赋。可以说，虽然苏轼没有同题之作，但苏辙的这篇赋，是二苏共同的思想结晶。赋文乃骚体，前半部分铺排烟、山、树、云之泱莽情状，不类屈骚激荡抒情的特色，实乃苏辙赋的个性化表达，后半部分依旧不按骚体的既有程式，甚至直接反对抒情，提出"思古人而不可见兮，涕横流以浪浪"不过徒劳，原因在于"虽孔明其何益于五丈兮，使无原其忘亮"。苏辙赋中，不但诸葛亮与五丈

1 曾枣庄、舒大刚主编：《三苏全书》第七册，第39页。
2 曾枣庄、舒大刚主编：《三苏全书》第十六册，第140页。
3 曾枣庄、舒大刚主编：《三苏全书》第五册，第87—88页。
4 曾枣庄、舒大刚主编：《三苏全书》第十七册，第44页。

原的关系被人为地消解了，而且还对其作为怀古对象的必要性提出了质疑。苏辙并非否认诸葛亮的功绩，相反，苏辙认为与其将五丈原相关之人和事视作"过去"来怀念，不若深刻地思索诸葛亮对"现实"的意义，突出他作为独立的个体所蕴含的能量。苏轼"慨然思孔明之遗迹"，是从情感的角度怀思诸葛亮，苏辙却另辟蹊径，从理智的角度反思怀念诸葛亮的行为，某种程度上解构了怀古的意义，意在建构诸葛亮形象的现实意义。

除了推荐苏辙所作的上述辞赋，苏轼此间与真兴寺有关的作品，如《真兴寺阁祷雨》《凤翔八观，并叙·其六·真兴寺阁》均未提及诸葛亮，亦侧面凸显了苏辙在情感上对诸葛亮的深刻体认。

四、三苏对诸葛亮不同评价的成因

之所以有苏洵相对负面的评价、苏轼正负面交杂的全面评价、苏辙以正面为主的评价的差异，原因主要在于以下三点：身份、学养与性格。

首先是身份。苏洵27岁才开始正式踏上自学发愤之路，针对自己年少游荡的经历，他有"少年喜奇迹，落拓鞍马间"（《忆山送人》）[1]的回忆。科举道路对苏洵而言是极度不平坦的，不但未能求得功名，甚至53岁才被任为霸州文安县主簿，该职位不过是芝麻小官，可以说，至58岁去世，他一生大多岁月是以布衣身份度过的。布衣的身份，思想束缚较少，让苏洵可以不羁地表达自我，故而对前代褒远多于贬的"贤相"诸葛亮亦能有与众不同的深论。不过，正因为苏洵未在官场浸淫体味，是以他无法对诸葛亮的立场感同身受，难以意识到"取"与"弃"之于每事躬亲的诸葛亮的困难程度。苏轼的经历则相当复杂坎坷，早年相对顺利，为考取制科创制了不少"妄论利害，挽说得失"的文字，对诸葛亮的批评略嫌迂阔、不实；进入仕途以来，卷入党争之中，时有怀才不遇之感，故而艳羡、渴求诸葛亮与刘备君臣相得之情状。具体来看，苏轼经历凤翔签判任上的大旱，经历乌台诗案的牢狱之灾及黄州近五年之贬，又经历了起复与更为动荡的朝堂争斗，乃至经历宋廷进击西夏之事，其对诸葛亮"终身不易其言"的执着与忠诚有了更为深刻的体认，对其之评价越来越高。苏辙一生则相对平顺，少年及第，官至门下侍郎，故而其对诸葛亮的看法承自父兄，且相对稳定。苏轼遭遇贬谪之时，苏辙自请纳在身之官以赎兄，

---

1 曾枣庄、舒大刚主编：《三苏全书》第六册，第25页。

也经历了一些坎坷，但尚未影响自身的精神内核，他对诸葛亮的崇拜一直很纯粹，情感浓度有时甚至超过其兄。

三苏本是一家，所师、所学同大于异。蜀学倾向经世致用的一面，让三苏批评诸葛亮时均侧重论述其战略战术与治国之道。不过，苏轼所学依然较其父、其弟更为博杂，苏洵生活的时代又与二子略有差异，学养不尽相同，对诸葛亮的看法也不尽一致。大略而言，苏洵之父苏序对他采用"放养式教育"，对其"纵而不问"，苏洵自己受《孟子》《战国策》影响很深，所习偏向纵横之学，作文立论求新求异，如此造就了他不同于他人的、对诸葛亮相对苛刻的评价。曾巩则评价苏洵："明允……好为策谋，务一出己见，不肯蹑故迹。颇喜言兵，慨然有志于功名者也。"（《苏明允哀辞》）[1]点出苏洵喜谈兵法布阵，倾向于现实政治有所建树的实学。雷简夫在《上韩忠献书》称赞苏洵"读其《洪范论》，知有王佐才；《史记》，得迁史笔；《权书》十篇，讥时之弊"[2]，与曾巩之言相合。故而苏洵多分析诸葛亮之策略与用兵，且多言其无助于现实之处。

与苏序对苏洵放纵式的教育不同，苏洵对苏氏兄弟的教育是非常严格的。二苏兄弟自青少年时期就开始准备以科举入政坛，故而所学以儒家思想为主，特别是苏轼，其针对诸葛亮的议论多集中在"仁义与诈力""德与才"的角力之上，更因为诸葛亮是儒家贤相之典型，所以特为推重。苏轼所学博杂，且能够结合贯通儒、佛、老三家哲学，诸葛亮之道家、法家、兵家思想在他的议论中都留有深浅不一的痕迹。相较于父与弟，苏轼于文学一途特有天赋与才华，故而前代之诗人、文人对其影响甚深。杜甫对诸葛亮的推崇便深刻地影响了苏轼。除了前文分析过的"八阵图"诗外，还有不少例证。杜甫诗云，"伯仲之间见伊吕，指挥若定失萧曹"（《咏怀古迹五首·其五》）[3]，这句诗称赞诸葛亮既有导师风范，又有能吏才智，堪比伊尹、周公、萧何、曹参，是理想型的"相才"。苏轼《三国名臣》夸赞诸葛亮为"王者之佐"，似即延伸杜甫此句的观点：

> 西汉之士多智谋，薄于名义；东京之士尚风节，短于权略。兼之者，三国名臣也，而孔明巍然三代王者之佐，未易以世论也。[4]

1　（宋）曾巩著，陈杏珍、晁继周点校：《曾巩集》，北京：中华书局，1984年，第560页。

2　曾枣庄、刘琳主编：《全宋文》第十六册，成都：巴蜀书社，1991年，第107页。

3　仇兆鳌详注：《杜诗详注》，上海：上海古籍出版社，1992年，第591页。

4　曾枣庄、舒大刚主编：《三苏全书》第十四册，第470页。

相比而言，苏辙思想的底色虽承儒而来，但得法家之偏，他对诸葛亮的认识，较其兄的王佐之臣而言，更倾向"赏罚必公，举措必当"的法度之臣。如此，苏辙有延续苏洵之学的一面。不过，从二人的经历相较，苏辙的身份与时代，其所面临的边防挑战是很严峻的，申东城曾论述其边防策略："苏辙侧重分析宋朝在与西夏交往关系中应负的责任，导致两国关系紧张，宋方负有主要责任。基于这样的分析和判断，他的边防策略是以退守为主的。"[1]故而苏辙并未如父亲苏洵一般对诸葛亮"守成"的策略进行抨击，反而能发掘其中的合理之处。

苏洵曾自言"自比诚不惭，山水亦奇秀"，表明自身具有好奇尚异的性格特质，欧阳修曾如是谈苏洵给人的印象："既见，而温温似不能言。及即之，与居愈久而愈可爱，间而出其所有，愈叩而愈无穷。"（《故霸州文安县主簿苏君墓志铭并序》）[2]从欧阳修的形容可知，苏洵与众不同的个性亦成就了其所思所学的特异气质。此外，苏洵"为人聪明，辨智过人，气和而色温"（《苏明允哀辞》）[3]，其性格色彩理性远大于感性。与之相较，苏轼偏向诗人的性格，豪放纵逸；苏辙更像思想家、政治家，内敛谨慎。二苏不同的性格成就了二人文风的不同，苏轼为文超逸挥洒，苏辙为文平实缜密，故而苏轼多有"牺牲"诸葛亮真实形象屈就文章的意、势之处，且更多表现诸葛亮奇异、虚幻的形象，而苏辙文章对诸葛亮的看法相对稳定，具有一致性，更亲近诸葛亮"静默""严谨"之性格特质。

三苏对诸葛亮观点有所差异，或许还与社会氛围的变化有关。一个社会的氛围，是上行下效而成。首先是官方对诸葛亮的肯定。宋神宗在与王安石论及变法大计时，提及"唐太宗必得魏征，刘备必得诸葛亮，然后可以有为"，认可诸葛亮辅佐刘备之功。其次便是知识阶层乃至一般民众亦相当推许诸葛亮。如王安石在《诸葛武侯》一诗即赞赏诸葛亮的尚贤爱才，"区区庸蜀支吴魏，不是虚心岂得贤"[4]，以庸蜀得以与强国吴魏胶着衬托诸葛亮的贤能。又如《东坡志林》中《涂巷小儿听说三国语》记录了王彭说的一个小故事，反映出魏蜀二国在当时百姓心中的形象：

> 涂巷中小儿薄劣，其家所厌苦，辄与钱，令聚坐听说古话。至说三国

1　申东城：《三苏军事思想异同论》，《乐山师范学院学报》2011年第6期。

2　（宋）欧阳修著，李之亮笺注：《欧阳修集编年笺注》，成都：巴蜀书社，2007年，第601页。

3　（宋）曾巩著，陈杏珍、晁继周点校：《曾巩集》，第560页。

4　（宋）王安石撰，（宋）李壁注，李之亮补笺：《王荆公诗注补笺》，成都：巴蜀书社，2002年，第930页。

事，闻刘玄德败，颦蹙有涕者；闻曹操败，则喜唱快。以是知君子小人之泽，百世不斩。[1]

即使涂巷中的薄劣小儿，也心属蜀汉政权，胜则快，败则涕，而蜀汉政权的最大功臣诸葛亮，自然成为全民偶像。由此可知，苏洵的时代与苏轼、苏辙的时代，虽相隔不远，诸葛亮整体形象的提升却不可谓不大。

<hr />

1 曾枣庄、舒大刚主编：《三苏全书》第五册，第88页。